知的財産権法概論

紋谷暢男／崇俊

発明推進協会

本書は，昭和51年から有斐閣より「無体財産権法概論」として刊行されたものを発明推進協会から「知的財産権法概論」として刊行することとなったものです。

はしがき

　知的財産権の重要性は，近時の高度先端技術の発展および高度情報化社会の到来と相まって，広く産業界を中心に認識されるに至ってきた。この先端技術の高度化・複雑化に伴って，現在ではコンピュータ・プログラムのように同一対象物である知的財産，あるいは配線図→回路配置→半導体のように技術的・手続的に相互発展的関係にある知的財産に対して，複数の知的財産権が成立しそれが複雑に相互関連するに至っている。

　本書はもともと，相互に密接な関連を有する工業所有権法（不正競争防止法上の保護権を含む）および著作権法の講義・研究のための教材として，また実務に携わる方々の理論的・体系的な理解のための概説書として，昭和51年に有斐閣より「無体財産権法概論」として初版が刊行されたものである。その後版を重ね第5版（平成6年）では，新たに認知された育成者権および回路配置利用権をも含めて，知的財産権法全体にわたる理論的体系書とし以降も各版ごとに法改正を中心とした改訂を施し，第9版補訂第2版（平成13年）を数えるに至った。そして平成18年には知的財産権法に加え，それと関連する限度で，裁判所内外の手続法，独占禁止法・景表法・下請法，改正関税定率法・関税法，改正商法・会社法，改正信託業法，TLO関係法，プロバイダ責任制限法等々の解説のほか，必要最小限の比較法的記述をも加えて，知的財産権関係法全体にわたる理論的体系書としての充実を図り，タイトルも「知的財産権法概論」とした。その後平成21年及び24年の改訂では，法改正への言及に加え，新たな試みとして，本書の各所に，関連する重要判例の要旨や資料も掲載したが，これらの補筆は紋谷崇俊氏（立教及び成蹊大学法科大学院講師，金沢工業大学虎ノ門大学院客員教授）の協力によるものである。

　今年は，初版刊行後から40年が経過した節目の年に当たり，発明推進協会から「知的財産権法概論」として刊行することとなった。その間，わが国及び諸外国の法制度にも，様々な改正や変容があり，本書にもその都度改訂を加えてきた。今回の改訂では前版以降の法改正に対応したことはもちろんのこと，新しく制定された関係諸法令に言及し裁判例を追加すると共に，国内外の特許訴訟の概要等についても言及して，更なる充実を図っている。近時は，特許法や

はしがき

著作権法などの書籍も増えたが，知的財産権制度全体を俯瞰する体系書といえるものは未だにあまり見られないところ，本書は，長きに亘り，種々の知的財産権法を体系的かつ横断的に論じてきた。

本書の解説にあたっては，理論的・体系的に必要不可欠な限度に止め，国際的に通用する用語を用いると共に，その全てにわたって関係条文を明示することにした。読者はかかる関係条文を必ず参照してその理解を深めてほしい。一つの知的財産が複数の知的財産権で複雑に保護されている現在，本書がその理論的・体系的理解に寄与するところがあれば幸甚である。

平成28年4月

紋谷暢男

本書は，40年以上我が国の知的財産権制度を見守ってきた書である。今回，入稿直前に父が急逝したが，学術的意義を考慮し，父の新たな見解（応用美術等）や修正をできる限り忠実に反映して，本文を改訂すると共に近時の重要裁判例等も掲載し，最近版として刊行するものである。

なお，上述の裁判例は，本書の体系を前提に，欧米の留学先におけるケーススタディの重要性等にも鑑み，平成21年から本書に導入したものであり，誌面の制約があるが，今回は，平成29年1月迄の裁判例約200件に言及し，その体系上の位置づけや法律毎の異同を概観できるよう一覧表を付している。

また，今回，本書を用いて，大学法学部や法科大学院ないし社会人大学院，弁理士会における特許訴訟付記代理のための能力担保研修等において行った講義に基づき，特許訴訟（国内・海外）の概要を参考までに巻末に追記した。

今日，様々な法分野の総体としての知的財産権制度は，以前経済産業省で知財政策や法改正作業に従事していた小泉政権の頃から，益々産業政策としての重要性を増すと共に我々に身近な存在になり，知財紛争・契約実務においても，最早我が国だけの問題にとどまらず，知的財産権のEnforcementの在り方が重要になっているが，かかる知的財産権制度の理解の一助になれば幸いである。

なお本書の刊行にあたり，種々お世話になった発明推進協会編集部の城水毅氏その他の皆様のご協力に心より感謝する次第である。

平成29年1月

紋谷崇俊

『無体財産権法概論』初版はしがき

　本書は大学における無体財産権法または工業所有権法・著作権法の講義・研究のための教材として，また，関係実務に携わる方々の理論的・体系的把握のための概説書である。

　近年，大学の講義においても，また企業の研修の場においても，無体財産権法の知識に対する必要性はとみに重要視されて来ている。しかし，無体財産権法に包括される著作権法および工業所有権法等は，共に知的財産権を規制するものとして，密接な関係が存するにも拘らず，わが国においては，従来，双方の分野にわたる体系的解説書は皆無であった。
　そこで，本書は，広く無体財産権法全般にわたる体系的・理論的考察を試み，無体財産権の特質を解明するために特別に章を設け，かつ全体的な概説をなしたものである。本書が多少ともわが国の無体財産権法学に寄与するところがあれば幸甚である。
　なお，本書の刊行に際し，種々おせわになった有斐閣編集部の江辺美和子氏に深く謝意を表する次第である。
　　昭和51年7月12日

　　　　　　　　　　　　　　　　　　　　　　　　　紋　谷　暢　男

本書で用いている略語の一覧

〔法令略語〕

著＝　著作権法
著施令＝　著作権法施行令
著作管理＝　著作権等管理事業法
特＝　特許法
特施令＝　特許法施行令
特施規＝　特許法施行規則
特登令＝　特許登録令
特許国際出願＝　特許協力条約に基づく国際出願等に関する法律
実＝　実用新案法
実施規＝　実用新案法施行規則
実施令＝　実用新案法施行令
実登令＝　実用新案登録令
意＝　意匠法
意施規＝　意匠法施行規則
意登令＝　意匠登録令
商標＝　商標法
商標施規＝　商標法施行規則
商標施令＝　商標法施行令
商標登令＝　商標登録令
特例＝　工業所有権に関する手続等の特例に関する法律
特例施規＝　工業所有権に関する手続等の特例に関する法律施行規則
種苗＝　種苗法
種苗施規＝　種苗法施行規則
種苗施令＝　種苗法施行令
半導体＝　半導体集積回路の回路配置に関する法律
知財＝　知的財産基本法
商＝　商法
会社＝　会社法
商登＝　商業登記法
商登規＝　商業登記規則
不正競争＝　不正競争防止法
独禁＝　私的独占の禁止及び公正取引の確保に関する法律
一般指定＝　不公正な取引方法（昭和57年公正取引委員会告示15号）

景表＝　不当景品類及び不当表示防止法
大学等技術移転促進＝　大学等における技術に関する研究成果の民間事業者への移転の促進に関する法律
関税＝　関税法
関税定率＝　関税定率法
パリ条約＝　工業所有権の保護に関する1883年3月20日のパリ条約
ベルヌ条約＝　文学的及び美術的著作物の保護に関するベルヌ条約
TRIPs＝　知的所有権の貿易関連の側面に関する協定
UPOV＝　植物の新品種の保護に関する国際条約
PCT＝　特許協力条約
EPC＝　欧州特許条約
WCT＝　著作権に関する世界知的所有権機関条約
WPPT＝　実演及びレコードに関する世界知的所有権機関条約
憲＝　日本国憲法
刑＝　刑法
民＝　民法
民訴＝　民事訴訟法
民訴規＝　民事訴訟規則
裁＝　裁判所法
破＝　破産法
民執＝　民事執行法
民保＝　民事保全法
民調＝　民事調停法
行審＝　行政不服審査法
行訴＝　行政事件訴訟法

〔裁判所・判例集略語〕

大判＝　大審院判決
大決＝　大審院決定
最＝　最高裁判所
高＝　高等裁判所
知財高＝　知的財産高等裁判所
地＝　地方裁判所

本書で用いている略語の一覧

判 ＝ 判決
決 ＝ 決定
最大判 ＝ 最高裁判所大法廷判決
最大決 ＝ 最高裁判所大法廷決定
民録 ＝ 大審院民事判決録
刑録 ＝ 大審院刑事判決録
民集 ＝ 最高裁判所民事判例集／大審院民事判例集
刑集 ＝ 最高裁判所刑事判例集
知的裁 ＝ 知的財産権関係民事・行政裁判例集
無体 ＝ 無体財産権関係民事・行政裁判例集
行裁 ＝ 行政事件裁判例集
高民 ＝ 高等裁判所民事判例集
下民 ＝ 下級裁判所民事裁判例集
高刑裁特 ＝ 高等裁判所刑事裁判特報
判時 ＝ 判例時報
判タ ＝ 判例タイムズ

目　次

はしがき
「無体財産権法概論」初版はしがき
本書で用いている略語の一覧

第1章　知的財産権法　1
　第1節　知的財産の概念……1
　第2節　知的財産権法の現代的意義と基本法……2

第2章　知的財産権の種類および保護法　7
　第1節　著作権……8
　第2節　工業所有権……19
　　　1　産業発展のための創作的活動の成果に関する権利　(21)
　　　2　産業の秩序維持のための識別標識等　(32)
　第3節　その他の知的財産権……44
　　　1　育成者権　(45)
　　　2　回路配置利用権　(47)
　第4節　知的財産権法による重畳的・関連的保護……47
　　　1　重畳的保護を受ける知的財産　(48)
　　　2　相互発展的関係を有する知的創作物　(50)

第3章　知的財産権の法的性格　53
　第1節　概要……53
　第2節　公共上の制約……54
　第3節　権利の不安定性……67
　第4節　権利客体の範囲の不明確性……69
　第5節　権利の共有……71

第4章　知的財産権の発生　77

- 第1節　概要……77
  - 1　権利発生一般　(77)
  - 2　特許等を受ける権利　(79)
- 第2節　権利発生の要件……83
  - 1　権利主体に関する要件　(83)
  - 2　権利客体に関する要件　(100)
- 第3節　権利発生の手続……122
  - 1　狭義の工業所有権の発生手続　(123)
  - 2　商号の登記手続　(155)
  - 3　育成者権の発生手続　(155)
  - 4　回路配置利用権の発生手続　(156)

第5章　知的財産権の利用　157

- 第1節　権利の行使（積極的効力）……157
- 第2節　権利の効力の制限……184
  - 1　公共の利用のための制限　(185)
  - 2　他人の権利との関係における制限　(212)
  - 3　権利の消尽　(220)
  - 4　権利の濫用・無効の抗弁　(224)
  - 5　工業所有権に係る（再審の訴え等における）権利主張の制限　(228)
  - 6　権利の共有　(230)
- 第3節　権利の変動……230
  - 1　譲渡　(230)
  - 2　利用許諾　(235)
  - 3　担保権の設定　(243)
- 第4節　知的財産権の活用……244
  - 1　著作権　(245)
  - 2　特許権　(249)
- 第5節　知的財産権と独占禁止法……253
  - 1　知的財産権法の権利の行使と独占禁止法　(254)

2　著作物の再販売価格維持制度　(264)

第6章　知的財産権の侵害および消滅　265

　第1節　権利侵害の態様（消極的効力の範囲）……265
　　1　知的財産権の積極的効力の範囲に属する他人の行為　(274)
　　2　擬制侵害　(275)
　　3　不正競争行為　(283)
　　4　権利の防御的制度　(292)
　第2節　権利侵害に対する救済……295
　　1　民事上の救済　(295)
　　2　刑事制裁（著119条・120条，特196条，実56条，意69条，商標78条，不正競争21条，種苗67条，半導体51条）　(317)
　　3　行政上の救済—水際措置　(323)
　第3節　権利の消滅……329
　　1　存続期間の満了—商標権の存続期間の更新登録　(330)
　　2　特許ないし登録無効審判（付・訂正審判等）　(332)
　　3　商標登録取消審判　(337)

第7章　知的財産権の国際的保護　343

　第1節　保護の性質……343
　　1　属地主義の原則　(343)
　　2　国際裁判管轄および準拠法　(349)
　第2節　ベルヌ条約および万国著作権条約……356
　第3節　パリ条約……359
　第4節　TRIPs協定……360
　第5節　その他の国際的保護規制……361
　　1　著作権関係　(361)
　　2　工業所有権関係　(362)
　　3　育成者権および回路配置利用権関係　(369)

参照条文

工業所有権の保護に関する1883年3月20日のパリ条約（抄）（371）
文学的及び美術的著作物の保護に関するベルヌ条約（抄）（379）
知的所有権の貿易関連の側面に関する協定［TRIPs協定］（393）

資料

特許訴訟 ── 国内……405
特許訴訟 ── 海外……431

掲載判例一覧　453

索引

事項索引（467）
判例索引（481）

「知的財産権法概論」発刊によせて

著者紹介

（図表・資料目次）

知的財産権(1)（表1）……3
知的財産権(2)　不正競争防止法上の保護権（表2）……4
実務上の主な法的保護のあり方（表3）……49
職務創作の要件と権利の帰属（表4）……88
出願審査手続概略（図1）……134・135
手続の補正（特許出願〔明細書・特許請求の範囲・図面〕）（表5）
　　　　　　　　　　　　　　　　　　　　　　　　……143
手続の補正（実用新案，意匠，商標）（表6）……145
出願の変更（図2）……147
登録異議申立手続概略（図3）……153
権利侵害に対する救済（表7）……296・297

第1章　知的財産権法

第1節　知的財産の概念

　知的財産権法の対象である知的財産とは，その客体が物権における有体物とは異なり，無形の発明，創作，思想の表白，または顧客吸引力といった非有体物であって，知的活動の成果である。その意味で，従来より無体財産権法とも称されてきた。この客体は，ひとしく無体物とはいえ，電力，風力，熱，牽引力，磁力等のごとき自然界に存する物理的エネルギーは一般に除外されている。このような知的財産は，大別してつぎの2つの類型に区分することができる。

　まず第1の類型は，産業，文化の上における人間の精神的な創作的活動である。人間は「考える葦」とも称せられ，その知恵の力によって種々の工夫を試み，発明，考案，創作等によって主として物質生活を豊富にし，さらに精神的に価値ある真・善・美を求めて，文芸，学術，美術，音楽等によって主として精神生活も豊富にする。こうして人間は精神的な創作的活動を通じて，産業および広義の文化の発展に寄与してきたのである。かかる精神的な創作的活動は，文明が相当程度に発達してはじめて財貨としての価値が認識されてきたものである。

　第2の類型は，産業活動における識別標識等である。社標，商号，商標等がこれに属する。これらは営業ないし営業主体，あるいは商品・役務等を個別化し，他のそれらと識別するためのものであり，それ自体としては，第1の類型とは異なり，一般的に人間の精神的な創作的活動であるとはいい難い面も多い。しかし，これらは産業活動において使用されることを通じて識別機能を現実に発揮して顧客の信用を獲得し，顧客吸引力（グッドウィル）を有するようになってはじめて無形的財貨としての価値を有するに至る。また，この顧客吸引力は，広く不正競争行為に対しても保護されている。

　以上のような知的財産権法でいう知的財産の中には，2つの類型をみることができるのであるが，さらに第1の類型は，文芸，学術，美術，音楽のような文化的現象，すなわち国民の生活様式の総体たる文化の発展に寄与するものと，発明，考案，意匠のように主として物質文化の発展に寄与するものとに細分さ

れる。そして後者は，産業の発展に寄与するものとして，産業の秩序維持に寄与する第2の類型たる産業活動における識別標識とその作用の場を同じくし，ともに広義において主として物質文化の発展に寄与するものといえる。

●顔真卿自書建中告身帖事件（最判昭和59・1・20民集38巻1号1頁）
——所有権と知的財産権の違い

「美術の著作物の原作品は，それ自体有体物であるが，同時に無体物である美術の著作物を体現しているものというべきところ，所有権は有体物をその客体とする権利であるから，美術の著作物の原作品に対する所有権は，その有体物の面に対する排他的支配権能であるにとどまり，無体物である美術の著作物自体を直接排他的に支配する権能ではないと解するのが相当である。そして，美術の著作物に対する排他的支配権能は，著作物の保護期間内に限り，ひとり著作権者がこれを専有するのである。そこで……著作権の消滅後は，所論のように著作権者の有していた著作物の複製権等が所有権者に復帰するのではなく，著作物は公有（パブリック・ドメイン）に帰し，何人も，著作者の人格的利益を害しない限り，自由にこれを利用しうることになるのである。したがつて……著作権の消滅後に第三者が有体物としての美術の著作物の原作品に対する排他的支配権能をおかすことなく原作品の著作物の面を利用したとしても，右行為は，原作品の所有権を侵害するものではないというべきである。」

第2節　知的財産権法の現代的意義と基本法

　知的財産権法は，人間の知的創造力および知的活動の成果たる知的財産を保護し，産業の秩序維持を図り，それらの活性化によって国民生活全体の発展を目的とする。

　かかる目的に従って，知的財産権法は資本主義社会において，競業者への法律上の市場参入障壁として，模倣・冒認の禁止（著作権，回路配置利用権），さらに独自に開発ないし採用した他企業の参入をも禁止し（狭義の工業所有権，育成者権），あるいは不正競争行為から保護することにより（不正競争保護権），その創作もしくは利用の促進を図っている。

　かくして，知的財産権は，現在の高度に発達した資本主義的競争体制のもとにおいて，労働生産性の向上や価格競争，新市場の地域的拡大が一定の限界を有する中にあって，企業が市場競争力を取得し，生産性をあげて多大な超過利潤を獲得しうる有力な手段となっている。

　それゆえに，近時，高度先端技術の発展および高度情報化社会の到来に伴い，新しい創作物やその利用形態の出現によって，それらの知的財産権法による保護の必要性および重要性が，産業界を中心に認識されるに至ってきた。

表1 知的財産権(1)*

保護の対象	創作					標識		創作	
目的	文化の発展	文化の発展	産業の発達	産業の発達	産業の発達	産業の秩序維持	産業の秩序維持	農林水産業の発展	国民経済の発展
客体	著作物	実演・有線放送・レコード	発明	実用新案(考案)	意匠の創作	商標	商号／顧客吸引力	植物品種	回路配置
権利	著作権／著作者人格権	実演家人格権／著作隣接権	特許権／発明者人格権（工業所有権）	実用新案権／考案者人格権（工業所有権）	意匠権／創作者人格権（工業所有権）	商標権（工業所有権）	(商号権)	育成者権	回路配置利用権
審査制度（財産権）	無	無	有	無	有	有	(有)	有	有
財産権の発生	創作	創作	登録	登録	登録	登録	(登記)	登録	登録
財産権の性質**	相対権	相対権	絶対権	絶対権	絶対権	絶対権	相対権	絶対権	相対権
主な保護法	著作権法	著作権法	特許法（工業所有権法）	実用新案法（工業所有権法）	意匠法（工業所有権法）	商標法（工業所有権法）	商法・会社法	種苗法	半導体集積回路の回路配置に関する法律

表2　知的財産権(2) 不正競争防止法上の保護権

目　的	国民経済の健全な発展＊＊＊				
規　則	不正競争行為の禁止				
保護の対象	情報	創作	標識	情報	信用
客　体	営業秘密	商品の形態	商品等表示	取引上の表示	営業上の信用
	顧客吸引力				
権　利	工業所有権（不正競争防止法上の保護権）				
審査制度	無				
権利の発生	無登録				
権利の性質＊＊	相対権	相対権	(絶対権)	相対権	相対権
主な保護法	工業所有権法（不正競争防止法）				

＊知的財産権(1)は，知的財産権(2) 不正競争防止法上の保護権と，重複的に認められる場合が多い（いずれの場合も差止め・損害賠償請求が認められる）。また，民法により，不法行為に基づく損害賠償が認められる場合もある。これら実務上の重畳的・関連的保護のあり方については後述47頁以下参照。
＊＊絶対権と相対権の違いについては後述8頁，21頁及び265頁等参照。
＊＊＊なお，「国民経済の民主的で健全な発達を促進する」目的で，独占禁止法（含，不当景品類及び不当表示防止法および下請代金支払遅延等防止法等）が存する（後述253頁参照）。

　多国籍企業の出現による製造業の空洞化現象の急速な進行と，諸外国および旧開発途上国等の急激な追い上げや海賊行為の横行等に，国際競争力に対する危機感を抱いたアメリカでは，1980年代よりいち早く，知的財産権を中心とする総合的な保護強化策を，対内的のみならず対外的にも策定し，実施してきた。
　わが国も遅れ馳せながら平成14（2002）年7月に，産業競争力を強化し，経済社会の活性化を図るべく，主として知的創作物に係る知的財産について，その創作，保護，活用および人的基盤の充実を柱とする総合的戦略を内容とする「知的財産戦略大綱」を発表し，同年12月に急遽「知的財産基本法」を制定している（知財2条1項参照）。
　この法律は前記大綱を受けて，知的財産に関する施策を集中的・計画的に推

進し，知的財産の創出，活用による付加価値の創出を基軸とする活力ある経済社会の実現を目的とし（知財1条），知的財産の新たな創造のなされる基盤を確立して，国民経済の健全な発展および豊かな文化の創造ならびにわが国産業の国際競争力の強化と持続的発展に寄与することを基本理念とする（同3条・4条）。そのために，国，地方公共団体，大学，事業者等の責務（同5条～11条）や基本的施策を規定し（同12条～22条），かつ，知的財産の創造，保護および活用に関する推進計画の策定（同23条）およびその推進のための知的財産戦略本部の設置を規定している（同24条～33条）。

　これを受けて知的財産戦略本部は，以後毎年知的財産の創造，保護および活用に関する「知的財産推進計画」を発表し，現在わが国ではこれに基づき種々の方策が実施されている。しかし，現在アメリカの法改正や判例の動向からも伺えるように，基盤整備を伴わない過度の法的保護は知的財産権法の依って立つべき産業政策的側面を崩壊させる危険性を常に内包することを注意するべきである。

第2章　知的財産権の種類および保護法

　知的財産は，広く一般的に，民法上の契約法理により，また不法行為制度（民709条～724条）や不当利得制度（民703条～708条）によって保護され，また第2の類型たる産業活動における識別標識等における顧客吸引力は，ことに不正競争防止法によって保護されている。しかし，さらにこれら知的財産のあるものは，個別的に排他的独占権の対象として特別法で構成され，各知的財産の特質に応じて保護が図られている。すなわち，生活様式の総体たる文化の発展に寄与する創作的活動は，著作権として著作権法によって保護され，また主として物質文化の発展に寄与する創作的活動および識別標識は，工業所有権としていわゆる工業所有権法によって保護されている。また，近時，その産業的価値が認識されて，同様の保護が特別法により図られるに至ったものも存する。育成者権および回路配置利用権がそれである。

●**木目化粧紙事件**（東京高判平成3・12・17知的裁23巻3号808頁）
——不法行為法上の保護の可能性［注：本件では，意匠登録がなく意匠権による保護は認められず，訴訟において，応用美術の著作権による保護（後出11頁以下）を求めて否定されたが，不法行為に基づく保護が認められた。後出自動車データベース事件（17頁），ギャロップレーサー事件（44頁），北朝鮮著作物事件（84頁）等参照。なお，現在では，不正競争防止法（2条1項3号）による保護も考えられよう。このように知的財産権の重畳的な保護を検討すべきことにつき後出47頁以下参照。］

　「控訴人は，本件原画について著作権が認められず，かつ，本件原版の所有権に含まれる無体物の側面から生ずる間接的排他的な支配権能が認められないとしても，原告製品を写真撮影しそのまま製版印刷して製造された被告製品を販売する被控訴人の行為は，不法行為に該当する旨主張するので，この点について判断する。

　民法第709条にいう不法行為の成立要件としての権利侵害は，必ずしも厳密な法律上の具体的権利の侵害であることを要せず，法的保護に値する利益の侵害をもって足りるというべきである。そして，人が物品に創作的な模様を施しその創作的要素によって商品としての価値を高め，この物品を製造販売することによって営業活動を行っている場合において，該物品と同一の物品に実質的に同一の模様を付し，その者の販売地域と競合する地域においてこれを廉価で販売することによってその営業活動を妨害する行為は，公正かつ自由な競争原理によって成り立つ取引社会において，著しく不公正な手段を用いて他人の法的保護に値する営業活動上の利益を侵害するものとして，不法行為を構成するというべきである。」

　「したがって，被控訴人は控訴人に対し前記不法行為により控訴人が被った損害を賠償する責任を免れない。」

〰〰〰「しかしながら，相手方の不法行為を理由に物の製造，販売及び頒布を差止める請求は，特別にこれを認める法律上の規定の存しない限り，右不法行為により侵害された権利が排他性のある支配的権利である場合のみ許されるのであって，本件［においては］請求をすることはできないというべきである。」

第1節　著作権

著作権は「文化」の発展のために主として著作権法（昭和45年法48号）によって規制されている知的財産権である（著1条）。ここで文化とは文化的現象，すなわち国民の生活形式の総体を意味し，産業的所産と対立する概念ではない。資本主義社会においては純粋な美術的作品も一歩流通に置かれればそれは産業的財貨となる。また，玩具が出てくれば玩具の文化が生じる所である。むしろ，平成21年以降の著作権法の改正はIT立国を目指すコンテンツ流通促進法制の現れともいいうる。

ここで著作権とは，最広義には同保護法たる著作権法が規制する著作隣接権をも含む場合もあるが，通常，著作者の権利たる著作権および著作者人格権をいう（著17条1項参照）。しかし，本書ではわが国法制にならって最狭義に著作者の有する財産的権利に限定して同語を用いることにする。

この著作権は，著作物を利用しうる相対的な排他の独占権である。したがって，盗作，模倣ではなく自己の創作である限り著作権は成立する。そこで，このように著作権を規制する著作権法は，立法当初より創作奨励（インセンティブ）政策にその基礎を置くと解されている。ここで，排他的独占権とはいえ，実際には，その利用が著作権者自身において行われるのはごく稀であるので，著作権は他人が著作物を利用することについて許諾を与える権利であるともいわれている。なお，この他著作物に対する権利として，著作者の人格的利益を守るために，著作者人格権が存する。主として著作権法によって規制されている。

ここで「著作物」とは，著作権法によれば「思想又は感情を創作的に表現したものであつて，文芸，学術，美術又は音楽の範囲に属するものをいう」と定義されている（著2条1項1号）。これは従来の判例・学説を法文化したものである。このことからまず第1に，著作物は思想，感情の創作的表現でなければならない。したがって，単なる事実の羅列は除かれる（著10条2項参照）。また，発明とは異なり，思想，感情自体の創作性は必要ではないが，それを表現する過程において創作性が認められなければならない。この創作性は他人の作品の

単なる模倣,盗用であってはならないと同時に,独創性までは要求されていないが,多少の質的要素が加味されている。この意味で,著作物は創作者の個性が表現されていることを要し,誰が創作しても同じような表現は除かれる。多人数による同一静物の写生のように,その表現が同一内容のものであっても,各々創作者の個性が現われている限り著作物たりうる。

●**当落予想表事件**（東京高判昭和62・2・19無体19巻1号30頁）
——著作物の意義

「控訴人原稿が著作物といえるためには,それが『思想又は感情を創作的に表現したものであつて,文芸,学術,美術又は音楽の範囲に属するもの』であることが必要である（著作権法第2条第1項第1号）ところ,『思想又は感情』とは,人間の精神活動全般を指し,『創作的に表現したもの』とは,厳格な意味での独創性があるとか他に類例がないとかが要求されているわけではなく,『思想又は感情』の外部的表現に著作者の個性が何らかの形で現われていれば足り,『文芸,学術,美術又は音楽の範囲に属する』というのも,知的,文化的精神活動の所産全般を指すものと解するのが相当である。」

「控訴人は……控訴人自身の政治評論家としての知識,経験に基づいて,総選挙の立候補予定者につき当落の予想をしたが,立候補予定者名簿に,個別に,当選圏内,当落線上より上,当落線上より下という,同種の記載を繰り返す煩雑さを避け,表現の簡略化のために○△▲の符号を付し……たものであることが認められ……控訴人原稿は,国政レベルにおける政治動向の一環としての総選挙の結果予測を立候補予定者の当落という局面から記述したもので,一つの知的精神活動の所産ということができ,しかもそこに表現されたものには控訴人の個性が表れていることは明らかであるから,控訴人の著作に係る著作物であると認めるのが相当である。」

●**交通標語事件**（東京高判平成13・10・30判時1773号127頁）
——ありふれた表現等

「スローガンのような交通標語の著作物性の有無あるいはその同一性ないし類似性の範囲を判断するに当たっては,①表現一般について,ごく短いものであったり,ありふれた平凡なものであったりして,著作権法上の保護に値する思想ないし感情の創作的表現がみられないものは,そもそも著作物として保護され得ないものであること,②交通標語は,交通安全に関する主題（テーマ）を盛り込む必要性があり,かつ,交通標語としての簡明さ,分りやすさも求められることから,これを作成するに当たっては,その長さ及び内容において内在的に大きな制約があること,③交通標語は,もともと,なるべく多くの公衆に知られることをその本来の目的として作成されるものであること……を,十分考慮に入れて検討することが必要となるというべきである。

そして,このような立場に立った場合には,交通標語には,著作物性（著作権法による保護に値する創作性）そのものが認められない場合も多く,それが認められる場合にも,その同一性ないし類似性の認められる範囲（著作権法による保護の及ぶ範囲）は,一般に狭いものとならざるを得ず,ときには,いわゆるデッドコピーの類の使用を禁止するだけにとどまることも少なくないものというべきである。

これを本件についてみると……原告スローガンに著作権法によって保護される創作

性が認められるとすれば、それは、『ボク安心』との表現部分と『ママの膝（ひざ）より　チャイルドシート』との表現部分とを組み合わせた、全体としてのまとまりをもった５・７・５調の表現のみにおいてであって、それ以外には認められないというべきである。

これに対し、被告スローガンにおいては、『ボク安心』に対応する表現はなく、単に『ママの胸より　チャイルドシート』との表現があるだけである。そうすると……被告スローガンを原告スローガンの創作性の範囲内のものとすることはできない」

第２に、著作物は表現されていなければならない。したがって、思想、感情は形のあるものに必ずしも固定される必要（著２条３項参照）はないが、口述、記述等によって客観的に感知しうる状態にあることを必要とし、内心に秘めて未だ表現されないアイディア自体は著作物たりえない。しかし、その表現はしかるべき装置または方法を通じて感知しうるものであれば足りる。

●発光ダイオード論文事件（大阪地判昭和54・9・25判タ397号152頁）
――著作物とアイディアの保護
「著作物として著作権法が保護しているのは……具体的に外部に表現した創作的な表現形式であつて、その表現されている内容すなわちアイディアや理論等の思想及び感情自体は……原則として、いわゆる著作物とはなり得ず……殊に、自然科学上の法則やその発見及び右法則を利用した技術的思想の創作である発明等は、万人にとって共通した真理であつて、何人に対してもその自由な利用が許さるべきであるから、著作権法に定める著作者人格権、著作財産権の保護の対象にはなり得ず、ただそのうち発明等が著作者人格権・著作財産権とは別個の特許権、実用新案権、意匠権等の工業所有権の保護の対象になり得るに過ぎないと解すべきである。もっとも……これを叙述する叙述方法について創作性があり、その論理過程等を創作的に表現したものであって、それが学術、美術等の範囲に属するものについては、その内容とは別に、右表現された表現形式が著作物として、著作者人格権・著作財産権の保護の対象となり得るものと解すべきである。」

「自然科学に関する論文中、単に自然科学上の個々の法則を説明した一部分については、同一の事柄でも種々の表現方法のある一般の文芸作品とは異なり、その性質上その表現形式（方法）において、個性に乏しく普遍性のあるものが多いから、当該個々の法則の説明方法が特に、著作者の個性に基づく創作性のあるものと認められる場合に限って著作者人格権・著作財産権保護の対象になるものと解すべき……である」

第３に、著作物は思想、感情の表現が、文芸、学術、美術または音楽の範囲に属するものでなければならない。これは広く、知的、文化的精神活動の所産全般を意味する。したがって、著作物そのものは中立、没価値的概念であるといいうる。

現行法は著作物を上記のように定義しつつ、その例として、つぎのごときも

のを具体的に示している（著10条1項）。すなわち，①事実の伝達にすぎない，創作性のない雑報および時事の報道を除く（同条2項，なおベルヌ条約2条8項参照），小説，脚本，論文，講演その他の言語，②音楽，③舞踊（振付け）または無言劇，④絵画，版画，彫刻その他の美術，⑤建築，⑥地図または学術的性質を有する図面，図表，模型その他の図形，⑦映画，⑧写真，⑨プログラム等の著作物である。したがって，詩歌，講演，落語，漫才，日記，手紙，特許明細書などは①に，舞台装置，塑像，書，生花，ウィンドウ・ディスプレイなどは④に，また築庭は⑤，建物等設計図，地球儀，人体模型は⑥に，ビデオゲームやアニメーションも劇場映画と同様⑦にそれぞれ含まれる。

しかし，④の美術の著作物であっても，いわゆる応用美術，すなわち，ⅰ装身具，壺などの実用品，またはⅱ家具に施された彫刻，絵など，実用品と結合しているもの，もしくはⅲ染色図案など実用品の模様，またはⅳ文鎮のひな型など実用品のひな形として利用されるもの等は，ⅴ利休の茶せん等，一品製作の手工的な実用品自体たる美的創作物である美術工芸品を除き（著2条2項）意匠法による保護にゆだねられている（なおベルヌ条約2条7項参照）。しかし，判例はかかる応用美術の中，純粋美術として目されるもの，すなわち鑑賞の対象となりうるものは，量産性と関係なく④に含まれると解して，部分的に著作権法での保護を意匠法と重畳的に認めている。しかし，両法による重畳的保護は肯定しうるが，著作物性の判断に美観を基準とするのは問題であり，著作物性はその美醜を問題としないで，創作性すなわち創作者の個性が表現されているか否かによって判断されるべきものである。もっとも，印刷，ワープロ等に実用される文字の一連の書体たるタイプフェイスについては，その著作物性を否定している。なお，⑤は一種の応用美術の線上にある。つぎに，⑦の映画の著作物はフィルムやテープに固定されていることを要し（著2条3項），生のテレビドラマ等はこれには含まれない。また，⑧の写真の著作物には写真の製作方法と類似する方法により表現されたものも含む（同2条4項）。

なお，①には自然語のほかに広く人造語も含まれていることから，⑨のプログラムの著作物（著2条1項10号の2）は，⑤が④に含まれると同様に，①の注意規定である。その保護は，当然のことながら，プログラム言語，規約（インターフェイス・プロトコル）および解法（アルゴリズム）には及ばない（同10条3項，なおTRIPs10条1項・9条2項参照）。なお，近時のデジタル技術の発達に伴い，例えば，

ゲームソフトやビデオソフトは⑦と⑨，データベースソフトは⑨と後述のデータベースの著作物でもあるように上記の区別の意義は減じてきているのが実情である。

●**民青の告白事件**（東京地判昭和47・10・11無体4巻2号538頁）
——言語の著作物（著10条1項1号）と事実の伝達にすぎない雑報および時事の報道（同条2項）

「著作権法第10条第2項にいわゆる『事実の伝達にすぎない雑報及び時事の報道』……とは，単なる日々の社会事象そのままの報道記事をいうものと解すべきであるところ，前記のとおり，本件手記，論文は，作者が労働者としての立場から自己の経験またはその利害関係あるいは生活要求に根ざした意識に立脚して人間社会における価値に関して表現された思想，感情を内容とするものであるから，単なる日々の社会事象そのままの報道記事にあたらない」

●**仏壇彫刻事件**（神戸地姫路支判昭和54・7・9無体11巻2号371頁）
——応用美術の保護(1) ［注：純粋美術として目されるもの，すなわち鑑賞の対象となりうるもの保護する裁判例］

「一般に，美術は，(1)個別に製作された絵画・版画・彫刻の如く，思想または感情が表現されていて，それ自体の鑑賞を目的とし，実用性を有しない純粋美術と，(2)実用品に美術あるいは美術上の感覚・技法を応用した応用美術に分かれ，後者すなわち応用美術はさらに，(イ)純粋美術として製作されたものをそのまま実用品に利用する場合，(ロ)既成の純粋美術の技法を一品製作に応用する場合（美術工芸品），および，(ハ)右純粋美術に見られる感覚あるいは技法を画一的に大量生産される実用品の製作に応用する場合等に細分されていることは周知のところである。」

「応用美術をどこまで著作権法の保護対象となすべきかは意匠法等工業所有権制度との関係で困難な問題が存すること周知のところであるが，著作権を意匠権を対比してみると，等しく視覚を通じた美感を対象とする作品であつても，著作権の対象とされると，何らの登録手続や登録料の納付を要せずして当然に著作権が成立し，かつ，著作者の死後50年間右権利の存続が認められるのに対し，意匠権にあつては，設定登録によつて初めて発生し，登録料の支払を要し，その存続期間も設定登録の日から15年［注：現20年］間に限られており，両者の保護の程度は著しく相異していること（なお，意匠権以外の工業所有権にあつては，その実施義務が課されている），および，産業上利用を目的とする創作は総じて意匠法等工業所有権制度の保護対象としていること等を勘案すると，応用美術であつても，本来産業上の利用を目的として創作され，かつ，その内容および構成上図案またはデザイン等と同様に物品と一体化して評価され，そのものだけ独立して美的鑑賞の対象となしがたいものは，当然意匠法等により保護をはかるべく，著作権を付与さるべきではないが，これに対し，実用品に利用されていても，そこに表現された美的表象を美術的に鑑賞することに主目的があるものについては，純粋美術と同様に評価して，これに著作権を付与するのが相当であると解すべく，換言すれば，視覚を通じた美感の表象のうち，高度の美的表現を目的とするもののみ著作権法の保護の対象とされ，その余のものは意匠法（場合によつては実用新案法等）の保護の対象とされると解することが制度相互の調整および公平の原則にてらして相

当である……と解される。そうだとすると……純粋美術に該当すると認めうる高度の美的表現を具有しているときは美術の著作物として著作権法の保護の対象となりうる」

●**TRIPP TRAPP事件**（知財高裁平成27・4・14判時2267号91頁）
——応用美術の保護(2)［注：創作性すなわち創作者の個性が表現されているか否かによって判断する近時裁判例（著作物性を肯定しつつ侵害は否定）］

　「著作権法……2条2項は、『美術の著作物』の例示規定にすぎず、例示に係る『美術工芸品』に該当しない応用美術であっても、同条1項1号所定の著作物性の要件を充たすものについては、『美術の著作物』として、同法上保護されるものと解すべきである。……応用美術は……様々であり……表現態様も多様であるから、応用美術に一律に適用すべきものとして、高い創作性の有無の判断基準を設定することは相当とはいえず、個別具体的に、作成者の個性が発揮されているか否かを検討すべきである。」

　「著作権法と意匠法とは、趣旨、目的を異にするものであり（著作権法1条、意匠法1条）、いずれか一方のみが排他的又は優先的に適用され、他方の適用を不可能又は劣後とするという関係は、明文上認められず、そのように解し得る合理的根拠も見出し難い。加えて、著作権が、その創作時に発生して、何らの手続等を要しないのに対し（著作権法51条1項）、意匠権は、設定の登録により発生し（意匠法20条1項）、権利の取得にはより困難を伴うものではあるが、反面、意匠権は、他人が当該意匠に依拠することなく独自に同一又は類似の意匠を実施した場合であっても、その権利侵害を追及し得るという点において、著作権よりも強い保護を与えられているとみることができる。これらの点に鑑みると、一定範囲の物品に限定して両法の重複適用を認めることによって、意匠法の存在意義や意匠登録のインセンティブが一律に失われるといった弊害が生じることも、考え難い。以上によれば、応用美術につき、意匠法によって保護され得ることを根拠として、著作物としての認定を格別厳格にすべき合理的理由は、見出し難いというべきである。」

　「応用美術は……実用目的又は産業上の利用目的にかなう一定の機能を実現する必要があるので、その表現については、同機能を発揮し得る範囲内のものでなければならない……から、作成者の個性が発揮される選択の幅が限定され、したがって、応用美術は、通常、創作性を備えているものとして著作物性を認められる余地が、上記制約を課されない他の表現物に比して狭く、また、著作物性を認められても、その著作権保護の範囲は、比較的狭いものにとどまることが想定される。以上に鑑みると、応用美術につき、他の表現物と同様に、表現に作成者の何らかの個性が発揮されていれば、創作性があるものとして著作物性を認めても、一般社会における利用、流通に関し、実用目的又は産業上の利用目的の実現を妨げるほどの制約が生じる事態を招くことまでは、考え難い。」

●**ゴナ書体事件**（最判平成12・9・7民集54巻7号2481頁）
——タイプフェイスの応用美術としての保護［注：不正競争防止法上の保護の可能性については後出38頁参照］

　「印刷用書体がここにいう著作物に該当するというためには、それが従来の印刷用書体に比して顕著な特徴を有するといった独創性を備えることが必要であり、かつ、それ自体が美術鑑賞の対象となり得る美的特性を備えていなければならないと解するの

が相当である。この点につき，印刷用書体について右の独創性を緩和し，又は実用的機能の観点から見た美しさがあれば足りるとすると，この印刷用書体を用いた小説，論文等の印刷物を出版するためには印刷用書体の著作者の氏名の表示及び著作権者の許諾が必要となり，これを複製する際にも著作権者の許諾が必要となり，既存の印刷用書体に依拠して類似の印刷用書体を制作し又はこれを改良することができなくなるなどのおそれがあり（著作権法19条ないし21条，27条），著作物の公正な利用に留意しつつ，著作者の権利の保護を図り，もって文化の発展に寄与しようとする著作権法の目的に反することになる。……これを本件について見ると……上告人書体が，前記の独創性及び美的特性を備えているということはできず，これが著作権法2条1項1号所定の著作物に当たるということはできない。」

●**グッドデザイン賞モデルハウス事件**（大阪高判平成16・9・29裁判所HP）
——建築の著作物（著10条1項5号）
「著作権法により『建築の著作物』として保護される建築物は，同法2条1項1号の定める著作物の定義に照らして，知的・文化的精神活動の所産であって，美的な表現における創作性，すなわち造形芸術としての美術性を有するものであることを要し，通常のありふれた建築物は，同法で保護される『建築の著作物』には当たらないというべきある。……そうすると，一般住宅が同法10条1項5号の『建築の著作物』であるということができるのは，客観的，外形的に見て，それが一般住宅の建築において通常加味される程度の美的創作性を上回り，居住用建物としての実用性や機能性とは別に，独立して美的鑑賞の対象となり，建築家・設計者の思想又は感情といった文化的精神性を感得せしめるような造形芸術としての美術性を備えた場合と解するのが相当である。」

●**スモーキングスタンド事件**（東京地判平成9・4・25判時1605号136頁）
——図面の著作物（著10条1項6号）
「スモーキングスタンド，ダストボックス等の……工業製品の設計図は，そのための基本的訓練を受けた者であれば，だれでも理解できる共通のルールに従って表現されているのが通常であり，その表現方法そのものに独創性を見出す余地はなく，本件設計図もそのような通常の設計図であり，その表現方法に独創性，創作性は認められない。本件設計図から読みとることのできる什器の具体的デザインは，本件設計図との関係でいえば表現の対象である思想又はアイデアであり，その具体的デザインを設計図として通常の方法で表そうとすると，本件設計図上に現に表現されている直線，曲線等からなる図形，補助線，寸法，数値，材質等の注記と大同小異のものにならざるを得ないのであって，本件設計図上に現に表現されている直線，曲線等からなる図形，補助線，寸法，数値，材質等の注記等は，表現の対象の思想である什器の具体的デザインと不可分のものである。本件設計図の右のような性質と，本件設計図に表現された什器の実物そのものは，デザイン思想を表現したものとはいえ，大量生産される実用品であって，著作物とはいえないことを考え合わせると，本件設計図を著作物と認めることはできない。」

●パックマン事件（東京地判昭和59・9・28無体16巻3号676頁）
——ビデオゲームの映画の著作物（著10条1項7号）としての保護
「本来的意味における映画以外のものが『映画の著作物』に該当するための要件は，次のとおりである。（一）映画の効果に類似する視覚的又は視聴覚的効果を生じさせる方法で表現されていること　（二）物に固定されていること　（三）著作物であること」
「右のうち，（一）は表現方法の要件，（二）は存在形式の要件，（三）は内容の要件であるということができる。」
「1　表現方法……『パックマン』は，テレビと同様に影像をブラウン管上に映し出し，60分の1秒ごとにフレームを入れ替えることにより，その影像を動いているように見せるビデオゲームで……『映画の効果に類似する視覚的効果を生じさせる方法で表現されている』との要件を充足する」
「2　存在形式……『パックマン』のブラウン管上に現われる動きをもって見える影像は，ROMの中に電気信号として取り出せる形で収納されることにより固定されているということができる」
「3　内容……ビデオゲーム『パックマン』は，著作者の精神的活動に基づいて，その知的文化的精神活動の所産として産み出されたものであり，著作物性を有する……ビデオゲームのソース・プログラムに言語の著作物性を認め，これをビデオゲーム機により実行して映し出される影像の動的変化又はこれと音声とによって表現されているところを映画の著作物と認めることは，著作物性をとらえる観点が全く別個であるということを意味するにすぎず，一箇の著作物を法的に二重に保護することにはならない。」
「4　以上認定したとおり，『パックマン』は映画の著作物に該当［する］」

●すいか写真事件（東京高判平成13・6・21判時1765号96頁）
——写真の著作物（著10条1項8号）［注：一審（東京地判平成11・12・15判時1699号145頁）は被写体の選択配置等が創作性を基礎付ける本質的特徴部分でないとして，侵害を否定したが，二審は肯定。］
「写真著作物において，例えば，景色，人物等，現在する物が被写体となっている場合の多くにおけるように，被写体自体に格別の独自性が認められないときは，創作的表現は，撮影や現像等における独自の工夫によってしか生じ得ないことになるから，写真著作物が類似するかどうかを検討するに当たっては，被写体に関する要素が共通するか否かはほとんどあるいは全く問題にならず，事実上，撮影時刻，露光，陰影の付け方，レンズの選択，シャッター速度の設定，現像の手法等において工夫を凝らしたことによる創造的な表現部分が共通するか否かのみを考慮して判断することになろう。
しかしながら，被写体の決定自体について，すなわち，撮影の対象物の選択，組合せ，配置等において創作的な表現がなされ，それに著作権法上の保護に値する独自性が与えられることは，十分あり得ることであり，その場合には，被写体の決定自体における，創作的な表現部分に共通するところがあるか否かをも考慮しなければならないことは，当然である。……
本件写真は……屋内に撮影場所を選び，西瓜，籠，氷，青いグラデーション用紙等を組み合わせることにより，人為的に作り出された被写体であるから，被写体の決定

自体に独自性を認める余地が十分認められるものである。したがって，撮影時刻，露光，陰影の付け方，レンズの選択，シャッター速度の設定，現像の手法等において工夫を凝らしたことによる創造的な表現部分についてのみならず，被写体の決定における創造的な表現部分についても，本件写真にそのような部分が存在するか，存在するとして，そのような部分において本件写真と被控訴人写真が共通しているか否かをも検討しなければならないことになる」

●電車線設計用プログラム事件（東京地判平成15・1・31判時1820号127頁）
――プログラム著作物（著10条1項10号）としての保護

　「ある表現物が，著作権法の保護の対象になる著作物に当たるというためには，思想，感情を創作的に表現したものであることが必要である。そして，創作的に表現したものというためには，当該表現が，厳密な意味で独創性のあることを要しないが，作成者の何らかの個性が発揮されたものであることは必要である。
　この点は，プログラム（電子計算機を機能させて一の結果を得ることができるようにこれに対する指令を組み合わせたものとして表現したもの）形式で表現されたものであっても何ら異なることはない。プログラムは，具体的記述において，作成者の個性が表現されていれば，著作物として著作権法上の保護を受ける。
　ところで，プログラムは，その性質上，表現する記号が制約され，言語体系が厳格であり，また，電子計算機を少しでも経済的，効率的に機能させようとすると，指令の組合せの選択が限定されるため，プログラムにおける具体的記述が相互に類似することが少なくない。仮に，プログラムの具体的記述が，誰が作成してもほぼ同一になるもの，簡単な内容をごく短い表記法によって記述したもの又は極くありふれたものである場合においても，これを著作権法上の保護の対象になるとすると，電子計算機の広範な利用等を妨げ，社会生活や経済活動に多大の支障を来す結果となる。また，著作権法は，プログラムの具体的表現を保護するものであって，機能やアイデアを保護するものではないところ，特定の機能を果たすプログラムの具体的記述が，極くありふれたものである場合に，これを保護の対象になるとすると，結果的には，機能やアイデアそのものを保護，独占させることになる。したがって，電子計算機に対する指令の組合せであるプログラムの具体的表記が，このような記述からなる場合は，作成者の個性が発揮されていないものとして，創作性がないというべきである。
　さらに，プログラム相互の同一性等を検討する際にも，プログラム表現には上記のような特性が存在することを考慮するならば，プログラムの具体的記述の中で，創作性が認められる部分を対比することにより，実質的に同一であるか否か，あるいは，創作的な特徴部分を直接感得することができるか否かの観点から判断すべきであって，単にプログラムの全体の手順や構成が類似しているか否かという観点から判断すべきではない。」
　「(a)　原告プログラムにおける入力項目として何を用いるかという点は，アイデアであり，著作権法上の保護の対象となるものではない。また，『キロ行程最初の値』，『キロ行程オフセット値』，『縮尺』，『用紙サイズ』の順序で変数に値を設定するという処理の流れも，法10条3項3号所定の『解法』に当たり，著作物としての保護を受けない。
　(b)　仮に，原告プログラムの初期設定部の具体的記述に，創作性が生じると解する余地があるとしても，前記認定の原告プログラムの内容に照らして，創作性の範囲は極

めて狭いものというべきである。そして，被告プログラムと原告プログラムとは，初期設定部に用いられている構文上の相違によって具体的記述が大きく相違する。被告プログラムの初期設定部の具体的記述は，原告プログラムの初期設定部の記述と実質的に同一とはいえないし，原告プログラムの創作性を有する本質的な特徴部分を直接感得することもできない。

(c) したがって，原告プログラムの初期設定部について複製権又は翻案権侵害があるとは認められない。」

また，他の著作物を翻訳，編曲，変形，脚色，映画化，翻案など加工して，創作性を有するものは「二次的著作物」（著2条1項11号），新聞，雑誌，百科事典など素材の選択または配列に創作性を有する編集物は「編集著作物」（同12条），情報の選択または体系的な構成によって創作性を有するデータベース（同2条1項10号の3）は「データベースの著作物」として（同12条の2），それぞれ著作権法上の著作物である。しかし，後2者は創作性を表現自体に求めてはいない点，注意を要する。

● **キャンディキャンディ事件**──二次的著作物（著11条等）（後出163頁参照）

● **智恵子抄事件**──編集著作物（著12条）（後出86頁参照）

● **自動車データベース事件**（東京地中間判平成13・5・25判時1774号132頁）
──データベース著作物（著12条の2）〔注：不法行為法上の保護の可能性については前出木目化粧紙事件（7頁）参照〕

① 〔著作権について〕「本件データベースは，……実在の自動車を選択した点については，国内の自動車整備業者向けに製造販売される自動車のデータベースにおいて，通常されるべき選択であって，……また，ダミーデータ及び代表データを収録している点は，原告が作出した架空のデータを収録したということにすぎないから，……対象となる自動車の選択に創作性があるとは認められない。」「本件データベースで収録している情報項目は，……自動車検証の作成を支援するデータベースにおいて，これらのデータ項目は通常選択されるべき項目であると認められ，実際に，他業者のデータベースにおいてもこれらのデータ項目が選択されていることからすると，本件データベースが，データ項目の選択につき創作性を有するとは認められない。」

「本件データベースは，型式指定─類別区分番号の古い自動車から順に，自動車のデータ項目を別紙『データ項目の分類及びその属性等』のとおりの順序で並べたものであって，それ以上に何らの分類もされていないこと，他の業者の車両データベースにおいても，型式指定─類別区分番号の古い順に並べた構成を採用していることが認められるから，本件データベースの体系的な構成に創作性があるとは認められない。」

「以上によると，本件データベースは，データベースの著作物として創作性を有するとは認められない。」

② 〔不法行為について〕「人が費用や労力をかけて情報を収集，整理することで，デー

> タベースを作成し，そのデータベースを製造販売することで営業活動を行っている場合において，そのデータベースのデータを複製して作成したデータベースを，その者の販売地域と競合する地域において販売する行為は，公正かつ自由な競争原理によって成り立つ取引社会において，著しく不公正な手段を用いて他人の法的保護に値する営業活動上の利益を侵害するものとして，不法行為を構成する場合がある」

さらに，旧著作権法（明治32年法39号）は著作物の例示に，桃中軒雲右衛門事件（大判大正3・7・4刑録20輯1360頁）を受けて「演奏歌唱」を掲げていた（旧著1条）。しかし，これらは本来前述の著作物とは性質の違うものであって，理論的には実演家等に認められる著作隣接権の問題である。この著作隣接権は情報伝達手段の発達に呼応し，著作権制度を前提として認められた概念で，著作物などを公衆に伝達する媒体の精神的な創作的活動に著作権類似の権利を認めるもので，一種の知的財産権である。著作権法はいわゆる隣接権条約を参考にし，実演（著2条1項3号），レコード（同項5号），放送（同項8号）および有線放送（同項9号の2）に関する実演家（同項4号），レコード製作者（同項6号），放送事業者（同項9号）および有線放送事業者（同項9号の3）に著作隣接権を認めて，その相互の調整を図っている（同89条〜104条，なお7条〜9条の2参照）。

なお著作権については，著作権法のほか，著作権法施行令，著作権法施行規則，プログラムの著作物に係る登録の特例に関する法律，万国著作権条約の実施に伴う著作権法の特例に関する法律，連合国及び連合国民の著作権の特例に関する法律，著作権等管理事業法等によって規制されており，輸出入貿易に関しては，次節「工業所有権」に掲げる諸法令により規制されている。また，わが国の加入する条約，協定として，知的財産権保護のための国際組織に関する世界知的所有権機関（WIPO）を設立する条約，およびその管理するいわゆるベルヌ条約，実演家等保護条約（いわゆる隣接権条約，ローマ条約），いわゆるレコード保護条約があり，また国際連合教育科学文化機関（UNESCO）の管理する万国著作権条約（UCC）があり，さらに，世界貿易機関（WTO）の附属書としての知的所有権の貿易関連の側面に関する協定（TRIPs協定），および平成12年に締結した著作権に関する世界知的所有権機関条約（WCT），実演及びレコードに関する世界知的所有権機関条約（WPPT）および平成24年に採択された視聴覚的実演に関する北京条約等がある。

第2節　工業所有権

　工業所有権ということばがわが国ではじめて公文上使用されたのは，明治27年の日英通商航海条約で，万国工業所有権保護同盟条約（パリ条約）に加入することを約したときである。したがって，それは同条約にいうpropriété industrielleの訳語であり，英米ではこれをindustrial property，ドイツではgewerbliches Eigentumと称している。そこで，工業所有権の語を正しく理解するためには，上記条約を参照する必要があろう。同条約1条によれば，「工業所有権の保護は，特許，実用新案，意匠，商標，サービス・マーク，商号，原産地表示又は原産地名称及び不正競争の防止に関するものとする」（2項）と規定し，さらに「工業所有権の語は，最も広義に解釈するものとし，本来の工業及び商業のみならず，農業及び採取産業の分野並びに製造した又は天然の全ての産品（例えば，ぶどう酒，穀物，たばこの葉，果実，家畜，鉱物，鉱水，ビール，花，穀粉）についても用いられる」（3項）旨明記している。したがって，その内容は工業に限られたものではなく，産業的利益一般にわたるものであるところから，産業的財産権と称すべきであるともいわれてきた。

　もっとも，わが国従来の慣用では工業所有権は上記のように広い意味ではなく，わずかに特許権，実用新案権，意匠権，商標権のみを指称する言葉として使用されてきた。それは，これら4種の権利につき特許法，実用新案法，意匠法，商標法の4つの特別法により，行政行為たる「特許」によって権利の発生を認め，その事務手続を特許庁の取扱いとし，かつ内容的にもほぼ類似に規制されてきたことに由来する。しかし本書では条約と同様に不正競争防止法上の保護権をも含む広い意味に用いることにする。

　また，狭義の工業所有権については上記4種の特別法のほか，各法のもとに各々施行法，施行令，施行規則，登録令，登録令施行規則等の法令がある。さらに，主として特許庁に対してなすべき手続を代理し，上記工業所有権制度の円滑な運用を図るべく，弁理士法が設けられている。また，商号については商法および会社法で，その登記手続については商業登記法および商業登記規則等によって規制されている。つぎに競業活動上において，公正競争維持のために動的側面より規制するものに，不正競争防止法がある。また，公正かつ自由な競争を促進するために，私的独占の禁止及び公正取引の確保に関する法律（独

第2節 工業所有権

占禁止法）があり，これは前述の著作権や狭義の工業所有権の権利行使に関する適用除外規定（独禁21条）の解釈をめぐって問題となる。

なお，輸出入貿易において，行政法的ないし経済法的な側面から知的財産権を規制する法令が存する。輸出に関して仕向国の工業所有権，著作権，原産地表示等の侵害とならないように，輸出貿易管理令（2条・4条，別表第2の44），輸出入取引法（2条～4条・42条）および関税法（69条の2～69条の10）があり，輸入に関してわが国の知的財産権の侵害を防止するために，関税法（69条の11～69条の21・71条・87条・109条）が存する。これは平成18年改正により，従来関税定率法で規制されていた規定（旧21条～21条の5）をそのまま関税法に移し，輸出規制と一体化したものである。また，国際的技術移転契約を資本取引の側面から規制するものに，外国為替及び外国貿易法（24条・24条の2・25条・25条の2・30条・55条の6・55条の8・70条・71条），外国為替令（14条～18条の3，別表）および対内直接投資等に関する政令（5条～6条の2・6条の4・6条の5）等が存する。近時，私法的側面をも有するに至った関税法は，知的財産権侵害品の水際規制対策として注目されるに至っている。本書では第6章第2節3［323頁以下］を参照されたい。

工業所有権規制のおもな国内立法は以上のとおりであるが，さらにわが国の加入する条約，協定で，知的財産権保護のための国際組織に関する世界知的所有権機関（WIPO）を設立する条約があり，その管理する条約，協定として，工業所有権の実体的保護を規定する，いわゆるパリ条約，虚偽の又は誤認を生じさせる原産地表示の防止に関するマドリッド協定，意匠の国際寄託に関するハーグ協定（ジュネーブ改正協定），商標法条約（TLT），標章の国際登録に関するマドリッド協定，特許法条約（PLT）があり，また多数国において工業所有権の保護の取得を容易にする特許協力条約（PCT）および標章の国際登録に関するマドリッド協定議定書，特許手続上の微生物の寄託の国際的承認に関するブダペスト条約，さらに国際分類を制定する，国際特許分類に関するストラスブール協定，標章の登録のための商品及びサービスの国際分類に関するニース協定，意匠の分類を確保するためのロカルノ協定等がある。また，世界貿易機関（WTO）の附属書としての知的所有権の貿易関連の側面に関する協定（TRIPs協定）がある。

なお近時，わが国では工業所有権の語を排して，その実体を表示するために

産業財産権の用語を用いる動きが存する。好ましいことではあるが，国際条約関係の用語は未だ従来のままであることから，本書では従前の例に従うことにする。

ところで，工業所有権は前述したように，産業の発展のための創作的活動に関するものと，産業の秩序維持のための識別標識に関するものとに大別される。

1 産業発展のための創作的活動の成果に関する権利

(1) 特許権

特許権は，「産業」の発達のために主として特許法（昭和34年法121号）によって規制されている知的財産権である（特1条）。ここで産業とは広く，前述のようにパリ条約1条3項所定の意味に解されている。同法は上記目的実現のため発明の保護と利用を掲げている。ここで保護とは発明に特許権を認めること，利用とは特許権者および第三者の利用であり，後者には，発明の開示，業としない実施（特68条），自由な試験・研究等（同69条）および裁定制度等を含み，双方の公正な利用に留意しつつ産業の発達に寄与することを目的とする。

ここで特許権とは，「特許発明」すなわち特許を受けた発明を，業として実施しうる絶対的な排他的独占権である。かつてはこの権利が認められる根拠を，自然法に則り所有権同様の財産権ないし受益権（社会契約説）として説明するものもあった。しかし，この権利は国ごとに成立し，しかも1人に限られ，かつ有限であることから，19世紀以来産業政策に則り，発明奨励（インセンティブ）ないし発明公開の代償を根拠に肯定するものが多い。これらの根拠は必ずしも否定されるべきものではない。しかし，排他的独占権の根拠については，発明の保護が著作権とは異なり，当該発明の盗用，冒認のみに止まらず，別個に創作して実施する第三者に対しても及ぶことから，それは非特許権者たる第三者の市場参入を人工的に阻止し，自己の研究・実施に伴う投下資本のリスクを保障して，特許発明の実施を促進すること，すなわち実施奨励（インセンティブ）をその主要な根拠とみる方が妥当であろう（なお，パリ条約5条参照）。かくして特許法は，かかる特許権者と第三者の公正な利用を図ることこそ，正に産業政策として重要な法制ということができる。しかし，20世紀後半以降における資本主義体制の発展に伴う資本の集中化によって，特許発明者とその実施者との分離化傾向が促進されてきた。その結果，資力のない特許権者にとっては，特

許権は著作権と同様に，他人に特許発明を実施することについて許諾を与える権利へと変質してきている。

ここで「発明」とは，特許法によれば「自然法則を利用した技術的思想の創作のうち高度のものをいう」と定義されている（特2条1項）。これはドイツの碩学 J・コーラー（Josef Kohler）の学説に做った従来のわが国の判例に則ったものである。したがって，それはまず第1に，発明は自然法則に関するものでなければならない。このことから，商品の陳列・販売方法，暗号作成方法，計算方法および記憶術などは発明から除かれる。これらは単に人為的な取決めにすぎない。また，コンピュータ・プログラム自体もアルゴリズムの利用であるので，その発明性は否定される。わが国特許法の発明の定義と同一の起源を有する欧州特許条約もこれと同一である（EPC52条2項(c)・3項参照）。しかし，実務では，プログラムを装置の制御または結合の方式によりその発明性を肯定し，さらには平成14年改正法以来わが国では，プログラム自体をその有する技術的機能に着目し，ネットワーク化社会における産業競争力強化のため，アメリカにならって，その媒体と離れてネットワーク上で流通することで，プログラムの特許を認めている（特2条3項1号・4項参照）。なお，技術発展との関係でも問題のある，アメリカのいわゆる狭義のビジネス特許もこの線上にある。

●賃金別貸借対照表事件（東京地判平成15・1・20判時1809号3頁）
――自然法則

「たとえ技術的思想の創作であったとしても，その思想が，専ら，人間の精神的活動を介在させた原理や法則，社会科学上の原理や法則，人為的な取り決めを利用したものである場合には，実用新案登録を受けることができない……そうすると，上記本件考案は，専ら，一定の経済法則ないし会計法則を利用した人間の精神活動そのものを対象とする創作であり，自然法則を利用した創作ということはできない。」

「また，原告は，いわゆる『ビジネスモデル』発明や考案が特許法や実用新案法の保護対象となることに照らしても，本件考案は，実用新案法の保護の対象になると解すべきである旨主張する。しかし，コンピュータ・ソフトウエア等による情報処理技術を利用してビジネスを行う方法に関連した創作が実用新案登録の対象になり得るとすれば，その所以は，コンピュータ・ソフトウエアを利用した創作が，法2条1項所定の『自然法則を利用した技術的思想の創作』であると評価できるからであって，ビジネスモデル関連の発明が特許され，考案が登録された例があったとしても，そのことにより，本件考案が実用新案登録要件を充足するか否かに関する結論に影響を与えるものではない。」

第2に，発明はこの自然法則を利用したものでなければならない。ゆえに，

発見は自然法則自体の新たな認識であり，その利用ではないので除かれる。そこで，いわゆる用途発明も本質的には新たな用途の発見であるが，発見した性質をその新たな用途に積極的に利用する点に発明性を肯定しうる。ともあれ，発見は発明に発展しうるものであり，実際には，両者の区別は極めてむずかしいこともありうる。

●**錦鯉飼育法事件**（東京高判平成2・2・13判時1348号139頁）
――発見と発明
>「確かに，スピルリナプラテンシスあるいはスピルリナマキシマがある種の生体に対して色揚げ効果を有すること自体は自然法則にほかならないが……そのような効果を有することは当業者にとつて自明の事項とはいえない。そして，本件発明は，スピルリナプラテンシス『及び／又は』スピルリナマキシマを『赤色系錦鯉等』に対して『給飼』すること，換言すれば，スピルリナプラテンシスあるいはスピルリナマキシマを，組み合わせて，あるいはそれぞれ単独で給飼……する方法を採用し，しかも，飼育対象をカロチノイド系色素を有する錦鯉及び金魚のみに限定することを要旨とするものである。したがつて，本件発明の方法には，単なる自然法則の『発見』を超えて，自然法則を利用した技術的思想の創作といい得る要素が含まれており……本件発明の特許が単なる『発見』に対してなされたものであるということはできない。」

第3に，発明は技術的なものでなければならない。したがって，それは①課題解決のための合理的手段である。それゆえに，発明の実質的同一性もかかる課題とその解決原理の異同によって判断される［174頁］。つぎにそれは②技術的効果を生ずるものでなければならない。ゆえに，技術的効果を有しない単なる寄せ集めは発明たりえないが，統一的な技術的効果を生ずる結合は発明たりうる。同一の技術的効果を異なる手段で達成する場合も発明たりうるが，別発明となる。しかし，単なる素材変更や設計変更等は，第4に述べる創作とは認められない場合もあり，また，それらが認められても，後述の特許要件たる進歩性が否定される場合が多い。

また技術といえるためには，③実施可能性と，常に同一の成果を生ずべく④反復可能性がなければならない。したがって，理論上または事実上実施が全く不可能なものは発明たりえない。また，反復可能性は一定の確率をもって再現されれば足りる。植物の品種に関しては，後述のように種苗法で一般的保護が図られるに至っているが，特許庁では同一育種素材を用いて同一育種手段を繰り返せば，同一結果を再現できるか否かでその発明の反復可能性を認定している。

●原子力エネルギー発生装置事件（最判昭和44・1・28民集23巻1号54頁）
——未完成発明

　「本願発明が……定常的かつ安全に実施しがたく，技術的に未完成と認められる以上，エネルギー発生装置として産業的な技術的効果を生ずる程度にも至つていないものといわざるをえない。」

　「発明は自然法則の利用に基礎づけられた一定の技術に関する創作的な思想であるが，特許制度の趣旨にかんがみれば，その創作された技術内容は，その技術分野における通常の知識・経験をもつ者であれば何人でもこれを反覆実施してその目的とする技術効果をあげることができる程度にまで具体化され，客観化されたものでなければならない。従つて，その技術内容がこの程度に構成されていないものは，発明としては未完成であり，もとより旧特許法1条にいう工業的発明に該当しないものというべきである。」

●黄桃の育種増殖法事件（最判平成12・2・29民集54巻2号709頁）
——反復可能性

　「『自然法則を利用した』発明であるためには，当業者がそれを反復実施することにより同一結果を得られること，すなわち，反復可能性のあることが必要である。そして，この反復可能性は，『植物の新品種を育種し増殖する方法』に係る発明の育種過程に関しては，その特性にかんがみ，科学的にその植物を再現することが当業者において可能であれば足り，その確率が高いことを要しないものと解するのが相当である。けだし，右発明においては，新品種が育種されれば，その後は従来用いられている増殖方法により再生産することができるのであって，確率が低くても新品種の育種が可能であれば，当該発明の目的とする技術効果を挙げることができるからである。」

　「なお，発明の反復可能性は，特許出願当時にあれば足りるから，その後親品種である晩黄桃が所在不明になったことは，右判断を左右するものではない。」

　第4に，発明は技術的思想の創作であり，思想自体に創作性がなければならない。したがって，表現にそれを要求する著作物とこの点も異なっている。またこの意味で，自然物は排除されている。なお，定義の中に高度とあるのは，現行法によって発明と同質化した実用新案と区別するためのものであって，その技術的効果が実用新案に比べて大きい場合に限られることを意味する。

　特許法はかかる発明を，「物の発明」，「方法の発明」および「物を生産する方法の発明」とに便宜上区分している（特2条3項参照）。方法の発明は物質の生産やその変質を伴わない点で特質があり，物を生産する方法の発明は経時的要素を含み，出発物質，処理方法，最終物質の3要素より成り，出発物質と最終物質が異なる点に特質がある。

(2) 実用新案権

　実用新案権は，「登録実用新案」すなわち実用新案登録を受けた考案を，業として実施しうる絶対的な排他的独占権である。主として実用新案法（昭和34年法123号）によって規制されている。同法2条は「考案」を定義して，「自然法則を利用した技術的思想の創作をいう」とする（実2条1項）。したがって，同法の対象は特許法における発明と同質のものであって，ただ高度のものに限られない。このことから，実用新案を「小発明」と称するのは必ずしも正確ではない。

　元来，実用新案制度は，1891年のドイツの法制に範をとり，明治38（1905）年に不平等条約改正の一条件たるパリ条約加入による，いわば国際特許政策と国内特許政策の矛盾の解決として，わが国の程度の低い発明保護の目的で制定されたものである。すなわち，わが国では，パリ条約加入に伴って外国より出願されてくる発明で，程度の低いものは保護しないように，特許保護水準を上げて審査を厳格にした結果，国内の程度の低い発明までも保護されなくなった。しかし，わが国においては，かかる程度の低い発明がほとんどであり，それを保護しなければ，当時せっかくわが国民の間に盛んになってきた発明意欲を削ぐ結果となる。しかも，これを外国の特許攻勢に対抗しうる程度に保護しなければならない。そして，当時のわが国の産業形態が，ドイツと同様に，主として家内工業であったことから，当時ドイツにしか存在していなかった実用新案保護法が継受されたのである。そこで，ドイツ母法の「労働用具若しくは実用品」の限定を最初から「物品」と拡大し，無審査主義の点は継受せず，わが国特許法における審査主義をそのまま採用した。さらに，存続期間は当初はドイツ母法と同様に，3年，延長して更に3年を合算した6年であったが，これも大正5（1916）年の法改正で，さらに10年とし，当時の特許権の15年に接近させている。

　そして，同法は物品の新規な形状，構造，組合せによって，すなわち物品の形状，構造，組合せ（以下，形態という）を従来のものと異ならしめることによって，そこに実用的効果を生ぜしめるような考案をその保護の対象としてきた。これは例えば，直線的な爪切りの弧端を，新たに弓形に変えることによって，爪を切り易くするような考案である。そして，実質的に保護されるのはかかる考案ではあるが，考案はこれら形態（弓形）と密接に関連し，その形態の中に

具現されていることから，形式的にはかかる形態自体が，その形態に付与された実用的効果の程度（切り易さ）および効能（爪を切ること）に限定されて保護されるとみても，その結果は同一であった。また考案の効果は，単に発明における技術的効果のみにとどまらず，経済，娯楽，教育，その他人類の需要を満足させるに足る一切のものを含む，実用的効果を有するものであれば足りるとされていた。しかるに，従来の判例，学説においては，この形態と考案の一体不可分性を探求することなく，単に形態を保護するものであるか（型説），考案を保護するものであるか（考案説）という形でのみ問題が提起され，実用新案の本質を混迷させてしまった。

現行法は保護の対象を考案としたが，それが物品の形態の中に具現していることを見落として，物品の形態を単に登録要件として規定したにとどまる。その上，新規性，進歩性等の保護要件の具備を，物品の形態にではなく，単に考案にのみ要求している形式をとっている。しかし，実用新案法はその1条にも明記しているように，「物品の形状，構造又は組合せに係る考案」を保護するものであり，したがって，保護対象としての「考案」もこの意味と解される。その意味で，実用新案の概念は現行法のもとにおいては，実用的効果が技術的効果（実2条1項参照）に変えられた他はあまり変わる所はない。

したがって，考案の対象は，物品の形態に限定されることから，現行ドイツ法とは異なり物の小発明（考案）ではないが，方法の考案や物を生産する方法の考案，および用途の考案はいちおう除かれている。さらに，物品の，しかもその形態に係る考案であることから，例えば，ガラス製品全体を割れ難いプラスチック製品として結果的に物品の形態の一部が異なるものとなっても，それは，物品の形態の異なった部分に特殊な効果が生ずるものではなく，その効果は材質の変更そのものに基づくものであるので，発明とはなりうるが，実用新案とはなりえない。ただし，物品の一部の素材の変更は後述の物品の組合せとして実用新案となりうる場合もある。

ここで「物品」とは，独立して取引の対象となる有体物であって運搬可能なものである。したがって，不動産であっても運搬可能なもの，また半製品や物品の一部であってもそれ自体取引の対象となりうれば，ここでいう物品である。プログラムは物品ではないので除かれる。

また，ここで「形状」とは立体的・平面的たるを問わず外観的形態であり，「構

造」とは内部・外部を問わず機械的構成であり，「組合せ」とは各構成部分は個性を失わないがなお結合して単一の形態をなすものである。そして，各々それ自体三次元的空間において物理的存在を有するものでなければならない。したがって，平面的雛型においても，索引カード等はこれを有するが，カタログ，検眼表，計算尺の目盛等はこの要件を具備しない。後者にあっては，文字，図形，記号，区画，目盛等の一定位置的配列であり，それ自体物品でもなく，自然法則を利用した技術的思想の創作でもない。ここでは平面はこれら配列の意味内容の単なる伝達手段としてその表面が利用されているにすぎない。なおつぎに，上記形態的要件は一定性を有するものでなければならないとされている。したがって，素材自体は一般に一定の形態になじまないが，他の物と有機的に結合してこの要件を具備しうる。

　前述のように，実用新案制度の採用は，その時代的要請を受けて日用品や雑貨等の形態に係る考案の保護にあった。しかし，広い分野にわたって技術的発展を達成した現在のわが国においては，それは考案のほんの一部しか保護しないものとなっている。もっとも，技術進歩が先端技術分野のパイオニア的発明のみによって達成できるものではなく，またパイオニア的発明は唐突に生ずるものでもない。むしろそれはその底辺にある数多くの小発明を簡易，迅速，安価に保護してゆくことによって達成しうるものである。実用新案制度は，わが国の技術進歩の現状と将来を見据えて，今後欧州諸国と同様に，特許制度を補完する機能を維持するべく改善してゆく必要があろう。

(3)　意　匠　権

　意匠権は，指定物品との関係で「登録意匠」，すなわち意匠登録を受けた意匠およびこれと類似する意匠の創作を，業として実施しうる絶対的な排他的独占権である。主として意匠法（昭和34年法125号）によって規制されている。同法2条は，「意匠」を「物品（物品の部分を含む。第8条〔組物の意匠〕を除き,以下同じ。）の形状，模様若しくは色彩又はこれらの結合であつて，視覚を通じて美感を起こさせるものをいう」と定義している（意2条1項）。

　ここで「物品」とは，実用新案におけると同様に，単独で取引の対象となる有体物であって運搬可能なものである。したがって，船舶および航空機もその法律上の取扱いいかんにかかわらずここでいう物品である。平成10年改正法は，

この物品の一部分についても意匠の構成要素とし，それが組み込まれた意匠にその部分意匠の意匠権の効力を認めて意匠の効果的保護を図るために，上記定義中に括弧書きを挿入した。そして，平成18年改正法は，この物品の部分との結合を要件として，画面デザインも部分意匠に含まれる旨明記している（意2条2項）。また，ここで「形状」とは立体的・平面的たるを問わず外観的形態をいう。「模様」とは線図・色分けまたはぼかしをいい，「色彩」とは色彩学上の概念ではなく，単一色からなる着色をいい，ともに形状と通常結合して外的存在をなす。オルゴールのように通常の使用時に看取しうる内的意匠も，この外的存在の要件を充足する。そして本要件は，その大小等は別として，後述の美感との関係から一定性を有していなければならない。素材も他の容器等と有機的に結合してこの要件を具備しうるし，また動的意匠も一定規則的に変化するものであれば同様である（意6条4項参照）。

●**カップヌードル事件**（東京高判昭和55・3・25無体12巻1号108頁）
──意匠における「模様」の意義
「元来は文字であつても模様化が進み言語の伝達手段としての文字本来の機能を失なつているとみられるものは，模様としてその創作性を認める余地があることはいうまでもない。
しかし，本件意匠における前記部分についてみるに……いまだローマ字が模様に変化して文字本来の機能を失つているとはいえない。」

つぎに，上記外的存在を有する一定の形態は美感を起こさせるものでなければならない。この美感は視覚を通じ，かつ肉眼で判断される。しかし，美感とは感性上の言葉であるので常に主観を伴うことになり，その範囲を不明確とする。したがって，美感とは当面，個性美，機能美，装飾美と区分し，その範囲をそれぞれ混同，機能，趣味等の同一性から判断してゆかざるをえない。しかし，趣味性の範囲は極めてあいまいであることは避け難い所である。立法論としては，審美性の要件の方が妥当である。いずれにしても，一定の外観的形態に具現された美的考案が意匠として保護されることになる。ゆえに，単に技術的機能のみを目的とした物品の形態は，意匠としては保護されない（意5条3号）。このように意匠は，美感によって経営的には商標制度と等しく需要者の心理的反応に訴え，当該意匠を施した物品の販売促進に資するものである（意5条2号参照）。したがって，意匠制度はかかる販売促進を通じて「産業の発達に寄与することを目的とする」ことになる（意1条）。

(4) 営業秘密

営業秘密は trade secret ないし know how または undisclosed information（未開示情報）とも称され（TRIPs39条参照），技術的，営業的活動における情報，知見，経験等を含み，その保有者に競業活動上の有利な地位を保障するものである。その意味で，技術的な創作的活動のみならず，顧客名簿，仕入先，価格表等，商業上・金融上の情報をも包含する。わが国では，平成2年の不正競争防止法の改正で，TRIPs協定39条に対応する形でその保護の強化が図られることになった。

同法は，「営業秘密」を「秘密として管理されている生産方法，販売方法その他の事業活動に有用な技術上又は営業上の情報であって，公然と知られていないもの」と定義している（不正競争2条6項）。

ここで秘密管理性は，秘密性破壊行為（漏示行為および探知・窃用行為）の態様との関係で判断され，また，情報の性質，形態，企業規模等によっても異なってくる。一般に秘密である旨の表示ないし特定，アクセスに対する人的，物的・技術的制限または守秘義務の存在等により，アクセスする者にとって秘密たることが認識されうる，客観的に営業者の管理状態下にあることをいう。また有用性は，事業活動上客観的に競業上有利な地位を保障しうるに足るものである。しかし，これは年月の経過に伴って減退してゆく性質を有する。なお，有用性は反社会性を有しないものに限ると解すべきである。さらに非公知性は，その保有事業者の管理下以外では，別途に開発した保有者を除き，その情報が一般に入手できない状態である。不特定かつ多数の者に現実に知られざる状態をいい，不特定かつ少数の場合および知られうる状態でないことを含まない点で，特許法等の「公知」とは異なる。したがって，物品等がすでに販売されていても，その試験・研究により営業秘密情報を入手するのに相当な時間と費用を要する場合には非公知と解される。この意味で，出願公開（特64条）や特許等公報の発行（特193条，実53条・66条）等とも直接関係しない。以上の要件を満たす限り，特許要件を充足しない発明も営業秘密たりうる。

●**車両運行管理業務関連情報事件**（東京地判平成12・12・7判時1771号111頁）
——秘密管理性［注：近時秘密管理性の認定が厳格にすぎるとして専ら下記①を重視する指針なども示されている。下記①②の要件は硬直的に捉えるべきものではなく，裁判所によって諸事情を考慮のうえ事案に応じた適切な管理性が要求されてゆくべきであろう。］
§ 「一般に，不正競争防止法2条4項［注：現6項］にいう『秘密として管理されてい

る』ことの要件としては，①当該情報にアクセスした者に当該情報が営業秘密であることを認識できるようにしていることや，②当該情報にアクセスできる者が限定されていることが必要である。

これを本件についてみるに，右認定の事実によれば，本件情報については，営業担当者のみならず，運行の担当者その他原告会社の従業員であれば，これにアクセスできる状況にあったと評価できる。……城西支社において紙情報一は営業担当者に配布され，紙情報二は机の上のファイルに収納されていたのであるから，本件情報へのアクセスが制限されていたと評価するには程遠いというべきである。パソコン内の本件情報一についても，アクセスを制限する意味でのパスワードが設定されていたということはできないから，同様にアクセスが制限されていたと評価することはできない。また……『マル秘』の印が押捺されていたことにも疑念を挟む余地があり……紙情報一，同二に営業秘密であることを示す標識が付されていたことも十分に証明されていないと言わざるを得ない。」

●セラミックコンデンサー事件（大阪地判平成15・2・27裁判所HP）
──非公知性
「本件電子データの量，内容及び態様に照らすと，原告のセラミックコンデンサー積層機及び印刷機のリバースエンジニアリングによって本件電子データと同じ情報を得るのは困難であるものと考えられ，また，仮にリバースエンジニアリングによって本件電子データに近い情報を得ようとすれば，専門家により，多額の費用をかけ，長期間にわたって分析することが必要であるものと推認される。

したがって，本件電子データは，原告のセラミックコンデンサー積層機及び印刷機の相当台数が秘密保持契約なしに販売されたことによって公知になったとはいえない。」

●公共土木工事単価表事件（東京地判平成14・2・14裁判所HP）
──有用性
「不正競争防止法は……財やサービスの生産，販売，研究開発に役立つなど事業活動にとって有用なものに限り保護の対象としているが，この趣旨は……保護されることに一定の社会的意義と必要性のあるものに保護の対象を限定するということである。

すなわち，上記の法の趣旨からすれば，犯罪の手口や脱税の方法等を教示し，あるいは麻薬・覚せい剤等の禁制品の製造方法や入手方法を示す情報のような公序良俗に反する内容の情報は，法的な保護の対象に値しないものとして，営業秘密としての保護を受けないものと解すべきである。」

「そこで，本件につき検討するに……本件情報は，地方公共団体の実施する公共土木工事につき，公正な入札手続を通じて適正な受注価格が形成されることを妨げるものであり，企業間の公正な競争と地方財政の適正な運用という公共の利益に反する性質を有するものと認められるから，前記のような不正競争防止法の趣旨に照らし，営業秘密として保護されるべき要件を欠く」

かかる営業秘密は，技術的，営業的活動のいわば沈澱物たる知的財産として，貸借対照表能力を有し，譲渡，実施契約，現物出資等の目的ともなる。しかし，

その法律上の保護においては，少なくとも，分析不可能に近い化学，生物学等に係る技術的な営業秘密については，産業技術全般の発展のために公開の代償として認められる特許権と，そのバランスを図ってゆく必要があろう。なぜなら，かかる営業秘密の保護は，それが相対的な独占的排他権とはいえ，法社会学的には，絶対的な特許権とほとんど同一，さらには長期間にわたって作用することになるからである。

(5) 商品の形態

商品の形態は，平成5年改正不正競争防止法により，その模倣行為に対して保護されることとされている（不正競争2条1項3号）。ここで商品の形態とは，それが立体的・平面的たるとを問わず商品の有する外観的形態である。したがって，それは前記の意匠と同様に広い概念ではあるが，視覚を通じて判断される。平成17年改正法はこれに新しい定義を与えている（同2条4項参照）。通常の使用時に看取しうる限度で内的形状等を含めるのは妥当であるが，看取しえない質感の全てを商品の形態に含めるのは疑問である。しかし，その限りで意匠法上の意匠より範囲が広いものとなっている。

元来，技術や物品の商品化においては，少なからざる資本，労働，年月を必要とするにもかかわらず，近時の複製技術の高度化，商品のライフサイクルの短縮化のもとでは，その模倣は極めて容易に行われる。したがって，本号は行為の違法性に着目し，その商品の形態が機能確保上不可避的なものである場合を除き，平均的な投下資本回収期間に限って（同19条1項5号イ参照），その形態を国内における模倣行為から保護することとした。これにより，商品形態自体の創作性が保護されると同時に，その有しうる識別標識としての顧客吸引力をも保護されることになる。

なお，商品の形態の模倣行為に対しては，不法行為法（民709条），あるいは部分的には特許法，実用新案法，意匠法，商標法，著作権法，不正競争防止法（不正競争2条1項1号・2号）によっても保護されうることはもちろんである。

●小熊タオルセット事件（大阪地判平成10・9・10知的裁30巻3号501頁）
——商品形態の意義
「原告商品と被告商品の具体的形態は，包装箱又は籐カゴに収納された状態において別紙原被告商品比較表二のとおりであると認められる。なお，これらの商品は，いずれも包装箱又は籐カゴに収納された状態で展示され，購入されるのであるから……そ

の形態は，右収納状態のものを中心にとらえるのが相当である。」
　「包装箱に収納された状態の原告商品を正面から見た場合に，形態上の最も大きな特徴として看取されるのは，小熊の人形と小熊の絵が描かれたタオルがそれぞれ大きなブロックを形成し，それらが組み合わされて全体としての商品を構成しているという点である。……以上を総合すれば，原告商品……と，被告……商品……とは，全体としてそれぞれ実質的に同一の形態であると認めるのが相当である。」

●**ピアス孔保護具事件**（東京地判平成9・3・7判時1613号134頁）
——ありふれた形態等の除外［注：平成17年改正前の「通常有する形態を除く」（同項3号括弧書）という記載は変更されたが，以下の解釈は実質的には変更されていない。］
　「同種商品が通常有する形態を保護の対象から除外したのは，同種商品であれば通常有するようなありふれた商品形態は，特定の者に専用させるべきものではないし，また，同種商品が通常有する形態は，その商品の機能及び効用を奏するために採用される形態，すなわちその商品としての機能及び効用を果たすために不可避的に採用しなければならない商品形態である場合が通常であろうから，この種の形態を特定の者に独占させることは，商品の形態でなく，同一の機能及び効用を奏するその種商品そのものの独占を招来することになり，複数の商品が市場で競合することを前提としてその競争のあり方を規制する不正競争防止法の趣旨そのものにも反することになるからであると解される。……他人の商品の形態の模倣に当たるかの判断に際しては，対比の対象となる模倣したとされる商品が同種商品が通常有する形態である基本的形態を共通にすることに重きを置くべきではなく，両商品の同種商品が通常有する形態ではない具体的形態が同一か又は酷似するか否かを判断すべきものである。」

2　産業の秩序維持のための識別標識等

(1)　商標権

　商標権は，指定商品または指定役務につき「登録商標」，すなわち商標登録を受けた商標を使用しうる，絶対的な排他的独占権である。主として商標法（昭和34年法127号）によって規制され，かつ不正競争防止法（同2条1項1号～3号）によっても保護されている。商標法2条は，平成26年改正法によれば「人の知覚によつて認識することができるもののうち，文字，図形，記号，立体的形状若しくは色彩又はこれらの結合，音その他政令で定めるものであつて」，「業として商品を生産し，証明し，又は譲渡する者がその商品について使用をするもの」および「業として役務を提供し，又は証明する者がその役務について使用をするもの」をいうとする（商標2条1項）。前者は従来からの商品商標であり，後者は平成3年改正商標法（平成3年法65号）で国際的調和の一環として導入された役務商標（サービス・マーク）である（パリ条約1条2項・6条の6参照）。
　上記の定義からすれば，商標の構成は視覚及び聴覚に訴える標識ということ

になる。従来，わが国の実務では，商品もしくは商品の容器，包装等の展開図は商標として登録が認められ，その立体的使用も商標法でいう商標の使用として容認される場合もありえたが，平成8年改正商標法は先進諸外国の法制にならい，商品もしくは商品の容器，包装，または役務の特徴を表示する形状等の立体標識を正面から商標の構成要素として認容し，更に平成26年改正法は「色彩又はこれらの結合，音その他政令で定めるもの」を独立した標識として認容した。その上，その構成を「文字，図形，記号，立体的形状又は色彩が変化する」態様（同5条2項1号）及び「経済産業省令で定める商標」（同5条2項5号，同施規4条の7）の態様に区分し，各相違を商標の独立した構成要素として認めている。従って，「動きの商標」「ホログラムの商標」及び標識を付する位置の相違による「位置の商標」も独立した商標として商標法上および不正競争防止法上の商品等表示あるいは一部商品の形態として，両法で保護されることになった（不正競争2条1項1号〜3号，2項〜4項参照）。しかし，色彩標識が単一色である場合，或いは音響が単純である場合には色彩や音響の枯渇が生じないよう，その使用する商品又は役務との強度の結びつきが必要である。この点，特化理論のある不正競争防止法と異なる（同2条1項1号・2号参照）。また，同改正法は商標の構成要件を政令に委任し，将来生ずべき保護の必要性に対応している。これには，嗅覚，触覚，味覚上のものも予想しうる。なお，平成17年改正商標法で創設された地域団体商標の構成は，後述のように，文字のみに限定されている（商標7条の2第1項各号参照）。また，一般的にかかる標識を使用する者は事業者，すなわち「業として商品を生産し，証明し，又は譲渡する者」および「業として役務を提供し，又は証明する者」である（商標2条1項）。これは営業より広い概念であって，営利を目的としない者も含まれる（商標4条2項参照）。

●コカ・コーラ事件（知財高判平成20・5・29判時2006号36頁）
——立体商標の保護（後出107頁参照）
「商品等の機能を確保するために不可欠とまでは評価されない形状については，商品等の機能を効果的に発揮させ，商品等の美感を追求する目的により選択される形状であっても，商品・役務の出所を表示し，自他商品・役務を識別する標識として用いられるものであれば，立体商標として登録される可能性が一律的に否定されると解すべきではなく……また，出願に係る立体商標を使用した結果，その形状が自他商品識別力を獲得することになれば，商標登録の対象とされ得ることに格別の支障はないというべきである。」
　①［商標法3条1項3号の該当性について］「商品等の形状は，多くの場合に，商品

等の機能又は美感に資することを目的として採用されるものであり，客観的に見て，そのような目的のために採用されると認められる形状は，特段の事情のない限り，商品等の形状を普通に用いられる方法で使用する標章のみからなる商標として，同号に該当すると解するのが相当である。」

②［商標法３条２項の該当性について］「立体的形状からなる商標が使用により自他商品識別力を獲得したかどうかは，当該商標ないし商品等の形状，使用開始時期及び使用期間，使用地域，商品の販売数量，広告宣伝のされた期間・地域及び規模，当該形状に類似した他の商品等の存否などの事情を総合考慮して判断する」「リターナブル瓶入りの原告商品は，昭和32年に，我が国での販売が開始されて以来，驚異的な販売実績を残しその形状を変更することなく，長期間にわたり販売が続けられ，その形状の特徴を印象付ける広告宣伝が積み重ねられたため……需要者において，他社商品とを区別する指標として認識されるに至ったものと認めるのが相当である。……以上のとおり，本願商標については，原告商品におけるリターナブル瓶の使用によって，自他商品識別機能を獲得したものというべきであるから，商標法3条2項により商標登録を受けることができるものと解すべきである。」

●It's事件——色彩の商品表示性（後出40頁参照）

　つぎに標識は，表章対象が無体物たるサービスである役務商標は当然として，商品商標においても商品自体に直接使用される必要はない。しかし，その商品の容器，包装に，あるいは利用，提供の用に供する物等に，またはその商品・役務の広告に当該商品・役務との関連において使用される必要がある。

　ここで商品，役務の概念は，一般的に，商標制度の目的と関連して流通経済上自他識別されることを有意義ならしめる対象で，かつ経済社会通念たる取引の実情に照らして決められるべきものである。したがって，「商品」とは，客観的にみて，それ自体反復継続して取引の対象となりうる（量産可能性および流通可能性のある）ものであって，運搬，提供可能なものと解される。

　従来，商品は有体物であって，運搬可能性を有するものに限られてきた。したがって，運搬可能性のない建造物，田畑等は商品たりえないが，組立家屋，移動店舗等は商品たりうる。また，名画，骨董等代替性のないものは量産可能性を欠くことから，またテイクアウトの可能性ある場合は別として，店内等で飲食に供されその場で消費されるものは流通可能性を欠くことから，ともに商標法上の商品ではないと解されてきた。しかし，近時のインターネットの発展に伴う電子商取引の普及に伴い，商取引の実態も変化し，有体物に限らず無体物たる電子情報財も流通可能性ある商品として提供されるに至っている。した

がって，ダウンロード可能な電子出版物やコンピュータ・プログラム等も，商標法上の商品に含まれるに至っている（ニース協定国際分類第8版9類参照）。しかし，ASP（Application Service Provider）を通じての提供やストリーミングの場合は役務の提供であり，電子情報財自体が流通しているとはいえないので，商品の提供ではないと解される。なお，商品・役務に付随して無償で配布されるノベルティーも，客観的に上記の性質を有する限り商品たりうる（なお，パリ条約7条参照）。

●BOSS事件（大阪地判昭和62・8・26無体19巻2号268頁）
——販促物と「商品」概念
　「商標法上商標は商品の標識であるが（商標法2条1項参照），ここにいう商品とは商品それ自体を指し商品の包装や商品に関する広告等は含まない（同法2条3項参照）。……そして，ある物品がそれ自体独立の商品であるかそれとも他の商品の包装物又は広告媒体等であるにすぎないか否かは，その物品がそれ自体交換価値を有し独立の商取引の目的物とされているものであるか否かによつて判定すべきものである。」
　「これを本件についてみるに，被告は，前記のとおり，BOSS商標をその製造，販売する電子楽器の商標として使用しているものであり，前記BOSS商標を附したＴシャツ等は右楽器に比すれば格段に低価格のものを右楽器の宣伝広告及び販売促進用の物品（ノベルティ）として被告の楽器購入者に限り一定の条件で無償配付をしているにすぎず……商品たる電子楽器の単なる広告媒体にすぎない」

　また，ここで「役務」とは，客観的にみて，それ自体反復継続的に取引の対象となりうる労務または便益で，他人に供されるものをいう。したがって，デパートの無料配送やホテルの無料送迎も，それ自体取引の対象となりうる可能性が客観的にある限り，ここでいう役務と解される。また，平成18年改正法で明記された，小売，卸売業務において行われる顧客に対する便益の提供（商標2条2項）も，当然のことながらここでいう役務に含まれる。全体役務（例，運送）と部分役務（例，宅配便）とに区分しうる。
　以上のように，わが国商標法は，商標の概念規定から自他商品・役務識別力を除外し，それを単に登録要件としてのみ規定している（商標3条）。立法者はこれにより商標概念が拡大され，商標権の侵害に関してその認定が容易になる結果，商標権の保護に厚くなると考えていたようである。しかし，使用目的を問わないので，取引上事業者が通常一般に使用する天地無用や取扱注意等の文字や記号等も商標に含まれる上，意匠，商号との限界を不明瞭なものとし，かつ侵害において商標としての使用か否かの認定が困難となった。この点におい

て，商標法上の商標概念と社会通念上の概念との間に乖離があるが，法的見地からみても経済的機能の点からみても，自他商品・役務識別力を有しない標識は商品ないし役務標識たる商標というに値しないものといえよう。

●巨峰事件——商標としての使用（後出181頁及び209頁参照）

　さて，商標は，事業者が自己の取り扱う商品・役務を他の商品・役務と識別するために，商品・役務との関連において使用する標識である。したがって，それは自他商品・役務識別作用を中心とする。この点，商品商標も役務商標もその表章する対象こそ異なれ，その作用は全く同じである。そこで，経営的にこれをみると，つぎの3種の機能を指摘することができる。

　まず第1に，商標は当該事業者の製造，販売または提供にかかる商品・役務であることを表示する機能を有する。これは，商標が商品・役務を識別することによって間接的にその出所を表示するもので，商標の出所表示機能と称されている。これによって事業者は，最終消費者と観念的に直結しうるきずなを得られ，自己の商品・役務の優秀性ないし特異性を消費者に認識せしめ，もって自己の販路を開拓して信用の蓄積を図り，顧客の獲得維持を実現することができる。しかしこの機能は，消費者にとっては単に出所の手がかりとなるにすぎず，その限りで，主として事業者の私的利益に寄与するものとみることができ，その意味で商標法の保護対象たる顧客吸引力には間接的である。

　消費者が商品・役務の購入に際して期待するのは，商品・役務の品質である。消費者は，その優秀性ないし特異性が，同一商標が付されているものにはつねに同一であることを期待し，他方事業者も，出所表示機能のきずなで結ばれた顧客の維持強化のために，消費者のこの期待にこたえて努力する。これが商標の第2の機能である品質保証機能と称されるものである。したがって，この機能は事業者に期待された，いわば事実上の機能であり，またその限りではあるが，消費者の利益に寄与するものとみることができ，商標法の保護対象たる顧客吸引力にとっては重要な意義を有する。

　さらに，商標は商品・役務に使用されることによって消費者に記憶され，商品・役務の広告作用を伴う。これが商標の第3の機能である広告宣伝機能とされるものであり，商標が「物いわぬセールスマン」といわれるゆえんでもある。この機能は，すでに消費者に使用された商品や提供された役務の合理的なイ

メージないし信用を商標が荷担し，忠実な購買力を促進させる機能と，商標自体のイメージを消費者に植えつけて，消費者の未使用商品や未利用の役務の購買の動機づけ（pre-selling）を完了する機能の２つに分けられる。商標は特にこの後者の機能を通じ，広告媒体の進歩した今日における広告の一手段として，広告上顧客吸引力獲得のための重要な地位を占めるものとなる。

　商標は以上のごとき３種の経営的機能を有し，使用されることを通じてこれらの機能が現実に発揮され，顧客吸引力を獲得して財産的価値を帯有し，かつ商品・役務の販売促進に寄与するものである。したがって，商標法は，かかる商標の諸機能により生ずべき顧客吸引力を保護し，産業の秩序維持を通じて産業の発達に寄与することを目的とする（商標１条）。しかし，この点が，特許法等他の狭義の工業所有権と大きく異なる点である。わが国商標法は，消費者訴訟を認めていないため，消費者の保護は権利者の保護を通じて反射的に図られているにすぎない。

●マグアンプＫ事件——商品の小分け（後出223頁参照）
●フレッドペリー事件——国際消尽（商標）（後出348頁参照）

(2) 商　号

　商号は，商人が主として営業上・事業上の活動において自己を表章する名称である（商11条１項，会社６条１項）。パリ条約では登記の有無を問わずその保護義務を規定しており（パリ条約８条），わが国では主として商法（商11条〜18条），会社法（会社６条〜９条）および不正競争防止法（不正競争２条１項１号・２号）によって規制されている。商号は多年の使用により営業自体を表章するように作用するが，法律上は権利義務の主体である商人を表章するものであり，氏名等と等しく人的標識である。まずこの点において，商号は営業自体を直接表章する営業標識である営業標ないし社標，および商品・役務を直接表章する商品標識や役務標識である商標と区別される。

　ここで商人とは，自己の名をもって商行為をすることを業とする者をいう（商４条１項）。すなわちこれは，自己が権利義務の帰属主体として，営利の目的をもって継続的，集団的に商行為を行う者である。会社も，事業としてまたは事業のためにする行為は商行為とされている（会社５条）。また商行為を業としなくても，店舗等施設をかまえて業として物品の販売をなす者および鉱業を営む

者は商人とみなされている（商4条2項）。なお，何を商行為とするかは商法501条（絶対的商行為）および502条（営業的商行為）により規定されている。また会社とは，会社法（平成17年法86号）でいう株式会社，合名会社，合資会社および合同会社を意味する（会社2条1号）。したがって，相互保険会社，協同組合および信用金庫等，商人や会社でない者が使用する名称は商号としては認められない（なお商7条参照）。

そして，商号は名称であることから，文字をもって構成され，かつ呼称しうるものでなければならない。したがって図形および記号は，営業標，社標ないし商標たりえても商号たりえない。また商号は，商人が主として営業上の活動において自己を表章するものであることから，自然人の一般生活上の氏名，または主として営業上の活動以外の生活で使用される雅号，芸名等も商号ではない。

(3) 商品等表示

本来，自他商品・役務ないし営業の識別を旨としない商品表示ないし営業表示も，業務に使用されて取引通用している限り顧客吸引力を有し，商標や商号と同様に識別標識として機能する。したがって，かかる表示は，平成5年改正不正競争防止法でも，商品等表示として，その保護権を認めている。これには，商標，商号のほか，氏名，雅号，芸名，肖像，法人の名称，略称等，および商品の容器，包装，形態，色，配色，音響，香り等，さらには営業標，営業名，社標，マスコット，スローガン，キャッチフレーズ，キャラクター等も含まれる。これらの表示の保護は登録（記），未登録（記）を問わない。

●**モリサワタイプフェイス事件**（東京高決平成5・12・24判時1505号136頁）
——不正競争防止法上の商品概念［注：著作権法上の保護の可能性についてはゴナ書体事件（13頁）参照］

> 「不正競争防止法は，公正な取引秩序の維持，確立を目的とするものであるから，取引の実情を踏まえ，その実情の中において，公正な取引秩序の維持，確立の観点に立ち，同法が規定する前記の不正競争行為の類型に該当するか否かを検討すべきものというべきである。そこで，前記の『商品』の概念についてみると，経済的価値を肯定され取引対象とされる代表的なものとして有体物があることはいうまでもないところであるが，社会の多様化に伴い，新たな経済的価値が創出されることは当然のことであることからすると，その有する経済的な価値に着目して取引対象となるものが有体物に限定されなければならないとする合理的な理由は見いだし難い。この意味で，無体物であっても，その経済的な価値が社会的に承認され，独立して取引の対象とされてい

る場合には，それが不正競争防止法1条1項の規定する各不正競争行為の類型のいずれかに該当するものである以上（この点について，……書体はフロッピーディスク等に記録されて国内で販売されることはもとより漢字使用国に輸出されている事実が一応認められることからも窺われるように，無体物であっても，『販売』，『拡布』，『輸出』が可能であり，また，『品質』，『内容』，『用途』，『数量』等が問題となり得ることも明らかであるから，前記の不正競争行為類型のいずれかに該当することは十分に可能というべきである。），これを前記の『商品』に該当していないとして，同法の適用を否定することは，同法の目的及び右『商品』の意義を解釈に委ねた趣旨を没却するものであって相当でないというべきである。」

●ナイロール眼鏡枠事件（東京地判昭和48・3・9無体5巻1号42頁）
——商品形態の商品等表示該当性

　「不正競争防止法第1条第1項第1号の規定の趣旨は，広く認識された『他人ノ氏名，商号，商標，商品ノ容器包装其ノ他他人ノ商品タルコトヲ示ス表示』と同一または類似のものを使用するなどして，他人の商品と混同を生ぜしめる行為を防止し，もつて右混同により営業上の利益を害されるおそれのある者を保護するにある。したがつて，『其ノ他他人ノ商品タルコトヲ示ス表示』とは，右法条に例示された氏名，商号，商標，商品の容器包装などと同様に，商品の出所表示の機能を有するものを指すと解すべきである。ところで，商品の形態は，もともと，その商品の目的とする機能を十分に発揮させるように選択されるものであつて，商品の形態の選択には自ずから右目的からくる一定の制約が存する。しかし商品の種類によつては，右制約の範囲内で需要者の嗜好の考慮，構成材料の選択などにより同種商品の中にあつて，形態上の特異性を取得する場合があるし，それに宣伝などが加わつて，商品の形態自体が，取引上，出所表示の機能を有する場合がある。そして，そのような場合には，前記不正競争防止法第1項第1号の規定の趣旨に照し，商品の形態自体，同法条にいう『其ノ他他人ノ商品タルコトヲ示ス表示』に該当するものといえることは明らかである。」

●ルービックキューブ事件（東京高判平成13・12・19判時1781号142頁）
——商品形態と技術的機能

　「不正競争防止法2条1項1号は，周知の商品等表示の持つ出所表示機能を保護するため，実質的に競合する複数の商品の自由な競争関係の存在を前提に，商品の出所について混同を生じさせる出所表示の使用等を禁ずるものと解される。そうすると，同種の商品に共通してその特有の機能及び効用を発揮するために不可避的に採用せざるを得ない商品形態にまで商品等表示としての保護を与えた場合，同号が商品等表示の例として掲げる『人の業務に係る氏名，商号，商標，標章，商品の容器若しくは包装』のように，商品そのものとは別の媒体に出所識別機能を委ねる場合とは異なり，同号が目的とする出所表示機能の保護を超えて，共通の機能及び効用を奏する同種の商品の市場への参入を阻害することとなってしまうが，このような事態は，実質的に競合する複数の商品の自由な競争の下における出所の混同の防止を図る同号の趣旨に反するものといわざるを得ない。したがって，同種の商品に共通してその特有の機能及び効用を発揮するために不可避的に採用せざるを得ない形態は，同号にいう『商品等表示』に該当しないと解すべきである。」

●It's事件（大阪高判平成9・3・27知財集29巻1号268頁）
——色彩の商品等表示該当性（前出34頁参照）
　「一般論としては，単一の色彩であっても，特定の商品と密接に結合しその色彩を施された商品を見たりあるいはその色彩の商品である旨の表示を耳にすれば，それだけで特定の者の商品であると判断されるようになった場合には，当該商品に施された色彩が，出所表示機能（自他識別機能）を取得しその商品の商品表示になっているということができ，その可能性のあることは否定できない。
　しかしながら，色彩は，古来存在し，何人も自由に選択して使用できるものであり，単一の色彩それ自体には創作性や特異性が認められるものではないから，通常，単一の色彩の使用により出所表示機能（自他識別機能）が生じ得る場合というのはそれほど多くはないと考えられる。また，仮に，単一の色彩が出所表示機能（自他識別機能）を持つようになったと思われる場合であっても，色彩が元々自由に使用できるものである以上，色彩の自由な使用を阻害するような商品表示（単一の色彩）の保護は，公益的見地からみて容易に認容できるものではない。こうした点からすれば，単一の色彩が出所表示機能（自他識別機能）を取得したといえるかどうかを判断するにあたっては，その色彩を商品表示として保護することが，右の色彩使用の自由を阻害することにならないかどうかの点も含めて慎重に検討されなければならない。また，商標法や意匠法において，一般に，色彩は，文字，図形，記号等と結合して（商標法2条1項），あるいは物品の形状，模様等と結合して（意匠法2条1項），商標（商品商標）や物品の意匠になると考えられていることも考慮されなければならない。
　そうすると，単一の色彩が特定の商品に関する商品表示として不正競争防止法上保護されるべき場合があるとしても，当該色彩とそれが施された商品との結びつきが強度なものであることはもちろんとして，①該色彩をその商品に使用することの新規性，特異性，②当該色彩使用の継続性，③当該色彩の使用に関する宣伝広告とその浸透度，④取引者や需要者である消費者が商品を識別，選択する際に当該色彩が果たす役割の大きさ等も十分検討した上で決せられねばならず，それが認められるのは，自ずと極めて限られた場合になってくるといわざるを得ない（これを前提とすれば，いわゆる『色彩の涸渇』の点は必ずしも大きな問題になるものではないと考えられる。）。」
　「以上によれば，原告主張の原告製品の特徴（原告製品が濃紺色の家電製品であること）は，原告の商品であることを示す出所表示機能を取得するに至っているものとは認められない」

　同法では，これらは混同惹起行為（passing off）に対して（パリ条約10条の2第3項1号）のみならず，著名な場合には混同を要件とせずに保護されている（不正競争2条1項1号・2号）。

　また，これとは別に，商品の形態は，前述のように［前出31頁］，発売後3年間は，その機能確保上不可欠な形態を除き，模倣から保護されている（同2条1項3号・19条1項5号イ）。

(4) 取引上の表示

商品や役務の(品)質, 内容, 用途, 数量および商品の原産地, 製造方法等の表示は, 品質等保証表示として, その需要者の購買を決定する重要な要因となる。ここで原産地とは, 原産地(出所)表示および原産地名称を含む。前者は, 生産品が商品としての交易性を備えるために有する主たる構成要素としての産出, 製造もしくは加工された一定の実在する場所, 地方, 地域または国をいう。また後者は, 原産地表示のなかで, 商品の品質や特性が, シャンパン・勝沼ぶどうのように一定の土地の気候, 地味等の自然的要因, または博多織・西陣織のように一定の土地の住民の伝統的技術等の人間的要因に基づいている場合をいう(パリ条約10条, 虚偽の又は誤認を生じさせる原産地表示の防止に関するマドリッド協定参照)。

総じて, これらの保証表示に関する欺瞞的取引行為は, 単に顧客吸引力を害するばかりでなく, 直接消費者利益をも害することになるので, 従来より不正競争防止法により規制されてきた。しかし, わが国の規定では, その対象には営業に関する取引上の表示を欠き, かつその被害を受けた消費者の救済の規定を欠く不完全なものであった。したがって, 昭和37年に不当景品類及び不当表示防止法(景表法)(法134号)が立法され, 公正取引委員会によりその欠陥も含めて実質的保護が図られてきた。平成5年改正不正競争防止法は, 対象を役務に関する取引上の表示にも拡張している(不正競争2条1項14号)。これらは, 上記景表法の取引上の表示よりその範囲は狭いが, 両法相まってその活用が期待される(景表4条・5条・7条, 8条～30条[290頁参照], 独禁19条一般指定8項。なお軽犯罪法1条34号参照)。

●**ライナービヤー事件**(最判昭和40・6・4判時414号35頁)
——品質内容の誤認表示
「酒税法所定の品質を有する商品であるビールのことを一般に『ビール』と呼ぶほかに, 『ビヤー』とか『ビヤ』とも呼んでいることは公知の事実である旨の原判示は, 社会通念に照らし, 正当であり, 控訴人(上告人)が『ビヤー』の表示を付した本件発ぽう酒を販売することにより被控訴人(被上告人)らの営業上の利益が害されるおそれがある旨の原審の判断は, 証拠関係に照らし, 相当である。」

***地理的表示**——地理的表示とは, わが国が加盟しその保護を約束しているTRIPs協定によれば,「ある商品に関し, その確立した品質, 社会的評価その他の特性が当該商品の地理的原産地に主として帰せられる場合において, 当該商品が加盟国の領域又はその領域内の地域若しくは地方を原産地とするものであることを特定する表示」をいう(同

協定22条1項)。従って，その表示は商品に対するものに限られているが，取引上の表示における原産地表示及び原産地名称を含み，特定分野に限定されるものではなく，同協定で規定するぶどう酒及び蒸留酒（同23条）及びそれ以外の酒類，伝統工芸品等に対するものも含み，かつその表示は名称のみならず図形をも含むものである。

また，その保護は①不正競争行為を構成する使用（パリ条約10条の2）に対してのみならず，②商品の特定又は提示において，その商品の地理的原産地について公衆を誤認させる方法で，その商品の真正の原産地以外の地理的区域を原産地とするものであることを表示し又は示唆する手段の使用に対し，利害関係人にそれらを防止する法的手段を確保し（TRIPs22条2項，なお42条参照），その表示を含み又はその表示から構成されている商標が登録されている場合で，それが真正の原産地について公衆を誤認させる場合には，職権により又は利害関係人の申立てにより，その登録を拒絶し又は無効とされるべきものとされている（同22条3項）。

これらの規定の一部は，わが国では商標法による地域団体商標制度（商標7条の2）により達成することができる。すなわち，同制度による保護には全ての商品に対するものを含み，かつ職権又は利害関係人の申立による救済規定も存する（同4条1項16号，43条の2，46条参照）。しかし，同制度においては地域の名称のみ，或は図形のみでは保護されず，かつ商品の特性がその地理的原産地に主として帰せられる要件は必ずしも無い。また，同制度の下ではその表示に一定の周知性を要し，かつその保護は出願・登録を要件とし，その上，その主体は平成26年改正法により多少緩和されてはいるが［99頁参照]，この地理的表示を全面的に保護するには不十分である。

なお，わが国ではTRIPs協定の地理的表示の保護に対応するものの一つとして，「特定農林水産物の名称の保護に関する法律」が平成26年に制定されている。しかし，その対象はEU規則に準じて食用に供される農林水産物，飲食料品等に限定され，しかもその表示は名称のみに限定されている（同法2条1項）。また，その申請・審査・登録を前提に（同3章），違反者に対し農林水産大臣による措置命令（同5条，21条参照），登録の取消し（同22条），罰則（同28条，29条）等を規定しているものである。しかし，TRIPs協定における地理的表示の保護は，その前文で示すようにあくまでも私権としてであり，それは著作権，商標，意匠，特許等と並ぶ知的財産として位置づけている（TRIPs1条2項）。従って，同協定においては行政上の措置が規定されている場合（同23条1項注）は別として，民事上の司法手続を提供するものでなければならない（同42条）。この点，不正防止法の前記「取引上の表示」における商品の原産地表示には，前述の如く原産地表示のみならず原産地名称をも含み，それらの欺瞞的取引に対して利害関係人に差止（同3条），損害賠償（同4条），信用回復措置等の請求権（同14条）を認め，かつ罰則をも規定している（同21条2項5号）。そこで，上記名称保護法が民事上の司法手続を不正競争防止法に委ねていると仮定しても，TRIPs協定で規定する前記使用行為，特に②の示唆する手段の使用を含む総てを同法2条1項13号ないし1号，2号の規定で包摂しうるように解釈してゆく必要があろう。

(5) 営業上の信用

顧客吸引力たる営業上の信用は，競業関係にある他人の，それを害する虚偽の事実を告知，流布する行為から直接保護されている（不正競争2条1項15号）。

かかる営業誹謗行為（slander of title）は，前述の混同惹起行為と並んで，古くから不正競争行為規制の対象とされてきたものである（パリ条約10条の2第3項2号）。

ここで営業とは，広く収支相償うことを目的として反復継続的に行う事業であり，また信用とは，関係者間の評価に基づく社会的信頼である。これらは民法（民709条）および刑法（刑233条）によっても保護されている。

●ジャストホーム2家計簿パック事件──警告書と営業誹謗（後出291頁参照）
●ブルーレイディスク事件──FRAND宣言をした必須特許の行使と営業誹謗（後出291頁参照）

(6) 氏名，肖像等

氏名は自然人が一般生活上自己を表章する名称であり，民法，戸籍法により規制されており，法人の名称とともに強制名称である。しかし，氏名および肖像は，雅号，芸名，筆名等と同様に，同時に顧客吸引力を有して経済的利益ないし価値を有するに至った場合には，知的財産権の客体となる（商標4条1項8号参照）。近時の判例はパブリシティの権利としてこれを認容している。

●おニャン子クラブ事件（東京高判平成3・9・26判時1400号3頁）
──氏名・肖像の保護
「氏名・肖像を利用して自己の存在を広く大衆に訴えることを望むいわゆる芸能人にとって，私事性を中核とする人格的利益の享受の面においては，一般人とは異なる制約を受けざるを得ない。……社会的に許容される方法・態様等による［氏名・肖像の］使用行為については，その人格的利益を毀損するものとは解し難いところである。」
「反面，固有の名声，社会的評価，知名度等を獲得した芸能人の氏名・肖像を商品に付した場合には，当該商品の販売促進に効果をもたらすことがあることは，公知のところである。そして，芸能人の氏名・肖像がもつかかる顧客吸引力は，当該芸能人の獲得した名声，社会的評価，知名度等から生ずる独立した経済的な利益ないし価値として把握することが可能であるから，これが当該芸能人に固有の者として帰属することは当然のことというべきであり，当該芸能人は，かかる顧客吸引力のもつ経済的な利益ないし価値を排他的に支配する財産的権利を有するものと認めるのが相当である。したがって，右権利に基づきその侵害行為に対しては差止め及び侵害の防止を実効あらしめるために侵害物件の廃棄を求めることができるものと解するのが相当である。」

●ピンクレディー事件（最判平成24・2・2民集66巻2号89頁）
──パブリシティ権の保護
「人の氏名，肖像等（以下，併せて『肖像等』という。）は，個人の人格の象徴であるから，当該個人は，人格権に由来するものとして，これをみだりに利用されない権利を有すると解される（氏名につき，最高裁昭和58年(オ)第1311号同63年2月16日第三

小法廷判決・民集42巻2号27頁，肖像につき，最高裁昭和40年㈹第1187号同44年12月24日大法廷判決・刑集23巻12号1625頁，最高裁平成15年（受）第281号同17年11月10日第一小法廷判決・民集59巻9号2428頁各参照）。そして，肖像等は，商品の販売等を促進する顧客吸引力を有する場合があり，このような顧客吸引力を排他的に利用する権利（以下『パブリシティ権』という。）は，肖像等それ自体の商業的価値に基づくものであるから，上記の人格権に由来する権利の一内容を構成するものということができる。他方，肖像等に顧客吸引力を有する者は，社会の耳目を集めるなどして，その肖像等を時事報道，論説，創作物等に使用されることもあるのであって，その使用を正当な表現行為等として受忍すべき場合もあるというべきである。そうすると，肖像等を無断で使用する行為は，①肖像等それ自体を独立して鑑賞の対象となる商品等として使用し，②商品等の差別化を図る目的で肖像等を商品等に付し，③肖像等を商品等の広告として使用するなど，専ら肖像等の有する顧客吸引力の利用を目的とするといえる場合に，パブリシティ権を侵害するものとして，不法行為法上違法となると解するのが相当である。」

●ギャロップレーサー事件（最判平成16・2・13民集58巻2号311頁）
——物のパブリシティ権

「現行法上，物の名称の使用など，物の無体物としての面の利用に関しては，商標法，著作権法，不正競争防止法等の知的財産権関係の各法律が，一定の範囲の者に対し，一定の要件の下に排他的な使用権を付与し，その権利の保護を図っているが，その反面として，その使用権の付与が国民の経済活動や文化的活動の自由を過度に制約することのないようにするため，各法律は，それぞれの知的財産権の発生原因，内容，範囲，消滅原因等を定め，その排他的な使用権の及ぶ範囲，限界を明確にしている。

上記各法律の趣旨，目的にかんがみると，競走馬の名称等が顧客吸引力を有するとしても，物の無体物としての面の利用の一態様である競走馬の名称等の使用につき，法令等の根拠もなく競走馬の所有者に対し排他的な使用権等を認めることは相当ではなく，また，競走馬の名称等の無断利用行為に関する不法行為の成否については，違法とされる行為の範囲，態様等が法令等により明確になっているとはいえない現時点において，これを肯定することはできないものというべきである。したがって，本件において，差止め又は不法行為の成立を肯定することはできない。」

第3節 その他の知的財産権

以上の他にも，育成者権および回路配置利用権等が存する。これらは，近時その産業的経済価値が認識され，各々その客体の特殊性に従って，特別法で知的財産権として保護されるに至ったものである。ともに，人間の精神的な創作的活動の成果にかかわる権利である。

1　育成者権

　育成者権は，品種登録を受けた植物品種，およびその従属品種もしくは交雑品種，およびこれらと区別性のない植物品種を，業として利用しうる絶対的な排他的独占権である（種苗20条）。植物品種保護権とも称する。主として，種苗法（平成10年法83号）によって規制されている。

　戦後，公共育種のみならず民間育種が活発化し，その規模が拡大して内容も高度化するに及んで，植物新品種の交流や育種素材としての利用の必要性が内外にわたって認識されてきた。かかるなかで西欧諸国を中心に，1961年に「植物の新品種の保護に関する国際条約（UPOV）」が成立したことを受けて，わが国でも昭和53（1978）年に農産種苗法を種苗法と改正し，植物品種育成の振興を図り，農林水産業の発展を目的として本権利は認められてきたものである。そして，植物品種においては，特許法上の発明性をはじめ，後述のような種々の問題の存することから，特許法とは別の特別法による保護の途が設けられたわけである。

　しかし，近時のバイオテクノロジーの進展や種苗流通の国際化に伴って，1990年3月にUPOV条約が全面改正され（1998年発効），これに適応する形で平成10年わが国も種苗法を全面改正し，新たに育成者権なる概念を明記するに至った。他方，このバイオテクノロジーの発展により特許法の分野においても，国際的には，植物特許（無性生殖——アメリカ）や植物品種保護法のほかに，一般特許法による選択的保護をも認めるに至ってきた（TRIPs27条3項(b)参照）。

　ここで植物品種とは，農林水産植物で重要な形質に係る特性の少なくとも1つによって他の植物体の集合と区別でき，かつその特性の全部を保持しつつ繁殖させることができる，既知の植物学上の最下位の分類群に属する植物体の集合をいう（種苗2条2項参照）。農林水産植物の範囲は全ての種子植物，しだ類，せんたい類，多細胞の藻類のほか，微生物についてはキノコ等政令で規定されている（種苗2条1項，種苗施令1条）。また，重要な形質に係る特性は，人為的に生じたものであると自然的に生じたものであるとを問わず，遺伝子型またはその組合せによる表現であり，環境変異を含まないが，必ずしも遺伝子型の構造が明らかである必要はない。なお，ここで重要なことは，農林水産業上の重要性の意ではなく，当業者からみて当該形質の差異が何らかの意味があれば足りる。この特性は，わが国では種苗法施行規則1条および農林水産省告示で各

区分ごとに定められている。そして，品種はかかる特性によって植物的に区別でき，かつその特性たる全ての遺伝形質は繁殖上類似でなければならない。植物分類学上，属間雑種，種間雑種のみならず，種（亜種）より下位の植物体の集合も含む。

かかる品種の開発には，従来より，選抜育種法，交配育種法，１代雑種育種法および突然変異育種法が用いられてきた。これらは，発見をも対象とし，かつほとんどが個人的技倆，熟練を必要とする点に特色が存する。近時，これらの育種法と併用して，この分野にも組織培養のほかに細胞融合，遺伝子組換等，いわゆるバイオテクノロジー応用育種法が導入されてきている。ゲノム解読によるDNAマーカー選抜育種法もその一つである。

このような開発技術の発達に伴って，特許法上の発明における反復可能性が植物の増殖過程ではなく，育成過程において肯定しうる場合も存在するに至ってきた。しかし，植物にあっては親品種を入手しえない限り，その生態的特性が刊行物に詳細に記述されていても，あるいはその開発を遺伝子的に考える上においては容易であっても，実際にその植物を作出することは極めて困難である。したがって発明性の認定に限界があり，また発明品にではなく，特許要件の発明思想における産業上利用可能性，新規性，進歩性の判断になじみ難い場合が多い。また，植物においては，突然変異，個人的技倆を要する選抜，淘汰，あるいは香り，味，色（例，40種の赤色）等の要因があり，これらを当業者が実施しうる程度に明細書に記載し，または図面に表示することは至って困難である。その上，特許制度の書面審査には自ずとその限界があろう。また，植物は工業製品とは決定的に異なって，自己増殖・分化全能性を有する。したがって，特許権の効力範囲に発明とはいえないこれらの生物学的特性をも含めない限り，特許権の効力は交雑品種を除いては無意味となり，また，これらの特性との関係で特許権の消尽説の適用には自ずと制限が存することになる。さらに，植物には生命体自体に必然的に起因する組織の不安定性や外的影響も存するので，その特性が喪失する場合も多い。しかし，特許法にはかかる場合の手続規定は未だ設けられていない。かかる諸問題の特許法上の検討，解決は，UPOV条約上育成者権と特許権との二重保護禁止規定を削除した現行条約下においては重要な問題といえよう。

2　回路配置利用権

　回路配置利用権は，登録を受けた回路配置を業として利用しうる，相対的な排他的独占権である（半導体11条）。主として，半導体集積回路の回路配置に関する法律（昭和60年法43号）によって規制されている。

　半導体集積回路は戦後アメリカの発明に係るものであるが，それが組み込まれた商品の機能，性能を高め，その小型化，軽量化および低廉化をもたらすものとして，現在，コンピュータをはじめ，家電製品，自動車，医療機器および通信機器等，広く産業上のみならず国民生活のなかでも利用されるに至っている。

　ここで，もちろん半導体集積回路そのものは発明として特許権の対象となる。しかし，その設計過程において，相対的に経費と労力のかかるのは回路配置であり，しだいにその財産的価値が認識されてきた。そして，半導体集積回路全体につき，特許要件たる新規性，進歩性を認める余地は極めて限られている。

　そこで，半導体集積回路の生産の先進国アメリカは，1984年に半導体チップ保護法を特別法の形式で制定し，わが国もこれにならって翌昭和60（1985）年に前記法律を制定した。なお，WIPOでも1983年にこの保護の重要性が論議され，翌1984年以来「集積回路についての知的所有権に関する条約」（IPIC条約）の検討がなされてきて，1989年に採択されている（1995年WTO協定発効に伴い一部発効，TRIPs35条）。

　ここで回路配置とは，一定のスペースに効率的に，回路素子とこれらを接続する導線を配置したものをいう（半導体2条2項）。

第4節　知的財産権法による重畳的・関連的保護

　知的財産権法による保護は，前節までに述べてきたように，その対象は各々異なっている。しかし，同一の知的財産であっても，数種の知的財産権法によって重畳的に保護がなされる場合も多い。また，先端技術の高度化・複雑化に伴って技術的に密接な関係のある，あるいはまた，手続的に密接な関連のある，相互発展的関係を有する一連の知的創作物が生じてきている。これらが複雑に錯綜している現在にあっては，この問題を明確に意識して，各知的財産権法の枠を越えて具体的な個々の知的財産への法的対応を正確に分析してゆくことは，ことに重要である。

第4節　知的財産権法による重畳的・関連的保護

1　重畳的保護を受ける知的財産

　まず，一般的にこれをみると，発明は，営業秘密の要件を満たす限り不正競争防止法上の保護権で保護され，そのなかで特許要件を満たすものは特許を受ける権利として，さらに特許権で保護される。つぎに述べる実用新案，意匠の創作もこれに準ずる。また発明は，物品の形態に係るものであれば実用新案権，美感を有し工業上利用可能性があれば意匠権，部分的には著作権，立体商標として商標権および不正競争防止法上の保護権，植物品種であれば育成者権，また半導体に係る回路配置であれば回路配置利用権によっても保護される場合もある。

　つぎに，実用新案は，考案であることから，その限りでは部分的に特許権，物品の形態が美感をも有する場合には意匠権，さらに，それが立体標識としての機能を有すれば商標権および不正競防争防止法上の保護権によっても保護される場合もある。また，意匠は，それが美感を起こさせる創作物であることから，その限りで部分的には著作権，技術的性格をも有する場合には特許権および実用新案権，それが識別標識性を有するときには商標権および不正競争防止法上の保護権によっても保護される場合もある。

　さらに，商標は商標法および不正競争防止法上の保護権での保護のほか，美感をも有するときには，その限りで意匠権および著作権，音楽的要素を含むときには著作権，立体標識の場合には特許権および実用新案権によっても保護される場合もある。また，商号は商法・会社法および不正競争防止法上の保護権での保護のほか，商号商標として商標権によっても保護される場合もある。さらに，商品等表示は不正競争防止法上の保護権での保護のほか，商標権，部分的には著作権，特許権，実用新案権および意匠権等によっても保護される場合もある。

　その他に，植物はそれが植物品種であれば育成者権，植物またはその育成方法であれば特許権によっても保護される。なお，それらに限界がある場合には，間接的ではあるが商標等識別標識による保護も考えられる。また，回路配置はその創作的表現からは著作権，技術の意味からは特許権，実用新案権によっても保護される場合もある。

　つぎに，具体的対象からこれをみると，建築物，コンピュータ・プログラムは著作権，その技術的性格からは特許権によっても保護される。また，模型は

表3 実務上の主な法的保護のあり方

	工業所有権4法	他の工業所有権法	その他
1．アイディア	・特許権（特許法） ・実用新案権（実用新案法）	・営業秘密（技術上の秘密）（不正競争2①Ⅳ～Ⅹ）	・プログラム著作物その他創作的表現につき著作権法上の保護の可能性 ・植物品種につき種苗法，回路配置につき「半導体集積回路の回路配置に関する法律」による保護の可能性 ・デザインにつき2による保護の可能性 ・立体標識等につき3による保護の可能性
2．デザイン	・意匠権（意匠法）	・商品の形態（不正競争2①Ⅲ）	・応用美術につき著作権法上保護の可能性 ・1や3による保護の可能性
3．ブランド	・商標権（商標法）	・商品等表示（不正競争2①Ⅰ・Ⅱ）	・商号につき商法や会社法による保護の可能性 ・1や2による保護の可能性
（考慮事項）	注：上記保護のため登録が必要	注：上記保護のため登録は不要	注：上記のほか，取引上の表示や営業上の信用につき不正競争防止法（2①ⅩⅣ・ⅩⅤ），不法行為につき民法による一般的な保護の可能性

著作権，その技術的性格からは特許権および実用新案権，美感からは意匠権，さらにそれが識別標識性を有するときには商標権および不正競争防止法上の保護権によっても保護される。つぎに，著作物の題号は著作者人格権での保護のほか，商標権および不正競争防止法上の保護権，さらには限定的にではあるが著作権によっても保護される場合もある。

さらに，ノウハウ（技術的な営業秘密）は不正競争防止法上の保護権のほか，前述のように，特許等を受ける権利，場合によっては先使用権，および著作権によっても保護される。

そのほか，実務上の商品化権（merchandizing right）と称されるものについては，広義には団体や物の名称，標章または，実在人物のキャラクター等を包含するが，これらは商標権および不正競争防止法上の保護権，または肖像権ないしパブリシティの権利として保護される。しかし，通常は狭義に，小説，脚本ある

いは漫画，動画等の主人公のキャラクターや空想上のキャラクターやゆるキャラを，その有する顧客吸引力を利用して販売等を促進するために商品，役務の広告等に使用する場合をいう。この場合には，著作権および意匠権あるいは商標権により，また補完的に不正競争防止法上の保護権によっても保護されることになる。

●ポパイ・ネクタイ事件（最判平成9・7・17民集51巻6号2714頁）
——キャラクターの保護（後出329頁参照）

　「著作権法上の著作物は，『思想又は感情を創作的に表現したもの』（同法2条1項1号）とされており，一定の名称，容貌，役割等の特徴を有する登場人物が反復して描かれている一話完結形式の連載漫画においては，当該登場人物が描かれた各回の漫画それぞれが著作物に当たり，具体的な漫画を離れ，右登場人物のいわゆるキャラクターをもって著作物ということはできない。けだし，キャラクターといわれるものは，漫画の具体的表現から昇華した登場人物の人格ともいうべき抽象的概念であって，具体的表現そのものではなく，それ自体が思想又は感情を創作的に表現したものということができないからである。したがって，一話完結形式の連載漫画においては，著作権の侵害は各完結した漫画それぞれについて成立し得るものであり，著作権の侵害があるというためには連載漫画中のどの回の漫画についていえるのかを検討しなければならない。」

2　相互発展的関係を有する知的創作物

　現在では，特に先端技術の高度化・複雑化に伴って，技術的に密接な関係を有する一連の知的創作物が出現してきた。すなわち，コンピュータ・プログラムの作成における，その前段階でのプログラム記述書および後段階でのサポーティング資料がこの例である。後二者は従来の著作物ではあるが，コンピュータ・プログラムは新しい著作物として著作権法上特別な規制が存在するとともに，近時はその一部が特許権の対象ともされるに至っている。

　また，半導体作成におけるその前段階での回路配置図面および回路配置もこれに属する。半導体は特許権の対象ではあるが，その作成過程における回路配置図面は著作権で保護され，回路配置は回路配置利用権で保護されている。

　なお，狭義の工業所有権，育成者権および回路配置利用権の取得にあたっては，明細書，特許等請求の範囲，要約書，図面，写真，説明書，ひな型，その他の資料等を作成して提出しなければならない。これらは著作物性のある場合も存する。したがって，出願ないし申請によって取得した権利とともに，これらの書類等にも著作権が成立している場合のあることを看過してはならない。

このような，一連の知的創作物が技術的，実務的に密接な関係のある相互発展的関係を有するものにおいては，それらの職務上の創作の成否および権利の帰属等の問題をめぐり，産業界に複雑な対応を余儀なくさせることになる。

第3章　知的財産権の法的性格

第1節　概　要

　知的財産権は，前述のように著作物，発明，実用新案，意匠の創作，商標，商号および植物品種，回路配置等の知的財産を利用しうる排他的独占権と，営業活動上の公正な慣習に反する不正競争行為に対する保護権の総体である。前者は，排他独占的支配の点において，所有権と類似の性質を有するものである。しかし，所有権の客体が一定の動産，不動産のような一定の物理的空間を占める有体物であるのに対し，知的財産権においては，その客体が無形の思想の表白，発明，創作，または顧客吸引力のごとく観念的な無体物である点において，大きな相違点を有する。

　すなわち，所有権の客体たる動産，不動産は，観念的のみならず物理的にも存在し，したがって1人がこれを利用するときは，同時に他人が同様の利用をなすことが事実上不可能となる。これに対して知的財産権の客体は，物理的には存在せず，単に観念的なものであるので，所有権とは異なって事実上の占有が不可能である。したがって，1人がこれを利用すると同時に，他人もまた同様の利用を完全になすことが事実上は可能である。換言すれば，また，他人の競合的模倣，冒認も可能である点に特色がある。そこで知的財産権は，有体物を対象とする権利に比し，その発生や消滅につき著しい相違があるとともに，その権利の排他性は，有体物を客体とする権利のようにその性質に基づくものではなく，いわば人工的なものであって，完全ではない。したがってまた，侵害され易く，またその侵害行為を発見するのに相当の困難が伴うと同時に，その損害額の算定も困難であることに特色がある。デジタル時代を迎え，著作権にあっては特にこの傾向が強い。そこで法はこの面から後述［301頁］のごとく種々の対策や救済規定を置いている。

　また，知的財産権のこの排他的独占性は，他人の模倣，冒認のみを禁止する相対的なものと，さらには同一性あるものを独自に開発，採用した他人の，その利用，実施をも禁止する絶対的なものとに大別される。前者は，その開発，採用の活性化を図るもので，著作権，回路配置利用権等がこれに属し，後者は，

その利用，実施の活性化をも図り，あるいは混同を防止するもので，狭義の工業所有権，育成者権等がこれに属する。不正競争防止法上の保護権も，商品等表示，取引上の表示においては絶対的であり，営業秘密を含むその他の保護権は相対的なものといいうる。しかし，この権利の性質上の相異も，雑誌等で公表すれば法社会学的にはほとんど同一に作用する場合も存する。

つぎに，知的財産権のうち，著作権，特許権，実用新案権，意匠権，育成者権，回路配置利用権または技術上の営業秘密，物品の形態等は，既述のように人間の精神的な創作的活動に関するものであり，それらの客体たる著作物，発明，考案，意匠の創作，植物品種，回路配置，ないし技術上の営業秘密，商品の形態は，それ自体使用されると否とにかかわらず一定の財産的価値を有し，程度の差こそあれ，文化ないし産業の発展に寄与しうるので，その客体たる創作自体に対して，各々創作者ないし保持者に排他的独占権や保護権が認められている。

これに対して，商標，商号，商品等表示，取引上の表示等の産業活動における識別標識等に関する権利は，その客体たる商標等それ自体は，一般に人間の精神的な創作的活動とはいい難い場合が多く，したがって通常何らの価値を有するものではない。しかし，それら標識が実際に産業活動において使用され，識別作用を現実に発揮して顧客吸引力を獲得するに及んで一定の価値を有するようになり，その作用を通じて産業の秩序維持に寄与するので，これら標識の所有者に排他的独占権ないし保護権が認められているのである。このように産業活動における識別標識等は，その識別作用を通じての顧客吸引力および産業秩序維持を法的保護の本質とする点において，他の知的財産権と根本的に異なる。それゆえに，法の取扱いも異なっている。

なお，知的財産権の国際的保護規制における法的性格については，第7章第1節［343頁］を参照されたい。

第2節　公共上の制約

知的財産権は私権ではあるが，元来その客体は，創作にあってはいずれ人類の共用に帰せしむべき公共性を有し，また識別標識等にあってはそれ自体公共的なものである。それが排他的独占権として認められるのは，文化および産業の発達ないしは産業の秩序維持に寄与するがためである。したがって知的財産

権は，かかる文化的使命ないし産業的使命から，つぎのような種々の制限が加えられている。

(1) 存続（保護）期間の法定

　知的財産権は所有権と異なり，その存続（保護）期間が原則として有限である。この制約は一面政策的なものではあるが，他面，特許権，実用新案権においては本質的なものと関連している。すなわち，発明，考案等の人間の産業上における精神的な創作的活動は，本来，一定期間においては産業上の財産的価値を有するが，技術水準の時代的進展とともにその財産性は希薄化するからである。かかる事実を前提として，法は，産業政策的考慮から，創作的活動を保護奨励して，社会の技術水準を高める範囲内において，一定期間の権利の存続を認めて創作者に報い，他方それが時代遅れのものとなる以前に人類一般の利用に供して，産業のよりいっそうの進展を期待している。

　このような理由から，特許権の存続期間は出願日から原則20年とされている（特67条1項，TRIPs33条，なお平成6年特許法改正法附則5条2項・3項参照）。起算日を設定登録日としていないのは，審査請求をなすのが遅くまたは審査に手間どって，設定登録が遅延している場合には，特許出願後何年も経過してすでに社会の技術水準からみて常識化してしまった発明にまで引き続き独占権を認めることになり，かえって社会の技術進歩を阻害する危険性もあるからである。実用新案権の存続期間は，平成5年改正法で無審査主義への移行に伴って短縮され，出願日から6年とされていた（実旧15条）。しかし，同じ無審査主義を採ってきたドイツ実用新案法が1990（平成2）年改正で10年と延長されていたこともあって，平成16年改正法は再びこれを出願日から10年とした（実15条）。ここで，特許権，実用新案権の存続期間の起算日と保護の始期とは，各国とも必ずしも一致していない。

　なお，安全確保等の法規制に基づく許認可等の処分により，特許発明の実施が妨げられている医薬，農薬（特施令3条）につき，その妨げられた範囲および期間に応じ，5年間を限度として，特許権者の存続期間満了前6月の前日までの出願に基づき，特許権の存続期間の延長登録制度が，アメリカにならって昭和62年改正法で採用された。この期間延長登録制度は，当初2年以上特許発明の実施が妨げられている場合のみ認められていた。しかし，平成11年改正法は

第2節　公共上の制約

研究開発投資の十分な回収を図るべく上記2年の足切りを廃止し，かつ，許認可等が存続期間満了前6月の前日までに受けられないと見込まれる場合には，特許権者の延長登録出願により（特67条2項，67条の2。なお，同条4項は平成26年改正により本出願の期間徒過につき救済規定を設けている），審査官の審査に基づく第三者への周知開示手続を講ずることにより延長登録出願を存続期間満了まで可能とした（同67条の3，67条の4参照）。

●ベバシズマブ事件（最判平成27・11・17民集69巻7号1912頁）
——存続期間の延長（後出171頁及び207頁）［注：政令処分につき薬機法14条参照］

「特許権の存続期間の延長登録の制度は，政令処分を受けることが必要であったために特許発明の実施をすることができなかった期間を回復することを目的とするものである。法67条の3第1項1号の文言上も，延長登録出願について，特許発明の実施に政令処分を受けることが必要であったとは認められないことがその拒絶の査定をすべき要件として明記されている。これらによれば，医薬品の製造販売につき先行処分と出願理由処分がされている場合については……延長登録出願に係る特許発明の種類や対象に照らして，医薬品としての実質的同一性に直接関わることとなる審査事項について両処分を比較した結果，先行処分の対象となった医薬品の製造販売が，出願理由処分の対象となった医薬品の製造販売を包含すると認められるときは，延長登録出願に係る特許発明の実施に出願理由処分を受けることが必要であったとは認められないと解するのが相当である。」

「これを本件についてみると，本件特許権の特許発明は……がんを治療するための組成物に関するものであって，医薬品の成分を対象とする物の発明であるところ，医薬品の成分を対象とする物の発明について，医薬品としての実質的同一性に直接関わることとなる両処分の審査事項は，医薬品の成分，分量，用法，用量，効能及び効果である。そして，本件処分に先行して，本件先行処分がされているところ，本件先行処分と本件処分とを比較すると，本件先行医薬品は，その用法及び用量を『他の抗悪性腫瘍剤との併用において，通常，成人には，ベバシズマブとして1回5 mg／kg（体重）又は10mg／kg（体重）を点滴静脈内投与する。投与間隔は2週間以上とする。』とするものであるのに対し，本件医薬品は，その用法及び用量を『他の抗悪性腫瘍剤との併用において，通常，成人にはベバシズマブとして1回7.5mg／kg（体重）を点滴静脈内注射する。投与間隔は3週間以上とする。』などとするものである。そして，本件先行処分によっては，XELOX療法とベバシズマブ療法との併用療法のための本件医薬品の製造販売は許されなかったが，本件処分によって初めてこれが可能となったものである。以上の事情からすれば，本件においては，先行処分の対象となった医薬品の製造販売が，出願理由処分の対象となった医薬品の製造販売を包含するとは認められない。」

●オキサリプラティヌム事件——延長された特許権の効力範囲（後出171頁及び207頁参照）

つぎに，著作権，意匠権においては，文化ないし産業政策的見地から，一定期間の独占権を認めて創作者を保護した後は，人類一般に開放してさらに新しい多くの創作を期待している。このような理由から，意匠権の存続期間（保護期間）は設定登録日より15年とされていたが，平成18年改正法は，海外からの流入模倣品対策として，これを登録日より20年と改正した（意21条1項，なお，同条2項，TRIPs26条3項参照）。また著作権の保護期間は創作時より，原則として著作者の死後50年とされている（著51条，なお52条2項・57条，ベルヌ条約7条3項但書・同条5項但書・7条の2，TRIPs12条参照）。なお著作権については，無名・変名，団体名義，プログラムの職務著作および映画の著作物（著52条〜54条，なお56条・58条，ベルヌ条約7条参照），現行法の不遡及（著附則2条1項）等の規定のほか，外国著作物についての相互主義（著58条，ベルヌ条約7条8項，万国著作権条約4条4項，万国著作権条約の実施に伴う著作権法の特例に関する法律3条1項），保護期間の戦時加算（連合国および連合国民の著作権の特例に関する法律4条，日本国との平和条約15条(c)，25条参照）等の例外が存する。なお，映画の著作物の保護期間については，上記原則的保護期間より実質的に短いこと，および先進諸外国の保護期間延長化傾向を受け，平成15年改正法で公表後70年に延長されている（著54条）。

●**チャップリン事件**（最判平成21・10・8判時2064号120頁）
――映画の著作物に係る著作権の保護期間

「著作者が自然人である著作物の旧法による著作権の存続期間については，当該自然人が著作者である旨がその実名をもって表示され，当該著作物が公表された場合には，それにより当該著作者の死亡の時点を把握することができる以上，仮に団体の著作名義の表示があったとしても，旧法6条ではなく旧法3条が適用され，上記時点を基準に定められると解するのが相当である。

これを本件についてみるに，本件各映画は，自然人であるチャップリンを著作者とする独創性を有する著作物であるところ，上記事実関係によれば，本件各映画には，それぞれチャップリンの原作に基づき同人が監督等をしたことが表示されているというのであるから，本件各映画は，自然人であるチャップリンが著作者である旨が実名をもって表示されて公表されたものとして，その旧法による著作権の存続期間については，旧法6条ではなく，旧法3条1項が適用されるというべきである。団体を著作者とする旨の登録がされていることや映画の映像上団体が著作権者である旨が表示されていることは，上記結論を左右しない。」

「本件各映画の著作権は，その存続期間の満了により消滅したということはできない。」

なお，著作者人格権および実演家人格権の保護期間は著作者の生存中であるが（著59条・101条の2），その保護は以後も図られている（同60条・101条の3）。また，著作隣接権の保護期間は，レコードにあってはその音を最初に固定した時（マスターレコード製作時），実演，放送，有線放送にあっては各々の行為を行った時から開始し，それぞれレコードにあっては原則としてその発行（同4条の2）が行われた日，実演，放送，有線放送にあっては各々の行為が行われた日の属する年の翌年から起算し，50年とされている（同101条，なおTRIPs14条5項，WPPT17条，著附則2条3項，平成14年著作権法改正法附則8項参照）。

また，育成者権の存続期間は，農業政策的見地から特許権より長く，一般的には登録の日から20年，永年性植物にあっては25年とされており，平成17年改正法ではさらに長く，各々25年，30年と延長されるに至っている（種苗19条）。なお，回路配置利用権の存続期間は，国民経済的見地から設定登録の日から10年とされている（半導体10条2項，なおTRIPs38条参照）。しかし，後者においては，登録前の模倣回路配置につき，一定の要件のもとに補償金請求権が認められている（半導体27条参照）。

しかし，創作的行為をも内包する営業秘密および商品の形態の不正競争行為に対する保護権については，後者は日本国内における発売後3年間の期間が定められているが（不正競争19条1項5号イ），前者についてはその定めがない。したがって，営業秘密は年月の経過によりその有用性が失われたり実際に公知となった場合は別として，炭酸飲料「コカ・コーラ」の調合法の例のように，その保護要件を満たす限り無限に法律上保護されることになっている。

これらの人間の精神的な創作的活動に関する権利に対して，産業活動における識別標識等は，本来，それが使用されて現実に識別力を発揮し顧客吸引力を有している限り，常に財産的価値が存すると同時に産業の秩序維持に寄与している。顧客吸引力を害する不正競争行為に対する保護権もこれと同様である（ただし，不正競争19条1項5号イ）。したがって，それは人間の精神的な創作的活動の場合とは異なり，無限に存続されるべき性質を有する（商登33条1項2号・34条2項，TRIPs18条参照）。しかし商標権に関しては，法はいちおう不使用登録商標の整理的意味から，設定登録日より10年の存続期間を定め，他方，引き続き使用する者に対しては逐次その期間の更新登録の申請を認めている（商標19条，なお20条～23条参照）。防護標章登録に基づく権利も同様である（同65条の2・65条

の4～65条の6)。したがって，他の知的財産で識別標識性を有するものは，この商標権による保護も一計である。

(2) 権利公示手続

　知的財産権のうちの排他的独占権は，その客体が無体物であるにもかかわらず，法的に排他的独占権が認められているので，第三者の権利関係に及ぼす影響が大きい。そこで法は各効果は異なるが，登録（著78条1項・78条の2・88条・104条，特27条，ただし184条の12の2参照，実49条，意61条，商標71条，種苗52条，半導体7条）または登記（商11条2項，会社911条～914条，商登27条～34条）の制度を採用し，かつ官報（著78条3項）または特許等公報（特193条，実53条，意66条，商標75条，特例13条，なおパリ条約12条2項参照）で公示し（種苗18条3項，半導体7条3項参照），第三者の保護を図ると同時に，他人による権利の利用にも供している。また，何人にも原則として，登録，登記簿等の閲覧および謄抄本等の交付請求権を認めているのも（著78条4項，特186条1項，実55条1項前段，意63条，商標72条，特例12条，商登10条～11条の2，種苗53条，半導体48条），これと同様の理由による。

　しかし，平成20年改正特許法・実用新案法は，特許権・実用新案権に係る通常実施権，および同年改正特許法で創設された仮通常実施権の登録による効力の強化（特旧99条1項，実旧19条3項，特旧34条の4・34条の5）を図るため，その関係者の利益を害するおそれのある範囲で登録事項の開示を利害関係人のみに制限した。そのうえ，平成23年改正同法は，後述の如く疑問の余地もあるが，通常実施権および仮通常実施権の登録制度を廃して当然対抗制度を導入した［237頁］。その結果，通常実施権および仮通常実施権に係る権利変動は開示制度から除外されている（特186条，実55条1項参照）。

　なお，特許等公報については，平成2年の工業所有権に関する手続等の特例に関する法律により，従来の紙媒体に代えて磁気ディスクにて発行できるとされてきた（特例13条1項）。しかし，期間の短縮と利用者の閲覧等の利便性を考慮して，平成16年同改正法により，インターネットを利用して公報を発行しうることにした（同条2項・3項）。

(3) 権利の不発生

　知的財産権としての排他的独占権が認められる理由は，前述のようにその客

体の文化的，産業的使命からである。したがって，人間の精神的な創作的活動は文化および産業の発展という観点から，また産業活動における識別標識は産業秩序の維持およびその他の政策的な観点から，知的財産権としての積極的要件を具備しつつ，なおかつ排他的独占権が認められない場合がある。これらは，知的財産権発生の消極的要件と一般に称せられているもので，本書では第4章第2節2(2)［111頁］を参照されたい。

(4) 実施（使用）ないし増殖販売義務

知的財産権のうち，競業的色彩の強い狭義の工業所有権においては，それらが絶対的な排他的独占権であることから，権利の不実施ないし不使用による，他の競業者に及ぼす妨害的作用ははなはだしい。すなわちこの場合，本来産業技術の発展ないしは秩序維持に寄与すべき工業所有権は，それが絶対的な排他的独占権であるがゆえに，逆にそれを阻止する作用をなすにすぎない。工業所有権の産業的使命よりして，かかる場合にまで排他的独占権を認めておく理由がない。のみならず，産業活動における識別標識は，使用されて生ずる顧客吸引力を保護するものであるので，不使用標識を保護する根拠もない。したがってパリ条約は，特許権・実用新案権および商標権の不実施ないし不使用に対して，強制実施許諾および権利の取消しを規定している（パリ条約5条）。

わが法制も，特許権，実用新案権につき，例えばその実施が国内でなされず，あるいは国内で実施しても単に名目的なものであって，継続して3年以上国内で適当に実施されていない場合で，天災，法人の清算中および為替管理，輸出入禁止等という正当な理由のないときに，特許庁長官の裁定による強制実施許諾を規定している（特83条～91条の2，実21条。なおパリ条約5条A項，TRIPs31条(f)参照）。

また，産業活動における識別標識は，産業秩序維持の目的から強制使用許諾制度になじまない。そこで，商標権については，商標権者等が正当な理由なく継続して3年以上国内で使用していない場合に，権利の取消審判制度を規定している（商標50条。なおパリ条約5条C項2号参照）。また，平成8年改正商標法は，不使用登録商標対策の強化を図り，この審判制度改正（商標50条3項）のほか，登録料の一括払いに加えての分納制度の導入（同41条の2），連合商標制度（商標旧7条）（第6章第1節4(4)［294頁］参照）の廃止等の改正を行っている。

なお，登記商号については，正当な理由なく2年間使用しないときには商号を廃止したものとみなして，当該商号を使用しようとする者にその登記の抹消請求を認めている（商登33条1項2号・34条）。さらにドイツの学説・判例は，かかる工業所有権の不実施ないし不使用に対し，特に商標権についてではあるが，失効の理論(Verwirkung)を採用している。これは権利濫用の場合の一つであり，登録主義の形式性を是正しようとするものであって，わが国でも「銀河」事件（東京高判昭和30・6・28高民8巻5号371頁），「梅花堂」事件（大阪高判昭和40・1・22下民16巻1号63頁）等，この理論によって説明する学者も存在する。

これに対して，意匠権においては，それが，流行的要素もあり，またその制度の目的が産業技術の発展ではなく，販売の促進にあることから不実施による競業上の弊害も少ない。したがって，前述のような実施義務は存在していない（なおパリ条約5条B項参照）。著作権においても，それが著作者人格権とも関連し（著18条），かつ相対的な排他的独占権であることから，かかる意味における継続的複製ないし利用等の義務は存しない。出版権者における継続出版義務も（著81条1号ロ），複製権者と出版権者との利益調整規定にすぎない。

他方，育成者権も，新品種の広汎な普及を図る農業政策的見地からすれば，それが狭義の工業所有権と同様に絶対的な排他的独占権であることから，その増殖販売等がなされない場合の妨害的作用が大きい。したがって，継続して2年以上国内で適当に利用されていない場合においては，特許権等と同様の，農林水産大臣の裁定による強制利用許諾制度が規定されている（種苗28条，なおUPOV17条参照）。

(5) 権利の正当行使義務等

権利の行使は信義誠実になすことを要し，その濫用は許されないのは当然であるが（民1条2項・3項），公益性を有する知的財産権においては，特にこの点の考慮が必要とされる。前述(4)の実施ないし使用義務もその一例であるが，独占禁止法が著作権法ないし工業所有権法による「権利の行使と認められる行為にはこれを適用しない」旨明記しているのも（独禁21条），かかる趣旨から理解されよう。ここで何が「権利の行使と認められる行為」か否かは困難な問題であるが，排他的独占権たる著作権ないし工業所有権が，文化ないし産業の発展および産業の秩序維持という根拠から認められるところから，かかる文化的な

いし産業的使命に具体的に反しないか否かによって決めてゆくべきである。本書では第5章第5節1〔254頁〕を参照されたい。

知的財産権の正当行使は，主として実施権ないし利用権設定契約，権利の譲渡および権利侵害の救済との関係で問題とされる。

知的財産権における排他的独占権の濫用に対処する方法として，一般的には権利濫用の抗弁が存するが（民1条3項，なお権利無効の抗弁〔特104条の3，実30条，意41条，商標39条〕もその一つといえよう），著作権については強制利用許諾制度（著67～70条）が，特許権，実用新案権については強制実施許諾ないし権利の取消しの制度（特93条，実23条）が，また識別標識については，誤認が生じた場合には責任の負担ないし取消しの制度（商標51～53条）が存する。識別標識について強制使用許諾の制度がないのは，それが，かえって産業秩序の混乱を招来することによる。

営業活動上の公正な慣習に反する不正競争行為については，不正競争防止法により，その差止め（不正競争3条），損害賠償（同4条），信用回復措置（同14条）および罰則（同21条・22条）等という形で，営業活動の正当なる行使が義務づけられている。もっともわが国不正競争防止法は，不正競争行為者と営業上の利益を害されるおそれある者との関係においての規制であるので，先進諸外国の消費者一般の保護に比べいまだ弱いものである。

商標権についてはさらに商標法によって，それを濫用して自他商品・役務の混同や商品・役務の品質誤認を生ずるような使用が行われた場合には，一般公衆の利益を保護するために，かかる商標登録の特許庁による取消審判制度が規定されている（商標51条・52条の2・53条）。何人もこれらの審判を請求できる点においては，消費者保護が図られている。そして取消審決を受けた商標権者およびこのような使用をした使用権者は，審決確定の日から5年後でなければ，取り消された登録商標と同一または類似の商標の登録を受けることができないとされている（同51条2項・52条の2第2項・53条2項）。独占禁止法の場合と異なり，専用ないし通常使用権自体の取消し（独禁100条1項1号）ではなく，全てこれら使用権者の濫用も商標権自体の取消しとしている点では，使用許諾の弊害防止の意味で極めて効果的ではある。

しかし，51条は商標権者の濫用については故意が要件とされ，かつ商標権者が登録商標をそのまま指定商品・指定役務について使用している限り，誤認混

同が生じても取り消されないし，52条の2は商標権者に不正競争の目的がない限り混同が生じても取り消されない。また，53条の使用権者の濫用についても商標権者が相当の注意をしていたことが立証された場合には，これらと同様に取り消されない。これらの点で，いまだ消費者保護は完全ではない。

　商号権についてはさらに商法・会社法によって，不正競争防止法とほぼ同様の規定が設けられている。すなわち不正の目的をもって他の商人または会社であると誤認されるおそれのある名称または商号の使用は禁じられ，それにより営業上の利益を侵害されまたは侵害されるおそれがある場合には，差止請求ができる旨規定されている（商12条，会社8条）。しかしこれも，名称・商号使用者と商号権者との関係においての規制であるので，不正競争防止法と同様消費者保護には弱いものである。また商法・会社法は名板貸の責任について規定している（商14条，会社9条）。すなわち自己の商号の明示または黙示の使用許諾を行った商人ないし会社は，自己を営業主・事業主であると誤認して取引をなした第三者に対して，その取引により生じた債務について使用権者と連帯して弁済の責任を負う。これは表見的な営業主・事業主と取引する第三者の信頼を保護しようとする，特別の法定責任である。個別的取引に関する履行責任である点では，消費者保護に対する限界がある。ここで，第三者は善意無過失であることを要するものと解される。

　なお商法は商標法と異なり（商標24条の2参照），商人の商号の譲渡に営業との牽連性を要求し，一般消費者の保護を図るとともに（商15条），さらに営業・事業の譲渡において譲受人が譲渡人の商号を続用する場合に，債務者の保護を図っている（同17条・18条の2，会社22条～24条）。

　以上のほか，育成者権については種苗法によって，上記の権利の正当行使義務と似て非なる，保護客体の特性保持義務ともいえるものが存する。これは権利客体が植物体であることに基づくもので，登録品種の特性の均一性，安定性が失われた場合には，農林水産大臣により品種登録が取り消されるものとされている（種苗49条1項2号）。この際には，通常，権利者に資料の提出を求め，現地調査または栽培試験が行われる（同47条）。消費者保護の性格をも有する点では，上記と共通するものが存する。

(6) 権利の効力の限界

　知的財産権も，財産権の一種として憲法29条の保障を受ける。しかし，財産権が公共の福祉のために社会的制約に服すると同様に（憲29条2項・3項，民1条1項），知的財産権もそれが高度の文化的，産業的使命を有することから，その効力も種々の制約を受ける。

　これは公共の利用のための(イ)強制許諾制度と(ロ)権利の効力の制限との2つに大別される。

(イ)　公共の利用のための強制許諾制度

　(a)　著作権（著67条～70条，103条，万国著作権条約の実施に伴う著作権法の特例に関する法律5条）

　著作権はその著作物およびその利用の公共性から，特定の場合に，文化庁長官の裁定を得て，補償金を支払いまたは供託して当該著作物を利用しうる旨規定している（著67条～70条，なお71条～74条，103条参照）。

　すなわち，①公表著作物または相当期間公衆に提供され，提示されている著作物で，利用しようとする者が当該著作権者等またはその居所の不明等の理由で相当な努力を払っても著作権者等と連絡することができない場合（著67条1項），②公表著作物の放送につき，放送事業者が当該著作権者と協議し，協議がととのわない場合，または協議ができない場合（同68条1項），および③国内で第1発売された商業用レコードで（同2条1項7号），販売後3年を経過した場合に，当該レコードに著作権者の許諾を得て録音されている音楽著作物につき，録音して他の商業用レコードを製作しようとする者が当該著作権者と録音または公衆への譲渡につき協議し，協議がととのわない場合，または協議ができない場合（同69条）の3つである。

　なお①の場合には，著作権者と連絡することができない場合の立証でその日時がかなり費されていたことから，平成21年改正法はその相当の努力の基準およびそれを疎明する資料等を政令で規定し（著施令7条の7・8条），かつ裁定申請の際に担保金を供託することにより，裁定前でも暫定的に対象著作物を利用できることとし（著67条の2），さらにこれらの制度を著作隣接権についても準用することにした（著107条1項）。しかし，著作者ないし実演家等の死亡時が不明で，連絡をとるべき「権利者」が存するか否か不明の場合には①の適用には限界があろう。

これらの対象は，全て著作者人格権との関係から公表著作物ないしこれに準じたもの（著67条1項・67条の2第1項但書参照）とされており，①の場合には裁定に係る複製物たる表示と裁定に係る年月日を付さなければならない（著67条3項・67条の2第2項）。また，②の場合には裁定の付随的効果として，放送される著作物を有線放送しまたは受信装置を用いて公に伝達することができるとして，その無許諾利用を認めている。この場合にも放送事業者は補償金を支払わなければならないが，それが裁定の場合とは異なり利用条件ではないことから，次の「(ロ)公共の利用のための権利の効力の制限」[66頁・184頁]で述べる私的使用のための複製（同30条2項），教科用図書等への掲載（同33条2項），教科用拡大図書等の作成のための複製等（同33条の2第2項），学校教育番組の放送等（同34条2項），試験問題としての営利複製等（同36条2項），映画フィルム等の非営利・無料の貸与（同38条5項）および36条2項の翻訳による利用（同43条2号）等における無許諾利用とその性質を同じくする。

　つぎに，③の場合は，音楽著作物の著作権者が特定のレコード会社と専属契約を結ぶことの多いわが国の実状から，現行法で新設されたものである。録音権の長期独占から生ずる著作物の死蔵化や利用の大幅な制限を防止してその利用を容易にし，音楽文化の向上を期すためである（なお著附則11条1項参照）。

　なお，以上の裁定制度の他に，万国著作権条約で保護を受ける著作物で，発行日の翌年から起算して7年以内に日本語で翻訳物が発行されない場合，または絶版になっている場合に，翻訳および発行の許諾がとれないときは，文化庁長官の裁定を受け，所定の補償金を納めて翻訳，発行することができる（万国著作権条約5条2項，万国著作権条約の実施に伴う著作権法の特例に関する法律5条）。

　(b)　特許権，実用新案権，育成者権（特93条，実23条，種苗28条，なおUPOV17条参照）

　競業的色彩の強い狭義の工業所有権や農業政策的考慮の必要な育成者権は，前述のように利用（実施，使用）ないし特性保持義務があるが，特に特許権，実用新案権，育成者権においては，発電，ガス，水道，医薬および防災，環境等に関する発明考案や，食糧危機，生産減退，品種の普及等のように，その実施ないし増殖販売が特に公共の利益に関係する場合がある。このよう

な場合には，その公共性にかんがみ，何人もこれらの権利者ないし専用利用（実施）権者と協議し，協議がととのわない場合等には経済産業大臣または農林水産大臣の裁定を得て，対価を支払いまたは供託して当該発明，考案を実施し，あるいは当該植物品種を増殖販売しうる旨規定されている（特93条，実23条，種苗28条）。

　特許，実用新案に関する上記規定は，技術導入の自由化に伴って生じうる技術独占の弊害の対策として昭和43年以来注目され，この「公共の利益」の概念のもとに，従来の通説たる国民生活に直接関係する場合のほか，間接的な国民経済的考慮をも包含する旨指摘されている。それによれば，企業倒産等によって，①大量失業者の発生のおそれ，②巨額の既存設備の廃棄のおそれ，③基幹産業，重要輸出産業，先端技術分野の産業の健全な経済的・技術的発展に著しい阻害のおそれ等の事態が生じ，「その結果国民経済に重大な悪影響がもたらされる場合」も含まれると解している。しかし，かかる解釈はその経緯及び比較法的見地からは問題が存する。

　意匠権，商標権，商号権等にはこのような意味の公共性はない。なお，パリ条約5条は本条のような公益上必要な場合には適用されない旨リスボン改正会議で明確にされたのでその抵触の問題は生じない（なおTRIPs31条(b)・(c)・(f)・(k)参照）。

(ロ)　公共の利用のための権利の効力の制限

　知的財産権の効力は，公共の利用のため種々の制限に服する。なかでも，著作権における著作物の利用は，著作者自身において行われるのはごく稀で，他人において利用されるのを通常とする。そして，著作権の支分権は種々であり，それが絶対的な排他的独占権ではなく，人格的要素もあることから，前述のごとく（本節(4)［60頁］），継続的利用義務が存しない関係もあって，この制限に服する場合が多い。したがって，他の知的財産権も含め，この知的財産権の効力の制限は知的財産権の積極的効力を説明した後に解説するのが理解し易いと思われるので，本書では第5章第2節［184頁］以下で解説することにする。

(7)　相続人等不存在による権利の消滅

　知的財産権も一般の財産権と同様に相続の目的となる。一般に相続財産は，

相続人がいない場合には，国庫に帰属するのが原則である（民959条）。しかし，知的財産権においては，国庫に帰属せずに消滅するとされている（著62条1項1号，なお103条参照，特76条，実26条，意36条，商標35条，種苗24条2号，半導体15条2号，なお商号もかかる場合にはその登記の抹消請求が認められている〔商登33条1項1号・2号〕）。また，法人が解散した場合にも，処分のなされない残余財産は国庫に帰属するのが原則である（一般社団法人及び一般財団法人に関する法律239条3項）。しかし，この場合も知的財産権は国庫に帰属せずに，消滅する旨規定しているのが通常である（著62条1項2号，種苗24条1号，半導体15条1号）。狭義の工業所有権法には法人が解散した場合の規定を欠くが，同様に解すべきであろう。なお，共有者の1人が相続人なく死亡した場合には，その者の持分は消滅せずに，他の共有者に帰属する（民255条）。

　元来，知的財産権はその客体が無体物であることから，有体物と異なり，常には権利の帰属主体を確定する必要性は存しない。そこで，上記規定は，かかる知的財産権の文化的，産業的使命から，これを国庫に独占させるよりも，むしろ人類社会の公有として一般世人に広く自由に利用させようとするものである。なお，著作者人格権は著作者の死亡，法人の解散等により，実演家人格権は実演家の死亡により消滅する（著59条・101条の2，なお同60・101条の3参照）。

第3節　権利の不安定性

　知的財産権は，後述のように創作と同時に，また登録，登記により発生し，あるいは他人の不正競争行為に対して認められる財産権である。この点，著作権法は，著作権につき創作と同時に権利が発生する無方式主義を採用している。また，実用新案権も平成5年改正法により無審査主義に移行した。したがって，ともに無審査ゆえに，はたしてそれらの客体が権利としての適格を有しているものであるか否か，換言すれば，それが法的に保護されうるものであるか否かの確定的判断は極めて困難であり，実際は訴訟が終了してはじめて判明するにすぎない。そこで，実用新案法はこの点に対処して，実用新案技術評価制度を採用している（実12条［138頁］）。この評価の範囲は保護要件の全てではなく，かつその手続も簡略ではあるが，いちおう権利の安定性を図るものといいうる。

　この点，実用新案を除く狭義の工業所有権法は，特許権，意匠権および商標権の発生につき厳格な審査制度を採用し，かつ登録主義を採用して権利発生の

第3節 権利の不安定性

明確化を期している。したがって，この点著作権および実用新案権におけるよりもかなり権利の実在性は明確である。しかし，審査制度によって実質的保護要件の不備を，漏れなく見出すことは到底不可能であり，法はかかる事態を当然に考慮して，実用新案をも含めて無効審判制度を採用している（特123条，実37条，意48条，商標46条）。これによって，所定の無効理由の存することが判明した場合には，これらの権利は原則としてはじめより発生しなかったものとして取り扱われる（特125条，実41条，意49条，商標46条の2）。また，平成16年改正法は無効審判により無効とされるべきものと認められる場合には，権利行使が認められないこととした（特104条の3，実30条，意41条，商標39条）。それゆえに，かえって権利存在の外形のみに信頼して，その実在性を確認しえない欠点が存する。かかる権利の不安定性を多少緩和する意味で，従来よりいわゆる中用権の制度を採用し（特80条，実20条，意30条，商標33条）（第5章第2節2(2)(ロ) [216頁] 参照），平成23年改正法も冒認に係る特許権移転の登録前の善意の実施者等保護の規定を設けている（特79条の2，実26条，意29条の3．82頁参照）。また，商標法では一定の無効理由については無効審判の請求につき，その設定登録の日から5年の除斥期間を法定している（商標47条）。しかし，これ以外の狭義の工業所有権に関する無効審判の請求の除斥期間については，国際通信手段の整備に伴う外国刊行物情報の入手の容易化に伴って，昭和62年改正法で廃止されている。さらに，平成6年改正特許法および平成8年改正商標法は，権利の早期設定を図るために，出願の審査手続における出願公告・異議申立制度を廃し，権利付与後の異議申立制度（特旧113条～120条の6，商標43条の2～43条の15）に移行させた。その結果，異議申立期間経過前の権利の不安定性は多少増大したが（商標43条の3第3項参照），平成15年改正法は，特許権につき，国際的動向に反してこの異議申立制度を廃して,これを当事者系の無効審判と一体化した。これにより，特許権の不安定性は更に増大した。そこで,平成26年改正法は多少の修正を伴って，平成6年改正特許法の権利付与後の異議申立制度（特113条～120条の8）を復活することにした。

また，育成者権も厳格な審査主義を採り，かつ登録主義を採用して権利発生の明確化を期している。しかし，保護要件の不備に対しては職権取消手続が採用されており（種苗49条1項1号），登録品種の特性が失われた場合も品種登録は取り消されることとされている（同49条1項2号）。したがって，権利客体が植

物体であることも手伝って権利の不安定性は増幅されうる。回路配置利用権は登録主義は採用しているが形式的審査であり（半導体8条），かつ保護要件の不備に対し職権抹消手続が採られているので（同9条），権利の不安定性は少なくはない。

　つぎに，商法は商号専用権の発生につき無審査制度をとり，専用権は登記とは関係なく，「不正の目的」による他人の誤認をひき起こすおそれのある使用に対して認められている（商12条，会社8条）。したがって，この目的の判断いかんによっては専用権は否定されることになる。

　なお不正競争防止法は，営業活動上の成果である，顧客吸引力を害しあるいは他人の創作を盗用する行為等に対する保護権を規定している。したがって，その保護のために周知性および類似・混同，著名性，模倣，不正，誤認等の実質的要件を必要としていることから，やはりその判断いかんによってはその保護権は否定されることになる。

　以上のように，知的財産権は法的に極めて不安定な権利であるが，さらにその財産性は，所有権等と異なって，文化，産業技術の急激なる進歩，文化，流行および消費者嗜好の変化，および標識の普通名称ないし記述的名称化等によって，実質的に減少退化していくという事実上の性格を有する。それゆえに，知的財産権の不安定性は倍加されている。

　したがって，知的財産権の譲渡もしくは利用権の取得に際しては，十分権利の実質について注意を払うと同時に，さらに知的財産権の管理においても，その財産性の減退化を防ぐべく努めなくてはならない。

第4節　権利客体の範囲の不明確性

　知的財産権はその客体が無体物で観念的なものであり，物理的実体を有しえない。したがって，その権利客体の範囲の正確な把握は一般に困難である。

　この困難性は，知的財産権のなかでも，思想自体の創作性を問題とし，その思想自体に重点の置かれる特許権，実用新案権において最も顕著である。これらにおいては，書面の記載を通じて思想を把握しなくてはならない。したがって，法は出願書類の作成にあたって「請求の範囲」を願書の必要的添付書類とし（特36条2項・5項・6項，実5条2項・5項・6項），権利発生以前の出願手続段階においては種々の補正を認め（特17条～17条の3，実2条の2），権利発生後は

第4節　権利客体の範囲の不明確性

権利客体の技術的範囲の解釈基準を規定し（特70条，実26条），技術的範囲に関する特許庁の判定制度のほか，平成11年改正法は裁判所からの嘱託鑑定について規定を明文化し（特71条・71条の2，実26条），また，訂正審判ないし訂正の制度を設けている（特126条，実14条の2）。さらに，技術的範囲の解釈の実際として，「均等論」が用いられ，また公知事実や出願経過の参酌の問題等も論じられる。

　これに対し，表現過程における創作性を問題とし，その表現形式に重点の置かれる著作権においては，権利客体の範囲把握の困難性は比較的少ない。そこで，著作権法は権利範囲把握に関する特段の規定はなく，一般的な紛争解決斡
旋
せん
制度を文化庁に設けるにすぎない（著105条〜111条）。この点，意匠権はその客体が思想ではあるが，やはりその表現形態に重点が置かれているので，著作権と同様，権利客体の範囲把握の困難性は比較的少ない。ただ，特許権，実用新案権と同様に特許庁により，かつ出願手続を経て権利が発生することから，特許権等の場合とほぼ同様の規定が設けられている（意68条2項，特17条3項・4項，意60条の3・24条・25条・25条の2）。しかし，訂正審判ないし訂正の制度は，権利客体との関係で存在しない。

　つぎに，産業活動において使用される識別標識である商標，商号等においては，前述の精神的な創作活動上の諸権利とは異なり，単にその標識の表現形態のみに重点が存する。しかし，商標権においては，意匠権におけると同様の理由から，補正（商標77条2項，特17条3項・4項，商標68条の40），登録商標等の範囲の確定基準（商標27条）および「商標権の効力」に関する判定制度や裁判所からの嘱託鑑定を規定している（同28条・28条の2）。元来，産業活動において使用される識別標識の保護権の客体は，前述のとおり顧客吸引力である。したがって，それは，誤認混同の概念を通じて，当該標識の使用の実態に即して時々刻々に，把握されなければならない。しかし，現行法ではかかる観点からの保護権の客体の範囲を把握する制度はなく（なお同4条1項15号・16号・64条参照），それは侵害訴訟を通じてのみ明確化されるにすぎない（商標67条，商12条・会社8条）。

　不正競争防止法上の保護権も，営業活動上の成果をその対象とし，行為の不正競争性に着目して認められることから（不正競争2条1項参照），その保護権の範囲は不明確であり，上記と同様のことがいいうる。

第5節　権利の共有

　知的財産権の共有も他の財産権の共有と等しく，権利自体の制限ではなく，権利の行使上の制限である。しかし，知的財産権においては特殊な取り扱いがなされているので，ここで共有の問題を取り扱う。知的財産権も財産権として共有が可能であり，この場合一種の準共有として，法令に別段の定めがない限り，民法の共有に関する規定が準用されている（民264条）。しかし，知的財産権法においては，客体の無体性ないし政策的考慮から，特別の規定を設けているものが多く，また規定を欠くものも，このような理由から必ずしも民法の規定の準用を認めるのは妥当でない場合が多い。

　知的財産権が共有となる場合は，2人以上の者が創作者として関与した場合，および権利の共有契約や承継の場合である。ただし，著作権の場合には，2人以上の者が創作者として関与していても，その各人の寄与が分離して個別的に利用できる場合には，結合著作物と称され，共同著作物ではないので，ただちに著作権の共有関係は生じない（著2条1項12号・65条1項参照）。しかし，共同著作物は著作権者間に明示または黙示の意思の連結を必要とする点で，前述の二次的著作物とも異なる。

●**細粒核事件**──共同発明（後出87頁参照）
●**平家物語英訳事件**（大阪高判昭和55・6・26無体12巻1号266頁）
　　──共同著作物
　「本件『英訳平家物語』は，著作権法上の翻訳著作物に該当するというべきところ……『英訳平家物語』作成の過程において控訴人が果した役割およびその成果に着目するならば，右『英訳平家物語』の創作には，控訴人独自の，被控訴人と対等の立場よりする，創意工夫や精神的操作が存在する，というべく，しからば，この点において，同法上，控訴人は，右『英訳平家物語』につき，共同著作者としての地位を有する，と認めるのが相当である。」
　「ただ……形式的には，控訴人が右英訳の全部にわたつて関与していない……しかしながら……控訴人の本件英訳に関する創意工夫は，被控訴人の本件英訳における創造的精神的活動に作用し，それが，控訴人の関与なしに行われたその後の本件英訳にも引継がれ，あるいはこれに強い影響をおよぼした，と推認することができ……しからば，控訴人の本件英訳の関与量が形式的には全体の約50パーセント相当であつても，同人の本件英訳における創意とその精神的労力は，右関与部分を超え，残余の約50パーセントの部分にもおよんでいる，と評価し，控訴人の本件英訳の関与量は，著作権法上，控訴人に本件『英訳平家物語』の共同著作者としての地位を認めるにつき，何等妨げとならない，というべきである。」

第5節　権利の共有

　元来，知的財産権は所有権とは異なって，客体に対する占有というものがない。したがって，知的財産権が共有にかかる場合においても，その利用においては，共有者は持分に応ずること（民249条）なく，また，フランスのように不実施共有者への補償をする必要もなく，自由に利用することができる。契約で別段の定めをした場合を除き，他の共有者の同意を必要としない（特73条2項，実26条，意36条，商標35条，種苗23条2項，半導体14条2項）。しかし，著作権においては，その行使が各共有者の人格的利益と密接に関係することもあって，その利用には各共有者の合意を必要としている（著65条2項）。

　ここで，知的財産権においても，持分について契約で別段の定めをしない限り，各共有者の持分は相等しいものと推定される（民250条）。しかし，この持分は，登録料または権利譲渡や利用許諾の対価分配との関係からであって，知的財産権の変動との関係からではない。しかし，その変動においては，各共有者の投下資本や企業規模の変更によって，各持分の実質的経済的価値は変動を受けるので，各持分は強く相互関連性を有する。したがって，民法に規定する共有の場合と異なり，持分の譲渡，質入れおよび利用許諾の場合には，他の共有者の同意を必要とする（著65条1項・2項，特73条1項・3項，実26条，意36条，商標35条，種苗23条1項・3項，半導体14条1項・3項）。これに準ずる制約が，狭義の工業所有権における特許等を受ける権利の共有の場合にも存する（特33条3項・4項，実11条2項，意15条2項，商標13条2項）。育成者権に係る出願権についてはこのような規定を欠くが，同様に解される。

●**模様メリヤス事件**（大判昭和13・12・22民集17巻2700頁）
――共有者の自己実施
「登録実用新案を自ら実施する実用新案権者の指揮監督の下に，その者の事業としてその実用新案に係る物品の製作その他の行為を為す者の如きは，その権利者の実施事業の内にありて実施行為に従事する者たるに止まり，畢竟事業主たる実用新案権者の一機関たるに過ぎざれば，たとい継続してこれに従事したりとするも自ら他人の登録実用新案を実施するものということを得ず。」

　かかる法的制約の点からみると，知的財産権における共有はその処分権が共同に属しているものと観念され，その意味で一見，合有的色彩が強い。しかし，上記制約は組合財産のような共同目的達成のためではなく，他方，共有者相互の信頼関係が失われた場合を考慮すると，合有ではないので，上記共有についての分割請求は肯定しうる（著施令31条2項参照）。しかし，この場合，目的物自

体の分割は，知的財産権の客体が無体物であり，かつ共同著作物の場合は分離して利用できず（著2条1項12号），また狭義の工業所有権においては出願の単一性の原則が支配していることから（特37条，実6条，意7条），原則として不可能である。したがって，一般的には代金分割（民258条）ないし価額賠償の方法による。しかし，著作権においては著作物ないし支分権ごとの（著21条〜28条参照），また商標権においては指定商品・指定役務ごとの分割も可能である（商標24条）。なお，共同著作物以外の著作物に関しては，目的物自体の分割も可能である。

　それにもかかわらず，かかる合有的性格から生ずる権利行使上の弊害，すなわち，共有者の1人でも反対したら権利行使が不可能となることを防止するために，著作権においては特別の規定が存する。すなわち，各共有者は正当な理由のない限り同意を拒み，合意の成立を妨げることができないとされ，また権利行使のために代表者を定めうるとされている（著65条3項・4項）。なお，共同著作物にかかわる著作者人格権の行使においても，一体的行使のための同様の規定が存する（同64条）。

　以上のような，知的財産権の共有の合有的性格は，手続的にも強く貫かれ，著作権を除く，登録が権利発生要件とされている知的財産権においては，共有者の共同出願を規定し（特38条・67条の2第4項，実11条1項，意15条1項，種苗5条3項，半導体3条1項），その違反を拒絶ないし却下事由とし（特49条2号，67条の3第1項5号，意17条1号，種苗17条1項1号，半導体8条1項2号），かつ無効，取消しないし抹消事由としている（特123条1項2号・125条の2第1項5号，実37条1項2号，意48条1項1号，種苗49条1項1号，半導体9条1項）。また，特許等の審判及び再審手続も，固有必要的共同訴訟の形態が要求されている（特132条3項，実41条，意52条，商標56条1項，特174条1項，実14条の2第13項，意58条2項，商標60条の2第1項）。上記の審決取消訴訟においても，通説，判例は，これを固有必要的共同訴訟と解してきた。しかし，平成14年最高裁判決（ETNIES事件）は，無効審判に係る審決取消訴訟については，保存行為の立場から共有者の一部の者の訴えを合一確定の要請に反しないとして認めている（行政事件訴訟法32条1項参照）。

　●磁気治療器事件（最判平成7・3・7民集49巻3号944頁）
　　――拒絶審決取消訴訟の共有者の一部の訴え（後出149頁参照）
　　「実用新案登録を受ける権利の共有者が，その共有に係る権利を目的とする実用新案登録出願の拒絶査定を受けて共同で審判を請求し，請求が成り立たない旨の審決を受

けた場合に，右共有者の提起する審決取消訴訟は，共有者が全員で提起することを要するいわゆる固有必要的共同訴訟と解すべきである」

●ETNIES事件（最判平成14・2・22民集56巻2号348頁）
——無効審決取消訴訟の共有者の一部の訴え（後出335頁参照）
「いったん登録された商標権について商標登録の無効審決がされた場合に，これに対する取消訴訟を提起することなく出訴期間を経過したときは，商標権が初めから存在しなかったこととなり，登録商標を排他的に使用する権利が遡及的に消滅するものとされている（商標法46条の2）。したがって，上記取消訴訟の提起は，商標権の消滅を防ぐ保存行為に当たるから，商標権の共有者の1人が単独でもすることができるものと解される。……なお……最高裁平成……7年3月7日第三小法廷判決・民集49巻3号944頁［注：前出磁気治療器事件］は，本件と事案を異にし適切でない。」

いずれにしても，2人以上の者が共同して手続をした場合は，代表者を選定して特許庁に届け出ているときはその代表者により，それ以外のときにも一定の不利益事項を除いて各人が全員を代表するものとされている（特14条，実2条の5第2項，意68条2項，商標77条2項）。なお，国立学校と民間機関等との「共同研究」においては，一方が独自に発明，考案を行った場合でも，あらかじめ相手方の同意を得て出願することが必要とされている。

つぎに，権利侵害の救済においても，知的財産権の上記合有的性格から，その訴訟も固有必要的共同訴訟と解されている。しかし，それでは共有者の一部脱落が他の共有者の不利益となる。そこで，著作権法においては，この点立法的解決が図られている。すなわち，各共有者は単独で差止請求権を行使し，自己の持分に応じた損害賠償ないし不当利得返還請求ができる旨規定している（著117条）。また，特許権等の侵害においても，判例，学説は保存行為，持分権，不可分債権等実体法理論を駆使して，各共有者に単独の訴訟適格を認め，個別訴訟の途を認めてきた。しかし，これらの根拠は薄弱であり，かつ前二者は異なる訴訟結果の生ずる点では未解決の問題を残しており，また共有者相互に争いのある場合には，その1人が他人のために当事者となると解する（民訴115条1項2号）のは無理がある。固有必要的共同訴訟が，訴訟共同の必要および合一確定の必要という訴訟上の問題であることから，実体法の利益状況に応じつつ，その必要性は訴訟上柔軟に判断されるべきである。したがって，原告側で共同訴訟を拒否する者，あるいは争わない者は，それらを被告に加えて訴えることにより，他の共有者の訴訟適格を肯定するべきである（最判平成11・11・9民集53

巻 8 号1421頁〔共有地境界確認事件〕，最判平成20・7・17民集62巻 7 号1994頁〔入会権確認請求事件〕等参照)。イギリスではかかる解決方法を採っている。

　なお，「共同研究」の場合には，研究経費により取得した設備等は原則として国立学校に帰属するものとされ，国の工業所有権，育成者権，回路配置利用権，プログラムおよびデータベースの著作権，ノウハウ等については民間機関等またはその指定する者に，国と民間機関等との共有にかかわる上記権利等については民間機関等およびその指定する者に，ともに研究完了日から原則として10年以内（更新可能）の範囲で優先的に有償で実施させることができる。ただし，被許諾者がこの優先的実施期間中で双方で約定した一定年次以降においても不実施で正当な理由のない場合，または被許諾者に優先的に実施させることが公共の利益を著しく損なう場合には，第三者に有償で実施許諾することができるとされている。なお，「受託研究」の場合もこれとほぼ同様に取扱うものとされている。

　なお，産業活動における識別標識の共有に関しては，その性格上，誤認混同のおそれが大きい（パリ条約 5 条 C 項 3 号参照)。今後この点の立法的配慮も必要であろう（なお商標51条，本章 2 節(5)［61頁以下］参照)。

第4章　知的財産権の発生

第1節　概　要

1　権利発生一般

　知的財産権は創作と同時に，また登録，登記により発生し，あるいは他人の不正競争行為に対して認められる財産権である。

　すなわち著作権について，わが国法制は納入，登録，著作権表示，公証人の証明等の方式を要件とせず，法定要件を具備する創作と同時に権利が発生する方式を採用している（著17条2項，ベルヌ条約5条2項，なお万国著作権条約3条2項参照）。著作隣接権についても同様である（著89条5項）。すなわち，権利発生は無方式主義であって，申請，審査，登録，公示等を要しない。登録制度は採用してはいるが（同75条〜78条の2・104条），それはすでに発生した権利に関し，著作者の推定（同75条3項・52条2項2号），公表等年月日の推定（同76条2項），プログラムの創作年月日の推定（同76条の2第2項）および公示作用（同77条・88条・104条）等を有するにすぎず，権利発生の要件ではない。昭和61年に制定された「プログラムの著作物に係る登録の特例に関する法律」も，プログラムの特殊性に対応するもので，登録の意味はこれと同様である。

　狭義の工業所有権について，わが国法制は国家の行政処分である「特許」によって権利が発生する方式を採用している。すなわち，実用新案権については，平成5年改正法で方式および基礎的要件のみをチェックして登録する，いわゆる無審査制度に移行した（実6の2参照）。国際的に審査主義とは新規性の一部（刊行物記載のみ）でも審査して，その不備により拒絶する方式（限定審査主義）をも包含するが，わが国では実用新案権以外の権利については，全ての法定要件具備の有無を審査した上で権利付与の決定を行う完全な審査主義を採用し（特47条，意16条，商標14条），ともに登録によって権利が発生する（特66条，実14条，意20条，商標18条）。この点，全体としての審査遅延防止のため，特許につき昭和45年改正法で採用された，出願公開（特64条）および出願審査請求制度（同48条の2）のもとにおいても同様である。そして商標権においても，現実の使用は要件とされていない（商標3条1項参照）。また，平成6年改正特許法および平成

第1節　概　要

　8年改正商標法では審査遅延防止のため，出願公告・異議申立制度を特許・登録後の特許・登録異議申立制度（特旧113条，商標43条の2）に移行し，平成15年改正特許法は特許後の異議申立制度を廃止し，これを無効審判制度（特123条）に一本化した。

　元来，特許庁の全面的審査の上にさらに異議申立制度を加味したこの制度は，当時の後進資本主義国家であったドイツが，1877年に無効審判の他に初めて採用したものである。それは審査の迅速性の点では多少劣るが，公衆を審査に参与させることにより特許庁の負担を軽減しつつ審査の質の向上を図り，権利の安定性に寄与して投資環境の整備の上で大いに貢献してきた。したがって，以降この制度を採用する国は増加しつつあり，近時アメリカにおいても簡易，迅速，安価な制度としてその採用が積極的に議論され，2011年多少の修正を加えて特許付与後の審査（post grant review）制度として採用されるに至っている。かかる情勢の下で，無効審判のみに一本化したわが国においても，それは，それ自体厳格な審理が可能ではあるが，口頭審理を原則とし，当事者の手続負担が大きく，かつ多額の費用も要することから，特に実施まではしない大学等においては余り活用されず，特許権の不安定性は増大してきた。そこで，再びわが国でも早期に比較的安定した権利を設定するために，平成26年改正法で多少の修正を伴って平成6年改正特許法の権利付与後の異議申立制度を復活するに至った。

　なお，狭義の工業所有権は，それが絶対的な排他的独占権であることから，その権利者を1人に確定しなければならない。この際，審査の簡易化・明確化，研究開発者の便宜，成立後の権利の安定性のために先願主義を採る（特39条，実7条，意9条，商標8条）。この点，商標については，それが顧客吸引力を保護することから，先使用主義を採る法制が優れている。他の狭義の工業所有権については，創作奨励の見地より先発明主義を採る法制も存する。しかし，前者については上述の理由から，また後者についてはさらに公開の代償としての産業的使命から，先願主義を採用する国がほとんどである。先発明主義を採用していたアメリカも2011年に原則として本主義に移行した（発明日から1年以内に出願した場合に限る）。以上のように，登録によって狭義の工業所有権は発生するが，登録以前においても法は後述のように，法定要件を具備しているものについては「特許等を受ける権利」を認めている。

つぎに，不正競争防止法上の保護権は，他人の不正競争行為に対して認められている（不正競争3条・4条）。同法のもとでは営業秘密の他，商標も登録・未登録にかかわらず，使用の実体を有する場合には一般的に保護される（同2条1項1号・2号）。この点商号についても同様で，商法・会社法は登記制度を採用してはいるが（商11条2項，会社911条～914条），それは確保的効力を有するにすぎず（商登27条・34条），未登記商号であっても不正競争防止法で保護される（パリ条約8条参照）。

なお，育成者権および回路配置利用権も，願書等ないし申請書等を農林水産大臣ないし経済産業大臣に提出し（種苗5条1項・2項，半導体3条2項・3項），各々審査されて登録により権利が発生することとされている（種苗19条1項，半導体10条1項）。この際，前者では原則として実地審査を採用し（種苗15条），かつ先願主義を採る（同9条）。また後者では形式的審査主義を採っている（半導体8条1項）。

2　特許等を受ける権利

狭義の工業所有権は，前記のように，登録によって発生する。しかし，人間の精神的な創作的活動たる発明，考案および意匠は，それ自体使用されると否とにかかわらず，創作と同時に財産的価値を有する。したがって，法定要件を具備する発明，考案および意匠について，法は創作と同時にその創作者に発明者等人格権（パリ条約4条の3）のほか，「特許ないし登録を受ける権利」を認めている（特29条，実3条，意3条）。また商標については，登録主義をとることから使用の実体のない場合を想定して，商標登録出願によってはじめてこれと同様の「商標登録出願により生じた権利」を認めている（商標13条2項）。

●希土類の回収方法事件（大阪地判平成14・5・23判時1825号116頁）
——発明者名誉権
「発明者は，発明完成と同時に，特許を受ける権利を取得するとともに，人格権としての発明者名誉権を取得するものと解される。この発明者名誉権は，特許法には明文の規定はないが，パリ条約4条の3は『発明者は，特許証に発明者として記載される権利を有する。』と規定しており，『特許に関し条約に別段の定があるときは，その規定による。』とする特許法26条によれば，発明者掲載権に関するパリ条約4条の3の規定が我が国において直接に適用されることになる。また，特許法……28条1項……同法施行規則66条4項……同法36条1項2号……同法64条2項3号……特許法66条3項3号の各規定……は，発明者が発明者名誉権（発明者掲載権）を有することを前提とし，

第1節 概 要

　これを具体化した規定であると理解できる。」
　「発明者名誉権が侵害された場合には，真の発明者は，侵害者に対し，人格権たる発明者名誉権に基づいて侵害の差止めを求めることができるものと解すべきである。……本件発明の特許出願手続のように，いまだ登録にならず，出願手続が特許庁に係属中のものについては，願書に発明者として真実の発明者の氏名が記載されなかったことにより，発明者名誉権を侵害された場合に，その侵害行為の差止めを実現するためには，出願人に対し，願書の発明者の記載を真実の発明者に訂正する補正手続を行うように求めることが，適切であるといえる」
　「原告は本件発明の発明者であり，……原告が，人格権たる発明者名誉権に基づく妨害排除請求として，被告……に対し本件発明の特許出願の願書に記載された発明者が原告である旨の補正手続を求める請求……は……理由がある。」

　この権利の法的性格については，私権説，公権説，並存説等の対立があるところであるが，その内容は出願をなし，または特許ないし登録以前に発明，考案，意匠または商標を支配，利用しうることである。そして譲渡性はあり（特33条1項。共有の場合につき同条3項，対抗ないし発効手続につき同34条。これらは実11条2項，意15条2項，商標13条2項によってそれぞれ準用されている），譲渡担保の目的とすることはできるが，質権の目的とすることはできないとされている（特33条2項，実11条2項，意15条2項，商標13条2項）。なお，譲渡に際しては，瑕疵担保責任の規定（民559条〜572条）が準用されると考えられている。

　●**加工工具事件**（知財高判平成22・2・24判時2102号98頁）
　　――特許を受ける権利の譲渡と背信的悪意者（後出231頁参照）［注：職務発明の発明者主義［91頁参照］故に生じる問題である。］
　「被控訴人の特許出願は，控訴人において職務発明としてされた控訴人の秘密である本件発明を取得して，そのことを知りながらそのまま出願したものと評価することができるから，被控訴人は『背信的悪意者』に当たるというべきであり，被控訴人が先に特許出願したからといって，それをもって控訴人に対抗することができるとするのは，信義誠実の原則に反して許されず，控訴人は，本件特許を受ける権利の承継を被控訴人に対抗することができるというべきである。」
　「以上のとおり，被控訴人が先に特許出願したからといって，それをもって控訴人に対抗することができるとするのは，信義誠実の原則に反し許されないというべきであり，控訴人は，自ら特許出願をしなくとも，本件特許を受ける権利の承継を被控訴人に対抗することができる」

　また，平成20年改正特許法により創設された仮実施権制度につき（特34条の2・34条の3［238頁以下］），特許を受ける権利が共有に係るときは，仮専用実施権の設定または仮通常実施権の許諾は，他の共有者の同意を必要とする旨規定した（同33条4項）。そして，仮実施権自体の質入れおよび譲渡につき，特許を受け

る権利のそれらの規定（同条2項・3項）を準用し，さらに共有に係る仮専用実施権者の行う仮通常実施権（仮再実施権）の許諾につき，上記改正追加された33条4項を準用している（同34条の2第8項・34条の3第12項）。

　なお，狭義の工業所有権はその発生につき，登録主義を採ることから，特許等を受ける権利には排他的独占性は認められない。しかし，当該発明ないし意匠の創作が登録要件を欠くに至った場合や，これら権利を有していない者（冒認者）の出願は拒絶され（特49条2号・7号，意17条1号・4号），かつ，特許ないし登録された場合には無効審判の請求ができる（特123条1項2号・6号，実37条1項2号・5号，意48条1項1号・3号，商標46条1項3号）ほか，平成16年改正法により，権利無効の抗弁もなしうる（特104条の3，実30条，意41条，商標39条）。さらに，他人の特許ないし登録がなされた後においても，一定の要件のもとに，先使用権（特79条，実26条，意29条，商標32条）が認められている。また，冒認者に対しては，不法行為法上の損害賠償請求権（民709条）や，不正競争防止法上の差止めないし損害賠償請求権が認められている（不正競争3条・4条〔2条1項4号～9号参照〕）。

●**自転車用幼児乗せ荷台事件**（最判平成5・2・16判時1456号150頁）
——冒認出願と不法行為

> 「意匠の創作者でない者あるいは当該意匠について意匠登録を受ける権利を承継したことのない者が，当該意匠について意匠登録出願をし，右権利の設定の登録がされた場合には，当該意匠の創作者あるいは当該意匠について意匠登録を受ける権利を承継した者が，その後に当該意匠について意匠登録出願をしても，当該意匠は意匠公報に掲載されたことによって公知のものとなっているため，右出願は，意匠法三条一項の意匠登録の要件を充足しないから，同法四条一項の新規性喪失の例外規定の適用がある場合を除き，右権利の設定の登録を受けることはできない。したがって……被上告人が本件意匠について意匠登録を受ける権利を承継した者でないにもかかわらず本件意匠について意匠登録出願をし意匠権の設定の登録を受けたことによって，上告人が右権利の価値相当の損害を被った」

　しかし，これらの規定にもかかわらず，正当な権利者が冒認に気付いた時には既に新規性が失なわれている場合が多く，権利を確実には取得する途がない。したがって，平成23年改正法は欧州先進国に倣って，冒認によって成立した権利につき，共有の持分の冒認の場合をも含めて，その移転請求権を認めるに至った。その結果，権利移転の登録がなされた時には当初より権利は移転登録を受けた者に帰属していたとみなされ（特74条，実17条の2，意26条の2参照），共有に

係る権利移転請求の場合には他の共有者の同意（特73条1項，実26条，意36条）は不要とされている（特74条3項，実17条の2第3項，意26条の2第4項）。なお，本移転請求が認められた場合には，特許法上の補償金請求権（特65条）も同様に取り扱われる（特74条2項2文）。ただし，本意匠及びその関連意匠については元来分離移転が認められないので（意22条），本移転請求権も一定の制約が存する（意26条の2第2項）。上記の結果，権利移転の登録があった時には新しい特許証ないし登録証が交付される（特28条，実50条，意62条）。しかし，本制度においては移転請求権の行使期間や冒認出願者の寄与分に関しては何ら規定がない。前者については無効審判の請求の場合と同様（特123条3項）に解するとして，後者については本移転請求権の対象は被冒認者の持分に応じた権利に限定されるとしても（特施規40条の2，実施規23条の8，意施規19条の6），冒認者の行った補正等出願手続上の貢献が権利成立に大きく寄与した場合をいかに対処すべきか等，今後の課題を残している。

また，同改正法は，冒認に係る特許権移転の登録前に，それが冒認であることを知らないで，実施である事業又はその事業を準備しているものは，その後も引き続いて実施できる旨規定した（特79条の2第1項，実26条，意29条の3第1項）。これは，後述の中用権（特80条，実20条，意30条，商33条［218頁］）と同様に，自己の権利を信頼して実施を行う者の保護であり，先使用権（特79条，実26条，意30条［216頁］）とは異なって公平の見地からではないので，対価の支払が必要とされている（特79条の2第2項，実26条，意29条の3第2項）。しかし，同改正で，権利帰属を理由とする無効審判の請求人適格が正当な権利者に限定されたので［333頁参照］，本条では冒認であることを知っても余儀なく実施等をせざるを得ない上，本条の認める法定通常実施権は対価を支払うべきこと等を考慮すると，本条が冒認であることを知らない場合のみに限定している点は問題が残る（冒認に関してはさらに先願の地位［131頁］，拒絶理由［141頁］，無効の抗弁［226頁］，無効審判［332頁］等参照）。

なお，特許においては出願公開により補償金請求権が（特65条，なお仮実施権者に対し同条3項参照），また，商標においては平成11年改正法により，出願公開に伴い金銭的請求権が認められている（商標13条の2）［137頁，139頁］。しかし，後述のように，実用新案，意匠には出願公開制度がないので，これらには上記請求権は存しない。もっとも，これらが商品等表示として取引通用している場

合あるいは商品の形態である場合には，一定の要件のもとで不正競争防止法で，差止めおよび損害賠償ないし信用回復措置の請求等が一般的に認められている（不正競争2条1項1号～3号・3条・4条・14条・19条，なお5条～13条参照）。

●アースベルト事件——補償金支払請求のための警告と補正（後出139頁参照）

しかし，このような保護にもかかわらず，「特許等を受ける権利」には排他的独占性は一般に認められないので差止請求権（特100条，商標36条）はなく，また特許法上の損害賠償請求権はないので，それに係る損害額の推定等（特102条，商標38条），過失の推定（特103条，商標39条），および相当な損害額の認定（特105条の3，商標39条）等の規定は適用されない。もっとも，それら以外の権利成立後に関わる訴訟上の規定（特101条・104条～105条の2・105条の4～105条の7，商標37条・39条）に関しては，その後の改正で広く準用されるに至っている（特65条5項，商標13条の2第5項［296頁］）。

次に，育成者権または回路配置利用権についても，先に述べたと同様の「登録を受ける権利」が，育成者または創作者に認められている（種苗3条1項・17条1項1号・49条1項1号・14条，半導体3条1項・8条1項1号・9条1項・27条）。ただし，後者は著作権と同じく相対的な排他的独占権であるので，その効力上の規定は異なっている（半導体12条1項・27条）。

第2節　権利発生の要件

1　権利主体に関する要件

(1)　権利能力

知的財産権の主体たりうべき要件として，権利能力を有する者でなければならない。したがって，いちおう自然人と法人は認められる。法人でない社団または財団で，その代表者または管理人の定めのあるものの取扱いについては，著作権法は，かかる団体に権利の享有を認めている（著2条6項）。しかし，狭義の工業所有権法においては，その名において無効審判，再審の請求あるいは特許・登録異議申立て等々の手続能力は認められているが，出願して権利を享有することは認められていない（特6条，実2条の4，意68条2項，商標77条2項）。

外国人は，著作権については，ベルヌ同盟国国民ないし準同盟国国民および世界貿易機関（WTO）加盟国国民の著作物（ベルヌ条約3条1項a号・2項，なお4

条，TRIPs1条3項参照），および同盟国で最初に，または非同盟国におけると同時に発行された著作物（ベルヌ条約3条1項b号・4項，なお3条3項・6条，TRIPs1条3項参照），もしくは万国著作権条約の締約国およびWTO加盟国国民の著作物およびこれらの国で最初に発行された著作物等の著作者につき，平等主義のもとで権利の享有を認められるほかは（万国著作権条約2条1項・2項，なお6条，TRIPs1条3項参照），最初にわが国において著作物を発行ないし同時発行しない限りこれが認められない（著6条，なお3条，ベルヌ条約3条4項参照）。なお，著作隣接権については著作権法7条〜9条の2を参照されたい。

狭義の工業所有権については，外国人は，①その国が外国人に対して平等主義を採用している場合，②その国が外国人に対して相互主義を採用している場合，③その国がわが国との条約，協定等（パリ条約，WTO加盟国国民その他わが国が加入する工業所有権関係条約［362頁以下］）によりわが国の国民に対して権利能力を認めている場合のほか，わが国に住所または居所，法人にあっては営業所を有するものに限られる（特25条，実2条の5第3項，意68条3項，商標77条3項）。

なお，育成者権については，外国人は，1972年・1978年および1991年改正UPOV条約締約国等の国民ないし準締約国等の国民は平等主義で（UPOV 4条），また，1972年および1978年改正UPOV条約同盟国国民ないし準同盟国国民はその同盟国が，またそれ以外の者は相互主義のもとでその者の属する国が，各々当該出願品種を保護している場合のほか，わが国に住所または居所，法人にあっては営業所を有する者に限られる（種苗10条）。

●北朝鮮著作物事件（最判平成23・12・8民集65巻9号3275頁）
――未承認国の著作物の保護（後出358頁参照）
　①［著作権について］「一般に，我が国について既に効力が生じている多数国間条約に未承認国が事後に加入した場合，当該条約に基づき締約国が負担する義務が普遍的価値を有する一般国際法上の義務であるときなどは格別，未承認国の加入により未承認国との間に当該条約上の権利義務関係が直ちに生ずると解することはできず，我が国は，当該未承認国との間における当該条約に基づく権利義務関係を発生させるか否かを選択することができるものと解するのが相当である。
　これをベルヌ条約についてみると……同条約は，同盟国という国家の枠組みを前提として著作権の保護を図るものであり，普遍的価値を有する一般国際法上の義務を締約国に負担させるものではない。
　そして，前記事実関係等によれば，我が国について既に効力を生じている同条約に未承認国である北朝鮮が加入した際，同条約が北朝鮮について効力を生じた旨の告示は行われておらず，外務省や文部科学省は，我が国は，北朝鮮の国民の著作物について，同条約の同盟国の国民の著作物として保護する義務を同条約により負うものではない

との見解を示しているというのであるから，我が国は，未承認国である北朝鮮の加入にかかわらず，同国との間における同条約に基づく権利義務関係は発生しないという立場を採っているものというべきである。

　以上の諸事情を考慮すれば，我が国は，同条約3条(1)(a)に基づき北朝鮮の国民の著作物を保護する義務を負うものではなく，本件各映画は，著作権法6条3号所定の著作物には当たらないと解するのが相当である。」

　②［不法行為について］「著作権法は，著作物の利用について，一定の範囲の者に対し，一定の要件の下に独占的な権利を認めるとともに，その独占的な権利と国民の文化的生活の自由との調和を図る趣旨で，著作権の発生原因，内容，範囲，消滅原因等を定め，独占的な権利の及ぶ範囲，限界を明らかにしている。同法により保護を受ける著作物の範囲を定める同法6条もその趣旨の規定であると解されるのであって，ある著作物が同条各号所定の著作物に該当しないものである場合，当該著作物を独占的に利用する権利は，法的保護の対象とはならないものと解される。したがって，同条各号所定の著作物に該当しない著作物の利用行為は，同法が規律の対象とする著作物の利用による利益とは異なる法的に保護された利益を侵害するなどの特段の事情がない限り，不法行為を構成するものではないと解するのが相当である。」

(2) 権利者適格

　知的財産権の権利者は，原則として，文化，産業の上における人間の創作的活動においてはその創作者，産業活動における識別標識については，産業活動に関与する者で，当該標識の使用者ないし使用せんとする者およびこれらの者の承継人である。以下この点について説明する。なお，職務上の創作的活動については，その重要性からここでは特別に項をおこす（後述(ロ)）。

　(イ)　文化，産業の上における人間の創作的活動　　人間の精神的な創作的活動に関する著作権，特許権，実用新案権，意匠権，育成者権，回路配置利用権等の権利主体となりうる者は，原則として事実上の創作者，あるいはその承継人である。したがって，著作権は原則として著作者（著17条1項），特許権，実用新案権および意匠権は「特許等を受ける権利」の保有者である（なお種苗3条1項，半導体3条参照）。なお，発明者人格権（パリ条約4条の3），著作者人格権または実演家人格権は発明者，著作者または実演家の一身に専属する（著59条・101条の2，なお60条・101条の3参照）。この理は編集著作物やデータベースの著作物においても同様で，その著作権はそれらの著作物の著作者が，各構成部分の著作権は各部分の著作者が有する（同12条・12条の2）。また二次的著作物の著作権はその著作者である。しかし，その利用に関しては原著作者も二次的著作物の著作者が有すると同一の権利を有する（同28条）。

そこで，2人以上の者が共同して精神的な創作的活動を行った場合には，それらの者の共有に属し，共有者としてでなければ権利を取得できない（特38条，実11条1項，意15条1項，種苗5条3項，半導体3条1項）。しかし，著作権の場合には，共同著作物（著2条1項12号参照）の場合を除き，各著作者の寄与部分を分離して個別的に利用できる場合には，結合著作物として，各著作者は単独で寄与部分の著作権を有する。（第3章第5節［71頁以下］参照）

しかし，精神的な創作的活動を実際に遂行しない，依頼人や単なる抽象的ヒントの提供者は権利を取得しえない。また，その活動に参画しても，単なる補助者である場合もこれと同様である。

●**智恵子抄事件**（最判平成5・3・30判時1461号3頁）
──著作者の認定（前出17頁参照）
　「本件編集著作物である『智恵子抄』は，詩人である高村光太郎が既に公表した自らの著作に係る詩を始めとして，同人著作の詩，短歌及び散文を収録したものであって，その生存中，その承諾の下に出版されたものである」
　「『智恵子抄』の編集を進言したのは……Aであったが，……光太郎も……自ら，妻の智恵子に関する全作品を取捨選択の対象として，収録する詩等の選択を綿密に検討した上，『智恵子抄』に収録する詩等を確定し，『智恵子抄』の題名を決定した，……Aが光太郎に提示した詩集の第一次案の配列と『智恵子抄』の配列とで一致しない部分がある，……Aは……光太郎が第一次案に対して行った修正，増減について，同人の意向に全面的に従っていたというのである。
　右の事実関係は，光太郎自ら『智恵子抄』の詩等の選択，配列を確定したものであり，同人がその編集をしたことを裏付けるものであって，Aが光太郎の著作の一部を集めたとしても，それは，編集著作の観点からすると，企画案ないし構想の域にとどまるにすぎないというべきである。……したがって，その編集著作権は光太郎に帰属したものであ……る」

●**写真用支持体事件**（東京地判平成18・1・26判時1943号85頁）
──発明者の認定(1)
　「特許請求の範囲の記載に基づいて定められる技術的思想の創作自体に関係しない者，すなわち，①部下の研究者に対し，具体的着想を示さずに，単に研究テーマを与えたり，一般的な助言や指導を行ったにすぎない者（単なる管理者），②研究者の指示に従い，単にデータをまとめた者や実験を行った者（単なる補助者），③発明者に資金や設備を提供するなどし，発明の完成を援助した者又は委託した者（単なる後援者・委託者）は，発明者たり得ない。
　発明者たり得る者，つまり，技術思想の創作に貢献した者とは，新しい着想をした者あるいは同着想を具体化した者の少なくともいずれかに該当する者でなければならない。すなわち，新しい着想をした者は，原則として発明者であるものの，この着想とは，課題とその解決手段ないし方法が具体的に認識され，技術に関する思想として

概念化されたものである必要があり，単なる思いつき以上のものでなければならない。また，新しい着想を具体化した者は，その実験やデータの評価などの具体化が当業者にとって自明程度のことに属しない限り，共同発明者たり得る。換言すれば，新しい着想を具体化することが，当業者にとってみれば自明のことである場合は，着想者のみが発明者と認められ，これを単に具体化した者は発明者たり得ない（この場合は，上記の単なる補助者にあたるというべきである。）。」

●**細粒核事件**（東京地判平成14・8・27判時1810号102頁）
——発明者の認定(2)（前出71頁参照）
　「なお，一般に，発明の成立過程を着想の提供（課題の提供又は課題解決の方向付け）と着想の具体化の2段階に分け，①提供した着想が新しい場合には，着想（提供）者は発明者であり，②新着想を具体化した者は，その具体化が当業者にとって自明程度のことに属しない限り，共同発明者である，とする見解が存在する。上記のような見解については，発明が機械的構成に属するような場合には，一般に，着想の段階で，これを具体化した結果を予測することが可能であり，上記の①により発明者を確定し得る場合も少なくないと思われるが，発明が化学関連の分野や，本件のような分野に属する場合には，一般に，着想を具体化した結果を事前に予想することは困難であり，着想がそのまま発明の成立に結び付き難いことから，上記の①を当てはめて発明者を確定することができる場合は，むしろ少ないと解されるところである。」

　なお，著作権においては，その発生につき創作者の真正につき審査がなされないことから（特49条7号，意17条4号，種苗17条1項1号，半導体8条1項1号参照），立証困難の救済として，著作者の推定規定を設けている（著14条，ベルヌ条約15条1項・2項）。

　㈠　職務上の創作的活動　　今日，情報の複雑化，迅速化，あるいは科学技術の高度化，複雑化のために，精神的な創作活動は一個人ではなく，一定の団体等内部において行われる場合が多い。かかる場合，その団体の指揮監督のもとに組織化され，計画化され，あるいは団体内の物的・人的援助，諸般の機会の提供，あるいは技術的蓄積を基礎として創作がなされるのを通常とする。したがって，わが国法制も，諸外国と同様に，かかる職務上の創作に関して特別の規定をおいている。なお，大学および付置研究所の教員が行った，発明にかかわる特許権の取扱いについては，1977年に学術審議会が答申を発表している。

　わが国では，これら職務上の創作的活動につき，各法制は管轄官庁の異なることもあってその要件および法的取扱いは必ずしも同一ではない。しかし，各知的財産権によって，重畳的保護を受ける知的財産や相互発展的関係を有

表4　職務創作の要件と権利の帰属
（特35，実11③，意15③，種苗8，著作15，半導体5）

	法人等の発意	法人等（使用者等）	従業者等	職務上	業務範囲	法人等名義公表	権利帰属
職務発明等	×	○	○	○（過去の職務も含む）	○	×	（原則）従業者等
職務育成品種	×	○	○	○	○	×	従業者等
職務著作	○	○	○	○	×	○	法人等
職務プログラムの著作物	○	○	○	○	×	×	法人等
職務回路配置	×	○	○	○	×	×	法人等

する知的創作物が数多く出現している現在，ことさらに各法制の異なる所を強調することは，知的財産権の活用にとって必ずしも妥当ではない。そこで，ここでは各法制の規定を尊重しつつ，できうる限り各法制の調和を考慮して解釈してゆく必要があろう。

　さてここで，職務発明とは，使用者等の業務範囲に属し，かつその発明をなすに至った行為が，従業者等の現在または過去の職務に属する発明をいい，この規定が職務考案および職務創作（意匠）にも準用されている（特35条，実11条3項，意15条3項。以下，職務発明等という）。また，職務育成品種とは，使用者等の業務範囲に属し，かつその育成するに至った行為が，従業者等の職務に属する品種をいう（種苗8条）。つぎに，職務著作とは，法人等の発意に基づき，その法人等の業務の従業者が職務上作成する著作物で，法人名義のもとで公表するものをいい，プログラムに関しては，この公表要件を不要としているものをいう（著15条）。また，職務回路配置とは，法人等の業務の従業者が職務上創作した回路配置をいう（半導体5条）。

　ここで，使用者等または法人等とは，国または地方公共団体を含むが，著作権法においてはさらに，法人格なき社団または財団で代表者または管理人の定めがあるものも含まれている（著2条6項）。つぎに，従業者等の概念は全て同様で，法人の役員，国家公務員および地方公務員も含まれる。委任関係である法人の役員も含まれることから，ドイツ法とは異なり，それは民法

または労働法上の雇用契約の有無とは関係なく，常勤，非常勤の嘱託，顧問，臨時雇い，社外工，出向社員，派遣労働者，下請労働者等も，法人ないし使用者等と実質的な指揮監督関係にある限り，これに含まれると解される。

●RGBアドベンチャー事件（最判平成15・4・11判時1822号133頁）
——「法人等の業務に従事する者」（著15条1項）の意義
　「法人等と雇用関係にある者がこれに当たることは明らかであるが，雇用関係の存否が争われた場合には，同項の『法人等の業務に従事する者』に当たるか否かは，法人等と著作物を作成した者との関係を実質的にみたときに，法人等の指揮監督下において労務を提供するという実態にあり，法人等がその者に対して支払う金銭が労務提供の対価であると評価できるかどうかを，業務態様，指揮監督の有無，対価の額及び支払方法等に関する具体的事情を総合的に考慮して，判断すべきものと解するのが相当である。」

　また，職務概念も全て同一で，直接の命令ないし指示がなくともその創作ないし創作に至る過程が法人ないし使用者等との関係で従業者等の義務とされる行為のなかに予定され，期待されている場合も含まれる。この判断は，法人ないし使用者等の蓄積されたノウハウや人的，物的な援助等，間接事実によって行われる。この職務概念は，職務発明等においてはその範囲が多少拡大されており，同一使用者等における従事者等の現在または過去の職務も含まれている。なお，職務に関する限り，勤務時間の内外を問わず，また，その職場の内外も問わない。

●マホービン事件（大阪地判平成6・4・28判時1542号115頁）
——職務該当性
　「発明を完成するに至った行為が従業者の職務に属する場合とは，特に使用者から特定の発明の完成を命ぜられ，あるいは具体的な課題を与えられて研究に従事している場合が含まれることはいうまでもないが，そのほかに従業者が当該発明をすることをその本来の職務と明示されておらず，自発的に研究テーマを見つけて発明を完成した場合であっても，その従業者の本来の職務内容から客観的に見て，その従業者がそのような発明を試みそれを完成するよう努力することが使用者との関係で一般的に予定され期待されており，かつ，その発明の完成を容易にするため，使用者が従業者に対し便宜を供与しその研究開発を援助するなど，使用者が発明完成に寄与している場合も含むと解するのが相当である」

　注意すべきは，職務発明等および職務育成品種に関しては，他の職務上の創作が，創作自体が職務である職務著作や職務回路配置とは異なり，発明等ないし植物品種の開発が職務である必要はなく，その創作ないし育成するに

至った行為が職務であれば足りる。後者の職務は通常給与の対象とされていない範囲が多いであろう。

　さらに，職務発明等および職務育成品種に関しては，さらにその成果が使用者等の業務範囲に属することである。しかし，この業務範囲は，従業者等の職務の総括的概念と解するのが，業務の予定と解するよりは具体的かつ明確で妥当である。また，このように解する限り，この点で，業務範囲の要件を欠く職務著作，職務プログラム，職務回路配置と同じ結果となる。

　つぎに，職務著作に関しては，さらにその創作の発意が法人等に基づいており，かつその成果が法人等の名義のもとに公表するものであることを要する。また，プログラムに関しては後者の要件を欠いている。しかし，前者の要件は，その創作の意思決定が，直接的または間接的に法人等においてなされていることと解されている。このように黙示の発意も含まれると解する限り，その判断は職務概念のそれと同一となろう。また，後者の要件は，「公表したもの」ではなく「公表するもの」と規定されており，かつ著作権の発生は創作時であるので，そのときにすでに著作権者も確定されているはずである。したがって，創作時以後の現実の公表時の名義のいかんではなく，それは創作時においてすでに法人名義で公表する性質を有するものと解すべきである。このように解する限り，結果的にはこれも前述の職務概念の判断と同一となる。かかる意味において，職務著作の規定（著15条1項）は，この公表要件を欠くプログラムに関する特別規定（同15条2項）と同じことになる。ここに，プログラム記述書およびサポーティング資料も，コンピュータ・プログラムとあわせて，全コンピュータ・ソフトウェアの権利主体を統一的に理解することが可能となる。

●**新潟鉄工事件**（東京高判昭和60・12・4判時1190号143頁）
――「法人等が自己の著作の名義の下に公表するもの」の意義
　「『その法人等が自己の著作の名義の下に公表するもの』には，公表は予定されていないが，仮に公表されるとすれば法人等の名義で公表されるものも含まれると解するのが，少なくともコンピュータ・プログラムやその作成過程におけるワーキングペーパーに関するかぎり……相当といわなければならない。」

　また，職務回路配置については，上記職務著作に規定する，法人等の発意の要件と法人等の名義のもとで公表するものとの要件を欠いている。しかし，両要件を前述のように解する限り，職務回路配置の要件は，結果的には職務

著作の要件と同様であるといえよう。

　職務上の創作の要件は，以上のごとくであるが，その成果の法的取扱いについては，それが政策上の問題であることから各法制によって大きく異なっている。

　まず，職務著作，職務プログラムないし職務回路配置にあっては，別段の定めのない限り，多くの諸外国と同様に，その創作者は法人等と擬制されている。したがって，著作権ないし回路配置利用権は，原則として法人等に帰属する。職務著作，職務プログラムにあっては，さらに著作者人格権も，原則として法人等に帰属することになる。

　つぎに，職務発明等ないし職務育成品種にあっては，その創作者は従業者等である。この場合わが国では，特許等を受ける権利ないし植物品種登録出願権は，使用者主義を採るイギリス，フランス，オランダ，イタリア，スイス等多くの国々とは異なり，ドイツ，アメリカと同様に発明者主義を採り，従業者等に帰属するものとされている。しかし，ドイツでは2009年の改正で，発明者が当該発明を使用者に通知して４ヶ月経過までに使用者がそれを放棄しない限り，特許を受ける権利は自動的に使用者に移転することにした。これにより移転手続上の瑕疵の問題は生じないことになった。なお，アメリカでは大企業の殆どは契約自由の原則の下で，従業員の発明は殆ど全て無償で使用者に移転されている場合が多く，少なくとも自由発明につき労働法でその移転を制限している州法も多く存する。日本では発明者主義の下，使用者等は，職務発明等ないし職務育成品種については，あらかじめ契約または勤務規則等で別段の定めをしておけば，特許等を受ける権利の取得，特許権等の承継，あるいは仮専用実施権，専用実施権の設定（特35条２項，実11条３項，意15条３項），ないし育成者権あるいは，登録を受ける権利の承継（出願権の承継，出願者の名義変更），あるいは専用利用権の設定が可能である（種苗８条１項）。これに加えて，平成27年改正特許法等は職務発明等につきあらかじめ契約，勤務規則等の定めにより，特許を受ける権利の発生時から使用者等にその帰属を認めることにした（特35条３項，実11条３項，意15条３項）。これれは一見使用者主義を採用したようにもみえるが，あらかじめ定めた契約等によることから，ドイツ法とは異なりその瑕疵の問題も生じうる上，わが国の従業者等の概念には取締役等も含まれているので後述の会社法上の利益相反取引の制

限規定との関係では追認 (民119条) がなされることが必要となろう。しかし，この場合は従業者等の発明等は，その創作が職務として要請されている職務著作や職務回路配置とは異なって，通常給与の対象とされる職務以外の行為である場合が多いことから，その職務に対応した相当の対価（利益）の支払請求ができることになっている。なお，平成20年改正特許法による仮専用実施権の設定の場合の対価請求は，特許権設定登録以降とされている（特34条の2第2項参照）。

　この対価（利益）の具体的内容は契約等で定められるとはいえ，これは一種の法定請求権である。したがって，使用者等が国または地方公共団体の場合と同様に，会社の場合も一律に民法の消滅時効の規定（民167条）に従う。職務発明等ないし職務育成品種以外のものについて，あらかじめこのような定めをしても無効である。この予約承継・設定には，一方の予約，片務予約，または発明の完成ないし特許権等の成立を停止条件とする譲渡・設定契約の3種が存しうる。しかし，承継・設定対象たる権利が共有にかかるときは，共有規定（特33条3項・73条1項・3項，実11条2項・26条，意15条2項・36条，特77条5項，実18条3項，意27条4項，さらに，育成者権の場合も，前述のように同様に解される）との関係で，他の共有者の同意の機会を考慮して，一方の予約や片務予約とするのが妥当である。わが国の従業者等の概念には取締役なども含まれているので発明者等が会社の取締役等である場合には，利益相反取引として株主総会または取締役会の承認を得なければならない（会社356条・365条・419条2項）。

　また，平成16年改正特許法等は，上記相当の対価（利益）の算定についてその明瞭性を期して，使用者等と従業者等の協議，基準の開示，従業者等の意見の聴取等の手続を規定し，かつその対価（利益）が不合理な場合の判断の考慮すべき事項を規定している（特35条5項・7項，実11条3項，意15条3項）。しかし，ここでは先進諸外国の非職務発明の移転等についての正当な対価（利益）ではなく，この職務発明等にあっては「相当の対価（利益）」であることを留意する必要がある。そして，その対価（利益）には研究待遇を含む環境整備の他，経営上の提案制度等における人事考課制度と同様に，昇給・昇進，留学，顕彰制度等あらゆる対応も含まれる。平成27年改正特許法等はこの点「相当の金銭その他の経済上の利益」と規定し，その内容を明確にしており，

かつ，発明等奨励のためその利益決定手続のガイドラインを策定・公表することにしている（特35条4項，6項。なお，実11条3項，意15条3項参照）。概して職務給が採用されている場合で，職務が特定の課題解決の場合には，職務著作や職務回路配置の場合と同様に，その職務懈怠は懲戒や解雇の対象となる反面，通常は比較的高い賃金・手当等で対応されているので，その発明等の対価の支払は一般に不要となる。次に，職務が一般的調査・研究である場合には，その過程で当然発明等は期待されており，他の一般的職務に在る者に比して多少は高い賃金・手当等で対応されているので，その発明等に対してはある程度の対価（利益）は支給されるべきである。他方，職務が一般的職務である場合には，発明等はあまり期待されていないのでその賃金・手当等も通常額であることが多い。しかし，かかる者も発明等をするに至る行為が職務であるならば，その者の発明等に対してはそれに相応する対価（利益）が支給されなければならない。

　なお，この対価（利益）の支給は取得・承継時点ではその額の算定が著しく困難であることから，その支給方法は通常，移転・取得（時）補償，登録（時）補償及び実績（営業年次毎）補償に区分して行われる。しかし，その総額が全体として不足する場合には従業者等はその不足分の対価（利益）の支給を請求できると解されている。

●**オリンパス事件**（最判平成15・4・22民集57巻4号477頁）
——相当対価の請求［注：平成16年改正前特許法に基づく事件。なお，この判例等が契機となり同年改正が行われた。］

「勤務規則等により職務発明について特許を受ける権利等を使用者等に承継させた従業者等は，当該勤務規則等に，使用者等が従業者等に対して支払うべき対価に関する条項がある場合においても，これによる対価の額が同条4項の規定に従って定められる対価の額に満たないときは，同条3項の規定に基づき，その不足する額に相当する対価の支払を求めることができると解するのが相当である。」

「勤務規則等に，使用者等が従業者等に対して支払うべき対価の支払時期に関する条項がある場合には，その支払時期が相当の対価の支払を受ける権利の消滅時効の起算点となると解するのが相当である。」［注：消滅時効期間について本判決は明示していないが，10年（民167条1項）と解される］

●**青色発光ダイオード事件**（東京地判平成16・1・30判時1852号36頁）
——相当対価の算定(1)［注：平成16年改正前特許法に基づく事件］

「使用者が当該発明に関する権利を承継することによって受けるべき利益（同法35条4項）とは，特許権譲渡の対価と必ずしも同じではなく，当該発明に係る特許権を独

占することによって得られる利益（以下「独占の利益」という。）と解すべきである。ここで，上記独占の利益とは，①使用者が職務発明を自社で実施している場合には，それにより得られる超過収益のことであり，②他社に同発明の実施許諾をしている場合には，それによって得られる実施料収入のことである。……独占の利益……を認定した場合，次に，当該発明がされる経緯において発明者が果たした役割を，使用者との関係での貢献度として数値化して認定し，これを独占の利益に乗じて，職務発明の相当対価の額を算定することとなる。」

「そうすると，本件特許を受ける権利の譲渡に対する相当対価の額（特許法35条4項）は，被告会社の独占の利益1208億6012万円（前記5において算定した実施料合計額）に発明者の貢献度50％を乗じた604億3006万円（ただし，1万円未満切り捨て）となる。」
［注：ただし，一部請求として200億円につき認容］

●青色発光ダイオード事件（東京高裁和解勧告案平成17・1・11判タ1167号98頁）
──相当対価の算定(2)［注：同上］

「特許法35条の『相当の対価』は，『発明により使用者等が受けるべき利益』と『発明がされるについて使用者等が貢献した程度』を考慮して算定されるものであるが，その金額は，『発明を奨励し』，『産業の発達に寄与する』との特許法1条の目的に沿ったものであるべきである。すなわち，職務発明の特許を受ける権利の譲渡の相当の対価は，従業者等の発明へのインセンティブとなるのに十分なものであるべきであると同時に，企業等が厳しい経済情勢及び国際的な競争の中で，これに打ち勝ち，発展していくことを可能とするものであるべきであり，さまざまなリスクを負担する企業の共同事業者が好況時に受ける利益の額とは自ずから性質の異なるものと考えるのが相当である。」

「被控訴人のすべての職務発明の特許を受ける権利の譲渡の『相当の対価』についての和解金は，別紙の合計金額6億0857万円（1万円未満切捨て）を基本として算定されるべきである。」

●野村證券事件（知財高判平成27・7・30裁判所HP）
──勤務規則等の不合理性の判断［注：平成16年改正後（27年改正前）法に基づく事件］

「平成16年法律第79号による特許法35条の改正の趣旨は，同改正前の旧35条4項に基づく相当対価の算定が，個別の使用者等と従業者等間の事情が反映されにくい，相当対価の額の予測可能性が低い，従業者等が職務発明規程の策定や相当対価の算定に関与できていないとの問題があるという認識を前提に，相当対価の算定に当たっては，支払に至る手続面を重視し，そこに問題がない限りは，使用者等と従業者等であらかじめ定めた自主的な取決めを尊重すべきであるというところにある。

そこで，検討するに……被控訴人発明規程は，控訴人を含む被控訴人の従業者らの意見が反映されて策定された形跡はなく，対価の額等について具体的な定めがある被控訴人発明規程2に至っては，控訴人を含む従業者らは事前にこれを知らず，相当対価の算定に当たって，控訴人の意見を斟酌する機会もなかったといえる。そうであれば，被控訴人発明規程に従って本件発明の承継の対価を算定することは，何ら自らの実質的関与のないままに相当対価の算定がされることに帰するのであるから，特許法35条4項の趣旨を大きく逸脱するものである。そうすると，算定の結果の当否を問うまで

もなく，被控訴人発明規程に基づいて本件発明に対して相当対価を支払わないとしたことは，不合理であると認められる。」

●**日立製作所事件**（最判平成18・10・17民集60巻8号2853頁）
──外国の特許を受ける権利（後出355頁参照）[注：平成16年改正前法に基づく事件]
　「外国の特許を受ける権利の譲渡に伴って譲渡人が譲受人に対しその対価を請求できるかどうか，その対価の額はいくらであるかなどの特許を受ける権利の譲渡の対価に関する問題は，譲渡の当事者がどのような債権債務を有するのかという問題にほかならず，譲渡当事者間における譲渡の原因関係である契約その他の債権的法律行為の効力の問題であると解されるから，その準拠法は，法例7条1項[注：現「法の適用に関する通則法」7条参照]の規定により，第1次的には当事者の意思に従って定められると解するのが相当である。
　なお，譲渡の対象となる特許を受ける権利が諸外国においてどのように取り扱われ，どのような効力を有するのかという問題については，譲渡当事者間における譲渡の原因関係の問題と区別して考えるべきであり，その準拠法は，特許権についての属地主義の原則に照らし，当該特許を受ける権利に基づいて特許権が登録される国の法律であると解するのが相当である。
　本件において，上告人と被上告人との間には，本件譲渡契約の成立及び効力につきその準拠法を我が国の法律とする旨の黙示の合意が存在するというのであるから，……本件譲渡契約に基づく特許を受ける権利の譲渡の対価に関する問題については，我が国の法律が準拠法となるというべきである。」
　「我が国の特許法が外国の特許又は特許を受ける権利について直接規律するものではないことは明らかであり……外国の特許を受ける権利の譲渡に伴う対価の請求について同項及び同条4項の規定を直接適用することはできないといわざるを得ない。」
　「しかしながら，……その基となる発明は，共通する一つの技術的創作活動の成果であり，……その基となる雇用関係等も同一であって，……当該発明をした従業者等と使用者等との間の当該発明に関する法律関係を一元的に処理しようというのが，当事者の通常の意思であると解される。……したがって，従業者等が特許法35条1項所定の職務発明に係る外国の特許を受ける権利を使用者等に譲渡した場合において，当該外国の特許を受ける権利の譲渡に伴う対価請求については，同条3項及び4項の規定が類推適用されると解するのが相当である。」

　なお，職務発明等ないし職務育成品種については，さらに使用者等の寄与を考慮して公平の見地から，前記の別段の定めとは関係なく，従業者等またはその承継人が特許権等ないし育成者権を取得した場合には，使用者等，ないし使用者等またはその一般承継人に法律上無償の通常実施権ないし利用権が認められている（特35条1項，実11条3項，意15条3項，種苗8条3項）。
　つぎに，ここで工場発明等ないし圃場(ほじょう)育成品種に関する権利主体の問題が存する。これは発明等ないし品種の育成が，研究所ないし圃場での既存の

設備，経験等を利用して，多数の協力者により徐々に成立したもので，発明者等ないし育成者たる従業者等を特定できないものである。

これは職務発明等ないし職務育成品種につき，前述の職務著作ないし職務回路配置と同様に，その権利の帰属を使用者ないし法人等と規定している多くの諸外国においては，あまり問題がない。この点，わが国では職務発明等につき，通説，判例（東京地判昭和30・3・16下民6巻3号479頁）は，わが国法制が発明者主義（特29条1項本文，35条1項）を採ること，および職務発明についても特許を受ける権利が被用者等に属することを根拠に，使用者等が権利の帰属主体となることを否定し，かかる場合何人も特許権を取得できないと解している。

ここでもちろん，事実行為たる発明等や品種の育成をなしうるのは自然人にかぎられる。しかし，その成果たる権利の帰属をだれに認めるかは，これとは別の問題であり，まさに多くの諸外国の法制が職務発明につきその権利の帰属を使用者ないし法人等と規定しているように，それは政策上の問題である。そして，現在の資本主義的競争体制のもとにおいては，発明等のみならず品種の育成も企業にとって不可欠な経済活動であり，前述のように，重要な発明等ないし品種の育成は，組織化され計画化された企業内部において，その具体的経験を基礎に行われている。すなわち，それは個人の発明等又は育種の時代とは異なり，現在では企業内において経営企画部門の市場分析の下で研究開発部門がその研究課題を設定し，従業者は企業から給与，賞与その他研究費，研究資材等の給付を受けて企業内の研究施設，ノウハウ等を活用して研究を行っている。そして，その成果は製造，育成部門で製品化，実用化され，販売部門での販売ルートの構築，販売促進の下で企業利益に結びついている。したがって，企業利益は各部門の努力の成果である。その上，研究開発や販売の不成功のリスクはすべて企業が負担している。そして，重要な発明等ないし品種の育成には相当の年月を要し，その間の研究員の移動，特に退職後の死亡による相続，住所不明等の場合には，単に企業内部の研究管理をいかに徹底しても，発明者等ないし品種育成者の特定は不可能な場合も存する。

したがって，かかる法社会学的変化の実態をふまえ，少なくともかかる発明者等ないし品種育成者が特定できない場合には，その工場発明等ないし圃

場育成品種が当該企業において開発されたことを考慮して，その企業たる使用者等がそれらの権利主体となることを肯定するべきであろう。

なお，映画の著作物に関しては，前記職務著作に該当する場合を除き，制作，監督，演出，撮影，美術等を担当してその映画の著作物の全体的形成に創作的に寄与した者の共同著作物とされている（著16条）。ここには原作，脚本，音楽等の著作者は含まれない（なお同26条2項参照）。しかし，映画製作の目的と実態から，著作権は原則として，その製作に発意と責任を有する（同2条1項10号）映画製作者に帰属する（同29条1項，なお2項・3項参照）。この場合には権利行使による公表に関しては，共同著作者の同意が推定されている（同18条2項3号）。また，実演家の録音，録画権も，その同意を得てなされた映画の著作物においては，サントラ盤レコード等の場合を除き，その複製には及ばない（同91条2項）。

●マクロス事件（東京高判平成15・9・25裁判所HP）
——映画製作者の意義

「映画の著作物の『著作権』（著作者人格権を除く。）は，『映画製作者』に帰属する，とする著作権法29条が設けられたのは，主として劇場用映画における映画会社ないしプロダクションを映画製作者として念頭に置いた上で，①従来から，映画の著作物の利用については，映画製作者と著作者との間の契約によって，映画製作者が著作権の行使を行うものとされていたという実態があったこと，②映画の著作物は，映画製作者が巨額の製作費を投入し，企業活動として製作し公表するという特殊な性格の著作物であること，③映画には著作者の地位に立ち得る多数の関与者が存在し，それらすべての者に著作権行使を認めると映画の円滑な市場流通を阻害することになることなどを考慮すると，そのようにするのが相当であると判断されたためである。」「『映画製作者』の定義である『映画の著作物の製作に発意と責任を有する者』（著作権法2条1項10号）とは，その文言と著作権法29条の上記の立法趣旨からみて，映画の著作物を製作する意思を有し，同著作物の製作に関する法律上の権利・義務が帰属する主体であって，そのことの反映として同著作物の製作に関する経済的な収入・支出の主体ともなる者のことである，と解すべきである。」

●テレビCM事件（知財高判平成24・10・25裁判所HP）
——テレビCMの著作権の帰属

「法29条1項は，映画の著作物に関しては，映画製作者が自己のリスクの下に多大の製作費を投資する例が多いこと，多数の著作者全てに著作権行使を認めると，映画の著作物の円滑な利用が妨げられることなどの点を考慮して，立法されたものである。ところで，本件ケースCM原版についてみると，同原版は……短時間の広告映像に関するものであること……，他方，製作者たる広告主は，……制作費を支払っているのみならず，別途多額の出演料等も支払っていること，同広告映像により，期待した広

>>>> 告効果を得られるか否かについてのリスクは，専ら，製作者たる広告主において負担
>>>> しており，製作者たる広告主において，著作物の円滑な利用を確保する必要性は高い
>>>> と考えられること等を総合考慮するならば，同CM原版について同法29条1項の適用が
>>>> 排除される合理的な理由は存在しないというべきである。」

　ここで特記すべきは，大学等の教官等の知的活動の成果の帰属についてである。わが国ではこれに関し，昭和53年3月25日，学術審議会の答申に基づいて文部省学術国際局より「国立大学等の教官等の発明に係る特許等の取扱いについて」（文学助117号）と題する通知がなされている。それによれば，国立大学等（大学，短期大学，高等専門学校および国立大学共同利用機関）の教官等（教官および研究活動に従事する技術系職員等）の行った発明，考案につき，応用開発を目的とする特定の研究課題のもとに，国から特別の研究経費を受けて，または国により特別の研究目的のために設置された特殊な研究設備を使用して，行った研究の結果生じたものは，原則として国が特許等を受ける権利を承継する。しかし，それ以外のものは特許等を受ける権利は教官等に帰属するが，教官等が希望する場合には国が特許を受ける権利を承継することができるとしている。

　このように，国立大学等の教官等の発明，考案を原則的に教官等の個人有としてきたことから，従来その活用はあまり行われてこなかった。そこで，かかる研究成果の民間事業者への移転を促進して新たな事業分野の開拓と産業技術の向上を図るとともに，国立大学等における研究活動の活性化を図るために，平成10年に「大学等における技術に関する研究成果の民間事業者への移転の促進に関する法律」（平成10年法52号）が成立している。同法は，特許権，実用新案権およびそれらを受ける権利，回路配置利用権を当面の対象とし（同施行令1条），特定大学技術移転事業（同法2条1項参照）の実施を容易にして，産学の連携，協力の推進を図るものである。

　(ハ)　産業活動における識別標識等　　商標権についてはまず第1に，自己の業務にかかる商品・役務について商標を使用する者でなければならない（商標3条1項柱書）。ここで「業務」とは，「業として商品を生産し，証明し，又は譲渡する」こと，または「業として役務を提供し，又は証明する」こと（同2条1項）を内容とする。したがって営業よりも広い概念であり，営利を目的としない者も含まれる（なお，同4条2項参照）。また前記の登録主義との関

係で，業務は現に開始されているもののほか，将来開始されるものも含む。同様の理由から「商標を使用する者」とは，将来使用せんとする者も含むと解されている（なお商標法条約3条7項(ii)・(iii)参照）。また「自己の」とは，出願人自身による使用をいい，他人に使用させるためにする商標ブローカー等の出願を排除する趣旨である。しかし，これを厳格に解すると，団体商標（パリ条約7条の2）との関係で問題があった（商標7条2項，7条の2第3項参照）。

そこで平成8年改正商標法は，マドリッド協定プロトコルや中小企業振興の観点から，その団体構成員に使用させるための団体商標制度を積極的に規定し（商標7条），上記の特則を設けている（同条2項参照）。なお，ここで団体とは，民法の社団法人および特別法で設立された各種組合で法人格を有するもの，または，これらに相当する外国の法人に限定され，国，地方公共団体またはフランチャイザー等は含まれないとされてきた（商標旧7条1項）。しかし，平成18年改正法は公益法人制度改革（平成18年法50号）に伴って団体の範囲を拡大し，従来の民法の社団法人のほか，会社を除く一般法人もこれに含めることにした（商標7条1項）。

また，平成17年改正商標法は，地域特産品や役務のブランドを確立支援して地域経済の活性化を図るために，この団体商標制度に準拠して地域団体商標制度を創設した（同7条の2）。この商標は，自他商品・役務識別力の要件を大幅に緩和して（同3条2項参照）その登録を認めることから，その弊害を防止するため，その権利者適格の範囲は団体商標より狭く，民法の社団法人は除かれ，かつ法人格を有する各種組合でも加入の自由が法律上担保されているものに限られていた。しかし，平成26年改正商標法は地方振興のためその主体の範囲を拡大し，商工会，商工会議所，特定非営利活動法人（特定非営利活動法人法2条2項）又はこれらに相当する外国法人を含めることにした（なお，同26条1項2号・3号，不正競争2条1項13号参照）。

●喜多方ラーメン事件——地域団体商標の周知性要件（後出109頁参照）

第2に，出願人がもと商標権者であり，その商標登録が商標法51条の誤認混同行為を行った結果取り消された場合，またはその登録商標が分割移転されて商標法52条の2の不正競争の目的で出所混同行為を行った結果取り消された場合，あるいは出願人がもと商標権者または使用権者であり，使用権者

が商標法53条の誤認混同行為を行った結果当該商標登録が取り消された場合，これらの商標権者および使用権者であって上記の行為を行った者はともにその審決確定の日から5年経過後でなければ，相抵触する商標権につき登録することができない（商標51条2項・52条の2第2項・53条2項）。

つぎに，商号権についてはその主体は商人でなければならない。したがってこの点，商標権の主体よりも範囲が狭い。

また，不正競争防止法上の保護権の権利者適格は，営業上の利益を侵害されるおそれのある者である。営業者の概念は，商標法上の事業者よりも狭いが，判例は商法上の「商人」よりも拡大し，広く企業活動方式をとり，収支のバランスのもとに反復継続的に事業を行うものとの立場から，予備校，病院，家元等にもその保護権の権利者適格を認めている。なお，取引上の表示としての原産地に関しては，それが元来個人的所有に親しまないので，その保護権の権利者適格たる利害関係人の範囲を，パリ条約は直接規定している。すなわち，それは当該商品の生産，製造または販売に従事し，かつ原産地として偽って表示されている土地もしくは国，その土地の所在する地方または原産地の虚偽の表示が行われている国に住所を有するものである（パリ条約10条2項）。

●天理教事件（最判平成18・1・20民集60巻1号137頁）
——不正競争防止法上の営業概念［注：従前より，下級審では「広く経済上その収支計算の上に立って行われる事業をも含む」と広く解されており，本判決はこれを踏襲しつつも以下のように判示し，同法でなく人格的利益に基づく差止めを論じている。］
「不正競争防止法2条1項1号・2号……でいう『営業』の意義は，取引社会における競争関係を前提とするものとして解釈されるべきであり，したがって，上記『営業』は，宗教法人の本来的な宗教活動及びこれと密接不可分の関係にある事業を含まないと解するのが相当である。被上告人が「天理教豊文教会」の名称を使用して実際に行っている活動が，朝夕の勤行，月次例祭等の年中行事などの本来的な宗教活動にとどまっており，被上告人は現在収益事業を行っておらず，近い将来これを行う予定もないことは前記のとおりであるから，上記名称は，不正競争防止法2条1項1号，2号にいう『商品等表示』に当たるとはいえ……ない」

2　権利客体に関する要件

知的財産権として排他的独占権が認められる根拠は，前述のように，その客体の文化的，産業的使命からである。したがって，法はこのような見地から保護されるべき基本的な要件を規定している。これが一般に知的財産権発生（保

護）の積極的要件と称されるものである。しかし，精神的な創作活動に関する知的財産は元来人類の共用に帰せしめるべき公共的性格をも有している。したがって，このような公共的事由から，また産業活動における識別標識については私益の保護と産業秩序の維持，およびその他政策的な観点から，ともに知的財産権としての積極的要件を具備していても，なお排他的独占権の発生（保護）が否定される場合がある。これが一般に知的財産権発生の消極的要件と称されているものである。

(1) 積極的要件
　(イ)　著作権　　著作物であることを要する（著2条1項1号）。この点についてはすでに述べたところ（第2章第1節［8頁以下］）を参照されたい。
　(ロ)　特許権　　発明であって，産業上利用可能性，新規性および進歩性を具備し（特29条），かつ先願の範囲の拡大（準公知）の規定に該当しないことを要する（同29条の2）。ここで発明の概念については，すでに述べたところ（第2章第2節1(1)［21頁以下］）を参照されたい。
　(a)　産業上利用可能性　　発明は，前述のように試験的，実際的にでも反復可能性があれば成立するが，これはその発明が産業に利用できること，すなわち工業のみならず鉱業，農水産業等広くいずれかの産業経営のなかで反復継続的に利用できることである。そして，ここで利用とは物の発明にあっては生産，方法の発明にあっては使用を意味する。したがって，大量生産性，反復継続的使用性を意味し，単なる学術的・実験的にのみ生産，使用することのできるものは，発明ではあってもこの要件を満たさないことになる。この要件により産業の発達が期待できるわけである。

　発明に対する要件であることから，生産してできた発明品や使用された方法の有用性の意味ではなく，またそれが産業上利用できない日用品であってもかまわない。発明品が家庭内でのみ，或いは医療，教育等に利用されることとは関係がない。しかし，人体を構成要素とする診断，治療，外科的方法等の発明については，その方法の使用が医療行為として行われることから，上記産業の中から医療分野を除外し，わが国と同様にその特許を否定する国が多い。しかし，それを含めて倫理上の見地から特許の消極的要件として規定し（TRIPs27条3項(a)参照），または特許権の効力の制限として規定している

国も存する。

　なお，アメリカ法でいう有用性の要件は，発明が所期の効果を達成しないもの，公序良俗・公衆衛生を害するもの，およびある目的は達成するが，他の機能を低下させるものを除く意味で，本要件とは必ずしも同じではない（なおTRIPs27条1項注参照）。

●**外科手術再生光学表示方法装置事件**（東京高判平成14・4・11判時1828号99頁）
――医療行為

　「医薬や医療機器と医療行為そのものとの間には，特許性の有無を検討する上で，見過ごすことのできない重大な相違があるというべきである。」

　①「医薬や医療機器の場合，たといそれが特許の対象となったとしても……医師にとって，そのとき現在自らの有するあらゆる能力・手段（医薬，医療機器はその中心である。）を駆使して医療行為に当たることを妨げるものはなく，医師は，何らの制約なく，自らの力を発揮することが可能である。」

　②「医療行為の場合，上記とは状況が異なる。医療行為そのものにも特許性が認められるという制度の下では，……医師は，……特許権侵害の責任を追及される……ことを恐れながら，医療行為に当たらなければならないことになりかねない。……医療行為に当たる医師をこのような状況に追い込む制度は，医療行為というものの事柄の性質上，著しく不当であるというべきであり，我が国の特許制度は，このような結果を是認するものではないと考えるのが，合理的な解釈であるというべきである。」

　「一般的にいえば，『産業』の意味を狭く解さなければならない理由は本来的にはない，というべきであるとしても，特許法は，上記の理由で特許性の認められない医療行為に関する発明は，『産業上利用することができる発明』とはしないものとしている，と解する以外にないというべきである。」

　(b)　**新規性**　公知，公用および頒布された刊行物記載等の3種に該当しないものである。公知とは，社会通念上守秘義務を負わない不特定の者に知られうる状態をいい，口述によるものも含む。また公用とは不特定の者に知られうる状態での実施をいう。刊行物記載における頒布とは，原本自体が公開されて公衆の自由な閲覧に供され，かつその複製物が公衆の要求に応じて遅滞なく交付されうる状態にあることを含む。平成11年改正法は近時の交通，通信手段の著しい発達に伴い，アメリカと同様であった地域的範囲を変更し，欧州諸国と同様に，頒布された刊行物のほか，公知，公用もその地域的基準を拡大して国内のみならず外国をも含むものとした。さらに，同改正法はデジタル化，ネットワーク化の進展に伴い，諸外国にならって，電気通信回線により公衆に利用可能となった場合も含めることにした（なお特例13条3項参照）。後者は，公知を上記のように解する限り，その明確化にすぎない。

●**壁式建造物の建築装置事件**（東京高判昭和49・6・18無体6巻1号170頁）
──公用の意義と守秘義務
「本願発明の内容を知悉している公団が本件住宅の所有権を取得し，秘密を守る義務を負わずに使用を開始したのであるから，本願発明はそれ以後不特定の第三者がその内容を知ることのできる状態にあつたといわなければならない。……したがつて，本願発明は……公然実施されたものであることが明らかである。」

●**第二次箱尺事件**（最判昭和61・7・17民集40巻5号961頁）
──刊行物の意義
「頒布された刊行物とは，公衆に対し頒布により公開することを目的として複製された文書，図画その他これに類する情報伝達媒体であつて，頒布されたものを意味するところ……所論のマイクロフイルムは，オーストラリア国……特許庁の本庁及び5か所の支所に備え付けられ，同日以降はいつでも，公衆がデイスプレイスクリーンを使用してその内容を閲覧し，普通紙に複写してその複写物の交付を受けることができる状態になつたというのであるから……外国において頒布された刊行物に該当するものと解するのが相当である。」

　これらはやはり，発明に対する要件であるので，発明品たるブラック・ボックスの存在が公知，公用等となっても，その発明思想が新規であれば，新規性は肯定される。新規性の判断は出願時である。しかし，発明後に新規性を喪失しても，それが特許を受ける権利を有する者の意に反する場合および権利者の行為に起因する場合には，所定の手続をとることによって，新規性およびそれとの関係での進歩性が存するものとし，平成23年改正法は従来の意匠法30条の規定に合わせてその例外を拡大している（特30条，なお平成26年改正法は手続期間徒過につき救済規定を設けて手続の利便性を図っている（4項）・184条の14）。なお，この新規性等喪失の例外規定は，他人の先願が存する場合は先願主義の方から制約されている（同39条参照）。しかし，この新規性喪失の例外事由の拡大は，特許権の存続期間の実質的延長の弊害が生ずる場合が増加するほか，内外公知主義を採用している欧州先進諸国では，上記の意に反する場合と博覧会条約で定める博覧会出品の他は，これらの例外を必ずしも認めていない国が多いので，外国出願をも望む者は注意が必要である。なお，同改正法は内外国出願によって，それが特許等公報に掲載されて新規性を喪失した場合は，実質的に期間延長の可能性もあることから本条は適用されない旨明記している（特30条2項括弧書）。

　(c)　**進歩性**　　発明の創作（考え出す）上における課題解決の困難性である。

発明の実施（産出する）上の困難性（特36条4項1号参照）ではない。発明が，当該技術分野における平均的専門家からみて，先に新規性喪失として記載した3種の公知事由から容易に考えられる場合には進歩性がない。単なる寄せ集め，素材変更または設計変更等は一般に発明としての創作性も欠けるが，それが肯定されても進歩性が否定される場合が多い。進歩性の認定は発明の効果等間接事実によってもなされうるが，元来主観的判断であり，この点アメリカの非自明性の判断が公知事由のTSMテスト（Teaching, Suggestion, Motivation）によって行われるのと異なっている（なおTRIPs27条1項注参照）。なお，選択発明，すなわち上位概念で表現された先行特許に含まれてはいるが，そこに具体的には開示されていない下位概念が表現された発明においては，この進歩性の存在が重視される。

●**殺虫剤事件**（東京高判昭和38・10・31行裁14巻10号1844頁）
——選択発明の進歩性
　「本件発明にかかる殺虫剤と，引用例に記載された化合物とを比較するに，引用例は一般式によつて示され，これに該当する化合物は，理論上は殆んど無数といえる。」
　「およそ殺虫剤その他の農薬において……温血動物に対する毒性の低下の要請への解決は……それ自体独立した重要な技術的課題を構成するものと解せられ，……たとい引用特許のうちに一般式で示された上位概念のうちに包含される化合物を含有せしめたことを特徴とするものであつても……前述の重要な課題の解明については全然触れるところがない前記引用特許明細書の記載からは，容易に想到されるものとは解し難［い］」

●**回路用接続部材事件**（知財高判平成21・1・28判時2043号117頁）
——進歩性判断と後知恵排除
　「特許法29条2項が定める要件の充足性，すなわち，当業者が，先行技術に基づいて出願に係る発明を容易に想到することができたか否かは，先行技術から出発して，出願に係る発明の先行技術に対する特徴点（先行技術と相違する構成）に到達することが容易であったか否かを基準として判断される。ところで，出願に係る発明の特徴点（先行技術と相違する構成）は，当該発明が目的とした課題を解決するためのものであるから，容易想到性の有無を客観的に判断するためには，当該発明の特徴点を的確に把握すること，すなわち，当該発明が目的とする課題を的確に把握することが必要不可欠である。そして，容易想到性の判断の過程においては，事後分析的かつ非論理的思考は排除されなければならないが，そのためには，当該発明が目的とする『課題』の把握に当たって，その中に無意識的に『解決手段』ないし『解決結果』の要素が入り込むことがないよう留意することが必要となる。
　さらに，当該発明が容易想到であると判断するためには，先行技術の内容の検討に当たっても，当該発明の特徴点に到達できる試みをしたであろうという推測が成り立

つのみでは十分ではなく，当該発明の特徴点に到達するためにしたはずであるという示唆等が存在することが必要であるというべきであるのは当然である。」

(d) 先願の範囲の拡大（準公知）　発明が，その出願後に特許掲載公報もしくは出願公開，または実用新案掲載公報で公表された先願の，願書に最初に添付した明細書，特許（実用新案登録）請求の範囲または図面（外国語書面出願にあっては外国語書面）に記載された発明または考案と同一である場合の公知の擬制である。発明者または出願人が各々同一の場合には適用されない。この規定は，先願の範囲を請求範囲に記載された発明ないし考案から，補正可能範囲の最大限である，願書に最初に添付した明細書，特許（実用新案登録）請求の範囲または図面に記載された事項全体にわたって拡大したものであり（特17条の2第3項，実2条の2第2項参照），いわゆる他人の未公知出願と重複する特許権の付与を阻止して真の発明の奨励を図り，かつ先願の審査を待つことなく後願の審査を行いうるために，昭和45年改正法で出願公開（特64条），審査請求制度の採用（特48条の2）に伴って規定されたものである。

　この規定は，先願の出願日より公開または特許，実用新案掲載公報発行日までの間の他人の後願に対して適用される。したがって，先願の公開または特許，実用新案掲載公報発行日以後の，先願の明細書，特許（実用新案登録）請求の範囲または図面に記載された発明ないし考案にかかる後願は，新規性および進歩性の問題として処理されることになる。しかし，いったん出願が公開または公報で公表された以上，以後その出願が放棄，取下，却下，拒絶の確定により，先後願関係の判断においては先願としての地位を失う場合でも（特39条5項，実7条4項・5項），この規定は適用される。その意味でこれは単に手続上の効果ではなく，願書に最初に添付した明細書，特許（実用新案登録）請求の範囲または図面の記載範囲にわたってその出願時点において公知として取り扱うことからすれば，前記の新規性に類する規定といえよう。しかし，上記記載範囲からの進歩性の判断が許されないのであるから，誤解を避ける意味で，準公知と称するのが妥当である。もっとも，この規定は他人の先出願との関係でのみ問題とされるので，先に述べた権利客体に関する積極的要件とは少々異質の手続的性質をも有している（なお，種苗3条2項参照）。

(ハ)　実用新案権　　考案であって，産業上利用可能性，新規性，進歩性のほか，物品の形状，構造，組合せにかかることを要し（実3条），かつ先願の範囲の拡大（準公知）の規定に該当しないことを要する（同3条の2）。これらは，平成5年改正法で無審査主義を採用したことから，物品の形状，構造，組合せの要件を除き（同6条の2参照），同法上は登録要件（3条の見出し）ではなく保護要件である。

　ここで，考案の概念および物品の形状，構造，組合せの点については，すでに述べたところ［25頁］を参照されたい。その他の点については，前記特許権のところで説明したこととほぼ同様である。新規性は，ドイツ母法とは異なって，特許法と同様に内外にわたって要求されており，その喪失の例外についても前記特許法30条が準用されている（実11条1項）。ただ進歩性につき公知事由から「きわめて」容易にできうると規定されているところから，特許発明の場合よりも程度の低いものでもよい。

　(ニ)　意匠権　　意匠の創作であって工業上利用可能性，新規性および創作性を具備し（意3条），かつ先願の範囲の拡大（準公知）の規定に該当しないことを要する（意3条の2）。ここで意匠の概念については，すでに述べたところ［27頁］を参照されたい。

　(a)　工業上利用可能性　　これは工業的方法によって量産されることである。産業上利用可能性を前述のように解する限り，その内容はほぼ同一であるがその分野が工業に限られている。したがって，美的な動植物については，特許法上の問題とはなっても，意匠法の問題とはなりえない。応用美術は美術工芸品の一部を除き一般的にこの要件を具備している（なお著2条2項参照）。

　(b)　新規性　　公知，頒布された刊行物記載および電気通信回線により公衆に利用可能となった意匠，またはこれらと類似するものでないこと。ともに国内のみならず外国も含む。ここで類似とは，一般需要者からみた美感の類似性をいう。また，公知とは，その外観が不特定の者に現実に知られうる状態をいう。公用がないのは，意匠は外観で判断するため，公用即公知となることに基づく。なお，新規性喪失の例外は，特許法・実用新案法のそれと同様である（意4条）。わが国を指定締約国とする国際意匠登録出願についてもこの例外を認めている（意60条の7）。

　(c)　創作性　　これは特許，実用新案における進歩性に相当し，その内容

もほぼ同様である。ただ公知事由からではなく，内外の公知なモチーフからの困難性を規定している点が異なっている。

　(d)　先願の範囲の拡大（準公知）　　部分意匠の採用に伴い平成10年改正法により創設されたもので，意匠公報で公示された全体意匠の一部分につき，それを部分意匠とする後の出願を排除するもので，厳密には前述の意味での先願の範囲の拡大ではない。したがって，公示後の部分意匠の出願にも適用され，また意匠の創作者または出願人が各々同一の場合にも適用されることにされていた。しかし，平成18年改正法は，出願人の同一の場合を適用除外とした。これは出願人の利便性の観点から，先願の意匠，あるいは本意匠登録出願に係る意匠公報発行までの期間内に，出願人の行う先の出願の一部を部品ないし部分意匠，あるいは関連意匠としての意匠登録出願を認めることにしたためである（意3条の2但書）。

　㈱　商標権　　商標であって，法定の自他商品・役務識別力を具備することを要する（商標3条）。商標の概念についてはすでに述べたところ［32頁］を参照されたい。

　自他商品・役務識別力とは自己のある商品・役務と他人または自己の他の商品・役務との識別であって，特定の事業者たる自己を認識せしめる必要はない（商標3条1項6号参照）。そしてかかる識別力は使用によっても生じうる（同3条2項，なおパリ条約6条の5第C項1号参照）。

●コカ・コーラ事件――使用による識別力の取得（前出33頁参照）

　この判断は商標においては後述の消極的要件（同4条1項）を含めて，原則として査定時または審決時である（同4条3項参照）。法は自他商品・役務識別力がないものとして，商品・役務の普通名称の普通使用のみ，慣用商標，記述的標章（商品やその包装の形状を含む）およびありふれた氏または名称の普通使用のみ，または極めて簡単でありふれた標章のみからなる商標を例示している（商標3条1項1号～5号）。

　ここで，商品・役務の普通名称とは，その名称が特定商品・特定役務についての一般的名称として，事業者および一般需要者間に認められているものである。元来自他商品・役務識別力を有する商標がその管理不十分なために普通名称化する場合も存する。また慣用商標とは，元来自他商品・役務識別

力を有した商標が特定種類の商品・役務につき，不特定多数の同業者において使用されてきた結果，同業者間において自他商品・役務識別力を有さないものである。正宗（清酒），羽二重餅（餅菓子），オランダ船の図形（カステラ），プレイガイド（切符の手配）等がその例である。また，平成26年改正法は色彩，音響商標の他，動き，ホログラム，位置を独立の商標として追加したことにより，記述的標章に「その他の特徴」を加えている。なお，普通使用とは「普通に用いられる方法で表示する」場合を指すが，特殊な形態で表示されていても，少なくとも称呼は同一であるので，かかる限定を置く理由に乏しい（なおパリ条約6条の5第B項2号参照）。

●**ワイキキ事件**（最判昭和54・4・10判時927号233頁）
——記述的商標（産地）(1)（後出121頁参照）
　「商標法3条1項3号に掲げる商標が商標登録の要件を欠くとされているのは，このような商標は，商品の産地，販売地その他の特性を表示記述する標章であつて，取引に際し必要適切な表示としてなんぴともその使用を欲するものであるから，特定人によるその独占使用を認めるのを公益上適当としないものであるとともに，一般的に使用される標章であつて，多くの場合自他商品識別力を欠き，商標としての機能を果し得ないものであることによるものと解すべきである。叙上のような商標を商品について使用すると，その商品の産地，販売地その他の特性について誤認を生じさせることが少なくないとしても，このことは，このような商標が商標法4条1項16号に該当するかどうかの問題であつて，同法3条1項3号にかかわる問題ではないといわなければならない。そうすると，右3号にいう『その商品の産地，販売地を普通に用いられる方法で表示する標章のみからなる商標』の意義を，所論のように，その商品の産地，販売地として広く知られたものを普通に用いられる方法で表示する標章のみからなるものであつて，これを商品に使用した場合その産地，販売地につき誤認を生じさせるおそれのある商標に限るもの，と解さなければならない理由はない。」

●**ジョージア事件**（最判昭和61・1・23判時1186号131頁）
——記述的商標（産地）(2)
　「商標登録出願に係る商標が商標法3条1項3号にいう『商品の産地又は販売地を普通に用いられる方法で表示する標章のみからなる商標』に該当するというためには，必ずしも当該指定商品が当該商標の表示する土地において現実に生産され又は販売されていることを要せず，需要者又は取引者によって，当該指定商品が当該商標の表示する土地において生産され又は販売されているであろうと一般に認識されることをもって足りるというべきである。……本件商標登録出願に係る『GEORGIA』なる商標に接する需要者又は取引者は，その指定商品であるコーヒー，コーヒー飲料等がアメリカ合衆国のジョージアなる地において生産されているものであろうと一般に認識するものと認められ，したがって，右商標は商標法3条1項3号所定の商標に該当するというべきである。」

識別力の要件の例外として，地域団体商標（商標7条の2）が存する。これは，商品・役務と密接関連性を有する地域の名称（同条2項）と普通名称または慣用名称，あるいはそれらに提供場所の慣用的文字を付した商標である「地域ブランド」について，一定の周知性，すなわち使用の実態に基づく一定の顧客吸引力の生じたことを要件として，それらが商品・役務の普通名称，慣用商標である場合を除き，識別力の要件を満さない場合でも登録を認めるものである（同条1項，なお3項参照）。

●喜多方ラーメン事件（知財高判平成22・11・15判時2111号109号）
――地域団体商標の周知性要件（前出99頁参照）
「7条の2が定める地域団体商標の制度が設けられたのは，その立法経緯にかんがみると，地域の産品等についての事業者の信用の維持を図り，地域ブランドの保護による我が国の産業競争力の強化と地域経済の活性化を目的として，いわゆる「地域ブランド」として用いられることが多い地域の名称及び商品ないし役務の名称等からなる文字商標について，登録要件を緩和する趣旨に出たものである。……しかし，この要件緩和は，識別力の程度（需要者の広がりないし範囲と，質的なものすなわち認知度）についてのものであり，当然のことながら，構成員の業務との結び付きでも足りるとした点において3条2項よりも登録が認められる範囲が広くなったのは別としても，後者の登録要件について，需要者（及び取引者）からの当該商標と特定の団体又はその構成員の業務に係る商品ないし役務との結び付きの認識の要件まで緩和したものではない。……『使用をされた結果自己又はその構成員に係る商品又は役務を表示するものとして需要者の間に広く認識された』との要件の充足の有無を判断するに際して……，実際に使用している商標及び役務，使用開始時期，使用期間，使用地域，当該営業の規模（店舗数，営業地域，売上高等），広告宣伝の方法及び回数，一般紙，雑誌等の掲載回数並びに他人の使用の有無等の事実を総合的に勘案するのが相当である。」
「喜多方市内のラーメン店の原告への加入状況や，原告の構成員でない者が喜多方市外で相当長期間にわたって『喜多方ラーメン』の表示ないし名称を含むラーメン店やラーメン店チェーンを展開・運営し，かつ『喜多方ラーメン』の文字を含む商標の登録を受けてこれを使用している点にもかんがみると，例えば福島県及びその隣接県に及ぶ程度の需要者の間において，本願商標が原告又はその構成員の業務に係る役務を表示するものとして，広く認識されているとまでいうことはできないというべきである。」

なお，不正競争防止法上の保護を受けるためには，商標の登録，未登録は問わないが，周知性，すなわち取引上使用されて取引通用していること，または著名性を必要とする（不正競争2条1項1号・2号）。

(ヘ) 商号権　会社はその名称を，商人はその氏，氏名その他の名称を自由に商号として選定することができる（会社6条1項，商11条1項）。この商号

自由の原則は，旧商法制定以前よりわが国に存する屋号の慣行を立法化したものである。ここで商号の概念についてはすでに述べたところ（第2章第2節2(2)［37頁以下］）を参照されたい。しかし，会社の場合にはその商号中に，合名会社，合資会社，株式会社または合同会社という文字を用いてその会社の種類を明示しなければならない（会社6条2項）。また，銀行，信託，保険等公共的事業を目的とする会社は，商号中に銀行，信託および保険事業の種類など，その業務をも明示しなければならない（銀行法6条1項，信託業法14条1項，保険業法7条1項など）。

なお，商号の不正競争防止法上の保護については，前記㈱商標権の項を参照されたい。

(ト)　育成者権　　植物品種の育成であって，区別性，均一性，安定性（種苗3条），および未譲渡性を具備し（同4条2項），かつ品種名称を付することを要する（同4条1項）。ここで植物品種の概念については，すでに述べたところ［45頁］を参照されたい。

(a)　区別性　　少なくとも1つの重要な特性により，出願時に内外国公知の他の品種と明確に区別されること。ここで他の品種が内外国公知とは，それがすでに栽培，販売されて，内外国において入手可能となっている場合や参照用保存品種とされている場合等をいう。また，内外国の品種登録出願ないし公の品種表記載出願により育成者権の登録ないし記載が認められた場合には，それらの出願日からこの区別性における公知が擬制されている（種苗3条2項）。

(b)　均一性　　重要な特性の全てが，同一の繁殖段階において十分に一様であること。有性繁殖，無性繁殖等植物的特性により当然に想定される一定範囲の差異は，この判断に影響を与えない。

(c)　安定性　　重要な特性の全てが，繰り返し繁殖させた後に不変であること。F1品種や合成品種のように特別な増殖周期を持つ場合は，その各周期の終わりに不変であれば足りる。

(d)　未譲渡性　　品種の種苗または植物体の全体または一部を含む収穫物が，品種登録出願日から日本では1年さかのぼった日前に，外国では4年（永年性植物にあっては6年）さかのぼった日前に，各々第三者に業として譲渡されていないこと。ただし，育成者の意に反する場合，試験・研究依頼のため，

第三者に譲渡する行為は未譲渡性を害しない。本要件は狭義の工業所有権法でいう新規性の意味ではない。その品種が実際に作出できない限り、いかに文書等に記載されていても無意味であるからである（なお、知財2条1項参照）。

　(e)　品種名称　　出願品種の固有性を示すため付される1つの名称で、既存の商標権と抵触せず、かつ品質誤認、出所混同のおそれのないものでなければならない。この品種名称は、商標とは異なって強制名称であり、保護期間中はもちろん期間満了後も、当該品種の種苗を業として取扱う者は、何人もその品種名称を使わなければならないとされている（種苗22条、なお商標4条1項14号参照）。

●**エリンギ**（ホクト2号）**事件**——品種登録要件（後出226頁参照）
　「種苗……法3条1項1号の出願品種と対比すべき既存の品種には、……出願品種と客観的に同一の品種であるものも含まれるが、それが出願品種そのものである場合には、同号所定の品種登録要件を欠くことにはならず、その場合は専ら同法4条2項において規律されるものと解するのが相当である」
　「出願品種が、品種登録出願前に日本国内又は外国において公然知られた既存の品種と客観的に同一の品種である場合には、当該公然知られた既存の品種が出願品種そのものでない限り、種苗法3条1項1号にいう『公然知られた他の品種と特性の全部又は一部によって明確に区別されること』との要件を欠き、品種登録を受けることができないというべきである。そして、出願品種が、品種登録出願前に日本国内又は外国において公然知られた既存の品種と客観的に同一の品種である場合において、なおそれが種苗法3条1項1号の要件を備えているというためには、出願者又は育成者権者において、当該公然知られた既存の品種が出願品種そのものであることを立証しなければならないというべきである。」

　(チ)　回路配置利用権　　回路配置の創作であって、創作性と未利用性を具備していることを要する（半導体3条1項・6条）。創作性とは他人の模倣でないことをいい、質的なものを含まない点で著作物と異なる。つぎに未利用性とは、登録申請日から2年さかのぼった日前に、創作者等またはその許諾を受けた者が業として利用していないことをいう（同6条）。また、ここで利用とは、当該回路配置を用いて半導体集積回路を製造すること（同2条3項1号）ではなく、かくして製造した半導体集積回路を譲渡し、貸渡し、輸入、または譲渡、貸渡しのために展示する行為である（同項2号）。

(2)　消極的要件
　(イ)　著作権（著13条）

(a) 憲法その他の法令（1号）　これには条約，地方公共団体の条例，規則等も含まれる。

(b) 国または地方公共団体の機関または独立行政法人が発する告示，訓令，通達その他これらに類するもの（2号）　ここで機関には，行政庁のみならず，議会，裁判所も含まれる。また，通達その他には，通牒，布告等も含まれる。しかし，上記機関が一般公衆に周知させるために作成する各種の資料，報告書等はこれに含まれない。

(c) 裁判所の判決，決定，命令および裁判に準ずる手続により行う審判，行政庁の裁決，決定（3号）　特許庁，公正取引委員会および海難審判所等の審決，公正取引委員会の排除措置命令，労働委員会の救済命令等もこれに属する。

(d) (a)(b)(c)に掲げるものの翻訳物および編集物で，国もしくは地方公共団体の機関または独立行政法人が作成するもの（4号）　私的な者の作成する場合はこれに含まれない。

　これらのものも，著作物ではありうるが，著作権や著作者人格権の目的とはならない。したがって何人も自由に利用しうる。公序良俗を害する著作物であっても著作権法上の保護は認められている。

　なお，前述のように，事実の伝達にすぎない雑報，時事の報道は著作物ではないので（著10条2項），自由に利用できる。また，国または地方公共団体の機関が一般公衆に周知させるために作成し，その著作のもとに公表する広報資料，調査統計資料および報告書等については，いちおう著作権および著作者人格権は成立するが，広い範囲の自由利用が認められている（同32条2項）。公開の政治上の演説または陳述および裁判（準司法的）手続上の公開陳述も同様である（同40条1項，ベルヌ条約2条の2第1項参照）。さらに，国または地方公共団体の機関においてなされた非政治上の公開演説または陳述も，報道目的上正当と認められる場合には，新聞，雑誌に掲載し，放送，有線放送できる（著40条2項，ベルヌ条約2条の2第2項参照）。

　(ロ) 特許権（特32条）　公序良俗または公衆の衛生を害するおそれある発明　発明そのものばかりではなく，発明の実施が必然的に公序良俗または公衆の衛生を害するおそれある場合も含む。しかし，その実施が取締法規によって禁止されている場合（パリ条約4条の4，TRIPs27条2項），あるいは使用

いかんによっては本号に該当する場合もあるような発明は，本号に含まれない。

なお，昭和50年改正法以前には飲食物または嗜好物，医薬またはその混合方法および化学物質の発明は特許が受けられないものとされていた。しかし，国際的趨勢または現今のわが国の必要性の考慮から，同年の改正でこれらは除かれた（なお特69条3項・92条参照）。また，国内産業保護のため現行法制定時より不特許事由とされてきた，原子核変換方法により製造されるべき物質の発明も，TRIPs協定27条との関係で平成6年改正法で除かれている（なお平成6年特許法改正法附則3条3項・4項参照）。

●**紙幣事件**（東京高判昭和61・12・25無体18巻3号579頁）
——公序良俗の意義

①「本願考案が，パンチ孔を穿設することにより，……耐久性の低下という欠点があるとしても，右の欠点が本願考案の実施を不可能にさせるほど重大である場合は別として，そうでない場合には，産業上利用することができる考案であることを否定することはできないものと解すべきである。」

②「公の秩序を害するおそれがある考案とは，考案の本来の目的が公の秩序を害するおそれがあり，したがつてその目的にそう実施が必然的に公の秩序を害するおそれのある考案をいうものと解すべきところ，前認定の本願考案の目的［注：盲人による紙幣の識別等］及び考案の内容に徴すると，本願考案が叙上の観点から公の秩序を害するものといい得ないことは明らかである。……一般私人が行えば違法となる真貨である紙幣にパンチ孔を穿設するという行為，すなわち，犯罪行為をそそのかすこと以外に有り得ない旨主張するが，実施不能であることと公序違反となることとは直接結びつくものでない」

(ハ) 実用新案権（実4条）　公序良俗または公衆の衛生を害するおそれある考案　上記の特許権の場合と同様である。

(ニ) 意匠権（意5条）

(a) 公序良俗を害するおそれある意匠（1号）　意匠が表現形態に重点が置かれることから，これは外観的に判断されうる。公衆の衛生を害するおそれある場合が除かれているのは，意匠が審美的なものであることによると説明されている。しかし，身体につけ，あるいは挿入する物品の意匠も認められることとの関係で疑問である。立法の欠缺であろう。

(b) 自他物品混同のおそれある意匠（2号）　これはすでに述べた［28頁］ように，意匠が経営上商標と等しく識別標識性を有し，また審美性も手伝って販売促進作用を営むことから規定されたものである。ここでいう物品は，

同種，異種を問わない。

(c) 物品の機能的形状のみからなる意匠（3号）　意匠は美感を構成要素とするが（意2条1項），機能的形状であっても美感を有する場合もある。平成10年改正法は，部分意匠を認めたことから，かかる場合の増加する可能性を考慮して規定された。その機能が他の意匠によって達成できない場合がこれに当たる。

(ホ) 商標権（商標4条1項）

(a) 国旗，菊花紋章，勲章，褒章または外国の国旗と同一または類似の商標（1号）　国家の威信，皇室の尊厳を基礎とする。ここで外国とは，わが国が国家承認していない国も含まれる。

(b) パリ条約の同盟国，WTOの加盟国または商標法条約締約国の国の紋章その他の記章で，経済産業大臣が指定するものと同一または類似の商標（2号）　パリ条約6条の3の規定に基づき，国際間の尊厳を基礎とする（なおTRIPs2条1項，および(a)，(b)については不正競争16条1項・2項参照）。

(c) 国連その他の国際機関を表示する標章で，経済産業大臣が指定するものと同一または類似の商標（3号）　国際機関の尊厳を基礎とする。すでに国際連合，国際原子力機関，国際刑事警察機構，世界保健機関等の標章等が指定されている（パリ条約6条の3第1項b号，不正競争17条参照）。しかし，平成26年改正法は，従来の運用で行ってきたパリ条約6条の3第1項c号で規定する例外措置を次の如く明文化し，本号から除外している。イ) 自己の業務に係る商品・役務を表示するものとして周知商標をそれと同一若しくは類似の商品・役務に使用するもの。ロ) 国際機関の略称を表示する標章と同一若しくは類似の標章から成る商標で，その国際機関と関係があるとの誤認を生ずるおそれがない商品・役務に使用するもの。

(d) 白地に赤十字，赤新月もしくは赤のライオンおよび太陽の標章，もしくは赤十字，ジュネーブ十字，赤新月もしくは赤のライオンおよび太陽の名称，またはオレンジ色地に青色の正三角形より成る特殊標章と同一または類似の商標（4号）　平成16年改正商標法により改正，追加されたもので，前者は赤十字条約7条による「赤十字の標章及び名称等の使用の制限に関する法律」の改正1条に基づくもので，後者の特殊標章はジュネーブ諸条約の国際的な武力紛争の犠牲者の保護に関する追加議定書66条3項による「武力攻

撃事態等における国民の保護のための措置に関する法律」158条1項に基づく（なお(c), (d)については不正競争17条参照）。

　(e)　日本国またはパリ条約同盟国，WTO加盟国または商標法条約締約国の政府や地方公共団体の監督用または証明用の印章または記号のうち，経済産業大臣が指定するものと同一または類似の標章を有する商標で，それらが用いられている商品・役務と同一または類似の商品・役務について使用するもの（5号）　　監督，証明の権威およびそれらの品質保証的機能を基礎とする（パリ条約6条の3，TRIPs2条1項，不正競争16条3項参照）。

　(f)　国，地方公共団体もしくはこれらの機関，および公益に関する団体または公益に関する事業で，営利を目的としないものを表示する著名な標章と同一または類似の商標（6号）　　これら団体の権威およびそれらの出所表示機能を基礎とする。したがって，これらの団体が出願する場合は本号の適用はない（商標4条2項）。また，本号の標章は，商品・役務に関して使用されているか否とを問わない。

　(g)　公序良俗を害するおそれある商標（7号）　　国家社会的，道徳的秩序，善良な風俗を基礎とする。指定商品・指定役務に商標として使用することにおいて，本号に該当する場合もある。著作権法等他の法律に反しても直ちに本号に該当するものではない（商標29条参照）。

●ドゥーセラム事件（東京高判平成11・12・22判時1710号147頁）
——公序良俗違反に基づく不登録事由
　「原告の代表者は……ドイツの被告を訪ね，……被告が，『DUCERAM』の欧文字からなる被告商標を……商品に付して使用し……当該商品を……輸出販売していたことを知り，当該商品『DUCERAM』について詳細な説明を聞いて帰国した後……被告に対し当該商品の日本への輸入許可手続のための資料請求を行い，輸入業務の具体的準備に着手する一方，被告に何ら告げることなく，『DUCERAM』の欧文字を含む本件商標の登録出願を行い，その登録を得た」
　「商標法4条1項7号に該当する商標は，原告主張のように，商標の表示自体から公の秩序又は善良な風俗を害するおそれがあることが伺われる場合や，商標を使用することが社会公共の利益に反する場合に限定されるものではなく，前示のような原告の行為に基づいて登録された本件商標も，公正な取引秩序を乱し，国際信義に反し公の秩序を害するものであることは明らかである」

　(h)　他人の肖像または氏名，名称もしくは著名な雅号，芸名，筆名もしくはこれらの著名な略称を含む商標（8号）　　人格的利益を基礎とする。し

がって，他人の承諾があれば本号の適用はない。他人とは生存者を意味し，外国人も含む。氏名，名称も，ある程度の有名性，希少性を必要とすると解される（なお商標4条3項・26条参照）。

(i) 政府，地方公共団体が開設する博覧会，または政府等以外の者が開設する博覧会で特許庁長官の定める基準に適合するもの，または外国で政府等もしくはその許可を受けた者が開設する国際的な博覧会の賞と同一または類似の標章を有する商標（9号）　博覧会の賞の権威およびそれらの品質保証機能を基礎とする。受賞者は，自己の商標の一部としてその標章を使用する場合にのみ許される。

(j) 他人の周知商標と同一または類似の商標で，その商品・役務またはこれに類似する商品・役務について使用するもの（10号）　パリ条約6条の2の規定に基づき，使用という事実状態の保護を基礎とする。ここで他人とは内外人を問わない。周知とは，わが国内において取引者，需要者に広く認識されていることである。全国的たると地方的たるとを問わない。周知性の判断は，その商標の使用期間，使用態様，使用地域，使用量および商品・役務の性質等を取引者，需要者との関係で考慮してなされる（なお商標4条3項参照）。

(k) 他人の先願にかかる登録商標またはこれに類似する商標で，その指定商品・指定役務またはこれに類似する商品・役務について使用するもの（11号）

　　先願主義を基礎とする。したがって，二重登録が生じても，先願主義を貫くことにしている。他人の先願にかかる登録商標が不使用の場合でも，その登録が取り消されない限り本号に該当する。また他人の承諾があっても本号の適用は免れない。

なお，商標の類似は，商標の外観，称呼および観念の3点から全体的に時と所を異にして隔離的に印象，記憶，連想を介して観察される。平面的商標，立体商標，音響商標，その他の商標との間においても，これに準じて考察される。また商品の類似は，商品の材料や生産者よりもその用途や販売形態，需要者を中心に，役務の類似は，提供手段，目的，事業者よりもその関連物品や需要者を中心に各々観察される。そして，全て取引の実情と取引者，需要者の通常有する注意力を基準として，定型的に出所混同の危険性が存する範囲とされている（なお商標6条3項参照）。なお，平成3年改正商標法は，商品と役務の間にも定型的に出所混同の危険性が生じうることから，両者の間

第4章　知的財産権の発生

に類似関係を認める調整規定を設けている（同2条6項）。これらは，事業者，場所，用途，需要者等を中心に観察されることとなろう。

●**氷山印事件**（最判昭和43・2・27民集22巻2号399頁）
——商標の類否判断（後出282頁参照）
　「商標の類否は，対比される両商標が同一または類似の商品に使用された場合に，商品の出所につき誤認混同を生ずるおそれがあるか否かによつて決すべきであるが，それには，そのような商品に使用された商標がその外観，観念，称呼等によつて取引者に与える印象，記憶，連想等を総合して全体的に考察すべく，しかもその商品の取引の実情を明らかにしうるかぎり，その具体的な取引状況に基づいて判断するのを相当とする。」
　「出願商標は氷山の図形のほか『硝子繊維』，『氷山印』，『日東紡績』の文字を含むものであるのに対し，引用登録商標は単に『しようざん』の文字のみから成る商標であるから……称呼がよし比較的近似するものであるとしても，その外観および観念の差異を考慮すべく……外観および観念が著しく相違するうえ称呼においても右の程度に区別できる両商標をとりちがえて商品の出所の誤認混同を生ずるおそれは考えられず，両者は非類似と解したものと理解することができる。」

●**つつみのおひなっこや事件**（最判平成20・9・8判時2021号92頁）
——結合商標の類否判断（後出282頁参照）
　「複数の構成部分を組み合わせた結合商標と解されるものについて，商標の構成部分の一部を抽出し，この部分だけを他人の商標と比較して商標そのものの類否を判断することは，その部分が取引者，需要者に対し商品又は役務の出所識別標識として強く支配的な印象を与えるものと認められる場合や，それ以外の部分から出所識別標識としての称呼，観念が生じないと認められる場合などを除き，許されない」
　「本件商標の構成中には，称呼については引用各商標と同じである『つつみ』という文字部分が含まれているが，本件商標は，『つつみのおひなっこや』の文字を標準文字で横書きして成るものであり，各文字の大きさ及び書体は同一であって，その全体が等間隔に1行でまとまりよく表されているものであるから，『つつみ』の文字部分だけが独立して見る者の注意をひくように構成されているということはできない。また……本件商標の構成中の『つつみ』の文字部分から地名，人名としての『堤』ないし堤人形の『堤』の観念が生じるとしても……上記……部分が，本件指定商品の取引者や需要者に対し引用各商標の商標権者である被上告人が本件指定商品の出所である旨を示す識別標識として強く支配的な印象を与えるものであったということはでき……ない。さらに，本件商標の構成中の『おひなっこや』の文字部分については，これに接した全国の本件指定商品の取引者，需要者は……『ひな人形屋』を表すものとして一般に用いられている言葉ではないから，新たに造られた言葉として理解するのが通常であると考えられ……，自他商品を識別する機能がないということはできない。」
　「本件商標と引用各商標の類否を判断するに当たっては，その構成部分全体を対比するのが相当であり，本件商標の構成中の『つつみ』の文字部分だけを引用各商標と比較して本件商標と引用各商標の類否を判断することは許されない」「そして……本件商標と引用各商標は，本件商標を構成する10文字中3文字において共通性を見いだし得

にすぎず，その外観，称呼において異なるものであることは明らかであるから，いずれの商標からも堤人形に関係するものという観念が生じ得るとしても，全体として類似する商標であるということはできない。」

●橘正宗事件（最判昭和36・6・27民集15巻6号1730頁）
——商品の類否判断（後出282頁参照）
「商標が類似のものであるかどうかは，その商標を或る商品につき使用した場合に，商品の出所について誤認混同を生ずる虞があると認められるものであるかどうかということにより判定すべきものと解するのが相当である。そして，指定商品が類似のものであるかどうかは，原判示のように，商品自体が取引上誤認混同の虞があるかどうかにより判定すべきものではなく，それらの商品が通常同一営業主により製造又は販売されている等の事情により，それらの商品に同一又は類似の商標を使用するときは同一営業主の製造又は販売にかかる商品と誤認される虞がある認められる関係にある場合には，たとえ，商品自体が互に誤認混同を生ずる虞がないものであつても，それらの商標は商標法（大正10年法律99号）2条9号［注：現4条1項11号］にいう類似の商品にあたると解するのが相当である。」

「それ故，『橘焼酎』［注：指定商品は『焼酎』］と『橘正宗』［注：指定商品は『日本酒類及びその模造品，但し焼酎を除く』］とは類似の商標と認むべきであるのみならず，右両商標の指定商品もまた類似の商品と認むべきである。」

●Career-Japan事件（大阪地判平成16・4・20裁判所HP）
——役務の類否判断（後出282頁参照）
「役務が類似するか否かは，両者の役務に同一又は類似の商標を使用したときに，当該役務の取引者ないし需要者に同一の営業主の提供に係る役務と誤認されるおそれがあるか否かによって決すべきであると解するのが相当である。そして，この類否の判断に当たっては，取引の実情を考慮すべきであり，具体的には，役務の提供の手段，目的又は場所が一致するかどうか，提供に関連する物品が一致するかどうか，需要者の範囲が一致するかどうか，業種が同じかどうかなどを総合的に判断すべきである。」

「被告は，インターネットという電子計算機通信ネットワークを利用して……求人……情報を……誰もが閲覧し得る状況に置くことによって，提供しているということができる。そして，求人情報の提供，広告，広告代理といった業種を同一企業が営んでいる例があり，被告自身も広告代理をその業務の1つとしている（なお，商標法施行令及び同法施行規則による役務の区分において，『求人情報の提供』は，従前は，気象情報の提供と並べて第42類に分類されていたが，平成13年の改正により，『広告』と同じ第35類に移されていることも，現代では両者が近い関係にあるとされていることを示しているといえる。）。

したがって，役務の提供の手段，目的又は場所の点においても，提供に関連する物品（本件の場合は情報）においても，需要者の範囲においても，業種の同一性においても，被告が被告サイトにて行っている業務は，［注：原告商標の指定役務である］広告代理業務と同一ないし類似するということができる。」

●**ヴィラージュ白山事件**（東京地判平成11・10・21判時1701号151頁）
——商品と役務の類否判断（後出282頁参照）［注：但し，控訴審は，建物（商品）ではなく，建物の売買（役務）について商標の使用を論じ，下記には言及していない。］

「役務と商品とが類似するかどうかに関しては，前述の商標法の目的や商標の定義に照らし，役務又は商品についての出所の混同を招くおそれがあるかどうかを基準にして判断すべきであり，商品の製造・販売と役務の提供が同一事業者によって行われているのが一般的であるかどうか，商品と役務の用途が一致するかどうか，商品の販売場所と役務の提供場所が一致するかどうか，需要者の範囲が一致するかどうかなどの事情を総合的に考慮した上で，個別具体的に判断するのが相当である。そして，商品の販売という役務に用いられるべき標章と同一又はこれに類似する標章を，当該商品の名称として使用した場合には，当該役務の提供者と当該商品の出所とが同一であるとの印象を需要者・取引者に与えると解される。

これを本件についてみるに，『建物の売買』という役務と『建物』という商品との間では，一般的に右役務提供の主体たる事業者は『建物』という商品の販売主体となるものであり，需要者も一致するから，役務と商品との間において出所の混同を招くおそれがあるものと認められる。したがって，『建物』という商品は，『建物の売買』という役務に類似するというべきである。」

(1) 他人の登録防護標章と同一の商標で，その指定商品・指定役務について使用するもの（12号）　防護標章保護（商標64条～68条）（第6章第1節4(3)［294頁以下］参照）を基礎とし，自他商品・役務の混同の防止を図っている。先願にかかる旨の規定がないので，前号と異なり，先願の商標登録出願があっても後願の防護標章の登録を受けることができ，また，この登録に基づいて先願の商標登録出願が登録されないことも存する。類似商標で，色彩を登録防護標章と同一にすれば，登録防護標章と同一の標章とみなされるものは，色彩のみならなる登録商標を除き，その使用が侵害とみなされ，かつ本号に該当する（同70条2項）。

(m) 商標権消滅後1年を経過していない他人の商標，またはこれと類似の商標でその指定商品・指定役務またはこれに類似する商品・役務について使用するもの(13号)　平成23年改正法により削除。本号で拒絶査定をしても，同不服審判の審決時には期間経過により本不登録理由は解消されている場合が多く，徒らに他人の出願の権利化を遅延させる結果となっていた。また仮に解消されていない場合は後述の15号の総括規定(o)を適用できることによる。

(n) 種苗法18条1項により登録を受けた名称と同一または類似の商標で，

その種苗またはこれに類似する商品・役務について使用するもの（14号）

種苗法による完結的保護を基礎とし，他人の商品・役務の混同，品質誤認行為の防止を図ったものである。したがって本人自身の登録も認められない。なお，本号の名称は種苗法上の品種名称をいい，平成26年の「特定農林生産物の名称の保護に関する法律」上の地理的表示を含むものではない。

(o) 他人の業務にかかる商品・役務と混同を生ずるおそれある商標（15号）

具体的な自他商号・役務の混同の防止を基礎とする。主として事業者の私益を保護するが，商標は出所表示機能のみならず品質保証機能を有することから消費者一般の利益とも無関係ではない。本号は(j)から(n)までの総括条項である。商標や商品・役務の類否を問わず，自他商品・役務の混同のおそれを商標の周知度，営業の内容，地域等の競業関係等を斟酌して実質的に判断される。他人とは特定事業者を明確に意識していることを意味しない。狭義の混同のほか，業務上，組織上の同一性を推認させるような広義の混同［285頁参照］も含まれる。したがって，本号である程度著名商標のただ乗り（free ride）に基づく商標の商品・役務指示力の希釈化（dilution）やその汚染（pollution）を防止することができよう（なお商標4条3項参照）。

●パームスプリングスポロクラブ事件（最判平成13・7・6判時1762号130頁）
——希釈化

「本願商標［注：『PALM SPRINGS POLO CLUB』の欧文字と『パームスプリングスポロクラブ』の片仮名文字とを上下2段に横書きして成る商標］は引用商標［注：アメリカ合衆国の著名なデザイナーであるラルフ・ローレンが被服等の商品について使用している『POLO』又は『ポロ』の文字から成る各商標］と同一の部分をその構成の一部に含む結合商標であって，その外観，称呼及び観念上，この同一の部分がその余の部分から分離して認識され得るものであることに加え，引用商標の周知著名性の程度が高く，しかも，本願商標の指定商品と引用商標の使用されている商品とが重複し，両者の取引者及び需要者も共通している。これらの事情を総合的に判断すれば，本願商標は，これに接した取引者及び需要者に対し引用商標を連想させて商品の出所につき誤認を生じさせるものであり，その商標登録を認めた場合には，引用商標の持つ顧客吸引力へのただ乗り（いわゆるフリーライド）やその希釈化（いわゆるダイリューション）を招くという結果を生じ兼ねないと考えられる。そうすると，本願商標は，本号にいう『混同を生ずるおそれがある商標』に当たると判断するのが相当であって，引用商標の独創性の程度が造語による商標に比して低いことは，この判断を左右するものでないというべきである。」

(p) 商品・役務の（品）質誤認を生ずるおそれある商標（16号）　　公益保

護をその基礎とする（商標47条参照）。ここで（品）質の誤認とは，当該商標と商品・役務との関係における誤認のほか，当該商標と他の商標等との関係における商品・役務の誤認も含むと解される。商品の原産地以外の産地名の表示は本号に該当する場合が多い。

●**ワイキキ事件**──記述的商標（産地）(1)（前出108頁参照）

　(q)　ぶどう酒もしくは蒸留酒の産地を表示する標章を有する商標で，日本国の特許庁長官が指定するものまたはWTO加盟国で保護されているものを，当該産地以外の地域を産地とするものについて使用するもの（17号）　平成6年改正法で追加されたもので，ぶどう酒および蒸留酒の原産地（TRIPs23条1項及び同項注参照）の虚偽表示防止を基礎とする。商品の品質誤認（16号）の有無を問わず適用される（TRIPs23条2項参照。なお商標4条3項参照）。

　(r)　商品等の当然に備える特徴で政令で定めるもののみからなる商標（18号）　平成8年改正法で立体商標を導入した際に規定された「その商品または商品の包装の機能を確保するために不可欠な商標」の規定を，平成26年改正法により導入した色彩商標，音響商標及び動きの商標，ホログラムの商標，位置の商標に対しても一般化したもので，公正な競争の阻害防止を基礎とする（なお，不正競争2条1項3号参照）。

　(s)　日本国または外国における他人の周知商標と同一または類似の商標で，不正の目的で使用するもの（19号）　平成8年改正法で追加されたもので，内外国を通じて周知，著名商標の取引上の信義則に反する不正目的からの使用防止を基礎とする。10号とは異なり外国のみ周知な商標も含み，かつ同一または類似の商品・役務の使用に限られない。また15号とも異なり，具体的な自他商品・役務の混同を要件とせず，広く周知・著名商標のただ乗り（free ride）に基づく指示力の希釈化や汚染を防止することが期待される（なお商標4条3項，不正競争2条1項2号参照）。

　(ヘ)　商号権（会社6条3項・7条・8条1項，商12条1項，商登27条，商登規50条1項）

　(a)　会社は商号中に他の種類の会社であると，または会社でないものはその名称または商号中に会社であると，各々誤認されるおそれのある文字を使用することができない（会社6条3項・7条）。また，銀行，信託，保険等公共

的事業を目的とする会社でないものは，商号中に銀行たるべき文字または信託業者，保険業者たることを示すべき文字等を使用することができない（銀行法6条2項，信託業法14条2項，保険業法7条2項等）。

　(b)　他人の登記商号と同一で，その営業所，会社にあってはその本店の所在場所が，既登記商号の営業所，本店の所在場所と同一である場合（商登27条）　登記上の制限である（同24条13号）。

　(c)　不正の目的をもってする他の商人または会社であると誤認されるおそれのある名称または商号の使用（商12条1項，会社8条1項）　使用上の制限である。目的を要件としている点は狭いが，商号の登記，未登記を問わない。なお，不正競争防止法2条1項1号・2号を参照されたい。

　(d)　使用文字の制限　商号は名称であることからすでに述べたように文字をもって構成される。したがって外国文字を用いても差し支えないが，その商号を登記するに際しては，ローマ字，アラビヤ数字，および符号として＆（アンパサンド），アポストロフィー，コンマ，ハイフン，ピリオド，中点以外のものは受理されない（商登規50条1項，平成14・7・31法務省告示315号）。したがって，登記上の制限である。

　(e)　公序良俗を害するもの（民90条）

　(f)　商号単一の原則　これら同一の営業については1個の商号しか使用できないという原則であり，取引の相手方の誤認を防止するために，通説，判例（大決大正13・6・13民集3巻280頁）の認めるところである。会社の場合，その企業は法律上1個の企業と認められ，その商号は自然人の氏名と同様，全人格的なものであるから，常に1個の商号しか使用できないが，個人商人の場合には営業の種類を異にするに従い数個の商号を選定することができる。登記上の制限として機能する。

第3節　権利発生の手続

　創作と同時に発生する著作権や，行為の不正競争性に着目して規制する不正競争防止法の保護権については，別に権利発生の手続を要しない。したがって，ここにおいては，狭義の工業所有権発生の手続，商号の登記手続，および育成者権，回路配置利用権発生の手続に関して説明する。

1 狭義の工業所有権の発生手続

(1) 手続能力等

　特許庁の手続には，それを有効になしうる能力が必要である。法人でない社団または財団で，代表者または管理人の定めのあるものも，一定の範囲において手続をなすことが認められている（特6条，実2条の4）。未成年者，成年被後見人または被保佐人は，法定代理人または保佐人の同意によらなければ原則として手続をなすことができない（特7条・16条）。また，在外者は特許管理人によらなければ同様に手続をなすことができない。ただし，特許管理人を有する在外者で日本に滞在している場合（同8条1項，パリ条約2条3項，特施令1条），および在外者が国際出願においてする翻訳文等の提出はこの限りでない（特184条の11，実48条の15第2項）。ここで在外者とは日本国内に住所または居所，法人にあっては営業所を有しない者で，外国人のみならず日本人も含まれる。この特許管理人は委任代理人で，在外者がその範囲を制限しない限り，出願から権利消滅に至るまでの包括的代理権を有する（特8条2項）。

　また，在外者でない者は代理人によっても手続をなしうる。これは本人の授権または特許庁長官等の命令により（特13条）本人が選任する。当該事件に関する包括的代理人であり，その権限は特別の授権のない限り不利益行為等に及ばないが（同9条），民法111条，653条と異なり，本人の死亡等によっては消滅しない（同11条）。これらの代理権は書面をもって証明しなければならないが（特施規9条の2），同一代理人に対する包括委任状方式も認められている。また，代理人が2人以上ある場合は，特許庁に対しては各人が本人を代理する（特12条）。業として代理を行いうる者として，弁理士，特許業務法人，弁護士が存する（弁理士法4条・40条・41条・75条・7条2号，弁護士法3条2項）。手続能力に関する上記規定は全て実用新案法，意匠法および商標法に準用されている（実2条の5第2項，意68条2項，商標77条2項）。

(2) 出願書類の作成

　特許ないし登録を受けようとする者は，所定の願書を作成して特許庁長官に届け出なければならない。願書中に，意匠においては当該意匠にかかる物品を，また商標においては，商標登録を受けようとする商標および指定商品・指定役務並びに商品・役務の区分を記載することを特色とする（特36条1項，実5条1項，

意6条1項，商標5条1項）。

　この点，平成8年改正商標法は先進諸外国の例にならって，事務処理の効率化を通じて出願者の手続負担を軽減し，審査の迅速化を図るべく，標準文字制度を採用した。この制度は，商標登録出願にあたり，その対象となる商標の構成が文字のみから成るときは，出願人が特別の態様での表示を要求せず，特許庁長官の予め指定した書体である標準文字に全面的に依拠する旨表明した場合は，以後の公表，登録もその表示態様に従うとするものである。この標準文字制度に依拠する場合は，出願にあたって願書にその旨を記載すべきこととされている（商標5条3項）。また，平成26年改正法は商標の構成要素に従来の立体標識の他に，色彩商標，音響商法及び動き，ホログラムないし経済産業省令で定める位置の商標（商標施規4条の7）等を認めたことから，願書の商標登録を受けようとする商標の記載のみでは必ずしもそれが明らかではないので，動く商標，立体商標，色彩のみからなる商標，音響商標，位置の商標につき，それらの構成を明確にするために，願書にその詳細な説明を記載し，又はそれらの物件を添付すべきこととしている（同条2項4項～5項。なお，15条3号，43条の2第3号，46条1項3号参照）。但し，防御標章登録出願については，登録商標と同一の標章に基づいて行われるので，5条5号の要件は外されている（同68条）。また，平成10年改正法は，意匠の審査の適正化，迅速化を図るべく，出願に際しまたは出願係属中に，当該意匠の特徴記載書の任意提出制度を採用した（意施規6条）。

　願書に添付すべき図面は，特許においては，方法の発明もあるので，その必要がある場合に限られるが（特36条2項），形態ないし表現形式に重点の置かれる実用新案，意匠においては必須である（実5条2項，意6条1項，なお同条2項・5項～7項参照）。また，商標においても願書中に記載した商標登録を受けようとする商標（商標見本）の詳細な説明ないし添付物件は重要である。特に，意匠，商標にあっては，この図面ないし商標見本の記載・物件が，その登録意匠ないし登録商標の範囲を決定する要素となる（意24条，なお同6条3項参照，商標27条）。

　つぎに特許および実用新案にあっては，明細書，特許（実用新案登録）請求の範囲および要約書の添付が必須である（特36条2項，実5条2項，なお微生物の寄託〔特施規27条の2〕参照）。明細書，特許（実用新案登録）請求の範囲は図面とともに発明，考案の内容の審査の対象とされ，また，要約書は平成2年改正法により技術情

報の検索手段として導入されたものである（特36条7項，実5条7項参照）。なお，商標においては必要な場合にのみ説明書の添付を要する（商標5条1項）。これは，使用による自他商品・役務識別力の帯有（同3条2項），あるいは商標ないし商品・役務についての説明等が記載される（なお，同7条3項，7条の2第4項参照）。

また明細書には，発明（考案）の名称，図面の簡単な説明，発明（考案）の詳細な説明が記載される。なかでも発明（考案）の詳細な説明には，排他的独占権付与の代償としての公開の目的からして，通産省令の定めるところにより，当該技術分野の平均的専門家がその実施をしうる程度に，当該発明を明確かつ十分に記載しなければならない（「実施可能要件」，特36条4項1号，実5条4項）。また，明細書には，特許を受けようとする者が出願時にその存在を知っている文献公知発明の情報も記載しなければならない（特36条4項2号）。この先行技術文献開示制度は，従来訓示規定として施行規則に規定されていたものを（特施規24条様式第29備考旧15ロ），平成14年改正法により迅速な審査を図るため，正式に明細書必要記載事項として特許法中に導入されたものである。

特許（実用新案登録）請求の範囲は，従来アメリカ法と同様に明細書の必要記載事項とされていたものであるが，平成14年改正法により，特許協力条約（PCT）による電子国際出願に対応するべく欧州先進諸国にならい，明細書から独立して願書の必要的添付書類としたものである。これは，発明（考案）の技術的範囲，ひいては権利の範囲を決定する重要な手掛りとなるので（特70条，実26条），その記載要件として，その発明が上記詳細な説明に開示されたものであり（「サポート要件」），特許（登録）を受けようとする発明（考案）が明確であり（「明確性要件」），かつ各請求項毎の記載が簡潔であることを要する（特36条6項，実5条6項）。これらは平成6年改正法により，近時の技術革新と国際的動向に同調して改正されたものである。またその際，特許（実用新案登録）請求の範囲の記載事項は各請求項ごとに区分し，各項ごとに出願人が特許（登録）を受けようとする発明（考案）を特定するために必要と認める事項の全てを記載するべき旨（特36条5項，実5条5項）の訓示規定（特49条4号・123条1項4号，実37条1項4号参照，ただし特17条の2第5項1号・2号参照）が設けられている。

なお，これらの添付書類は願書と共に出願日に提出しなければならない。しかし，平成27年改正特許法は，後述の外国語書面出願の場合を除き，先の特許出願を参照すべき旨の主張を伴う出願においてはその例外を認めている（特38

条の３）。

●**パラメータ事件**（知財高判平成17・11・11 判時1911号48頁）
──サポート要件(1)

　①［サポート要件について］「特許法旧36条５項［注：現６項］は、『第３項４号の特許請求の範囲の記載は、次の各号に適合するものでなければならない。』と規定し、その１号において、『特許を受けようとする発明が発明の詳細な説明に記載したものであること。』と規定している（なお、平成６年改正法により、同号は、同一文言のまま特許法36条６項１号として規定され、現在に至っている。以下「明細書のサポート要件」ともいう。)。

　　特許制度は、発明を公開させることを前提に、当該発明に特許を付与して、一定期間その発明を業として独占的、排他的に実施することを保障し、もって、発明を奨励し、産業の発達に寄与することを趣旨とするものである。そして、ある発明について特許を受けようとする者が願書に添付すべき明細書は、本来、当該発明の技術内容を一般に開示するとともに、特許権として成立した後にその効力の及ぶ範囲（特許発明の技術的範囲）を明らかにするという役割を有するものであるから、特許請求の範囲に発明として記載して特許を受けるためには、明細書の発明の詳細な説明に、当該発明の課題が解決できることを当業者において認識できるように記載しなければならないというべきである。特許法旧36条５項１号の規定する明細書のサポート要件が、特許請求の範囲の記載を上記規定のように限定したのは、発明の詳細な説明に記載していない発明を特許請求の範囲に記載すると、公開されていない発明について独占的、排他的な権利が発生することになり、一般公衆からその自由利用の利益を奪い、ひいては産業の発達を阻害するおそれを生じ、上記の特許制度の趣旨に反することになるからである。

　　そして、特許請求の範囲の記載が、明細書のサポート要件に適合するか否かは、特許請求の範囲の記載と発明の詳細な説明の記載とを対比し、特許請求の範囲に記載された発明が、発明の詳細な説明に記載された発明で、発明の詳細な説明の記載により当業者が当該発明の課題を解決できると認識できる範囲のものであるか否か、また、その記載や示唆がなくとも当業者が出願時の技術常識に照らし当該発明の課題を解決できると認識できる範囲のものであるか否かを検討して判断すべきものであり、明細書のサポート要件の存在は、特許出願人（特許拒絶査定不服審判請求を不成立とした審決の取消訴訟の原告）又は特許権者（平成15年法律第47号附則２条９項に基づく特許取消決定取消訴訟又は特許無効審判請求を認容した審決の取消訴訟の原告、特許無効審判請求を不成立とした審決の取消訴訟の被告）が証明責任を負うと解するのが相当である。」

　②［パラメータについて］「本件発明は、特性値を表す二つの技術的な変数（パラメータ）を用いた一定の数式により示される範囲をもって特定した物を構成要件とするものであり、いわゆるパラメータ発明に関するものであるところ、このような発明において、特許請求の範囲の記載が、明細書のサポート要件に適合するためには、発明の詳細な説明は、その数式が示す範囲と得られる効果（性能）との関係の技術的な意味が、特許出願時において、具体例の開示がなくとも当業者に理解できる程度に記載するか、又は、特許出願時の技術常識を参酌して、当該数式が示す範囲内であれば、所望の効

果（性能）が得られると当業者において認識できる程度に、具体例を開示して記載することを要するものと解するのが相当である。」

③［後出しデータについて］「発明の詳細な説明に、当業者が当該発明の課題を解決できると認識できる程度に、具体例を開示せず、本件出願時の当業者の技術常識を参酌しても、特許請求の範囲に記載された発明の範囲まで、発明の詳細な説明に開示された内容を拡張ないし一般化できるとはいえないのに、特許出願後に実験データを提出して発明の詳細な説明の記載内容を記載外で補足することによって、その内容を特許請求の範囲に記載された発明の範囲まで拡張ないし一般化し、明細書のサポート要件に適合させることは、発明の公開を前提に特許を付与するという特許制度の趣旨に反し許されないというべきである。」

●**フリバンセリン事件**（知財高判平成22・1・28判時2073号105頁）
――サポート要件(2)［注：但し、差戻しにより、特許庁で実施可能要件に反するとして無効と判断されている］

「『特許請求の範囲の記載』が法36条6項1号に適合するか否か、すなわち『特許請求の範囲の記載』が『特許を受けようとする発明が発明の詳細な説明に記載したものである』か否かを判断するに当たっては、その前提として『発明の詳細な説明』がどのような技術的事項を開示しているかを把握することが必要となる。そして、法36条6項1号の規定は、『特許請求の範囲』の記載に関してその要件を定めた規定であること、及び、発明の詳細な説明において開示された技術的事項と対比して広すぎる独占権の付与を排除するために設けられた規定であることに照らすならば、同号の要件の適合性を判断する前提としての『発明の詳細な説明』の開示内容の理解の在り方は、上記の点を判断するのに必要かつ合理的な方法によるべきである。他方、『発明の詳細な説明』の記載に関しては、法36条4項1号が、独立して『発明が解決しようとする課題及びその解決手段その他の……技術上の意義を理解するために必要な事項』及び『（発明の）実施をすることができる程度に明確かつ十分に記載した』との要件を定めているので、同項所定の要件への適合性を欠く場合は、そのこと自体で、その出願は拒絶理由を有し、又は、独立の無効理由（特許法123条1項4号）となる筋合いである。そうであるところ、法36条6項1号の規定の解釈に当たり、『発明の詳細な説明において開示された技術的事項と対比して広すぎる独占権の付与を排除する』という同号の趣旨から離れて、法36条4項1号の要件適合性を判断するのと全く同様の手法によって解釈、判断することは、同一事項を二重に判断することになりかねない。仮に、発明の詳細な説明の記載が法36条4項1号所定の要件を欠く場合に、常に同条6項1号の要件を欠くという関係に立つような解釈を許容するとしたならば、同条4項1号の規定を、同条6項1号のほかに別個独立の特許要件として設けた存在意義が失われることになる。

したがって、法36条6項1号の規定の解釈に当たっては、特許請求の範囲の記載が、発明の詳細な説明の記載の範囲と対比して、前者の範囲が後者の範囲を超えているか否かを必要かつ合目的的な解釈手法によって判断すれば足り、例えば、特許請求の範囲が特異な形式で記載されているため、法36条6項1号の判断の前提として、『発明の詳細な説明』を上記のような手法により解釈しない限り、特許制度の趣旨に著しく反するなど特段の事情のある場合はさておき、そのような事情がない限りは、同条4項

第3節　権利発生の手続

　　１号の要件適合性を判断するのと全く同様の手法によって解釈，判断することは許されないというべきである。」

●プラバスタチンナトリウム事件——PBPクレームと明確性要件（後出173頁参照）

　また，これらの記載は日本語で作成されるべきものであるが，同改正法は平成６年１月の日米包括協議を受けて，特許出願につき外国語書面出願制度を導入した。これは日本語による願書とともに，出願日から原則として１年４ヶ月以内に（平成27年改正法は特許法条約〔2005年発効，日本加盟〕12条，同規則13条(2)に則ってこの期間を緩和した），各翻訳文を提出することを条件として，明細書，必要な図面および要約書に代えて，外国語書面および外国語要約書面（当面は英語のみ）の添付による出願を認めるものである（特36条の２，なお同条６項・８項参照）。

　なお，平成２年改正法による，いわゆるペーパーレス・システムの採用に伴い，特許，実用新案の出願書類は，電子情報処理組織を使用し，または一定の場合磁気ディスクを用いることも可能となった（特例３条・６条，なお７条参照）。また，平成10年改正法はこれを意匠，商標の出願にも拡大している（同２条２項）。

(3)　出願対象の単一性

　出願の対象である発明，実用新案，意匠および商標は，原則として１出願中１個でなければならない。これを１発明１出願，１考案１出願，１意匠１出願，１商標１出願の原則という（特37条，実６条，意７条，商標６条）。かかる原則は手続上の便宜に基づくものである。しかし，商標においては，従来，同一商品・同一役務の区分内での複数の商品・役務を指定する，１出願１区分制が採用されてきたが，平成８年改正商標法は商標法条約との関係で１出願多区分制に移行した。また，意匠は従来通り，物品（部分意匠の場合はそれに属する物品）の区分ごとに出願が個別化する。ジュネーブ改正ハーグ協定に基づいてわが国になされる複数意匠一括出願も，その対象である意匠毎になされた複数の出願とみなされて処理される（意60条の６第２項）。なお，いわゆる組物の意匠は１意匠と擬制されている（同８条）。

　特許，実用新案の分野においては１発明（考案）の概念は各国によってその規制，解釈を異にする。概して，諸外国の取扱いは，課題とその解決原理を実質的に同一とする物と方法，生産物とその製造方法，使用方法，装置等は全体

を1発明として，あるいは複数発明ではあるが相互に関連して単一の発明概念を構成する，いわゆる複数関連1発明として，1出願が可能であり，その際それらの多項制出願が認められている。しかし，わが国ではこの1発明の概念は極めて狭く固定的で，上記のものは各々発明の範疇を異にする。そこで近時の飛躍的な技術の進歩に伴い，高度化，複雑化してきた発明・考案の一体的保護，および内外国出願人の便宜のために，昭和62年改正法は従来の併合要件の範囲を拡大し，産業上利用分野および課題において技術的関連性の高い複数の発明・考案を同一願書にとりまとめて1出願となしうる旨規定した。この複数関連発明（多項制）1出願は，諸外国の1発明（多項制）1出願ないし複数関連1発明擬制（多項制）1出願とほぼ同一のものであったが，上記の技術的関連性の要件を特定発明との関係でとらえてきたことから全体としての共通の関連性に欠けるものであった。そこで平成15年改正法は，国際出願にも対応できるよう，その範囲をPCTと調和する形で規定し，技術的関係を有する1群の発明（考案）で施行規則で定めるものとした（特37条，実6条，特施規25条の8，実施規7条の2）。このいわゆる複数発明・考案（多項制）1出願は，1発明・考案概念の狭いわが国において，諸外国の1発明多項制1出願に同調して規定されたものである。

　これは，明細書作成手数の節約および権利内容の明確化，特許庁の審査の効率化および国際出願上の便宜化等の利点があるが，拒絶される機会の増加および特許ないし登録にかかる発明・考案ごとの分割移転が不可能なこと等の不利益もある。なお，上記の関係にある複数発明・考案は，各々独立の特許ないし実用新案登録出願もなしうる。この際，昭和60年改正で追加特許（昭和60年特許法改正法附則2条参照）に代えて新設された，先の出願に基づく優先権（国内優先）制度を利用することも可能である（特41条，実8条）。また，平成8年改正商標法で採用された1出願多区分制も，出願手続簡素化のために商標法条約加入に伴い（商標法条約3条5項・6条参照），先進諸外国にならって内外国出願人の便宜のため採用されたものである。出願手続中はもちろん前述の特許，実用新案の場合と異なり，登録後の分割も可能である（商標24条，商標法条約7条）。従来の1区分内での出願もなしうる。

　また，わが国の商品区分は，現在明治32年法の区分以降平成3年の国際分類採用に至るまで5種類の分類が存在し，各分類に従った商標権が並存している。しかし，これは第三者の検索，調査が困難で，その範囲の広狭による不公平，

不明確性が存する。そこで，マドリッド協定プロトコル加入による国際登録出願制度導入との関係で，1出願多区分制採用に伴い新商品区分への統一を図るべく平成8年改正法はその附則で，書換登録制度を規定していた。これは，一定の期間内に旧商品区分下の商標権者の申請に基づき，特許庁の実質的審査を経て新商品区分への書換登録を認めるもので，申請人からの拒絶査定不服審判，第三者からの無効審判等具体的に規定されている。なお，上記期間内に書換登録の申請がなされなかった場合には，当該商標権はその存続期間満了日に消滅するものとされている（平成8年商標法改正法附則2条〜30条参照）。

なお，組物の意匠とは，同時に使用される2以上の物品に関する意匠で，全体として意匠上または観念上統一があるものである（意8条）。平成10年改正法により，システムデザイン等を広く保護するため，各構成物品ごとに課されている登録要件を廃止し，かつ品目を拡大して，保護対象の範囲を臨機応変にするために「慣習上組物として販売され」ているという要件を削除している。現在，従来のコーヒーセット，ディナーセット等13種を含め，応接家具セット，オーディオ機器セット等，合計56の組物が意匠法施行規則で定められている（意施規8条・別表2）。

(4) 先願主義

適式な最先の出願（特19条，実2条の5第2項，意68条2項，商標77条2項，特許国際出願4条）により，その日に先願の地位が生ずる。その範囲は特許等の請求の範囲，意匠の同一・類似ないし商標と商品・役務の同一・類似をもって判断される。

異なった日に2つ以上の出願があった場合には，最先出願人が，また同日に2つ以上の出願があった場合には，共有とせずに出願人の協議により定めた1出願人が，特許ないし登録を受けることができる。ただし，実用新案登録出願は，無審査主義を採用したことから，上記の協議をせずに，全て登録が受けられないものとされている（実7条2項）。その他の出願については，協議が成立せずまたはできないときは，新規性を登録要件としない商標の場合を除き（商標8条4項・5項），いずれの出願人も特許ないし登録が受けられない（特39条1項・2項，実7条1項，意9条1項・2項，商標8条1項・2項，なお，特49条2号，意17条1号，商標4条1項11号・15条1号参照）。また，特許と実用新案との間において，また，

同一または類似の意匠の間において，相互に上記の方式で先後願関係が考慮される。なお，平成16年改正法は，実用新案登録に基づいて特許出願への変更を認めた結果（特46条の2），その特許出願に係る発明とその基礎となった登録実用新案とが原則として同一であるので，この場合には特許と実用新案相互間の先後願関係は考慮されないことにした。（特39条3項・4項，実7条3項・6項，意9条1項・2項）。

●数値制御通電加工装置事件（最判平成5・3・30判時1461号150頁）
――先願発明との同一性
「本件発明と先願発明の対象となっている通電加工装置のうち，特に線状電極を用いて任意の連続形状を加工する態様のものにおいては，先願発明の『短絡に際しては前記テープを逆方向に移動させる制御装置』との構成を採択すれば，加工電極は追跡軌跡を逆方向にたどる以外の作用を呈することはないのであって，先願発明においても，逆方向軌跡の構成が包含されていることは明らかである。そのような通電加工装置においては，本件発明と先願発明は同一の構成に係るものであることは疑問の余地がなく，結局，本件発明は先願発明に包含されるもので，先願発明と同一の発明といわざるを得ない。」

先願の地位は，出願の取下げ，却下の場合には残らない。しかし，平成23年改正法は冒認によって成立した権利の移転請求権を認めたことによる重複する権利の成立を防止するために，冒認の場合には先願の地位が残ることにした。さらに，平成10年改正法は，出願公開ないし公報での公示前の早期審査実現に伴い，公表されない先願により後願が拒絶されることのないよう，出願の放棄および拒絶確定出願の場合にも残らないとした。しかし，同日出願者間の協議不成立の場合には，後願者との不公平を解消するために，拒絶確定出願の場合には先願の地位が残ることとしている。商標の場合にはさらに，登録確定出願の場合にも先願の地位は残らない。これは商標法4条1項11号・12号により後願者は排除されているからである（特39条5項，実7条4項〜5項，意9条3項，商標8条3項）。なお，上記の協議不成立の場合に先願の地位が残ると，出願公開制度（特64条）のない意匠においては，不公表先願により後願が排除されることになるので，第三者の予測可能性を考慮して，協議不成立の出願を意匠公報により公示することとしている（意66条3項）。

つぎに，先願主義の例外としては，①出願の分割（特44条2項，実11条1項，意10条の2第2項，商標10条2項），②出願の変更（特46条6項，実10条3項，意13条5項，商標11条6項・12条3項），③平成16年改正法で認められた実用新案登録に基づく

特許出願（特46条の２第２項），④意匠，商標における補正却下後の新出願（意17条の３第１項, 商標17条の２第１項），⑤関連意匠の意匠登録出願の場合（意10条４項），⑥商標における博覧会出品の場合（商標９条１項）のほか，⑦特許協力条約に基づく国際出願（同条約11条，特184条の３，実48条の３，意13条の２），⑧マドリッド協定議定書に基づく国際商標登録出願（同議定書４条１項(a)１文，商標68条の９）および国際登録取消後または議定書廃棄後の商標登録出願（同協定９条の５・15条５項(b)，商標68条の32, 68条の33），⑨ジュネーブ改正ハーグ協定に基づく国際意匠登録出願で国際公表されたもの（同協定14条, 意60条の６），⑩先の出願に基づく優先権主張を伴う出願（特41条２項・42条１項, 実8条２項・9条１項, なお特34条の３第５項, 実4条の２第３項参照），および，特殊な取扱いを定める⑪パリ条約４条に基づく優先権の主張を伴う出願（同条約４条Ｂ項，特41条〜43条, 平成26年及び平成27年改正法は優先期間及び優先権証明書の提出期間の徒過につき救済規定を設けている（特41条１項１号, 43条６項・７項, 実8条, 11条１項, 意15条１項, なお60条の10，商標13条１項）および⑫平成26年改正法による，パリ条約の優先期間内にその主張を伴う出願ができなかった者の救済規定により行われるパリ条約の例による優先権の主張を伴う出願（特43条の２，実11条１項），および平成６年改正法による①日本国民又はパリ同盟国民がＷＴＯ加盟国でした出願，ＷＴＯ加盟国国民がパリ条約同盟国又はＷＴＯ加盟国でした出願（特43条の２第１項）及び②日本と相互関係を採る特定国の国民がその特定国でした出願，日本国民・パリ条約保護同盟国民・ＷＴＯ加盟国国民が特定国でした出願（特43条の３第２項）に基づいてなされたパリ条約の例による優先権の主張を伴う出願（特43条の３第３項, 実11条１項, 意15条１項, 商標9条の２・9条の３, なおTRIPs 2条１項, 商標法条約３条１項(a)(vii), ジュネーブ改正ハーグ協定６条(1)参照），⑬平成３年改正商標法施行日（平成４年４月１日）後６ヶ月間にした役務商標登録出願についての特例（平成３年商標法改正法附則４条），⑭ ⑬の期間内に不正競争の目的でなく使用していた役務商標の登録出願（特例商標登録出願）における優先的登録・重複登録（同附則５条〜７条，なお９条参照）等が規定されている。

●人工乳首事件（東京高判平成15・10・8裁判所HP）
──優先権主張の範囲

「特許法41条２項は，同法29条の２の適用に係る優先権主張の効果について……規定し［ているが］……後の出願に係る発明が先の出願の当初明細書等に記載された事項の範囲のものといえるか否かは，単に後の出願の特許請求の範囲の文言と先の出願の

当初明細書等に記載された文言とを対比するのではなく，後の出願の特許請求の範囲に記載された発明の要旨となる技術的事項と先の出願の当初明細書等に記載された技術的事項との対比によって決定すべきであるから，後の出願の特許請求の範囲の文言が，先の出願の当初明細書等に記載されたものといえる場合であっても，後の出願の明細書の発明の詳細な説明に，先の出願の当初明細書等に記載されていなかった技術的事項を記載することにより，後の出願の特許請求の範囲に記載された発明の要旨となる技術的事項が，先の出願の当初明細書等に記載された技術的事項の範囲を超えることになる場合には，その超えた部分については優先権主張の効果は認められないというべきである。」

(5) 出願審査手続概略（図1参照）

出願——出願出願書類を特許庁長官に提出すると，その日時に（特19条，実2条の5第2項，意68条2項，商標77条2項参照），出願は特許庁に係属し，先願の地位が生じ（特39条，実7条，意9条，商標8条），以後出願人は自発的に補正できる（特17条1項，実2条の2第1項，意60条の3，商標68条の40）。新規性など特許・登録要件は，商標登録要件を原則として除き，この時点で判断され（特29条1項，実3条1項，意3条1項，なお商標4条3項参照），また，それは特許においては出願公開および審査請求期間の起算日（特64条第1項・48条の3第1項），および特許権，実用新案権の存続期間の起算日とされ（特67条，実15条），かつ，商標はこのときより特許等を受ける権利と同質の商標登録出願により生じた権利が発生する（商標13条2項）。なお，実用新案においては出願と同時に1年から3年までの各年分登録料を一時に納付しなければならない（実32条1項）。

まず，出願に著しく瑕疵があり，補正によりその治癒が不可能の場合，またはそれを認めることがかえって著しく不合理な場合には当該出願は却下される。これは，平成8年改正法で商標法条約14条との関係で他の法律にも設けられたもので，この際出願人には却下理由が通知され，相当の期間を指定して弁明書提出の機会が与えられる（特18条の2，実2条の5，意68条2項，商標77条2項）。方式に不備があっても，補正可能なものである場合には，出願は受理され，出願人に出願番号が通知される（特施規28条，実施規23条4項，意施規19条3項，商標施規22条4項）。

また，商標においては同年改正商標法により，出願日の認定手続が設けられ，所定の方式要件を欠く場合には補完命令が出され，これに応じて手続補完書によりその欠缺（けんけつ）が補完された場合にはこの補完書提出日が出願日と認定され，補

第3節　権利発生の手続

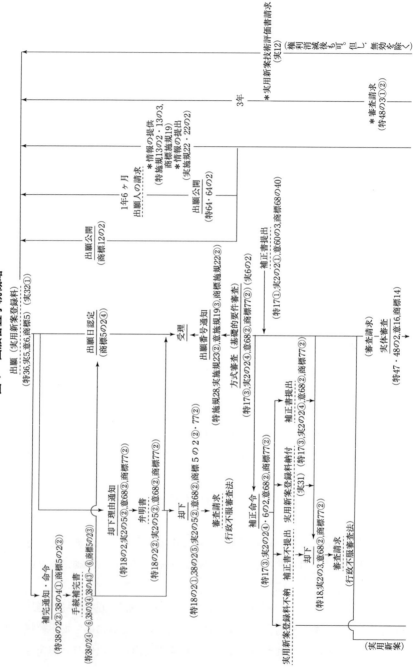

図1　出願審査手続概略

第4章 知的財産権の発生

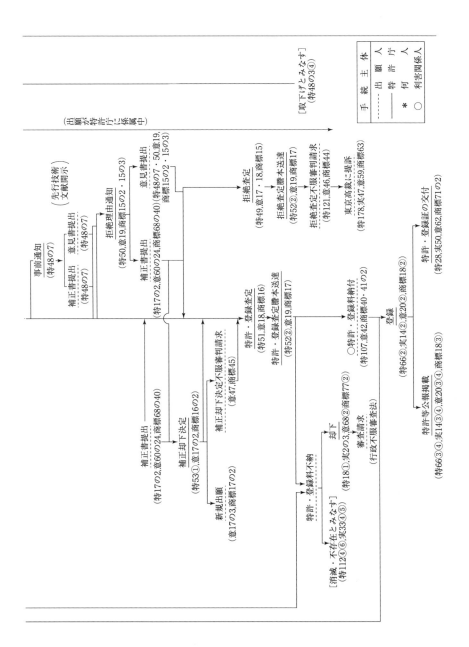

135

完されない場合には当該商標登録出願は却下されることとなった（商標5条の2，なお商標法条約5条参照）。また，平成27年改正特許法もこれと同様に出願日の認定に関する詳細な規定を設けている。すなわち，特許出願にあっては願書及び添付明細書の提出を以て出願日とし，それに瑕疵がある時はその手続の補完できる旨の通知がなされ，これに応じて手続補完書を提出し，或いは明細書を補完する場合にはその明細書及び必要な図面を手続補完書と共に提出する。これにより瑕疵が補完された場合には手続補完書提出日が出願日として認定され，補完されない場合には特許出願は却下される（特38条の2）。他方，外国語書面出願の場合を除き，先の特許出願を参照すべき旨の主張をする方法により，先の特許出願に係る書面を願書と共に提出することにより，特許出願する方式も認められている（同38条の3）。なお，明細書又は図面の一部の記載が欠けている場合には特許出願人にその旨が通知され，それを補完する明細書等補完書の提出日を以て出願日を認定することとしている（同38条の4，なお，特許法条約5条，6条参照）。したがって，前述の出願の効果は実務上はこの出願の受理ないし出願日の認定を停止条件として発生していることになる。

　なお，平成2年に手続の簡易迅速化を図るべく，「工業所有権に関する手続等の特例に関する法律」が制定され，いわゆるペーパーレス・システムが採用された。当初は，政令で定める，特許，実用新案出願および補正等の特定手続に限られていたが，平成10年同改正法はこれをさらに意匠，商標にも拡大した。そして，同法で定める特定手続は全て，電子情報処理組織を使用し，また，それが電気通信回線の故障その他の理由により不可能で，特許庁長官がその必要性を認めた場合には磁気ディスクを提出することにより行うことができる（特例3条・6条）。もっとも，従来の書面の提出による方式も残されてはいるが，特定手続を書面で行った場合には，出願人は書面提出日より30日以内に特許庁長官に，その内容を磁気ディスクに記載すべきことを，手数料を納付して請求しなければならない（同7条・8条）。

　上記磁気ディスクの提出および書面の提出による場合も，全て特許庁の電子計算機のファイルに記録され（特例8条），以後特許庁が行う政令で定める特定処分（平成11年改正法によりその範囲は拡大されている），通知等は電子情報処理組織を使用して行うことが可能となった（同4条・5条）。なお，磁気ディスクへの記載およびファイルへの記録等は，登録情報処理機関を通じて行いうる（同9

条)。この機関は，公正・中立性の確保のため公益法人であることが要件とされていたが，平成16年同改正法により民間活力の活用を図るため，一定の法定基準を満たす者の登録制度に移行したものである（同17条～35条）。

ペーパーレス・システムの採用に伴い，特許料等および政令で定める手続の手数料を予め特許庁長官に届け出て，その見込額を特許印紙で予納する制度が設けられている（同14条～16条）。平成16年同改正法は特許等関係料金の返還につき，煩雑な手続を回避して利便性を図るため，返還を受ける者の申出により，現金による返還に代えてその額をこの予納した見込額に加算することにした（同15条・16条）。続いて平成20年同改正法は，国庫金の電子決済インフラの整備に伴い，出願人の便宜のため，特許料等および手数料を特許印紙による納入方法に加えて，オンラインシステムによる口座振替制度も設けられている（同15条の2・16条）。なお，無審査主義を採用する実用新案においては，第1年から第3年までの各年分の登録料を出願時に一括納入することとされている（実32条1項）。

商標の出願公開——さらに，出願の効果として，商標登録出願は出願日に出願公開される（商標12条の2，なお同68条1項参照）。第三者はこの公開により出願情報を早期かつ容易に知りうることになる（なお，商標施規19条参照）。これはマドリッド協定議定書4条1項(a)に対応するため平成11年改正法により，出願人に警告を条件として業務上の損失に係る金銭的請求権を認めるために一般的に新設されたものである。しかし，未だ無審査で公開されるので，これら請求権の行使時期は商標権設定登録後とされている（同13条の2，なお同68条1項参照）。上記請求権に関しては，商標権に関する擬制侵害，損害額算定のための文書提出命令，計算鑑定人および信用回復措置請求権の規定が準用されており，さらに平成16年改正法は，権利無効の抗弁，侵害立証のための文書提出命令，秘密保持命令に関する規定，および裁判所と特許庁間の侵害関連情報の交換の規定を準用している（商標13条の2第5項）。

なお，同年改正法により，商標の1次審査期間の1年6ヶ月（商標施令2条）の起算日も前記出願日より起算される（商標16条）。

方式審査——出願がなされると，方式要件の審査が行われ，方式要件を満たさない場合には補正命令が出され，これに従った手続補正書が提出されなければ，手続は原則として却下される（特17条3項・18条，実2条の2第4項・2条の3，

意68条2項，商標77条2項)。実用新案においては，ここで物品の形態的要件，不登録理由等を含む基礎的要件が審査され（実6条の2），それらを満たさない場合も，上記と同様に取り扱われる（同2条の3）。この際，既納登録料は請求により返還されるが（同34条1項2号・2項），却下処分に対しては，前記の場合も含めて，後述のように行政不服審査法により審査請求をすることができる。実用新案登録出願が上記手続で却下されない場合には，後述のように，出願の放棄，取下げのない限り，設定登録がなされる（同14条2項）。しかし，その登録の信頼性を高め，権利の濫用を防止する一助として（同29条の2・29条の3参照），設定登録の前後を通じ，実用新案技術評価制度を導入している。

これに対して，意匠，商標においては，出願はそのまま直ちに実体審査が行われる。しかし，特許においては，出願公開制度および審査請求制度が採用され，その結果出願はその審査請求をまって実体審査が行われることとなっている。これらの制度は技術の高度化，複雑化および情報資料の増加等による出願件数の増大に伴い，審査主義のもとで生ずる審査遅延の欠陥を除去するために昭和45年改正法で採用されたものである。

実用新案技術評価請求——実用新案登録出願または実用新案登録について，出願時以降，登録が無効とされない限り権利消滅後においても，何人も実用新案技術評価の請求を行うことができる。その評価の範囲は，刊行物等公知のみに止まらず，公知刊行物等に基づく進歩性，先願の範囲の拡大，先後願に関するものをも含む（実12条）。しかし，産業上利用可能性や，公知，公用およびそれらに基づく進歩性，冒認等保護要件の全てを含むものではない。また，特許とは異なり，後述の出願公開に基づく情報提供に供されたものでもなく，その判断を争う方法も設けられていない。その意味で，本評価は裁判所を拘束するものではないが，特許庁の権利の有効性に関するいちおうの判断資料となりうる（なお，実29条の2・29条の3参照）。

なお，この評価請求は第三者のために公報に掲載されるが，平成16年改正法は，他人がこの請求をしたときには権利者等へ通知し，評価書が作成されたときにはその謄本を請求人にまたは権利者等に送達することにした（同13条）。新たな評価書は権利者等の関心事でもあり，かつ前者は特許出願への変更期間（特46条の2第1項3号），後者は訂正手続の可能期間（実14条の2第1項1号）との関係で規定されたものである。

特許の出願公開——特許出願は，出願日より1年6ヶ月経過後，それ以前に審査されて特許掲載公報を発行したものを除き，要約書を含み全文が公開される（特64条）。平成11年改正法は諸外国にならって，補償金請求権の早期発生を図るべく，出願人の請求に限り上記期間経過前にも出願公開を認めることにした（同64条〜64条の3）。この制度は審査の遅延化および審査請求制度採用等に基づく発明公開の遅延，およびそれに伴う重複研究，重複出願等の防止にある（なお，特施規13条の2・13条の3参照）。しかし，無審査で公開されることから，公開された出願には，先願の範囲の拡大（特29条の2）および警告を条件としてその後の特許料相当額の補償金請求権を認め（同65条1項，なお5項参照），また同請求権を実効あらしめるために優先審査制度を採用して，出願人を保護すると同時に（同48条の6），他方，同請求権の行使時期を特許権設定登録後とし（同65条2項），さらに，出願の審査請求ないし優先審査の利用を第三者にも認めて（同48条の3・48条の6），第三者の保護を図っている（なお，同65条3項参照）。なお，意匠登録出願においては，その対象が外観的美観であることから審査手続中は開示制度は存しない（意14条参照）。しかし，国際意匠登録出願された意匠はその設定登録前に国際公表されるので，上述の補償金請求権を認める規定が存する（意60条の12）。

この出願公開により，以後営業秘密としての保護は多くは失われるので，その効力，行使時期等に関して，この出願公開制度を採用している欧州先進国はわが国より出願人に有利な規定を置いている。わが国では，上記補償金請求権に関しては，特許権に関する擬制侵害，生産方法の推定および損害額算定のための文書提出命令の規定を準用しており，平成11年改正法は，具体的態様の明示義務，侵害立証のための文書提出命令および計算鑑定人の規定を準用し，さらに平成16年改正法は，権利無効の抗弁，秘密保持命令に関する規定，当事者尋問等の公開停止，および裁判所と特許庁間の侵害関連情報の交換の規定を準用している（同65条6項）。少なくとも，その運用が期待される。

●**アースベルト事件**（最判昭和63・7・19民集42巻6号489頁）
——補償金支払請求のための警告と補正（前出83頁参照）
「実用新案登録出願人が出願公開後に第三者に対して実用新案登録出願に係る考案の内容を記載した書面を提示して警告をするなどして，第三者が右出願公開がされた実用新案登録出願に係る考案の内容を知つた後に，補正によつて登録請求の範囲が補正された場合において……その補正が，願書に最初に添附した明細書又は図面に記載し

た事項の範囲内において補正前の登録請求の範囲を減縮するものであつて，第三者の実施している物品が補正の前後を通じて考案の技術的範囲に属するときは，右補正の後に再度の警告等により第三者が補正後の登録請求の範囲の内容を知ることを要しないと解するのが相当である。」

特許の審査請求——特許出願について前記出願公開が行われると，それが特許庁に係属中は何人も所定の不特許事由に関する情報を特許庁長官に提供することができる（特施規13条の2）。しかし，出願の審査は出願審査請求をまって行われる（特48条の2。なお，195条の2参照）。この制度は権利取得まで欲しない出願に（同64条参照），審査請求検討の機会を与えてその審査負担の軽減を期待し，審査主義のもとで審査遅延の弊害を除去して全体としての審査促進を図るために採用された。その請求期間は，ドイツと同様に当初は特許出願後原則7年以内とされていた。しかし，わが国では権利の帰趨が長期間にわたり未確定の出願が大量に累積してきたことから，平成11年改正法は上記期間を原則3年以内と短縮した。この出願審査請求は何人も行うことができる（特48条の3第1項）。

また，昭和60年改正法は特許出願の分割，変更の場合，更に平成16年改正法は実用新案登録出願に基づく特許出願の場合等に出願審査請求が不可能となることを避けるため，それらの日から30日以内に限り出願審査請求ができることにした（同条2項）。なお，平成26年改正法はこれらの期間徒過に救済規定を設けている（同条5項，6項）。しかし，これらの期間内に請求が行われない場合には出願は取り下げたものとみなされる（同条4項）。その結果，先願の地位は失われ，補償金請求権の行使はできないが，出願公開により先願の範囲の拡大が生じているので（同29条の2），他人に権利が付与されることはない。しかし，平成26年改正法は上記救済規定により出願審査請求がなされて特許権が付与された場合に，特許公報による前記出願の取下げの公告後，出願審査請求の公示前に善意でその発明を実施していた者に法定通常実施権を認めている（同8項）。

なお，平成15年改正法は，先行技術調査の外注拡大等に伴う特許庁の審査経費増大に伴い，審査請求手数料を従来の倍額にした（特195条・別表）。そして，審査請求自体の取下げはそれまでの審査を無意味にするので認められていないが（同48条の3第3項），出願自体の放棄，取下げは出願が特許庁に係属している間はいつでも可能であるので（同38条の5参照），審査請求手数料完納者は所定

の命令，通知等を受ける以前に出願の放棄，取下げを行うことにより，その日から6ヶ月以内の請求により一定の金額の返還が受けられることにした（同195条9項・10項）。これは権利成否の必要性に対応して，全体としての審査の迅速性を図るためである（なお，同195条の2参照）。なお，平成26年改正法は，前記の返還請求および過誤納の返還請求の手続期間徒過につき救済規定を設けている（同195条13項）。これらの際前述の予納制度を利用した返還方法の利用も可能である。

さらに平成16年改正に係る工業所有権に関する手続の特例に関する法律は，特定登録調査機関制度を導入している。これは，後述の登録調査機関のなかで特許庁長官から特に登録を受けたもので，出願人等民間人の依頼に基づいて先行技術調査業務を行う機関である（特例39条の2〜39条11）。この機関を権利成否の判断に出願人等が利用したときには，審査請求にあたってその調査報告を提示した場合に，上記手数料は軽減されることにした（同39条の3）。

実体審査——実体審査においては，具体的検討のため，書類提出命令や関係機関への調査依頼ができる旨規定しており（特194条，意68条2項，商標77条2項），工業所有権に関する手続等の特例に関する法律により，指定調査機関に調査業務の外注を行ってきた。同機関は公正，適格，秘密性の確保のため公益法人であることが要件とされてきたが，平成16年同改正法は登録情報処理機関と同様に民間活力の活用を図るため，一定の法定要件を満たした者の登録制度に移行した。そして，特定の技術分野ごとに登録が受けられる登録調査機関として，その拡大が図られている（特例36条〜39条，特例施規56条・別表2）。

なお，出願にあたって，先行技術文献開示制度が平成14年改正法で導入されたことから（特36条4項2号），この要件を満たさない明細書の場合には，審査官により事前通知がなされ，出願人は補正ないし意見書提出の機会が与えられる（同48条の7）。しかし，この制度は迅速な審査を図るためのものであるので，この要件の違反は次の拒絶理由とされているが（同49条5号），無効理由とはされていない。

審査官によって拒絶理由が発見された場合には，拒絶査定が行われ（特49条，意17条，商標15条。なお，平成23年改正法により，特許等を受ける権利を有しない発明者等の出願は全て拒絶理由とされている），発見されない場合には，登録査定が行われる。商標については，マドリッド協定議定書5条2項(a)との関係で，この期間は平

成11年改正法で一般的に出願日より1年6ヶ月以内とされている（特51条，意18条，商標16条，商標施令2条1項，なお，2項参照）。拒絶査定が行われる場合には，拒絶理由が通知され，出願人に意見書を提出する機会が与えられる（特50条，なお50条の2参照，意19条，商標15条の2）。なお商標では，平成8年改正法で1出願多区分制を採用しつつも早期権利付与実現のため，先願未登録商標の存在によっても拒絶理由通知が行われることとなった（商標15条の3）。出願人は拒絶理由を認めて，手続補正書ないし誤訳訂正書を提出してこれを補正し（特17条の2，意60条の3，商標68条の40），あるいは後述の出願の分割，変更を行うこともできるが，これを不服として意見書を提出した場合には，審査官はこれを検討し，あるいはさらに拒絶査定をなし，あるいは登録査定を行う（特51条，意18条，商標16条）。

手続補正，出願の分割・変更——ここで手続補正，出願分割，出願変更は，ともに出願日を維持しつつ，拒絶査定の回避または出願人の便宜のためになされるものである。しかし，審査手続上は新規出願による負担軽減に利する反面事務の渋滞を招く結果となるが，先願主義のもとではその必要性も存する。

①手続補正（**表5，表6**参照）におけるその可能範囲は，先願主義（または先発明主義）を手続的に確保するものである。平成5年改正特許法ではこれらを制限的に改正し，特許出願の補正を出願後1年3月，出願公告謄本送達の前と後との3つに分けてその時期と回数，および実用新案登録出願の補正の期間を制限し，その可能範囲を制限して（特17条の2第3項・4項），新規事項の追加禁止を規定した。そして，これに反する補正を拒絶理由（特49条1号），異議申立理由（特旧55条1項），および無効理由とし（特123条1項1号，実37条1項1号），補正却下決定不服審判を廃して拒絶査定不服審判，あるいは権利発生後の無効審判で争うことにして，審査期間の短縮化を図った。しかし，平成6年改正法は，特許付与前の出願公告・異議申立制度を特許付与後に移行したことに伴う改正，およびパリ条約上の優先権主張出願の期間的関係と外国語書面出願の採用に伴う誤訳訂正のための補正の要請から，特許出願の補正の時期的制限を緩和し，かつ，願書に添付した明細書・特許請求の範囲・図面，要約書および訂正に係る明細書・特許請求の範囲・図面の各場合につき条文を整理している。

すなわち，願書に添付した明細書・特許請求の範囲・図面の補正は（特17条の2），その時期の制限は緩和したが（同条1項），その可能範囲（同条3項〜6項），

第4章　知的財産権の発生

表5　手続の補正（特許出願〔明細書・特許請求の範囲・図面〕）

		出願後　拒絶理由通知前	拒絶理由通知後
補正可能の時期		いつにても可（特17の2①）	a　最初の拒絶理由通知に対する意見書提出期間 b　事前通知に対する意見書提出期間 c　最後の拒絶理由通知に対する意見書提出期間 d　拒絶査定不服審判請求時 （特17の2①但書・48の7）
補正可能の範囲		A．最初の明細書・特許請求の範囲・図面に記載した範囲（特17の2③④）	B．c,dでの特許請求の範囲については ・請求項の削除 ・特許請求の範囲の減縮（産業上利用分野・解決課題の同一，独立要件） ・誤記の訂正 ・不明瞭記載の釈明（拒絶理由通知事項に限る）　　（特17の2⑤⑥）
補正可能範囲逸脱と認定された時期	特許査定謄本送達前	拒絶査定（特49Ⅰ） ・拒絶査定不服審判（特121） 　または ・先の出願に基づく優先権主張を伴う新規出願（特41①） 　　　書面提出（特41④） 　　　出願の遡及的取扱い（特41②） 　　　旧出願取下げ（特42①）	aがAを逸脱 拒絶査定（特49Ⅰ） c，dがAまたはBを逸脱 補正却下決定（特53①・159①・163①，なお特50・159②・163②参照） ・拒絶査定不服審判（特121・53③・159①・163①）
	登録後	取消理由（特113Ⅰ） 無効理由（特123①Ⅰ，104の3）	（但し，特17の2④を除く）

およびそれらに違反した補正の取扱いは従来と同様である。なお，後者に関し特許異議申立制度が平成15年改正法により廃止されたことから特許異議申立理由ではなく無効理由（同123条1項1号）とされていた。しかし，平成26年改正法で，特許付与後の異議申立制度を復活したことに伴い，同号に違反する補正を拒絶理由（同49条1号），無効理由（同123条1項1号・実37条1項1号）のほか，異議申立理由（特113条1号）とし，その補正を政令で定める期間内としている（**表5**参照）。また，平成18年改正法は，出願間の公平性と国際的調和の観点から，最後の拒絶理由通知時および拒絶査定不服審判請求時の補正可能の範囲に，新たに発明の単一性の要件を加え（同17条の2第4項），これに反する補正を拒絶理由とした（同49条1号）。もっともこれは他の補正可能の範囲の制限と異なり，

登録後は第三者の利益を著しく害することにはならないので，取消・無効理由とはされていない。なお，平成20年改正法は，拒絶査定不服審判の請求期間を後述のごとく延長したことに伴い，その請求時の補正を請求時と同時にのみと限定した（同17条の2第1項4号）。

●**ソルダーレジスト**（除くクレーム）**事件**（知財高判平成20・5・30判時2009号47頁）
――補正および訂正の可否

「平成6年改正前の特許法は，補正について『願書に添付した明細書又は図面に記載した事項の範囲内において』しなければならないと定めることにより，出願当初から発明の開示が十分に行われるようにして，迅速な権利付与を担保し，発明の開示が不十分にしかされていない出願と出願当初から発明の開示が十分にされている出願との間の取扱いの公平性を確保するととともに，出願時に開示された発明の範囲を前提として行動した第三者が不測の不利益を被ることのないようにし，さらに，特許権付与後の段階である訂正の場面においても一貫して同様の要件を定めることによって，出願当初における発明の開示が十分に行われることを担保して，先願主義の原則を実質的に確保しようとしたものであると理解することができる」

「『明細書又は図面に記載した事項』とは，当業者によって，明細書又は図面のすべての記載を総合することにより導かれる技術的事項であり，補正が，このようにして導かれる技術的事項との関係において，新たな技術的事項を導入しないものであるときは，当該補正は，『明細書又は図面に記載した事項の範囲内において』するものということができる。そして，同法134条2項ただし書［注：現134条の2ただし書（訂正請求）］における同様の文言についても，同様に解するべきであ……る」

「特許が無効とされることを回避するために，無効審判の被請求人が，特許請求の範囲の記載について，『ただし，…を除く。』などの消極的表現（いわゆる『除くクレーム』）によって特許出願に係る発明のうち先願発明と同一である部分を除外する訂正を請求する場合も，明細書又は図面の記載によって開示された技術的事項に対し，新たな技術的事項を導入しないものであると認められる限り，『明細書又は図面に記載した事項の範囲内において』する訂正であるというべきである。」

また，要約書の補正（同17条の3）は，それが技術情報検索の手段としてその内容が出願公開に併せて公開されることから，その補正時期は，出願公開の請求後を除き，出願公開準備期間を考慮して出願日後1年3ヶ月以内とされていた。しかし，平成26年改正法は経済産業省令で定める期間内と改正している。さらに，訂正に係る明細書・特許請求の範囲・図面の補正（同17条の5）は，無効審判手続中の被請求求人（同134条2項）はその指定期間内に，また訂正審判手続中の請求人は（同126条1項）その審理終結の通知（同156条）前までとされており，平成26年改正法で特許付与後の異議申立制度度を復活したことに伴い，特許異議申立手続中の特許権者の補正は（同120条の5）その指定期間内とされいる。

表6　手続の補正（実用新案，意匠，商標）

		出願後	審査，（登録異議申立），審判，再審に係属中	登録料納付時
補正可能の時期		政令で定める期間（1ヶ月），いつにても可（実2の2①，実施規1）		
		いつにても可（意60の24，商標68の40①）		（商標68の40②）
補正可能の範囲		最初の明細書・実用新案登録請求の範囲・図面に記載した事項の範囲（実2の2②）		区分の減縮（商標68の40②）
		要旨（意9の2・17の2，商標9の4・16の2）		
補正可能範囲逸脱と認定された時期	査定前	補正却下決定（意17の2，商標16の2） ・補正却下決定不服審判（意47，商標45） 　または ・新出願（意17の3①・17の4，商標17の2） 　書面提出（意17の3①，商標17の2①） 　出願日＝手続補正書提出日 　　　　　（意17の3①，商標17の2①） 　旧出願取下げ（意17の3②，商標17の2①）		
	登録後	無効理由（実37①・30，特104の3） 補正有効（意9の2，商標9の4） 　出願日＝手続補正書提出日（意9の2，商標9の4）		

　なお，優先権主張書面の補正（同17条の4）は平成26年改正法で規定されたもので，優先権主張書面の誤記の補正は経済産業省令で定める期間内とする旨規定されている。

　なお，平成8年改正商標法は，商標登録前の出願公告，異議申立制度を登録後に移行したことに伴い，従来，出願公告謄本送達前後に区分して，補正可能時期，範囲およびその範囲に違反した補正の取扱い等を規定し，特に送達後につき厳格に定めていたことを廃し，結果的に意匠の場合と同一となっている（**表6**参照）。

　②出願分割は，出願対象の単一性およびその例外規定の条件を確保するため，あるいは拒絶理由を回避して早期に権利化するための手続で，特許，実用新案においては請求範囲のほか，明細書，図面記載事項の分割も判例は認めている。出願の分割は補正手続の一種であるので，分割にかかる出願の出願日が遡及す

る（特44条2項，実11条1項，意10条の2第2項，商標10条2項。ただし，特29条の2・30条3項参照）。分割可能時期は，各々補正可能の場合と原則として同一である。ただし，意匠，商標にあっては出願が特許庁に係属中，さらに商標にあっては拒絶すべき旨の審決不服訴訟が裁判所に係属中も可能である（特44条1項，実11条1項，意10条の2第1項，商標10条1項）。なお，平成18年改正法は，出願人の多面的網羅的権利取得と無用の拒絶査定不服審判の手続を避けるため，特許査定および拒絶査定後30日以内にも出願分割を可能とした。これに続いて，平成20年改正法は後者につきその判断の調査・検討を促す意味で，3ヶ月と延長し（特44条1項2号・3号・5項・6項），更に平成26年改正法は，これらの手続期間の徒過につき救済規定を設けている（同条7項）。

●半サイズ映画フィルム録音装置事件（最判昭和55・12・18民集34巻7号917頁）
——分割出願
　「もとの出願から分割して新たな出願とすることができる発明は，もとの出願の願書に添付した明細書の特許請求の範囲に記載されたものに限られず，その要旨とする技術的事項のすべてがその発明の属する技術分野における通常の技術的知識を有する者においてこれを正確に理解し，かつ，容易に実施することができる程度に記載されているならば，右明細書の発明の詳細なる説明ないし右願書に添付した図面に記載されているものであっても差し支えない，と解するのが相当である。」

　さらに，平成20年改正により創設された仮実施権制度において（特34条の2・34条の3，なお238頁参照），仮実施権に係る特許出願の分割があったときは，特約のない限り，その分割による新たな特許出願に係る特許を受ける権利に基づいて取得すべき特許権についても，当初の設定行為で定めた範囲内において仮実施権が存するものとみなしている（同34条の2第5項・34条の3第6項）。仮専用実施権に係る仮通常実施権（仮再実施権）の場合もこれと同様に取り扱われている（同34条の3第7項）。なお，仮通常実施権者については，平成23年改正法が，通常実施権の登録制度を廃止して当然対抗制度を導入したので，その登録が無くても上記と同様の効力を認めることにした（同34条の3第2項・3項）。

　③出願変更（図2参照）は出願方式の変更で，同種の出願間と異種の出願間とに区分される。前者は商標（標章）の場合に限られる。また，後者は精神的な創作的活動上の創作間で技術性，審美性の程度に応じて行われる。ともに，変更にかかる出願の出願日が原則として遡及し（商標11条6項・12条3項・65条3項，特46条5項，実10条3項，意13条5項），かつ旧出願は取り下げたものとみなされる

図2　出願の変更

1. 同種の出願間

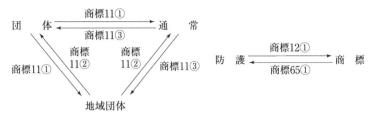

可能時期—査定または審決確定まで（商標11④・12②・65②）

2. 異種の出願間

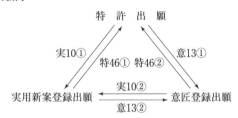

　可能時期—実用新案登録出願から特許への変更は，審査請求期間を考慮して出願日から3年以内とされている。但し，意匠への変更は，出願係属中は可能（特46条1項，意13条2項）。また，特許出願，意匠登録出願からの実用新案への変更は，最初の拒絶査定謄本送達日から3ヶ月以内または実用新案権の存続期間を考慮して，出願日から9年6ヶ月以内とされている（実10条1項・2項）。
　特許出願と意匠登録出願相互間の変更は，最初の拒絶査定謄本送達日から3ヶ月以内。但し，意匠登録出願から特許出願への変更は，審査請求期間を考慮して，3年以内とされている（特46条2項，意13条1項）。
　なお，平成26年改正法は特許への出願変更の手続期間徒過につき救済規定を設けている（特46条5項）。

（商標11条5項・12条3項・65条3項，特46条4項，実10条5項，意13条4項）。また，特許出願人はその特許出願につき仮専用実施権者の存する場合には，その者の承諾を得なければ実用新案登録出願または意匠登録出願への変更はできないものとされている。しかし，平成23年改正法は仮通常実施権の移転に当然対効力を認めたことからその者の承諾を不要としている（実10条9項，意13条5項）。なお，平成23年改正法は実用新案法および意匠法においても仮通常実施権制度を設けたことから（実4条の2，意5条の2），仮通常実施権が許諾されている実用新案または意匠登録出願が特許出願に変更される場合に特約のない限り，当然対抗

力を有する旨規定している（特34条の3第8項・9項）。同様の規定は実用新案法および意匠法にも設けられている（実4条の2第3項，意5条の2第3項）。

　また，実用新案制度が平成5年の改正法で無審査主義に移行したことから，実用新案登録出願からの出願変更の機会は著しく減少した。そこで，技術評価より完全な審査を受けて権利の長い存続期間を望む者の便益と，その不利益を避けて当初から全部特許出願することになる特許庁の負担軽減を目的として，平成16年改正法は実用新案権設定登録後でもそれに基づいて特許出願に変更できることにした（特46条の2）。その変更可能期間は審査請求期間を考慮して原則として出願日から3年以内で（同条1項・3項—平成26年改正法は手続期間徒過の一部（1項3号）についても救済規定を拡大している），特許出願の範囲がその基礎となった登録実用新案のそれと同一である限り，その出願日が原則として遡及し（同条2項），その基礎となった実用新案権を放棄することになる（同条1項）。この際，専用実施権者等の評価請求の機会も制限することになるので（実12条3項），権利放棄についての承諾の他（実26条，特97条1項），出願変更についてもこれらの者の承諾を必要とされている（特46条の2第4項，なお実54条の2参照）。なお，従来の出願変更につき，実用新案登録に基づく特許出願からさらに実用新案登録出願に変更し，または特許出願から変更された意匠登録出願からさらに実用新案登録出願への変更を禁止している（実10条1項・2項）。本人の意向を尊重し，かつ補正分割等の機会を再度認めることは妥当でないことによる。

　ところで，平成11年改正法は，②，③の分割，変更にかかる出願につき，優先権，国内優先権の主張手続にならい（特43条5項・43条の2第3項，実11条参照），書面等の提出義務を免除して出願人の負担を軽減している（特44条4項・46条5項・46条の2第5項，実11条1項・10条8項・9項，意10条の2第3項・13条5項，商標10条3項・11条5項・12条3項・65条3項）。

　拒絶査定不服審判——拒絶査定に対しては，その謄本送達のあった日から原則として3ヶ月以内にこれを不服として拒絶査定不服審判を請求できる（特121条，意46条，商標44条）。この審判の際，昭和45年改正法により特許につき審査前置制度が採用された。すなわち，拒絶査定不服審判請求と同時に明細書，特許請求の範囲または図面について補正があった場合には（特17条の2第1項4号・4項），審判促進のため，拒絶査定を行った審査官がその補正を通して同請求を再審査する（同162条）。この再審査において，原査定と異なる拒絶理由を発見

した場合には，改めて拒絶理由を通知し（同163条2項），審判請求を理由ありとする場合には特許査定を行う（同163条3項・164条2項）。この場合，審査官は審査請求にかかる拒絶査定を取り消し，これにより審判は終了する（同164条1項）。しかし，かかる場合を除き，審査官は審判請求につき査定をせずに（同164条2項参照），審査の結果を特許庁長官に報告することとしている（同164条3項）。この報告があった場合には，長官は事件を審判官の審理に委ね（同137条），ここにはじめて拒絶査定不服審判が開始される。

拒絶査定不服審判は審査の続審として，拒絶査定の当否に止まらず，当該出願に権利を付与すべきか否かを審理する。審判は事件ごとに特許庁長官に指定された審判官の合議体により，その過半数で決する（特136条・137条）。平成11年改正法は，審理内容の公証性を担保するため，公証機関として独立した権限をもつ審判書記官制度を採用している（同144条の2）。なお，審判官，審判書記官の除斥および忌避の申立等につき同139条～144条，144条の2第5項参照。書面審理を原則とし（同145条2項），職権主義が採られている（同150条～153条）。審理の結果，拒絶査定を正当と認めた場合には「請求は成り立たない」旨の審決をなし，拒絶査定を不当と認めた場合には査定を取り消し再審査に付す旨の審決を行う。この判断は審査官を拘束する（同160条）。しかし，通常は審理を続行し，他の拒絶理由を発見しない場合には，特許すべきものはその旨の審決を行う。他の拒絶理由を発見した場合には，審判請求人に意見書または手続補正書の提出の機会を与えて，結局拒絶すべきものは「請求は成り立たない」旨の審決を行う。なお，その補正が補正可能の範囲を逸脱した場合は補正却下決定を行う（同159条）。この手続は性質の許す限り，意匠および商標の拒絶査定不服審判に準用されている（意52条，商標56条1項）。さらに，その審決に不服の場合には，審決謄本送達後30日以内に審決取消訴訟を東京高等裁判所に提訴することができる（特178条，意59条，商標63条）。

●磁気治療器事件——拒絶審決取消訴訟の共有者の一部の訴え（前出73頁参照）

行政上の争訟——なお上記手続を通じて，特許庁の処分に対しては，特別の規定（特195条の4，実55条5項，意68条7項，商標77条7項）のない限り，行政不服審査法により原則として処分のあった日の翌日から起算して3ヶ月以内で，処分の日から1年以内に直接特許庁長官に審査請求を行うことができるほか（同

2条，18条），行政事件訴訟法により原則として処分又は裁決があったことを知った日から6ヶ月以内で処分又は裁決の日から1年以内に，その処分又は裁決の取消訴訟を東京地方裁判所に提起することができる（同3条，8条，14条）。

権利設定登録——実用新案はその出願が放棄，取下げまたは却下されない限り，即座に設定登録がなされる（実14条2項）。しかし，他の出願については上記の手続を経て特許ないし登録査定があったときは，査定の謄本は出願人に送達され（特52条2項，意19条，商標17条），特許料ないし登録料の納付をまって原簿に設定登録されて，ここに狭義の工業所有権は発生する。また，それは公報に掲載され，さらに，商標の場合は，登録異議申立手続のため公報発行日から2ヶ月間原則として縦覧に供される（特66条，実14条〔要部のみ〕，意20条，商標18条）。但し，特許法には縦覧の規定を欠く。法の欠缺であろう。そして，特許証ないし登録証が権利者に交付される（特28条，実50条，意62条，商標71条の2）。特許料ないし登録料は，特許，実用新案および意匠においては分割払いで累進制が採られており（特107条，実31条，意42条），商標においては一括払いである（商標40条・65条の7）。しかし，不使用登録商標の整理を促す趣旨で，平成8年改正商標法は5年毎の2回にわたっての分割納付制度を併用しうることにした（同41条の2第1項，2項，9項）。また，平成27年改正商標法はその前期登録料の納付期間の延長，猶予を定め（同2項〜4項），後期分割手数料の追納（同5項，6項）及びそれにより回復した商標権及びその効力の制限を規定している（同41条の3，41条の4）。なお，平成10年改正法は，同年成立した「大学等における技術に関する研究成果の民間事業者への移転の促進に関する法律」（平成10年法52号）の規定（大学等技術移転促進12条・13条，なお附則3条参照）を受け，特許料・登録料，審査請求手数料等につき，国（同法に基づく特定大学技術移転事業の認定事業者が特許権，実用新案権を国より譲り受けた場合も含む）と第三者との共有の場合を詳細に規定した。さらに，平成15年改正法は特許法，実用新案法につきこれを拡大し，国またはこれら料金の減免措置を受ける者が共有者に含まれる場合につき，従来の国と第三者との共有の場合と同様にその割合を詳細に規定している（特107条3項・4項，195条5項・6項，実31条3項・4項・54条4項・5項。なお，意42条3項・4項・67条4項・5項，商標40条4項・5項，65条の7第3項，76条4項・5項）。また，平成23年改正特許法は審査請求手数料減免措置を受ける者の範囲を拡大し，広く一定の無資力者とし，特許料の減免・猶予を受ける者の範囲も同様に拡大し，

かつ従来の1年から3年までの期間を延長して1年から10年までとしている（特195条の2・109条，なお，大学等における技術に関する研究成果の民間事業者への移転の促進に関する法律12条・13条，産業技術力強化法18条・19条，中小企業のものづくり基盤技術の高度化に関する法律9条，産業活力強化法75条参照［252頁以下］）。なお，平成20年改正法は，特許料等，特に商標の設定および更新登録料を先進諸外国並みとし，また分割納付の活用を図るため，それらの額を著しく引き下げており（特107条1項，商標40条1項・2項・41条の2第1項・2項），また平成27年改正法は利用者の負担を軽減し特許権・商標権の活用を促進するため，更に特許料を約10％，商標登録料を約25％，その更新登録料を約20％減額している。

また，上記料金の納付に関しては，納付期限猶予，特許・実用新案につき減免・猶予，商標につき分納，割増手数料及び特許料等を納付すべき者以外の者（意匠・商標は利害関係人に限る）による納付，返還，追納（平成23年改正法で緩和，平成26年改正法で納付期限，返還請求期限徒過につき救済規定を設けている）等詳細な規定が存する（特107条～112条の2・195条の2，実31条～36条，意42条～45条，商標40条～43条，65条の8～65条の10）。また，平成2年改正によるペーパーレス・システムの採用に伴い，料金納付につき予納制度が，またそれに加えて平成20年改正による口座振替制度が設けられたことは前述した。なお，平成6年改正法により，料金不納で失効した特許権等の回復制度が創設されている（特112条の2，実33条の2，意44条の2，なお，パリ条約5条の2第2項参照）。しかし，商標の分割納付においては権利の回復制度は存しない（商標21条参照）。

特許・商標登録異議申立て——特許においては特許掲載公報発行後6ヶ月以内，商標においては商標掲載公報発行後2ヶ月以内に，何人も特許・登録異議の申立てをすることができる（特113条，商標43条の2）。これは従来の権利付与前の出願公告・異議申立制度を，権利の早期安定を図るために権利付与後に移行し，権利設定後に審査の有効性を見直し，その適正化を図る目的で設けられたものである。これにより権利の有効性は異議申立期間経過前は多少減殺されることになるが，出願人に権利の早期設定，特許庁に開示手続の重複回避をもたらす利点が存する。

元来，この出願公告・異議申立制度は，出願の審査に一般公衆を参与せしめるための一手段で，イギリスの1852年特許法に由来する。しかし，特許庁の全面的審査に加えてこの異議申立制度を最初に採用したのは，当時後進資本主義

151

国家たるドイツ初の1877年の特許法である［78頁］。この制度は出願の内容を開示し，公衆の異議申立てを認めることにより審査の適正化を図るものである。しかし，実用新案については平成5年改正法で無審査制度に移行したため本制度はない。また，特許については平成6年改正特許法で平成6年8月の日米包括協議を受けて審査遅延防止の趣旨から特許前の出願公告・異議申立制度を廃し，欧州特許条約（EPC），ドイツ法と同様に，特許異議申立制度を特許付与後に設けることにした。さらに，商標についても，平成8年改正商標法は，審査遅延防止およびマドリッド協定プロトコル加入との関係で，その不都合（同プロトコル5条(2)C(i)(ii)）を回避する趣旨から，共同体商標法とは異なるが，ドイツ法，スイス法と同様に，特許法と並んで登録異議申立制度を商標権付与後に設けることにした。なお，意匠については従来よりこの制度はない。それは模倣され易く，かつ流行に左右される関係から，迅速に権利を設定する必要があることに基づく。

　本制度は，権利設定登録後,その審査の適正確保のために行われる。したがって，後述の権利の有効性をめぐる当事者間の争いに対する無効審判［332頁］とは異なり，権利者と特許庁の対立する査定系構造を採用し，特許庁の行った審査の適正さを再審査するものであるので，その申立ては当事者の紛争解決のための無効審判に比して極めて簡易，安価で，かつ職権探知主義も採用されている。したがって，両者は併存するものとされてきた。しかし，その手続を権利設定登録後のものとして改正された結果，無効審判のそれと類似する点も多い（特120条の8，商標43条の15参照）。したがって，両制度が同一当事者間で重複して利用され，権利者の負担および紛争解決の長期化の一因ともなっていた。そこで，一般公衆の利益に直接関係する商標法の本制度は残し，平成15年改正特許法は諸外国の動向に反して本制度を廃止して特許無効審判制度に一本化した。しかし，前述の事情から［78頁］，平成26年改正法は平成6年改正特許法の特許異議申立制度を多少の修正を伴って復活している。

　特許・登録異議申立ては出願単位ではなく，無効審判と同様に請求項ごとないし指定商品・役務ごとになされる。異議理由（特許113条・商標43条の2）は拒絶理由（特許49条・商標15条）とほぼ同様であるが，審査後であるので，形式的瑕疵である1出願多項制要件（特37条）や1出願多区分制の要件（商標6条）の不備は従来と同様に外されている。また審査の適正確保のためであるので，無

第4章 知的財産権の発生

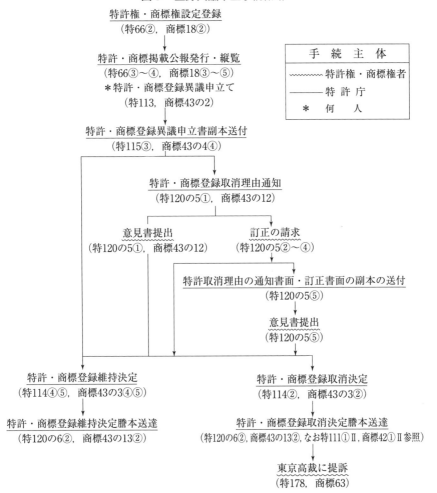

図3 登録異議申立手続概略

効理由とは異なり後発的なもの（特123条1項7号・8号，商標46条1項4号・5号・6号）も外されている。さらに，権利帰属に係る共同出願要件（特38条）および冒認出願（特123条1項6号，商標46条1項4号）も，ドイツ法とは異なり，当事者間の問題であり，無効審判で争われることが妥当であるとの理由から除かれている。

異議申立てがなされたときは，その申立てに瑕疵があり，補正によりその治癒が不可能な場合を除き（特115条2項，商標43条の15・特135条），その副本が権利

者に送付され，専用実施（使用）権者その他の登録した権利者に通知される（特115条3項・4項，商標43条の4第4項・5項）。その審理は無効審判と同様に，審判官の合議体によって（特114条1項，商標43条の3第1項），各申立ては原則として併合審理され（特120条の3，商標43条の10），異議申立ての請求項ないし指定商品・役務の範囲内で申し立てられていない理由についても職権で行われる（特120条の2・商標43条の9）。特許・商標権について権利を有する者及び利害関係人は，異議申立につき決定があるまでは権利を補助するために審理に参加することができる（特119条，商標43条の7）。しかし，それが当事者対立構造を採るものではないので，無効審判とは異なり，書面審理であるが（特118条1項，商標43条の6第1項本文），商標の場合には，審判長は商標権者，商標異議申立人，参加人の申立により，又は職権で口頭審理によることも可能である（商標46の6第1項但書）。審理促進のため平成26年改正特許法は，平成11年改正商標法に倣い，無効審判と同様に審判書記官制度を採用している（特117条，商標43条の5の2）。

審理の結果，異議申立理由が発見されたときはその特許又は登録の取消決定が行われ，発見されないときはその維持決定が行われる（特114条，商標43条の3）。取消決定が行われる場合には，取消理由が通知され，権利者および参加人は意見書を提出する機会が与えられる（特120条の5第1項，商標43条の12）。特許権者は無効審判における訂正の請求（特134条の2第1項）と同様に，取消理由を認めて意見書提出期間内に限り減縮等訂正の請求が可能であるが（特120条の5第2項〜4項），商標権者にはそれは認められていない。

特許権者がこの訂正の請求を行った場合，平成26年改正法は特許異議申立人は改めて無効審判の請求をするまでもなく，原則として右訂正に対して意見書を提出する機会を認めて（特120条の5第5項），制度の利便性を図っている。この取消理由の通知後は，無効審判の場合（特155条1項・2項，商標56条1項）と異なり，権利者等の承諾があっても異議申立ての取下げは不可能である（特120条の4，商標43条の11）。取消しは請求項ないし商品・役務単位で職権により行われることになる（特120条の7，商標40条の14）。いずれにしても取消理由を不服として意見書を提出して争う場合には，さらに審理され，取消決定あるいは維持決定がなされる。取消決定に不服の場合には，特許庁長官を被告として，決定謄本送達後30日以内に東京高等裁判所に提訴することができる（特178条・179条，商標63条）。なお，取消決定の確定により権利は遡及的に消滅し（特114条3項，商

標43条の3第3項，なお特185条・商標69条参照），既納登録料は請求により返還される（特111条1項2号，商標42条1項2号）。一定の事由の存する場合には再審が認められている（特171条，商標57条）。なお，この登録異議申立制度は防護標章登録においても存在している（商標68条4項参照）。

2 商号の登記手続

商人がその商号を登記するか否かは自由であるが（商11条2項参照），会社の場合にはそれが設立登記事項であることから（会社911条～914条），必ず登記される。登記事務は，申請人の営業所所在地を管轄する法務局もしくは地方法務局，またはそれらの支局もしくは出張所において管轄される（商登1条の3，なお2条参照）。登記は原則として当事者の申請により（同14条），商号登記簿になされる（同6条）。しかし会社の場合には，前述のようにそれが設立登記事項とされていることから，それぞれ株式会社登記簿，合名会社登記簿，合資会社登記簿または合同会社登記簿になされる（同34条1項）。

商人の商号登記の申請は，商業登記法28条2項の所定事項を記載して営業所ごとに行う（同28条1項）。会社の場合にはその本店および支店において行う（同34条・48条）。登記官は申請を審査して，管轄，登記事項等の形式審査のほかに，他人の登記商号と同一で，その営業所，会社にあっては本店の所在場所が既登記商号の営業所，本店の所在場所と同一か否か（同27条），法令の規定により使用禁止された商号か否か等実質的審査を行い，これらを具備しない申請は却下される（同24条）。

3 育成者権の発生手続

植物品種の品種登録は，願書に説明書等を添付して農林水産大臣に提出して行う。この説明書には，特許明細書等とは異なり，育成課程の再現性ある開示を必要としないが，願書にはさらに出願品種の植物体の写真の添付が必須である（種苗5条）。出願に際しては，特許法等と異なり，出願時による先願主義が採られ（同9条），またUPOV条約加盟国等一定の国においては出願日より1年間の優先権の主張が認められている（同11条）。なお，新たに出願者の名義変更が認められた（同7条）。

上記出願がなされると，まず方式要件の審査が行われ，方式要件を満たさな

い場合には補正命令が出され，これに従った補正がなされないときは出願は却下される(種苗12条)。適法な出願があったときは，遅滞なく出願公表が行われ(同13条)，それに伴い，特許法と同様に，出願者に補償金請求権が認められ(同14条)，他方，従来通り情報提供もなしうる。つぎに実体審査が行われる。これは特許の書面審査とは異なり，原則として現地調査または栽培試験等の実地審査で，そのため出願品種の植物体の全部または一部その他の資料提出命令や，関係機関への審査依頼等が行われる場合もある(同15条)。審査の結果，品種名称が登録要件を満たさない場合には，その名称の変更命令が出され(同16条)，出願人が資料提出命令や名称変更命令に従わない場合および他の拒絶理由が発見された場合には，出願は拒絶される。その際予めその拒絶理由が通知され，意見書を提出する機会が与えられる(同17条)。拒絶理由が発見されない場合には品種登録がなされ，ここに育成者権は発生する。また，それは官報により公示される(同18条・19条1項)。なお，品種登録出願が拒絶された場合には，行政不服審査法に基づき，農林水産大臣に審査請求をすることができるほか(同51条，行政不服審査法2条)，行政事件訴訟法に基づき，正当の理由のない限り，処分のあったことを知った日から原則として6ヶ月以内で，処分の日から1年以内に裁判所にその取消訴訟を提起することができる(行政事件訴訟法14条)。

4　回路配置利用権の発生手続

　回路配置利用権の設定登録は，申請書に回路配置図面またはその写真，および申請者が創作者等であることの説明書およびその他の資料を添付して，経済産業大臣に提出して行う(半導体3条2項・3項)。

　この申請は審査され，登録により権利が発生し(同10条1項)，その概要は官報によって公示される(同7条)。しかし，この審査は，特許権等および育成者権の場合と異なり，提出された「申請書及びこれに添付した図面その他の資料から明らか」な場合にだけ却下する(同8条1項)，いわゆる形式的審査である。回路配置利用権が著作権と同様，相対的な排他的独占権であることから，先願ないし先創作者主義は採用されていない。

第5章　知的財産権の利用

第1節　権利の行使（積極的効力）

　知的財産権の多くは、その各々の客体を利用しうる排他独占的な権利である。この排他的独占権は、相対的なものと、絶対的なものとに区分することができる。前者は、その模倣、盗用に対しては及ぶが、他人が独自に開発、創作したものには、たとえ実質的類似性（同一性）が認められてもその効力は及ばないものである。著作権および回路配置利用権がこれに属する。また、後者は、その模倣、盗用のほか、独自に開発・創作したものであっても、同一性が認められる限りその効力は及ぶものである。狭義の工業所有権および育成者権がこれに属する。ここではまずそれら各権利の内容的な効力、すなわちいわゆる積極的効力について説明する。なお、商号・不正競争防止法上の保護権は、商品等表示の一部（混同の生ずる範囲（不正競争2条1項1号）及び著名性を有するもの（同項2号））を除き、全て相対的な排他的独占権である［後述283頁～292頁参照］。

(1)　著作権

　わが国著作権法は、著作者の権利を著作財産権と著作者人格権とに区別し、前者を著作権として二元的構成を採用している（著17条1項）。

　著作権は、著作者人格権とは異なり、著作物を独占的に利用しうる排他的権利である。通常他人に利用させることから利用許諾権とも称されている。著作権法は各著作物の利用態様に応じてその内容を具体的に規定する（著21条～28条）。これらは著作権の支分権で、限定列挙である。したがって、わが国では追及権（ベルヌ条約14条の3）等は含まれないが、保護の範囲は多少拡大されている（著113条1項～5項参照）。なお、これら支分権は単独で、また重畳的にも存在する。著作権はいわばこれら支分権の権利の束である。

　そして、著作権の客観的範囲は、その創作的表現自体の本質的特徴の範囲であり、そこに内在する思想、感情等アイディアには及ばない（TRIPs 9条2項参照）。他の知的財産が著作物でもある場合には著作権法で、その保護の範囲は表現に限定されることになるが、後述の複製権を中心に以下の公衆送信権、展示権、

譲渡権，貸与権，翻案権等によって保護されることになる。権利の発生に手続を必要とする他の知的財産権と異なり，創作と同時に権利が発生するので，簡易，迅速，安価に対応できる。この点，保護要件を具える限り認められる不正競争防止法上の保護権に類似するが，その保護期間が長期である点に特色がある。

なお，著作者および実演家の一身専属的権利である著作者人格権および実演家人格権，または実演家等の著作隣接権は，著作権とは別個独立の権利であるが，相互に密接な関係にあるので，ここでは併せて説明する。

　(イ)　複製権（著21条）　　印刷，写真，複写，録音（同2条1項13号），録画（同項14号），その他の方法で著作物の全部または一部を有形的に再製する権利である（同項15号参照）。機械可読形態で磁気テープ，光ディスク，半導体チップ等の情報記録媒体に情報を入力する行為も含まれる。その枝葉において多少の増減を加えても，その本質的部分が原作品に依拠し，かつ同一性を有すれば足りる。なお，複製対象著作物は必ずしも固定されている必要はない（同号イ参照）。建築の図面に関しては，その実質的保護のために，その図面の実施行為を建築著作物の複製に含めている（同号ロ）。

●**ワン・レイニー・ナイト・イン・トーキョー事件**
──侵害判断における複製の意義─依拠性（後出268頁参照）

●**スターデジオ事件**（東京地判平成12・5・16判時1751号128頁）
──データの一時的蓄積（後出203頁参照）
　「著作権法は，著作物の有形的な再製行為については，たとえそれがコピーを一部作成するのみで公の利用を予定しないものであっても，原則として著作者の排他的権利を侵害するものとしているのであり，前記のような著作物の無形的な利用行為の場合にはみられない広範な権利を著作者に認めていることになるが，これは，いったん著作物の有形的な再製物が作成されると，それが将来反復して使用される可能性が生じることになるから，右再製自体が公のものでなくとも，右のように反復して使用される可能性のある再製物の作成自体に対して，予防的に著作者の権利を及ぼすことが相当であるとの判断に基づくものと解される。
　そして，右のような複製権に関する著作権法の規定の趣旨からすれば，著作権法上の『複製』，すなわち『有形的な再製』に当たるというためには，将来反復して使用される可能性のある形態の再製物を作成するものであることが必要であると解すべきところ，RAMにおけるデータ等の蓄積は……一時的・過渡的な性質を有するものであるから，RAM上の蓄積物が将来反復して使用される可能性のある形態の再製物といえないことは，社会通念に照らし明らかというべきであり，したがって，RAMにおけるデータ等の蓄積は，著作権法上の『複製』には当たらないものといえる。」

●雪月花事件（東京高判平成14・2・18判時1786号136頁）
──写り込みと複製（後出189頁参照）

「書を写真により再製した場合に，その行為が美術の著作物としての書の複製に当たるといえるためには，一般人の通常の注意力を基準とした上，当該書の写真において，上記表現形式を通じ，単に字体や書体が再現されているにとどまらず，文字の形の独創性，線の美しさと微妙さ，文字群と余白の構成美，運筆の緩急と抑揚，墨色の冴えと変化，筆の勢いといった上記の美的要素を直接感得することができる程度に再現がされていることを要する」

「本件各カタログ中の本件各作品部分は，……紙面の大きさの対比から，本件各作品の現物のおおむね50分の1程度の大きさに縮小されていると推察されるものであって，『雪月花』，『吉祥』，『遊』の各文字は，縦が約5～8mm，横が約3～5mm程度の大きさで再現されているにすぎず，字体，書体や全体の構成は明確に認識することができるものの，墨の濃淡と潤渇等の表現形式までが再現されていると断定することは困難である。……以上のような限定された範囲での再現しかされていない本件各カタログ中の本件各作品部分を一般人が通常の注意力をもって見た場合に，これを通じて，本件各作品が本来有していると考えられる線の美しさと微妙さ，運筆の緩急と抑揚，墨色の冴えと変化，筆の勢いといった美的要素を直接感得することは困難であるといわざるを得ない。……

したがって，本件各カタログ中の本件各作品部分において，本件各作品の書の著作物としての本質的な特徴，すなわち思想，感情の創作的な表現部分が再現されているということはできず，本件各カタログに本件各作品が写された写真を掲載した被控訴人らの行為が，本件各作品の複製に当たるとはいえないというべきである。」

●ロクラクⅡ事件──海外居住者向け番組提供サービス(2)（後出272頁参照）
●自炊代行事件──自炊代行業者と侵害主体（後出186頁及び273頁参照）

(ロ) 上演権・演奏権（著22条）　著作物を公に上演（同2条1項16号），演奏する権利である。演奏には歌唱を含み，上演には広く実演も含まれる（同号参照）。公にとは不特定または多数の者に著作物を直接見聞させる目的を有することである（同2条5項参照）。また，生のみならずCD，DVD等に録音，録画されたものの再生およびスピーカー，ディスプレー等の電気通信設備を用いての伝達も，公衆送信に該当するものを除き当然含まれる（同条7項）。

●クラブキャッツアイ事件──いわゆるカラオケ法理（後出271頁参照）

(ハ) 上映権（著22条の2）　固定された著作物を機器を使って公に上映（同2条1項17号）する権利である。これは，従来，映画の著作物にだけ認められていたものであるが，デジタル化，ネットワーク化の進展と映像表示技術の発展に伴って平成11年改正法で著作物全般に対して認められたものである。

単に，公衆送信（同23条）以外で電気通信設備を用いて再生し又は同室外の公衆への伝達（同2条7項，WCT8条）のほか，動画系著作物（映画，演劇等）との保護の均衡を図るために，静止画系著作物にもこれらの同一構内の公衆への上映も含まれている。

　(ニ)　公衆送信権等（著23条）　　著作物を公衆により直接受信されることを目的として無線または有線電気通信の送信をし（同2条1項7号の2参照），または送信される著作物を受信装置を用いて公に伝達する権利である。同一構内における公衆への電気通信の送信は，プログラムの著作物を除き含まれない（同2条1項7号の2）。なお，この公衆送信が公衆の求めに応じ自動的に行われる場合には（同2条1項9号の4），その自動公衆送信の前段階である送信可能化(同2条1項9号の5)する行為も含まれる。ここで送信可能化とは，ネットワークに接続しているサーバー内のハードディスクに情報を入力し，サーバー内に情報の入力されたCD-ROM，DVD，ハードディスク等を加え，情報の入力されたハードディスクの領域を公開用のディスク領域に変換し，またはサーバーに情報を入力すること（同号イ），および入力されている端末をネットワークに接続する行為（同号ロ）等をいう。

　これはデジタル化，ネットワーク化の進展を反映し，WCT 8条に従い平成9年改正法で設けられたもので，これに従い，従来の放送を有線放送（同2条1項9号の2）と同様に，公衆送信のうち，同一内容，同時受信に限定している（同2条1項8号）。対象著作物は生のみならず録音，録画されたものも含まれる（同2条7項）。
●ファイル・ローグ事件──P2Pファイル交換サービス提供者の責任（後出272頁参照）
●まねきTV事件──海外居住者向け番組提供サービス(1)（後出272頁参照）
●2ちゃんねる事件──サービスプロバイダーの責任（後出273頁参照）

　(ホ)　口述権（著24条）　　言語の著作物（同10条1項1号・2項参照）を，実演に該当するものを除き，朗読その他の方法により口頭で公に伝達する権利である（同2条1項18号）。口述には生のみならず録音，録画されたものの公への再生または電気通信設備を用いての公への伝達も，公衆送信に該当するものを除き含まれる（同条7項）。

　(ヘ)　展示権（著25条）　　美術または未発行（同3条1項参照）の写真の著作物を原作品により公に展示する権利である。複製物による展示は含まれない

（なお同45条参照）。

　(ト)　頒布権（著26条）　　映画の著作物の複製物，または映画の著作物において複製されている著作物を頒布する（同2条1項19号）権利である。本条1項は映画の著作物の著作権についてであり，2項はその中に複製されている小説，脚本，音楽等の著作物についてである（同16条参照）。映画の著作物の著作権は以上の他複製権，上映権，公衆送信権等も含む。ここで頒布とは，複製物を有償・無償を問わず，公衆に譲渡または貸与すること，映画の著作物にあっては，公衆に提示することを目的として譲渡または貸与することをいう（同2条1項19号）。後者は通常，フィルム配給権と称されている排他的な権利で，時間的，場所的，内容的に範囲を限定して許諾しうる，消尽しない権利と解されている（同26条の2第2項，なお同29条参照）。

●**中古ゲームソフト販売事件**——映画の著作物と消尽（後出222頁参照）

　(チ)　譲渡権（著26条の2）　　著作物の原作品または複製物を公衆に譲渡する権利である。これはWCT 6条にならって平成11年改正法で認められたものであるが，映画の著作物には，既に頒布権が認められているので，本条から除かれている。しかし，この譲渡権は前記頒布権とは異なり，著作物の公正な利用を図るべく，権限を有する者の公衆および特定少数の者への譲渡により消尽するものとされており（同条2項），他方，消尽しないものにつき，善意，無過失の譲受人の保護が図られている（同113条の2）。

　(リ)　貸与権（著26条の3）　　著作物の複製物を公衆に貸与する権利である。買戻し特約付き譲渡契約等も含まれる（同2条8項）。ただし映画の著作物には，すでに頒布権が認められているので，本条から除かれている（なお平成16年著作権法改正法〔法92〕附則4条参照）。

　(ヌ)　翻訳権・翻案権等（著27条）　　著作物を翻訳し，編曲し，変形し，脚色し，映画化し，その他翻案する権利である。翻案とは，原作品に依拠し，その具体的表現に修正，増減，変更等を加え，その創作的表現の本質的特徴が除去されていない範囲の改変である。原著作物を改変して，そこに創作性が認められる二次的著作物（同2条1項11号）を作成する行為のほか，二次的著作物に至らない改変も含まれる。著作権のデジタル化に伴って加工が容易になったことから，この翻案権の重要性は増大してきた。要約，報知的抄録

はこれに含まれるが，指示的抄録は含まれないと解されている。なお，要旨の作成またはヒントとしての利用もこれに含まれない。翻案の範囲は著作物の種類によっても異なる。概して，素材，構想等の選択の幅の広い文芸，美術等の著作物においてはその範囲も広いが，専門用語や分析方法が標準化され，かつその目的，素材，配列等も限定されている学術の著作物等においてはその範囲は狭いものといえよう。

●**江差追分事件**（最判平成13・6・28民集55巻4号837頁）
――翻案の意義―表現上の本質的特徴の直接感得性（後出268頁参照）
「言語の著作物の翻案（著作権法27条）とは，既存の著作物に依拠し，かつ，その表現上の本質的な特徴の同一性を維持しつつ，具体的表現に修正，増減，変更等を加えて，新たに思想又は感情を創作的に表現することにより，これに接する者が既存の著作物の表現上の本質的な特徴を直接感得することのできる別の著作物を創作する行為をいう。そして，著作権法は，思想又は感情の創作的な表現を保護するものであるから（同法2条1項1号参照），既存の著作物に依拠して創作された著作物が，思想，感情若しくはアイデア，事実若しくは事件など表現それ自体でない部分又は表現上の創作性がない部分において，既存の著作物と同一性を有するにすぎない場合には，翻案には当たらないと解するのが相当である。」

●**舞台装置事件**――翻案の意義―アイディアと表現（後出268頁参照）

●**たいやきくん事件**（東京地判昭和52・3・30最新著作権関係判例集713頁）
――変形の意義
「被告は……本件原画の複製物に基づいて，本件縫いぐるみを製造させて，これを販売していること，本件縫いぐるみは，縫いぐるみ人形であって，数種の色彩，柄の布地を裁断して縫製し，その内部に綿類等の芯を詰め入れ，魚の顔，体を形成しているが，その形体，表情は，本件原画のそれと殆ど同一であることが認められ，他に右認定をくつがえすに足りる証拠はない。
右認定の事実によれば，本件縫いぐるみは，本件原画に依拠して，これを変形して製造されたものと認めるのが相当である。」

(ル) 二次的著作物の利用に関する原著作者の権利（著28条）　二次的著作物を利用する権利である。二次的著作物の著作者は，著作者として著作権を有するが，原著作者もその利用に関しこれと同じ権利を，原著作権の保護期間中重畳的に有する（なお，同11条参照）。したがって，二次的著作物の利用者は二次的著作物の著作者と原著作物の著作者双方の許諾を受けなければならない。

●キャンディキャンディ事件（最判平成13・10・25判時1767号115頁）
――二次的著作物における原著作者の権利（前出17頁及び後出212頁参照）
　「本件連載漫画は被上告人作成の原稿を原著作物とする二次的著作物であるということができるから，被上告人は，本件連載漫画について原著作者の権利を有するものというべきである。そして，二次的著作物である本件連載漫画の利用に関し，原著作物の著作者である被上告人は本件連載漫画の著作者である上告人が有するものと同一の種類の権利を専有し，上告人の権利と被上告人の権利とが並存することになるのであるから，上告人の権利は上告人と被上告人の合意によらなければ行使することができないと解される。したがって，被上告人は，上告人が本件連載漫画の主人公キャンディを描いた本件原画を合意によることなく作成し，複製し，又は配布することの差止めを求めることができるというべきである。」

　著作者人格権等――著作者人格権および後述の実演家人格権は著作者，実演家の有する人格的利益保護のために構成された概念であり（ベルヌ条約6条の2第1項，なおTRIPs 9条1項参照，WPPT 5条），著作物，実演がそれらを創作する者の人格的発露であることによる。したがってそれは著作者，実演家の一身に専属し，譲渡することができないし（著59条・101条の2），また質権，差押えの対象ともならない。法人等も著作者と擬制されているので（同15条参照），この権利を有する。これらの権利は著作権や著作隣接権と別個独立の権利として構成されているので，著作権や著作隣接権の制限もこれらの権利の行使に影響を及ぼさない（同50条・102条の2）。著作者，実演家の人格的利益保護を目的とする故に，著作者，実演家が存しなくなれば消滅するが（同59条・101条の2参照），その保護はその後も時的限界なく図られている（同60条・101条の3・116条，ベルヌ条約6条の2第2項，WPPT 5条2項）。著作者人格権の内容は現行法上次の3種であり，フランスのような修正・増減権や撤回権は一般的には存しない（著82条1項,84条3項,67条の2第1項但書,70条4項1号参照）。しかし，その保護はこの3種に限られない（同113条6項参照）。なお，他の知的財産が著作物でもある場合には，この著作者人格権も生ずることになる。しかし，その期間および産業流通秩序への影響が大きいこと，さらに，このような権利を規定する主要な欧州先進国においては，その不行使特約は無効と解されている等の点を考慮するべきであろう（なお，TRIPs 9条1項参照）。従って，かかる人格権については本来当該著作物の利用の都度，その許諾を求めるべきものと解される。

第1節　権利の行使（積極的効力）

●**宇宙戦艦ヤマト事件**（東京地判平成13・7・2裁判所HP）
——著作者人格権の不行使（後出206頁及び232頁参照）

「本件譲渡契約により，原告と被告東北新社との間で，原告は同被告から対価の支払を受けて，本件各著作物を含む対象作品についての著作権及びあらゆる利用を可能にする一切の権利を譲渡し，かつ，原告が譲渡の対象とされている権利を専有していることを保証したことが約されたことは明らかである。そうすると，被告東北新社（又は，その許諾を受けた者）による本件各著作物を利用する行為が，原告の著作者人格権を害するなど通常の利用形態に著しく反する特段の事情の存在する場合はさておき，そのような事情の存在しない通常の利用行為に関する限りは，原告は，本件譲渡契約によって，原告の有する著作者人格権に基づく権利を行使しない旨を約した（原告が同被告に対して許諾した，あるいは，請求権を放棄する旨約した。）と解するのが合理的である。
　なお，被告らがする本件各著作物の利用形態が，原告の著作者人格権を著しく害するなど特段の事情があるとの主張も立証もない。」
　「のみならず，本件譲渡契約の締結の経緯に照らすならば，原告が，本件譲渡契約の（著作者はウエストケープ社らであるとする）記載に反して，『本件各著作物の著作者は原告であるから，原告の有する著作者人格権を侵害する』と主張して，著作者人格権に基づく権利行使をすることは，信義則に照して許されない。」

　(a)　**公表権**（著18条）　未公表著作物を公衆に提供し，提示する権利である。ここで未公表とは，著作者の同意を得ないで，財産権たる著作権の行使によって公表されたもの（同4条）も含まれる。二次的著作物における原著作者もその公表に関してこの公表権を有する（同18条1項）。なお，著作者と著作権者，所有権者間の調整として，著作権の譲渡，美術または写真の著作物（原作品）の譲渡および映画製作者に著作権の帰属した映画の著作物等の公表に関して推定規定が置かれている（同条2項）。
　また，行政機関情報公開法ないし独立行政法人等情報公開法または情報公開条例により，国の行政機関および独立行政法人等または地方公共団体および地方独立行政法人に著作者本人が提供した未公開著作物につき，開示決定の時までに本人が別段の意思表示をしない場合には，同著作物の公表に同意したものとみなされる（著18条3項1号〜3号）。また，平成24年改正法は，公文書管理法または公文書管理条例により，著作者本人が提供した未公表著作物が国の行政機関の長ないし独立行政法人等または地方公共団体および地方独立行政法人から国立公文書館等または地方公文書館等に移管された場合（同条3項1号〜3号），又は著作物が国立公文書館等または地方公文書館等に直接提供された場合に（同条3項4号，5号），それらの著作物を利用させる決

定の時までに著作者が別段の意思表示をしない場合もこれと同様とした。これは著作者の意思に基づく任意的開示で公表権の行使と考えられるからである。しかし，著作者の意思に基づかない，法律上の義務的開示，裁量的開示，および公務員の職務遂行上に係る情報開示の場合，または条例上の第三者保護手続規定のもとでなされる義務的，裁量的開示，および公務員の職務遂行上に係る情報開示の場合には，公表権は制限される。また，平成24年改正法はこれと同様に，公文書管理法または公文書管理条例により，これに相応する規定のない裁量的開示を除き，公益性の高い一定の情報が記載されている場合にも公表権を制限している（同条4項）。しかし，これらは著作権法上公表権を行使したことにはならないので，著作物やレコードの発行（同3条・4条の2）ないし公表（同4条）に該当しないことになる。

　(b)　氏名表示権（著19条）　著作物の原作品または著作物の公表に著作者名を表示するか否か，また表示するときは実名か変名かを決定する権利である（同条1項）。二次的著作物における原著作者も，その公表に関してこの氏名表示権を有する。なお，当該著作物の利用者は原則としてすでに著作者が行っている表示に従って表示すればよく（同条2項），また，利用の目的，態様から著作者の人格的利益を害することがない場合は，公正な慣行に反しない限り，著作者名の表示は省略できる（同条3項）。これらは著作権者の意向を汲んでの規定である。しかし，行政機関情報公開法ないし独立行政法人等情報公開法または情報公開条例に基づいて強制的になされる全部または部分開示の場合には，氏名表示権は制限されている。また，平成24年改正法は，公文書管理法または公文書管理条例に基づいて強制的になされる提供の場合もこれらと同様としている（同条4項）。

　(c)　同一性保持権（著20条）　著作物およびその題号の同一性を保持するもので，意に反して改変を受けない権利である（同条1項）。したがって，誤字，脱字の訂正等は別として，用字，用語の変更，修正，一部カット等の改変は本人の思想又は感情の本質を誤解させる場合には著作者の同意が必要である。この権利は著作物等を改変することにより，著作者の名誉，声望を害するおそれある場合に条約上認められているものであるが（ベルヌ条約6条の2第1項参照），著作物の性質および利用目的，態様からやむをえない場合の改変には及ばない（著20条2項参照）。なお，著作権とは独立している権利では

165

あるが（同50条），翻訳権，翻案権を許諾した場合には，その限りで本権利は原則として働かないものと解される。

●雑誌「諸君！」事件（最判平成10・7・17判時1651号56頁）
──同一性の意義
　「著作権法20条に規定する著作者が著作物の同一性を保持する権利（以下『同一性保持権』という。）を侵害する行為とは，他人の著作物における表現形式上の本質的な特徴を維持しつつその外面的な表現形式に改変を加える行為をいい，他人の著作物を素材として利用しても，その表現形式上の本質的な特徴を感得させないような態様においてこれを利用する行為は，原著作物の同一性保持権を侵害しないと解すべきである」
　「これを本件について見ると……本件著作部分の内容の一部をわずか3行に要約したものにすぎず，38行にわたる本件著作部分における表現形式上の本質的な特徴を感得させる性質のものではないから，本件著作部分に関する上告人の同一性保持権を侵害するものでないことは明らかである。」

●ときめきメモリアル事件（最判平成13・2・13民集55巻1号87頁）
──ゲームの改変
　「本件メモリーカードの使用は，本件ゲームソフトを改変し，被上告人の有する同一性保持権を侵害するものと解するのが相当である。けだし，本件ゲームソフトにおけるパラメータは，それによって主人公の人物像を表現するものであり，その変化に応じてストーリーが展開されるものであるところ，本件メモリーカードの使用によって，本件ゲームソフトにおいて設定されたパラメータによって表現される主人公の人物像が改変されるとともに，その結果，本件ゲームソフトのストーリーが本来予定された範囲を超えて展開され，ストーリーの改変をもたらすことになるからである。」

●新梅田シティ庭園事件──庭園の改変（後出205頁参照）
●法政大学懸賞論文事件──（後出205頁参照）

　著作隣接権等──さらに，著作隣接権は著作物などを公衆に伝達する実演家，レコード製作者，放送事業者および有線放送事業者の精神的な創作的活動に認められる排他的権利で，一種の知的財産権である（著89条6項，なおTRIPs14条参照）。したがって，移転性を有し，利用許諾または質権の対象ともなりうる（著103条）。権利の享有に関しては，著作権と同様，無方式主義が採られているが（同89条5項），著作権および著作者人格権とは別個独立の権利として構成されている（同90条参照）。そこで，その保護期間も多少異なり（同101条），その人格的利益の保護も一般には民法等の規定によることにされている。しかし，平成14年改正法により，実演家に実演家人格権が認められている。その性質は，著作者人格権と同様である。ここでは便宜上，こ

れと報酬等請求権も著作隣接権の解説に含めて説明する（同89条参照）。
　(a)　実演家の権利（著90条の2～95条の3）
　　(i)　実演家人格権　デジタル技術の発達による音質の変換，演技の改ざんの容易化に伴い，平成14年改正法によりWPPT5条にならって音の実演のほか，映像の実演に対しても，実演家に氏名表示権（著90条の2，なお，同19条3項参照）および同一性保持権（同90条の3）が認められた。しかし，前者につき，実演が多数によって行われることが多いことから，その利用の目的，態様から実演家の人格的利益が害される場合でも，公正な慣行に反しないときには実演家名の表示は省略できることとされている（同90条の2第3項，なお同条4項については19条4項参照）。また，後者は，実演が編集ないし部分的利用が多いことから，円滑な利用を阻害しないように，客観的な名誉，声望を害する場合に認められ，かつ，その実演の性質および利用目的，態様からやむをえない改変のほか，公正な慣行に反しない改変には及ばないとされている（同90条の3第2項，なお，同20条2項4号参照）。
　　(ii)　実演家の著作隣接権　実演家は（著2条1項4号），まず，その実演（同項3号）自体を録音，録画し，録音物，録画物を増製する権利を有する（同91条1項・2条1項13号・14号）。しかし，この権利は，権利者からいったん許諾を得て録音，録画された映画の著作物の増製に関しては，サントラ盤のように影像を伴わない録音物に録音する場合を除き，著作権法29条と同様の趣旨から，制限されている（同91条2項，ワンチャンス主義）。また，この権利は，放送における実演の円滑な利用を図るために，権利者からいったん放送の許諾を得た放送事業者が，特段の定めなくかつ当該番組に使用する目的で，自己または他の放送事業者のために行なう，録音，録画，またはこれらの事業者がその録音物，録画物を放送の目的で使用する行為等には及ばない（同93条1項）。但し，その録音物，録画物を放送以外の目的，特約と異なる使用，当該放送番組と異なる放送番組に使用し又は提供し，或いはそれらの物を提供を受けた放送事業者が更に他の放送事業者の放送のために提供した場合はこの限りでない（同条2項，なお102条1項・44条参照）。

●**アニメ声優事件**（東京高判平成16・8・25判例時報1899号116頁）
　　──テレビアニメ声優の放送後のビデオ化使用料の請求と代位行使
　「日俳連，動画連の加盟各社及び音声連の加盟各社は，本件協定を締結し，これを受けて，日俳連と音声製作会社とは本件覚書を締結し，その中には，日俳連会員が出演

する場合の出演料は，実務運用表による旨定められていること，……家庭用ビデオの普及等に伴い……昭和61年の実務運用表からビデオ化使用料の支払条件が明記されるに至ったこと，……被告Aも，声優との個別の出演契約に当たっては，出演料等について，個別具体的な提示等は行わず，実際には，実務運用表に基づいて算定し，声優に支払っていたことがそれぞれ認められるから，……原告ら声優及び被告Aは，出演料等の出演条件は，実務運用表に従うことを前提に本件出演契約を締結していたものと認められ，……ビデオ化使用料についても，昭和61年の実務運用表の改訂以降は，同表に基づいて支払う旨を合意していたものと認めるのが相当である。」

「特段の事情がない限り，本件協定等でなされた合意の存在を前提として，動画製作会社と音声製作会社との間にも，音声製作費用の項目である声優の出演料等の価額の算定については，実務運用表に基づくものとする旨の合意があるものと解される……。そうしてみると，音声製作会社である被告Aは，動画製作会社である被告Bに対し，日俳連会員であるXら声優に対して被告Aが支払義務を負う本件ビデオ化使用料と少なくとも同額以上の金員についても，その支払請求権を有する」「被告Aは，無資力である」「以上によれば，原告らは，被告Bに対して，被告Aに対する本件ビデオ化使用料の債権でもって，被告Aに代位して，被告Aの被告Bに対する前記の支払請求債権をそれぞれ代位行使することができる」

　実演家はその実演を放送し，または有線放送する権利を有する（著92条1項）。しかし，この権利も，放送される実演の有線による同時再送信，および権利者からいったん許諾を得て作成された録音物，録画物および収録された映画の増製物を用いてする放送，有線放送には及ばない（同条2項）。また，権利者からいったん放送の許諾を得た放送事業者は，許諾に係る放送のほか，特段の定めのない限り，93条1項により作成した録音物，録画物を用いて原放送局によるリピート放送，ネット局によるテープ・ネット放送およびマイクロ・ネット放送をすることができる（同94条1項）。しかし，この場合には実演家は相当な額の報酬請求権を有する（同条2項）。また，平成18年改正により，有線放送事業者が，放送される実演を有線放送した場合も，非営利目的かつ聴観衆に無料の場合を除き，実演家は相当な額の報酬請求権を有することとした（同94条の2，なお同95条1項括弧書参照）。

　なお，自動公衆送信の場合には（著2条1項9号の4），実演家は送信の前段階である送信可能化権を有する（同92条の2）。これは，ネットワーク化の発達に伴いWPPT10条に従い，平成9年改正法で認められたものである。しかし，この権利もいったん許諾を得て作成された，録音物，録画物および収録された映画の増製物を用いてする送信可能化には及ばない。

また，実演家は適法に録音された商業用レコード（著2条1項7号）を用いて，放送または有線放送を行う，放送事業者または有線放送事業者から，二次使用料を受ける権利を有する（同95条1項～4項）。これは実演家の機械的失業に対する補償であり，その実効を期して文化庁長官が指定する実演家団体によって行使される（同条5項，なお6項～14項参照）。

つぎに，実演家はその実演の録音物（著91条参照）を公衆に譲渡する権利を有する（同95条の2）。これはWPPT8条にならって，平成11年改正法で認められたものである。しかし，この権利は許諾を受けてなされた実演家の録画された実演には及ばない。また，映画の著作物における実演の録音，録画についても著作権法91条2項と同趣旨の制限がなされている（同95条の2第2項）。なお，この譲渡権も著作権のそれと同様に消尽するものとされており（同条3項），かつ消尽しないものにつき善意，無過失の譲受人の保護が図られている（同113条の2参照）。

さらに，実演家は，最初に販売された日から所定の期間（現在，アルバムは最長3週間内，シングルは2日以内，洋盤は1年間となっている），その実演が録音されている商業用レコードを貸与する権利を有する（著95条の3第1項・2項）。そして，貸レコード業者が上記期間経過商業用レコードを，貸与により実演を公衆に提供する場合には，実演家は相当な額の報酬請求権を有する（同条3項）。前者の貸与権は後者の報酬請求権を実効化させるためのものである。

なお，実演家は私的録音録画補償金請求権を有する（著102条・30条2項）。ただし，この補償金は文化庁長官が指定する権利者団体を通じて管理分配されることとされている（同104条の2～104条の10）。

(b) レコード製作者の権利（著96条～97条の3）　レコード製作者（レコードの原盤製作者）は（同2条1項6号），そのレコード（同項5号）の音を複製する権利（同96条）および，送信可能化権を有する（同96条の2）。また，レコード製作者は，実演家の場合と同様に，商業用レコードを用いて行う放送，有線放送に対し，二次使用料を受ける権利を有する（同97条1項～3項）。その手続は実演家の場合とほぼ同一である（同条4項）。

なお，レコード製作者にも，前記実演家と同様に，複製物の譲渡権（著97条の2，なお113条の2，WPPT12条参照），商業用レコードの貸与権ないし報酬請求権（同97条の3，なおTRIPs14条4項参照）および私的録音録画補償金請求

169

権（著104条の2・30条2項）が認められている。
●**ファイル・ローグ事件**——P2Pファイル交換サービス（著96条の2）（後出272頁参照）

(c) 放送事業者の権利（著98条～100条）　放送事業者は（同2条1項9号）、その放送（同項8号）、またはこれを受信して行う有線放送（同項9号の2）による、その放送の音または影像を録音、録画し、または写真的方法による複製権を有する（同98条）。また、放送事業者はその放送を受けてする再放送権および有線放送権を有する（同99条1項）。しかし、同有線放送権は有線放送業者が法令上の義務として行うCATV等についてはその効力は及ばない（同99条2項、なお有線テレビジョン放送法13条参照）。

つぎに放送事業者は、その放送またはこれを受信して行う有線放送を受信して行う自動公衆送信の前段階である送信可能化権を有する（同99条の2）。これはブロードバンド時代を迎え、インターネットによる無断再送信行為に対応して平成14年改正法により認められたものである。放送（同2条1項8号）にその放送を録音、録画したものの送信は含まれないので、この送信可能化行為は自ずと制限される（同項9号の5参照）。

また、放送事業者は、さらにテレビジョン放送、またはこれを受信して行う有線放送を受信して、アイドホール等影像を拡大する特別の装置による伝達権を有する（同99条1項・100条）。

なお、放送事業者が著作者である場合には、当然のことながら著作者の権利も有することになる。

●**ロクラクⅡ事件**——海外居住者向け番組提供サービス(2)（著98条）（後出272頁参照）
●**まねきTV事件**——海外居住者向け番組提供サービス(1)（著99条の2）（後出272頁参照）

(d) 有線放送事業者の権利（著100条の2～100条の5）　有線放送事業者は（同2条1項9号の3）、その有線放送（同項9号の2）を受信して、その音または影像を録音、録画し、または写真的方法による複製権を有する（同100条の2）。また、有線放送事業者はその有線放送を受けてする放送権および再有線放送権を有し（同100条の3）、さらに、その有線放送の送信可能化権を有する（同100条の4）。これは平成14年改正法により放送事業者と同様に認められたものである。また、有線放送事業者は、有線テレビジョン放送を受信して行う影像拡大装置による伝達権を有する（同100条の5）。

なお，有線放送事業者が著作者である場合には放送事業者について述べたと同様である。

(2) 特許権

特許権者は「業として特許発明の実施をする権利を専有する」（特68条本文）。なお，特許権の存続期間の延長登録制度により延長された特許権の効力は，当然のことながら，許認可等の処分の範囲の実施に限定されている（同68条の2）。
- ●ベバシズマブ事件——存続期間の延長（前出56頁参照）
- ●オキサリプラティヌム事件——延長された特許権の効力範囲（後出207頁参照）

ここで「実施」について，法は，発明を3種に区分して各々その態様を定めている（同2条3項）。すなわち，「物の発明」においては，当該発明品を生産，使用，譲渡等（譲渡，貸渡し，物がプログラム等の場合には電気通信回線を通じての提供も含む），および輸出もしくは輸入，または譲渡等の申出をする行為である。平成14年改正法は，インターネット時代における産業競争力強化のため，発明の定義（同2条1項）をそのままに残しつつ，無体物たるプログラム等を物と擬制し，それが有体物と同様に流通していることからその実施を物の発明に含めて規定している。なお，本プログラム等は，その表現方式を問題とせず（著2条1項10号の2参照），かつ特殊なデータ構造等も含まれている（特2条4項）。ここで生産には，広く，実用新案，意匠および回路配置における製造のほか，建造，構築，動植物の育成も含む。しかし，前述のように，自然現象である植物の自己増殖，分化，動物の発育過程自体をここに含めるかは困難な問題が存する。また使用は当該特許発明の目的との関連における使用のみを意味し，譲渡等には，譲渡，貸渡しのほか，プログラム等においては有線，無線を問わず双方向のネットワークを通じての提供も含まれる。有償，無償を問わない。なお，譲渡等の申出は平成6年改正法で挿入されたものであるが（TRIPs28条参照），譲渡等のための展示も含まれている。また，輸出，輸入は事実行為であり，日本本土に出入する状態をいう。なお，輸出は平成18年改正法で追加されたものである。輸入は国内における譲渡に含まれると解される場合も多いが，明確性のため，育成者権（種苗2条5項），不正競争防止法上の一部の保護権（不正競争2条1項1号〜3号・10号〜12号・14号・16号）と同様に規定されたものである。保税地域に置かれた疑義貨物の積戻しもこの輸出に含まれる。

第1節　権利の行使（積極的効力）

●一太郎事件（知財高判平成17・9・30判時1904号47頁）
――プログラムのインストールと「生産」（後出279頁参照）
　「プログラム全体がパソコンにインストールされ，本件第1，第2発明の構成要件を充足する『控訴人製品をインストールしたパソコン』が初めて完成するのであるから，控訴人製品をインストールすることは，前記パソコンの生産に当たるものというべきである。」

　つぎに「方法の発明」においては発明たる当該方法の使用をする行為である。やはり当該特許発明の目的にしたがった使用のみをいう。また「物を生産する方法の発明」においてはその方法を使用して物を生産するほか，その発明たる方法により生産した物を使用，譲渡等，輸出もしくは輸入し，または譲渡等の申出をする行為である。
　そしてこれらの行為が「業として」なされることを要する。その内容は営利を目的とする場合に限らず，広く事業として反復，継続的に行うことを意味する。当然のことながら，一回的実施でも，それが反復，継続的意図のもとで行われていれば足りる。したがって，非事業的な個人的，家庭的な実施は含まれない。

●生理活性物質測定法事件（最判平成11・7・16民集53巻6号957頁）
――方法の発明と物を生産する方法の発明の違い（後出307頁参照）
　「方法の発明と物を生産する方法の発明とは，明文上判然と区別され，与えられる特許権の効力も明確に異なっている……そして，当該発明がいずれの発明に該当するかは，まず，願書に添付した明細書の特許請求の範囲の記載に基づいて判定すべきものである（同法70条1項参照）。
　これを本件について見るに，本件明細書の特許請求の範囲第1項には，カリクレイン生成阻害能の測定法が記載されているのであるから，本件発明が物を生産する方法の発明ではなく，方法の発明であることは明らかである。本件方法が上告人医薬品の製造工程に組み込まれているとしても，本件発明を物を生産する方法の発明ということはできないし，本件特許権に物を生産する方法の発明と同様の効力を認める根拠も見いだし難い。」

　そして，特許発明の客観的範囲は，創作的思想の技術的範囲であり，それは願書に添付した「特許請求の範囲」（クレーム）の記載に基づいて定められる（特70条1項）。したがって，明細書の発明の詳細な説明の欄には記載されてはいても，特許請求の範囲の各請求項に記載されていない発明は上記の技術的範囲に含まれない。しかし，特許請求範囲の用語の解釈にあたって，まず，特許請求の範囲相互間に矛盾のないように解釈すべきであり，更にそれが抽象的で不明確な場合には，解釈資料として発明の詳細な説明，図面の簡単な説明および図

面が参酌される（同条2項）。

●**リパーゼ事件**（最判平成3・3・8民集45巻3号123頁）
——発明の要旨認定と明細書の参酌

「特許法29条1項及び2項所定の特許要件，すなわち，特許出願に係る発明の新規性及び進歩性について審理するに当たっては，この発明を同条1項各号所定の発明と対比する前提として，特許出願に係る発明の要旨が認定されなければならないところ，この要旨認定は，特段の事情のない限り，願書に添付した明細書の特許請求の範囲の記載に基づいてされるべきである。特許請求の範囲の記載の技術的意義が一義的に明確に理解することができないとか，あるいは，一見してその記載が誤記であることが明細書の発明の詳細な説明の記載に照らして明らかであるなどの特段の事情がある場合に限って，明細書の発明の詳細な説明の記載を参酌することが許されるにすぎない。」

「これを本件についてみると……本願発明の特許請求の範囲に記載のリパーゼがRaリパーゼに限定されるものであると解することはできない。……そうすると……［注：明細書の記載に基づいて］本願発明の特許請求の範囲の記載中にあるリパーゼはRaリパーゼを意味するものであるとし，本願発明が採用した酵素はRaリパーゼに限定されるものであると解した原審の判断には……発明の要旨認定に関する法令の解釈適用を誤った違法がある」

［注：本判決は①特許出願の段階の判断に関するものであるが，②侵害の判断の際にも適用されるかという混乱を招き，平成6年特許法改正により70条2項の規定が置かれた。この点，①出願段階では，先行技術との抵触判断において，明細書を参酌せずに字義通りに広く解釈して，拒絶査定を行うべきであるとしても，②侵害の判断に際しては，形式的に特許範囲に該当するように見えても，明細書を参酌して実質的に狭く解釈して，侵害の判断することも考えられよう。但し，特許法104条の3の制定後においては，②について，あえて無理な文言解釈をする必要はなく，その場合は同条の無効の抗弁により権利行使を制限すべきと解される。］

●**磁気媒体リーダー事件**（東京地判平成10・12・22判時1674号152頁）
——機能的クレームの解釈

「請求の範囲に記載された考案の構成が［注：『回動規制手段』という］機能的，抽象的な表現で記載されている場合……その記載のみによって考案の技術的範囲を明らかにすることはできず，右記載に加えて明細書の考案の詳細な説明の記載を参酌し，そこに開示された具体的な構成に示されている技術的思想に基づいて当該考案の技術的範囲を確定すべきものと解するのが相当である。ただし，このことは，考案の技術的範囲を明細書に記載された具体的な実施例に限定するものではなく，実施例としては記載されていなくても，明細書に開示された考案に関する記載の内容から……当業者……が実施しうる構成であれば，その技術的範囲に含まれると解すべきである。」

●**プラバスタチンナトリウム事件**（最判平成27・6・5裁時1629号2頁）
——PBPクレーム（特許が物の発明についてされている場合において，特許請求の範囲にその物の製造方法の記載があるいわゆるプロダクト・バイ・プロセス・クレーム）の解釈（前出128頁（明確性要件）参照）

「願書に添付した特許請求の範囲の記載は，これに基づいて，特許発明の技術的範囲が定められ（特許法70条1項），かつ，同法29条等所定の特許の要件について審査する前提となる特許出願に係る発明の要旨が認定される……という役割を有しているものである。そして，特許は，物の発明，方法の発明又は物を生産する方法の発明についてされるところ，特許が物の発明についてされている場合には，その特許権の効力は，当該物と構造，特性等が同一である物であれば，その製造方法にかかわらず及ぶこととなる。

したがって，物の発明についての特許に係る特許請求の範囲にその物の製造方法が記載されている場合であっても，その特許発明の技術的範囲は，当該製造方法により製造された物と構造，特性等が同一である物として確定されるものと解するのが相当である。」

「ところで……物の発明についての特許に係る特許請求の範囲にその物の製造方法が記載されている場合において，当該特許請求の範囲の記載が特許法36条6項2号にいう『発明が明確であること』という要件に適合するといえるのは，出願時において当該物をその構造又は特性により直接特定することが不可能であるか，又はおよそ実際的でないという事情が存在するときに限られると解するのが相当である。……

以上と異なり，物の発明についての特許に係る特許請求の範囲にその物の製造方法が記載されている場合において，そのような特許請求の範囲の記載を一般的に許容しつつ，その特許発明の技術的範囲は，原則として，特許請求の範囲に記載された製造方法により製造された物に限定して確定されるべきものとした原審の判断には，判決に影響を及ぼすことが明らかな法令の違反がある」

これら解釈資料の取扱いは，特許請求の範囲が，特許発明の技術的範囲を第三者に示す公示機能を担っていることから，まず，それらを使って特許請求の範囲の文言の解釈を行う。この文言解釈により，特許発明の技術的範囲に属する他人の行為は文言侵害に該当することになる［274頁］。しかし，特許発明の技術的範囲は，それらを使って特許請求の範囲に内在する，請求にかかる発明思想を抽出することにある。したがって，特許請求の範囲の文言と機械的，字義どおりに合致しない場合であっても，それらを使ってこの技術的思想と同一と解釈できる場合には，その特許発明の技術的範囲に属することになる。その手段としていわゆる均等論，迂回方法，不完全実施（unvollkommene Benutzung）等が存在する。なかでも，均等論は①特許発明とその課題，解決原理を実質的に同じくするもので，②要素置換による作用，効果の実質的同一性（置換可能性），および③その置換についての当業者における認識可能性（置換自明性＝実質的に同一のものとしての容易想到性）を，利用発明の判断時と同様に侵害時を基準として判断される。そして，後者は当業者が特別の熟慮なしに使用しうる技術的手段として，その幅は何人にも特許権を付与しない進歩性の判断のそれよりも狭

いものといえよう。このような均等論の適用により，特許発明の技術的範囲に属する他人の行為は均等侵害となる［275頁］。

●ボールスプライン事件（最判平成10・2・24民集52巻1号113頁）
――均等論
　「特許請求の範囲に記載された構成中に対象製品等と異なる部分が存する場合であっても，(1)右部分が特許発明の本質的部分ではなく，(2)右部分を対象製品等におけるものと置き換えても，特許発明の目的を達することができ，同一の作用効果を奏するものであって，(3)右のように置き換えることに，当該発明の属する技術の分野における通常の知識を有する者（以下「当業者」という。）が，対象製品等の製造等の時点において容易に想到することができたものであり，(4)対象製品等が，特許発明の特許出願時における公知技術と同一又は当業者がこれから右出願時に容易に推考できたものではなく，かつ，(5)対象製品等が特許発明の特許出願手続において特許請求の範囲から意識的に除外されたものに当たるなどの特段の事情もないときは，右対象製品等は，特許請求の範囲に記載された構成と均等なものとして，特許発明の技術的範囲に属するものと解するのが相当である。けだし，（一）特許出願の際に将来のあらゆる侵害態様を予想して明細書の特許請求の範囲を記載することは極めて困難であり，相手方において特許請求の範囲に記載された構成の一部を特許出願後に明らかとなった物質・技術等に置き換えることによって，特許権者による差止め等の権利行使を容易に免れることができるとすれば，社会一般の発明への意欲を減殺することとなり，発明の保護，奨励を通じて産業の発達に寄与するという特許法の目的に反するばかりでなく，社会正義に反し，衡平の理念にもとる結果となるのであって，（二）このような点を考慮すると，特許発明の実質的価値は第三者が特許請求の範囲に記載された構成からこれと実質的に同一なものとして容易に想到することのできる技術に及び，第三者はこれを予期すべきものと解するのが相当であり，（三）他方，特許発明の特許出願時において公知であった技術及び当業者がこれから右出願時に容易に推考することができた技術については，そもそも何人も特許を受けることができなかったはずのものであるから（特許法29条参照），特許発明の技術的範囲に属するものということができず，（四）また，特許出願手続において出願人が特許請求の範囲から意識的に除外したなど，特許権者の側においていったん特許発明の技術的範囲に属しないことを承認するか，又は外形的にそのように解されるような行動をとったものについて，特許権者が後にこれと反する主張をすることは，禁反言の法理に照らし許されないからである。」

●マキサカルシトール事件（知財高判平成28・3・25判時2306号87頁）
――均等論の立証責任，第1要件及び第5要件
　①［立証責任について］「第1要件ないし第5要件の主張立証責任については，均等が，特許請求の……範囲内であるために要する事実である第1要件ないし第3要件については，対象製品等が特許発明と均等であると主張する者が主張立証責任を負うと解すべきであり，他方，対象製品等が上記均等の範囲内にあっても，均等の法理の適用が除外されるべき場合である第4要件及び第5要件については，対象製品等について均等の法理の適用を否定する者が主張立証責任を負うと解するのが相当である。」
　②［第1要件について］「特許法が保護しようとする発明の実質的価値は，従来技

術では達成し得なかった技術的課題の解決を実現するための，従来技術に見られない特有の技術的思想に基づく解決手段を，具体的な構成をもって社会に開示した点にある。したがって，特許発明における本質的部分とは，当該特許発明の特許請求の範囲の記載のうち，従来技術に見られない特有の技術的思想を構成する特徴的部分であると解すべきである。

そして，上記本質的部分は，特許請求の範囲及び明細書の記載に基づいて，特許発明の課題及び解決手段……とその効果……を把握した上で，特許発明の特許請求の範囲の記載のうち，従来技術に見られない特有の技術的思想を構成する特徴的部分が何であるかを確定することによって認定されるべきである。すなわち，特許発明の本質的部分は，特許請求の範囲及び明細書の記載，特に明細書記載の従来技術との比較から認定されるべきであり，そして，①従来技術と比較して特許発明の貢献の程度が大きいと評価される場合には，特許請求の範囲の記載の一部について，これを上位概念化したものとして認定され……，②従来技術と比較して特許発明の貢献の程度がそれ程大きくないと評価される場合には，特許請求の範囲の記載とほぼ同義のものとして認定されると解される。」

③〔第5要件について〕「特許請求の範囲に記載された構成と実質的に同一なものとして，出願時に当業者が容易に想到することのできる特許請求の範囲外の他の構成があり，したがって，出願人も出願時に当該他の構成を容易に想到することができたとしても，そのことのみを理由として，出願人が特許請求の範囲に当該他の構成を記載しなかったことが第5要件における『特段の事情』に当たるものということはできない。……　もっとも，このような場合であっても，出願人が，出願時に，特許請求の範囲外の他の構成を，特許請求の範囲に記載された構成中の異なる部分に代替するものとして認識していたものと客観的，外形的にみて認められるとき，例えば，出願人が明細書において当該他の構成による発明を記載しているとみることができるときや，出願人が出願当時に公表した論文等で特許請求の範囲外の他の構成による発明を記載しているときには，出願人が特許請求の範囲に当該他の構成を記載しなかったことは，第5要件における『特段の事情』に当たるものといえる。」

また，出願経過も公開された限りにおいて解釈資料たりうる。出願当時の技術水準も，それとの関係で特許請求範囲の各請求項の用語概念が確定されること，および特許要件たる新規性，進歩性が判断されていることから，特許発明の技術的範囲の解釈資料として参酌される。前者においては，出願当時当該技術課題との関係で未知の要素は特許請求範囲の用語から除外され，後者においては，出願当時当該技術課題との関係で公知および非進歩性の範囲の要素は特許発明の技術的範囲に属しないように解すべきである。また，出願人が意識的に除外した事項は排除され，さらに，専属官庁たる特許庁の審査手続を無視しないため，出願経過に基づく禁反言によっても制限される。

●炭車トロ脱線防止装置事件（最判昭和37・12・7民集16巻12号2321頁）
——公知技術の参酌
「いかなる発明に対して特許権が与えられたかを勘案するに際しては，その当時の技術水準を考えざるを得ないのである。けだし，特許権が新規な工業的発明に対して与えられるものである以上，その当時において公知であつた部分は新規な発明とはいえないからである。本件の場合も，原判決の認定するところによれば本件特許の出願当時，炭車等の脱線防止装置として，車軸を車体の遊動孔に差し入れ，車体と車軸を固定せしめず，よつて脱線を防止することは公知であつたというのである。しからば，本件特許は，原判決のいうように，その特殊な構造に対して与えられたものと解するよりほかはなく，再訂正(イ)号図面が原判示のような点において本件特許と異る以上，原判決が，右再訂正(イ)号図面は本件特許権の範囲に属しないとしたのは相当であつて，原判決に所論のような違法はない。」

なお，特許発明の技術的範囲に疑問がある場合には，特許庁の判定を求めうる（特71条）。判定は鑑定的なもので，何ら法的拘束力を生じるものではないが，専門官庁の判断として尊重されよう（なお，独禁旧80条——実質的証拠による拘束参照）。権利侵害訴訟の充実化に対応して平成11年改正法は，証拠調べ等の手続を法律上整備するとともに（同条3項・4項），裁判所からの鑑定嘱託についても規定している（同71条の2，なお民訴218条参照）。しかし，判定には，不服申立手段がなく，また消極的判定は自己の技術を開示する結果になるという欠点がある。

●加熱膨潤装置事件（最判昭和43・4・18民集22巻4号936頁）
——判定の法的性質
「判定は……本来，特許発明又は実用新案の技術的範囲を明確にする確認的行為であつて新たに特許権や実用新案権を設定したり設定されたこれらの権利に変更を加えるものではなく……特許庁の単なる意見の表明であつて，所詮，鑑定的性質を有するにとどまるものと解するのが相当である。……されば，特許法71条所定の判定は……行政不服審査の対象となり得……ない。」

また，願書に添付した明細書，特許請求の範囲または図面の不明確を補正するために訂正審判を求めうる（同126条）。これは主として無効審判や権利無効の抗弁に対処するために行われる。訂正の範囲は，特許請求の範囲の減縮，誤記または誤訳の訂正，不明瞭な記載の釈明，および平成23年改正法で追加された請求項の引用関係の解消に限られ，これら全て，願書に最初に添付した明細書，特許請求の範囲，図面に記載した事項の範囲で，かつ特許請求の範囲を実質的に拡張ないし変更しないものに限られる（同条1項・3項～8項参照）。審決が訂正可能範囲を逸脱してなされた場合には，無効審判の請求が認められてい

る（同123条1項8号［332頁］）。

●**フェノチアジン誘導体製法事件**（最判昭和47・12・14民集26巻10号1888頁）
──訂正の範囲（後出337頁参照）
　「特許請求の範囲の減縮を目的とする場合においても，法は，これをつねに訂正可能とするのではなく，『実質上特許請求の範囲を拡張し，又は変更するものであつてはならない』という制限のもとにおいてのみその訂正を許容するのである。……法126条2項［注：現6項］にいう『実質上特許請求の範囲を拡張し，又は変更するもの』であるか否かの判断は，もとより，明細書中の特許請求の範囲の項の記載を基準としてなされるべく，所論のように，明細書全体の記載を基準としてなされるべきものとする見解は，とうてい採用し難いのである。」

●**大径角形鋼管事件**──訂正請求の確定と無効審決取消訴訟（後出337頁参照）
●**トレーラー駆動装置事件**──無効審決の確定と訂正審判（後出337頁参照）

(3) 実用新案権

　実用新案権者は「業として登録実用新案の実施をする権利を専有する」（実16条本文）。ここで「実施」とは，特許における物の発明の実施態様とほぼ同一であるが，客体が物品であるので，生産ではなく製造とされ，かつプログラム等を含む「物」ではないのでその点が異なっている（同2条3項参照）。その他「業として」の意義，登録実用新案の技術的範囲，判定制度，鑑定嘱託等全て前述の特許権におけると同様である（実26条，特70条～71条の2）。なお，平成5年改正法で無審査制度を採用した後も，明細書，実用新案登録請求の範囲または図面の訂正手続が，請求項の削除を目的とするものに限定してではあるが認められてきた。しかし，無審査制度なので補正の機会がほとんどなく，かつその範囲の狭かったことから，平成16年改正法は訂正の範囲を特許権の場合と同じとしつつ，請求範囲の減縮の場合を除き期間的制限を設けて，かつ1回限り認めることにしている。無効審判が特許庁に係属しているときは，その審判手続による点は特許法と同様である（実14条の2，なお14条の3参照）。

(4) 意匠権

　意匠権者は「業として登録意匠及びこれに類似する意匠の実施をする権利を専有する」（意23条本文）。ここで「実施」とは，当該意匠にかかる物品を製造，使用，譲渡，貸し渡し，輸出もしくは輸入し，または譲渡，貸し渡しの申出をする行為である（同2条3項）。意匠権の効力は，その物品に係る点では狭いが，

自己の登録意匠に類似する意匠にまで及ぶとされている。したがって，登録意匠の範囲は，一般需要者からみた意匠または物品の同一または類似の美感の範囲である。部分意匠についても，同一または類似の物品の意匠の一部が部分意匠と同一または類似の美感の範囲である（同24条2項参照）。意匠にかかる物品に限定される点で,著作権による保護の範囲に比べ著しく狭いものといえよう。

なお，意匠の保護は，その客体は特許，実用新案と同じく思想であるが，その表現形式に重点が置かれ，外形的に判断すれば足りるので，願書に請求範囲の記載を必要としていない。そのために，登録意匠の範囲は，願書の記載および添付された図面または写真，ひな形，見本等によってあらわされた意匠に基づいて定められる（意24条1項，なお意施規6条3項参照）。この点疑問があれば判定を求めうるほか，鑑定嘱託の規定も存する（同25条・25条の2）。なお，図面等が中心とされるので，登録後の訂正制度は存しない。

●**自走式クレーン事件**（東京高判平成10・6・18知的裁30巻2号342頁）
――意匠の類否判断
「意匠の類否を判断するに当たっては，意匠を全体として観察することを要するが，この場合，意匠に係る物品の性質，用途，使用態様，さらに公知意匠にはない新規な創作部分の存否等を参酌して，取引者・需要者の最も注意を惹きやすい部分を意匠の要部として把握し，登録意匠と相手方意匠が，意匠の要部において構成態様を共通にしているか否かを観察することが必要である。」

(5) 商標権

商標権者は「指定商品又は指定役務について登録商標の使用をする権利を専有する」（商標25条本文）。従来，この「使用」概念は，商品商標はその商品たる有体物を介して，また役務商標はその客体が無体物たるサービスであることから，そのサービスの提供に係る道具等の有体物を介して，各々規定されていた。しかし，近時のインターネットの発展に伴う電子商取引の普及に伴い商取引の実情も変化し，商標を付すべき商品の概念も拡大し，電子情報財も含まれるに至っている。そこで平成14年改正法は，かかる実情を踏まえてこの使用概念を拡大し，更に平成26年改正法は商標概念を拡大したことに伴い，その使用概念も拡張している（同2条3項）。なお，ここで「業として」との規定を欠くのは，商標の定義規定（同2条1項）にそれが含まれているからである。

すなわち，商品商標にあっては，商品またはその包装に当該商標を付し，あるいは商標の付された商品またはその包装を譲渡し，引き渡し，譲渡もしくは

引渡しのために展示し，輸出もしくは輸入し，または電気通信回線を通じて提供する行為である（商標2条3項1号・2号）。ここで「付する」には電子情報財に電磁的方法によりその商標を組み込む行為も含まれる。そして，かくして電子情報財に付された商標が，有線，無線を問わず双方向のネットワークを通じて提供する行為が新たに加えられている。また，役務商標にあっては従来の，役務提供にあたり被提供者の利用に供する物に当該商標を付し，あるいは商標の付されたその物を用いて役務を提供する行為，役務提供の用に供する物に当該商標を付して役務提供のために展示する行為，役務提供にあたり被提供者のその役務提供にかかる物に当該商標を付する行為（同項3号～6号）のほか，電磁的方法により行う映像面を介した役務の提供にあたり，その映像面に当該商標を表示して役務を提供する行為が新設された（同項7号）。これには電気通信回線のみではなく，一方向の放送，有線放送での提供も含まれる。さらに，商品商標，役務商標につき，それらの客体である商品・役務に関する広告，価格表または取引書類に当該商標を付して展示，頒布し，またはこれらの内容とする情報に当該商標を付して電磁的方法により提供する行為である（同項8号）。なお，平成8年改正商標法により立体商標を認めたことから，その使用には，商品もしくは商品の包装，役務の提供の用に供する物または商品・役務に関する広告をその形状とすることも含まれる旨明記されている（同2条4項1号）。また，平成26年改正法により商標の構成要素として音響を採り入れたことから，その「使用」には，以上の使用概念に加え，商品の譲渡・引渡し又は役務の提供のために音を発する行為（同条3項9号），及び商品・役務の提供の用に供する物，若しくは商品・役務の公告に記録媒体が取り付けられている場合，或いはそれらの物又は広告自体が記録媒体である場合に，それらの記録媒体に音を記録することも含まれる旨明記している（同条4項）。

　しかし，商品・役務を離れた，単なる商標のみの表示あるいは広告宣伝行為は，ここでいう使用とは認められていない。また，ラジオ，街頭放送等音声を媒体とする広告は，それが商品・役務に関するものであっても，商標が従来の文字，図形，記号，色彩等の静的商標についての使用が「付する行為」に限定されており（2条1項～8号），「発する行為」を含まないので，商標の使用とは解されていない。しかし，商標は文字ならば当然，図形，記号，立体，色彩等においても各々それらの称呼も生じうるので，音の商標のみ発する行為を使用

とするのは疑問である。これは，商標構成概念と商標使用概念を混同するもので，商標の広告宣伝機能と広告媒体の発達を考えると疑問である。

●巨峰事件（福岡地飯塚支判昭和46・9・17無体3巻2号317頁）
——商標としての使用（前出36頁及び後出209頁参照）
　　「要するに本件Ａ・Ｂ各段ボール箱に表示された『巨峰』『KYOHO』の標章は，その客観的機能からみても，又これを製造している被申請人の主観的意図からみても，内容物たる巨峰ぶどうの表示であり，包装用容器たる段ボール箱についての標章の使用ではないというべきである。しかりとすれば，被申請人の別紙目録記載の物件の製造販売は，申請人の本件商標権に対する侵害行為を構成するものとは認められず，他に，別紙目録記載の物件が，申請人の本件商標権の侵害物件であることを認めるに足りる疎明はない。」

●マグアンプＫ事件——商品の小分け（後出223頁参照）

　なお，登録商標と類似する商標については，色彩をこれと同一にすれば登録商標と同一であると認められる商標にも，その効力は及ぶものとされている（商標70条1項～3項）。しかし，この規定は，平成26年改正法が新たに色彩のみから成る商標を認めた結果，本条1項から3項までの適用は徒に商標権の範囲を拡大するおそれが存するので，それらの適用を否定している（同条4項）。
　登録商標および指定商品・指定役務の範囲は，願書に記載した商標（商標見本），および願書の記載に基づいて定められる（商標27条）。この点疑問があれば，「商標権の効力について」の判定制度を利用することができるほか，鑑定嘱託の規定も存する（同28条・28条の2）。なお，意匠と同様の理由で，登録後の訂正制度は存しない。

(6) 商号権
　商号権者は他人の妨害を受けずに商号を使用する権利を有する。すなわち，不正の目的をもって他の商人または会社であると誤認されるおそれのある名称または商号の使用から保護されている（商12条，会社8条）。したがって，商人が商人以外の者の名称を冒用する場合は含まれないが，不正の目的で，商人が他人の商号をその商号以外の名称として冒用する場合や，商人以外の者が商人の商号を冒用する場合は保護される。この権利には，他人が同一商号を登記した後でも，依然その商号を続用しうることも含まれる。したがって，これは絶対的な排他的独占権ではなく，その意味で不正競争防止法上の保護権と同一であ

るが，同法による保護は周知（混同）ないし著名性の要件を必要とする点が異なっている（不正競争2条1項1号・2号）。

(7) 育成者権

育成者権者は，「登録品種及び当該登録品種と特性により明確に区別されない品種を業として利用する権利を専有する」（種苗20条1項本文）。

●なめこ（KX-N006号）事件（知財高判平成27・6・24裁判所HP）
——育成者権の権利範囲と現物主義

「『登録品種と特性により明確に区別されない品種』とは，登録品種と特性に差はあるものの，品種登録の要件としての区別性が認められる程度の明確な差がないものをいう。具体的には，登録品種との特性差が各形質毎に設定される階級値（特性を階級的に分類した数値）の範囲内にとどまる品種は，ここにいう『登録品種と特性により明確に区別されない品種』に該当する場合が多いと解されるし，特性差が上記の範囲内にとどまらないとしても，相違する項目やその程度，植物体の種類，性質等を総合的に考慮して，『登録品種と特性により明確に区別されない品種』への該当性を肯定することができる場合もあるというべきである。

ところで，品種登録の際に，品種登録簿の特性記録部（特性表）に記載される品種の特性（法18条2項4号）は，登録品種の特徴を数値化して表すものと理解することができるが，品種登録制度が植物を対象とするものであることから，特性の評価方法等の研究が進展したとしても，栽培条件等により影響を受ける不安定な部分が残ることなどからすると，栽培された品種について外観等の特徴を数値化することには限界が残らざるを得ないものということができる。

品種登録制度の保護対象が『品種』という植物体の集団であること，この植物の特性を数値化して評価することの方法的限界等を考慮するならば，品種登録簿の特性表に記載された品種の特性は，審査において確認された登録品種の主要な特徴を相当程度表すものということができるものの，育成者権の範囲を直接的に定めるものということはできず，育成者権の効力が及ぶ品種であるか否かを判定するためには，最終的には，植物体自体を比較して，侵害が疑われる品種が，登録品種とその特性により明確に区別されないものであるかどうかを検討する（現物主義）必要があるというべきである。」

また，当該登録品種に係る「従属品種」および「交雑品種」が「品種登録された場合にこれらの品種の育成者が当該品種について有することとなる権利と同一の種類の権利を専有する」（同20条2項柱書）。

これは，著作権法上の二次的著作物の利用に関する原著作権者の権利（著28条）と同様で，育成者権者はその権利の存続期間中，その従属品種もしくは交雑品種が登録された場合には，これらの登録育成者権者およびそれらの利用者はそ

の利用に関し，先の育成者権者の許諾を受けなければならないことを意味する。先の育成者権者の登録品種が存しなければ，これらの品種は出現しえなかったからである。従属品種については，遺伝子工学の発展により，特許権の効力とのバランスを考慮して規定されたものであり，交雑品種については，従来の考え方を踏襲するものである。

　ここで従属品種とは，変異体の選抜，戻し交雑または遺伝子工学による形質転換等の方法により得られるもので，それ自体従属品種でない登録品種に主として由来していて，その遺伝子型または遺伝子型の組合せから生ずる本質的な特性の表現を量的に維持しており，当該登録品種と区別性はあるが，由来する行為から生じるその差異以外の本質的な特性の表現は一致している品種である（同20条2項1号，UPOV14条5項(a)(i)・(b)・(c)参照）。本質的由来品種とも称され，例えば，ある品種に耐病性遺伝子を組み込んで作出された耐病性新品種等がこれに属する。また，交雑品種とは，登録品種の植物体を反復使用して作出された品種で，通常は登録固定品種と他の固定品種を交配させて得られるF1品種をいうが，さらにこのF1品種を他の固定品種またはF1品種と交配させる三元交配や四元交配等の場合の交雑品種も含まれる。なお，これら従属品種，交雑品種もそれ自体品種登録を受けることができる。しかし，従属品種の作出は比較的容易であるので，その育成者権の効力はその登録従属品種およびそれと特性により明確に区別されない品種のみに及び，登録従属品種の従属品種には及ばない（同20条3項）。

　つぎに，ここで品種について「利用」とは，その品種の種苗，すなわち植物体の全部または一部で繁殖の用に供されるもの（種苗2条3項）を，生産，調整，譲渡の申出，譲渡，輸出，輸入，またはこれらの目的をもって保管する行為およびその種苗に用いることにより得られる収穫物，または品種の加工品（同条4項）を生産，譲渡・貸渡の申出，譲渡，貸渡し，輸出，輸入，またはこれらの目的をもって保管する行為をいう（同条5項）。品種の加工品については平成17年改正で認められたもので，これら収穫物および品種の加工品に対する利用は，種苗またはその収穫物について権利を行使する適当な機会がなかった場合に限られている（同2条5項2号・3号括弧書）。これは育成者権者はその権利を一度だけ，かつ可能な限り早い段階で行使すべしとする，いわゆる権利の段階的行使の原則を表現したものである。なお，ここで生産とは個体数を増加させ

ることであり，収穫物の種子転用行為も含まれる。また，調整とは種苗の特性維持のため採種した種子を洗浄，乾燥，薬剤処理，コーティング等を行うことをいう。権利範囲が，植物品種のほか，その収穫物およびその直接の加工品に及ぶ点で植物特許の範囲と近似し，かつ，積極的利用態様も，植物の特性を受けて特許発明の実施に比して，上記のように調整のほか，保管行為にまで拡大されている。もっとも保管は「侵害するおそれ」（同33条）で読むこともできよう（なお，平成18年改正法で追加された特101条3号・6号参照）。

なお，登録品種名称は強制名称であるので，登録品種に係る種苗を業として譲渡，譲渡の申出をする場合には，その名称を使用する義務があり，登録品種以外のもので，登録品種の属する種類と同一または類似の種類に属する種苗を業として譲渡，譲渡の申出をする場合には，その名称を使用してはならない義務が存する（種苗22条）。この義務は財産権たる育成者権の消滅後も存続する。

(8) 回路配置利用権

回路配置利用権者は，業として，設定登録にかかるその回路配置を利用する権利を専有する（半導体11条）。その保護範囲は，背後の思想自体ではなく，その表現たる回路配置に限られる。また，回路配置に対する排他的独占権は，盗用に対しては及ぶが，他人の独自に創作した同一回路配置には及ばない（同12条1項）。その意味で，回路配置利用権の排他的独占性は相対的である。以上の各点では，それは著作権と同一であるが，業としての利用に限られている点が異なっている。

ここで利用とは，その登録回路配置を用いて半導体集積回路を製造し，かくして製造した集積回路およびそれを組み込んだ物品を譲渡，貸し渡し，輸入，または譲渡，貸渡しのために展示する行為である（同2条3項）。したがって，半導体集積回路を組み込んだ物品の製造，および半導体集積回路の使用は含まれていない。

第2節　権利の効力の制限

知的財産権は高度の文化的，産業的使命から，その効力の限界が規定されている。このことはすでに第3章第2節(6)［64頁以下］で述べたが，ここではこれらも含めて，権利の効力の内容的制限について概説する。

1　公共の利用のための制限

　この制限は知的財産権の自由利用に関するものである。知的財産権は，すでに述べたように占有を伴わないものであるので，元来他人がその客体を利用しても，権利者は同一の客体を事実上完全に自由に利用できるのを常とする。したがって，他人の行う知的財産の自由利用はその積極的効力を原則として制限するものではない。しかし，他人の利用によって排他的独占性が制限され，また経済的利益も制約されることになる。このような意味において，本項の制限は知的財産権の消極的効力の制限といえる。以下，各権利について解説する。

(1)　著作権（著30条～50条）

　著作権の効力の制限に関しては，条約では①著作物の通常の利用を妨げず，②権利者の正当な利益を不当に害しない，③特別の場合に限って，その制限を認めている（複製権につきベルヌ条約9条2項，一般的にTRIPs13条，WCT10条，なお，TRIPs14条6項，WPPT16条参照）。この3段階テストの範囲内で，大陸法は著作権の効力の制限を限定的に列挙している。わが国もこれと同様である。なお，イギリスは利用目的を詳細に限定してfair dealingを認めているが，元来，著作物の保護に制限的であった新興国アメリカ（1989年ベルヌ条約加盟）では，個別的制限規定のほか，衡平法上の原理を導入し，fair useの理論により，①利用の目的・性質，②著作物の性質，③利用部分の量・質，④著作物の市場価値に対する利用の影響の4要素により一般的に判断している。近時わが国では，このアメリカの法理にならおうとする動向も存するが，訴訟法上，証拠開示手続（discovery）等のないわが国においてはその適用に限界もあり，また法的安定性の上でも問題が存する。

　しかし，わが国の個別具体的制限規定だけでは，デジタル化・ネットワーク化社会の急激に変化する新しいコンテンツ利用形態に適切，迅速に対応できないことから，2012年の著作権法改正により，アメリカ法とは異なって一定の包括的な考慮要件たる枠を定めた上で，その判断を個別具体的事例に則して裁判所に委ねる方式を権利制限の一般規定として設けることにした。その概要は，(A)いわゆる写り込みのような著作物の付随的な利用（著30条の2），(B)中間過程での複製のように適法利用の過程における著作物の利用（著30条の3）で，ともにそれらの利用が質的・量的に社会通念上軽微であると評価できるもの，およ

び，(C)現行著作権法47条の4(ヤ)，47条の6(ケ)〜47条の7(フ)のように著作物の表現を享受しない利用（著30条の4，47条の9）の3態様で，社会通念上著作者の利益を不当に害しない利用であること，又はその目的に必要と認められている限度を追加要件とする内容となっている。

以下，わが国の制限を概説する。

●**THE WALL STREET JOURNAL事件**（東京高判平成6・10・27知的裁集26巻3号1151頁）――フェア・ユース

「著作権法1条は，著作権法の目的につき，『これらの文化的所産の公正な利用に留意しつつ，著作権者等の権利の保護を図り，もって文化の発展に寄与することを目的とする。』と定め，同法30条以下には，それぞれの立法趣旨に基づく，著作権の制限に関する規定が設けられているところ，これらの規定から直ちに，わが国においても，一般的に公正利用（フェアユース）の法理が認められるとするのは相当でなく，著作権に対する公正利用の制限は，著作権者の利益と公共の必要性という，対立する利害の調整の上に成立するものであるから，これが適用されるためには，その要件が明確に規定されていることが必要であると解するのが相当であって，かかる規定の存しないわが国の法制下においては，一般的な公正利用の法理を認めることはできない。」

(イ)　**私的使用のための複製（著30条）**　個人的または家庭内，または個人的結合関係にある少数の友人間等における使用者本人による複製で，閉鎖的な私的範囲内の零細な利用であることから，著作物の公表，非公表を問わないし，またその複製方法も問わない。

●**自炊代行事件**（知財高判平成26・10・22判時2246号92頁）
――著30条1項の趣旨と自炊代行業者（後出273頁参照）

「著作権法30条1項は，①『個人的に又は家庭内その他これに準ずる限られた範囲内において使用することを目的とする』こと，及び②『その使用する者が複製する』ことを要件として，私的使用のための複製に対して著作権者の複製権を制限している。……しかるに，控訴人［注：自炊代行業者］……は，営利を目的として，顧客である不特定多数の利用者に複製物である電子ファイルを納品・提供するために複製を行っているのであるから，『個人的に又は家庭内その他これに準ずる限られた範囲内において使用することを目的とする』ということはできず，上記①の要件を欠く。また，控訴人……は複製行為の主体であるのに対し，複製された電子ファイルを私的使用する者は利用者であることから，『その使用する者が複製する』ということはできず，上記②の要件も欠く。したがって……同法30条1項を適用する余地はない」

「著作権法30条1項は，個人の私的な領域における活動の自由を保障する必要性があり，また閉鎖的な私的領域内での零細な利用にとどまるのであれば，著作権者への経済的打撃が少ないことなどに鑑みて規定されたものである。そのため，同条項の要件として，著作物の使用範囲を『個人的に又は家庭内その他これに準ずる限られた範囲内において使用することを目的とする』（私的使用目的）ものに限定するとともに，こ

れに加えて，複製行為の主体について『その使用する者が複製する』との限定を付すことによって，個人的又は家庭内のような閉鎖的な私的領域における零細な複製のみを許容し，私的複製の過程に外部の者が介入することを排除し，私的複製の量を抑制するとの趣旨・目的を実現しようとしたものと解される。そうすると，本件サービスにおける複製行為が，利用者個人が私的領域内で行い得る行為にすぎず，本件サービスにおいては，利用者が複製する著作物を決定するものであったとしても，独立した複製代行業者として本件サービスを営む控訴人……が著作物である書籍の電子ファイル化という複製をすることは，私的複製の過程に外部の者が介入することにほかならず，複製の量が増大し，私的複製の量を抑制するとの同条項の趣旨・目的が損なわれ，著作権者が実質的な不利益を被るおそれがあるから，『その使用する者が複製する』との要件を充足しないと解すべきである。」

ただし，以下の場合は私的使用のための複製から除かれている。①公衆（著2条5項）の使用に供する目的で設置されている自動複製機器を用いて行う場合（なお同119条2項2号，同附則5条の2参照），②著作権等の実効性を確保する技術的保護手段の回避であって，技術必然的制約によるものを除く信号付加方式の技術的保護手段の除去又は改変，及び著作権者等の意思に基づくものを除く暗号化方式の技術的保護手段の復元により，可能となりまたはその結果に障害が生じなくなった複製を，その事情を知りながら行う場合（同120条の2第1号・2号参照）および，③インターネットの急速な普及に伴い平成21年改正法で創設された，著作権を侵害する自動公衆送信を，その事実を知りながら受信してデジタル方式の録音，録画を行う場合（なお，頒布の申出につき同113条1項2号参照）である（同119条3号参照）。これらの場合は社会全体として大量に複製が行われることを可能とすることによる。

ここで，技術的保護手段とは，デジタル化，ネットワーク化の進展に伴い権利の実効性を確保して著作物等の流通を促進するため，著作権に関する世界知的所有権機関条約11条および実演及びレコードに関する世界知的所有権機関条約18条にならって平成11年改正法で設けられたものである。これは，不正競争防止法上の技術的制限手段（不正競争2条7項参照）より狭く，コピーコントロールを中心とした著作者人格権，著作権および実演家人格権，著作隣接権の排他的支分権を侵害から保護するため，著作権者等またはその者から承諾を与えられた者により施され，著作物等の利用に際して反応する電磁的信号で，著作物等の記録媒体に記録されまたは送信されるもので，いわゆる信号付加型の保護技術のみであった。しかし，デジタル化・ネットワーク

化の更なる進展に伴い，平成24年改正法は不正競争防止法2条7項にならって，これに暗号型の保護技術を新たに加えている。しかし，同法とは異なって，アクセス・コントロール機能のみを有する保護技術までは含まれない（著2条1項20号）。

なお，平成19年特別法により，国内で最初に有料にて上映された日から8ヶ月以内に新作映画を映画館等にて盗撮した場合には，私的使用のためであっても著作権法30条1項の規定の適用は受けず，民事・刑事の責任を負うことになった（映画の盗撮の防止に関する法律3条・4条）。

また，政令で定めるデジタル方式の特定機器により特定記録媒体に録音，録画する場合には，著作権者に私的録音録画補償金を支払わなければならない（著30条2項。なおベルヌ条約9条2項参照）。この補償金は上記の機器または記録媒体（著施令1条・1条の2）の購入時に一括して支払われ，文化庁長官が指定する権利者団体によって管理分配されることになっている（著104条の2～104条の10参照）。しかし，汎用機器の出現により，この実効性に問題が生じている。

●東芝デジタル補償金請求事件（知財高判平成23・12・22判時2145号75頁）
——補償金の対象

「著作権法30条2項に基づき政令で録音・録画機器（特定機器）の範囲を定めるには，その当時利用されていた機器が対象とする録音・録画源と録音・録画規格を前提にし，当該録音・録画機器の普及の状況や利用実態が検討され，関係者の協議等に基づく合意の程度が勘案されてきたものであるところ，著作権法施行令1条2項に3号が追加された当時，録画源がアナログテレビ放送であることが念頭に置かれ，この録画源についてDVD録画が行われる機器を録画補償金の対象とする点で関係者の大方の合意が得られたことから，同号の追加が閣議決定されたものであると認定し，同号所定の『アナログデジタル変換によって行われた』影像を連続して固定する機能を有する機器との要件は，アナログ放送をデジタル変換して録画が行われることを規定したものであり，しかも，この変換は，DVD録画機器に搭載されるアナログチューナーからのアナログ信号を対象にするものであるから，当該機器においてアナログチューナーを搭載しないDVD録画機器については，アナログデジタル変換が行われず，したがって3号該当性は否定されると判断するものである。したがって，被控訴人製品は施行令1条2項3号に該当するものではなく，被控訴人には法104条の5の義務違反ないし不法行為責任があると認めることはできないと判断する。」

翻訳・翻案等して使用する場合もこれと同様である（同43条）。複製物を頒布するなどの目的外使用等は含まれない（同49条）。なお，この複製には無形

複製を含まないことは当然である（同22条・24条等参照）。

　㈣　付随対象著作物の利用（著30条の2）　著作物の利用に支障が生じる可能性がある行為に迅速適切に対応するため，平成24年改正により30条の3～30条の4，47条の9と共に規定されたもので，これらの条文は著作権者の利益を不当に害しない利用ではあるが，厳密には既存の著作権の制限の規定（第5款）を受けるものではなく，著作権侵害に問われるおそれがある所から，著作物の利用の円滑化を図るために明文化したものである。

　本条は写真の撮影等に当たって，本来の対象以外の付随対象著作物が写り込んでしまった場合に，その種類，用途，複製・翻案の態様から著作権者の利益を不当に害しない場合には，当該創作に伴って複製・翻案が可能であること，及びこれにより複製・翻案された付随的著作物は写真等の著作物の利用に伴って利用することができることを定めている。

●雪月花事件——写り込みと複製（前出159頁参照）

　㈥　検討の過程における利用（著30条の3）　著作権者の許諾又は裁定を受けて著作物を適法に利用しようとする者は，その利用について検討を行う過程で，右許諾・裁定の申立の際の資料作成時も含み，必要な限度においてその著作物を利用することができる。但し，その種類，用途，利用の態様から著作者の利益を不当に害するものではならない。目的外使用等は含まれない（同49条）。

　㈡　技術の開発又は実用化のための試験の用に供するための利用（著30条の4）　録音・録画等の利用に係る各種新規技術の開発，実用化のために，公表された著作物を必要な限度でその試験の用に供することができる。これは著作物の表現を享受しない利用で，目的外使用等は含まれない（同49条）。

　㈱　図書館等における複製等（著31条）　図書館の公共性に基づき，国立国会図書館および図書館等（著施令1条の3参照）は非営利事業としてその所蔵する図書館資料を複製しうる。①利用者の請求により，調査研究のため公表著作物の，原則として一部分を1人につき一部提供する場合，その譲渡も（同47条の10），翻訳による利用も可能である（同43条，ただし同47条の10但書・49条参照），②図書館資料を保存する場合の著作物の一部または全部，および③他の図書館等の求めに応じて，絶版等資料の入手が物理的に困難な場合に認め

られる。なお，平成21年改正法は国立国会図書館につき図書館資料の原本を公衆の利用に供することによる滅失，損傷，汚損を避ける目的で，原本に代えて公共の利用に供するため，及び平成24年改正法で規定された3項の絶版等資料に係る著作物を自動公衆送信するための電磁的記録を必要と認められる限度で作成できることにした。

更に，同改正法は，納本制度を有し所蔵資料の電子化を進めている国立国会図書館が電子化資料を有効に活用するため，絶版等資料に係る著作物について図書館等において公衆に提示する場合に，原本に代えて公共の利用に供するため電磁的記録を必要と認められる限度で作成できることとし（同条2項），かつそれを用いて公衆送信できることにした（同条3項前段）。他方，この送信先である図書館等は営利を目的としない事業として，自動公衆送信されるその絶版等資料の一部分の複製物を作成し，それを利用者の求めに応じて調査研究のため1人につき一部提供できることにした（同条3項後段）。その譲渡や（同47条の10），翻訳による利用も含まれる（同43条。ただし同47条の10但書，49条参照）。

（ヘ）引用・転載（著32条）　公表著作物の引用またはその翻訳による利用で（同43条），社会通念上その必要性が肯定され，かつその限度内で認められる。そして，引用する側の著作物と引用される側の著作物とが明瞭に区別され，かつ両者の間に主従の関係が認められることを要する。なお，国，地方公共団体の機関が一般公衆に周知させるために作成し，その著作のもとに公表する広報資料，調査統計資料および報告書等については，転載禁止の表示のない限り，新聞雑誌等刊行物に説明材料として全部にわたってでも転載および翻訳ができる。転載禁止の表示がある場合でも前記引用は可能である。引用・転載が認められる場合にはその譲渡も認められている（同47条の10）。

引用・転載においては，利用された著作物を特定するため，合理的方法および程度によって，その出所を明示しなくてはならない。通常，著作物の題号，著作者名および巻号ないし頁を表示し，演説等はそのなされた場所および日時を表示してなされる。翻訳して使用する場合は原著作物により，翻訳物を使用する場合は原著作物及び翻訳物を明示する（著19条1項，48条，なお122条参照）。

●パロディ事件（最判昭和55・3・28民集34巻3号244頁）
──引用の意義(1)（明瞭区別性と附従性）とパロディ
　「引用とは，紹介，参照，論評その他の目的で自己の著作物中に他人の著作物の原則として一部を採録することをいうと解するのが相当であるから，右引用にあたるというためには，引用を含む著作物の表現形式上，引用して利用する側の著作物と，引用されて利用される側の著作物とを明瞭に区別して認識することができ，かつ，右両著作物の間に前者が主，後者が従の関係があると認められる場合でなければならないというべきであり，更に，法［注：旧著作権法］18条3項の規定によれば，引用される側の著作物の著作者人格権を侵害するような態様でする引用は許されないことが明らかである。」
　「本件モンタージュ写真は，その左側のスキーヤーのいない風景部分の一部を省いたものの右上側で右シュプールの起点にあたる雪の斜面上縁に巨大なスノータイヤの写真を右斜面の背後に連なる山々の一部を隠しタイヤの上部が画面の外にはみ出すように重ね，これを白黒の写真に複写して作成した合成写真である……被上告人のした前記のような本件写真の利用は，上告人が本件写真の著作者として保有する本件写真についての同一性保持権を侵害する改変であるといわなければならない。のみならず……本件モンタージュ写真に取り込み利用されている本件写真部分は，本件モンタージュ写真の表現形式上……従たるものとして引用されているということはできないから，本件写真が本件モンタージュ写真中に……引用されているということもできない」

●絵画鑑定事件（知財高判平成22・10・13判時2092号136頁）
──引用の意義(2)（総合考慮型），引用と著作物性
　「他人の著作物を引用して利用することが許されるためには，引用して利用する方法や態様が公正な慣行に合致したものであり，かつ，引用の目的との関係で正当な範囲内，すなわち，社会通念に照らして合理的な範囲内のものであることが必要であり，著作権法の上記目的をも念頭に置くと，引用としての利用に当たるか否かの判断においては，他人の著作物を利用する側の利用の目的のほか，その方法や態様，利用される著作物の種類や性質，当該著作物の著作権者に及ぼす影響の有無・程度などが総合考慮されなければならない。」
　「著作権法32条1項における引用として適法とされるためには，……利用者が自己の著作物中で他人の著作物を利用した場合であることは要件でないと解される」

　(ト)　**教科用図書等への掲載**（著33条）　　教育目的遂行上の規定で，教科用図書（同条1項参照）および発行者を同一とする教師用指導書，または高校等通信教育用学習図書への，学校教育の目的上必要と認められる限度における公表著作物の掲載である。翻訳，翻案等による利用も含まれ（同43条），その譲渡も認められている（同47条の10）。出所明示義務がある（同48条）。掲載にあたっては，学校教育の目的上やむをえないと認められる用字または用語の変更等の改変を，著作者の同意なくして行うことができる（同20条2項1号）。

なお，掲載にあたっては，著作者に著作者人格権行使の機会を与えるためにその旨を通知し，さらに著作権者に文化庁長官の毎年定める補償金を支払わなければならない。ただし，この支払義務は著作物掲載のための前提要件ではない。

㈦　教科用拡大図書等の作成のための複製等（著33条の2）　㈡と同様の趣旨で，かつ視覚障害その他の障害で，教科用図書の使用が困難な生徒等の学習のための教科用拡大図書等（同条2項参照）の作成のための複製又は変形，翻案で（同43条3号），平成15年改正法で追加され，平成20年特別法によりその範囲が拡大されている（障害のある児童及び生徒のための教科用特定図書等の普及の促進に関する法律，なお著48条・20条2項1号参照）。作成にあたってはその教科用図書（同33条1項参照）の発行者にその旨を通知し，営利を目的としてそれを頒布する場合には，著作権者に文化庁長官の毎年定める補償金を支払わなければならない。したがって，ボランティア等により非営利で行われる場合および一部分のみを拡大複製する場合には，上記の通知は必要であるが，補償金の支払は免除されている。

なお，上記特別法5条により，検定教科用図書に掲載された著作物の電磁的記録の提供義務を負うこととなった教科用図書発行者は，その提供に必要と認められる限度において当該著作物を利用できる。これは教科用拡大図書等の作成の便宜のためである（なお，著47条の10・49条参照）。

㈪　学校その他の教育番組の放送等（著34条）　㈦とほぼ同様の趣旨で，同様の条件で学校向け放送（有線放送）番組における放送，有線放送，自動公衆送信，および当該番組用教材への掲載が認められる（なお同43条・47条の10・48条・20条2項1号参照）。

㈩　学校その他の教育機関における複製等（著35条）　教育目的遂行上の規定で，学校等の非営利教育機関において教育担当者は運動会，文化祭等も含む授業の過程における使用に供するため，教材または期末試験などに必要と認められる限度で公表著作物を複製しうる。翻訳，翻案等による利用も含まれ（同43条），それらの譲渡も認められている（同47条の10）。なお，コンピュータの普及に伴い，平成15年改正法は，生徒の主体的授業のために上記の教育担当者の他に，学習者にもこの複製を認め，かつネットワークの普及による遠隔授業のため，その授業を直接同時に受ける者に対して，授業に付随して

公表著作物の提供・提示，同38条１項による上演，演奏，上映，口述して利用する場合には，それらの公衆送信を認めている。翻訳，翻案等して利用する場合も同様である（同43条）。出所明示義務はその慣行のある場合にのみ存在し（同48条），著作権者への補償金支払義務は存しない。したがって，目的外使用等は含まれず（同49条），その複製や公衆送信の実態に照らして，学習者個人が直接購入することを予定して販売されているドリル，ソフトウェア等著作権者の利益を不当に害するに至る場合も認められない。

(ル) 試験問題としての複製等（著36条） 入学試験，採用試験および資格試験ないし検定の目的上必要と認められる限度における公表著作物の複製であり，これらを収集した試験問題集の作成は含まれない。翻訳して利用する場合も同様であり（同43条），それらの譲渡も認められている（同47条の10）。なお，遠隔地在住者の試験のため，平成15年改正法は，上記の複製のほか，自動公衆送信をも認めている。しかし，予め自動公衆送信を予定していない著作物もあることから，それは著作権者の利益を不当に害するに至る場合には認められない。用字，用語の改変は当然には認められないが（同20条２項４号参照），出所明示義務はその慣行のある場合にのみ存在する（同48条）。なお，模擬試験等営利目的で上記の複製や自動公衆送信をする場合には，無許諾利用はなしうるが，著作権者に補償金を支払わなければならない。

●**教科書準拠テスト事件**（東京地判平成15・３・28判時1834号95頁）
──試験問題の意義
　「著作権法36条……の規定は，入学試験等の人の学識技能に関する試験又は検定にあっては，それを公正に実施するために，問題の内容等の事前の漏洩を防ぐ必要性があるので，あらかじめ著作権者の許諾を受けることは困難であること，及び著作物を上記のような試験，検定の問題として利用したとしても，一般にその利用は著作物の通常の利用と競合しないと考えられることから，試験，検定の目的上必要と認められる限度で，著作物を試験，検定の問題として複製するについては，一律に著作権者の許諾を要しないものとするとともに，その複製が，これを行う者の営利の目的による場合には，著作権者に対する補償を要するものとして，利益の均衡を図ることとした規定であると解される。
　そうすると，同条１項によって，著作権者の許諾を要せずに，問題として著作物の複製をすることができる試験又は検定とは，公正な実施のために，試験，検定の問題として利用する著作物が何であるかということ自体を秘密にする必要性があり，それ故に当該著作物の複製について，あらかじめ著作権者の許諾を受けることが困難であるような試験，検定をいうものであって，そのような困難性のないものについては，複製につき著作権者の許諾を不要とする根拠を欠くものであり，同条1項にいう『試験又は検定』に当たらない」

(ヨ) 視覚障害者等のための複製等（著37条）　視覚障害者の福祉増進のため，営利・非営利を問わず，公表著作物の点字による複製が認められている。出所明示義務が存する（同48条）。また，デジタル化・ネットワーク化の進展を踏まえ，この点字複製の延長として平成12年改正法は，点訳の過程における点字データの記録媒体への記録およびコンピュータ・ネットワークを通じてのその自動公衆送信を認め，これらの翻訳による利用（同43条）および上記の複製物や記録媒体の譲渡も認めている（同47条の10）。

なお，公表著作物の貸出のための録音，および平成18年改正法により追加されたその録音物を使っての自動公衆送信については，その利用方法の拡大化に伴う障害者等の情報格差解消を図るため，平成21年改正法では公表視覚著作物に限定しつつ，その利用主体，利用方法および対象者の拡大が図られている。すなわち，その利用主体は点字図書館のみならず公共図書館等を含む施設に拡大され（著施令2条），その利用方法はデジタル録音図書等の作成や映画・放送番組の字幕・手話付き等幅広く視覚障害者等が利用するための必要な方式での複製，自動公衆送信を，その翻訳，変形，翻案を含めて認め（著43条），かつ，その対象者を発達障害者も広く含む視覚障害者等に拡大している。ただし，著作権者または出版権者も含むその利用権者により既に上記の利用方式により公衆に提供，提示されている場合は本項は適用されない。なお，本項の複製物の譲渡は本項の目的に限って認められ（同47条の10），かつ目的外使用等は含まれない（同49条）。出所明示義務が存する（同48条）。

(ワ) 聴覚障害者等のための複製等（著37条の2）　聴覚障害者の福祉増進のため，営利・非営利を問わず，放送，有線放送される著作物のリアルタイム字幕送信を平成12年改正法で承認し，平成18年改正法で，その利用方法に，さらに放送される著作物の自動公衆送信を加えてきた。平成21年改正法では前条3項と同様の目的で，その利用主体を拡大し（著施令2条），その利用方法を聴覚障害者等が利用するために必要な方式での複製，自動公衆送信および貸出し用の複製に拡大して，広くその翻訳・翻案を含めて認め（著43条），かつ，その対象者を発達障害者にも拡大している。ただし，著作権者または出版権者も含むその利用権者により，既に上記の利用方法により公衆に提供，提示されている場合は本条は適用されない。複製物の譲渡は本条の目的に限定され（同47条の10），かつ目的外使用等は含まれない（同49条）。出所明示義

務が存する(同48条)。

(カ) 営利を目的としない上演等(著38条)　教育文化活動の円滑化のため，公表著作物を，①非営利目的で，②聴観衆に無料で，かつ③実演家に報酬を支払わない場合には，公に上演，演奏，上映，口述することが認められている。しかし，チャリティーショーは②を欠くので本条に該当しない。翻訳，翻案等による利用は認められていない(同43条参照)。出所明示義務が存する(同48条)。つぎに，難視聴解消等のため，①非営利目的かつ②無料の場合に，著作物の有線放送が認められている。しかし，データベースに関する権利者の利益を不当に害しないように，放送を受信して行うものに限られている。さらに，平成18年改正法は，専ら当該放送に係る放送対象地域において受信されることを目的として，放送を受信して自動公衆送信を行うことができることにした。

また，放送または有線放送された著作物を，非営利目的かつ無料で受信装置により公に伝達することは，上記と同趣旨で認められる。しかし，営利目的を有しまたは有料であっても，通常の家庭用受信装置を用いて公に伝達することは，社会的慣行として認められる。例えば，ホテル，飲食店等でラジオ，テレビを客に視聴させる行為等である。平成18年改正法は上記行為対象に，さらに放送される著作物が自動公衆送信される場合を加えている(ただし，著100条・100条の5参照)。

なお，①非営利目的で，②無料の場合には，公表著作物をその複製物の貸与により公衆に提供できる。また，視聴覚教育施設等(著施令2条の3第1項参照)，および平成21年改正法で創設された前条2号に係る聴覚障害者等の施設で営利を目的としないものは，映画の公表著作物をその複製物の貸与により頒布できる。ただし，後者の場合には頒布者は著作権者に補償金を支払わなければならない。

(ヨ) 時事問題に関する論説の転載等(著39条)　報道の社会性からの規定で，その対象は新聞，雑誌掲載のもので，放送されたものは除かれている。その分野は政治，経済，社会上の時事問題に関する論説である。広く外交，財政，宗教，教育，文化等の分野も含むと解されるが，学術的な論説は除外されている。また，時事に関するものでも報道写真は含まれない。上記の論説は主張が含まれているもので，転載禁止の表示のない限り，全文を新聞，

雑誌に掲載し，譲渡し（同47条の9），放送，有線放送をすることができる。出所明示義務が存する（同48条）。平成18年改正法はさらにその論説の放送を受信し，同時に専ら当該放送に係る放送対象地域において受信されることを目的として自動公衆送信を行うこともできることにした。翻訳して使用する場合も同様である（同43条）。なお，上記公衆送信が認められる論説は，さらに受信装置を用いて公に伝達することもできる。

(タ) 政治上の演説等の利用（著40条）　政治上の公開演説，陳述および裁判（準司法的）手続上の公開陳述の自由利用で，広く公衆伝達を旨とする。翻訳，翻案等をして利用するのも自由であり，それらの譲渡も認められている（同47条の9）。また，編集利用も同一著作者のものでない限り認められる。非公開を建前としても，同時中継放送したり，一般報道機関の入場が認められていれば本条の公開といえる。出所明示義務が存する（同48条）。なお，非政治上の公開演説，陳述も，国または地方公共団体の機関等で行われたものは，報道目的上正当と認められる場合，新聞，雑誌に掲載し，譲渡し（同47条の9），放送，有線放送できる。平成18年改正法は，前述の著作権法39条と同様，さらにその演説，陳述の放送を受信し，同時に専ら当該放送に係る放送対象地域において受信されることを目的として自動公衆送信を行うこともできることにした。翻訳して利用する場合も同様である（同43条）。出所明示義務が存する（同48条）。なお，上記の公衆送信された演説，陳述はさらに受信装置を用いて公に伝達できる。

(レ) 時事の事件の報道のための利用（著41条）　報道に伴う随伴的利用で，時事事件を報道するに際し，例えば盗品の名画やパレードの音楽など，事件を構成し，または事件の過程において見聞される著作物は，報道目的上正当な範囲内で複製し，譲渡し（同47条の10），報道に伴って利用できる。翻訳して利用することもできるが（同43条），全て報道目的外の利用等は含まれない（同49条）。なお，出所明示義務はその慣行のある場合に存する（同48条）。

●TBS事件（大阪地判平成5・3・23判時1464号139頁）
——報道の意義
「『……大阪府警察本部が……山口組系の暴力団の一斉摘発を行った』という時事の事件の報道をするとともに，これに関連して……5代目組長の……襲名式の……ビデオの……放送を行［ったことについて，］本件ビデオの製作及び複製ビデオテープの配付は，新組長の威光を末端組合員（系列の団体の構成員）に対しても周知徹底させる

ために行われたものであり，勢力拡大の動きの一環であると位置付けて，『山口組が……山口組組長の威光を末端組合員（系列の団体の構成員）に対しても周知徹底させるために，本件継承式の模様を撮影して本件ビデオを作成し，その複製物を系列の団体に配付したこと』を時事の事件として報道したことが認められ，また，本件ビデオは，右事件を構成する著作物であり，被告は，本件ビデオを右事件の報道に伴って利用したと認められるから，本件放送は，著作権法41条……に該当する」

(ソ) 裁判手続等における複製（著42条）　国家目的遂行上の規定で，裁判（準司法的）手続上必要な場合，および立法，行政上の内部資料として必要な場合，各々その限度で著作物を複製し，譲渡しうる（同47条の9）。翻訳して利用する場合も同様である（同43条）。著作物の公表・未公表を問わない。出所明示義務が存するが（同48条），著作権者への補償金支払義務は存しない。したがって，目的外使用等は含まれず（同49条），その複製の実態に即し，著作権者の利益を不当に害するに至る場合も認められない。

なお，平成18年改正法は同条2項に特許審査，薬事（平成25年改正法により再生医療等製品が加わっている）審査等に関し，手続上必要な場合の複製を認めている。前項のどちらの場合の手続と同様であるのか不明であるほか，育成権者の品種登録審査や回路配置権の登録審査の場合の規定を欠くのは片手落ちの感が強い。

(ツ) 行政機関情報公開法等による開示のための利用（著42条の2）　行政機関ないし独立行政法人等情報公開法制定に伴い平成11年に創設されたもので，行政機関ないし独立行政法人等情報公開法または情報公開条例に基づき，行政機関の長または独立行政法人等もしくは地方公共団体の機関は所定の方法により開示するために必要と認められる限度において著作物を利用できる。これは同法令の趣旨，目的からその円滑な運用を確保するための制限である。したがって，開示を受けた者が開示後その未公表著作物（同18条4項参照）を利用するにあたっては，上記の開示目的に限定され，かつ著作権の効力の制限規定内に限られることになる。ともに目的外使用等は含まれない(同49条)。

(ネ) 公文書管理法による保存等のための利用（著42条の3）平成24年改正法により新設されたもので，国立又は地方公文書館等の長は，公文書管理法15条，16条又は公文書管理条例により歴史等重要な公文書を永久に保存し，国民からの利用請求により原則としてその写しの交付等によりこれを利用させ

る義務を負っていることから，その保存に必要な限度で複製を認め，かつ同法令に規定する利用方法により必要と認められる限度で著作物の提供，提示を認めている。従って，公衆送信や展示などは含まれない（なお同49条参照）。

　㈯　国立国会図書館によるインターネット資料及びオンライン資料の収集のための複製（著42条の４）　　平成21年改正国立国会図書館法は，従来の納本制度（同24条～25条の２）に加えて，国，地方公共団体，独立行政法人等が提供しているインターネット資料を収集して国立国会図書館の記録媒体に記録する権限を規定した（同25条の３）。更に平成24年同改正法は上記機関以外の者からもオンライン資料を収集して同記録媒体に記録する権限を認めている（同24条の４，なお同附則２条参照）。これらの改正に伴い，平成21年及び平成24年改正著作権法は，国立国会図書館館長はインターネット資料又は電子書籍のようなオンライン資料を，収集に必要の限度で同館の使用に係る記録媒体に記録することができるとし，また同館長が特に必要であるとしてその提供を求められた上記機関及び上記機関以外の者は，提供に必要の限度でそのインターネット資料又はオンライン資料を複製できることにした。目的外使用等は含まれない（同49条）。

　㈰　翻訳，翻案等による利用（著43条）　　複製権（同21条）には翻訳，翻案等が含まれないことから（同27条・28条），設けられた規定である。１号は閉鎖的利用ないし教育目的遂行上の利用であることから，翻訳，編曲，変形および翻案という二次的形態における利用を広く認めている。２号はその他の権利の効力の制限につき，翻訳に限定してその利用を認めており，３号および４号は視覚障害者等のため，および５号は聴覚障害者等のための利用行為の拡大である。二次的著作物の形態における利用も，各権利の効力の制限規定に従って，出所明示義務が存する（同48条３項）。なお，これら二次的著作物の目的外使用等は新たに翻訳，翻案等を行ったものとみなされる（同49条２項）。

　㈱　放送事業者等による一時的固定（著44条）　　わが国放送界の実態を反映した規定で，放送事業者がすでに公衆送信の許諾を得ている限り，自己の放送のため，自己または同一放送権限を有する他の事業者の手段により，一時的に録音，録画するのに許諾を受けなくてもよいとする。有線放送事業者の場合もほぼ同様である。しかし，放送ないし有線放送のための一時的固定

であるから，公的記録保存所において保存する場合（著施令3条〜7条）を除き，固定ないし放送（有線放送）後6ヶ月を超えて保存することができない。目的外使用等は含まれない（著49条）。

㋒ 美術の著作物等の原作品の所有者による展示（著45条）　美術もしくは写真の著作権と，その表現されている有体物の所有権との調整を図った規定で，原作品の流通性を考慮し，著作者の展示権を制限したものである。すなわち原作品の所有者またはその同意を得た者は，同著作物をその原作品により公に展示できる。しかし，その結果，所有権行使が著作権行使（同25条）としての側面をも有することになる。なお，上記の展示には，屋外に恒常的に設置する行為までは含まれない。

㋖ 公開の美術の著作物等の利用（著46条）　設置者の意思および社会的慣行を考慮した規定で，建築著作物および屋外に恒常的に設置された美術著作物の原作品の自由利用を認めている（なお，同47条の9参照）。出所明示義務は慣行のある場合に限り存在する（同48条）。ただし，①彫刻の増製およびその公衆への譲渡，②建築物の建築複製およびその公衆への譲渡，③屋外に恒常的設置のための複製，または④専ら販売目的をもってする上記美術著作物の複製およびその販売行為等は許されない。

●バス車体絵画事件（東京地判平成13・7・25判時1758号137頁）
——著46条の意義
「法46条……の趣旨は，美術の著作物の原作品が，不特定多数の者が自由に見ることができるような屋外の場所に恒常的に設置された場合，仮に，当該著作物の利用に対して著作権に基づく権利主張を何らの制限なく認めることになると，一般人の行動の自由を過度に抑制することになって好ましくないこと，このような場合には，一般人による自由利用を許すのが社会的慣行に合致していること，さらに，多くは著作者の意思にも沿うと解して差し支えないこと等の点を総合考慮して，屋外の場所に恒常的に設置された美術の著作物については，一般人による利用を原則的に自由としたものといえる。」
①「まず，『屋外の場所』……とは，不特定多数の者が見ようとすれば自由に見ることができる広く開放された場所を指すと解するのが相当である。原告作品が車体に描かれた本件バスは，市営バスとして，一般公衆に開放されている屋外の場所である公道を運行するのであるから，原告作品もまた，『一般公衆に開放されている屋外の場所』又は『一般公衆の見やすい屋外の場所』にあるというべきである。」
②「次に，『恒常的に設置する』……とは，社会通念上，ある程度の長期にわたり継続して，不特定多数の者の観覧に供する状態に置くことを指すと解するのが相当である。原告作品が車体に描かれた本件バスは……継続的に運行されているのであるから，原告が，公道を定期的に運行することが予定された市営バスの車体に原告作品を描いた

ことは，正に，美術の著作物を『恒常的に設置した』というべきである。」
③「法46条4号は……法46条柱書の原則に対する例外を設けたもので……著作物を利用した書籍等の体裁及び内容，著作物の利用態様，利用目的などを客観的に考慮して，『専ら』美術の著作物の複製物の販売を目的として複製し，又はその複製物を販売する例外的な場合に当たるといえるか否か検討すべきことになる。……被告書籍は，幼児向けに，写真を用いて，町を走る各種自動車を解説する目的で作られた書籍であり……幼児教育的観点から監修されていると解されること……本件書籍を見る者は，本文で紹介されている各種自動車の一例として，本件バスが掲載されているとの印象を受けると考えられること等の事情を総合すると，原告作品が描かれた本件バスの写真を被告書籍に掲載し，これを販売することは，『専ら』美術の著作物の複製物の販売を目的として複製し，又はその複製物を販売する行為には，該当しない」

(ノ) **美術の著作物等の展示に伴う複製**（著47条）　社会的慣行を考慮した規定で，美術または写真の著作物の原作品を展示する権限を有する者は，観覧者のための解説，紹介用小冊子に，同著作物を掲載し，譲渡できる（同47条の10）。小冊子の有償・無償は問わないが，鑑賞用のものであってはならない。出所明示義務が存する（同48条）。

● **レオナール・フジタ展事件**（東京地判平成元・10・6無体21巻3号747頁）
――小冊子の意義

「著作権法47条……の趣旨とするところは，美術の著作物又は写真の著作物の原作品により，これらの著作物を公に展示するに際し，従前，観覧者のためにこれらの著作物を解説又は紹介したカタログ等にこれらの著作物が掲載されるのが通常であり，また，その複製の態様が，一般に，鑑賞用として市場において取引される画集とは異なるという実態に照らし，それが著作物の本質的な利用に当たらない範囲において，著作権者の許諾がなくとも著作物の利用を認めることとしたものであつて，右規定にいう『……小冊子』とは，観覧者のために著作物の解説又は紹介をすることを目的とする小型のカタログ，目録又は図録といつたものを意味し，たとえ，観覧者のためであつても，実質的にみて鑑賞用の豪華本や画集といえるようなものは，これに含まれないものと解するのが相当である。この点について更に敷えんすると，右の『小冊子』に該当するというためには，これが解説又は紹介を目的とするものである以上，書籍の構成において著作物の解説が主体となつているか，又は著作物に関する資料的要素が多いことを必要とするものと解すべきであり，また，観覧者のために著作物の解説又は紹介を目的とするものであるから，たとえ，観覧者に頒布されるものでありカタログの名を付していても，紙質，規格，作品の複製形態等により，鑑賞用の書籍として市場において取引される価値を有するものとみられるような書籍は，実質的には画集にほかならず，右の『小冊子』には該当しないものといわざるをえない。」

(オ) **美術の著作物等の譲渡等の申出に伴う複製等**（著47条の2）　隔地者間取引では通常商品カタログやオークションサイト等にその商品の略式画像

を掲載して行われる場合が多い。本条は平成21年改正法で創設されたもので，美術・写真の著作物の原作品または複製物の譲渡または貸与を行う場合の規定である。それらの原作品または複製物の所有者またはそれらの譲渡・貸与の権限を有する者が，譲渡権，貸与権を害することなく，それらの作品または複製物を譲渡・貸与する場合，それらの権限を有する者または受託者はその申出の用に供するため，それらの複製または公衆送信をすることを認めるものである。その画像が美術鑑賞に供されないために，その精度等に関して一定の制限（画素数減少）が規定されている（著施令7条の2）。本条によって作成された複製物は本条の目的のために譲渡できる（同47条の10）。目的外使用等は含まれない（同49条）。出所明示義務が存する（同48条）。

(ク) プログラムの著作物の複製物の所有者による複製等（著47条の3）
プログラムの実際上の利用を図るための規定で，記憶媒体の変更や滅失・毀損に備えての複製，媒体変換に伴う複製，および利用者の業務，機種等に適合させるための翻案等，利用上必要と認められる限度において認められる。CD-ROMに固定されているプログラムを，コンピュータのハードディスクにインストールすることも同様に解される。ただし，同113条2項により擬制侵害に該当するプログラムの場合には，当然のことながら本条は適用されない。目的外使用等は含まれない（同49条）。複製物の所有者に限られ，貸与を受けた者等は含まれない。また，複製物の所有権を滅失以外の事由により失った場合には，その他の複製物を保存することはできない。

(ヤ) 保守，修理のための一時的複製（著47条の4）　携帯電話，パソコン等記録媒体内蔵複製機器の保守，修理を行う場合，またはその製造上の欠陥や販売するまでに生じた故障で同種の機器と交換する場合，その内蔵記録媒体に記録されている著作物を必要と認められる限度においてそれ以外の記録媒体に一時的に記録し，目的達成後元の複製機器または交換されるべき複製機器に改めて記録できる。当該機器の継続使用を欲する利用者の要求を考慮して平成18年改正法により創設されたものである。当然のことながら，保守，修理または交換後は当該記録媒体に一時的に記録した著作物の複製物を保存することはできない。目的外使用等も含まれない（同49条）。

(マ) 送信の障害の防止等のための複製（著47の5）　インターネット等を活用した著作物利用の円滑化・効率化を図るため，平成21年改正法により47

条の6～47条の8とともに規定されたもので，これらの条文は従来より実質的には違法なものではないと解されてきた行為を明文化したものである。本条は送信過程における一時的蓄積の適法性を定めるもので，自動公衆送信装置等を他人の自動公衆送信の用に供することを業とする通信用サーバーの提供を行う事業者は，アクセスの集中やサーバーの故障による送信障害の防止および効率化の目的で行う，ミラーリング，バックアップ，キャッシング等で，送信可能化等がなされた著作物（著施令7条の4）を複製することができる。ただし，その保存が不要となった時および前二者についてはその送信可能化等が著作権侵害であることを知った時にもその複製物を保存することはできない。目的外使用等は含まれない（同49条）。

(ケ)　送信可能化された情報の送信元識別符号の検索等のための複製等（著47条の6）　インターネット情報検索サービスの適法性を定めるもので，送信元識別符号（URL）を検索してその結果を提供する情報検索サービス事業者（著施令7条の5）は，検索および検索結果の提供を行うために必要と認められる限度で，送信可能化された著作物について記録媒体へ記録または翻案を行い，公衆からの求めに応じて送信元識別符号とともに，検索結果提供用記録のうち当該送信元識別符号に係るものを用いて自動公衆送信を行うことができる。この際，原文の抜粋（スニペット）または解像度を落とした画像（サムネイル）は，利用の目的，態様に照らしてやむを得ない改変（著21条1項4号）と解される。なお，収集した著作物の送信可能化が著作権侵害であることを知った後は，その部分の自動公衆送信をしてはならない。目的外使用等は含まれない（同49条）。

(フ)　情報解析のための複製等（著47条の7）　コンピュータ等を用いた情報解析研究に係る著作物の複製等の適法性を定めるもので，その解析過程で生ずるコンピュータ内の情報の蓄積，整理，抽出時における複製，翻案は，著作権者の利益を実質的に損うものではないので，その必要を認められる限度でこれらを行うことができる。複製物等の目的外使用等は含まれない（同49条）。なお，情報解析のためのデータベースが既に提供されているような場合には，その著作物に係る権利者を保護するために本条は適用されない。

(コ)　電子計算機における著作物の利用に伴う複製（著47条の8）　電子計算機の利用時における一時的蓄積の適法性を定めるもので，その利用または

複製物の使用が著作権侵害とならない限り，必要な限度で電子計算機の記録媒体に記録することができる。この記録は，利用者の意思とは無関係で，著作物の利用に伴う付随的なものである。目的外使用等は含まれない（同49条，なお，著施令7条の6第1項）。

●スターデジオ事件――データの一時的蓄積（前出158頁参照）

㈢　情報通信技術を利用した情報提供の準備に必要な情報処理のための利用（著47条の9）　　平成24年改正法により同法30条の4と同趣旨で規定されたもので，インターネットを利用する方法で情報を提供する場合，その提供を円滑，効率的に行うための準備に必要なコンピュータ等による情報処理を行う場合，その必要と認められる限度において記録媒体への記録，翻案を行うことができる。かかる行為は各種インターネットサービスの提供において不可避的に生ずる利用で，著作物の表現を享受しない利用である。目的外使用等は含まれない（同49条）。

㈣　複製権の制限により作成された複製物の譲渡（著47条の10）　　平成11年改正法で著作権の支分権として譲渡権（同26条の2）を認めたこととの関係で創設された規定である。従来から公共の利用のために複製権が制限されている諸規定により作成された複製物につき，原則的にその譲渡による公衆への提供を認めている。しかし，複製がその用途を特に限定されて認められている場合には，その譲渡もその目的内に制限される（同31条1号・33条の2第1項4項・35条1項・37条3項・37条の2，41条～42条の2・47条の2参照）。なお，映画の著作物に係る頒布権（同26条）は消尽しない強力な排他権であるので，本規定から除かれている。

㈤　その他の制限　　著作権法上の著作権の効力の制限は以上のとおりであり，二次的著作物の著作権者は原著作物の著作権者の許諾を受けなければ，それを利用できないことは前述した［162頁］。

なお，同法には他の知的財産権法（特69条1項，実26条，意36条，種苗21条1項1号，半導体12条2項，なお不正競争19条1項7号参照）とは異なり，リバース・エンジニアリングに関する規定はない。これは，従来より著作物は使用行為，すなわち読みあるいは見聞することによりそのアイディアに容易に到達しえたので，あえて利用行為を必要としなかったことによる。しかし，プログラ

ムの出現により事情は異なってきた。このリバース・プログラミングを禁止するとアイディアを追究する手段がなく，逆にアイディアも著作権で保護することになって妥当でない。そこでEUは，互換性達成に必要不可欠な範囲で，複製物を使用する権利を有する者またはその代理人によって行われ，権利者の正当な利益を不当に害しない場合にはこれを認め，アメリカの判例もほぼこれと同様の要件で認めている。アイディアを追究するための複製は，形式的には著作物の複製に該当するが，その著作物自体の利用を増大させる複製ではないので，リバース・プログラミングは認められると解される。

　しかし，プラーゲ旋風の対抗策として，昭和9年に規定された旧著作権法30条1項8号（適法録音物を用いて著作物を興行，放送することは自由であるとする規定）は，ベルヌ条約11条との関係もあって，現行法では改正され，演奏権には生演奏のみならず録音物による演奏も含むと改められた（著22条・2条7項）。もっとも，わが国の商業用レコード使用の実態を考慮し，経過的措置として録音物による演奏について演奏権の制限が認められていた（著附則旧14条）。しかし，経過的措置にもかかわらず制定後約30年をすでに経過していたこと，音楽著作物の公衆への伝達に係る公衆送信権，送信可能化権，上映権等における他の著作物との均衡，およびレコードの再生演奏から有線放送への社会的実態の移行を考慮して，上記の規定は平成11年改正法により削除されている。

　なお，出版権および著作隣接権も，上述の著作権の効力の制限とほぼ同様の制限が規定されている（著86条・102条，なお120条の2参照）。

　これら著作権等の効力の制限は，著作者人格権や実演家人格権に影響を及ぼすものではない（著50条・120条の2，なお4条参照）。出所明示義務（同48条・102条2項）も，権利の効力の制限規定における著作物等の利用の際の義務であって，利用の条件ではなく，概念的には著作者人格権等の氏名表示権とは異なる（同122条・119条参照）。

　著作者人格権の制限としては，著作者の，著作物の内容および題号に対する同一性保持権（同20条1項）に対する例外規定が存する。すなわち，教科用図書等への掲載，教科用拡大図書等作成のための複製および学校教育番組の放送における教育目的上の用字，用語の改変（前述㈡，㈥，㈧参照），建築物の実用的目的による増改築，修繕，模様替えによる改変，プログラムの著作物

の特定電子計算機への利用および効果的利用のための改変，その他著作物の性質，利用目的および態様による必要やむをえない改変は認められている（同条2項）。なお，公表権（同18条1項）および氏名表示権（同19条1項）に対し，情報公開法および情報公開条例および公文書管理法および公文書管理条例による例外規定が設けられている（著18条4項・19条4項，第5章第1節［164頁以下］参照）。

●**新梅田シティ庭園事件**（大阪地判平成25・9・6判時2222号93頁）
――庭園の改変（前出166頁参照）
「本件庭園は……コンセプトを……具体的施設の配置とそのデザインにより現実化したものであって，設計者の思想，感情が表現されたものといえるから，その著作物性を認めるのが相当である。」「本件工作物の……設置は，……本件庭園の景観，印象，美的感覚等に相当の変化が生じ……著作者である債権者の意思に反した本件庭園の改変に当たる」
「本件庭園を著作物と認める場合には，本件土地所有者の権利行使の自由との調整が必要となるが，土地の定着物であるという面，また著作物性が認められる場合があると同時に実用目的での利用が予定される面があるという点で，問題の所在は，建築物における著作者の権利と建築物所有者の利用権を調整する場合に類似するということができるから，その点を定める著作権法20条2項2号の規定を，本件の場合に類推適用することは，合理的と解される。……本件工作物の設置は，著作者である債権者の意に反した本件庭園の改変にはあたるものの，著作権法20条2項2号が類推適用される結果，同一性保持権の侵害は成立しないことになる。」

●**法政大学懸賞論文事件**（東京高判平成3・12・19知的裁23巻3号823頁）
――論文の改変（前出166頁参照）
「同項3号［注：現4号］における『著作物の性質並びにその利用の目的及び態様に照らしてやむを得ないと認められる改変』の意義についてみると，同条2項の規定が同条1項に規定する同一性保持権による著作者の人格的利益保護の例外規定であり，かつ，例外として許容される前記の各改変における著作物の性質（主として前記2号の場合），利用の目的及び態様（前記1号，2号）に照らすと，同条3号の「やむを得ないと認められる改変」に該当するというためには，利用の目的及び態様において，著作権者の同意を得ない改変を必要とする要請がこれらの法定された例外的場合と同程度に存在することが必要であると解するのが相当というべきである。」
「本件論文は大学における学生の研究論文であり……利用の目的において，教科用の図書の場合と同様に前記のような改変を行わなければ，大学における教育目的の達成に支障が生ずるものとは解し難いし，また，前記のような性格の論文において，他の論文との表記の統一がいかなる理由で要請されるのかも明確ではない。そうすると，……かような著作物の利用の目的及び態様に照らし，本件論文の掲載に当たって，前記の著作権者の同意を得ない改変の必要性が例外的に許容されている1号及び2号の場合と同程度に存したものと解することは到底困難というべきであるから，かかる改

◇ 変が著作権法20条2項3号の『……やむを得ないと認められる改変』に当たるとする
◇ ことはできない。」

●宇宙戦艦ヤマト事件──著作者人格権の不行使（前出164頁参照）

(2) 特許権，実用新案権，意匠権（特69条，実26条，意36条，特112条の3，実33条の3，意44条の3および特175条，実44条，意55条）。

(イ) 試験，研究のためにする実施（特69条1項，実26条，意36条）　技術発展のための制限である。試験研究「のために」とは「として」の意味であり，他の知的財産権法の中にも全て存在する（著30条の4，不正競争19条1項7号，種苗21条1項1号，半導体12条2項）。したがって，試験に名を借りた販売や市場調査等の場合は含まれない。また，試験研究を業として行う場合は本項で認められるが，それによる生産物を業として販売する場合は認められない（特68条，実16条，意23条参照）。

●膵臓疾患治療剤事件（最判平成11・4・16民集53巻4号627頁）
──後発医薬品と試験研究

◇　「ある者が化学物質又はそれを有効成分とする医薬品についての特許権を有する場合において，第三者が，特許権の存続期間終了後に特許発明に係る医薬品と有効成分等を同じくする医薬品（以下『後発医薬品』という。）を製造して販売することを目的として，その製造につき薬事法14条所定の承認申請をするため，特許権の存続期間中に，特許発明の技術的範囲に属する化学物質又は医薬品を生産し，これを使用して右申請書に添付すべき資料を得るのに必要な試験を行うことは，特許法69条1項にいう『試験又は研究のためにする特許発明の実施』に当たり，特許権の侵害とはならないものと解するのが相当である。」
◇　「もし特許法上，右試験が特許法六九条一項にいう『試験』に当たらないと解し，特許権存続期間中は右生産等を行えないものとすると，特許権の存続期間が終了した後も，なお相当の期間，第三者が当該発明を自由に利用し得ない結果となる。この結果は，前示特許制度の根幹に反するものというべきである。」

(ロ) 単に日本国内を通過するにすぎない船舶，航空機，またはこれらに使用する機械，器具，装置その他の物（特69条2項1号，実26条，意36条，なお国際民間航空条約27条c項参照）　国際交通の便宜のための規定である。なおパリ条約5条の3参照。

(ハ) 出願の時から日本国内にある物（特69条2項2号，実26条，意36条）　既存状態の保護のための規定であり，先使用権とともに紛争の防止的機能を有する。

㈡　医師または歯科医師の処方せんによる調剤行為または調剤する医薬（特69条3項）　医師等の社会的任務を考慮した規定である。医薬および医薬の混合方法にも，昭和50年改正法で特許が付与された結果，新設された。

㈥　存続期間が延長された特許権の効力（特68条の2）　存続期間延長後の特許権（同67条2項・67条の2第5項）の効力は，その特許権の範囲内で当該許認可処分（同67条2項）の対象となった物の範囲の実施に限られる。

●ベバシズマブ事件——存続期間の延長（前出56頁参照）
●オキサリプラティヌム事件（知財高判平成29・1・20裁判所HP）
——延長された特許権の効力の及ぶ範囲（前出56頁及び171頁参照）〔注：従前は，「物」は「有効成分」，「用途」は「効能・効果」であるとして，これらが同一であれば，用法・用量・剤型・製法等が異なる実施形態にも効力が及ぶと解されていた。〕

「存続期間が延長された特許権に係る特許発明の効力は，政令処分で定められた『成分，分量，用法，用量，効能及び効果』によって特定された『物』（医薬品）のみならず，これと医薬品として実質同一なものにも及ぶというべきであ……る。」

「医薬品の成分を対象とする物の特許発明において，政令処分で定められた「成分」に関する差異，「分量」の数量的差異又は「用法，用量」の数量的差異のいずれか一つないし複数があり，他の差異が存在しない場合に限定してみれば，僅かな差異又は全体的にみて形式的な差異かどうかは，特許発明の内容……に基づき，その内容との関連で，政令処分において定められた『成分，分量，用法，用量，効能及び効果』によって特定された『物』と対象製品との技術的特徴及び作用効果の同一性を比較検討して，当業者の技術常識を踏まえて判断すべきである。……すなわち，①医薬品の有効成分のみを特徴とする特許発明に関する延長登録された特許発明において，有効成分ではない「成分」に関して，対象製品が，政令処分申請時における周知・慣用技術に基づき，一部において異なる成分を付加，転換等しているような場合，②公知の有効成分に係る医薬品の安定性ないし剤型等に関する特許発明において，対象製品が政令処分申請時における周知・慣用技術に基づき，一部において異なる成分を付加，転換等しているような場合で，特許発明の内容に照らして，両者の間で，その技術的特徴及び作用効果の同一性があると認められるとき，③政令処分で特定された「分量」ないし「用法，用量」に関し，数量的に意味のない程度の差異しかない場合，④政令処分で特定された「分量」は異なるけれども，「用法，用量」も併せてみれば，同一であると認められる場合…は，これらの差異は上記にいう僅かな差異又は全体的にみて形式的な差異に当たり，対象製品は，医薬品として政令処分の対象となった物と実質同一なものに含まれる…。」

「法68条の2の実質同一の範囲を定める場合には，前記〔注：ボールスプライン事件（前出「均等論」（175頁）参照）〕の5つの要件を適用ないし類推適用することはできない。……ただし，一般的な禁反言（エストッペル）の考え方に基づけば，延長登録出願の手続において，延長登録された特許権の効力範囲から意識的に除外されたものに当たるなどの特段の事情がある場合には，法68条の2の実質同一が認められることはないと解される。」

第2節　権利の効力の制限

(ヘ)　料金追納により回復した権利の追納可能期間経過後権利回復登録前の効力の制限（特112条の3，実33条の3，意44条の3）　権利失効後の実施者を保護するため，公平の見地より規定されたものである。効力の制限は実施行為および物に及ぶ。法文上明文で善意とないのは，実施者が，当該権利が原権利者の責に帰すことのできない理由により失効し，かつ当核権利が回復することを知って実施することは考え難いことによる。しかし，後述(ト)と異なり，権利の回復が失効後6月という短期間であるとの理由から，先進諸外国と異なり，実施者に権利回復後の法定実施権は認められていない。

(ト)　再審によって回復した権利の再審請求登録前の効力の制限（特175条，実44条，意55条）

善意の実施者を保護するため，公平の見地より規定されたものである。効力の制限は実施行為および物に及ぶ。再審請求の予告登録は特許公報に掲載されるので，それ以後の実施者は悪意を有するとして，本条から除かれている（なお特176条，実45条，意56条参照）。

(3)　商標権（商標26条・22条・59条，なお不正競争19条1項1号〜4号参照）

(イ)　自己の肖像，氏名，名称または著名な雅号，芸名，筆名もしくはこれらの著名な略称を普通の方法で表示する商標（商標26 1項1号）　本号所定の名称を，他人の商標権設定登録後不正競争の目的で使用する場合（同26条2項），および自己の氏名を不正の目的で使用する場合（不正競争19条1項2号）は許されない。

●小僧寿し事件（最判平成9・3・11民集51巻3号1055頁）
——著名な略称を普通の方法で表示する商標（後出314頁参照）
　「フランチャイズ契約により結合した企業グループは共通の目的の下に一体として経済活動を行うものであるから，右のような企業グループに属することの表示は，主体の同一性を認識させる機能を有するものというべきである。したがって，右企業グループの名称もまた，商標法26条1項1号にいう自己の名称に該当するものと解するのが相当である。本件において，『小僧寿し』は，フランチャイズ契約により結合した企業グループの名称である小僧寿しチェーンの著名な略称であり，被上告人による被上告人標章一(1)ないし(9)，同二(2)(4)(5)の使用は，その書体，表示方法，表示場所等に照らし，右略称を普通に用いられる方法で表示するものということができる」
　「もっとも，原審は，被上告人標章三(5)の前掛け部分の『小僧寿し』の文字についても，略称を普通に用いられる方法で表示するものとするが，右標章における『小僧寿し』の文字は，図形標章と一体的に組み合わせて，商標を構成する一部として用いているものであるから，略称を普通に用いられる方法で表示するものということはできない。」

(ロ) 指定商品またはその類似商品・類似役務の普通名称，記述的名称等を普通の方法で表示する商標（商標26条1項2号）　過誤登録のみならず，後発的に普通名称化した場合も本号に該当する。

(ハ) 指定役務またはその類似商品・類似役務の普通名称，記述的名称等を普通の方法で表示する商標（商標26条1項3号）

(ニ) 指定商品・指定役務またはその類似商品・類似役務についての慣用商標（商標26条1項4号）。

(ホ) 商品等が当然に備える特徴で，政令で定めるもののみからなる商標（商標26条1項5号）

(ヘ) その他，自他商品・役務識別力のある態様で使用されていない商標（商標26条1項6号）　平成26年改正法で新設されたもので，注意規定である。

●巨峰事件——商標としての使用（前出36頁及び181頁参照）

なお(イ)～(ホ)については，平成8年改正商標法は連合商標制度を廃止して通常の登録商標と同じ取扱いにしたことに伴い（平成8年商標法改正法〔法68〕附則4条），その明確化のため，商標権のこれらの部分を構成要素とする他の商標には，その商標権の効力は及ばない旨商標法26条1項柱書括弧書に規定した。これは，当然(ヘ)にも及ぶことになる。

(ト) 特定農林水産物等名称保護法による登録地理的表示の使用に対する制限（商標26条3項）　特定農林水産物等の名称の保護に関する法律6条の規定により登録を受けた地理的表示を，不正競争の目的を有せず，その特定農林水産物又はその包装に付し，又はそれを譲渡，引き渡し，もしくはそれらのために展示し，輸入する行為，及びその特定農林水産物に関する送り状に付して展示する行為。但し，その登録の日前に商標法により当該商標を使用する権利を有する者がその商標を使用する場合はこの限りでない（特定農林水産物等名称保護法3条2項2号，3号）。

(チ) 更新登録申請期間経過後回復した商標権の，期間経過後権利回復登録前の効力の制限（商標22条）　(2)(ヘ)と同趣旨。ただし，効力の制限は使用行為のみである。なお，回復した商標権に係る防護標章登録に基づく権利の効力も一定の範囲で制限されている（同66条4項）。

(リ) 後期分割登録料等の追納により回復した商標権の制限（商標41条の4）

㈤と同趣旨。平成27年改正商標法により登録料の分割納付制度に後期分割手数料の追納を認めたことによる（商標41条の2第5項，6項）。回復した商標権に係る防護標章登録に基づく権利の効力も一定の範囲で制限されている（同66条5項）。

㈨　再審によって回復した商標権の再審請求登録前の効力の制限（商標59条）　(2)㈦と同趣旨。ただし効力の制限は善意の使用行為のみである（なお同60条参照）。

(4)　商号権（商12条，会社8条）

他人の商号を不正の目的なく使用する場合（商12条，会社8条）　　しかし，不正競争防止法2条1項1号・2号でいう，他人の商品または営業と混同を生じうる場合および他人の著名な商品等表示の存する場合はこの限りでない（なお不正競争19条1項3号・4号参照）。

(5)　不正競争防止法上の保護権（不正競争19条1項1号・2号・5号〜7号）

㈠　ワイン類を除く（TRIPs23条参照）商品・営業の普通名称，同一・類似の商品・営業の慣用商品等表示を普通に用いられる方法で使用等する行為（不正競争19条1項1号）。

㈡　自己の氏名を不正の目的なく使用等する行為（同項2号）

㈢，㈣　商品等表示が周知，著名になる以前から不正競争の目的なくそれを使用する行為（同項3号，4号）

㈤　商品の形態で，日本で最初に販売後3年を経過したものの模倣に係る商品，ないし模倣であることを取得時に重過失なく知らずに取得した商品を流通に置く行為（同項5号）。

㈥　営業秘密を取得時に不正開示行為，または不正取得・不正開示行為の介在を重過失なく知らず取引によって取得して，その権限内において使用，開示する行為（同項6号）。

㈦　営業秘密中，技術上の情報につき，その不正使用行為により生じた物を譲渡，引渡し等不正競争行為（同2条1項10号）に対する差止請求権が，時効により消滅した（同15条）以降の同号所定の行為（同19条1項7号）。

㈧　技術的制限手段の試験，研究のためにする行為（同項8号）

(6) 育成者権（種苗21条1項1号・2項・3項）

(イ) 新品種の育成その他の試験または研究のためにする品種の利用（種苗21条1項1号）　特許法69条1項等と同趣旨で、UPOV条約上の特徴とされるいわゆる育種の自由を含み、その他、試験、研究で、収量や栽培適正調査等は認められる。しかし、新品種育成の結果、それが登録品種と特性により明確に区別されない品種、従属品種または交雑品種である場合には、その業としての利用は認められない（種苗20条、UPOV15条1項3号参照）。

(ロ) 農業者の自家増殖（種苗21条2項・3項）　農業者（種苗施令5条）が、最初に育成権者等より譲り受けた登録品種等の種苗を用いて収穫物を得て、それを自己の農業経営においてさらに種苗として用いる場合、契約で別段の定めのない限り、そのさらに用いた種苗およびその収穫物または収穫物に係る加工品に対して制限されている。これは各国において広く行われている、農業経営の特質を踏まえた従来からの慣行を、育成者の正当な利益を保護することを前提に合理的な範囲内で認めるものである（UPOV15条2項参照）。したがって、このような慣行のない農業、園芸生産の分野にまで拡大適用を認めるものではない（種苗21条3項、種苗施規16条・別表3）。

(ハ) 種苗法21条1項2号～5号・4項については、それぞれ育成者権と育成方法の特許権の抵触（本節2(1)(ヘ)［215頁］）、および権利消尽（本節3［221頁］）を参照されたい。

(7) 回路配置利用権（半導体12条2項・3項）　解析、評価のためにする利用で、登録回路配置を用いて半導体集積回路を製造する行為に限られる（同2条3項参照）。特許法69条1項等と同趣旨である。

(8) 善意取得者の保護（著113条2項・113条の2、半導体24条、不正競争19条1項5号ロ・6号）

以上のほか、侵害にかかるプログラムの著作物、および譲渡権の消尽しない著作物等、侵害にかかる半導体集積回路、商品形態を模倣した商品、企業秘密を取得した者は、善意あるいは善意につき過失または重過失がなければ、そのまま利用することができる。これらは全て相対的な排他的独占権にかかわるもので、取引の安全の見地から規定されたものである。ただし、半導体集積回路

については，引渡しを受けた後に情を知った場合には，公平の見地から，利用料相当額を支払わなければ業として利用できないとされている（半導体24条2項）。しかし，半導体集積回路以外の場合についても，これと同様でないのは疑問である。

2 他人の権利との関係における制限

この制限は(1)他人の知的財産権がすでに存する場合と，(2)知的財産権に関する他人の利用権等が生じた場合とに区別される。(1)においては，自己の知的財産権の利用が法的に原則として不可能であることから，その積極的効力の制限であり，(2)においては，自己の知的財産権の利用は専用利用（実施，使用）権の設定の場合を除き，法的に自由ではあるが，利用権者に対する関係でその消極的効力が制限される。したがって，専用利用権を除き，(2)は前述1の公共の利用のための制限と同一である。しかし，1が一般的制限であるのに対し，これは利用者との関係における相対的な制限である点が異なる。

(1) 他人の知的財産権との関係

(イ) 著作権，著作隣接権，回路配置利用権およびそれらの利用権が他人の特許権，実用新案権，意匠権，商標権等と抵触する場合には，それら特許発明等の実施（使用）の範囲では当該著作物や回路配置を利用できない。回路配置利用権については規定が存する（半導体13条）。これらの権利が相対的な排他的独占権であるのに対し，狭義の工業所有権が絶対的な排他的独占権であることによる（意26条，商標29条参照）。このような場合，著作権者等または回路配置利用権者等は，特許権者等の実施（使用）許諾を受ければ，著作権等および回路配置利用権等の利用は可能である。

なお，他人の著作物の翻案は，それ自体侵害となるので許されないが（著27条参照），それが二次的著作物であれば著作権は発生する。この場合，原著作物の著作者は当該二次的著作物の利用に関し，その二次的著作物の著作者が有するものと同一の種類の権利を有するので（著28条），二次的著作物の著作権者およびその利用者は原著作物の著作権者の許諾を受けなければ，その二次的著作物を利用することができない。

●**キャンディキャンディ事件**——二次的著作物における原著作者の権利（前出163頁参照）

(ロ) 特許発明が先願（同日出願含まず）にかかる他人の特許発明，登録実用新案，登録意匠またはこれに類似する意匠を利用し（利用発明等），または当該特許権が先願にかかる他人の意匠権，商標権と抵触する場合には，当該特許発明を業として実施できない（特72条）。

　ここで利用ないし抵触とは，いずれも先願にかかる他人の権利を実施して侵害となる場合であるが，前者はそれが既存の権利に比して相当の経済的重要性を有する重要な技術的進歩を含むので（TRIPs31条(1)(i)参照），権利が付与されうるものである。このような場合，後願の特許権者またはその専用実施権者は先願にかかる相手方に実施許諾の協議を求め，協議がととのわない場合には，特許庁長官の裁定により先願にかかる当該特許権，実用新案権ないし意匠権の通常実施権を取得することができる。しかし，一方的にのみ許諾や裁定請求により通常実施権を与えるのはバランスを失するので，昭和50年改正法は，実施許諾の協議を求められた場合および裁定請求がなされた場合には，上記先願者はその後願特許発明の実施につき協議を求め，または裁定請求を行うことができる旨規定した。通常実施権設定の裁定は相手方の利益を不当に害する場合には認められない。そこで，後願特許権者にそれを認める裁定をしない場合には，先願者にも同様の裁定はできない（特92条）。双方に通常実施権設定の裁定を認めた場合には，上記手続によりクロスライセンスがなされたことになる。また，特許権と商標権との抵触は，平成8年改正商標法が立体商標を認めたことにより追加されたものであるが，商標権については業務上の出所混同を生ずるので裁定を請求することはできない。特許権と著作権との抵触については規定を欠く。前述(イ)および後述(ニ)の意匠の場合と同様に解するべきである。

　なお，本特許出願日以前の出願にかかる抵触する意匠権の存続期間満了の際，本特許権が存続している場合に，原意匠権者および有償にて一定の実施権者のみが，原意匠権または原実施権の範囲において通常実施権を有する（特81条・82条）。絶対的排他的独占権間で，一報の権利が消滅した場合の規定である。

(ハ) 実用新案権の場合も，上記特許権と同様の規定が設けられている（実17条・22条・26条）。

(ニ) 登録意匠またはそれに類似する意匠が，先願（同日出願含まず）にかか

る他人の登録意匠，またはそれに類似する意匠，特許発明，登録実用新案を利用し，または他人の先願の特許権，実用新案権，商標権もしくは既存の著作権と抵触する場合には，当該登録意匠またはそれに類似する意匠を業として実施できない（意26条）。

　本条は「抵触」の語を先願にかかる特許権等と既存の著作権とに対して一括して用いている。しかし，その意味するところは，前者においては同一性であり，後者においては盗用，模倣である。著作権は相対的な排他的独占権であるからである。この点に留意しつつ，前述のように，ともに侵害となるとの意味に解すべきである。かかる場合，意匠権者またはその専用実施権者の実施につき，特許権と同様の規定が存する。しかし，これらの権利者は商標権および著作権については，裁定を請求することはできない（意33条）。前者は業務上の出所混同を生ずるからであり（同5条2号参照），また後者は管轄官庁が異なる上，盗用者に裁定を認めることはできないからである。

　なお，本登録意匠出願日以前の出願にかかる抵触する意匠権者，特許権者，実用新案権者および有償にて一定のこれら実施権者は，特許権の場合（特81条・82条）と同様，一定の場合に通常実施権を有する（意31条・32条）。

　㈲　指定商品・指定役務についての登録商標の使用が，その態様により先願（同日出願含まず）にかかる他人の特許権，実用新案権もしくは意匠権または既存の著作権，著作隣接権と抵触する場合には，指定商品・指定役務のうち抵触する部分について，その態様で登録商標を使用できない（商標29条，なお31条の2第3項参照）。ここでも抵触とは，㈡に述べたと同様の意味である。著作隣接権は平成26年改正商標法により規定されたもので，同法改正で音の商標を認めたことによる（商標2条1項参照）。かかる場合，商標権者またはその専用使用権者の使用につき，㈡におけると同様の趣旨で，特許権者等および著作権者，著作隣接権者に対する裁定制度は規定されていない。

　なお，本登録商標出願日以前の出願にかかる抵触する特許権者，実用新案権者，意匠権者および有償にて一定のこれら実施権者は，特許権の場合（特81条・82条）と同様，一定の場合に，登録商標（専用権，禁止権の範囲）を継続使用することができる。これは平成8年改正商標法が立体商標を採用したことに伴って創設されたもので，商標の特性からその使用が不正競争の目的でない場合に限られ，かつ商標権者等の請求により混同防止の表示を付す義

務を負う(商標33条の2・33条の3)。

(ヘ) 育成者権がその登録品種の育成方法の特許権と抵触する場合，特許権が優越し(種苗21条1項2号・4号・5号)，また，特許権消滅後のその実施に対し育成者権の効力が制限される(同21条1項3号～5号)。しかし，これらはUPOV条約15条に違反する規定で無効である。したがって，両者の関係はともに絶対的な排他的独占権相互間の規定であり，ともに先願主義を採用しており，権利成立後の問題でもあるので，前者の特許権は先願にかかるものに限定して解すべきであり，また後者の育成者権の効力の制限は，原特許権者および原実施権者等に限定して解すべきである(特81条・82条,意31条・32条参照)。

なお，他人の登録品種から従属品種や交雑品種を作出した場合には，それらの育成者も品種登録を受けることができる(種苗20条2項)。この場合，従属品種や交雑品種の品種登録を受けた育成者は原登録品種の育成者の許諾を受けなければ，これらの品種の利用をすることができない。かかる場合に特許法のような裁定制度(特92条)は設けられていない。これは先の育成者権の登録品種が無ければ，従属，交雑品種は植物学上出現し得ないとの理由による。

(2) 他人の利用権等との関係

(イ) 契約利用権　これは，許諾の範囲において権利者自身が利用できない専用的な場合，および権利者自身も利用できる場合とに大別される。前者は専用利用(実施,使用)権，後者は通常利用(実施,使用)権と称されるもので，後者はさらに独占的許諾と非独占的許諾とに細別される。しかし，これら許諾による権利の制限は自発的なもので，知的財産権の効力の制限というよりは，その積極的利用の一態様である。したがって，この点次節2［235頁以下］を参照されたい。

(ロ) 法定利用権　これは一定の場合に，主として利益の権衡から，特定の者に法が利用権を認めたものである。

著作権および回路配置利用権においては，法定利用権，すなわち法定許諾制度は存しない。

狭義の工業所有権においては，①職務発明(考案・意匠)の場合(特35条,実11条3項,意15条3項)，②出願取下げの公示と出願審査請求の公示の間におけ

る善意の実施の場合（特48条の3第8項），③先使用権による場合（特79条，実26条，意29条，商標32条・32条の2。なお不正競争19条1項3号・4号参照），および先出願による場合（意29条の2），④冒認に係る権利移転の登録前の善意の実施による場合（特79条の2，実26条，意29条の3）。⑤いわゆる中用権による場合（特80条，実20条，意30条，商標33条，なお同31条の2第4項参照），⑥他人の同日または先願にかかる異種の狭義の工業所有権と抵触し，その工業所有権の存続期間が満了する場合（特81条・82条，実26条，意31条・32条，商標33条の2・33条の3），⑦再審の請求登録前の善意の実施ないし使用による場合（特176条，実45条，意56条，商標60条），⑧既使用役務商標の継続的使用権（平成3年商標法改正法附則3条），⑨重複登録役務商標で更新拒絶，無効とされた場合等に法定通常実施権ないし特別の商標使用権が認められている（平成8年商標法改正法〔法68〕附則16条・18条）。⑩商標の構成要件拡大に伴う既使用商標の継続的使用権（平成26年特許法等改正附則5条3項〜7項）。

また，育成者権においては，①職務育成品種（種苗8条），③先育成権による場合（同27条）に法定利用権が認められている。

これらのうち，狭義の工業所有権法上の法定利用権，①，②，④，⑥については各々すでに述べた。⑨については更新登録のところで述べる。各々その箇所（第4章第2節1(2)(ロ)[87頁以下]，第4章第3節1(5)[140頁]，第4章第1節2[82頁]，本節2(1)(ロ)(ハ)(ニ)[213頁以下]，第6章第3節1[330頁以下]）を参照されたい。なお，⑦は③と同趣旨で認められたものであり，その要件，効果等ほぼ同一であるので，ここでは③，⑤，⑧，⑩について説明する。

まず，③の先使用権は他人の狭義の工業所有権出願の際，すでに同じ内容の発明，考案，意匠（類似も含む）を，その内容を知らないで自らなし，または他の者から知得して，実施である事業またはその事業の準備をなしている者，もしくは同じ内容の商標を不正競争の目的なく使用して周知性を獲得している者，または地域団体商標では同じ内容の商標を不正競争の目的なく使用している者で周知性を獲得していない者も，上記工業所有権発生後も引き続いて実施ないし使用することができるとするものである。これは先願主義または登録主義の修正であり，公平の見地に立脚して認められたものである。

元来かかる発明，考案および意匠等が公知であり，あるいは周知商標が存在する場合には，他人の特許または登録は認められない（特29条1項，実3条1

項,意3条1項,商標4条1項10号〔なお,3項参照〕)。しかし,この場合でも無効審判で無効とするまでもなく,あるいは他人が商標登録を不正競争の目的なく受けて無効審判の除斥期間（商標47条）が経過した場合に実益がある。

　先使用権発生の要件として,現行法は当該発明,考案,意匠が出願者たる他人と別個独立になされたことを必要としている。しかし,その要件である不知の立証は極めて困難である上,冒認者の出願に対する被冒認者の先使用権を否定し,他方,出願者と別個独立に創作した者からその創作を冒認した者の先使用権を肯定する趣旨ではない。したがって,この点旧法,ないし先使用権と同趣旨で認められる前記⑦の要件と同様に,「善意で」と解すべきである。つぎに,実施の事業は必ずしも継続性が必要ではないが,その準備行為は継続性が必要と解される。

　先使用権は,他人の狭義の工業所有権出願の際に,実施または準備中の発明,考案,意匠および事業目的の範囲,またはその際使用していた商標および商品・役務の範囲に限られる。したがって,同一性を失わない範囲内においては,設計変更および設備の変更,拡張は可能であり,また履行補助者による実施,使用の場合も認められる。また,地域団体商標に係る商標の先使用権（商標32条の2）は,地域団体商標の登録が登録要件の例外として認められる結果（同7条の2第1項),これと同じ内容の商標を使用してきた者の事業活動を,それが周知性を獲得していない事を理由として否定することは公平の見地に反することになるので,平成17年改正法により認められたものである。なお,商標においては,継続使用がその存続要件であり,かつ商標権者の請求により混同防止の表示を付する義務を負う。

●ウォーキングビーム式加熱炉事件　(最判昭和61・10・3民集40巻6号1068頁)
——先使用権の要件と範囲
　「特許法79条……にいう発明の実施である『事業の準備』とは,特許出願に係る発明の内容を知らないでこれと同じ内容の発明をした者又はこの者から知得した者が,その発明につき,いまだ事業の実施の段階には至らないものの,即時実施の意図を有しており,かつ,その即時実施の意図が客観的に認識される態様,程度において表明されていることを意味すると解するのが相当である。」
　「特許法79条……にいう『実施又は準備をしている発明の範囲』とは,特許発明の特許出願の際（優先権主張日）に先使用権者が現に日本国内において実施又は準備をしていた実施形式に限定されるものではなく,その実施形式に具現されている技術的思想すなわち発明の範囲をいうものであり,したがつて,先使用権の効力は,特許出願の際（優先権主張日）に先使用権者が現に実施又は準備をしていた実施形式だけでなく,

217

これに具現された発明と同一性を失わない範囲内において変更した実施形式にも及ぶものと解するのが相当である。」

●**地球儀型トランジスターラジオ事件**（最判昭和44・10・17民集23巻10号1777頁）
——第三者の実施と先使用権

「旧意匠法9条［注：現意匠法29条参照］にいう『其ノ意匠実施ノ事業ヲ為シ』とは……単に，その者が，自己の有する事業設備を使用し，自ら直接に，右意匠にかかる物品の製造，販売等の事業をする場合だけを指すものではなく，さらに，その者が，事業設備を有する他人に注文して，自己のためにのみ，右意匠にかかる物品を製造させ，その引渡を受けて，これを他に販売する場合等をも含むものと解するのが相当である。」

　法は先使用権を，商標の場合を除き，法定通常実施権と構成している。しかし，その性質は全て公平の見地より，狭義の工業所有権者およびその専用実施（使用）権者に対して主張しうる抗弁権である。したがって，先使用権は権利成立以前の補償金請求権（特65条）や金銭的請求権（商標13条の2）の行使に対しても援用しうる。また，訴えの利益の存する限り，それ自体の確認も認められる。

　また，意匠法上の先出願による法定通常実施権（意29条の2）は平成10年改正法により創設されたものである。同改正法は，拒絶確定出願に原則として後願排除効を認めないこととしたため（特39条5項，実7条5項，意9条3項），ことに意匠においてはこれと類似関係にある後願者が登録されることとなった。そこで，これは後願登録の際に意匠の実施事業またはその準備をしている拒絶確定先願者に，その拒絶理由が新規性不備の場合に限定して，上記の先使用権と同様の趣旨で，後願意匠権に対して法定通常実施権を認めたものである。出願の際が後願登録の際となっているほか，上記の先使用権とほぼ同様である。

　なお，先育成者権は，狭義の工業所有権の場合と異なり，登録品種の育成時前に同一品種または特性により明確に区別されない品種を単に育成したことにより認められる。

　つぎに，⑤のいわゆる中用権は，特許庁の過誤特許ないし登録等による狭義の工業所有権が，無効審判によって消滅した場合に，同審判請求登録前に無効理由に該当することを知らないで，実施である事業またはその準備をしている者，もしくは当該商標を使用して周知性を獲得している者で，原権利者またはその専用実施権者もしくはこれらの通常実施（使用）権者は，その

消滅後も引き続いて実施ないし使用することができるとするものである。これは自己の権利を信頼して実施（使用）等を行う者の保護である。公平の見地からではないので，対価の支払いが必要とされる。なお，商標においては，さらに継続使用がその存続要件であり，かつ商標権者の請求により混同防止の表示を付する義務を負う（なお，無効理由が冒認である場合につき，冒認に係る権利移転の登録前の善意の実施による場合［82頁］参照）。

　また，⑧の継続的使用権は，平成3年改正商標法の施行日（平成4年4月1日）から6ヶ月経過以前より，日本国内で不正競争の目的なく役務商標を使用（以下「既使用」という）していた者は，他人の商標登録がなされても，その既使用の役務商標をその役務の範囲で継続して使用することができるとするものである。これは，既使用役務商標を保護し，役務の拡大をあえて欲しない業者の出願を抑制する効果を期待したものである。したがって，既存状態の維持を目的とすることから，先使用権（商標32条）とは異なり，他人の登録出願時に周知性を獲得していることは必要とされないが，その役務を行っている出願時の範囲に限定されている。また，先使用権の要件をも具備する場合には，その主張も可能である。しかし，その性質は抗弁権としての先使用権と同一のものであるので，継続的使用がその存続要件であり，かつ商標権者等の請求により混同防止の表示を付する義務が存する。なお，改正法施行日から6ヶ月経過以前とされているのは，この間の出願を先願主義の例外とし，かつこの間の使用も優先的登録の対象として取り扱う趣旨からである。

　なお，⑩の継続的使用権は，平成26年改正商標法により商標の新しい構成要素を認めたことに伴い，同法施行前から不正競争の目的でなく，その登録商標と同一又は類似の商標を使用していた者は，その業務を行っていた地理的範囲で，或いはそれが周知になっていた場合はその地理的範囲を超えて継続的に使用する権利を認めるものである。商標権者の請求により，混同防止表示を付する義務が存する。

　㈣　裁定利用権　これは，一定の場合に法律の定める裁定手続によって，強制的に設定される場合である。これらは全て通常利用（実施）権である。著作権については，著作者不明等の場合（著67条。なお67条の2参照），著作物の放送の場合（同68条），商業用レコードの録音の場合（同69条）および翻訳権の7年強制許諾の場合（万国著作権条約の実施に伴う著作権法の特例に関する法律5

条)の4種である。また狭義の工業所有権については，権利不実施の場合（特83条，実21条），他人の権利の利用またはそれと抵触する場合（特92条，実22条，意33条），および公共の利益に基づく場合（特93条，実23条）の3種である。また，育成者権については，権利不利用の場合および公共の利益に基づく場合（種苗28条）の2種である。著作権につき第3章第2節(6)(イ)(a) [64頁以下] を，狭義の工業所有権につき第3章第2節(4)[60頁以下]，本節2(1)(ロ)以下[213頁以下]，第3章第2節(6)(イ)(b) [65頁以下]，育成者権につき第3章第2節(4) [60頁以下] および(6)(イ)(b) [65頁以下] をそれぞれ参照されたい。

なお，裁定において定められた対価の額について不服の場合には，6ヶ月以内に法の定める相手方に対して訴えを提起し，その増減を請求することができる（著72条，特183条・184条，実48条，意60条）。それ以外の点に関して裁定に不服の場合及び著作権においては著作権者不明その他これに準ずる理由で上記訴えが提起できない場合は，行政不服審査法により，文化庁長官ないし特許庁長官に審査請求を行い，その裁決を経て，東京地方裁判所に訴えを提起することができる（著73条，行審2条・18条，行訴3条・8条・14条 [149頁参照]，なお，特91条の2，実21条3項・22条7項・23条3項，意33条7項参照）。

3　権利の消尽

権利消尽の理論は，狭義の工業所有権にあっては，権利者が適法に物（物を生産する方法により生じた物も含む）を生産していったんそれを流通に置いた限り，その物に関するその後の権利は権利者の目的を達成したものとして消尽し，その物を購入して使用，販売，貸与等する他人の実施行為は侵害とならないとするものである。これは物の生産後の権利についての消尽であることから，当然のことながら，その物に関しての生産と解される行為，例えばその物またはその物の不可欠な物（特101条1号・4号参照）の修繕・再生行為で，その物の耐用年数を超える場合は侵害と解される。また，著作権・著作隣接権にあっては，支分権たる譲渡権の流通秩序に与える多大な影響を防止するために，原作品または複製物をいったん譲渡した限り，その譲渡権は消尽する旨規定している（著26条の2第2項，95条の2第3項，97条の2第2項）。また判例は，映画の頒布権（同26条）のうち，公衆に提示することを目的とする頒布以外の頒布（同2条1項19号参照）の中の譲渡についても同様に解している。この権利消尽の理論は育成

者権(種苗21条4項)および回路配置利用権についても適用される(半導体12条3項,なお24条3項参照)。しかし,育成者権の場合には,種苗または収穫物が譲渡されても,その種苗を生産(増殖)し,あるいは当該登録品種と同一の品種の保護を認めていない国にその種苗を輸出したり収穫物を最終消費以外の目的で輸出する場合には消尽しない。保護客体の特殊性による。植物に係る特許権の場合もこれと同様に解すべきである。なお,商標権の場合には,それが権利者と最終消費者とを直結するきずなであるので,それが流通過程にある限り,権利は消尽しないと解すべきである。

●インクタンク事件(最判平成19・11・8民集61巻8号2989頁)
——国内消尽,再生行為[注:下記①はBBS事件(後出347頁)の傍論とほぼ同様]
①[国内消尽について]「特許権者又は特許権者から許諾を受けた実施権者(以下,両者を併せて「特許権者等」という。)が我が国において特許製品を譲渡した場合には,当該特許製品については特許権はその目的を達成したものとして消尽し,もはや特許権の効力は,当該特許製品の使用,譲渡等(特許法2条3項1号にいう使用,譲渡等,輸出若しくは輸入又は譲渡等の申出をいう。以下同じ。)には及ばず,特許権者は,当該特許製品について特許権を行使することは許されないものと解するのが相当である。この場合,特許製品について譲渡を行う都度特許権者の許諾を要するとすると,市場における特許製品の円滑な流通が妨げられ,かえって特許権者自身の利益を害し,ひいては特許法1条所定の特許法の目的にも反することになる一方,特許権者は,特許発明の公開の代償を確保する機会が既に保障されているものということができ,特許権者等から譲渡された特許製品について,特許権者がその流通過程において二重に利得を得ることを認める必要性は存在しないからである(前掲最高裁平成9年7月1日第三小法廷判決[注:後出BBS事件(347頁)]参照)。このような権利の消尽については,半導体集積回路の回路配置に関する法律12条3項,種苗法21条4項において,明文で規定されているところであり,特許権についても,これと同様の権利行使の制限が妥当するものと解されるというべきである。」
②[消尽と再生行為について]「特許権者等が我が国において譲渡した特許製品につき加工や部材の交換がされ,それにより当該特許製品と同一性を欠く特許製品が新たに製造されたものと認められるときは,特許権者は,その特許製品について,特許権を行使することが許されるというべきである。そして,上記にいう特許製品の新たな製造に当たるかどうかについては,当該特許製品の属性,特許発明の内容,加工及び部材の交換の態様のほか,取引の実情等も総合考慮して判断するのが相当であり,当該特許製品の属性としては,製品の機能,構造及び材質,用途,耐用期間,使用態様が,加工及び部材の交換の態様としては,加工等がされた際の当該特許製品の状態,加工の内容及び程度,交換された部材の耐用期間,当該部材の特許製品中における技術的機能及び経済的価値が考慮の対象となるというべきである。」
「我が国の特許権者等が国外において譲渡した特許製品につき加工や部材の交換がされ,それにより当該特許製品と同一性を欠く特許製品が新たに製造されたものと認められるときは,特許権者は,その特許製品について,我が国において特許権を行使す

第2節　権利の効力の制限

ることが許されるというべきである。そして，上記……と同一の基準に従って判断するのが相当である。」

●アップル・サムスン事件（知財高判平成26・5・16判時2224号146頁）
──擬制侵害品の譲渡と消尽（後出225頁及び315頁参照）

「特許権者又は専用実施権者（この項では，以下，単に「特許権者」という。）が，我が国において，特許製品の生産にのみ用いる物（第三者が生産し，譲渡する等すれば特許法101条1号に該当することとなるもの。以下「1号製品」という。）を譲渡した場合には，当該1号製品については特許権はその目的を達成したものとして消尽し，もはや特許権の効力は，当該1号製品の使用，譲渡等（特許法2条3項1号にいう使用，譲渡等，輸出若しくは輸入又は譲渡等の申出をいう。以下同じ。）には及ばず，特許権者は，当該1号製品がそのままの形態を維持する限りにおいては，当該1号製品について特許権を行使することは許されないと解される。

しかし，その後，第三者が当該1号製品を用いて特許製品を生産した場合においては，特許発明の技術的範囲に属しない物を用いて新たに特許発明の技術的範囲に属する物が作出されていることから，当該生産行為や，特許製品の使用，譲渡等の行為について，特許権の行使が制限されるものではないとするのが相当である……

なお，このような場合であっても，特許権者において，当該1号製品を用いて特許製品の生産が行われることを黙示的に承諾していると認められる場合には，特許権の効力は，当該1号製品を用いた特許製品の生産や，生産された特許製品の使用，譲渡等には及ばないとするのが相当である。

そして，この理は，我が国の特許権者（関連会社などこれと同視するべき者を含む。）が国外において1号製品を譲渡した場合についても，同様に当てはまると解される」

●中古ゲームソフト販売事件（最判平成14・4・25民集56巻4号808頁）
──映画の著作物と消尽（前出161頁参照）

「この理〔注：国内消尽（前出BBS事件（221頁）参照）〕は，著作物又はその複製物を譲渡する場合にも，原則として妥当するというべきである。」

「ところで……映画の著作物にのみ頒布権が認められたのは，映画製作には多額の資本が投下されており，流通をコントロールして効率的に資本を回収する必要があったこと，著作権法制定当時，劇場用映画の取引については，前記のとおり専ら複製品の数次にわたる貸与を前提とするいわゆる配給制度の慣行が存在していたこと，著作権者の意図しない上映行為を規制することが困難であるため，その前段階である複製物の譲渡と貸与を含む頒布行為を規制する必要があったこと等の理由によるものである。このような事情から，同法26条の規定の解釈として，上記配給制度という取引実態のある映画の著作物又はその複製物については，これらの著作物等を公衆に提示することを目的として譲渡し，又は貸与する権利（同法26条，2条1項19号後段）が消尽しないと解されていたが，同法26条は，映画の著作物についての頒布権が消尽するか否かについて，何らの定めもしていない以上，消尽の有無は，専ら解釈にゆだねられていると解される。

そして，本件のように公衆に提示することを目的としない家庭用テレビゲーム機に用いられる映画の著作物の複製物の譲渡については，市場における商品の円滑な流通を確保するなど……の観点から，当該著作物の複製物を公衆に譲渡する権利は，いったん適法に譲渡されたことにより，その目的を達成したものとして消尽し，もはや著作権の効力は，当該複製物を公衆に再譲渡する行為には及ばないものと解すべきである。

なお，平成11年法律第77号による改正後の著作権法26条の2第1項により，映画の著作物を除く著作物につき譲渡権が認められ，同条2項により，いったん適法に譲渡された場合における譲渡権の消尽が規定されたが，映画の著作物についての頒布権には譲渡する権利が含まれることから，譲渡権を規定する同条1項は映画の著作物に適用されないこととされ，同条2項において，上記のような消尽の原則を確認的に規定したものであって，同条1，2項の反対解釈に立って本件各ゲームソフトのような映画の著作物の複製物について譲渡する権利の消尽が否定されると解するのは相当でない。」

●**マグアンプK事件**（大阪地判平成6・2・24判時1522号139頁）
——商品の小分け（前出37頁及び181頁参照）

「被告は，本件商標と類似するイ号標章を，指定商品（肥料）と同一の商品である被告小分け品について，その出所表示機能及び品質表示機能等の自他識別機能を果たす態様で使用しているものと認められる。たとえ被告小分け品が原告販売にかかる本件商品（大袋）を開披してその内容物を詰め替えただけのものであったとしても，被告がイ号標章を被告小分け品に使用する行為はいずれも本件商標権を侵害するものといわざるを得ない。また，実質的にみても，本件商品のような化成肥料は，その組成，化学的性質及び製造方法に関する知識を有する原告や製造者以外の者がこれを小分けし詰め替え包装し直すことによって品質に変化を来すおそれが多分にあり，その際異物を混入することも容易であるから，被告の被告小分け品販売行為が許されるとすると，商標権者たる原告の信用を損い，ひいては需要者の利益をも害するおそれがあるので，被告の被告小分け品販売行為は本件商標権を侵害するものといわざるを得ない。」

「当該商品が真正なものであるか否かを問わず，また，小分け等によって当該商品の品質に変化を来すおそれがあるか否かを問わず，商標権者が登録商標を付して適法に拡布した商品を，その流通の過程で商標権者の許諾を得ずに小分けし小袋に詰め替え再包装し，これを登録商標と同一又は類似の商標を使用して再度流通に置くことは，商標権者が適法に指定商品と結合された状態で転々流通に置いた登録商標を，その流通の中途で当該指定商品から故なく剥奪抹消することにほかならず，商標権者が登録商標を指定商品に独占的に使用する行為を妨げ，その商品標識としての機能を中途で抹殺するものであって，商品の品質と信用の維持向上に努める商標権者の利益を害し，ひいては商品の品質と販売者の信用に関して公衆を欺瞞し，需要者の利益をも害する結果を招来するおそれがあるから，当該商標権の侵害を構成するものといわなければならない。」

●**BBS事件**——国際消尽（特許）（前出221頁及び後出347頁参照）
●**フレッドペリー事件**——国際消尽（商標）（後出348頁参照）

4 権利の濫用・無効の抗弁

　知的財産権は，特にその公益性から権利の正当行使義務が種々の形で規定されていることは前述した（第3章第2節(5)［61頁］参照）。なかでも，権利の効力の制限の一つとして，ここでは権利濫用の抗弁および権利無効の抗弁について説明する。

(1) 権利濫用の抗弁

　一般に権利の行使は信義則に則り，相手方が通常いだく信頼を裏切らないように行使しなければならない（民1条2項）。また，侵害者等の第三者に対しても権利の濫用は許されない（同条3項）。権利の行使が濫用にわたる場合にはその行使は無効であって，第三者はその要求に従わなくとも何ら責任を生じないばかりか，逆に濫用者の行為は不法行為（民709条）としてその責を負う場合も存する。

●ポパイ・マフラー事件（最判平成2・7・20民集44巻5号876頁）
――商標権の権利行使と権利濫用の抗弁
　「乙標章がそれのみで成り立っている『POPEYE』の文字からは，『ポパイ』の人物像を直ちに連想するというのが，現在においてはもちろん，本件商標登録出願当時においても一般の理解であったのであり，本件商標も，『ポパイ』の漫画の主人公の人物像の観念，称呼を生じさせる以外の何ものでもないといわなければならない。以上によれば，本件商標は右人物像の著名性を無償で利用しているものに外ならないというべきであり，客観的に公正な競業秩序を維持することが商標法の法目的の一つとなっていることに照らすと，被上告人が，『ポパイ』の漫画の著作権者の許諾を得て乙標章を付した商品を販売している者に対して本件商標権の侵害を主張するのは，客観的に公正な競業秩序を乱すものとして，正に権利の濫用というほかない。」

●写真で見る首里城事件（那覇地判平成20・9・24判時2042号95頁）
――著作権の権利行使と権利濫用の抗弁（後出308頁参照）
　「本件において著作権等の侵害となる写真は受注先である被告Tの元従業員たる原告が撮影した1点のみで……原告に生じる損害の金額は極少額である一方，同請求を認めるときは，被告らにおいて，既に多額の資本を投下して発行済みの本件写真集を販売等することができなくなるという重大な不利益が生じることになる。ここで……本件原写真……は，本件写真集の最終頁……に掲載された，9点の写真のうちの1つにすぎず，その掲載部分の大きさは縦4cm，横5cm程度と頁全体の大きさに比して極小さく，本件写真集の全体がB5版95頁，掲載した写真の点数延べ177点……であるのに比して，極小さい割合を占めているにすぎないものである。加えて，本件写真集に本件原写真……が掲載されたのは，単に本件第3版の内容を維持したからにすぎず，本件第3版の制作に……担当者として深く関与していた……原告は，……本件第3版

以降……も引き続き本件原写真……が掲載されることを意欲していたとも推認することができるものである。そうすると……本件写真集がさらに出版される可能性が小さいことも併せ考えれば，原告の被告らに対する前記差止め請求は，権利の濫用であって許されない」

●アップル・サムスン事件（知財高判平成26・5・16及び知財高決平成26・5・16判時2224号146頁）
——必須特許の権利行使といわゆるFRAND抗弁（前出222頁，後出256頁，308頁及び315頁参照）［注：通信の標準技術に係る特許発明について，標準化団体に対してFRAND条件（公正，合理的かつ非差別的な条件/fair, reasonable and non-discriminatory terms and conditions）でライセンスを許諾する用意がある旨の宣言（FRAND宣言）をした場合における，特許権者の権利行使に関して，同判決及び決定は，「本件FRAND宣言はライセンス契約の申込みとは認められないから，本件FRAND宣言によって本件特許権のライセンス契約が成立するものではない」（上記判決参照）と述べつつも，以下のように権利濫用の抗弁を認めた。なお，後述256頁参照。］

①［差止請求権の行使について（上記決定参照）］
「本件FRAND宣言をしている抗告人による本件特許権に基づく差止請求権の行使については，相手方において，抗告人が本件FRAND宣言をしたことに加えて，相手方がFRAND条件によるライセンスを受ける意思を有する者であることの主張立証に成功した場合には，権利の濫用（民法1条3項）に当たり許されないと解される。……しかし，標準規格を策定することの目的及び意義等に照らすと，ライセンス契約を受ける意思を有しないとの認定は厳格にされてしかるべき……である」

②［損害賠償請求権の行使について（上記判決参照）］
「a FRAND条件でのライセンス料相当額を超える損害賠償請求
……FRAND宣言をした特許権者が，当該特許権に基づいて，FRAND条件でのライセンス料相当額を超える損害賠償請求をする場合，そのような請求を受けた相手方は，特許権者がFRAND宣言をした事実を主張，立証をすれば，ライセンス料相当額を超える請求を拒むことができると解すべきである。これに対し，特許権者が，相手方がFRAND条件によるライセンスを受ける意思を有しない等の特段の事情が存することについて主張，立証をすれば，FRAND条件でのライセンス料を超える損害賠償請求部分についても許容されるというべきである。……もっとも……相手方がFRAND条件によるライセンスを受ける意思を有しないとの特段の事情は，厳格に認定されるべきである。」

「b FRAND条件でのライセンス料相当額の範囲内の損害賠償請求
FRAND条件でのライセンス料相当額の範囲内での損害賠償請求については，必須宣言特許による場合であっても，制限されるべきではないといえる。……ただし，FRAND宣言に至る過程やライセンス交渉過程等で現れた諸般の事情を総合した結果，当該損害賠償請求権が発明の公開に対する対価として重要な意味を有することを考慮してもなお，ライセンス料相当額の範囲内の損害賠償請求を許すことが著しく不公正であると認められるなど特段の事情が存することについて，相手方から主張立証がされた場合には，権利濫用としてかかる請求が制限されることは妨げられない」

(2) 権利無効の抗弁

　知的財産権の行使の制限としても，従来学説・判例はこの権利濫用の抗弁を認めてきた。しかし，行政行為たる「特許」により発生する狭義の工業所有権においては，それに重大かつ明白な無効理由が存する場合でも，かつては無効審判を経ない限り権利はいちおう有効のものとして，その権利の行使をも認めていた。しかし，かかる無効理由が重大かつ明白な場合には行政行為は当然無効として，少なくとも権利行使は権利濫用として制限されるべきものである。判例もこの理を既に認めている。

●**キルビー事件**（最判平成12・4・11民集54巻4号1368頁）
——権利濫用に基づく無効の抗弁［注：この判例が契機となり，平成16年特許法改正において104条の3の規定が設けられた。］
　「特許権は無効審決の確定までは適法かつ有効に存続し，対世的に無効とされるわけではない。
　しかし，本件特許のように，特許に無効理由が存在することが明らかで，無効審判請求がされた場合には無効審決の確定により当該特許が無効とされることが確実に予見される場合にも，その特許権に基づく差止め，損害賠償等の請求が許されると解することは，次の諸点にかんがみ，相当ではない。
　（一）このような特許権に基づく当該発明の実施行為の差止め，これについての損害賠償等を請求することを容認することは，実質的に見て，特許権者に不当な利益を与え，右発明を実施する者に不当な不利益を与えるもので，衡平の理念に反する結果となる。また，（二）紛争はできる限り短期間に一つの手続で解決するのが望ましいものであるところ，右のような特許権に基づく侵害訴訟において，まず特許庁における無効審判を経由して無効審決が確定しなければ，当該特許に無効理由の存在することをもって特許権の行使に対する防御方法とすることが許されないとすることは，特許の対世的な無効までも求める意思のない当事者に無効審判の手続を強いることとなり，また，訴訟経済にも反する。さらに，（三）特許法168条2項は，特許に無効理由が存在することが明らかであって前記のとおり無効とされることが確実に予見される場合においてまで訴訟手続を中止すべき旨を規定したものと解することはできない。
　したがって，特許の無効審決が確定する以前であっても，特許権侵害訴訟を審理する裁判所は，特許に無効理由が存在することが明らかであるか否かについて判断することができると解すべきであり，審理の結果，当該特許に無効理由が存在することが明らかであるときは，その特許権に基づく差止め，損害賠償等の請求は，特段の事情がない限り，権利の濫用に当たり許されないと解するのが相当である。」

●**エリンギ（ホクト2号）事件**（知財高判平成18・12・21判時1961号150頁）
——品種登録の取消事由に基づく権利濫用の抗弁（前出111頁参照）
　「特許権に関しては特許無効審判を経なくても，特許無効審判により無効にされるべきものと認められるときは，特許権者は特許権の侵害に係る訴訟において相手方に対してその権利を行使することができないとされており（特許法104条の3第1項），こ

の規定は実用新案権，意匠権，商標権の侵害訴訟にも準用されているが，種苗法の育成者権の侵害訴訟には準用されていない。しかし，これは種苗法が特許法のような独自の無効審判制度を設けていないことによるものと考えられるが，種苗法においても，品種登録が上記……規定［注：同法3条1項，4条2項，5条3項，9条1項又は10条］に違反してされたものであり，農林水産大臣により取り消されるべきものであることが明らかな場合（農林水産大臣は，品種登録が上記……規定に違反してされたことが判明したときはこれを取り消さなければならないのであって，その点に裁量の余地はないものと解される。）にまで，そのような品種登録による育成者権に基づく差止め又は損害賠償等の請求が許されるとすることが相当でないことは，特許法等の場合と実質的に異なるところはないというべきである。」

「したがって，品種登録が取り消される前であっても，当該品種登録が上記……規定に違反してされたものであって，取り消されるべきものであることが明らかな場合には，その育成者権に基づく差止め又は損害賠償等の権利行使（補償金請求を含む。）は，権利の濫用に当たり許されないと解するのが相当である（最高裁判所平成10年(オ)第364号同12年4月11日第三小法廷判決・民集54巻4号1368頁［注：前出キルビー事件］参照。なお，品種登録に重大かつ明白な瑕疵がある場合には，育成者権に基づく侵害訴訟においても，当該品種登録の当然無効を主張することができると解されるが，行政処分の当然無効は，行政処分時において重大かつ明白な瑕疵がある場合に限られるところ，当該品種登録が上記……規定に違反してされた場合に，仮にそれが重大な瑕疵に当たると解し得るとしても，その瑕疵が品種登録時において常に明白であったとは限らないから，上記……規定に違反してされた品種登録が常に当然無効であるとまではいえない。……）」

平成16年の改正法は，侵害訴訟の審理促進の目的から，狭義の工業所有権に無効審判による無効理由の存する場合には，侵害不成立として権利行使を否定し，平成23年改正法はさらに延長登録無効審判による無効理由もこれに追加し，同改正法で規定し，平成26年改正法で修正した無効審判請求人適格の制限（特123条2項但書）の規定を，本条の適用からは当然のことながら排除している（特104条の3第3項，実30条，意41条，商標39条）。しかし，無効理由の存在は重大な瑕疵ではあるが，本規定は明白性の要件を除外し，審査主義を採用するとはいえ，成立した特許権の有効性の低いアメリカ（無効審判制度は存しない）およびフランス等一部の欧州諸国にならって，実質的に無効事由全般につき権利無効の抗弁を認めたものである。その結果，その範囲は本来技術専門官庁たる特許庁に委せるべき特許要件の進歩性にも及び，権利の不安定性を増幅しているばかりか，特許権者に特許権侵害訴訟の提起を回避させる傾向を生ぜしめている。したがって，本条は最高裁判決（キルビー事件）に立ち戻って，「無効理由が存在することが明らかで，……当該特許が無効とされることが確実に予見される場合」

に限定して解釈してゆくべきである。ちなみにドイツでは冒認の他，重大かつ明白な客観的判断たる新規性の欠如に限って自由技術の抗弁を認めていたに過ぎない。

　なお，この判断の効力は無効審決とは異なり，無効審決を待つことなく権利侵害不成立とすることで，侵害訴訟の審理促進を図るとするものである。したがって，本抗弁は審理遅延を目的とする場合には決定により却下される（特104条の3第2項参照）。また，この抗弁に対して権利者は当然反論しうるほか，訂正により無効理由が解消しうる旨の，いわゆる訂正の再抗弁を提出することができると解されている。

●**切削方法事件**（知財高裁平成21・8・25判時2059号125頁）
――訂正の再抗弁
　「控訴人は，訂正により本件発明の無効理由が解消した旨主張する。
　　しかしながら，特許法104条の3の抗弁に対する再抗弁としては，①特許権者が，適法な訂正請求又は訂正審判請求を行い，②その訂正により無効理由が解消され，かつ，③被控訴人方法が訂正後の特許請求の範囲にも属するものであることが必要である。」

5　工業所有権に係る（再審の訴え等における）権利主張の制限

　権利侵害訴訟および補償金ないし金銭的請求権に係る（特65条，商標13条の2）訴訟の終局判決確定後，それらの当事者であった者はその終局判決に対する再審において，取消決定，無効審決ないし延長無効審決，訂正審決ないし訂正が確定したことを主張できない。また，これら訴訟を本案とする保全処分の債権者に対する損害賠償ないし不当利得返還請求に係る訴えにおいてもこれを同様とする（特104条の4，実30条，意41条，商標38条の2）。

　これらの規定は，平成23年改正法が権利侵害訴訟等の紛争解決機能および企業経営の安定性の観点から創設されたもので，上記決定ないし審決が遡及効を有するので（特114条3項，商標43条の3第3項，特125条・実41条・意49条・商標46条の2第1項，特185条，特128条・134条の2第5項・実14条の2第11項），その結果再審事由に該当し（民訴338条1項8号），確定判決が再審によって取消される可能性が生ずる。しかし，上記訴訟等においては，既に前述の如く権利無効の抗弁およびその反論ないし訂正の再抗弁も認められており，互いに攻撃防御方法を尽す十分な機会と権能が与えられているので，再審によりこれらをむし返すことは妥当でないとの理由で規定されたものである。

しかし，前述の如く，無効の抗弁において特許要件たる進歩性の判断を，技術専門官庁たる特許庁ではなく裁判所に委ねるのは妥当ではなく，また無効事由中には事後的に生ずるもの（特123条1項7号，実37条，意48条，商標46条）も含まれている。したがって，これらの場合において権利侵害等訴訟において攻撃防御方法を尽す十分な権能が与えられていると言えるのか疑問の余地がある。ちなみに，この制度は再審請求の無いアメリカの，特許商標庁での再審査における判例上認められている不遡及の原則に類したもので，再審制度の存するドイツではかかる不遡及の制限は存しない。

●**ナイフの加工装置事件**（最判平成20・4・24民集62巻5号1262頁）
——訂正審決確定と再審事由

　「原審は，本件訂正前の特許請求の範囲の記載に基づいて，第5発明に係る特許には特許法29条2項違反の無効理由が存在する旨の判断をして，被上告人らの同法104条の3第1項の規定に基づく主張を認め，上告人の請求を棄却したものであり，原判決においては，本件訂正後の特許請求の範囲を前提とする本件特許に係る無効理由の存否について具体的な検討がされているわけではない。そして，本件訂正審決が確定したことにより，本件特許は，当初から本件訂正後の特許請求の範囲により特許査定がされたものとみなされるところ（特許法128条），前記のとおり本件訂正は特許請求の範囲の減縮に当たるものであるから，これにより上記無効理由が解消されている可能性がないとはいえず，上記無効理由が解消されるとともに，本件訂正後の特許請求の範囲を前提として本件製品がその技術的範囲に属すると認められるときは，上告人の請求を容れることができるものと考えられる。そうすると，本件については，民訴法338条1項8号所定の再審事由が存するものと解される余地があるというべきである。」

　「しかしながら，仮に再審事由が存するとしても，……本件において上告人が本件訂正審決が確定したことを理由に原審の判断を争うことは，上告人と被上告人らとの間の本件特許権の侵害に係る紛争の解決を不当に遅延させるものであり，特許法104条の3の規定の趣旨に照らして許されないものというべきである。」

　「上告人は，第1審においても，被上告人らの無効主張に対して対抗主張を提出することができたのであり，上記特許法104条の3の規定の趣旨に照らすと，少なくとも第1審判決によって上記無効主張が採用された後の原審の審理においては，特許請求の範囲の減縮を目的とする訂正を理由とするものを含めて早期に対抗主張を提出すべきであったと解される。そして，本件訂正審決の内容や上告人が1年以上に及ぶ原審の審理期間中に2度にわたって訂正審判請求とその取下げを繰り返したことにかんがみると，上告人が本件訂正審判請求に係る対抗主張を原審の口頭弁論終結前に提出しなかったことを正当化する理由は何ら見いだすことができない。したがって，上告人が本件訂正審決が確定したことを理由に原審の判断を争うことは，原審の審理中にそれも早期に提出すべきであった対抗主張を原判決言渡し後に提出するに等しく，上告人と被上告人らとの間の本件特許権の侵害に係る紛争の解決を不当に遅延させるものといわざるを得ず，上記特許法104条の3の規定の趣旨に照らしてこれを許すことはできない。」

6　権利の共有

これは権利自体の制限ではなく，行使上の制限である。この点については第3章第5節［71頁以下］を参照されたい。

第3節　権利の変動

知的財産権の利用形態として，著作権の場合を除き，通常は，権利者自らこれを活用するものである。しかし，それが財産権として移転性を有することから，他人にこれを譲渡し，あるいは利用権を許諾してその対価を取得し，または担保権の目的として積極的に利用しうる。近時，資力のない特許権者，育成者権者等にとっても，むしろかかる利用形態が一般的となっている。権利者自ら活用する場合は本章第1節［157頁以下］においてその概略を説明したので，ここではその点を除いて積極的利用の点について説明する。かかる積極的利用においては，それが権利の変動であることから，特に知的財産の場合には有体物と異なって，当事者および第三者保護の問題が生じてくる。

また，知的財産権は，相続その他の一般承継および遺言，信託，強制執行（ただし，民執131条12号・167条参照）等の対象ともなり，また破産財団にも属する（破34条）。相続その他の一般承継の場合は，法律上当然に移転し，第三者への対抗要件は必要としない。しかし，著作権，特許等を受ける権利および狭義の工業所有権は，遅滞なくその旨を文化庁長官ないし特許庁長官に届け出なければならない（著77条1項，特34条5項，実11条2項，意15条2項，商標13条2項，特98条2項，実26条，意36条，商標35条）。植物品種登録出願，育成者権および回路配置登録申請においても，各々農林水産大臣，経済産業大臣に届け出る点は同様である（種苗7条・32条2項，半導体4条3項）。

1　譲　渡

知的財産権は通常自由に譲渡されうる。ただし，それが共有にかかる場合には他の共有者の同意を必要とする（著65条・103条，なお59条参照，特73条1項，実26条，意36条，商標35条，種苗23条1項，半導体14条1項）。一般的には意思表示によって効力が生じ，第三者への対抗要件として登録（著77条・88条，なお104条，半導体21条1項1号参照）ないし登記（登記商号につき商15条2項，会社909条・908条）を必要とする。しかし，狭義の工業所有権および育成者権の譲渡においては，先進

諸外国とは異なって，権利関係の明確性を期して登録を効力発生要件としている（特98条1項1号，実26条，意36条，商標35条，種苗32条1項1号）。したがって，他の法律との関係，例えば現物出資の給付（会社34条）や破産管財人の解除権の制限（破56条1項）等の場合に困難な問題が生ずることになる［232頁，242頁］。また，登録に公信力がないので，譲渡が無効であれば登録があっても移転の効力は生じない。なお，破産管財人が破産財団に属する知的財産権を任意売却するには，裁判所の許可が必要とされている（破78条2項2号）。

●**Von Dutch事件**（知財高判平成20・3・27裁判所HP）
——著作権の譲渡と背信的悪意者

> 「被控訴人は，控訴人が本件著作権の正当な承継者であることを熟知しながら，控訴人の円滑な事業の遂行を妨げ，又は，控訴人に対して本件著作権を高額で売却する等，加害又は利益を図る目的で，A及びBに働きかけて本件譲渡証明書及び単独申請承諾書に署名させ，本件譲渡登録を経由したものと推認することができ，したがって，被控訴人は背信的悪意者に該当するものと認めるのが相当である。以上によれば，被控訴人は，控訴人への本件著作権の移転につき，対抗要件の欠缺を主張し得る法律上の利害関係を有する第三者（著作権法77条）には該当しない。」

●**加工工具事件**——特許を受ける権利の譲渡と背信的悪意者（前出80頁参照）

譲渡の態様は各知的財産権によって異なっている。

(1) 著作権等

著作権においては，共同著作物を除き（著2条1項12号），著作物自体を分割し，または無形的複製は支分権ごとの分割が可能である。したがって，著作権は，その全部または一部を譲渡することができる（同61条1項）。この際，翻訳権，翻案権等（同27条）および二次的著作物の利用に関する原著作者の権利は（同28条），元来の著作権に対し従属的権利であり，またその活用範囲の広いことから著作権者のために，明示なき限り移転しないものと推定されている（同61条2項）。著作権の一部譲渡は，時間的，場所的，あるいは内容的に限定された態様，例えば前編のみ，あるいは口述権または展示権のみ，あるいは一定期間の一定地方における上演権のみという態様でなされる。著作隣接権の場合も，これと同様に，全部または一部譲渡が認められている（同103条）。したがってそれらは，旧特許法（44条1項），旧実用新案法（26条）または旧意匠法（25条）の制限付移転の制度と同趣旨である。後者については，その規定が不明確でそ

の性質につき争いがあったので，現行工業所有権法はこれを廃止して，後述の専用実施（使用）権の制度を設けた。なお，著作者人格権，実演家人格権は，一身に専属し譲渡することができない（著59条・101条の2）。

●ひこにゃん事件（大阪高決平成23・3・31判時2167号81頁）
──著作権譲渡と特掲（著61条2項）

「著作権法61条2項は……，著作権の譲渡契約がなされた場合に直ちに著作権全部の譲渡を意味すると解すると著作権者（譲渡人）の保護に欠けるおそれがあることから，翻案権や二次的著作物の利用に関する原著作者の権利等を譲渡する場合には，これを特に掲げて明確な契約を締結することを要求したものであり，このような同法61条2項の趣旨からすれば，『特掲され』たというためには，譲渡の対象にこれらの権利が含まれる旨が契約書等に明記されることが必要であり，契約書に，単に『著作権等一切の権利を譲渡する』というような包括的な記載をするだけでは足りず，譲渡対象権利として，著作権法27条や28条の権利を具体的に挙げることにより，当該権利が譲渡の対象となっていることを明記する必要があるというべきである。

これを本件についてみると，……著作権法61条2項の特掲があったとはいえないから，翻案権は譲渡人に留保されたものと推定される。しかし，……本件契約書ないし本件仕様書では，『キャラクター』の立体使用の予定を明示し……400年祭委員会が，立体使用を予定している『キャラクター』を『自由に使用する』旨が定められている。……加えて，……本件各イラストが，彦根城築城400年祭のイメージキャラクターとして……各種行事や広報活動等に広く利用されることを予定して400年祭委員会に採用されたものであることなどを総合勘案すると，……本件各イラストに基づいて立体物を作成することは，これが原著作物の変形による二次的著作物の創作と評価されるものであったとしても，このようなことをなし得る権利（翻案権）は，本件契約により400年祭委員会に譲渡されたものと認めるのが相当である。この限度で，著作法61条2項の推定を覆す事情があるということができる。」

●宇宙戦艦ヤマト事件──著作者人格権の不行使（前出164頁参照）

(2) 狭義の工業所有権・育成者権

つぎに，特許権，実用新案権および意匠権の譲渡については，特に問題はない。本意匠の意匠権と関連意匠の意匠権は全て類似関係にあるので，相互に分離して移転したり，あるいは本意匠の意匠権が存続期間満了以外の理由で消滅した場合の関連意匠の意匠権も，分離して移転することが認められていない（意22条）。なお，商標権も含めて，狭義の工業所有権および育成者権の移転においては，登録が効力発生要件とされていることから，例えば会社設立における現物出資の給付の場合，第三者への対抗要件たる登記，登録はその手続の煩瑣を避けるために，発起人全員の同意のもとで法人格ある会社成立後行いうるが，

権利の移転は株式引受後遅滞なく行わなければならないと規定されていることとの関係で問題が残る（会社34条）。この場合，株式引受後遅滞なく権利移転のための必要書類を全部渡すことによって，移転登録は効力発生要件ではあるが，会社成立後に行ってもよいと解されている（なお特登令2条，実登令2条，意登令2条，商標登令2条参照）。しかし，その間に権利が無効ないし取消しとされる場合を考慮すれば，二重手間ではあるが手続の煩雑さをいとわず，まず株式引受後遅滞なく発起人組合に権利移転登録を行わざるをえないことになる。

(3) 識別標識

以上の知的財産権に対して，産業活動における識別標識においては，それが産業秩序の維持に寄与するがためのものであるので，その移転については取引者および消費者保護の見地から種々の制約が存在している。すなわち，原産地表示および原産地名称は元来その性質上譲渡できないし，他の識別標識の譲渡については一般に営業または事業との牽連性が必要とされる。商号（商15条1項参照）および営業名ないし営業標等がそれである。

　(イ)　商標　　この点商標についてもかつてはこの牽連性を必要としていたが（旧商標12条1項），現行商標法（昭和34年法127号）はこれを廃止した（商標旧24条）。もっとも，商標法における営業の概念は商法上のそれとは異なり，商標の指定商品を単位とするものではあった。しかし現在の大衆消費時代においては，取引者ないし消費者にとって必要なのは商標の出所表示よりはその品質保証であり，これは営業の同一性によるものではなく，商標権者の企業努力にまつものであるとの理由から，営業との牽連性を断ち切り，指定商品・指定役務ごとに分割して自由に商標を移転しうるものであるとした（パリ条約6条の4参照）。にもかかわらず，やはり出所混同防止の見地から類似する指定商品・指定役務間の分割移転および連合商標の分離移転は制限されていた（商標旧24条1項但書・2項参照）。

　しかし，同法下においても，類似商標の並列的使用は，誤認混同行為に対する取消審判（商標51条，平成3年商標法改正法附則10条，商標53条），混同防止表示請求権（商標32条2項・33条3項・33条の2第2項・33条の3第2項・60条2項，平成3年商標法改正法附則9条）および存続期間の更新登録時の審査（平成3年商標法改正法附則旧8条），さらには，不正競争防止法等による取引者（間接的に消費

者)の保護を担保に肯定されてきた。そこで，平成8年改正商標法は，商標法条約7条2項に基づいて登録後の商標権の分割を認めること（商標24条）に伴い，マドリッド協定プロトコル加入との関係からも，商標権の私的財産性をさらに強化し，商標権の分割移転，および連合商標制度を廃止して通常の登録商標と同じに取り扱うこと（平成8年商標法改正法附則4条）に伴って生ずる類似商標間の分離移転につき，混同防止表示請求権（商標24条の4，なお31条の2第3項参照）および出所混同行為による取消審判制度（同52条の2）を創設することにより，これを認めることにした。

なお，公共的，公益的な見地より専属的に認められる，国，地方公共団体またはこれらの機関および非営利の公益団体の商標権（商標24条の2第2項），および事業とともにしない非営利公益事業者の商標権（同条3項），または地域団体商標権等の移転は制度創設の趣旨から制限されている（同条4項）。また，団体商標に係る商標権は，他の団体に対してはそのまま移転しうるが（同24条の3第2項参照），それ以外の者に移転されたときは通常の商標権に変更されたものとみなされる（同条1項）。これらは商標権取得上の権利者適格（同4条2項・7条1項）を貫くためである。なお，防護標章登録に基づく権利は，それが商標権の防御を目的としたものであるので，商標権の移転に付随して移転し，商標権を分割移転した場合は消滅する（同66条）。

　㈵　商号　　つぎに，上記の牽連性を要求する商号の場合は，その譲渡は営業とともにまたは営業を廃止するときに限り認められる（商15条1項）。第三者対抗要件として登記が要請される（同15条2項，商登30条）。会社は，定款変更手続を経て新商号を選定した後でなければ商号の譲渡はできない。これは商号についての会社設立登記事項の変更であるので，その変更の登記をしなければ（会社915条・909条），善意の第三者に対抗できない（なお同908条参照）。商号譲渡の登記によって名板貸人はその責任を免れる。

　商号譲渡が営業とともにまたは，事業の譲渡により行われた場合には，譲受人または譲受会社は，譲渡人または譲渡会社たる原商号権者の債務の責に任ぜざる旨を登記し，あるいは当事者双方から第三者にその旨を通知しない限り，当該商号を続用する場合には，原商号権者の営業によって生じた債務につき譲受人または譲受会社もまた連帯してその責任を負う。ただし，この場合2年の除斥期間が設けられている。上記の商号譲渡の場合，原商号権者

の営業により生じた債権につき譲受人または譲受会社になした弁済は，弁済者が善意で重過失のないときは有効である（商17条，会社22条・24条）。なお，譲渡人または譲渡会社たる原商号権者について，一定の期間の競業避止義務が法定されている（商16条，会社21条）。

2　利用許諾

知的財産権の利用許諾も通常自由になしうる。それが共有にかかる場合には，譲渡の場合と同じ制限がある（著65条2項・103条，特73条3項，実26条，意36条，商標35条，種苗23条3項，半導体14条3項）。なお，本意匠の意匠権および関連意匠の意匠権についての専用実施権の設定は，全て一体として行われ，また本意匠の意匠権が存続期間満了以外の理由で消滅した場合の関連意匠権についての専用実施権の設定も，一体として行われる場合に限られる（意27条1項但書・3項）。また，原産地表示および原産地名称は元来その性質上使用許諾が認められない。なお，商標権の場合には，それが国，地方公共団体またはこれらの機関および非営利の公益団体または公益事業に帰属するものは，公共的，公益的見地より使用許諾が許されない（商標30条1項但書・31条1項但書）。また，地域団体商標に係る商標権については，通常使用権の許諾の必要性は存するが，専用使用権の設定は団体構成員の使用をも制限し，本制度創設の意図に反することになるので認められていない（同30条1項但書）。

利用許諾の態様も各知的財産権によって異なっている。

(1)　著作権等

著作権においては，前述の一部譲渡のほかに設定出版権のように，設定行為の範囲内で独占的に利用しうる準物権的設定態様と（著80条），出版契約等のように契約の範囲内で債権的に利用しうる著作物利用許諾の態様（同63条）とに区別される。

準物権的設定態様は，著作権では出版権設定契約のみである（著79条1項）。その内容はデジタル・ネットワーク化の進展による電子書籍にも対応するため平成26年改正法で改められ，従来の頒布目的で著作物を原作のまま機械的または化学的方法により文書又は図画として紙媒体に複製して出版する他，電子計算機を用いてパソコン等の映像面に文書又は図画として表示されるように，

第3節 権利の変動

CD-ROM等の記録媒体に記録された電磁的記録として複製し頒布する権利（同80条1項1号，79条1項）ないしMDD等の記録媒体を用いて公衆送信（放送・有線放送を除く）〔電子出版〕する権利である（同80条2項，79条1項）。その設定契約は複製権等保有者（複製権又は公衆送信権者）の意思表示によって効力が発生し（同79条），第三者対抗要件として登録を必要とする（同88条）。出版権の存続期間は特約なき限り最初の出版等行為の日より3年とされ（同83条），その効力は公共の利用のため，著作権と同様の制限が存する（同86条）。出版権者は設定契約に別段の定めのない限り，6ヶ月以内の出版・公衆送信，継続出版・公衆送信等の義務を負う（同81条）。他方，複製権等保有者はこれらの違反に対して原則として出版権消滅請求権が認められている（同84条1項・2項）。また，複製権等保有者は一定の場合に編集物への収録権を有しその複製・公衆送信が認められており（同80条2項），複製権等保有者が著作者である場合には廃絶による出版権消滅請求権（撤回権）等を有する（同84条3項）。なお，著作者には公衆送信又は改めて複製する場合には，正当な範囲内において修正・増減権が認められている（同82条）。出版権の全部又は一部の譲渡，質入れは複製権等保有者の承諾のもとに可能であり（同87条），第三者対抗要件として登録が必要である（同88条）。なお，平成26年改正法は出版権の再利用許諾もこれと同様の条件で可能とした（同80条3項）。この場合は次に述べる著作物利用許諾の態様に準ずるものであるが，出版権者に放送・有線放送権が無いため，著作権法64条4項の規定は除かれている（同80条4項）。

　つぎに著作物利用許諾の態様は，全ての著作権の支分権（著21条～28条）について認められる。むしろ著作権行使の基本的態様であり，前者の態様と異なり，著作権者自身も著作物を利用でき，かつ同時に複数人に利用許諾を与えうる債権的なものである。被許諾者が独占的な場合と，非独占的な場合とが存する。被許諾者は契約で定める利用方法，条件の範囲内で当該著作物を利用できる（同63条2項）。ただし，放送ないし有線放送許諾契約には別段の定めのない限り，録音，録画の許諾を含まないが（同条4項，なお44条・93条参照），送信可能化許諾契約にあっては，別段の定めのない限り，反復的にまたは他の自動公衆送信装置を用いてそれを行うことも認められている（同63条5項）。また，上記利用権は著作権者の承諾ある場合には譲渡することができる（同条3項）。なお，著作隣接権の利用許諾の場合も，これと同様である（同103条）。

236

(2) 狭義の工業所有権

(イ) 実施（使用）権および仮実施権　　著作権における上記２つの態様は，狭義の工業所有権における準物権的な専用実施（使用）権（特77条２項，実18条２項，意27条２項，商標30条２項）と債権的な通常実施（使用）権（特78条２項，実19条２項，意28条２項，商標31条２項）との２態様に相応する。そして，契約上の通常実施（使用）権には，被許諾者が独占的な場合と非独占的な場合とが存する。前者の場合で，許諾者自身が実施（使用）しない義務を負う場合を完全独占的通常実施（使用）権と称している。総じてこれらは当事者間の意思表示によるほか，専用実施（使用）権にあっては登録を効力要件とし（特98条１項２号，実18条３項，意36条，商標30条４項），通常実施（使用）権にあっては意思表示または裁定の謄本送達によって当事者間に効力が発生し（特87条２項，実21条３項・22条７項・23条３項，意33条７項），登録を以後その許諾等に係る工業所有権ないし専用実施（使用）権，またはその許諾等に係る工業所有権についての専用実施（使用）権等をその後に取得した者への効力要件としていた（民605条参照）。

　しかし，平成23年改正法は通常実施権の保護の重要性とその登録制度利用の困難性を指摘し，工業所有権の移転においては実務上事前に相当な注意（due diligence）を行って実施権の存在を確認することが一般的であるとの理由から，権利客体の無体性からは疑問の余地もあるが，顧客吸引力をその保護の本質とする商標制度を除き（商標31条４項・５項），通常実施権の登録制度を廃止して（特27条１項，実49条１項，意61条１項参照），従来の法定通常実施権並みに当然対抗制度を導入した（特99条，実19条３項，意28条３項）。したがって，通常実施権は民法上の指名債権に該当すると解されることから，その権利変動は民法の指名債権の規定に従って，確定日付のある証書による通知又は承諾により行われることになる（民467条等）。しかし，工業所有権の分野において相当の注意は私人または中小企業には期待できないばかりか，多くの場合，通常実施権許諾契約の存在そのものが守秘義務の対象とされている現状の下では一層困難である。他方，これを瑕疵担保責任のみにて救済することには限界がある。なお，契約上の通常実施権は法律上その範囲が規定されている法定通常実施権とは異なって，独占的なものもあり，その態様も様々であって必ずしもその範囲，条件は明らかではない。当然対抗制度の範囲は原

第3節　権利の変動

則として，せいぜい権利客体の客観的範囲，権利の積極的利用の範囲および利用回数ないし数量，権利の期間ないし地域的範囲に係る条項に止まるべきであろう（なお，第5章第5節1(2)(3)参照［256頁以下］）。にもかかわらず，本改正は特許権者の営業秘密たる通常実施権者の開示を秘匿するあまり，通常実施権者保護の名目の下に，その開示制度を全面的に廃止するものである。これは実施許諾契約に伴う独占禁止法適用の回避手段として利用されるおそれがあるばかりか，本制度が外国の超大企業に活用されるとき，いずれはわが国企業にとって極めて不利な状況を招来するおそれも存する。なお，平成19年改正の産業活力再生特別措置法によって創設された特定通常実施権契約および特定通常実施権登録制度は，平成23年改正法による上記の工業所有権法の制度改正により廃止されている。

　これらに対して，団体商標および地域団体商標における構成員の使用権（商標31条の2第1項）は，法人または当該組合等の定めに従って発生する一種の契約上の非独占的通常使用権であるが（同条3項参照），それ自体は上記対抗手段を有しない（同条1項但書，なお4項参照）。

　なお，平成20年改正特許法は，TLO，中小・ベンチャー企業等の実務の要請を受け，特許出願段階からの実施許諾を承認し，併せてその登録制度を設けて，これを法制度として保障するために仮実施権制度を創設している。すなわち，特許を受ける権利を有する者は，その権利に基づいて取得すべき特許権について，当該特許出願の願書に最初に添付した明細書，特許請求の範囲または図面に記載した事項の範囲内において，契約により仮専用実施権を設定し，または仮通常実施権を許諾することができる（特34条の2第1項・34条の3第1項）。そして，それらの登録を受けることにより（同旧27条1項4号参照），前述の専用実施権および通常実施権の登録と同様の効力を認めていた。しかし，平成23年改正法は仮通常実施権についても通常実施権と同様に当然対抗制度を認めたことから，仮専用実施権は登録を受けることにより（旧特27条1項4号），仮通常実施権は無登録でも，前記登録専用実施権，通常実施権と同様の効力を認めている（同34条の4・34条の5）。これら仮実施権は，当該特許出願につき特許権の設定登録がなされたときは，その特許権について仮実施権契約で定めた範囲内において専用実施権の設定ないし通常実施権の許諾がなされたものとみなしている（同34条の2第2項・34条の3第2項）。仮

専用実施権に係る仮通常実施権（仮再実施権）についても，同改正法はこれと同様に取扱っている（同34条の3第3項）。なお，同年改正法は実用新案法，意匠法においても仮通常実施権制度を設け，特許法中の仮通常実施権の規定を準用している（実4条の2，意5条の2）。

　狭義の工業所有権法はこれらの点につきさらに詳細な規定を設けている。すなわち，専用実施（使用）権設定後の工業所有権者はその範囲内で実施ないし使用できないことを明記し（特68条但書，実16条但書，意23条但書，商標25条但書），これら専用実施（使用）権者は工業所有権者の承諾を得て，さらに通常実施（使用）権（再実施〔使用〕権）を許諾することができる旨規定されている（特77条4項，実18条3項，意27条4項，商標30条4項）。仮専用実施権者の許諾する通常再実施権（仮再実施権）についても，これに準じて規定されている（特34条の2第4項）。なお，通常実施（使用）権許諾後の工業所有権者は，自ら利用できるほかにさらに第三者に同内容の権利を許諾できる。

　㋺　実施（使用）権および仮実施権の移転　　実施（使用）権および仮実施権の移転は，相続その他の一般承継の場合のほか，狭義の工業所有権者，仮実施権にあっては特許を受ける権利を有する者の承諾（再実施〔使用〕権においてはさらに専用実施〔使用〕権者または仮専用実施権者の承諾）ある場合，または実施の事業とともにする場合にのみ認められる。したがって，実施許諾契約にあたっては，特に狭義の工業所有権者または特許を受ける権利を有する者の承諾を不要とする後者に注意しなくてはならない。なお，商標権は，その移転に営業との牽連性を断ち切ったことから，後者は除かれている（特77条3項・34条の2第3項，実18条3項，意27条4項，商標30条3項，特94条1項・34条の3第4項，実24条1項，意34条1項）。また，団体商標および地域団体商標における団体構成員の使用権の移転は，その性質上認められない（商標31条の2第2項）。

　しかし，裁定実施権については，公共の利益に基づく場合，および不実施の場合は，それが実施のために認められるものであるので，その実施の事業とともにする移転に限られている（特94条3項，実24条3項，パリ条約5条A項4号，TRIPs31条(e)）。また，他人の権利の利用またはそれと抵触する場合は，後願にかかる当該工業所有権の利用を円滑にするために，その権利が事業とともに移転するときにのみこれに付随して移転する（特94条4項，実24条4項，意34

条3項，TRIPs31条(e)・(1)(iii))。しかし，先願にかかる当該工業所有権者は自己が特許発明等を利用させる代償としての裁定実施権であるので，実施の事業と無関係に，自己の工業所有権に付随して移転しうるとされている(特94条5項，実24条5項，意34条4項)。

　また，法定実施権の移転については，先に述べた原則と同様である。しかし，商標における先使用権，いわゆる中用権および再審の請求登録前の使用による場合等に法律上認められる特別の商標使用権はそれ自体の移転という構成をとらず，業務承継者が同様の権利を原始取得する旨規定されている(商標32条1項・33条1項・60条1項)。

　なお，これら権利の移転について，専用実施(使用)権の場合には登録を効力発生要件とし，相続その他の一般承継は遅滞なく特許庁長官に届け出なければならない(特98条1項2号・2項，実18条3項，意27条4項，商標30条4項)。しかし，通常実施権の場合には平成23年改正法は前述の趣旨から，商標権に係る通常使用権を除き(商標31条5項)，登録を不要とし，当然対抗力を認めることとしている(特99条，実19条3項，意28条3項)。

　(ハ)　利用(実施，使用)権および仮実施権の消滅　これら利用(実施，使用)権は，①契約期間の満了，②契約の解除または取消し，③権利の放棄，④混同，および⑤その基礎となっている知的財産権ないし利用(実施，使用)権の消滅によって消滅するほか，さらに仮実施権にあっては，その基礎となっている特許出願については特許権の設定登録(なお，この場合は特34条の2第2項・34条の3第2項参照)，特許出願の放棄，取下げ，却下または拒絶査定もしくは審決の確定，および仮専用実施権に係る仮通常実施権にあっては仮専用実施権の消滅により消滅する(同34条の2第6項，34条の3第10項・11項)。なお⑥特許権にかかる実施権は裁判所による取消しにより消滅する(独禁100条)。裁定利用(実施)権および法定実施権は，上記の③，④，⑤，⑥の場合に消滅する。以上のほか，狭義の工業所有権の裁定実施権は，さらにその失効，取消しによっても消滅する(特89条・90条〔TRIPs31条(g)参照〕・92条7項・93条3項，実21条3項・22条7項・23条3項，意33条7項)。したがって，かかる利用(実施，使用)権の基礎となっている知的財産権ないし利用(実施，使用)権の権利者が，その権利を放棄する場合には，利用(実施，使用)権者を保護するためにその者の承諾を必要とし，また，利用(実施，使用)権につき質権の存する場合に

はその質権者の承諾を必要とする（特97条，実26条，意36条，商標35条，なお著作権については特別の規定はないが同様に解すべきである）。仮専用実施権の放棄について，仮通常実施権の存する場合もこれと同様である（特34条の2第7項参照）。

● ヘアーブラシ事件
——完全独占的通常実施権者による差止および損害賠償請求（後出269頁参照）

● カップ入り即席食品事件（東京地判昭和57・11・29判時1070号94頁）
——権利無効の場合の既払い実施料返還の要否

「原告は，……本件契約は，前記の契約金及び実施料の不返還の約定を含む全体が錯誤により無効である旨主張する。しかし，仮に契約締結前の交渉の段階において原告主張のような経緯が存したとしても，原告が右主張中で自認するとおり，原告は，被告と同業他社との間に本件実用新案登録の有効性について紛争が存在し，既に無効審判の請求がされていたことを認識していたばかりか，自らもその有効性について疑念を有していたというのであるから，それにもかかわらず，最終的に本件契約を締結するに際し，前記の不返還の約定について合意したことからすれば，原告は，この約定により，将来本件実用新案登録について無効審決が確定することがあっても，既払の契約金及び実施料の返還を受けることはできなくなることを当然認識していたものと認めるほかはなく……したがって，右不返還の約定においては，本件実用新案登録が将来無効となる場合を合理的に予期しうる事態として認識したうえ，支払ずみの契約金及び実施料の返還を要しない旨が合意されたものというべく，原告の本件契約締結の意思表示に錯誤があったものと認めることはできない。」

● ゴム発泡技術（マンダラ技術）事件（神戸地判昭和60・9・25判タ575号52頁）
——ライセンスと瑕疵担保責任

「被告は原告の右ライセンス製品に使用しうるノウハウを供与したものであるから，供与されるノウハウが技術的に実施可能なものとする義務を負うというべきところ，被告が原告に開示ずみのマンダラ技術に関する諸資料では，それに従って同技術を実施したところで右ライセンス製品に必要とされる収縮率が得られないところからすると，マンダラ技術を原告のライセンス製品に適用しても，安定した高倍増のゴム発泡体を組成するに足る技術的実施可能性を欠いていたと認めるのが相当であり，被告が原告に供与したノウハウは瑕疵のある技術であつたというべきである。とすると本件契約の目的とされたノウハウには契約目的を達成しえない隠れた瑕疵があるといわなければならない。」

「被告は本件契約上『被告は如何なる事由があつても右契約金を一切返還しない』旨の条項があり，工業生産上の技術的効果達成の保証責任はない趣旨の主張をするが，前記認定のとおり，ゴム発泡体の収縮防止技術（寸法安定性）は，原・被告間のノウハウ実施許諾契約である本件契約の基本的要素をなすものであり，ノウハウの性質上，ライセンス製品へのノウハウの適用の可否の判断は，ノウハウ供与者である被告にはなしえても原告にはなしえないことなどからして，前記条項により契約目的が達成しえない場合にまで被告を免責するものとは到底いいえず，被告のこの点についての主張も理由がない。」

◇「被告が原告に供与したノウハウは瑕疵のある技術であつて，本件契約の締結の経緯・内容に照らし，右の技術では本件契約を締結した目的を達成することができないと認めることができるので，原告は本件契約を解除できるというべきである。」

(3) その他の知的財産権

商号については，この点名板貸人の責任としてのみ規定されているにとどまる（商14条，会社9条）。商標の使用権制度に準じて考察されよう。また，育成者権については，専用利用権の設定（種苗25条）および通常利用権の許諾が認められている（同26条）。これらの態様，およびこれらの利用権の移転（同25条3項・29条）等は，狭義の工業所有権の場合と同一である。しかし，登録の効果は専用利用権に関しては同一であるが，通常利用権に関しては平成23年改正法前と同一のままであり［237頁］，当然対抗制度は採用されていない（同32条3項参照）。なお，回路配置利用権についても，専用利用権の設定（半導体16条）および通常利用権の許諾が認められている（同17条）。登録が第三者対抗要件とされているほかは（同21条1項2号・3号，なお2項参照），その内容は，狭義の工業所有権の場合とほぼ同様である。

ここで注目すべきは，平成16年制定の新破産法である。同法は第三者対抗要件を有する利用許諾についてのみ（著88条1項1号，半導体21条1項1号参照），破産管財人の解除権の制限を規定した（破56条1項）。通常利用権は複数の者に許諾しうる性質のものであるので，第三者対抗要件とすることができない（特旧99条1項，実旧19条3項，意旧28条3項参照）ことを考慮すると，知的財産権法との調整が必要であった。この点，抜本的に，知的財産権の移転につきその通常利用権に対する制限を認めるドイツ，アメリカ法等も参考となる。平成23年改正法は工業所有権に係る通常実施権につき当然対抗制度を導入したので，この点の問題点は解消した。しかし，その登録制度全体をも廃止してしまったので新たな問題が生ずることになった［237頁］。

なお，かかる利用許諾制度は，特に競業的色彩の強い工業所有権においては種々の弊害を伴う危険性があることから，事後的に不完全ながら消費者保護のための諸規制がなされている。この点については第3章第2節(5)［61頁以下］を参照されたい。

3　担保権の設定

　知的財産権も移転性ある財産権として担保権の目的となる。したがって，一般先取特権，質権および譲渡担保，企業担保（企業担保法1条），仮登記担保（仮登記担保契約に関する法律1条）および狭義の工業所有権につき工場財団（工場抵当法11条5号），鉱業財団（鉱業抵当法1条）等の目的となるが，無体物を客体とすることから留置権，抵当権の目的とはならない。ここでは主として質権（民362条）について説明する。

　知的財産権は，商号のようにその移転に営業との牽連性を必要とするものを除いて，一般にその上に質権を設定することができる（著66条・103条，特95条，実25条，意35条，商標34条，種苗30条，半導体18条）。設定出版権または専用利用（実施・使用）権および裁定の場合を除く通常利用（実施・使用）権の上においても同様である。ただしこれらの場合，複製権等保有者または狭義の工業所有権者，育成者権者，回路配置利用権者，あるいはそれらの専用利用（実施・使用）権者の承諾を必要とする（著87条，特77条4項・94条2項，実18条3項・24条2項，意27条3項・34条2項，商標30条4項・31条4項，種苗25条4項・29条2項，半導体16条4項・17条4項）。通常，質権は意思表示のみによって成立し，登録はその制度を廃止した特許権，実用新案権，意匠権の通常実施権を除き対抗要件とされるが（著77条2号・88条1項2号・104条，商標34条4項，種苗32条5項，半導体21条1項4号），狭義の工業所有権，育成者権およびそれらの専用利用（実施・使用）権においては登録が質権の成立要件とされている（特98条1項3号，実25条3項，意35条3項，商標34条3項，種苗32条1項3号）。

　元来，知的財産権は無体物をその客体とすることから，その上に占有は成立しない。したがって，質権はその留置的作用を営むことができず，優先弁済がおもな内容をなす（民342条，350条参照）。そこで契約に別段の定めをした場合を除いて，質権者は権利の行使ができないが（著66条1項・103条，特95条，実25条1項，意35条1項，商標34条1項，種苗30条1項，半導体18条），権利譲渡の対価，利用料その他の物に対して物上代位が認められている。ただし，他の債権者保護のため，その支払または引渡前に差押えを必要とする（著66条2項・103条，特96条，実25条2項，意35条2項，商標34条2項，種苗30条2項，半導体19条）。

　なお，知的財産権およびその利用権を目的として質権が設定されている場合には，質権者の地位を害さないために，質権者の承諾を得なければ当該知的財

産権およびその利用権を放棄できない（特97条，実26条，意36条，商標35条，種苗31条，半導体20条参照）。

第4節　知的財産権の活用

　知的財産は，その奨励とともに，その活用がなされない限り意味をもたない。知的財産戦略大綱（第1章第2節［4頁］参照）が戦略的創造，保護，活用の三位一体を唱っているのも当然のことといえよう。ここでは，その活用の側面，特に近時のわが国政府の施策およびそれとの関係での保護の側面について，著作権および特許権を中心に多少触れることにする。

　まず，一般的なものとしては，平成16年に大正11年制定以来全面改正された新信託業法が制定され信託業への参入が一部緩和され，更に平成18年に信託法の制定により信託実体法の規制が大幅に緩和されている。もっとも，信託制度は，知的財産の管理活用を図るものとして，旧法下でも，著作権の分野においては後述する著作権等管理事業法が同法の特別法として存在し（著作管理26条参照），営業信託が幅広く行われてきた。また，狭義の工業所有権の分野においても，同法の規制外での民事信託が小規模ではあったが行われてきた（特登令56条〜69条，実登令7条，意登令7条，商標登令10条参照）。

　しかし，新信託業法は営業信託につき受託可能財産の制限（旧信託業法4条）を排したことにより，その対象が知的財産を含む財産権一般に拡大され（信託業法1条），かつ信託業者の規制を信託業の機能および業務内容に応じて区分して，その参入要件を信託銀行以外の者に対しても緩和している。すなわち，運用型信託会社はその裁量の範囲が広いことから免許制を採りつつも（同3条），信託財産の保存，利用，改良あるいは委託者の指図に従う管理型信託会社（同2条3項・4項）には登録制を採用している（同7条1項）。さらに特例を設け，同一の会社集団に属する者の間における信託には届出制を（同51条），後述の，承認を受けた大学等技術移転機関（承認TLO）に係る信託には要件の緩和された登録制を採用して（同52条），その参入を容易化している。なお，著作権および商標を除く狭義の工業所有権（平成20年改正法）は，信託による変更を登録し（著77条，特27条，実49条，意61条），それを第三者対抗要件（著77条2号）ないし効力発生要件としている（特98条1項1号，実26条，意36条）。

　これらの改正により，信託制度を利用した知的財産の管理，活用が期待され

ている。

1 著作権

　著作権制度は，著作者に経済的利益たる著作権と，人格的利益たる著作者人格権を認め，その利用を通じて著作者の経済的基盤を確立して創作の活性化を図り，文化の発展，すなわち国民生活の総体の向上に寄与するものである。

　そして，著作権が法律上は著作物の利用に関して相対的な排他的独占権を認めているが故に，本制度の本質は創作奨励策ではある。しかし，その利用を通じて更なる創作の活性化を図るためには，著作者本人の自由意思のもとで積極的に活用されることが必要となる。この主体的利用を図る途が講じられなければ，著作者本人ひいては文化的所産の公正な利用を図り国民生活総体の向上は望むべくもない。

　ところが，著作権は，法律上創作に係る著作物を利用しうる排他的権利と構成されてはいるが，その利用は特許権等におけるそれとは異なり，従来より権利者自身において利用することはごく稀である。この意味で著作権は，法社会学的には，その著作物を利用することについて他人に許諾を与える排他的権利であるとも称されてきた。そしてこの利用許諾は，元来ともに権利者の自由意思に基づいて個々的に行われるべきものではある。しかし，著作権の分野では，その排他的独占性が特許権とは異なり相対的なものであり，かつ著作物が非代替的な場合には，その利用者は多数となる可能性が大きい。したがって，著作物等の利用が多数の広がりをもって，種々の態様で大量かつ頻繁に行われるに及んで，権利者個人がその利用許諾を行いかつそれを管理し，他方，著作物等の利用者が権利者を確定し逐一許諾交渉をすることは，ともに煩瑣であり，かつ極めて困難となるに至ってきた。

　もとより，かかる事情は著作物等の種類や，その利用形態により一様ではない。しかし，かかる事態のいち早く生じた音楽の著作物の演奏権，放送権，あるいはレコードの録音権等を中心に，各国で著作権等管理事業団体が設立され，その範囲を拡大しつつ発展し今日に至っている。

　わが国では，著作権についてはいわゆるプラーゲ旋風を受けて制定された「著作権ニ関スル仲介業務ニ関スル法律（昭和14年法律第67号）」によって，また，著作権者，実演家，レコード製作者の私的録音録画補償金請求権（著30条2項・

102条・104条の2〜104条の10)，実演家，レコード製作者の商業用レコードの二次使用料請求権（同95条・97条），および商業用レコードの貸与報酬請求権（同95条の3・97条の3）については指定団体制度によって，その法的基盤が定められてきた。前者の仲介業務法は，昭和14年に制定されたもので，その概要は，仲介業務の定義を定め，当時の社会的実態に適合するべくその対象を小説，脚本，歌詞，楽曲に限定し（同1条，昭和14年勅令第835号），業務実施の許可制（同2条），使用料規程の認可制を定め（同3条），かつ，業務・会計報告書の文化庁長官への提出（同5条），その他の監督規定（同6条〜9条）を設けているものであった。

しかし，マルチメディア時代を迎えた現在においては，デジタル化による大量蓄積，異種対象物の統合，加工の容易化に加え，ネットワーク化による利用形態の大変革に伴って，著作物，実演，レコード，放送または有線放送はそれらの全ての範囲にわたって，その利用は広範，多様，かつ大量になされるに至っている。かかる事態を踏まえて，平成12年末に著作権等管理事業法（平成12年法律第131号）が制定された。

その基本的立場は，著作権および著作隣接権は私権であることから，その管理は権利者本人の自由意思に任されるべきであるとするものである。したがって，規制されるべき権利管理事業は，一任型の管理，すなわち，権利者が権利管理事業者に権利行使を一任し，その事業者が利用許諾および使用料等許諾条件を決定する態様に限定されている。しかし，その規制対象の範囲は著作物全体とし，さらに著作隣接権の対象たる実演，レコード，放送，有線放送もその対象に含めている。

本法は，著作権等管理事業を行う者は登録を受けることを要件とし（著作管理3条），かかる事業者は予め管理委託契約約款を文化庁長官に届け出なければならないものとする（同11条）。その結果，複数の権利管理事業者のもとでそれぞれの管理委託契約の成立が可能となった。しかし，権利委託者の利益を保護するためには権利管理事業者の組織的，経理的基盤を確保するための規制は必要不可欠である。かかる観点から，上記登録につき拒絶事由が法定されており（同6条），また後述のように著作権等管理事業者の義務が規定されている（同12条・15条・18条等）。

そして，本法は使用料規程につき，複数の事業者を容認することから届出制とし，かつ利用者のためにその公示義務を規定している（著作管理15条）。また，

使用料規程につき紛争が生じた場合には文化庁長官の裁定規定を創設している（同24条）。なお，権利管理事業者の義務としては，主として権利委託者に対するものとして，①管理委託契約約款の説明義務（同12条），②同約款の公示義務（同15条），および③財務諸表等の備付け義務（同18条）があり，また，主として利用者に対するものとして，④使用料規程の公示義務（同15条），⑤利用許諾の原則的応諾義務（同16条），および⑥情報の提供義務が規定されている（同17条）。また，文化庁長官の監督規定としては，仲介業務法とほぼ同様の報告徴収，立入検査（同19条），業務改善命令（同20条）を定め，仲介業務法とは異なり，法定事由に限定しての登録取消し，業務停止命令（同21条）を規定している。

●**JASRAC事件**（最判平成27・4・28民集69巻3号518頁）
——音楽著作権管理事業者の包括徴収と独占禁止法違反（後出257頁参照）［注：放送利用に係る使用料（放送使用料）の徴収方法としては，一般に，①1曲1回ごとの料金として定められる金額（単位使用料）に管理楽曲の利用数を乗じて得られる金額による放送使用料の徴収（個別徴収）と，②単位使用料の定めによることなく包括的に定められる金額（例えば年間の定額又は定率による金額など）による放送使用料の徴収（包括徴収）がある。］
　「参加人［注：一般社団法人日本音楽著作権協会（JASRAC）］の本件行為［注：参加人がほとんど全ての放送事業者との間で本件包括徴収による利用許諾契約を締結しこれに基づく放送使用料の徴収をする行為］は，本件市場において，音楽著作権管理事業の許可制から登録制への移行後も大部分の音楽著作権につき管理の委託を受けている参加人との間で包括許諾による利用許諾契約を締結しないことが放送事業者にとっておよそ想定し難い状況の下で，参加人の管理楽曲の利用許諾に係る放送使用料についてその金額の算定に放送利用割合が反映されない徴収方法を採ることにより，放送事業者が他の管理事業者に放送使用料を支払うとその負担すべき放送使用料の総額が増加するため，楽曲の放送利用における基本的に代替的な性格もあいまって，放送事業者による他の管理事業者の管理楽曲の利用を抑制するものであり，その抑制の範囲がほとんど全ての放送事業者に及び，その継続期間も相当の長期間にわたるものであることなどに照らせば，他の管理事業者の本件市場への参入を著しく困難にする効果を有するものというべきである。
　したがって，本件行為が上記の効果［注：独占禁止法2条5項にいう『他の事業者の事業活動を排除』する行為の要件である他の事業者の参入を著しく困難にする効果］を有するものであるとした原審の判断は……是認することができる。」

以上，著作権等管理事業制度はあくまで一任型集中管理のためのものであり，権利者自身または非一任型の集中管理事業者によっても著作物等の利用は可能である。とはいえ，上記制度は現在，著作物等の利用の活用化を図って国民生活の総体の向上に寄与しうる中心的制度であり，前記信託業法の改正により大きな変容を受けることはないと思われる（なお，著作管理26条参照）。しかし，今

後新しく同法に基づき創設される信託会社との協調が新しい課題となろう。

また，上記制度改正前，平成11年改正著作権法は，電子商取引の一層の進展を期して，著作権等に係る権利管理情報の改変等に関する規制を整備している（著113条3項・4項・120条の2第3号）。これは1996年に採択された「著作権に関する世界知的所有権機関条約」12条および「実演及びレコードに関する世界知的所有権機関条約」19条にならって採用されたもので，違法利用の発見・立証のほか，権利処理の効率化を図るためのものである。

ここで権利管理情報（著2条1項21号）における権利には，上記趣旨に対応して広く，著作者人格権，著作権，実演家人格権，著作隣接権および著作隣接権で報酬請求権とされているものも含まれており，その情報を付する主体も制限されていない。また，管理情報は電磁的形態であって，その内容は上記権利の保護対象たる著作物等の名称，権利者名および利用対価，方法，期間，地域，数量等利用条件が含まれる。数値情報，コード情報を含むが（同号ハ），著作物等の記録媒体とともに記載されまたは送信されるもので，管理情報データベースのようなものは含まれない。

なお，近時インターネットをはじめとする情報技術の発達・普及に伴い，従来一部の者に限られてきた著作物等の創作者・利用者も万人に開放されてきた。そのため著作者等の権利を保護しつつ著作物等の流通を促進するために，その種類に応じて適切なビジネスモデルおよびそれに伴う契約システムの構築が重要視されている。これを受けて，近時文化庁では，著作物等の円滑な流通促進のため支援策を講ずるとともに，その一環として典型的な著作物利用契約書例の作成を支援する方針を打ち出している。また，インターネットのホームページに掲載されている著作物を，権利者の意思に従い，権利者・利用者双方の不必要な経費や時間を節約するために，単純ないわゆる自由利用マークを策定し，平成15年2月よりその普及を行っている。

この表示は当面，同一性保持権を害さず翻案しないことを条件として無料で，全てのあるいは複製・配布等の一部の利用を認め，または障害者のためあるいは学校教育のための利用を認めるものである。これらの施策により，著作物等の円滑，迅速な利用が図られることになろう。

2　特許権

　特許制度は，発明に絶対的な排他的独占権たる特許権を認めて保護し，その利用を図り，発明を奨励して産業の発達に寄与するものとされている。しかし，20世紀後半以降における資本主義体制の発達に伴う資本の集中化は，発明者と実施者の明確な区分をもたらした。そして特許権の絶対的な排他的独占性が実施の上に存在する以上，特許制度は著作権制度とは異なり，単なる発明奨励策のみならず，利用・実施奨励策と考えるのが妥当である。すなわち，実施者はこの排他的独占性という障害物を通じて非特許権者の当該分野への参入を人工的に遅らせ，以って実施に伴う超過利潤の獲得を可能とするからである。

　また，特許発明は活用され，実施されてこそ，雇用の増大，労働者の技術訓練，製品の安定的供給等によって，科学技術開発の恩恵を一般公衆にもたらすことができるのである。したがって，特許等公報の発行，公示制度は，一般的に第三者の利用の促進効果を有するものであるが，他に多くの国の特許法はパリ条約5条A項にならって，特許発明の不実施，不十分実施につき強制実施許諾制度を規定しているのはこのためである。またこれと同時に特許発明の実施は，当該発明の実施中，種々の改良ないし新発明をもたらすことにより更なる新技術開発の契機ともなり，産業競争力の発展に貢献することにもなるわけである。ここに，産業競争力の発展のために自主技術の開発に止まらず，既開発技術の利用・実施強化の問題も生ずる所である。

　したがって，先進諸外国では産業競争力向上のため，すでにかかる既開発技術の実施化に努めている。欧州先進諸国の自発的実施許諾（licence of right）制度はこの一つである。これは1919年イギリスで採用され，第二次大戦後の資本の集中化に伴って，発明者と特許発明の実施者の分離化傾向が促進され，特許権が著作権と同様に一部の権利者にとって実施許諾権と化したことにより，欧州各国の採用するところとなったものである。それは，特許権者ないし特許出願人が特許庁に対し何人にもその出願に係る特許発明等の実施許諾を行う意思を表明し，その効果として，以後特許権者等の納付すべき特許料を半額に軽減する制度である。したがって，この制度は，一方で自己の特許発明を実施する資力のない特許権者や，自己の特許発明の実施に当面興味のない特許権者等に，自己の特許発明の実施を公衆に開放することに対して，国家から特許権の維持費用たる特許料の軽減という補償を与えて休眠特許の活用を図り，実施許諾さ

れることによる実施権者からの特許実施料の取得という補償を与えて公衆に当該特許発明を実施しうる便益を図るのである。特許発明の実施を活性化し，特許発明の恩恵を国民一般に享受せしめるとともに，その国の産業競争力の向上を意図するものである。

　かかる欧州諸国に対し，注目されるのがアメリカの「バイ・ドール法」に代表される一連の施策である。同法は，国の補助を得てなされた研究開発成果に基づく特許権を，政府が介入権を留保しつつ，大学，研究機関等非営利組織および中小企業に開放して，その実施業務を通じての収益により更なる研究開発費の回収を図ると同時に国有特許の保護および実施を規定する。そして，同法と関連して，政府研究機関に技術移転の所轄部署の義務的設置を規定する1980年の「スティーブンソン，ワイドラー技術革新法」，中小企業に研究開発予算を優先的に配分する制度を創設する1982年の「中小企業技術革新法」，政府研究機関に共同研究契約締結の自由，およびその成果につき共同研究者に独占的実施権を許諾する権限を認める1986年の「技術移転法」の制定等の施策が技術移転を活性化し，産業競争力強化のために採用されている。

　わが国では，この点，昭和35年に「特許・実用新案，および意匠の権利譲渡，あるいは実施許諾の用意に関する公示」が特許庁より発表され（昭和35年特総第35号），これに従い特許庁はサービスとして公報にその旨を公告するとともに，日本人の有用な発明・考案を選定し，これらを紹介するための抄録誌「発明考案の紹介」を作成して全国の図書館，商工会議所，事業者団体等に頒布し，その実施化を促進し，技術移転の活性化を意図してきた。そして，この抄録誌はその後テクノマートによるデータベース化に移行してきた。しかし，このサービスは法的制度ではなく，欧州先進国の自発的実施許諾制度とは異なり，特許庁は契約条件に関与せず，かつ特許料を減額するものではなかった。

　特許庁は，その後さらに，技術移転の活性化，新規事業の創出を図るべく，平成9年度より，新たに特許流通促進事業を展開している。本事業は特許流通アドバイザー等による特許流通の促進，開放特許情報等の提供のための特許流通データベースの整備，セミナー，研修等による知的財産取引業者の育成支援等を総合的に行うものであり，将来的には特許流通，技術移転市場の整備を目的とする。同事業は平成13年4月より，特許庁とは独立した独立行政法人工業所有権総合情報館が引き継ぎ，人材育成，情報サービスの強化を目的として，

平成16年10月よりその名称を独立行政法人工業所有権情報・研修館として現在に至っている。

　わが国では，かかる施策と並行して，既開発技術の実施化のための技術移転の活性化および新事業育成のために，むしろ，アメリカの施策にならって平成10年に「大学等における技術に関する研究成果の民間事業者への移転の促進に関する法律」（大学等技術移転促進法）が制定され，以来特許発明の実施の活性化が図られている。同法は，当時は，私有に係る特定研究成果を扱う特定大学技術移転事業（中小企業投資育成株式会社を含む）（同2条1項・8条）と，国有に係る研究成果を扱う特定試験研究機関（同12条）および試験研究独立行政法人の技術移転事業（同13条）とに区分し各々その技術移転事業（TLO）の承認を前提に（同4条，5条，12条1項・2項，13条1項・2項），前者においては，それに対する技術移転促進のための資金調達，債務保証等の助成および情報提供等の関連施策の推進を規定するのみで（同6条，11条），中者においてはそれが元来国有技術であることから，特許料および各種の手数料・出願審査請求手数料等を国有（特107条2項，195条4項）並みに免除し（同12条4項〜9項），後者においては特許庁長官の権限として，第1年から第10年までの各年分の特許料の減免・猶予および出願審査請求手数料を減免することができる旨の規定を設けている（同13条3項・4項）。そこで，同法と関連して，平成11年の産業活力再生特別措置法は，平成21年改正により，産業活力の再生及び産業活動の革新に関する特別措置法と改称されたが，同法は私有に係る特定研究成果を扱う特定大学技術移転事業者についても，前記の試験研究独立行政法人の技術移転事業の場合と同様に，特許庁長官の権限として第1年から第10年までの各年分の特許料の減免・猶予および出願審査請求手数料を減免する規定を設けていた（同56条・57条）。しかし，同法は平成25年に制定された後述の産業競争力強化法により廃止され（同法附則4条），この部分の規定は前記の大学等技術移転促進法8条に移行されている（なお，同施行令4条，6条，18条［特許料・手数料各半額］）。

　また，平成12年の産業技術力強化法は，産業活動に利用される技術の研究開発及びその成果の移転，企業化の強化を支援するもので，職務発明につき大学等の研究者および研究者から権利を承継した大学等，産業技術力強化を図るため特に必要な者（同施行令6条）及びこれらと特定関係にあるその承継者（同施行令1条の2）等の各特許出願につき，特許庁長官の権限として第1年から第10

年までの各年分の特許料の減額・猶予および出願審査請求手数料を減免する旨規定している（同18条，19条，同施行令2条，5条，8条，9条［特許料・手数料各半額］）。また，平成19年の同改正法は国が委託した特定研究開発成果に係る知的財産権等を一定の条件の下にその受託者又は請負人に認め（同19条，同施行令11条），更に平成21年改正法は，国有特許・実用新案が3年間継続して実施されていない場合，産業技術力の強化・支援が特に必要な者として政令で定める者に対し，時価の5割以内の減額した対価で通常実施権の許諾を行いうる旨の規定を設けている（同16条の2，同施行令1条）。これらの法的施策に基づき，わが国でも大学等の研究機関での開発研究成果の産業界への技術移転は促進されてきている。

さらに，平成18年の中小企業のものづくり基盤技術の高度化に関する法律は，中小企業者の特定研究開発の成果に係る特許発明について特許庁長官の権限として第1年から第10年までの各年分の特許料の減免・猶予および出願審査請求手数料を減免する旨規定している（同9条，同施行令3条2項，4項2項［特許料・手数料半額］）。なお，平成25年の「産業活力強化法」は，わが国産業の持続的発展を図るため，産業競争力の強化に関し基本理念を規定し，実行計画の策定及びその施策を総合的，一体的に推進するための態勢整備を図り，産業活動の活性化を促進するための種々の措置を講じ，国民経済の発展を企図するために制定されたものである（同1条）。同法は事業活動における知的財産権の活用につき特別規定を設け，産業競争力強化に資するものとして特定技術分野に属する発明について（同施行規則49条参照），集中実施期間中に出願審査請求がなされたもので，それが新規産業の創設による産業競争力の強化に寄与するものである時には，その納付者が政令で定める個人・法人の要件を満たす場合には（同施行令16条），特許庁長官の権限として1年から10年までの各年分の特許料の減免・猶予，出願審査請求手数料及び日本語でされた国際出願手数料を減免することができる旨規定している（同法75条，同施行令17条～19条［特許料，手数料各三分の二減額］）。

なおこれらとは別に，平成10（1998）年に従来の運用を見直し，国有特許等の利用促進のための実施契約につき「特許権等契約のガイドライン」が特許庁より公表されている（平成10年特総第1173号）。

以上のように技術移転の活性化および新規な事業の育成のためには，それを

仲介する取引仲介業者の存在は重要不可欠である。欧州の自発的実施許諾制度のもとでは特許庁が，特許発明の実施を公衆に開放する公示（登録）を手助けすることにより，以後，当事者の任意的契約，または特許庁自体がその仲介の役を果たしている。しかし，わが国の大学等技術移転事業では，特定技術移転事業者がこの役務を行っているのみで，それ以外においては，前述のように，知的財産取引業者は現在育成中である。

　これは，特許権の分野では著作権の場合とは異なり，実施が権利者自身において行われるのを常態としてきたことから，権利処理制度は発展してこなかったことによる。しかし，20世紀後半における発明者と当該発明の実施者との分離化傾向が促進されるや，特許権も著作権と同様に，他人に発明を実施することについて許諾を与える権利へと変質しつつある。したがって，特許発明の活用の促進と新規事業者の育成のためにも，国家支援型の自発的実施許諾制度の創設が望まれる所である。また，前述の信託業法，信託法の改正はその一翼を担うものではあるが，さらに著作権等管理事業法に類似した特許発明等取引業者に係る法整備も重要な課題の一つとなってきている。なおこの点，アメリカでは1999年の発明者保護法によって特許法中に不適切かつ詐欺的な発明仲介業の規定を設け（同297条），私的仲介業者の書面による情報開示義務を契約締結前に義務づけ，かつその開示義務違反や重大な虚偽もしくは詐欺的供述，重大な事実の不告知等に対して，民事上の制裁等を規定している。今後の課題となろう。

第5節　知的財産権と独占禁止法

　独占禁止法は事業者の公正かつ自由な競争を促進し，国民経済の健全な発達を図ることを目的とする（独禁1条）。この目的のため私的独占（同2条5項），不当な取引制限（同条6項）および不公正な取引方法（同条9項，なお一般指定参照）を禁止し排除することにしている。そして，上記行為の認定は各々関連市場における市場支配力，競争制限効果および公正競争阻害性の観点から，具体的事情に照らして競争秩序に及ぼす影響を総合的に判断して行われる。同法は知的財産法に関しては，その権利行使（同21条）と著作物の再販売価格維持制度（同23条4項）について，それらの適用除外を規定している。

　なお，独占禁止法の補完立法として「下請代金支払遅延等防止法」（下請法）

および「不当景品類及び不当表示防止法」(景表法)が存する。前者は，大企業による下請取引における優越的な地位の濫用を規制するもので，平成15年改正法によりその適用対象が拡大され，情報成果物作成および役務提供に係る下請取引が含まれるに至っている(下請法2条3項・4項・6項)。同法は，取引上の優越性，濫用行為およびその公正競争阻害性の立証を要する(独禁2条9項5号)ことなく，優越的地位を親事業者と下請事業者を一定の資本金または出資の総額により機械的に規定し(下請法2条7項・8項)，公正競争阻害性ある濫用行為として11の禁止行為類型を掲げている(同4条1項・2項)。親事業者は委任内容事業を詳細に記載した書面を作成して下請事業者に交付し(同3条)，かつ，公正取引委員会が定める書面を作成保存する義務が存する(同5条)。そして，同委員会が禁止行為に該当すると判断した場合には，原状回復等の勧告を行い(同7条)，それに従わない場合には，公正取引委員会は排除措置命令および課徴金納付命令を命ずる(なお，同8条参照)ほか，罰則に処せられる(同10条，なお11条，12条参照)。

また後者は，消費者保護の立場から，不正競争防止法における取引上の表示に係る欺瞞的行為の規制(不正競争2条1項13号)を補完し(景表5条)，併せて過大景品付販売を規制するものである(同4条)。同法は平成21年に改正され，その主目的は公正な競争の確保から一般消費者の自主的括合理的な選択の確保へと変更され，独占禁止法の特別法から純粋な消費者法へとその性格を一変した。これに伴いその所管は公正取引委員会から消費者庁へと移管されている(同33条，なお同条2項参照)。その概要は，第6章第1節3(6)の欺瞞的行為の項[290頁]を参照されたい。

1　知的財産権法の権利の行使と独占禁止法

(1)　知的財産権法と独占禁止法

独占禁止法は著作権法，狭義の工業所有権法による権利の行使と認められる行為にはこれを適用しない旨規定している(独禁21条)。本条で列挙する著作権法は，既述のように，文化すなわち国民生活総体の発展のために著作物等の創作的表現に対して相対的な排他的独占権を認めるものであり，狭義の工業所有権法は産業の発達のためにその対象の創作的思想，あるいは産業秩序維持のためにその対象たる識別標識に対して絶対的な排他的独占権を認めるものであ

る。これらはともに，現在の資本主義的競争体制のもとにおいては企業競争力を獲得する重要な要因の一つであり，元来，創作活動を活性化し，あるいはまたその利用と取引を促進する法的基盤を提供するものとして，有体物に関する私有財産制度に擬して法技術的に設けられたものである。

したがって本条は，私有財産制度における競争経済の普遍的基盤の形成以上の意義を有するものではなく，所有権に比してその客体の無体性，したがってまたその利用態様の特異性に着目して規定された確認の規定である。それゆえに，「所有権の目的および特質に照らしてその正当な行使が，それ自体排他的独占権に基づくからといって独占禁止法に違反するものではない」と同様の意味において，これらの知的財産権の目的および特質に照らして正当な権利行使が，それ自体排他的独占権に基づくからといって独占禁止法に違反するものではない。本条をこのように解する限り，本条がその対象を著作権法および狭義の工業所有権法のみを規定するが，それらに限定する趣旨ではない。これらと同様に競争促進的基盤を提供する著作権法上の著作隣接権のみならず，育成者権，回路配置利用権および不正競争防止法上の保護権等他の知的財産権法にも妥当するものと解される。

むしろ競争法上問題とされるのは，かかる排他的独占権の利用者が利潤の追求を目的とする事業者であることから，かかる法制度の目的趣旨を逸脱し，その排他的独占性を濫用して市場支配的地位を形成し，あるいは権利の活用に際し制限条項等を課して，関連市場において種々の競争減殺的行為を行う所にある。かかる行為は，その知的財産権の性質が絶対的な排他的独占権であるか否か，あるいは狭義の工業所有権か不正競争防止法上の保護権かとは無関係に行われる。なぜなら，著作権は元来相対的な排他的独占権ではあるが，その対象たる著作物が非代替性を有する限りそれは絶対的な性質を有し，また著作物を積極的に開示する場合にはその侵害訴訟における依拠性立証の困難性は減少し，実質的には狭義の工業所有権と同様に絶対的な排他的独占権として機能するに至るからである。この傾向は近時の高度情報化社会においては容易に行いうることとなってきた。また逆に，市場競争力を有する技術であれば，それが絶対的な排他的独占権としての特許権に支えられているか，あるいは相対的な排他的独占権としての不正競争防止法上の保護権で支えられているかは無関係である。なぜなら，特許権による技術の保護は同法の産業的使命から種々の制

第5節 知的財産権と独占禁止法

限もあり，公開の代償として有限的であるが，それが企業競争力上不利となる場合には特許制度の利用は回避され，当該技術は厳格な秘密管理のもとで営業秘密とされ，近時改正強化された実体法上，手続法上の保護を期して，そのまま保持利用されることになるからである。

なお，近時の情報技術産業の発達に伴って，そのネットワーク効果も無視しえないものとなっている。また，関連する特許権等が多数存在する現在のいわゆる特許の藪（patent thicket）を背景に，技術の規格化・標準化による，いわゆるFRAND宣言がされた標準規格必須特許の権利行使の制限（FRAND抗弁）の問題［225頁］なども顕在化している（この点，ホールドアップ等の問題に鑑み，欧米諸国においても，概ねFRANDライセンスを受ける意思のある者への差止請求権の濫用的行使を制限する点において共通の方向性が見受けられるが，その法律構成については相違があり，わが国では権利濫用の抗弁を適用し（下記），米国では衡平法に基づく差止制限を行い（後述308頁eBay判決参照），欧州では専ら独占禁止法の問題と捉えてドイツ等では独占禁止法違反の抗弁が認められている。もっとも，わが国においても，後述260頁の指針が平成28年に改訂され，独占禁止法が適用されることが明示されている）。

●アップル・サムスン事件──必須特許の権利行使とFRAND抗弁（前出225頁参照）

(2) 知的財産権の本来的行使と利用態様

独占禁止法21条は知的財産権法の「権利の行使と認められる行為」に関し，その扱いを規定している。したがって，本条文から乖離しないためにも，また知的財産権法の目的および特質に対応した権利の行使が，それ自体では本法に違反するものではないことからも，まず知的財産権のこの本来的行使の範囲を確定する必要がある。この検討は，本条を離れても，排他的独占権を認めて競争促進的基盤を提供する知的財産権法の性質からも当然に必要とされよう。しかし，形式的には権利の本来的行使の範囲ではあっても，実質的にはそれが権利者たる地位を濫用して競争減殺的行為を行うものであれば，それはもはや本法の適用を免れるものではない。この場合には，知的財産権法が権利範囲として規定している趣旨と，独占禁止法が行為規範として規制している趣旨とを勘案し，判断することになるが，独占禁止法を適用する場合には，はじめから権利者たる地位を利用した後述の非本来的行使の場合とは異なり，理論的には権利の濫用の法理を介して本法が適用されることになる。

第5章　知的財産権の利用

●日之出水道事件（知財高判平成18・7・20判例集未登載）
——知的財産権と独占禁止法
>「独占禁止法21条……の趣旨は……特許権等の権利行使と認められる場合には，独占禁止法を適用しないことを確認的に規定したものであって，発明，考案，意匠の創作を奨励し，産業の発達に寄与することを目的（特許法1条，実用新案法1条，意匠法1条）とする特許制度等の趣旨を逸脱し，又は上記目的に反するような不当な権利行使については，独占禁止法の適用が除外されるものではないと解される。」

　ここで知的財産権の本来的行使とは，権利の内包の問題であり，わが国の知的財産権法の具体的規定に則して解釈してゆくことになる。一般的には権利者の権限の範囲に属するか否か，換言すれば権利者が自由に決定しうる性質の範囲か否かによって決すべきである。すなわち，それは権利客体の客観的範囲，権利の絶対権ないし相対権としての法的性質の範囲，権利の積極的利用の範囲，および利用回数ないし数量，権利の期間的・地域的範囲である。権利者はこの範囲内においては全面的にあるいは制限的に積極的利用をなしうるとともに，その侵害者に対しては消極的権利の行使も行うことができる。また，権利者は財産権としてこれを移転し，あるいは専用利用権ないし出版権の設定または通常利用権の許諾を行うことができる。

　つぎに知的財産権の利用態様は，権利を原始的または承継的に取得して自ら単独で利用する場合，および他人に譲渡または利用権を設定・許諾する場合とに区別することができる。著作権，著作隣接権の場合は後者を常態としてきたが，近時は商標権を除く狭義の工業所有権，育成者権および回路配置利用権等もこの態様が増加してきている。この利用権の設定・許諾契約の態様は，権利者が利用者に一方的に行う場合が通常である。競業者間の場合（水平的関係）が多いが，第三者に対する場合（垂直的関係）も存する。著作権および著作隣接権の場合には権利者と利用者が通常異なることが多く，技術的著作物を除き通常後者の場合がほとんどであり，管理事業者が利用許諾をする場合も存する。

●JASRAC事件——音楽著作権管理事業者の包括徴収（前出247頁参照）

　さらに，権利者相互で利用許諾し合う相互利用許諾契約（クロスライセンス），および複数の権利者が中核体を組織し，それを通じて複数人に利用許諾し合う知的財産権プール，および権利者が複数人に利用許諾する，マルチプルライセンス等の態様も存する。特許発明が相互に利用関係にある場合には，当事者双

方の協議もしくは特許庁の裁定によりクロスライセンスが成立することもある（特92条）。また知的財産権プールと同様の目的を達成するために，複数の権利者間で予め定める基準に従って（標準化），重畳的にクロスライセンス方式を採用する場合も存する。なお，前述のいわゆる特許の藪の状況下では，かかる複数当事者の利用形態も常態化し，独占禁止法上の問題も生じている。これらの態様は，前述の理由から，著作権および著作隣接権については専ら技術的著作物を対象とする著作権あるいは権利仲介団体の場合に限られ，また商標権の場合も出所混同を招来する関係でかかる態様はほとんどないため，ここでは主として特許権，実用新案権，育成者権，回路配置利用権が中心となる。

(3) 知的財産権の行使と独占禁止法の適用

(イ) 知的財産権の取得と行使　知的財産権の取得は，それが原始取得であると承継取得であるとを問わず，その結果独占が形成されても，元来それ自体独占禁止法に違反するものではない。しかし，それが独占的状態の場合（独禁2条7項），かかる非競争的市場構造に対して，わが国独占禁止法は競争回復措置を採りうることとしている。その際の配慮事項として知的財産権の内容および技術の特質が掲げられている（同8条の4第2項5号）。なお，前記の知的財産権の承継取得の場合，それが通常利用権の取得で十分にその目的が達せられるにもかかわらず，競業者からその知的財産権を取得して，それを当該取引分野の競争を実質的に制限するための手段として使用される時は私的独占の問題（同3条前段）となる場合もある。この際，専用利用権，出版権の取得は競争法上は知的財産権の承継と実質的に同一と解される。

また，知的財産権の不利用も，その権利が絶対的な排他的独占性を有する場合には，知的財産権法上の措置（特83条，実21条，種苗28条）もさることながら，それが競業者相互の協定により関連市場における競争制限手段とされているときには，不当な取引制限の問題（独禁3条後段）となる場合もある。この場合，アメリカを除き，他の先進国は不実施制裁があるので（パリ条約5条，UPOV17条参照），そちらのほうでの措置も取りうる。

さらに，知的財産権侵害における消極的権利行使の結果が，本法違反となり，あるいは本法違反を強制することとなる場合には，その行使は否定される。

(ロ) 一方的利用許諾　知的財産権者は前述のように，自己の権利の本来

的行使の範囲内において，全体的にあるいは制限的に利用許諾を行うことができる。しかし，利用許諾にあたって，特定人を排除するために専用利用権ないし出版権あるいは独占的通常利用権を与えた場合，または利用契約において一方的解除条項を設けている場合には，それらは不公正な取引方法に該当する場合もある（独禁2条9項5号ハ，一般指定2項）。また，権利の積極的利用の範囲に係る制限で，複製ないし生産や公衆送信を許諾して販売先や受信者を制限する場合，または卸・小売等販売行為の内部を細分して販売分野を制限する場合，地域制限で専ら競争回避のための販路分割ないし市場の割当てや販売価格維持を行う場合，あるいは数量（使用回数）制限で専ら需給調整のために行う場合等は，不公正な取引方法に該当する場合も存する（独禁2条9項4号，一般指定11項・12項）。

　他方，非本来的行使とされる一般契約上の制限が全て独占禁止法に違反するものではない。各知的財産権法の目的および権利を規定する趣旨を考慮して，公正競争阻害性の観点から具体的に判断される。以下，その主な制限を順次説明する。まず，〈販売価格，再販売価格の制限〉は，ともに価格決定の自由を奪い価格競争を減殺する。最低販売価格制限もこれに準ずる（独禁2条9項4号）。ただし，後者は販売によって権利が消尽しない場合および独占禁止法で規定する著作物については（独禁23条4項）この限りでない。〈研究創作行為の制限〉は，研究創作活動の自由を奪い，将来にわたってその事業活動を拘束する。元来許諾対象たる知的財産についてはその試験・研究は知的財産権法によって認められており，また許諾対象以外のものに係る制限もこれと同様の弊害が存する（一般指定12項）。〈競争品（技術）等取扱制限〉は，競争事業者との取引の機会を奪う上，上記の研究創作行為の制限にもつながることから，契約終了後のみならず契約期間中でもその弊害は大きい（同11項・12項）。〈商標使用強制〉は，商標選択の自由を奪う上，一手販売権を奪取する手段として，競争事業者との取引の機会を奪う結果ともなる（独禁2条9項5号ハ，一般指定11項・14項）。〈不争義務〉相手方にその許諾対象たる権利の不争義務を課すことは，特に工業所有権，育成者権につき問題となる。これは本来無効または取り消されて公有とされるべき権利を独占させることになる。有効性を争った場合に契約解除を約することもこれに準じる（一般指定12項）。

　また，〈改良創作に関する制限〉は，利用権者が行った改良創作について

契約当事者間で概ね均衡のとれている形で報告義務ないし非独占的利用権の許諾義務を課する場合を除き，その譲渡ないし専用利用権，または通常利用権であって利用許諾地域内で実施しない独占的利用権を与える義務を課することは，内容的にも不均衡で，研究創作行為の制限にもつながり，また市場支配力を不当に維持強化することにもなりうる（独禁2条9項5号ハ，一般指定12項，独禁3条前段）。〈非競争義務〉相手方が有しまたは有するに至る権利を許諾者に行使しない義務を課することは，許諾者の地位強化につながり，相手方の研究創作行為の制限に関連するおそれが存する（一般指定12項）。

つぎに，〈利用装置・原材料等購入先制限〉および〈品質制限〉は，利用に技術上不可欠な場合を除き，購入先選択の自由や自由に決められるべき品質を制限し，競争を減殺するおそれが存する（一般指定10項・11項・12項）。〈販売先制限〉は，アフターサービス上必要不可欠な場合を除き，販売先選択の自由を制限し，競争を減殺するおそれが存する（同12項）。〈一括利用許諾〉は，権利の効能を保障する場合を除き，相手方の選択の自由を奪い，また実質的に高額の使用料の支払を強制するおそれが存する（独禁2条9項5号ハ，一般指定10項・12項）。

なお，特許権，ノウハウについては公正取引委員会がガイドラインを公表しており（「特許・ノウハウライセンス契約に関する独占禁止法上の指針」〔平成11年7月〕），また平成19年には「知的財産の利用に関する独占禁止法上の指針」が公表されている（なお，「標準化に伴うパテントプールの形成等に関する独占禁止法上の考え方」〔平成17年6月〕参照）。詳細は同指針等を参照されたい。

(ﾊ)　相互利用許諾（クロスライセンス）　これは利用契約の当事者が，各自の有する知的財産権について，相互にその利用権を許諾し合う利用契約締結方式である。独占禁止法上問題となるのは，各知的財産がその分野において相関連している場合であって，その他の場合には独占禁止法適用上，2つの一方的利用許諾が存在するものとして取り扱えば足りる。

しかし，本契約は，一方的利用許諾の場合と異なり，契約方式が二当事者双方の共同行為の結果として行われる点で，当該契約における各制限条項の違法性が強くなる。したがって，知的財産権の本来の行使と解される各制限条項も不当な取引制限の問題となる場合が多い（独禁3条後段）。

(ﾆ)　知的財産権プール（特許プール）　これは複数の知的財産権者が協定

し，相関連する各自の知的財産権ないしその利用許諾の権限を中核体に集中し，その者を通じて各自必要とする知的財産の利用許諾を受ける利用契約方式である。通常，ここで中核体となる者は第三者たる事業者ないし事業者団体であることが多い。

知的財産権プールの規模が大きく，開放的であれば，多数の利用権者の競争を増大するが，他の知的財産権者の知的財産権許諾先を減少せしめる。その上，知的財産権プールにおける利用許諾は，形式的には相互利用許諾とは異なって一方的利用許諾方式ではあるが，その実体は複数の知的財産権者の共同行為により形成され，かつその利用権者の数も多いことから，利用許諾に伴う各制限条項の市場に及ぼす影響も大きい。したがって，知的財産権の本来的行使と解される各制限条項も不当な取引制限（独禁3条後段）ないし事業者団体の競争制限・阻害行為（同8条），さらにはそれが特定産業の統一の目的で結成されれば私的独占（同3条前段）の問題ともなりうる。

(ホ) マルチプルライセンス　これは1人の知的財産権者がある知的財産権を複数の事業者に利用許諾する利用契約方式である。独占禁止法上問題となるのは知的財産権者および複数の実施権者たる事業者が共通の制限を受けるという認識のもとに各制限条項が取り扱われることである。かかる場合には知的財産権の非本来的行使はもちろん本来的行使と解される各制限条項ですら，不当な取引制限の問題となる場合が多い（独禁3条後段）。

(4)　独占禁止法違反の効果

独占禁止法の違反につき同法は，公正取引委員会の排除措置命令（同7条・8条の2・17条の2・20条），課徴金納付命令（同7条の2・8条の3・20条の2〜20条の7）を規定し，平成21年改正法はこれらの職務遂行に関し公正取引委員会の海外当局との情報交換に関する規定を設けている（同43条の2）。他方，私人の民事的救済としては，差止請求（同24条），損害賠償請求（同25条・26条）が認められており，その他罰則（同89条〜100条）の規定も存する。なお，平成25年改正法は公正取引委員会の審判手続の廃止に伴い，大幅な手続上の改正（同8章2節，9章）を中心に行われている。

排除措置命令は，競争秩序回復と再発防止の観点から，制限条項の削除，履行の禁止，将来の制限的契約締結の禁止，および報告義務等が命ぜられる。

しかし，知的財産権の集中，相互利用許諾，知的財産プールおよびマルチプルライセンス等の場合には，適正な対価の支払を条件として第三者に制限条項のない利用権の許諾命令等の活用も期待される。

課徴金納付命令は罰則や損害賠償ではほとんど抑止力の機能のない不当な取引制限に対し，それを抑止するために昭和52年改正法により規定されたものである。平成17年改正法は，支配型私的独占もその対象とし，かつ情報提供者に対する減免制度を設け，平成21年改正法はさらにその対象を排除型私的独占，繰り返し行われる不当廉売，差別対価，共同の取引拒絶，再販売価格の拘束等，および継続して行われる優越的地位の濫用に拡大し，主導的事業者に対する課徴金の割増を規定するかたわら，減免制度を拡大し，さらに上記排除措置命令の場合と同様に，事業を承継した一定の企業に対しても命じうることとし，かつともに除斥期間を5年に延長している。

差止請求は，平成12年改正法により，事後的な損害賠償（独禁25条）では効果的な救済が図られないとして，救済手段充実の見地から創設されたもので，それにより本法違反に対する抑制的効果をあげるため規定されたものである。その対象とする行為は，立証容易性の見地から，行為類型が一般指定で限定的に列挙され，競争の実質的制限等の要件（同2条5項・6項参照）のない，不公正な取引方法のみに限られる。それにより利益を害される消費者および事業者等は，著しい損害の発生またはそのおそれを条件に，その行為事業者または事業者団体に対して差止請求ができる旨規定する（同24条）。したがって，差止請求にあたっては，不公正な取引方法における公正競争阻害性と著しい損害の立証が要求される。前者については，後述の損害賠償とは異なり排除措置命令又は課徴金納付命令の確定前であるので，その立証責任を軽減するために裁判所から公正取引委員会への訴訟提起の通知および求意見制度を設け，かつ公正取引委員会からの意見陳述制度を設けている（同79条，83条の3）。管轄は，民事訴訟法の規定する地方裁判所（民訴4条，5条）のほか，各高等裁判所所在地を管轄する地方裁判所および東京地方裁判所の競合管轄とされている（同84条の2，なお87条の2参照）。濫訴防止のために担保提供命令の規定が設けられている（同78条）。なお平成21年改正法は，後述の知的財産権権法に倣って，裁判所の文書提出命令（同80条）および秘密保持命令（同81条，94条の3）について詳細な規定を設けている。後者は次の損害賠償請求

にも適用される。[後述302頁以下及び304頁以下参照]

　損害賠償請求は，独占禁止法制定当初より規定されていたもので，消費者，事業者等の被害者が受けた損害の填てん補を容易にし，審決による排除措置命令および課徴金納付命令と相まって，本法違反行為に対する抑制的効果をあげることができる。民法の損害賠償責任の特例として規定されたもので，無過失賠償責任である（独禁25条）。この請求は公正取引委員会の前記命令が確定していることを要件として，その消滅時効はそれらの命令確定の日から3年とされている（同26条）。この際，被害者の立証責任を軽減するために請求は命令確定後とされ，それゆえに，裁判所は必要に応じて公正取引委員会に対して違反行為によって生じた損害額について意見を求めることができる旨規定されている（同84条）。しかし，知的財産権法の場合と異なり [315頁以下参照]，民事訴訟法248条（損害額の認定）の特則は存しない。なお，被害者等利害関係人は，公正取引委員会に対して審判手続に係る事件記録の閲覧，謄抄本請求権が原則として認められていた（旧同70条の15）。しかし，平成25年改正法により，公正取引委員会の審判手続の廃止に伴い右規定は削除されている。民事訴訟法226条（文書送付の嘱託）の活用が期待される。なお，同改正法は，東京地方裁判所を第1審の専属管轄とする（同85条2号，なお87条参照）。しかし，3倍額賠償を認めるアメリカとは異なり，この規定はあまり活用されていない。なお，一般の例に従って民事上の損害賠償請求（民709条）を妨げるものではない。

　また，罰則については平成21年改正法はそれを強化しているが（同89条以下参照），本法100条は従来より附加刑として，違反行為に供せられた特許権または専用ないし通常実施権の裁判所による取消しを規定している。特許権自体につき特許の公開（強制実施許諾制度）ではなくその取消制度を採用しているのは極めて厳しいものであるが，他の狭義の工業所有権につきこのような規定を欠くのは均衡を失するきらいが強い。また，専用ないし通常実施権のみの取消しの場合，その効果を確保する意味で，一定期間実施許諾を受けることができない旨の規定が存しなければ無意味である。

　なお，純粋市場構造規制制度としては企業分割などの競争回復措置（独禁8条の4）を設けている。

2　著作物の再販売価格維持制度

　再販売価格の拘束（独禁2条9項4号ロ）は，拘束条件付取引（一般指定12項）のなかで価格競争を減殺するものとして特に違法性の強いものである。したがって，昭和57年改正告示はこれを後者の不当性の要件と区別して別項に規定し，正当な理由のない限り独占禁止法上違法なものとし（旧一般指定12項），さらに平成21年改正法はこれを独禁法上の不公正な取引方法の一類として規定している（独禁2条9項4号）。しかしかかる下において，著作物を発行する事業者の行う再販売価格の決定維持行為は，一定の要件のもとで独占禁止法の適用除外とされている（同23条4項）。その趣旨は必ずしも明らかではない。文化的水準の維持，定価販売の慣行の追認等説明されているが，価格競争の弊害に対する出版物の多様性を促進すると共に，文化に対する国民の享受の均等性を図ることにあると考えられる。ここで著作物および発行の概念は，著作権法のそれではなく（著2条1項1号・3条参照），法概念の相対性のもとで発行著作物と解して狭く，出版物（書籍，雑誌，新聞）およびレコード，音楽テープ，CDに限定して解されている。

　この再販売価格決定維持行為は，著作物の発行事業者またはその供給を受けて販売する事業者と，その販売の相手方たる販売事業者との間で行われる個別的行為に限られる。したがって，同業者間等で集団的契約で行われる場合には共同行為として違法となる。

　また，上記維持行為は正当な行為であることが要求されており，かつ独占禁止法23条1項但書の要件も具備するものでなくてはならない。したがって，販売地域あるいは相手方ごとに合理的な理由なく差別的価格で拘束し，または拘束・無拘束を行うことは許されない。また，不当な高価や過度の宣伝広告，あるいは販売事業者への過大なマージンやリベートの提供は，一般消費者の利益を不当に害することになるので認められない。また著作物の発行者の意に反する場合も同様である（独禁23条1項但書参照）。後者の規定を受けて，昭和55年以来公正取引委員会の行政指導が行われ，著作物の任意再販の原則が確認され，包括再販から部分再販へ，永久再販から時限再販への移行の推奨，再販商品である旨の表示の推進が図られている。

　なお，消費者，勤労者等の援助を目的とする組合等福利厚生事業を行う者に販売する場合には，再販売価格維持制度は適用されない（独禁23条5項）。

第6章　知的財産権の侵害および消滅

　知的財産権はその客体が無体物であることから，事実上の占有が不可能である。したがって，その排他性も権利自体の性質に基づくものではなく，人工的なものであって完全ではない。そこで侵害され易く，かつ他人の侵害行為を発見するのに相当な困難が伴うとともに，その立証も容易ではない。かかる性質を受けて法は種々の救済規定を設けている。

第1節　権利侵害の態様（消極的効力の範囲）

　知的財産権の積極的効力については，すでに第5章第1節 [157頁] で述べた。しかし，知的財産権の侵害においては，それらの権利の排他的独占性が相対的なものと，絶対的なものとではその態様を異にする。すなわち，著作権や回路配置利用権等のような相対的な排他的独占権においては，その客体に同一性が認められても，それが模倣，盗用の結果でない限り，権利侵害とはならない。その判断は依拠性，すなわち実質的類似性のみならず入手（接近）可能性による。これに対して，狭義の工業所有権や育成者権等のような絶対的な排他的独占権においては，その客体に同一性が認められる限り，それが模倣，盗用の結果ではなく，独自に開発，創作，選択したものであっても，権利の侵害となる。

　したがって，知的財産権の積極的効力の範囲に属する他人の上記行為は禁じられ，正当な理由のない限り知的財産権の侵害となる。しかし，禁じられる他人の行為はこの積極的効力の範囲にとどまらない。いわゆる消極的効力の範囲に属する他人の行為も，やはり正当の理由のない限り知的財産権の侵害となる。ここではかかる知的財産権の侵害態様について説明し，さらに同権利の防御的諸制度について簡単に触れる。

　ここで正当な理由とは，第5章第2節 [184頁以下] で述べた知的財産権の効力の制限される場合をいう。

　　＊**知的財産権侵害訴訟と要件事実** [注：詳細については巻末「**特許訴訟—国内**」を参照]
　　——知的財産権侵害訴訟においては，原告は，裁判所において，自己の権利が被告に侵

第1節　権利侵害の態様（消極的効力の範囲）

害されたことに基づいて，差止めや損害賠償を求める［305頁以下］。原告は，訴訟の提起に際し，訴状に「請求の趣旨」および「請求の原因」を記載して訴えの内容を明示する。ここに「請求の趣旨」とは，訴訟の目的として，原告が訴状によって行う権利主張の結論に相当するものであり，判決の主文に対応する。知的財産権侵害訴訟においては，後述のように，差止めや損害賠償に係る請求がこれに該当する。そして「請求の原因」とは，原告がかかる請求を特定し基礎づけるために主張すべき事実（請求原因事実）である。知的財産権侵害訴訟については，詳細については後述するが，差止請求と損害賠償請求の場合では請求の原因は異なり，例えば，差止請求を求める場合には，原告は，自己が知的財産権を有し，これが被告に侵害されたことを主張することになる。原告によって訴訟が提起された後は，原告と被告は要件事実をめぐって主張立証を行うこととなる。ここに「要件事実」とは，権利の発生，障害，消滅等の法律効果を発生させる要件に該当する具体的事実をいう。訴訟上ある要件事実の存在が真偽不明に終わったために当該法律効果の発生が認められないという不利益を「証明責任」といい，原告は「請求の趣旨」に記載された権利の発生原因となる事実（請求原因事実）について証明責任を負い，被告は，権利発生を妨げる事実や消滅させる事実について証明責任を負うことになる。被告は，原告が立証すべき請求原因事実を争い（否認），または，被告が立証責任を負う事実（抗弁）を主張して，原告の主張を争っていくことになる。

(1) 特許権侵害訴訟（絶対権の場合。実用新案権，意匠権，商標権，育成者権はこれに準ずる）における差止請求の場合においては，請求の趣旨および請求の原因は以下のように記載される。

　イ　請求の趣旨については，発明の種類に応じて実施態様が異なるために，記載方法が異なる。例えば，物の発明の場合には，
　「被告は，別紙物件目録記載の製品を製造し，譲渡し，譲渡若しくは販売のために展示をしてはならない。被告は，前項の製品を廃棄せよ。」
　等と記載するが，方法の発明の場合には，
　「被告は，別紙物件目録記載の方法を使用してはならない。」
　等と記載する。

　ロ　請求の原因については，例えば物の発明の場合には，原告は，
　①「原告が特許権者であること」
　②「被告が業として特許発明を実施している（実施するおそれがある）こと」
　を主張する必要がある。
　　①については，特許権は設定登録により発生することから，
　「原告は以下の特許権を有する」
　と記載し，特許番号，発明の名称，出願日等で特許権を特定するのが通常である。
　　②については，例えば，
　A．「被告が被疑侵害物件（イ号物件）を製造販売している。」と述べた上で，
　B．「上記物件は，特許発明の技術的範囲に属する」［174頁以下］
　と主張することになる。

(2) 著作権侵害訴訟における差止請求の場合（相対権の場合。回路配置利用権はこれに類する）においては，請求の趣旨および請求の原因は次のように記載される。

　イ　請求の趣旨については，著作権の内容に応じて異なり，例えば，

「被告は，別紙物件目録記載の書籍を出版，販売，頒布してはならない。被告は，前項の書籍を廃棄せよ。」
等と記載する。
　ロ　請求の原因については，
①「原告が著作権者であること」
②「被告が著作物を利用している（利用するおそれがある）こと」
を主張する必要があるという一般論においては上記特許権侵害の場合と類似している。しかしながら，著作権侵害の場合には，
　①については，著作権は，設定登録などの方式を要せずに発生することから，
「原告は，原著作物の著作者である」
等として，客体が著作物であることに加え，適宜，著作権の取得原因事実（創作等）にも言及する必要がある。
　②については，例えば，
Ａ．「被告が別紙物件目録記載の物（対象物）を複製・翻案し，頒布している。」等と法定の利用行為に言及の上で，
Ｂⅰ．（実質的類似性）「対象物は，原著作物と実質的に同一・類似の範囲内にあること」のみならず，
Ｂⅱ．（依拠性）「対象物が原著作物に依拠して作成されたこと」［268頁］
まで主張立証しなければならない点で特許権侵害の場合と異なる（なお，依拠性については，原告の主張立証する間接事実（被告が原告著作物に接する機会，依拠がなければ作成できないほど類似していること等）の積み重ねにより依拠が推認される場合には，被告は依拠の推認を妨げる事実を反証する必要がある）。

(3) 損害賠償請求の場合については，上記(1)(2)を前提に，次のように説明が可能である。
　イ　請求の趣旨については，
「被告は，原告に対し，金〇円及びこれに対する平成〇年〇月〇日から支払済みまで年５分の割合による金員を支払え。」
等と記載される。
　ロ　請求の原因については，不法行為に基づく損害賠償請求（民法709条）において侵害される権利が知的財産権である場合に相当する。
　この点，一般の不法行為では以下の４要件が請求原因事実になる。
①「被告の原告に対する権利侵害行為」
②「被告の故意過失」
③「原告の損害」
④「因果関係」
　そして，特許権侵害訴訟においては，
①は上述(1)差止請求の場合と同様であり，
②故意過失は推定が及んでいるため（特許法103条）［309頁］主張立証を要せず，
③④については，損害額の立証容易化規定（同法102条）［311頁］に基づいて以下のような主張立証をすることができる。
Ａ．「被告はイ号物件〇個を販売しているが，原告が特許発明の実施品を製造販売することにより得る単位数量当たりの利益は金〇円である」（同条１項），

第1節　権利侵害の態様（消極的効力の範囲）

　　　B.「被告はイ号物件の販売により〇円を売り上げ，〇％の利益率なので，〇円の利益を得ている」（同条2項），
　　　C.「被告はイ号物件〇個を販売しているが，特許発明の実施に対して受ける実施料は，売上げの〇％である」（同条3項）。
　　　なお，著作権侵害訴訟においては，上記の特許権侵害訴訟の場合とほぼ同様，不法行為の一場面であり，同様に，損害額の立証容易化規定があるが（著作権法114条），故意過失について推定規定はない［309頁以下］。
(4)　抗弁としては，第5章第2節［184頁以下］で述べた知的財産権の効力の制限や，本章第3節［329頁以下］の権利の消滅などに基づくものが考えられる。

●ワン・レイニー・ナイト・イン・トーキョー事件（最判昭和53・9・7民集32巻6号1145頁）──侵害判断における複製の意義─依拠性（前出158頁参照）
　　「著作物の複製とは，既存の著作物に依拠し，その内容及び形式を覚知させるに足りるものを再製することをいうと解すべきであるから，既存の著作物と同一性のある作品が作成されても，それが既存の著作物に依拠して再製されたものでないときは，その複製をしたことにはあたらず，著作権侵害の問題を生ずる余地はないところ，既存の著作物に接する機会がなく，従つて，その存在，内容を知らなかつた者は，これを知らなかつたことにつき過失があると否とにかかわらず，既存の著作物に依拠した作品を再製するに由ないものであるから，既存の著作物と同一性のある作品を作成しても，これにより著作権侵害の責に任じなければならないものではない。」

●江差追分事件
　──侵害判断における翻案の意義─表現上の本質的特徴の直接感得性（前出162頁参照）

●舞台装置事件（東京高判平成12・9・19判時1745号128頁）
　──翻案の意義─アイディアと表現（前出162頁参照）
　　「複製・翻案の判断基準の一つとしての類似性の要件として取り上げる『当該作品から既存の著作物を直接感得できる程度に』との要件（直接感得性）は，類似性を認めるために必要ではあり得ても，それがあれば類似性を認めるに十分なものというわけではないことである。すなわち，ある作品に接した者が当該作品から既存の著作物を直接感得できるか否かは，表現されたもの同士を比較した場合の共通性以外の要素によっても大きく左右され得るものであり（例えば，表現された思想又は感情あるいはそれを表現する手法や表現を生み出す本になったアイデア自体が目新しいものであり，それを表現した者あるいはそれを採用した者が一人である状態が生まれると，表現されたものよりも，目新しい思想又は感情あるいは手法やアイデアの方が往々にして注目され易いから，後に同じ思想又は感情を表現し，あるいは同じ手法やアイデアを採用した他の者の作品は，既存の作品を直接感得させ易くなるであろうし，逆に，表現された思想又は感情あるいはそれを表現する手法や表現を生み出す本になったアイデア自体がありふれたものであり，それを表現した者あるいはそれを採用した者が多数いる状態の下では，思想又は感情あるいはアイデアが注目されることはないから，後に同じ思想又は感情を表現し，あるいは同じ手法やアイデアを採用した他の者の作品が現われても，そのことだけから直ちに既存の作品を直接感得させることは少ないで

あろう。)，必ずしも常に，類似性の判断基準として有効に機能することにはならないからである。」

[注：第2章第1節［8頁以下］及び第5章第1節［157頁以下］の裁判例等も適宜参照]

なお，権利行使の主体［298頁以下（原告適格など）参照］に関しては，準物権的な性格を有する利用許諾である設定出版権および専用利用（実施・使用）権については，その侵害も知的財産権の場合とほぼ同様に規定されている（著112条〜114条，特100条〜106条，実27条〜30条，意37条〜41条，商標36条〜39条，種苗33条〜37条，半導体22条〜26条）。他方，債権的性格を有するとされる著作物利用許諾および通常利用（実施・使用）権については，規定はない。その法的性質をいかに解するかによって異なる。わが国判例は，英米法にならってその本質を不争義務と解し，かかる請求権の行使を否定している。しかし，大陸法ではその本質を相互協力義務と解し無権限の第三者に対しては，二次的に一定の条件または範囲の者にその行使を認めている。裁定利用（実施）権，抗弁権に非ざる法定利用（実施）権および独占的通常利用（実施・使用）権者については，知的財産権者への催告を条件として，その内容に応じて，権利行使を認めてゆくべきであろう。通説は侵害行為による損害の賠償請求は認められると解している（民709条）。

●**ヘアーブラシ事件**（大阪地判昭和59・12・20無体16巻3号803頁）
——完全独占的通常実施権者による差止めおよび損害賠償請求（前出241頁及び後出298参照）
「原告の独占的通常実施権の主張につき判断するに，通常，権利者と実施権者間で専用実施権の設定が約されたが，その登録に至らない間にもその実施が許諾されている場合には，実施権者は右実施につきいわゆる独占的通常実施権を付与されたもの……と認められる。」
①［差止めについて］「差止請求権について判断するに，通常実施権ひいては完全独占的通常実施権の性質は前記のとおりであるから，無権限の第三者が当該意匠を実施した場合若しくは権利者が実施権者との契約上の義務に違反して第三者に実施を許諾した場合にも，実施権者の実施それ自体は何ら妨げられるものではなく，一方そのように権利者が第三者にも実施許諾をすることは，実施権者に対する債務不履行とはなるにしても，実施許諾権そのものは権利者に留保されて在り，完全独占的通常実施権の場合にも右実施許諾が実施権者に移付されるものではないのであるから，実施権者の有する権利が排他性を有するということはできず，また条文の上からも意匠法37条には差止請求権を行使できる者として，意匠権者又は専用実施権者についてのみ規定していること（しかも，本件において原告は専用実施権の登録をなすことにより容易に差止請求権を有することができること）を考慮すると，通常実施権者である限りは，それが前記完全独占的通常実施権者であつてもこれに差止請求権を認めることは困難

であり，許されないものといわざるをえない。」

　②［債権者代位について］「原告は債権者代位権に基づき権利者の差止請求権を主張する。しかし，右債権者代位制度は元来債務者の一般財産保全のものであり，特定債権保全のために判例上登記請求権及び賃借権の保全の場合に例外的に債務者の無資力を要することなく右制度を転用することが許されているが，右はいずれも重畳的な権利の行使が許されず，権利救済のための現実的な必要性のある場合であるところ，完全独占的通常実施権は第三者の利用によつて独占性は妨げられるものの，実施それ自体には何らの支障も生ずることなく当該意匠権を第三者と同時に重畳的に利用できるのであり，重畳的な利用の不可能な……例外的な場合とは性質を異にし，代位制度を転用する現実的必要性は乏しく（しかも本件において原告は登録により容易に差止請求権を有することができる），債権者代位による保全は許されないというべきである。

　更に，完全独占的通常実施権の権利者に対する請求権は，無承諾実施権者の行為の排除等を権利者に求める請求権ではなく，当該意匠の実施を容認すべきことを請求する権利にすぎず（本件においても前記認定のとおり権利者のAに第三者の侵害行為を差止めるべき行為義務は認められない），通常実施権者が権利者の有する侵害者に対する妨害排除請求権を代位行使することによつて権利者の実施権者に対する債務の履行が確保される関係にはないのであり，また，本件全証拠によるもAが無資力であるとは認められないから，結局債権者代位による保全の必要性も欠くといわざるをえない。」

　③［損害賠償について］「損害賠償請求権につき検討するに，条文上意匠法は39条（損害の額の推定等），40条（過失の推定）の規定を設け，意匠権者と専用実施権者について規定しているものの，右規定は損害額及び過失の推定についての特別規定であり，完全独占的通常実施権者に損害賠償請求権を否定する趣旨とは認められず（このことは意匠法37条に差止請求権につき意匠権者又は専用実施権者と規定しているのに対し，損害賠償請求権についてはかかる規定が存しないことによつてもうかがわれる），結局完全独占的通常実施権者の損害賠償請求権については民法の一般原則にゆだねているものと解される。

　通常実施権の性質は前記判示のとおりであるが，完全独占的通常実施権においては，権利者は実施権者に対し，実施権者以外の第三者に実施権を許諾しない義務を負うばかりか，権利者自身も実施しない義務を負つており，その結果実施権者は権利の実施品の製造販売にかかる市場及び利益を独占できる地位，期待をえているのであり，そのためにそれに見合う実施料を権利者に支払つているのであるから，無権限の第三者が当該意匠を実施することは実施権者の右地位を害し，その期待利益を奪うものであり，これによつて損害が生じた場合には，完全独占的通常実施権者は固有の権利として（債権者代位によらず）直接侵害者に対して損害賠償請求をなし得るものと解するのが相当である。」

　他方，侵害の主体に関しては，わが国では近時，著作権法の分野において，直接の利用主体ではない者でも，その行為の管理・支配と利益が帰属する場合には，その者に直接侵害を認める判例（いわゆるカラオケ法理）或いは社会的・経済的側面も含めて枢要な行為を管理支配している者が直接の利用主体である

という判例（ロクラクⅡ法理）が確立されてきている。前者は擬制的拡張的な法理であり，これは後述2［275頁］の擬制侵害において言及する代位責任の理論と類似するものではあるが，直接侵害であり，それに代位するものではない点で異なる。これらの判例法理は，マルチメディアの時代を迎え著作物，実演，レコード，放送，有線放送の全範囲にわたってその利用が広範，多様かつ大量になされるに至っている現在，著作権法においては，狭義の工業所有権法の擬制侵害のような権利侵害行為を必然的に惹起する中枢的幇助的行為者の規制が存しないことに起因するものである［274頁及び306頁参照］。なお，プロバイダーについては，他人の権利が侵害されていることを知っている場合または知ることができると認められる相当の理由がある場合以外は，送信防止措置を講じなくとも，差止請求（削除請求）は別として，損害賠償の責を免れるものとされている（特定電気通信役務提供者の損害賠償責任の制限及び発信者情報の開示に関する法律〔プロバイダー法〕3条1項）。

●クラブキャッツアイ事件（最判昭和63・3・15民集42巻3号199頁）
――いわゆるカラオケ法理（前出159頁（著22条）参照）［注：後に，カラオケスナックのみならず，カラオケボックス（ビッグエコー事件〔東京高判平成11・7・13判時1696号137頁〕参照）にも責任主体を拡大。なお，カラオケ装置リース業者（カラオケリース事件〔最判平成13・3・2民集55巻2号185頁〕参照）には共同不法行為責任を肯定。］
　「上告人らの共同経営にかかる原判示のスナック等において，……ホステス等が歌唱する場合はもちろん，客が歌唱する場合を含めて，演奏（歌唱）という形態による当該音楽著作物の利用主体は上告人らであり，かつ，その演奏は営利を目的として公にされたものであるというべきである。けだし，客やホステス等の歌唱が公衆たる他の客に直接聞かせることを目的とするものであること（著作権法22条参照）は明らかであり，客のみが歌唱する場合でも，客は，上告人らと無関係に歌唱しているわけではなく，上告人らの従業員による歌唱の勧誘，上告人らの備え置いたカラオケテープの範囲内での選曲，上告人らの設置したカラオケ装置の従業員による操作を通じて，上告人らの管理のもとに歌唱しているものと解され，他方，上告人らは，客の歌唱をも店の営業政策の一環として取り入れ，これを利用していわゆるカラオケスナックとしての雰囲気を醸成し，かかる雰囲気を好む客の来集を図つて営業上の利益を増大させることを意図していたというべきであつて，前記のような客による歌唱も，著作権法上の規律の観点からは上告人らによる歌唱と同視しうるものであるからである。
　したがつて，上告人らが，被上告人の許諾を得ないで，ホステス等従業員や客にカラオケ伴奏により被上告人の管理にかかる音楽著作物たる楽曲を歌唱させることは，当該音楽著作物についての著作権の一支分権たる演奏権を侵害するものというべきであり，当該演奏の主体として演奏権侵害の不法行為責任を免れない。」

第1節　権利侵害の態様（消極的効力の範囲）

●ファイル・ローグ事件（東京高判平成17・3・31裁判所HP）
——P2P ファイル交換サービス提供者の責任（前出160頁（著23条）及び170頁（著96条の2）参照）

> 「本件サービスのように，インターネットを介する情報の流通は日々不断に且つ大量になされ，社会的に必要不可欠なものになっていること，そのうちに違法なものがあるとしても，情報流通を逐一補足することは必ずしも技術的に容易ではないことなどからすると，単に一般的に違法な利用がされるおそれがあるということだけから，そのような情報通信サービスを提供していることをもって，上記侵害の主体であるとするのは適切でないことはいうまでもない。しかし，単に一般的に違法な利用もあり得るというだけにとどまらず，本件サービスが，その性質上，具体的かつ現実的な蓋然性をもって特定の類型の違法な著作権侵害行為を惹起するものであり，控訴人会社がそのことを予想しつつ本件サービスを提供して，そのような侵害行為を誘発し，しかもそれについての控訴人会社の管理があり，控訴人会社がこれにより何らかの経済的利益を得る余地があるとみられる事実があるときは，控訴人会社はまさに自らコントロール可能な行為により侵害の結果を招いている者として，その責任を問われるべきことは当然であり，控訴人会社を侵害の主体と認めることができるというべきである。」

●まねきTV事件（最判平成23・1・18民集65巻1号121頁）
——海外居住者向け番組提供サービス(1)（前出160頁（著23条）及び170頁（著99条の2）参照）

> 「自動公衆送信は，公衆送信の一態様であり（同項9号の4），公衆送信は，送信の主体からみて公衆によって直接受信されることを目的とする送信をいう（同項7号の2）ところ，著作権法が送信可能化を規制の対象となる行為として規定した趣旨，目的は，公衆送信のうち，公衆からの求めに応じ自動的に行う送信（後に自動公衆送信として定義規定が置かれたもの）が既に規制の対象とされていた状況の下で，現に自動公衆送信が行われるに至る前の準備段階の行為を規制することにある。このことからすれば，公衆の用に供されている電気通信回線に接続することにより，当該装置に入力される情報を受信者からの求めに応じ自動的に送信する機能を有する装置は，これがあらかじめ設定された単一の機器宛てに送信する機能しか有しない場合であっても，当該装置を用いて行われる送信が自動公衆送信であるといえるときは，自動公衆送信装置に当たるというべきである。
> そして，自動公衆送信が，当該装置に入力される情報を受信者からの求めに応じ自動的に送信する機能を有する装置の使用を前提としていることに鑑みると，その主体は，当該装置が受信者からの求めに応じ情報を自動的に送信することができる状態を作り出す行為を行う者と解するのが相当であり，当該装置が公衆の用に供されている電気通信回線に接続しており，これに継続的に情報が入力されている場合には，当該装置に情報を入力する者が送信の主体であると解するのが相当である。」

●ロクラクⅡ事件（最判平成23・1・20民集65巻1号399頁）
——海外居住者向け番組提供サービス(2)（前出159頁（著21条）及び170頁（著98条）参照）

> 「放送番組等の複製物を取得することを可能にするサービスにおいて，サービスを提供する者（以下『サービス提供者』という。）が，その管理，支配下において，テレビアンテナで受信した放送を複製の機能を有する機器（以下『複製機器』という。）に入

力していて，当該複製機器に録画の指示がされると放送番組等の複製が自動的に行われる場合には，その録画の指示を当該サービスの利用者がするものであっても，サービス提供者はその複製の主体であると解するのが相当である。すなわち，複製の主体の判断に当たっては，複製の対象，方法，複製への関与の内容，程度等の諸要素を考慮して，誰が当該著作物の複製をしているといえるかを判断するのが相当であるところ，上記の場合，サービス提供者は，単に複製を容易にするための環境等を整備しているにとどまらず，その管理，支配下において，放送を受信して複製機器に対して放送番組等に係る情報を入力するという，複製機器を用いた放送番組等の複製の実現における枢要な行為をしており，複製時におけるサービス提供者の上記各行為がなければ，当該サービスの利用者が録画の指示をしても，放送番組等の複製をすることはおよそ不可能なのであり，サービス提供者を複製の主体というに十分であるからである。」

●**自炊代行事件**（知財高判平成26・10・22判時2246号92頁）
――自炊代行業者と侵害主体（前出159頁（著21条）及び186頁（著30条）参照）[注：原審は前出ロクラクⅡ事件の「枢要な行為」の基準を当てはめて責任を認めたが，自らが侵害行為を直接行っている点において同事件とは前提を異にする。]

「複製行為の主体とは，複製の意思をもって自ら複製行為を行う者をいうと解される。本件サービスは……①利用者が控訴人……に書籍の電子ファイル化を申し込む，②利用者は，控訴人……に書籍を送付する，③控訴人ドライバレッジは，書籍をスキャンしやすいように裁断する，④控訴人ドライバレッジは，裁断した書籍を控訴人……が管理するスキャナーで読み込み電子ファイル化する，⑤完成した電子ファイルを利用者がインターネットにより電子ファイルのままダウンロードするか又はDVD等の媒体に記録されたものとして受領するという一連の経過をたどるものであるが，このうち上記④……が，本件サービスにおいて著作物である書籍について有形的再製をする……『複製』行為に当たることは明らかであって，この行為は，本件サービスを運営する控訴人……のみが専ら業務として行っており，利用者は同行為には全く関与していない。そして，控訴人……は，独立した事業者として，営利を目的として本件サービスの内容を自ら決定し，スキャン複製に必要な機器及び事務所を準備・確保した上で，インターネットで宣伝広告を行うことにより不特定多数の一般顧客である利用者を誘引し，その管理・支配の下で，利用者から送付された書籍を裁断し，スキャナで読み込んで電子ファイルを作成することにより書籍を複製し，当該電子ファイルの検品を行って利用者に納品し，利用者から対価を得る本件サービスを行っている。そうすると，控訴人……は，利用者と対等な契約主体であり，営利を目的とする独立した事業主体として，本件サービスにおける複製行為を行っているのであるから，本件サービスにおける複製行為の主体であると認めるのが相当である。」

●**２ちゃんねる事件**（東京高判平成17・3・3判時1893号126頁）
――サービスプロバイダーの責任（前出160頁（著23条）参照）

「自己が提供し発言削除についての最終権限を有する掲示板の運営者は，これに書き込まれた発言が著作権侵害（公衆送信権の侵害）に当たるときには，そのような発言の提供の場を設けた者として，その侵害行為を放置している場合には，その侵害態様，著作権者からの申し入れの態様，さらには発言者の対応いかんによっては，その放置

自体が著作権侵害行為と評価すべき場合もある」
「インターネット上においてだれもが匿名で書き込みが可能な掲示板を開設し運営する者は，著作権侵害となるような書き込みをしないよう，適切な注意事項を適宜の方法で案内するなどの事前の対策を講じるだけでなく，著作権侵害となる書き込みがあった際には，これに対し適切な是正措置を速やかに取る態勢で臨むべき義務がある。掲示板運営者は，少なくとも，著作権者等から著作権侵害の事実の指摘を受けた場合には，可能ならば発言者に対してその点に関する照会をし，更には，著作権侵害であることが極めて明白なときには当該発言を直ちに削除するなど，速やかにこれに対処すべきものである。」「被控訴人は本件各発言を本件掲示板上において公衆送信可能状態に存続させあるいは存続可能な状態にさせたままにしている者として，著作権侵害の不法行為責任を免れない。」

●チュッパチャップス事件（知財高判平成24・2・14判時2161号86頁）
——ウェブ管理者の商標権侵害に係る責任

「被告サイトのように，ウェブサイトにおいて複数の出店者が各々のウェブページ（出店ページ）を開設してその出店ページ上の店舗（仮想店舗）で商品を展示し，これを閲覧した購入者が所定の手続を経て出店者から商品を購入することができる場合において，上記ウェブページに展示された商品が第三者の商標権を侵害しているときは，商標権者は，直接に上記展示を行っている出店者に対し，商標権侵害を理由に，ウェブページからの削除等の差止請求と損害賠償請求をすることができることは明らかであるが，そのほかに，ウェブページの運営者が，単に出店者によるウェブページの開設のための環境等を整備するにとどまらず，運営システムの提供・出店者からの出店申込みの許否・出店者へのサービスの一時停止や出店停止等の管理・支配を行い，出店者からの基本出店料やシステム利用料の受領等の利益を受けている者であって，その者が出店者による商標権侵害があることを知ったとき又は知ることができたと認めるに足りる相当の理由があるに至ったときは，その後の合理的期間内に侵害内容のウェブページからの削除がなされない限り，上記期間経過後から商標権者はウェブページの運営者に対し，商標権侵害を理由に，出店者に対するのと同様の差止請求と損害賠償請求をすることができると解するのが相当である。」

●ヒットワン事件（大阪地判平成15・2・13判時1842号120頁）
——幇助者に対する差止めの可否（後出306頁参照）［注：実務上はこれを否定するのが通常である。後述のように，著作権法においては，特許法101条1号2号のような（幇助類型の）擬制侵害の規定はないため，実務上の必要性から，上述のカラオケ法理等によって侵害主体を規範的に拡張するか，本裁判例のような対応により，差止め対象の拡大しているものと解される。かかる行為に対して立法的対応が行われるべきである。］

1　知的財産権の積極的効力の範囲に属する他人の行為

知的財産権の積極的効力の範囲に属する他人の行為は，正当な理由のない限り全て知的財産権の侵害となる。その範囲は特許（登録）請求の範囲の構成要

件の全てを満たす文言侵害のみならず，その均等の範囲に属する均等侵害［174頁］にも及ぶ。なお，利用（実施・使用）行為を侵奪，妨害する行為も同様に解すべきである。例えば，産業活動上の識別標識の抹消行為は識別標識を付する行為の侵奪として，同権利の侵害と解される。

なお，著作者人格権，実演家人格権は著作者または実演家が存しなくなれば消滅するが（著59条・101条の2），その人格的利益の保護はそれ以後も図られている（同60条，ベルヌ条約6条の2第2項，著102条の2，WPPT6条）。しかし，その保護の範囲は，原則的には著作者人格権または実演家人格権のそれと同一であるが（著18条1項・19条1項・20条1項・113条・90条の2・90条の3），生存中とは条件も異なるので，行為の性質，程度または社会的事情の変動等により，著作者または実演家の意を害さないと認められる場合には侵害とはならない（同60条・101条の3，なお116条・120条参照）。

2　擬制侵害

知的財産権は事実上の占有を伴わない権利であることから，他人の侵害行為を発見するのは極めて困難である。したがって，直接には知的財産権の侵害（文言侵害および均等侵害）とはならないような行為でも，その行為がひいては権利者の利益を害し，あるいは知的財産権の侵害を惹起するおそれのあるような行為を，侵害行為とみなす旨の規定が設けられている。これは，その行為により生じた物の提供を受けた者の，侵害行為ないしはその蓋然性を問題とせず，独立に侵害とみなして権利の保護範囲を拡大するものである。これをドイツの学説にならって間接侵害（mittelbare Verletzung）と称する者もいる。しかし，その成立の態様はわが国の擬制侵害とは全く異なっている上，わが国ではドイツとは異なり，知的財産権の積極的効力たる利用行為とは関わりのない行為（例えば所持）も，擬制侵害の規定のなかに含まれている。従って，この擬制侵害を国際的に間接侵害の語で用いるのは大きな誤解を生ずることになる。

また，この擬制侵害は，イギリスの二次的侵害（secondary infringement）およびアメリカの寄与的侵害（contributory infringement）または代位責任（vicarious liability）とも異なる。

この擬制侵害の成立を，ドイツおよびアメリカ法のように，擬制侵害，寄与侵害に係る物を入手した者の侵害行為の成立を俟って認めることにする（従属

説）と，擬制侵害行為者が専ら外国在住の者に擬制侵害に係る物を譲渡する行為（輸出等）を行っている場合を放任することになろう。けだし，外国在住者の外国での実施行為は，属地主義の原則［343頁］により本国の知的財産権を侵害することはあり得ないからである。この点，従属説を採るアメリカでは，国外での実施行為を直接アメリカ特許権の侵害とみなす規定を新設して，寄与的侵害の成否を認めている。しかし，わが国では擬制侵害行為自体を直接侵害とみなす独立説を採用しているとすれば，かかる立法措置を講ずる必要はない。

なお，この擬制侵害の範囲では，次の(1)著作権等の(ニ)を除き，他人の利用が禁止される結果，権利者はその範囲にわたって事実上利用し，利用許諾することもできる。しかし，その本質は不争契約である。

(1) 著作権等（著113条）

(イ) 国内頒布の目的で，輸入時において，国内では著作者人格権，著作権，出版権，実演家人格権または著作隣接権の侵害となるべき行為によって作成された物を輸入する行為（1項1号）　　海賊版の輸入防止のために規定されたものである。

(ロ) 著作者人格権，著作権，出版権，実演家人格権または著作隣接権を侵害する行為によって作成された物(前号の輸入に係るものを含む)を，情を知って，頒布し，頒布の目的をもって所持し，頒布する旨の申出をし，又は業として輸出，輸出目的で所持する行為（1項2号）。　　これはわが国著作権に，輸入権，輸出権がなく，かつ映画著作物を除き頒布権が制限されていること（なお，一般的に貸与権，譲渡権が認められた後も著113条の2参照），さらに無許諾複製物の取締りのために規定されたものである。

(ハ) プログラムの違法複製物を業務上電子計算機で使用する行為（2項）

著作権法では使用権が認められていないので，権利者の適正な保護を図るために設けられたものである。しかし，取引の円滑化を優先させ，複製物取得時に善意であれば後に悪意となっても著作権侵害とはされていないうえ，補償金の支払義務も存しない（しかし，半導体27条参照）。

●システムサイエンス事件（東京地判平成7・10・30判時1560号24頁）
──「情を知って」の意義
「著作権侵害を争っている者が，著作権法113条1項2号所定の『著作権……を侵害する行為によって作成された物』であるとの『情を知』るとは，その物を作成した行

為が著作権侵害である旨判断した判決が確定したことを知る必要があるものではなく，仮処分決定，未確定の第一審判決等，中間的判断であっても，公権的判断で，その物が著作権を侵害する行為によって作成されたものである旨の判断，あるいは，その物が著作権を侵害する行為によって作成された物であることに直結する判断が示されたことを知れば足りるものと解するのが相当である」

　㈢　著作権等に係る権利管理情報に，虚偽情報を故意に付加し，あるいは，それが技術必然的制約または利用の目的・態様からやむをえないと認められる場合を除き，権利管理情報を故意に除去，改変する行為，およびかかる行為のなされた著作物，実演等の複製物を情を知って頒布し，もしくは頒布の目的で輸入，所持し，またはかかる著作物，実演等を情を知って公衆送信もしくは送信可能化する行為（3項・4項）　これは，デジタル化，ネットワーク化の進展に伴い，違法利用の発見，立証および権利処理の効率化のため，平成11年改正法で規定されたもので，上記行為は権利管理情報に係る著作権等（4項参照）の侵害と擬制されている（なお著120条の2第3号参照）。

　㈣　国内ですでに頒布している国内頒布目的商業用レコードと同一の国外頒布目的商業用レコードを，国内での最初の発行日から4年以内（著施令66条）に，情を知って，国内にて頒布目的で輸入，所持，頒布する行為で，その頒布により国内頒布目的商業用レコードの発行により得ることが見込まれる利益を不当に害される場合（5項）　国内頒布目的商業用レコードと国外頒布目的商業用レコードの双方を，自ら発行または他の者に発行させている場合に，その著作権および著作隣接権の侵害と擬制されている。平成16年改正法により国際消尽（著26条の2第2項4号，95条の2第3項3号，97条の2第2項3号）の例外として規定されたもので，商業用レコードの還流防止措置である（なお同120条の2第4号参照）。

　㈤　なお，著作物を直接改変しなくても，著作者の名誉または声望を害する方法でその著作物を利用する行為は，著作者人格権を侵害する行為とみなされている（6項）。

(2) 特許権（特101条）

　㈠　物の特許発明の場合は，その物の生産にのみ使用する物を業として生産，譲渡等もしくは輸入し，または譲渡等の申出をする行為（1号）。

(ロ) 方法の特許発明の場合は，その方法の使用にのみ用いる物を業として実施する行為（4号）。

ここで「のみ」とは，社会通念上，経済的，商業的ないし実用的なものとして通用する他の方法のない専用品または専用方法をいい，その立証責任は原告にある。また，上記第4号の方法の特許発明には，物を生産する方法の特許発明も含まれる。この類型に関しては，この擬制侵害の規定のほかに，生産物が出願時国内公知でない場合の生産方法の推定規定が設けられており（特104条），挙証責任が転換されている。

なお，上記2つの擬制侵害行為については，平成14年改正法で「物」および「実施」の概念が拡大されている（同2条3項参照）ほか，擬制侵害行為に次の2つの行為が追加されている。

●1眼レフカメラ事件（東京地判昭和56・2・25無体13巻1号139頁）
――「にのみ」の解釈(1)

　「特許法第101条第1号……の規定は対世的，絶対的な独占権である特許権の効力を拡張するものであり……右規定にいう特許発明に係る『物の生産にのみ使用する物』〔注：現行法では『物の生産にのみ用いる物』〕の意義は，右規定の適用範囲が不当に広くならないよう，厳格に解釈すべきものといわなければならない。……右『特許発明に係る物の生産に使用する以外の用途』は，右のような抽象的ないしは試験的な使用の可能性では足らず，社会通念上経済的，商業的ないしは実用的であると認められる用途であることを要するというべきである。……被告製品は，本件ミノルタカメラ又は本件キヤノンカメラすなわち本件発明に係るカメラ以外の，社会通念上経済的，商業的ないしは実用的であると認められる用途を有しないとはいえないことが明らかであるから……本件発明に係るカメラの生産に『のみ』使用する物ということはできない」

●製パン器事件（大阪地判平成12・10・24判タ1081号241頁）
――「にのみ」の解釈(2)

　〔旧2号（現4号）について〕「本来，日本国外において，日本で特許を受けている発明の技術的範囲に属する方法を使用してその価値を利用しても，日本の特許権を侵害することにはならない。……外国で使用される物についてまで『その発明の実施にのみ使用する物』であるとして特許権の効力を拡張する場合には，日本の特許権者が，本来当該特許権によっておよそ享受し得ないはずの，外国での実施による市場機会の獲得という利益まで享受し得ることになり，不当に当該特許権の効力を拡張することになるというべきである。……したがって，『その発明の実施にのみ使用する物』における『実施』は，日本国内におけるものに限られると解するのが相当であり，このように解することは，前記のような特許法2条3項における『実施』の意義にも整合するものというべきである。」

「なお付言するに……同法が特許権の効力の及ぶ範囲を『業として』行うものに限定

したのは，個人的家庭的な実施にすぎないものにまで特許権の効力を及ぼすことは，産業の発達に寄与することという特許法の目的からして不必要に強力な規制であって，社会の実情に照らしてゆきすぎであるという政策的理由に基づくものであるにすぎず，一般家庭において特許発明が実施されることに伴う市場機会をおよそ特許権者が享受すべきではないという趣旨に出るものではないと解される。そうすると……上記のような政策的考慮によって特許権の効力を制限した反面として，特許権の効力の実効性を確保するために……『その発明の実施にのみ使用する物』における『実施』は，一般家庭におけるものも含まれると解するのが相当であ……る」

(ハ) 物の特許発明の場合はその物の生産に用いる物，(ニ) 方法の特許発明の場合はその方法の使用に用いる物で，ともに，日本国内で広く一般に流通しているものを除き，その発明による課題解決に不可欠なものを，それらが特許発明であり，かつその物がその発明の実施に用いられることを知りながら，業として生産，譲渡等もしくは輸入し，または譲渡等の申出をする行為（2号・5号）。

これらは，前記擬制侵害行為(イ)，(ロ)が専用品または専用方法に限定して運用されてきたこと，および新たにプログラム等を物と擬制したことに伴う汎用性のあるモジュールをその客体に加えるために，新設されたものである。対象部品を欧州主要国にならい，特許発明の不可欠な要素で，かつ一般に入手不可能なものに限定し，かつ欧米にならい主観を要件とする。しかし，その行為は，供給ないし供給の申立てに止まらず，広く生産，輸入にまで拡大されている。

しかし，本条の規定する「発明による課題解決に不可欠なもの」に関しては，当該特許発明に直接不可欠なものとして他人に使用される場合と，その提供を受けた他人の利用態様によりその不可欠性が決まってくる場合とが存し，しかもそれらがともに汎用品でもないとき，後者の場合に関しては，特に差止請求権の行使［305頁］については，その客観的要件および主観的要件に関する事案の慎重な具体的分析が必要となる。したがってまた，罪刑法定主義の上から刑事罰の関係でも問題となる所である。

●一太郎事件（知財高判平成17・9・30判時1904号47頁）
——2号と5号の擬制侵害（前出172頁参照）
　①［2号について］「『控訴人製品をインストールしたパソコン』は，本件第1，第2発明の構成要件を充足するものであるところ，控訴人製品は，前記パソコンの生産に用いるもので……本件第1，第2発明による課題の解決に不可欠なものに該当するというべきである。」

「また,『日本国内において広く一般に流通しているもの』とは,典型的には,ねじ,釘,電球,トランジスター等のような,日本国内において広く普及している一般的な製品,すなわち,特注品ではなく,他の用途にも用いることができ,市場において一般に入手可能な状態にある規格品,普及品を意味するものと解するのが相当である。」

「なお,控訴人製品については,これを専ら個人的ないし家庭用用途に用いる利用者(ユーザー)が少なからぬ割合を占めるとしても,それに限定されるわけではなく,法人など業としてこれをパソコンにインストールして使用する利用者(ユーザー)が存在することは当裁判所に顕著である。そうすると,一般に,間接侵害は直接侵害の有無にかかわりなく成立することが可能であるとのいわゆる独立説の立場においてはもとより,間接侵害は直接侵害の成立に従属するとのいわゆる従属説の立場においても,控訴人が控訴人製品を製造,譲渡等又は譲渡等の申出をする行為について特許法101条2号所定の間接侵害の成立が否定されるものではない。」

「前記間接侵害の主観的要件を具備すべき時点は,差止請求の関係では,差止請求訴訟の事実審の口頭弁論終結時であり……本件においては,控訴人は,遅くとも本件訴状の送達を受けた日……には,本件第1,第2発明が被控訴人の特許発明であること及び控訴人製品がこれらの発明の実施に用いられることを知ったものと認めるのが相当である。」

②［旧4号(現5号)について］「同号は,その物自体を利用して特許発明に係る方法を実施することが可能である物についてこれを生産,譲渡等する行為を特許権侵害とみなすものであって,そのような物の生産に用いられる物を製造,譲渡等する行為を特許権侵害とみなしているものではない。本件において,控訴人の行っている行為は,当該パソコンの生産,譲渡等又は譲渡等の申出ではなく,当該パソコンの生産に用いられる控訴人製品についての製造,譲渡等又は譲渡等の申出にすぎないから,控訴人の前記行為が同号所定の間接侵害に該当するということはできない。」

●ピオグリタゾン組合せ医薬事件(1)(大阪地判平成24・9・27判時2188号108頁)
——「物の生産」(2号)の解釈

「法101条2号の『物の生産』は,『発明の構成要件を充足しない物』を素材として『発明の構成要件のすべてを充足する物』を新たに作り出す行為をいう。すなわち,加工,修理,組立て等の行為態様に限定はないものの,供給を受けた物を素材として,これに何らかの手を加えることが必要であって,素材の本来の用途に従って使用するにすぎない行為は含まれない。被告ら各製品が,それ自体として完成された医薬品であり,これに何らかの手が加えられることは全く予定されておらず,他の医薬品と併用されるか否かはともかく,糖尿病又は糖尿病性合併症の予防・治療用医薬としての用途に従って,そのまま使用(処方,服用)されるものであることについては,当事者間で争いがない。したがって……被告ら各製品は,単に『使用』(処方,服用)されるものにすぎず,『物の生産に用いられるもの』には当たらない。」

「本件各特許発明が『ピオグリタゾンまたはその薬理学的に許容しうる塩』と本件併用医薬品とを併用すること(併用療法)を技術的範囲とするものであれば,医療行為の内容それ自体を特許の対象とするものというほかなく,法29条1項柱書及び69条3項により,本来,特許を受けることができないものを技術的範囲とするものということになる。」

●ピオグリタゾン組合せ医薬事件(2)（東京地判平成25・5・28裁判所HP）
――「発明による課題の解決に不可欠なもの」（2号）の解釈
　「特許法101条2号における『発明による課題の解決に不可欠なもの』とは，特許請求の範囲に記載された発明の構成要素（発明特定事項）とは異なる概念で，発明の構成要素以外にも，物の生産に用いられる道具，原料なども含まれ得るが，発明の構成要素であっても，その発明が解決しようとする課題とは無関係に従来から必要とされていたものは，これに当たらない。すなわち，それを用いることにより初めて『発明の解決しようとする課題』が解決されるようなもの，言い換えれば，従来技術の問題点を解決するための方法として，当該発明が新たに開示する，従来技術に見られない特徴的技術手段について，当該手段を特徴付けている特有の構成ないし成分を直接もたらすものが，これに該当すると解するのが相当である。」
　「本件各発明は，ピオグリタゾンと本件各併用薬という，いずれも既存の物質を組み合わせた新たな糖尿病予防・治療薬の発明であり，このような既存の部材の新たな組合せに係る発明において，当該発明に係る組合せではなく，単剤としてや，既存の組合せに用いる場合にまで，既存の部材が『その発明による課題の解決に不可欠なもの』に該当すると解するとすれば，当該発明に係る特許権の及ぶ範囲を不当に拡張する結果をもたらすとの非難を免れない。このような組合せに係る特許製品の発明においては，既存の部材自体は，その発明が解決しようとする課題とは無関係に従来から必要とされていたものに過ぎず，既存の部材が当該発明のためのものとして製造販売等がされているなど，特段の事情がない限り，既存の部材は，『その発明による課題の解決に不可欠なもの』に該当しないと解するのが相当である。」

　㈭　特許権に係る物品，または㈻生産方法により生産した物品をともに業として譲渡等（譲渡もしくは引渡し）または輸出のために所持する行為（3号・6号）　　元来，これらの行為は種苗法では権利の積極的効力として規定されており（種苗2条5項），前者については商標法でも擬制侵害とされてきた（商標37条2号）。また，先進諸外国でもかかる保管行為は侵害であると明記している国が多い。わが国でも「侵害のおそれ」（特100条参照）で読むこともできるが，平成18年改正法により，権利の積極的効力を拡大したことに伴い，その実効性確保のため本号は規定されたものである。

(3)　実用新案権（実28条，なお不正競争2条1項3号参照）
　㈑　業として，登録実用新案にかかる物品の製造にのみ使用する物の製造，譲渡等もしくは輸入または譲渡等の申出をする行為（1号）。
　㈺　登録実用新案に係る物品の製造に用いる物で，日本国内で広く一般に流通しているものを除き，その考案による課題解決に不可欠なものを，それ

281

が登録実用新案であり，かつその物がその考案の実施に用いられることを知りながら，業として，生産，譲渡等もしくは輸入または譲渡等の申出をする行為（2号）。

(ハ)　登録実用新案にかかる物品を業として譲渡，貸渡し，輸出のために，所持する行為（3号）。

(4)　意匠権（意38条，なお不正競争2条1項3号参照）

(イ)　登録意匠またはこれに類似する意匠にかかる物品の製造にのみ使用する物を業として生産，譲渡等もしくは輸入または譲渡等の申出をする行為（1号）　登録意匠が部分意匠の場合には本行為の範囲は極めて制限的となろう。

(ロ)　登録意匠またはこれに類似する意匠にかかる物品を業として譲渡，貸渡し，輸出のために所持する行為（2号）。

(5)　商標権（商標37条・67条，なお不正競争2条1項1号～3号参照）

(イ)　指定商品・指定役務につき登録商標と類似する商標の使用，または指定商品・指定役務と類似する商品・役務につき登録商標と同一または類似の商標を使用する行為（商標37条1号）　これは商標権の擬制侵害の規定のなかで，従来から本来的侵害と考えられていたものである。かかる禁止権の範囲に属する商標または商品･役務については，他人の使用が禁じられる結果，商標権者は事実上使用できることになる。しかし，この範囲が他人の登録商標の禁止権の範囲と相互に抵触した場合には，抵触する部分につき双方とも使用できない。その使用は他方の商標権の擬制侵害となる（なお，商標70条3項，4項参照）。

●**氷山印事件**――商標の類否判断（前出117頁参照）
●**つつみのおひなっこや事件**――結合商標の類否判断（前出117頁参照）
●**橘正宗事件**――商品の類否判断（前出118頁参照）
●**Career-Japan事件**――役務の類否判断（前出118頁参照）
●**ヴィラージュ白山事件**――商品と役務の類否判断（前出119頁参照）

(ロ)　商標権の積極的効力および上記禁止権の範囲に属する予備的な行為（商標37条2号～8号，なお不正競争2条1項1号・2号参照）。　これらは，ほと

んど主観的な目的をその要件としている。なお、8号は1号から7号までの予備的行為であることから、「業として」の行為に限定されている。

　(ハ)　登録防護標章を指定商品・指定役務に使用する行為、およびその予備的な行為（商標67条）。　これは商標権者の業務にかかる商品・役務と混同を生ぜしめる行為である。防護標章の点については本章第1節4(3)［294頁以下］を参照されたい。

(6)　商号（商12条、会社8条、商登27条、なお不正競争2条1項1号・2号参照）

　(イ)　不正の目的をもって他の商人または会社であると誤認されるおそれがある名称または商号の使用（商12条、会社8条）。

　(ロ)　他人の登記商号と同一で、その営業所、会社にあってはその本店の所在場所が、登記商号の営業所本店の所在場所と同一である場合（商登27条）。

　(ハ)　商号が周知・著名な場合の営業主体の混同行為（不正競争2条1項1号・2号）

(7)　回路配置利用権（半導体23条）

登録回路配置を専ら模倣するために使用される物を業として利用する行為。

3　不正競争行為

(1)　混同惹起行為およびただ乗り（不正競争2条1項1号・2号、19条1項1号～4号、パリ条約10条の2第3項1号参照）

周知性を有する他人の商品等表示と同一もしくは類似のものを使用し、またはこれを使用した商品を譲渡、引渡し、輸出、輸入、譲渡・引渡しのために展示し、もしくは電気通信回線を通じて提供して、自他商品または営業と混同を生じさせる行為（1号）。パリ条約10条の2第3項1号との関係で、ここで周知性とは業務上使用されて取引通用、すなわち識別力を有していることで足りる。しかし、他人の商品等表示を盗用して周知性を有するに至った場合は不正競争防止法の趣旨から除かれる。また、同一もしくは類似とは混同の生じうる範囲のものをいう。電気通信回線を通じて提供する行為は、平成14年改正商標法にならって、平成15年改正法で加えられたもので、その趣旨、意義は商標法（商標2条3項）と全く同一である。なお、ここで他人とは、消費者保護の見地か

ら広く、自分以外の者全てを含むと解すべきである（もっとも、不正競争3条・4条参照）。

　また、この商品等表示が著名な場合には、自他商品または営業との混同を要件とせずに、不正競争行為とされている（2号）。これにより、著名表示のただ乗り（free ride）を「広義の混同」の理論を意図的に適用せずに阻止し、それによる表示の指示力の希薄化やその汚染を防止することができる。

●ベレッタM92F事件（東京地判平成12・6・29判時1728号101頁）
——商品等表示の「使用」の意義
　「不正競争防止法2条1項1号……の趣旨は、人の業務に係る商品の表示について、同表示の持つ標識としての機能、すなわち、商品の出所を表示し、自他商品を識別し、その品質を保証する機能及びその顧客吸引力を保護し、もって事業者間の公正な競争を確保するところにある。そうであればこそ、同号は、他人の周知の商品等表示と同一若しくは類似の『商品等表示』を使用する行為を不正競争行為としている。すなわち、同号の不正競争行為というためには、単に他人の周知の商品等表示と同一又は類似の表示を商品に付しているというだけでは足りず、それが商品の出所を表示し、自他商品を識別する機能を果たす態様で用いられていることを要するというべきである。けだし、そのような態様で用いられていない表示によっては、周知商品等表示の出所表示機能、自他商品識別機能、品質保証機能及び顧客吸引力を害することにはならないからである。」
　「被告各商品は……実銃であるM92Fを対象に、その外観を忠実に再現したモデルガンであり……被告各商品に原告実銃に付されている原告各表示と同一ないし類似の被告各表示が付されているとしても、被告各表示は、いずれも出所表示機能、自他商品識別機能を有する態様で使用されているものではないというべきである。」

●ニューアマモト事件（名古屋高判昭和33・12・23高刑裁特5巻12号525頁、最決昭和34・5・20刑集13巻5号755頁も同旨）——周知性の判断
　「不正競争防止法第1条第1号[注：現2条1項1号参照]にいわゆる本法施行の地域内において広く認識せらるる商品というのは所論の如く日本全国において広く認識されることを要するものではなく、一地方においても広く認識された商品であれば足りるものと解すべきであ……る」

●日本ウーマン・パワー事件（最判昭和58・10・7民集37巻8号1082頁）
——類似性・混同の判断
　「ある営業表示が不正競争防止法1条1項2号にいう他人の営業表示と類似のものか否かを判断するに当たつては、取引の実情のもとにおいて、取引者、需要者が、両者の外観、称呼、又は観念に基づく印象、記憶、連想等から両者を全体的に類似のものとして受け取るおそれがあるか否かを基準として判断するのを相当とする。」
　「不正競争防止法1条1項2号にいう『混同ヲ生ゼシムル行為』は、他人の周知の営業表示と同一又は類似のものを使用する者が同人と右他人とを同一営業主体として誤

信させる行為のみならず，両者間にいわゆる親会社，子会社の関係や系列関係などの緊密な営業上の関係が存するものと誤信させる行為をも包含するものと解するのが相当である。」

●スナックシャネル事件（最判平成10・9・10判時1655号160頁）
——広義の混同

「旧不正競争防止法……1条1項2号に規定する『混同ヲ生ゼシムル行為』とは，他人の周知の営業表示と同一又は類似のものを使用する者が自己と右他人とを同一営業主体として誤信させる行為のみならず，両者間にいわゆる親会社，子会社の関係や系列関係などの緊密な営業上の関係又は同一の表示の商品化事業を営むグループに属する関係が存すると誤信させる行為（以下『広義の混同惹起行為』という。）をも包含し，混同を生じさせる行為というためには両者間に競争関係があることを要しないと解すべきことは，当審の判例とするところである……が，新法2条1項1号に規定する『混同を生じさせる行為』は，……旧法……同様，広義の混同惹起行為をも包含するものと解するのが相当である。」

「これを本件についてみると，被上告人の営業の内容は，その種類，規模等において現にシャネル・グループの営む営業とは異なるものの，『シャネル』の表示の周知性が極めて高いこと，シャネル・グループの属するファッション関連業界の企業においてもその経営が多角化する傾向にあること等，本件事実関係の下においては，被上告営業表示の使用により，一般の消費者が，被上告人とシャネル・グループの企業との間に緊密な営業上の関係又は同一の商品化事業を営むグループに属する関係が存すると誤信するおそれがあるものということがで……『混同を生じさせる行為』に当た……る。」

(2) 商品の形態の模倣（不正競争2条1項3号・19条1項5号）

発売後3年を経過しない他人の商品の形態（同2条4項）で，その商品と同種の商品が通常有する形態を除き，その形態を模倣した商品を流通に置く行為。発売後短期間ではあるが，実用新案，意匠および一部の著作物の盗用も防止することができる。ここで模倣とは，相対的な排他的独占権たる著作権の場合とほぼ同様で，商品の形態の実質的同一性と，それへの接する機会の存在での立証が必要である（同2条5項，なお同19条1項5号ロ参照）。また，ここで他人とは(1)と同様に解すべきである。

●ドラゴン・キーホルダー事件（東京高判平成10・2・26知的裁30巻1号65頁）
——模倣の意義

「『模倣』とは，既に存在する他人の商品の形態をまねてこれと同一または実質的に同一の形態の商品を作り出すことをいい，客観的には，他人の商品と作り出された商品を対比して観察した場合に，形態が同一であるか実質的に同一といえる程に酷似していることを要し，主観的には，当該他人の商品形態を知り，これを形態が同一であるか実質的に同一といえる程に酷似した形態の商品と客観的に評価される形態の商品を作り出すことを認識していることを要するものである。……相違がわずかな改変に

基づくものであって，酷似しているものと評価できるような場合には，実質的に同一の形態であるというべきであるが，当該改変の着想の難易，改変の内容・程度，改変による形態的効果等を総合的に判断して，当該改変によって相応の形態上の特徴がもたらされ，既に存在する他人の商品の形態と酷似しているものと評価できないような場合には，実質的に同一の形態とはいえないものというべきである。」

(3) 営業秘密の不正取得・不正開示・技術上の情報の不正使用等（不正競争2条1項4号～10号・19条1項6号・7号）

営業秘密を窃取，詐欺，強迫等の不正手段により取得，使用，開示する行為（4号），不正な利益を図る目的または保有者に損害を加える目的で，保有者の管理している営業秘密を使用，開示する行為（7号），および不正取得行為の介在または，不正開示行為もしくはその介在を，取得時または取得後に知り，もしくは重過失により知らないで，取得，使用，開示等する行為（同項5・6・8・9号）。並びに営業秘密中，特に技術上の情報につき，その不正使用行為により生じた物を，譲渡・引渡又はそれらの目的で展示，輸出，輸入し，又は電気通信回線を通じて提供する行為（但し，その物を譲り受けた者が，その譲り受け時にその事情を知らず，又は知らない事に重過失がない場合は除かれる）（同項10号）。後者は平成27年改正法により営業秘密漏示抑止力向上のため特に技術上の情報に限定して規定されたものである（なお同法19条1項7号，21条1項9号参照）。その保護範囲は，当該営業秘密の利用，改良，翻案，植物に関しては従属，交雑の範囲にも及ぶと解される。

●ダイコク原価セール事件（東京地判平成14・2・5判時1802号145頁）
――営業秘密の保有

「被告ダイコクは原告と共に原告商品の売買の当事者となっている者であり，原告商品の仕入価格（卸売価格）は，被告ダイコクが売買契約の当事者たる買主としての地位に基づき，売主との間の売買契約締結行為ないし売買価格の合意を通じて原始的に取得し，同被告自身の固有の情報として保有していたものであって，原告が保有し管理していた情報を取得し，あるいは原告から開示を受けたものではない。したがって，被告ダイコクとの関係においては，原告商品の仕入価格（卸売価格）は，その保有者から示されたもの（不正競争防止法2条1項7号）ではなく，また，不正な手段により取得され（同項4号），あるいは取得に際して不正取得行為（同項5号，6号）若しくは不正開示行為（同項8号，9号）が介在等したものに該当する余地もないから，被告ダイコクが，原告商品の仕入価格（卸売価格）を上記原価セールにおいて広く消費者に開示したとしても，当該開示行為は，不正競争防止法上の不正競争行為に該当しないと解するのが相当である。」

従来，営業秘密については，民法の契約法理や不法行為制度ないし不当利得制度のほか，会社の取締役，執行役等がそれを漏示，誤用している場合には会社法で（会社360条・385条・407条・422条），また，それが書面等著作物であってその複製，公衆送信，譲渡等を伴う場合には著作権法で（著21条・23条・26条の2），それが商品等表示に化体している場合には不正競争防止法で（不正競争2条1項1号～3号）各々保護されてきた。さらには，技術的な営業秘密である場合には，特許法で，その冒認出願は拒絶，無効とされ（特49条7号・123条1項6号）かつその権利行使が制限されている（同104条の3）。また，その保有者が実施または実施の準備をしている場合には，その立証は困難ではあろうが，先使用権を有する（同79条）。なお，法律または判例・学説上競業避止義務を有する会社取締役（会社355条・356条・365条），業務執行社員（同593条・594条），支配人（同12条1項，商法23条1項），代理商（会社17条・商28条），事業（営業）譲渡人（会社21条，商16条）および労働者，フランチャイジーは，その在任，在職または契約期間中は，重複する限りにおいて営業秘密保護の義務が存する。けだし，競業避止義務は営業秘密の立証を不要とし，その保護の代替的，補完的機能を有するからである。

●**フォセコ・ジャパン・リミティッド事件**（奈良地判昭和45・10・23判時624号78頁）
――競業避止義務の有効性
　「債務者両名は，競業者……に対し，債権者の営業の秘密を漏洩し，或いは必然的に漏洩すべき立場にあると言え，債権者は本件特約に基いて債務者らの競業行為を差止める権利を有するものといえる。」
　「競業の制限が合理的範囲を超え，債務者らの職業選択の自由等を不当に拘束し，同人の生存を脅かす場合には，その制限は，公序良俗に反し無効となることは言うまでもないが，この合理的範囲を確定するにあたつては，制限の期間，場所的範囲，制限の対象となる職種の範囲，代償の有無等について，債権者の利益（企業秘密の保護），債務者の不利益（転職，再就職の不自由）及び社会的利害（独占集中の虞れ，それに伴う一般消費者の利害）の3つの視点に立つて慎重に検討していくことを要するところ，本件契約は制限期間は2年間という比較的短期間であり，制限の対象職種は債権者の営業目的である金属鋳造用副資材の製造販売と競業関係にある企業というのであつて，債権者の営業が化学金属工業の特殊な分野であることを考えると制限の対象は比較的狭いこと，場所的には無制限であるが，これは債権者の営業の秘密が技術的秘密である以上やむをえないと考えられ，退職後の制限に対する代償は支給されていないが，在職中，機密保持手当が債務者両名に支給されていたこと既に判示したとおりであり，これらの事情を総合するときは，本件契約の競業の制限は合理的な範囲を超えているとは言い難く……本件契約はいまだ無効と言うことはできない。」

　これらのほか，刑事法関係においては，特定の職業につき秘密漏示罪（刑134

条）があり，又それが書類等資料に化体してその搬出を伴う場合には窃盗罪（刑235条），強盗罪（刑236条），横領罪（同252条・253条），盗品等譲受け罪（同256条），信書隠匿罪（同263条）で，伴わない場合には背任罪（同247条，会社960条），電子計算機を使う場合には不正指令電磁的記録取得等罪（同168条の3）等で処罰され，さらにかかる侵害に伴って住居侵入（刑130条），詐欺（同246条），電子計算機使用詐欺（同246条の2），恐喝（同249条），信用毀損・業務妨害（同233条），威力業務妨害（同234条），電子計算機損壊等業務妨害（刑234条の2）等が行われた場合には，各法条により処罰されることとされてきた。

かかる状況下で，平成2年改正不正競争防止法は営業秘密に関し，上記行為から一般的に保護することを規定した。しかし，訴訟手続上の秘密保護がなされないままであったので，その実効性はあまり期待できなかった。そこで平成8年改正民事訴訟法は秘密保護のための閲覧等の制限の規定を新設し（民訴92条），これに対応することとした。

しかし，平成16年改正不正競争防止法は後述のように，狭義の工業所有権法および著作権法等と連動して秘密保持命令の規定を設け（不正競争10条），さらに特許法と連動して，当事者尋問等の公開停止の規定（同13条）を設けるに至った［304頁参照］。その上，平成15年改正不正競争防止法は営業秘密に係る刑事罰をその一部に規定し，さらに平成17，平成18年および平成21年改正法は刑事罰の範囲を拡大，強化して（同21条参照），刑罰も実用新案権侵害を除く他の狭義の工業所有権侵害罪と同一とし（特196条，意69条，商標78条），さらに同23年改正法は上記と同時に営業秘密に係る刑事訴訟手続を規定している（不正競争23条〜31条）［322頁参照］。

これらに加えて，平成27年改正法はIT環境の変化に対応して，営業秘密漏示抑止力の向上のため，技術上の秘密に係る不正使用行為の新設（不正競争2条1項10号），挙証責任の軽減（同5条の2），差止請求の除斥期間の延長（同15条），罰金刑の上限の引上げ（同21条1項・3項），及び非親告罪化（同条5項）を規定し，他方，処罰範囲を拡大し（同条1項8号・9号，3項），未遂罪の新設（同条4項），転得者・国外犯の処罰の拡張（同条1項8号，6項），および刑事訴訟手続における秘匿決定の対象を拡大し（同23条），更に，没収（同第7章），保全手続（同第8章）及びそれらの国際共助手続（同第9章）についても規定している。

したがって，分析不可能な化学，生物分野の創作，あるいは守秘義務に支え

られた創作，さらには特許要件を満たさない発明等も，営業秘密とすることによってその有用性の存する限り，特許法よりも強力な保護をより長期間にわたって受けられることになった。しかし，これらの規定の具体的適用においては，職業選択の自由（憲22条），財産権の公共の福祉による制約（同29条），裁判の公開（同82条）および，特に，公開を通じて技術発展の促進を図る特許制度との均衡等との関係を，十分に考慮して行わなければならない。

(4) 技術的制限手段の無効化に係る装置等の販売等行為（不正競争2条1項11号・12号，19条1項8号）

営業上用いる技術的制限手段（同条7項）の回避をその機能とする装置，プログラム（同条8項）の記録媒体，記憶機器を譲渡，引渡し，輸出，輸入，譲渡・引渡しのために展示し，または上記プログラムを電気通信回線を通じて提供する行為（なお，同19条1項8号参照）。本号は，デジタル化，ネットワーク化の進展に伴い平成11年改正法で規定されたものである。ここで技術的制限手段とは，著作権法上の技術的保護手段（著2条1項20号）より広く，情報の確保のための手段であり，著作者等の権利を前提とする利用行為に反応する電磁的信号（コピーコントロール）に限定されず，使用や受信等を含む営業上用いられている全ての制限手段（アクセスコントロールが中心，ただしコピーコントロールも含む）を含み，またそれを施す主体の制限もない。映像の視聴等を一律に禁止する方式と，特定の者にそれを可能とする方式の両者を含む。なお，著作権法上の技術的保護手段に係る規定については刑事罰だけを規定しているにすぎない（著120条の2）が，本号は民事責任のみを規定するものであった（不正競争3条・4条）。しかし，平成23年改正法は前述のごとく，その対象たる機械，プログラムを，回避機能のみを有する装置の他，回避機能以外の機能をも有する装置についても，それが回避する用途に供するために提供する場合も含まれることにし，かつその範囲をそれらの装置の組立てキットにも拡大している。他方，上記行為について，図利目的又は技術的制限手段を用いる者への加害目的を条件として刑事罰を規定するに至った（同21条2項4号）。

●マジコン事件（東京地判平成21・2・27裁判所HP）
——技術的制限手段の意義［注：同判決では，回避機能「のみ」を有する装置であるか否かも問題とされたが，平成23年改正により規制対象が拡大した。］

「不正競争防止法2条1項10号の立法趣旨と,無効化機器の1つであるMODチップを規制の対象としたという立法経緯に照らすと,不正競争防止法2条7項の『技術的制限手段』とは,コンテンツ提供事業者が,コンテンツの保護のために,コンテンツの無断複製や無断視聴等を防止するために視聴等機器が特定の反応を示す信号等をコンテンツとともに記録媒体に記録等することにより,コンテンツの無断複製や無断視聴等を制限する電磁的方法を意味するものと考えられ,検知→制限方式のものだけでなく,検知→可能方式のものも含むと解され……不正競争防止法2条7項の技術的制限手段に該当……する」

　なお,平成11年に高度情報通信社会の健全な発展を図るべく制定され同23年改正法で強化された「不正アクセス行為の禁止等に関する法律」(平成11年法128号)は,不正アクセス行為(同3条2項)を禁止し(同3条),それを助長する行為(同5条),アクセス行為の用に供する目的でアクセス制御機能を有する他人の識別符号を取得・保管する行為(同4条,6条),及び識別符号の入力を不正に要求する行為の禁止(同7条)を規定し,それらに刑事罰を課する(同11～13条)とともに,それらの防御策(同8条)及び公安委員会等による援助策を規定している(同9条～10条)。

(5)　ドメイン名の不正取得等（不正競争2条1項13号）

　平成13年改正で追加されたもので,ドメイン名(同2条9項)の使用する権限を取得,保有,使用するにあたり,不正利得の目的ないし加害目的で他人の特定商品等表示と同一もしくは類似のものを使用する行為である。ドメイン名自体を保護する規定ではないが,その保護は,商標ないし商号(略称)または本法2条1項1号・2号で各要件を満たすことにより図られることになる。

(6)　欺瞞的行為（不正競争2条1項14号,パリ条約10条の2第3項3号参照）

　取引上の表示につき,誤認させるような表示をし,またはその表示した商品を譲渡,引渡し,輸出,輸入,譲渡・引渡しのために展示し,電気通信回線を通じて提供し,もしくはその表示をして役務を提供する行為。かかる誤認惹起行為の一部は,競業者の顧客を不当に誘引するという観点からは(独禁2条9項3号,一般指定8項),独占禁止法上の公正取引委員会の排除措置命令や課徴金納付命令などの対象ともなりうるが[262頁参照],その補完法たる景表法は直接消費者一般の保護の観点から,⒤優良誤認表示(同法5条一号),ⅱ有利誤認表

示（同条二号）及びⅲ告示により指定される表示（同条三号）に区分し，その全てにわたって，内閣総理大臣（消費者庁）による排除措置命令（同7条）の対象とされており，かつ平成26年改正法は更に商品の原産国に関する不当な表示やおとり公告に関する表示等のⅲを除き，ⅰⅱに関しては消費者庁による課徴金納付命令をも創設している（同法第2章第3節）。なお同法はかつて平成15年改正法により表示者に合理的根拠の提出義務が課されたことにより（同7条2項），その実効性が向上してきていた。また，平成20年改正法により適格消費者団体による差止請求も認められるに至っており（同30条，なお消費者契約法12条の2参照），平成21年改正法によりその所管を消費者庁に移管されている。なお，上記行為は詐欺行為としてその結果をまって民事・刑事の対象ともなる（民96条，刑246・246条の2）。栄養機能食品のほか，機能性表示食品の表示も許されることもあって，その活用が期待される。

(7) 営業誹謗行為（不正競争2条1項15号，パリ条約10条の2第3項2号参照）

競争関係にある他人の営業上の信用を害する虚偽の事実を告知，流布する行為。侵害に対する警告，訴訟の提起にあたっては注意すべき事柄である。

●ジャストホーム2家計簿パック事件（東京地判平成16・8・31判時1876号136頁）
——特許権行使（警告書）と営業誹謗—違法性（前出43頁及び後出299頁参照）
　「本件製品は本件発明の技術的範囲に属さないのであるから，本件製品をプリインストールしたソーテックのパソコンは被告の本件特許権を侵害するものである旨の告知内容は，虚偽の事実に該当する。
　しかし，このような場合であっても，告知した相手方が本件製品をプリインストールしたパソコンを販売する者であって，特許権者による告知行為が，その相手方自身に対する特許権の正当な権利行使の一環としてなされたものであると認められる場合には，違法性が阻却されると解するのが相当である。これに対し，その告知行為が特許権者の権利行使の一環としての外形をとりながら，競業者の信用を毀損して特許権者が市場において優位に立つことを目的とし，内容ないし態様において社会通念上著しく不相当であるなど，権利行使の範囲を逸脱するものと認められる場合には違法性は阻却されず，不正競争防止法2条1項14号所定の不正競争行為に該当すると解すべきである。」

●ブルーレイディスク事件（東京地判平成27・2・18判タ1412号265頁）
——FRAND宣言（前出225頁参照）をした必須特許の行使と営業誹謗—故意過失（前出43頁参照）
　「原告はFRAND条件によるライセンスを受ける意思を有していたと認められるから……被告プール特許権者が原告やその顧客である小売店に対し差止請求権を行使する

ことは，権利の濫用として許されない状況にあったと認められる。……差止請求権の行使が権利の濫用として許されない場合に，差止請求権があるかのように告知することは，『虚偽の事実』を告知したものというべき……であり，不競法2条1項14号［注：現15号］の不正競争に該当する。」

「被告には本件告知が不競法3条1項14号の虚偽の事実の告知に該当する旨の認識があったとは認められず，そのことにつき被告に過失があったとはいえないから，原告に同法4条に基づく損害賠償請求権は発生しないものと判断する。……FRAND宣言をしている特許権者による差止請求権の行使については……様々な法的構成が考えられるところであり，本件告知の時点において，相手方がFRAND条件によるライセンスを受ける意思を有するということをもって，直ちに差止請求権の行使が許されないと解することが，確立した法的見解であったということはできないのであるから，被告は，被告プール特許権者の小売店に対する差止請求権の行使が権利濫用として制限され，本件告知が虚偽の事実の告知となることを，本件告知の時点では知らなかったものであり，そのことにつき過失もなかったと認めるのが相当である。」

(8) 代理人等の不当な商標の使用（不正競争2条1項16号，なおパリ条約6条の7，TRIPs2条1項参照）

パリ条約同盟国，WTO加盟国および商標法条約締約国の商標権と相抵触する商標を，正当な理由なくその商標権者の承諾をえないで，その代理人もしくは代表者または行為日前1年以内にこれらの者であった者が使用する行為。

(9) 外国の国旗等または国際機関の標章の商業上の使用，および外国公務員等に対する不正の利益の供与等の禁止（不正競争16条～18条，パリ条約6条の3，商標4条1項1号～3号，国際商取引における外国公務員に対する贈賄の防止に関する条約〔1999年発効〕）

これらは，必ずしも不正競争行為類型ではないが，不正競争防止法で禁止されており，その違反に対して刑事制裁が規定されており，日本人の国外犯も罰せられる（不正競争21条2項7号）。

4 権利の防御的制度

(1) 秘密意匠制度（意14条）

意匠は流行的性格を有し，かつ外観的美感をその基礎とする。したがって，出願公開はなされずに，直ちに登録査定が行われる（意18条）。しかし，設定登録後は一般に周知すべく，その内容は意匠公報に掲載されて公開される（同20

条3項)。そこで，法は出願と同時にあるいは登録意匠の第1年分の登録料納付時に，出願人の請求により，意匠権設定登録の日より3年以内であれば，その期間意匠を秘密にすることができる旨規定している（同14条）。平成18年改正法により，請求時に後者が加えられたのは，特許庁での意匠の審査期間短縮化により，出願人の利便性を考慮したものである。

　本制度は流行を追求する意匠の経営的考慮で，元来意匠が外観的美感ゆえに開示により侵害が極めて容易に行われることから，これを防止するための防御的機能を有している。したがって，上記期間中は特定の場合以外は開示されず（同条4項），またその期間は登録日より3年以内ならば請求により延長，短縮できる（同条3項）。しかし，上記期間経過後は遅滞なく意匠公報に掲載して公表される（同20条4項）。なお，国際意匠登録出願は国際公表されることを前提とするため，本制度は適用されない（同60条の9）。

(2) 関連意匠制度（意10条）

　同一の意匠概念から同時期に創作された意匠を，全て同価値を有するものとして保護するため，従来の類似意匠制度に代えて平成10年改正法で創設された制度で，自己の意匠登録出願に係る意匠の中から選択した1意匠を本意匠と称し，それに類似する意匠群を関連意匠とし，それらが本意匠の出願人により同日に出願された場合に限って，先願主義の例外として登録を認めるものである。しかし，平成18年改正法は出願人の利便性の観点から，市場販売後の改良意匠も本制度を利用しうるように，本意匠に係る意匠公報発行までの期間内の出願人の出願をも認めることにした（意10条1項）。ただし，本意匠権についてすでに専用実施権が設定されているときは，後述の同時一体的設定の要請から（同20条1項），この出願は認められない（同10条2項）。

　元来，自己の登録意匠に類似する意匠については，意匠権の効力は及ぶものであるが（同23条），本制度は，さらにその類似の範囲の意匠群を，各々通常の意匠権としてそれらの類似範囲をも含めて保護するために，本意匠と同一出願人が上記期間内に行う出願に限ってこれを認めるもので，類似意匠制度と異なり，単に本意匠の類似範囲を確認する防御的機能のみならず，積極的機能をも有する。

　関連意匠の意匠権は，権利の不当な延長を防ぐため，本意匠の意匠権の存続期間が満了した場合には消滅するが（同21条2項），関連意匠も本意匠と同価値

の意匠であるので，それ以外の場合で本意匠の意匠権が消滅する場合には，消滅しないものとされている。しかし，本意匠および関連意匠は全て類似関係にあるので，本意匠および関連意匠の意匠権の移転，専用実施権の設定は，全て一体として行われる。また，本意匠の意匠権が存続期間満了以外の理由で消滅した場合の，関連意匠の意匠権の移転，専用実施権の設定も，一体として行われる場合に限られる（同22条・27条1項但書・3項）。

(3) 防護標章制度（商標64条）

登録商標が周知である場合，その自他商品・役務の混同行為は前記のように不正競争防止法でも保護されることになるが，あらかじめ自他商品・役務の混同のおそれを避けるため，その登録商標の指定商品・指定役務と非類似の商品・役務についてまで，当該商標権の消極的効力を及ぼすために防護標章制度がある。この制度は団体商標および地域団体商標に係る商標権についても認められている（商標64条）。その存続期間は設定登録日から10年であるが，更新が認められている（同65条の2）。しかし，防護標章制度は商標権の防御を直接の目的とした制度であることから，当該商標権に付随し，その移転に伴って移転し，その消滅または分割によって消滅する（同66条）。また，使用されることを前提とする制度ではないので，不使用取消審判の対象とされず，使用許諾や質権の設定等もできない。

かかる特別の種類の標章制度であることから，商標法条約では防護標章制度に一定の範囲において留保を認めている（商標法条約21条1項）。わが国はこれに従い，防護標章登録の更新登録出願（商標65条の3）にあたって，周知性や混同の生じるおそれ等を中心とする登録要件を再吟味するべく，従来通りの審査主義を採用し（同65条の4），拒絶査定に不服の更新登録出願人には拒絶査定不服審判（同68条4項・44条）を，また登録査定に不服の利害関係人には無効審判（同68条4項・46条）を各々認めている。しかし，本登録出願および更新登録出願の登録料は，改正前に比して極めて高額となっている（同65条の7参照）。

(4) 連合商標制度の廃止

なお，従来存在していた連合商標制度（商標旧7条）は，平成8年改正商標法により廃止された。これも商標法条約でいう，特別の種類の標章であり，一定

の範囲において留保が認められている（商標法条約21条1項）。

　元来，商標権者は指定商品・指定役務について登録商標を独占的に使用する権利を有するが（商標25条），当該登録商標を類似商品・類似役務に使用したり，類似商標を同一ないし類似商品・類似役務に使用する者に対しては，前記の禁止権があるだけで（同37条1号），これら禁止権の範囲にわたって独占的に使用しうる積極的権利はない。この点意匠権と異なる（意23条）。しかし，これは自己の商標権の類似範囲であることから，出所混同の問題は生じない。そこで，これら禁止権の範囲にわたってもあらかじめ独占的権利として積極的に使用できるために，連合商標登録の制度が存在していた。この制度は商標権の類似範囲をあらかじめ明確化する意味で防御的機能を有し，かつ連合商標出願が登録されると既登録商標と相互に連合となり，付随したり合体するものではない。その意味で独立性を有するので，禁止権の範囲をさらに拡大することになり，さらに，連鎖的連合商標も認められていた。しかし相互に連合することから，連合関係にある商標権は分離して移転できないとされ，また，連合関係にある登録商標の一を使用している場合には，他の登録商標も不使用取消審判の対象とされず，かつその存続期間の更新登録も認められていた。

　しかし，商標権の分離移転の禁止は商標法条約に反し（商標法条約7条2項），かつ，後者の不使用登録商標の特則は貯蔵商標を過剰に確保し，識別力の弱い商標の商標権獲得手段等に利用されてきた。その結果，不使用登録商標が増加し，他の競業者の商標選択の幅を狭め，かつ特許庁および出願人の検索，調査負担を増大させ審査遅延の一因ともなっていた。そこで，改正法は，本制度をイギリスと同様に廃し,他の法条に多少の改正を行っている（商標24条・24条の2・24条の4・26条1項柱書括弧書・50条1項括弧書)。なお，従来の連合商標となっている登録商標は通常の登録商標と同様の取扱いがなされ（平成8年商標法改正法〔法68〕附則4条），かつ今後とも自己の登録商標と類似関係にある商標は，従来通り同一人により通常の登録が認められている（商標4条1項11号参照）。

第2節　権利侵害に対する救済

1　民事上の救済

　知的財産権の侵害に対しては，差止請求権，損害賠償請求権，不当利得返還請求権および信用回復措置請求権等民事上の救済が認められる。

第2節 権利侵害に対する救済

表7　権利侵害に対する救済

		営業秘密	特許前(出願公開後)
1．警告（不正競争2①XV）		○	○
2．裁判外のADR		○	○
3．訴訟（Ⅰ）			
擬制侵害		—	特101
管轄（民訴6・6の2）		特許権,実用新案権,回路配置利用権,プログラム	
仮差押，仮処分（民保20，23②）		○	○
証拠保全手続（民訴234～242）		○	○
挙証責任とその緩和	生産方法等の推定	不正競争5条の2	特104
	具体的態様の明示義務	不正競争6	特104条の2
	文書提出命令	不正競争7	特105
営業秘密に係る民事訴訟手続	インカメラ手続（民訴223⑥）	不正競争7②～④	特105②～④
	第三者の閲覧請求禁止（民訴92）	○	○
	非公開を原則とする弁論準備手続（民訴168～174）		
	裁判所外における証拠調べ（民訴185）		
	秘密保持命令	不正競争10	特105の4
	当事者の閲覧請求2週間不可	不正競争12②	特105の6②
	裁判の非公開	不正競争13	特105の7
4．裁判所での和解等		○	○
5．訴訟（Ⅱ）			
差止請求		不正競争3	—
損害賠償請求（民709）		不正競争4	（特65）
過失推定		—	—
損害額の推定等		不正競争5	—
計算鑑定人		不正競争8	特105の2
相当な損害額認定		不正競争9	—
文書提出命令		不正競争7	特105
不当利得（民703・704，著117・118）		○	○
信用回復措置請求（民723）		不正競争14	—
営業秘密に係る刑事訴訟手続		営業秘密の秘匿決定等（不正競争23～25，27～29）	

第6章　知的財産権の侵害および消滅

特許権	著作権，著作隣接権　著作者・実演家人格権	育成者権	回路配置利用権
○	○	○	○
○	○	○	○
特101	著113	—	半導体23
著作物に係る著作権・著作者人格権は東京地裁・大阪地裁が専属管轄。それ以外は競合管轄。			
○	○	○	○
○	○	○	○
特104	—	—	—
特104条の2	著114の2	種苗36	—
特105	著114の3	種苗37	—
特105②〜④	著114の3②〜④	種苗37②〜④	—
○	○	○	○
特105の4	著114の6	種苗40	—
特105の6②	著114の8②	種苗42②	—
特105の7	—	種苗43	—
○	○	○	○
特100	著112	種苗33	半導体22
民709	民709	民709	民709
特103	—	種苗35	—
特102	著114	種苗34	半導体25
特105の2	著114の4	種苗38	—
特105の3	著114の5	種苗39	—
特105	著114の3	種苗37	半導体26
○	○	○	○
特106	（著115）	種苗44	民723

I), 公判期日外の証人尋問等（同法26, 27, 29Ⅱ), 証拠開示の際の営業秘密の秘匿要請（同法30）

原告適格——かかる権利の行使は，被侵害者たる知的財産権者ないし専用または前記の通常利用（実施，使用）権者［269頁参照］，および人格権については著作者，実演家が行う。共有にかかる知的財産権はその権利行使の態様には合有的色彩をも有するので，その権利の行使においては困難な問題が生ずる。しかし，著作権法はこれを立法的に解決し，単独の行使を認めている（著117条）が，損害賠償請求においては異なる訴訟結果の生ずる点で問題が存する。他の知的財産権の場合も訴訟法的解決が図られるべきことは前述した（第3章第5節［71頁以下］参照）。

●**生体高分子構造検索方法事件**（最判平成17・6・17民集59巻5号1074頁）
——専用実施権設定時の特許権者の権利
　「特許権者は，専用実施権を設定したときであっても，差止請求権を失わないものと解すべきである。」

●**ヘアーブラシ事件**——完全独占的通常実施権者による差止めおよび損害賠償請求（前出269頁参照）

　権利行使に関し，さらに著作権法は，無名，変名著作物にかかる権利の保全者（同118条）および著作者・実演家の死後の人格的利益の保全者について特別な規定を設けている（同116条）。前者は著作物の発行者に権利行使を認めて，実質的に著作者の氏名表示権の保護を図っている。したがって，発行者（同118条2項参照）は著作権および著作者人格権の侵害に関し，自己の名をもって全権利の行使が認められる。内的には性質の許す限り事務管理の規定（民697条～702条）が適用される（なお，ベルヌ条約15条3項参照）。また，後者は著作者または実演家が存しなくなった後の人格的利益の保護（著60条・101条の3）を実効化するための規定で，自然人のみに限って，差止めおよび名誉回復措置請求権の行使をなしうる者の範囲を法定する（同115条。なお，ベルヌ条約6条の2第2項参照）。

　なお，不正競争防止法上の保護権の行使は，営業上の利益を侵害される者に限られている（不正競争3条・4条）。同法2条1項1号～3号については，消費者保護の見地から，直接混同行為をされている者，著名な商品等表示の保有者，商品の形態を模倣された者に限定せずに，広く不正競争行為の存在により営業上の利益を害されている者一般にも認めるべきであろう。なお，ここで者とは法人格なき社団等も含むと解されている。

　警告——つぎに，知的財産権侵害に対する救済措置は，その性質上迅速な手

段をもって対処してゆかなければ完全な回復は不可能である。特に、産業活動における識別標識や不正競争防止法上の保護権の客体である、顧客吸引力という事実上の利益は回復が困難である。また、これらの場合には迅速な救済は消費者利益とも合致する。まず侵害初期の段階では、一般に内容証明、配達証明郵便等による警告が行われる。これは「営業上の信用を害する虚偽の事実の告知」(不正競争2条1項15号)や業務妨害罪(刑233条)にならないよう注意しなければならない。特に、秘密意匠においては、未だ公表されていないので、意匠公報に掲載されるべき事項を記載した書面で特許庁長官の証明を受けたものを、また、実用新案においては、無審査主義を採用したので、特許庁の作成した実用新案技術評価書を、各々事前に提示して警告した後でなければ、これら差止請求権等を行使することができないこととされている(意37条3項、実29条の2)。また、実用新案権の侵害においては、同法が無審査主義を採用した結果、その権利が事後的に無効とされた場合には、実用新案技術評価で評価の対象となった事項(実12条1項参照)以外の事項については、相当の注意をもって侵害者に対して権利を行使し、または警告したときを除き、権利者は過失があるものとして損害賠償責任を負うので(実29条の3)、注意深く行われなければならない。

●ジャストホーム2家計簿パック事件——警告書と営業誹謗(前出291頁参照)

裁判外のADR——警告をしても侵害行為を止めない場合には、法的措置を講ずることになるが、近時注目されてきたのが裁判所の訴訟手続以外の方法による代替的紛争解決手段(ADR)である。これは簡易、迅速、安価であり、当事者の自主性を活かした紛争解決方法として必ずしも法律に拘束されることなく、長所ともなりかつ短所ともなりうるが、条理にかない実情に即した柔軟な解決が得られることになる。また、裁判所外のADRは非公開で秘密保持も可能であるので、当事者の信用維持にも便宜である。これには、著作権法で規定する行政機関による斡旋制度(著105条~110条)のほか、WIPO仲裁調停センター、日本商事仲裁協会、日本知的財産仲裁センター、ソフトウェア紛争解決センターおよび弁護士仲裁センター等常設の民間機関で行う調停、和解(裁判外の和解〔民695条〕)および当事者の仲裁合意に基づいて行われる仲裁手続等がある。

かかる傾向を受けて、平成16年に「裁判外紛争解決手続の利用の促進に関す

る法律」(平成16年法151号)が制定されている。同法は，弁護士以外の専門家が手続実施者となり，調停，斡旋等により和解の仲介を行う民間紛争解決手続を規定する(同2条1号・2号)。手続実施者には，その適正を確保するために認証制度を設け(同5条～13条)，この認証紛争解決事業の行う認証紛争解決手続に時効中断の法的効果を認め(同25条)，当事者が安心して交渉に専念しうる途を設けている。なお，この手続は訴訟手続中においても利用しうる。その場合は訴訟手続は，受訴裁判所の裁量により一定期間中止されうることになっている(同26条参照)。

　また，ADRの代表的制度たる仲裁手続に関しては，平成15年に仲裁法が，1985年の国連商事取引法委員会の国際商事仲裁模範法をモデルとし，制定以来110年振りに独立の法制として大改正されている。同法は国際標準に合致し，当事者の利便性を図り，その自主性を基礎とし，補完的に裁判所が関与する，実効性ある仲裁手続を規定する。

　これらは合意による自発的解決であるので任意の履行が期待される。しかし，仲裁手続の仲裁合意は新たに書面性が要求されることになったが(仲裁法13条1項)，仲裁判断は確定判決と同一の効力を有し，裁判所の決定により執行しうる(同45条・46条)。

　仮差押・仮処分・証拠保全手続——つぎに，法的措置が講ぜられることになるが，迅速な救済手段として，損害賠償または差止め請求等を本訴として，民事保全法に基づく仮差押，仮処分の請求，または必要があれば証拠保全手続(民訴234条～242条)が利用される。

　仮差押は金銭債権につき強制施行が不可能又は困難となるおそれがある場合に債務者の財産を確保するために用いられる保全方法である(民保20条)。また，仮処分は現在の係争権利関係についての著しい損害又は急迫の危険に対処し，迅速に権利の実質的保護を受ける保全方法である。通常，仮の地位を定める仮処分である(同23条2項)。ともに被保全権利と保全の必要性の疎明が要求される(同13条)。本訴の提起前，あるいはこれと同時に請求される場合が多い。一般に債権者に，将来本訴で仮処分がくつがえされた結果債務者が被るべき損害を担保させるため，保証金を立てることを命ずるのが原則である(同14条)。

　また，証拠保全手続は，訴訟における本来の証拠調べの期日を待っては，その取調べが不能または困難になる事情のある特定の証拠方法につき，本来の期

日前にあらかじめ証拠調べをしてその結果を保全しておくための訴訟手続である（民訴234条）。しばしば仮処分にも先行して行われる。

管轄——つぎに権利侵害訴訟の提起である。平成8年改正民事訴訟法は，知的財産権関係訴訟における審理の充実・迅速化を図るために，専門技術的要素が特に強い特許権，実用新案権，回路配置利用権またはプログラムの著作物に係る著作権・著作者人格権に係る訴訟については，従来の管轄裁判所に加えて専門部を有する東京地方裁判所（東日本）または大阪地方裁判所（西日本）にもその競合管轄を認めることにした（民訴旧6条）。しかし，平成15年改正民事訴訟法は，さらに上記訴訟につき管轄集中をすすめ，第1審を東京地方裁判所および大阪地方裁判所の専属管轄とし，その全ての控訴事件を東京高等裁判所の専属管轄とした（民訴6条，なお20条2項参照）。そして，早期に判断の統一を図るために，かかる東京・大阪地方裁判所および東京高等裁判所においては，5人の裁判官による合議体で審理および裁判をすることができることにした（同269条の2・310条の2，特182条の2，実47条2項）。また，その他の知的財産権（意匠権，商標権，プログラムを除く著作物に係る著作権・著作者人格権，出版権，著作隣接権，実演家人格権，育成者権，不正競争防止法上の保護権）に係る訴訟についても，従来の管轄裁判所に加えて東京地方裁判所および大阪地方裁判所にも競合管轄を認めて（民訴6条の2），知的財産権侵害訴訟全般にわたって管轄の集中を図っている。

この改正に加えて，平成16年には知的財産権訴訟の一層の充実・迅速化を図るために，知的財産高等裁判所設置法が制定され，東京高等裁判所内に独自の司法行政機能と独立の事務局を有する知的財産高等裁判所が設置された。その職掌は，前記知的財産権訴訟に係る控訴事件および特許訴訟（特178条1項，実47条1項，意59条1項，商標63条1項）を中心とする，東京高等裁判所に属する全ての知的財産権関連事件である（知的財産高等裁判所設置法2条）。

かかる改正に伴い，東京・大阪両地方裁判所の知的財産専門部の裁判官，裁判所調査官（民訴92条の8・92条の9参照）等が増員され，平成15年の専門委員制度の創設（民訴92条の2～92条の7）と相まって，知的財産権関係訴訟の審理期間は大幅に短縮されてきた。

挙証責任とその緩和——侵害訴訟の提起においては，権利者はまず相手方の利用（実施，使用）行為を特定して侵害行為の存在を立証しなければならない。

侵害の立証は，絶対的な排他独占権にあっては，その客体の同一性であり，相対的な排他的独占権にあっては，これと同様,客体の実質的類似性（substantial similarity）と，さらにそれへの接する機会（accessibility）の存在である。しかし，相手方の利用行為が無形的利用であったり，あるいは組織内部で行われ，または営業秘密と関連する場合等には，その特定は極めて困難である。

　そこで，特許権侵害訴訟に関し，生産方法の推定規定を設け，特許出願前にその生産物が国内公知となっていないときは，その物と同一の物はその方法により生産したものと推定し，挙証責任を転換してきた（特104条，なお，TRIPs34条参照）。また，平成27年改正不正競争防止法も技術上の秘密保護の実効性を確保するため,その使用方法等について推定規定を設けている（不正競争5条の2）。

　また，平成11年改正法は，狭義の工業所有権侵害訴訟に関し，民事訴訟法上の準備書面記載一般に関する積極否認（民訴規79条3項）の考え方を一歩進め，侵害組成物として主張する物または方法の具体的態様を否認する場合には，自己の行為の具体的態様の明示義務を規定し，積極否認の特則を新設してその特定化を容易にした。しかし，相手方は営業秘密である等の「相当の理由」があるときは，これを拒むことができる（特104条の2，実30条，意41条，商標39条）。これにならって，平成15年の改正著作権法および改正不正競争防止法，平成19年改正種苗法もこれと同様の規定を一律に設けている（著114条の2，不正競争6条，種苗36条）。しかし，著作権にあっては無形複製の場合にはこの規定は無意味であり，また著作権および多くの不正競争防止法上の保護権は，相対的な排他的独占権であるので，同一の物または方法であっても別個に創作すれば全く侵害とはならない。したがって，その適用にあたっては，絶対的な排他的独占権である狭義の工業所有権および不正競争防止法上の商品等表示ないし取引上の表示に係る保護権の場合と，事情を全く異にすることを留意しなければならない。

　さらに，平成11年改正法は，狭義の工業所有権侵害訴訟に関し，従来損害額の計算をするためにのみ規定されていた文書提出命令を，侵害行為の立証のためにも拡充してその立証を容易化した。もっとも相手方たる書類所持者は，営業秘密である等の「正当の理由」がある場合にはこれを拒みうる。しかし，文書提出命令において正当な理由の有無の判断上必要がある場合は，裁判所はその関係書類を提示させることができるとされている（特105条1項・2項，なお実30条，意41条，商標39条参照）。平成12年改正著作権法および平成15年改正不正競

争防止法,平成19年改正種苗法も,これと同様の規定を設けている（著114条の3,不正競争7条,種苗37条）。

この場合,提出された関係書類につき裁判所は,訴訟追行の必要性と営業秘密保護の必要性とを比較衡量して,いわゆるインカメラ手続（民訴223条6項）に従い判断することになる。しかし,裁判所が相手方たる書類所持者の説明のみで,上記の正当な理由の有無を判断することは公平ではない。そこで,平成16年改正法は求意見制度を採用し,裁判所の裁量で,これを文書提出命令の申立人をも含む当事者等,訴訟代理人,補佐人に開示して,意見陳述の機会を与えることができることにした（著114条の3第3項,特105条3項,実30条,意41条,商標39条,不正競争7条3項,種苗37条3項）。

営業秘密に係る民事訴訟手続——また,営業秘密を含み,またはそれに係る訴訟においては,従来,裁判の公開の原則上（憲82条）公開審理は否定できないものとして,平成8年改正民事訴訟法は訴訟記録につき,当事者の申立てにより営業秘密が記載されておりかつ第三者の閲覧等により利益が害される蓋然性の存することの疎明を条件として,第三者の閲覧等請求を禁止できることにした（民訴92条）。この場合,相手方にも十分な訴訟追行の機会を保障するため（憲32条参照),閲覧等請求は認められるが,そこで知りえた営業秘密の使用,開示等行為は一定の範囲で責任を負うことになっている（不正競争2条1項7号～10号参照)。しかし,この規定のみによっては,営業秘密に対する守秘義務を強制するには不十分であるとして,従来より営業秘密に係る訴訟は,事前に非公開を原則とする弁論準備手続（民訴168条～174条）を積極的に活用して争点および証拠の整理を行うとともに,裁判所外における証拠調べ手続（同185条）の活用が行われてきた。

しかし,営業秘密に係る訴訟および前記の侵害訴訟における具体的態様の説明義務の履行の際に加えて,平成16年改正法によって創設された,侵害訴訟における前述文書提出命令手続および後述の当事者尋問等の公開停止手続においてともに採用された求意見制度によっても,裁判手続上営業秘密が開示される場合が存するに至った。

そのため,同改正法は,営業秘密の実体法上の保護強化に呼応して手続上でもその保護強化を図っている。すなわち,営業秘密が準備書面または証拠の内容に含まれ,または含まれることになり,かつそれが訴訟追行以外の目的で使

用・開示されて，その営業秘密に基づく当事者の事業活動に支障が生ずるおそれを防止するため，それらの使用・開示を制限する必要性の存することの疎明を要件に，当事者の申立てにより裁判所は侵害訴訟において決定により，個々の当事者等，訴訟代理人，補佐人に対して秘密保持命令を発することができるとし（著114条の6，特105条の4，実30条，意41条，商標39条，不正競争10条，種苗40），その強制力を刑事罰をもって担保することにした（著122条の2〔123条参照〕，特200条の2，実60条の2，意73条の2，商標81条の2，不正競争21条2項5号，種苗70条）。なお，この命令を受ける者が上記申立て前にすでに他の方法によりその営業秘密を取得・保有している場合は除かれている。

●**仮処分秘密保持命令申立事件**（最決平成21・1・27民集63巻1号271頁）
――仮処分における秘密保持命令の申立ての可否
「特許権又は専用実施権の侵害差止めを求める仮処分事件は，特許法105条の4第1項柱書き本文に規定する『特許権又は専用実施権の侵害に係る訴訟』に該当し，上記仮処分事件においても，秘密保持命令の申立てをすることが許されると解するのが相当である。」

なお，上記申立ての却下に対しては即時抗告をすることができる（著114条の6第5項，特105条の4第5項，実30条，意41条，商標39条，不正競争10条5項，種苗40条5項）。しかし，前記要件を命令の発令時または発令後に欠く場合には，その取消しの申立てが認められているが（著114条の7，特105条の5，実30条，意41条，商標39条，不正競争11条，種苗41条），申立てを認容する決定に対しては即時抗告をすることは認められていない。

また，この秘密保持命令は個々人に対して発令されるものなので，第三者の閲覧等請求の禁止決定後でも，それ以外の当事者はこの命令が発令された訴訟に係る訴訟記録について閲覧等請求をすることができる（民訴92条参照）。そこで，この命令の申立てをした全ての当事者の同意のない限り，命令を受けていない当事者のする閲覧等請求は，その者に対する秘密保持命令の申立ての可能性を考慮して，原則として2週間はその秘密記載部分の閲覧等はできないものとされている（著114条の8，特105条の6，実30条，意41条，商標39条，不正競争12条，種苗42条）。なお，これらの規定は第三者の保有する営業秘密保護を規制の対象とはしていない。証言拒否権（民訴197条1項3号）または文書提出拒否権（同220条4号ハ）で対応することになろう。

さらに，平成16年改正特許法，実用新案法，不正競争防止法は，その侵害訴

訟において侵害有無の判断の基礎となる事実が当事者の営業秘密に係り，かつ当事者等が当事者本人，法定代理人または証人として尋問を受ける場合につき，次の条件でその事項の尋問に限って，裁判の公開原則の例外を規定した（憲82条2項参照）。すなわち，公開法廷での陳述が，明らかにその営業秘密に基づく当事者の事業活動に著しい支障を生じて十分な陳述がなされず，かつ，他の証拠のみではその侵害の適正な判断ができない場合に限り，当事者に対する意見聴取を条件に，裁判官全員一致の決定で（民訴120条参照），その尋問を非公開とすることができる。

他方，立証の容易化と営業秘密の保護の均衡を図るために，上記意見聴取に加えて求意見制度を採用し，裁判所はその裁量により，陳述要領の提示を求め，その書面をさらに当事者等，訴訟代理人，保佐人に開示して意見陳述の機会を与えることができることにしている（特105条の7，実30条，不正競争13条，種苗43条）。

著作権法，意匠法，商標法，半導体集積回路の回路配置に関する法律においてはこれに類する規定が存しない。その客体が営業秘密でもある場合には，不正競争防止法の規定によることになろう（なお，憲82条2項，裁70条参照）。

なお，訴訟手続の任意的中止に関する規定が，審査および審判の任意的中止も含めてそれらの連携を維持する目的で規定されている（特54条，意19条，商標17条，特168条，実40条，意52条，商標56条）。

裁判所での和解等――なお，裁判所で行われる和解等手続として，民事調停法上の調停や裁判上の和解がある。後者には，通常訴訟提起前，訴訟予防のために行われる起訴前の和解（民訴275条），勧試（同89条）による従来からの和解のほか，平成8年改正法による和解条項案の書面による受諾制度（同264条），および裁判所等が和解条項を定める制度（同265条）がある。これら裁判上の和解は，和解調書に記載されると（民訴規169条）訴訟は終了し，和解調書は確定判決と同一の効力を有する（民訴267条）。なお，前者の調停も調停調書に記載されると裁判上の和解と同一の効力を有する（民調16条）。

(1) 差止請求（著112条，特100条，実27条，意37条，商標36条，商12条2項，会社8条2項，不正競争3条，なお同15条参照，種苗33条，半導体22条）

知的財産権の侵害においては，その侵害または侵害するおそれがある行為の差止または予防の請求をすることができる。自ら利用（実施，使用）していない

権利者も同様である。本条の相手方は侵害者であり、また擬制侵害行為を行っている者である。

●切削オーバーレイ工法事件（東京地判平成16・8・17判時1873号153頁）
——幇助者に対する差止めの可否［否定例］［注：実務上は一般的には認められていない］
「特許法100条は、特許権を侵害する者等に対し侵害の停止又は予防を請求することを認めているが、同条にいう特許権を侵害する者又は侵害をするおそれがある者とは、自ら特許発明の実施（特許法2条3項）又は同法101条所定の行為を行う者又はそのおそれがある者をいい、それ以外の教唆又は幇助する者を含まないと解するのが相当である。けだし、①我が国の民法上不法行為に基づく差止めは原則として認められておらず、特許権侵害についての差止めは、特許権の排他的効力から特許法が規定したものであること、②教唆又は幇助による不法行為責任は、自ら権利侵害をするものではないにもかかわらず、被害者保護の観点から特にこれを共同不法行為として損害賠償責任（民法719条2項）を負わせることにしたものであり、特許権の排他的効力から発生する差止請求権とは制度の目的を異にするものであること、③教唆又は幇助の行為態様には様々なものがあり得るのであって、特許権侵害の教唆行為又は幇助行為の差止めを認めると差止請求の相手方が無制限に広がり、又は差止めの範囲が広範になりすぎるおそれがあって、自由な経済活動を阻害する結果となりかねないこと、④特許法101条所定の間接侵害の規定は、特許権侵害の幇助行為の一部の類型について侵害行為とみなして差止めを認めるものであるところ、幇助行為一般について差止めが認められると解するときは同条を創設した趣旨を没却するものとなるからである。
そうすると、被告の前記行為が本件発明の実施及び特許法101条所定の行為に該当しない以上、仮に被告の行為が会員の施工行為を教唆又は幇助するものであったとしても、被告の上記行為の差止めを求めることは許されないというべきである。」

●ヒットワン事件（大阪地判平成15・2・13判時1842号120頁）
——幇助者に対する差止めの可否［肯定例］（前出274頁参照）［注：上記に拘らず、著作権法については肯定例も存する。この点につき前出274頁の注を参照。］
「著作権法112条1項にいう『著作権を侵害する者又は侵害するおそれがある者』は、一般には、侵害行為の主体たる者を指すと解される。しかし、侵害行為の主体たる者でなく、侵害の幇助行為を現に行う者であっても、①幇助者による幇助行為の内容・性質、②現に行われている著作権侵害行為に対する幇助者の管理・支配の程度、③幇助者の利益と著作権侵害行為との結び付き等を総合して観察したときに、幇助者の行為が当該著作権侵害行為に密接な関わりを有し、当該幇助者が幇助行為を中止する条理上の義務があり、かつ当該幇助行為を中止して著作権侵害の事態を除去できるような場合には、当該幇助行為を行う者は侵害主体に準じるものと評価できるから、同法112条1項の『著作権を侵害する者又は侵害するおそれがある者』に当たるものと解するのが相当である。けだし、同法112条1項に規定する差止請求の制度は、著作権等が著作物を独占的に支配できる権利（著作者人格権については人格権的に支配できる権利）であることから、この独占的支配を確保する手段として、著作権等の円満な享受が妨げられている場合、その妨害を排除して著作物の独占的支配を維持、回復することを保障した制度であるということができるところ、物権的請求権（妨害排除請求権

及び妨害予防請求権）の行使として当該具体的行為の差止めを求める相手方は，必ずしも当該侵害行為を主体的に行う者に限られるものではなく，幇助行為をする者も含まれるものと解し得ることからすると，同法112条1項に規定する差止請求についても，少なくとも侵害行為の主体に準じる立場にあると評価されるような幇助者を相手として差止めを求めることも許容されるというべきであり，また，同法112条1項の規定からも，上記のように解することに文理上特段の支障はなく，現に侵害行為が継続しているにもかかわらず，このような幇助者に対し，事後的に不法行為による損害賠償責任を認めるだけでは，権利者の保護に欠けるものというべきであり，また，そのように解しても著作物の利用に関わる第三者一般に不測の損害を与えるおそれもないからである。」

「ところで……著作権法は，113条に侵害とみなす行為についての規定を置いているが，特許法のような間接侵害に関する規定を置いていない……。しかしながら，特許法と著作権法とは法領域を異にするものであるから……著作権法が幇助的ないし教唆的な行為を行う者に対する差止請求を認めていないと解する必然性はない。」

　また，差止請求をするに際して，侵害行為を組成した物（侵害物の使用・譲渡等）および侵害行為によって生じた物（侵害物の生産等）の廃棄，侵害行為に供した設備等の除却，その他侵害の停止または予防に必要な行為を請求できる旨規定されている（著112条，特100条，実27条，意37条1項・2項，商標36条，不正競争3条，種苗33条，半導体22条）。著作者人格権，実演家人格権および著作隣接権侵害の場合も同様である。

　上記の廃棄（除却）請求権は差止請求権の行使と同時になされなければならない。侵害行為に供した設備等のなかには機械，器具等も含まれる。著作権法はこの点，「専ら」侵害行為に供されたものに限定している。他の権利侵害においても同様に解すべきであろう。なお，狭義の工業所有権法および半導体集積回路の回路配置に関する法律には，侵害行為たる物の生産・製造等（侵害）により生じた物の廃棄に関する明示的な規定を欠く，立法の欠缺であろう。

●**生理活性物質測定法事件**（最判平成11・7・16民集53巻6号957頁）
――方法の発明に係る特許権に基づく差止請求（前出172頁参照）

「本件発明は物を生産する方法の発明ではないから，上告人が，上告人医薬品の製造工程において，本件方法を使用して品質規格の検定のための確認試験をしているとしても，その製造及びその後の販売を，本件特許権を侵害する行為に当たるということはできない。」

「特許法100条2項……にいう『侵害の予防に必要な行為』とは，特許発明の内容，現に行われ又は将来行われるおそれがある侵害行為の態様及び特許権者が行使する差止請求権の具体的内容等に照らし，差止請求権の行使を実効あらしめるものであって，かつ，それが差止請求権の実現のために必要な範囲内のものであることを要するもの

第2節　権利侵害に対する救済

と解するのが相当である。」
　「これを本件について見るに，上告人医薬品が，侵害の行為に供した設備に当たらないことはもとより，侵害の行為を組成した物に当たるということもできない。また，本件発明が方法の発明であり，侵害の行為が本件方法の使用行為であって，侵害差止請求としては本件方法の使用の差止めを請求することができるにとどまることに照らし，上告人医薬品の廃棄及び上告人製剤についての薬価基準収載申請の取下げは，差止請求権の実現のために必要な範囲を超えることは明らかである。」

　＊差止制限とeBay判決　[注：巻末「**特許訴訟―海外**」を適宜参照]――比較法的には，侵害行為が認められれば自動的ないし原則的に差止請求権を行使できるのが通常であるが，米国では，2006年のeBay判決により，衡平法上の見地から，①回復不可能な損害の存在②法律上の救済では不十分であること③両当事者の被る不利益バランス④公共の利益が害されないことという4要素を考慮して差止請求権の行使を制限する（4要素テスト）。もっとも，これは，プロパテント政策に伴い，質の悪い特許が増加し，併せてかかる特許を用いた侵害訴訟（特にいわゆるパテント・トロールといわれる訴訟により金銭的利益を得ることのみを目的として特許を保有する不実施主体）が増加したという米国特有の事情を背景とすることに留意が必要であろう。わが国では，法体系のみならず事情を異にするため，いわゆる特許の藪などを背景として差止めを制限する必要性がありうるとしても，米国のような柔軟な差止制限は認められず，下記のように権利濫用規定等［184頁以下］や独占禁止法［253頁以下］など個々の法規範に該当するような特段の事情がない限り差止めは制限されていない。

　●**写真で見る首里城事件**――著作権の権利行使と権利濫用の抗弁（前出224頁参照）
　●**アップル・サムスン事件**――必須特許の権利行使とFRAND抗弁（前出225頁，256頁及び315頁参照）

　つぎに，商号権の侵害に対しても，侵害行為の停止または予防の請求が認められており（商12条2項，会社8条2項），差止請求権を行使する場合に，相手方が既登記のものであればその登記の抹消をも請求できると，判例（最判昭和36・9・29民集15巻8号2256頁），学説は解している。また，不正競争防止法に基づく差止請求権を行使する場合にも，侵害の予防として，登記商号の抹消の請求も認められる（大判大正7・1・26民録24輯161頁）。
　しかし，会社商号の登記抹消の可否については，それが氏名としての性格をも有するので問題があるが，判例（大判大正7・1・26民録24輯161頁）はその抹消も認めている。商号登記を抹消された会社は登記簿上は「抹消前商号……」と表示して取り扱われる（昭和39年3月11日民事甲第472号75条）。
　なお，不正競争防止法は営業秘密の侵害行為の差止請求につきその保有者が侵害行為及び侵害行為者を知ったときから3年，侵害行為開示時から10年の消

滅時効を規定していた（旧不正競争15条）。しかし，後者につき平成27年改正法はこれを20年と延長し（改正不正競争15条），民法の損害賠償請求の規定（民724条）と同一にしている。

(2) 損害賠償請求（民709条・724条，著114条，特102条・103条，実29条，意39条・40条，商標38条・39条，不正競争４条・５条・５条の２，種苗34条・35条，半導体25条）

　知的財産権の侵害においては，その侵害者に対して損害の賠償を請求することができる。損害賠償請求が成り立つためには４つの要件，すなわち故意過失，侵害行為，損害の発生，および侵害行為と損害との相当因果関係の主張立証がなされなくてはならない。広義の損害賠償請求にはつぎに述べる信用回復措置も含まれるが，ここでは金銭賠償について述べる。金銭賠償の範囲は民法の一般原則に従い，侵害行為と相当因果関係にある積極的損害および消極的損害（逸失利益）のほか，精神的損害にも及ぶ。

　故意，過失の点に関し，狭義の工業所有権および育成者権においては，実用新案を除き，損害賠償請求の立証の困難を救うために，侵害者には過失があったものと推定している（特103条，意40条，商標39条，種苗35条）。これは，これらの権利については全て実体審査がなされ，かつ特許等公報や官報に公告，公示されて（パリ条約12条２項，特66条３項，意20条３項，商標18条３項，種苗18条３項），一般に公表されていることによる。しかし，注意義務を尽くしても権利の存在を知ることができないときや，権利の存在を知っていてもその内容が理解できないか，あるいはその内容と異なっていると思われるときで，ともに相当の理由が存する場合には，この推定は覆される。無審査主義を採用する実用新案権や，無方式主義を採用する著作権および形式的審査主義を採用する回路配置利用権についてはかかる規定は存しない（なお，実29条の３参照）。また，秘密意匠は，意匠権が発生しても直ちにその内容が公告されないので（意20条４項），侵害者の過失は推定されない（同40条但書）。

　●しいたけ（MM-2号）事件（東京地判平成20・８・29判時2026号138頁）
　　――過失の推定
　　「種苗法35条は，他人の育成者権又は専用利用権を侵害した者は，その侵害の行為について過失があったものと推定すると規定している。この推定は，法律上の推定であり，推定を覆滅するには侵害者において過失がなかったこと（無過失）を主張立証する必要があるものと解される。被告は……無過失を主張するが，以下のとおり，いずれも

第2節 権利侵害に対する救済

> 理由がない。」
> ①「被告は……原告の代理店……を通じて原告から本件育成者権Aについての通常利用権の許諾を受けたものと信じ，そのように信じたことに相当の理由がある……旨主張する。しかし，被告は……原告の代理店だからといって原告から本件育成者権Aについて通常利用権を許諾する権限を付与されているものではないことを知っていた疑いを払拭することができない。」
> ②「被告は……［注：本件育成者権Bの共有者の1人である］甲から受けた通常利用権の許諾につき原告の同意を得たものと信じ，そのように信じたことに相当の理由がある……旨主張する。しかしながら，しいたけ種の育成者権につき通常利用権を許諾することは，種菌，菌床等の販売に係る原告の営業上の利益に重大な影響を及ぼす可能性のある事項であることは……被告代表者は当然認識していたはずであり，……本件育成者権Bの他の共有者である原告の同意があったものと信じたことにつき相当の理由があるということはできない」
> ③「被告は，被告が丙から購入した種菌の容器のラベルに『しいたけ種菌MT-2』と記載されていた……から，被告代表者には，上記種菌が登録品種B［注：MM-2号］と同一品種の種菌であるとの認識はなかった旨主張する。……被告においては，『しいたけ種菌MT-2』と表示された容器のラベル中に品種名を隠すように『MT-2』とのシール貼付部分があることに気付き，『MT-2』は登録品種名であるのかどうかについて疑念を持ってしかるべきであったものと認められる。」

つぎに，損害額について，有体財産の侵害においては，通常その交換価額として一般に立証が比較的容易であるが，無体物をその対象とする知的財産権の侵害においては，他人の侵害行為によって被る損害額の算定は極めて困難である。そこで，著作権法，工業所有権法，種苗法および半導体集積回路の回路配置に関する法律は，損害額の算定の困難を救うために特別の規定を置く。すなわち侵害者の受けた利益を被害者の損害額と推定し，さらに侵害行為としての利用（実施・使用・行使）に対して受けるべき金銭の額を損害額の最低限として請求できる旨規定している。後者はみなし規定であり，権利の積極的効力が制限され，あるいは自ら利用（実施・使用）していない権利者も，この規定による損害賠償請求は認められる。なお，出版権者は再利用許諾の権限を有しなかったので（旧著80条3項），この規定の適用はなかった。しかし，平成26年改正法により再利用許諾の権限が認められたので（著80条3項），この規定が適用されることになった。みなし規定による利用料相当額以上の損害の賠償を請求した場合において，侵害者が軽過失のときには裁判所は損害額を定めるにつき参酌することができるとされている。上記のみなし規定は，平成10年改正工業所有権法および種苗法で，従来「利用に対して通常受けるべき金銭の額」の規定か

ら，侵害し得を防止する目的で「通常」の文字を削除したものである。すでに著作権法では改正前法のもとでもこれを通常受けるべき損害額とした裁判例もあったが，平成11年改正著作権法および平成15年改正不正競争防止法も工業所有権法，種苗法と規定を同じくした（著114条2項～4項，特102条2項～4項，実29条2項～4項，意39条2項～4項，商標38条2項～4項，不正競争5条2項～4項，種苗34条2項～4項，なお半導体25条参照）。これらの規定は著作隣接権侵害においても適用される。しかし，これは人格権の侵害による慰謝料の算定基準とはなりえないので，著作者人格権や実演家人格権の侵害，およびそれらの擬制侵害の場合には適用されない。この場合損害額を直接立証しなくてはならない。

　なお，上記平成10年改正法はさらに狭義の工業所有権につき，消極的損害をもその請求を容易にするために，侵害者の譲渡（提供，引渡し）数量に権利者の単位数量あたりの利益額を乗じた額を，権利者の実施能力を超えない限度において損害額とすることができるとし，かつ，権利者の販売能力に関する立証責任を侵害者に転換し，しかもそれを減額要素として規定している（特102条1項，実29条1項，意39条1項，商標38条1項）。平成15年改正著作権法，および改正不正競争防止法（営業秘密に関しては技術上の秘密に限定），更に，平成19年改正種苗法もこれと同一の規定を導入している（著114条1項，不正競争5条1項，種苗34条1項）。しかし，権利者の単位数量あたりの利益額の主張，立証は，裁判の公開のもとでは限界があろうが，本規定は逸失利益の損害額をその因果関係の立証なしに認めるもので，先進諸外国には全く見られない制度である。侵害抑止的効果はあるが，プロパテント政策の弊害を招来しないようにその慎重な適用が望まれる。

●**蓄熱材スミターマル事件**（東京高判平成11・6・15判時1697号96頁）
――1項の解釈（特許(1)）[2億3490万円の損害賠償額を認容]
　①「被控訴人は……イ号物件と競合する『スミターマル』を組み込んだ……『スミターマルシステム』を販売し，全国各地で控訴人の『ヒートバンクシステム』と競合して受注競争をしており，右スミターマルシステムは，控訴人の第二特許発明の侵害行為がなければ販売することができた物であること……が認められる。……受注競争している以上，スミターマルが第二特許発明の実施品ではないとしても，そのことによって直ちにその販売機会の喪失が第二特許発明の侵害と相当因果関係がないということはできない。」　　　　　　　　　　　　　　　　　　　　　[注：競合品を含む]
　②「両者の1平方メートル当たりの売上額から，それを達成するために増加すると想定される費用を1平方メートル当たりに割り付けて控除した額の平均は，1平方メートル当たり1万1566円である……。したがって，右がスミターマルシステムの1平方

メートル当たりの利益の額と解される。」　　　　　　　　　　　　［注：限界利益］
　③「他の企業の製品とも競合していたことが認められ……控訴人の譲渡数量である5万6417平方メートルのうちの75分の30に相当する数量、すなわち、2万2567万平方メートル（1平方メートル未満切り上げ）については、控訴人の第二特許権の侵害行為がなくとも、他の企業が受注し、被控訴人は販売することができないとする事情があったものと認められる。」　　　　　　　　　　　　　　　　［注：但書の適用］
　④「スミターマルは、スミターマルシステムを構成する一要素に過ぎないことが認められるから……寄与度を考慮すべきであるが……蓄熱材が機構上も商品価値の構成上も必要不可欠な重要な要素であることは明らかであるから、スミターマルシステム全体に占めるスミターマルの寄与率は、少なくとも60パーセントとみるのが相当である。」　　　　　　　　　　　　　　　　　　　　　　　　　　［注：寄与率を考慮］
　「そうすると、被控訴人は、特許法102条1項により、次の式による2億3490円に被控訴人が受けた損害の額として、その賠償を請求することができる。
　(56417㎡ − 22567㎡) × 11566円/㎡ × 0.6 = 2億3490万円（1万円未満切り捨て）」

●スロットマシン事件（東京地判平成14・3・19判時1803号78頁）
——1項の解釈（特許(2)）［74億1668万円の損害賠償額を認容］
　「特許法102条1項は、排他的独占権という特許権の本質に基づき、特許権を侵害する製品（以下『侵害品』ということがある。）と特許権者の製品（以下『権利者製品』ということがある。）が市場において補完関係に立つという擬制の下に設けられた規定というべきである。すなわち……特許発明の実施品は市場において代替性を欠くものとしてとらえられるべきであ……る。このような前提の下においては、侵害品の販売による損害は、特許権者の市場機会の喪失としてとらえられるべきものであり、侵害品の販売は、当該販売時における特許権者の市場機会を直接奪うだけでなく、購入者の下において侵害品の使用等が継続されることにより、特許権者のそれ以降の市場機会をも喪失させるものである。」
　「したがって、同項にいう『実施の能力』については、これを侵害品の販売時に厳密に対応する時期における具体的な製造能力、販売能力をいうものと解することはできず、特許権者において、金融機関等から融資を受けて設備投資を行うなどして、当該特許権の存続期間内に一定量の製品の製造、販売を行う潜在的能力を備えている場合には、原則として、『実施の能力』を有するものと解するのが相当である」
　①「特許法102条1項にいう『侵害の行為がなければ販売することができた物』とは、侵害に係る特許権を実施するものであって、侵害品と市場において排他的な関係に立つ製品を意味するものである。」　　　　　　　　　　　　　　［注：競合品を含まず］
　②「『単位数量当たりの利益の額』は、仮に特許権者において侵害品の販売数量に対応する数量の権利者製品を追加的に製造販売したとすれば、当該追加的製造販売により得られたであろう利益の単位数量当たりの額……と解すべきである。」［注：限界利益］
　③「侵害品の販売による損害を特許権者の市場機会の喪失ととらえる立場に立つときには、侵害者の営業努力……や、市場に侵害品以外の代替品や競合品が存在したことなどをもって、同項ただし書にいう『販売することができないとする事情』に該当すると解することはできない。」　　　　　　　　　　　　　　　［注：但書適用を限定］
　④「本件特許発明が、パチスロ機に遊技者が技量を発揮できるCTという新しい方式

を導入するものであって，従来のパチスロ機にない魅力を付与し，パチンコホールへの顧客動員に寄与するものであるという点を考慮するとしても，原告商品の利益額中の本件特許発明に対応する額は，80％を超えるものではないというべきである。」

[注：寄与率を考慮]

●**カナディアンメープルシロップ事件**（東京高判平成14・9・26裁判所HP）
──1項の解釈（商標）

「商標法38条1項による損害の算定をするためには，侵害商標を付した商品と商標権に係る商標を付した商標権者の商品との間において，市場における代替関係が存在することが前提となるというべきであり，『その侵害行為がなければ商標権者が自己の商品を販売することができた』という関係が存在しない場合にまで同条1項による損害算定をすることは相当ではない。……［この］関係は，商標権者の商標に何らかの顧客吸引力があることを前提としてはじめて成り立つことといわねばならず，この点を抜きにして侵害商標を付した商品と商標権者の商品との間に当然に代替関係が成立するということはできない。」

「そうすると，商標法38条1項所定の『商標権者がその侵害行為がなければ販売することができた』か否かについては，商標権者が侵害商標を付した商品と同一の商品を販売（第三者に実施させる場合を含む。以下同じ。）しているか否か，販売している場合，その販売の態様はどのようなものであったか，当該商標と商品の出所たる企業の営業上の信用等とどの程度結びついていたか等を総合的に勘案して判断すべきである。」

●**ごみ貯蔵カセット事件**（知財高判平成25・2・1判時2179号36頁）
──2項と自己実施［注：従前は同項適用には特許権者の実施が必要と解されていた。］

「特許法102条2項は，民法の原則の下では，特許権侵害によって特許権者が被った損害の賠償を求めるためには，特許権者において，損害の発生及び額，これと特許権侵害行為との間の因果関係を主張，立証しなければならないところ，その立証等には困難が伴い，その結果，妥当な損害の塡補がされないという不都合が生じ得ることに照らし，侵害者が侵害行為によって利益を受けているときは，その利益額を特許権者の損害額と推定するとして，立証の困難性の軽減を図った規定である。この……ことからすれば，同項を適用するための要件を，殊更厳格なものとする合理的な理由はないというべきである。

したがって，特許権者に，侵害者による特許権侵害行為がなかったならば利益が得られたであろうという事情が存在する場合には，特許法102条2項の適用が認められると解すべきであり，特許権者と侵害者の業務態様等に相違が存在するなどの諸事情は，推定された損害額を覆滅する事情として考慮されるとするのが相当である。そして，後に述べるとおり，特許法102条2項の適用に当たり，特許権者において，当該特許発明を実施していることを要件とするものではないというべきである。」

「原告は，Aとの間で本件販売店契約を締結し，これに基づき，Aを日本国内における原告製品の販売店とし，Aに対し，英国で製造した本件発明に係る原告製カセットを販売（輸出）していること，Aは，上記原告製カセットを，日本国内において，一般消費者に対し，販売していること，もって，原告は，コンビ社を通じて原告製カセッ

第2節　権利侵害に対する救済

トを日本国内において販売しているといえること，被告は，イ号物件を日本国内に輸入し，販売することにより，Aのみならず原告ともごみ貯蔵カセットに係る日本国内の市場において競業関係にあること，被告の侵害行為（イ号物件の販売）により，原告製カセットの日本国内での売上げが減少していることが認められる。以上の事実経緯に照らすならば，原告には，被告の侵害行為がなかったならば，利益が得られたであろうという事情が認められる。

　以上の事実経緯に照らすならば，原告には，被告の侵害行為がなかったならば，利益が得られたであろうという事情が認められるから，原告の損害額の算定につき，特許法102条2項の適用が排除される理由はない」

●LEC事件（東京地判平成13・5・16判時1749号19頁）
——2項の利益の解釈

　「被告は……本件プログラムについての違法複製品をすべて正規品に置き換え，正規品を購入することによって許諾料全額を支払ったから，原告らの損害は生じていないと主張する。しかし，被告の原告らに対する著作権侵害行為（不法行為）は，被告が本件プログラムをインストールして複製したことによって成立し，これにより，被告は……上記著作権侵害行為によって，原告らに与えた損害を賠償すべき義務を負う。……被告は，原告らから違法複製品の使用の中止を求められた後……本件プログラムの正規複製品を購入したこと……は，不法行為と別個独立して評価されるべき利用者としての自由意思に基づく行動にすぎないのであって，これによって，既に確定的に発生した原告らの被告に対する損害賠償請求権が消滅すると解することは到底できない」

●小僧寿し事件（最判平成9・3・11民集51巻3号1055頁）
——3項の解釈（商標）（前出208頁参照）

　「商標法38条2項［注：現3項］……によれば，商標権者は，損害の発生について主張立証する必要はなく，権利侵害の事実と通常受けるべき金銭の額を主張立証すれば足りるものであるが，侵害者は，損害の発生があり得ないことを抗弁として主張立証して，損害賠償の責めを免れることができるものと解するのが相当である。……商標権は，商標の出所識別機能を通じて商標権者の業務上の信用を保護するとともに，商品の流通秩序を維持することにより一般需要者の保護を図ることにその本質があり，特許権や実用新案権等のようにそれ自体が財産的価値を有するものではない。したがって，登録商標に類似する標章を第三者がその製造販売する商品につき商標として使用した場合であっても，当該登録商標に顧客吸引力が全く認められず，登録商標に類似する標章を使用することが第三者の商品の売上げに全く寄与していないことが明らかなときは，得べかりし利益としての実施料相当額の損害も生じていないというべきである。」

●SL DVD事件（東京地判平成22・4・21 判時2085号139頁）
——廉価販売と使用料相当額

　「原告が受けるべきDVD 1枚当たりの著作権料相当額を算定するに当たっての基礎とすべきDVD 1枚当たりの販売価格としては，本件DVDの映像が世界各地の貴重なSLを収録したものであること，その収録時間（46分），同種のDVD商品の価格等を考

慮すれば，4000円が相当であると認められる。
　他方で，被告による本件DVDの販売価格である315円（税込み）は，前記の本件DVDの内容や同種のDVD商品の販売価格に照らして，相当程度低廉であって，かつ，被告による販売価格は，原告に無断で放送された本件作品1及び2を利用して本件DVDが作成されたことから可能となったものであること（証人B）からすれば，これを基準に原告の著作権料相当額を算出するのは相当でない。」

●**アップル・サムスン事件**（知財高判平成26・5・16判時2224号146頁）
──必須特許の権利行使と損害賠償額（前出222頁，225頁及び308頁参照）
　「まず本件製品2及び4の売上高合計のうち，UMTS規格に準拠していることが貢献した部分の割合を算定し……，次に，UMTS規格に準拠していることが貢献した部分のうちの本件特許が貢献した部分の割合を算定する……。UMTS規格に準拠していることが貢献した部分のうちの本件特許が貢献した部分の割合を算定する際には，累積ロイヤリティが過剰となることを抑制する観点から全必須特許に対するライセンス料の合計が一定の割合を超えない計算方法を採用することとし……，本件においては，他の必須特許の具体的内容が明らかでないことから，UMTS規格に必須となる特許の個数割りによるのが相当である……。」

　商号については，登記，未登記を問わず不正競争防止法4条（同2条1項1号・2号）によって損害賠償請求権が認められている。この点，前述のように，損害額の立証の困難性を救うために，不正競争防止法も狭義の工業所有権法および著作権法等（特102条，著114条参照）と同様の損害額の推定等に関する規定を設けている（不正競争5条）。しかし，これらの規定は，絶対的ないし相対的な排他的独占権（同2条1項2号～15号）には実効性があるが，その絶対的な排他的独占権が混同の範囲でしか認められない場合（同2条1項1号）には，必ずしも実効性はない。すなわち，侵害者は混同の生じない範囲においては自由にその商品等表示を使用して利益を受けることができるので，権利者はまず混同の地域的範囲等を立証しなければならないからである。
　つぎに，平成11年改正工業所有権法，平成12年改正著作権法および平成15年改正不正競争防止法，平成19年改正種苗法は，損害額算出の容易化のため計算鑑定人の制度を設け（著114条の4，特105条の2，実30条，意41条，商標39条，不正競争8条，種苗38条），経理，会計等の知識を有する者の活用を期して後述の文書提出命令を補完し，他方，民事訴訟法248条の特則を規定し，損害の発生が認められる場合に，その損害額の立証が物品等に対する知的財産権の寄与度，侵害行為に起因する余儀ない値下げ等「事実の性質上」極めて困難である場合に

は，裁判所は口頭弁論の全趣旨および証拠調べの結果に基づいて，相当な損害額を認定することができる旨規定し（著114条の5，特105条の3，実30条，意41条，商標39条，不正競争9条，種苗39条），権利者の挙証責任を軽減している。

また，知的財産権侵害の損害賠償請求においては，前記の知的財産権侵害行為の立証のほか，損害額の計算をするために，裁判所は必要な書類の提出を命ずることができる旨規定されている（著114条の3，特105条，実30条，意41条，商標39条，不正競争7条，種苗37条，半導体26条）。これは民事訴訟法219条の補充規定で（商19条4項参照），文書不提出の場合，または当該文書を，使用を妨げる目的で滅失あるいは使用不能にした場合には裁判所は相手方の主張を真実と認めることができる（民訴224条）。さらに，平成8年改正民事訴訟法はこれらの場合において，一定の要件のもとで要証事実をも真実と認めることができる旨規定している（民訴224条，なお，同220条4号ハ・223条6項・7項参照）。

なお，平成19年の「犯罪利用預金口座等に係る資金による被害回復分配金の支払等に関する法律」は，知的財産の侵害等に係る刑事犯の振込先等となった預金口座等の凍結及び被害回復分配金の支払につき詳細な規定を設けている[328頁]。同法は，知的財産権侵害に係る損害賠償請求権および次の不当利得請求権の履行実現に寄与するものである。

(3)　不当利得返還請求（民703条・704条，著117条・118条）

権原なく他人の知的財産権または知的財産により利益を得た者に対し，それにより権利者が損失を受けた場合には，その得た利益の返還を請求することができる。その額は冒用者が善意の場合は現存利益，悪意の場合は得た利益に利息を付した額である。本請求権はその因果関係の立証は困難ではあるが，消滅時効が10年であるので（民167条1項），損害賠償請求権が消滅した場合（同724条），および冒用者に過失もない場合に意義がある。工業所有権，商号権，育成者権，回路配置利用権および不正競争防止法上の保護権の場合も同様である。

(4)　信用回復措置請求（民723条，特106条，実30条，意41条，商標39条，種苗44条，不正競争14条，著115条）

故意または過失による侵害行為に対して，前記の金銭賠償に代えて，または，金銭賠償とともに信用等の回復措置の請求が認められる（民723条参照）。

狭義の工業所有権および育成者権については，業務上の信用が害された場合に（特106条，実30条，意41条，商標39条，種苗44条），また，不正競争防止法上の保護権においては，営業上の信用が害された場合に（不正競争14条），信用回復措置が規定されている。しかし，これらの規定に該当しない場合にも，民法723条により同請求を認めることができよう。

　信用回復措置は通常新聞に謝罪広告を掲載することによって行われる。代替執行によりなされる場合が多い（民414条2項本文，民執171条）。

　なお，著作権法は著作者人格権および実演家人格権の侵害について特別規定を設けている（著115条）。民法723条の「名誉」には信用も含まれることから，その他，著作権，著作隣接権等の侵害においても，この請求権を否定する趣旨ではない。回路配置利用権についても同様である。

●駒込大観音事件（知財高判平成22・3・25判時2086号114頁）
――名誉回復等の措置
　「被告らによる本件原観音像の仏頭部のすげ替え行為は，法113条6項所定の，「(著作者であるRが生存しているとしたならば，)著作者の名誉又は声望を害する方法によりその著作物を利用する行為」に該当するといえる。」
　「原告は，法115条所定の適当な措置として，被告光源寺に対し，仏頭部を本件原観音像制作当時の仏頭部に原状回復措置，公衆の閲覧に供することの差止め等，被告らに対し謝罪広告措置等を求めている。しかし，下記の諸般の事情を総合考慮するならば，①原告が求める謝罪広告中（訂正広告を含む。），その客観的な事実経緯を周知するための告知をすることで，Rの名誉，声望を回復するための措置としては十分であり，②仏頭部を本件原観音像制作当時の仏頭部に原状回復する措置や謝罪広告を掲載する措置，公衆の閲覧に供することの差止めについては，いずれも，Rの名誉，声望を回復するための適当な措置等とはいえないものと解する。」

2　刑事制裁（著119条・120条，特196条，実56条，意69条，商標78条，不正競争21条，種苗67条，半導体51条）

　知的財産権の侵害者に対しては，わが国では刑事罰も規定されている。刑事罰であることから故意を必要とするのは当然である（刑38条1項）。全て両罰規定が存するが，不正競争防止法および平成8年改正商標法は，それらが一般公衆の利益と直接関係あることから，また平成10年改正法は特許，実用新案，意匠について，平成12年改正著作権法，平成15年改正種苗法も侵害抑止の観点から，各々刑罰を加重し，かつ法人重課を導入してきた。

　これに加えて，平成18年改正工業所有権法は，さらに侵害抑止効果を強化す

るため，窃盗罪の量刑（刑235条）に相応させ，疑問の余地もあるが，後述のように，先進諸外国に比して数倍の重い法定刑を規定している。同年改正不正競争防止法，平成18年改正著作権法および平成19年改正種苗法もこれに従っている。また，平成27年改正不正競争防止法は営業秘密の侵害につき，後述の如くその処罰範囲を拡大しかつ罰金刑の引き上げ等を図っている。

(イ) まず著作権については，著作権，出版権，著作隣接権等侵害罪が10年以下の懲役もしくは1000万円以下の罰金，またはそれらの併科とされている（著119条1項）。ただし，本条は，私的使用の目的で著作物または実演等の複製を自ら行った者（同30条1項・102条1項），または権利管理情報に関する擬制侵害行為（同113条3項）および商業用レコードの還流に関する擬制侵害行為（同113条5項）を行った者はその対象としていない（しかし，同120条の2第3号・4号参照）。つぎに，著作者人格権，実演家人格権等侵害罪，および営利目的で自動複製機器を使用させた者（同30条1項1号），国内頒布目的で著作権，出版権または著作隣接権を侵害する海賊版を輸入した者（同113条1項），著作権侵害により作成された物を情を知って頒布，頒布目的で所持または業として輸出，輸出目的で所持する者（同113条2項）は，5年以下の懲役もしくは500万円以下の罰金，またはその併科とされている（同119条2項）。また，平成24年改正法は私的使用の目的で，有償著作物に限り，その著作権又は著作隣接権を侵害する自動公衆送信を受信して行うデジタル方式の録音・録画を，自らその事実を知りながら行って著作権又は著作隣接権を侵害した者は，2年以下の懲役もしくは200万円以下の罰金またはその併科と規定している（同119条3項）。すべて親告罪である（同123条）。前記人格権侵害および営利目的で自動複製機器を使用させた者及び違法ダウンロード（同119条2項1号・2号，3項）を除き，3億円以下の法人重課が規定されている（同124条1項1号，なお同119条1項・2項に関しては組織犯罪処罰法別表48参照）。

●**Winny事件**（最決平成23・12・19刑集65巻9号1380頁）
――ファイル共有ソフトの開発と著作権法違反幇助
「Winnyは，1，2審判決が価値中立ソフトと称するように，適法な用途にも，著作権侵害という違法な用途にも利用できるソフトであり，これを著作権侵害に利用するか，その他の用途に利用するかは，あくまで個々の利用者の判断に委ねられている。また，被告人がしたように，開発途上のソフトをインターネット上で不特定多数の者に対して無償で公開，提供し，利用者の意見を聴取しながら当該ソフトの開発を進めるという方法は，ソフトの開発方法として特異なものではなく，合理的なものと受け

止められている。新たに開発されるソフトには社会的に幅広い評価があり得る一方で、その開発には迅速性が要求されることも考慮すれば、かかるソフトの開発行為に対する過度の萎縮効果を生じさせないためにも、単に他人の著作権侵害に利用される一般的可能性があり、それを提供者において認識、認容しつつ当該ソフトの公開、提供をし、それを用いて著作権侵害が行われたというだけで、直ちに著作権侵害の幇助行為に当たると解すべきではない。かかるソフトの提供行為について、幇助犯が成立するためには、一般可能性を超える具体的な侵害利用状況が必要であり、また、そのことを提供者においても認識、認容していることを要するというべきである。すなわち、ソフトの提供者において、当該ソフトを利用して現に行われようとしている具体的な著作権侵害を認識、認容しながら、その公開、提供を行い、実際に当該著作権侵害が行われた場合や、当該ソフトの性質、その客観的利用状況、提供方法などに照らし、同ソフトを入手する者のうち例外的とはいえない範囲の者が同ソフトを著作権侵害に利用する蓋然性が高いと認められる場合で、提供者もそのことを認識、認容しながら同ソフトの公開、提供を行い、実際にそれを用いて著作権侵害（正犯行為）が行われたときに限り、当該ソフトの公開、提供行為がそれらの著作権侵害の幇助行為に当たると解するのが相当である。……これを本件についてみるに……被告人につき著作権法違反罪の幇助犯の成立を否定した原判決は、結論において正当である。」

　また、技術的保護手段の回避手段に関わる罪および業として行う回避行為、または営利目的で行う上記権利管理情報および商業用レコード還流に関する擬制侵害行為に関わる罪につき、3年以下の懲役または300万円以下の罰金が平成11年改正法で新設されている（著120条の2）。前者は、権利侵害の準備行為であるが、擬制侵害行為ではなく本条のみによる。実際に技術的保護手段を回避して利用を行った場合には119条の罪に該当する。なお、平成24年改正法は技術的保護手段にアクセスコントロールも可能な暗号型の保護手段も加えたことにより、従来の回避専用手段から「専用」を削除し、平成23年改正不正競争防止法2条1項10号にならった規定ぶりにした。後者は、親告罪である（同123条）。また、特定の外国のレコード製作者のレコード原盤から作成された商業用レコードを複製、頒布、頒布目的で所持、頒布する旨の申出をした罪につき1年以下の懲役もしくは100万円以下の罰金またはそれらの併科とされている（同121条の2）。親告罪である（同123条）。レコード製作者ではなくレコード製造業者の保護である。1号は国内で作成された商業用レコードで、条約上保護されているものは119条で規制されていることから除かれている。また、2号は国外で作成された商業用レコードの輸入盤で、レコード製作者が条約締約国国民であるものである。

つぎに，著作者または実演家が存しなくなった後の人格的利益の侵害は500万円以下の罰金のみで，懲役はない（著120条）。また，著作者名を詐称した著作物を頒布する罪につき１年以下の懲役または100万円以下の罰金（同121条），出所明示違反の罪につき50万円以下の罰金とされている（同122条）。

なお，秘密保持命令違反罪は，５年以下の懲役もしくは500万以下の罰金，またはそれらの併科とされており，国外犯も罰せられる（著122条の２）。親告罪である（同123条）。法人重課の規定も存する（同124条１項１号）。本罪は以下の各工業所有権法および平成19年改正種苗法においても当然のことながら，刑罰，国外犯，親告罪，法人重課につき同一に規定されている（特200条の２・201条１項１号，実60条の２・61条１項１号，意73条の２・74条１項１号，商標81条の２・82条１項１号，不正競争21条２項６号・５項・７項・22条１項３号・２項，種苗70条・73条１項１号）。

㈹　狭義の工業所有権については，平成18年改正法は全ての法定刑の上限を引き上げ，実用新案権侵害罪については５年以下の懲役または500万円以下の罰金とし，他の狭義の工業所有権侵害罪については10年以下の懲役または1000万円以下の罰金とした。そして，実用新案権を除く他の狭義の工業所有権の擬制侵害罪については，上記法定刑の半分とし，それら全てにわたって著作権および不正競争防止法上の一部の保護権の侵害罪と同様に，「またはその併科」と規定している（著119条，組織犯罪処罰法別表48，特196条・196条の２，組織犯罪処罰法別表44，実56条，意69条・69条の２，商標78条・78条の２，組織犯罪処罰法別表45，不正競争21条１項）。また，法人重課の上限も加重し，狭義の工業所有権侵害罪全てにわたって，後述の不正競争防止法上の一部の保護権の侵害罪のそれと同様に３億円以下の罰金とした（特201条，実61条，意74条，商標82条，不正競争22条１項）。一般公衆の利益に直接関係のある商標権侵害罪を除いて，全て親告罪であったが，平成10年改正法以来，保護客体の重要性から全て非親告罪となっている。また，これらは，専用実施（使用）権の侵害に対しても全て適用される。なお，詐欺行為罪および虚偽表示罪の規定も設けられている（特197条・198条，実57条・58条，意70条・71条，商標79条・80条，なお，特201条，実61条，意74条，商標82条各１項２号参照）。秘密保持命令違反罪については前述した。

㈻　不正競争防止法も，情報化社会に対応して平成15年改正法で営業秘密

の保護権侵害罪を新設し，同18年改正でその侵害罪の構成要件を整理して，それら行為につき10年以下の懲役もしくは1000万円以下の罰金として法定刑の上限を引き上げ，またはそれらの併科を規定した（不正競争21条1項）。また，同21年改正法は上記侵害罪を「不正競争の目的」から「不正の利益を得る目的又は保有者に損害を加える目的」に拡大し，他方処罰対象行為に不正取得一般行為（不正競争21条1項1号）および背任的領得行為（同3号）を増設し，かつこれらとは独立に不正な使用・開示行為を規定している（同2号・4号および5号〜7号）。さらに，平成27年改正法は営業秘密侵害行為の抑制力向上を図るため，罰金刑の法定刑の上限を特許権侵害罪のそれよりも引き上げ，2000万円以下とし（同21条本文），処罰対象行為を拡大し，図利加害目的で①営業秘密を不正開示行為の介在したことを知って取得し，これを使用，開示した者，及び②技術上の情報の違法利用行為によって生じた物を，その事情を知って譲り受け，譲渡・引渡し，又はそれらの目的のために展示，輸出，輸入し又は電気通信回線を通じて提供した者も加えられている（同21条1項8号，9号）。また，国外で使用する目的で営業秘密を違法に取得し，又はその目的である事を知って他人に違法に開示し，或いは国外で違法に使用した者につき，10年以下の懲役もしくは3000万以下の罰金とし（同条3項），原則として同条1項の罪と併せてそれらの未遂行為も処罰することにした（同4項）。なお，営業秘密に係る罪は全て親告罪とされてきたが（旧同21条条3項），平成27年改正法は訴訟手続における秘密保持命令違反に係る部分［320頁］を除き，全て非親告罪とした（同21条5項）。また原則として国外犯もその対象とし（同条6項），更に付加刑として没収，追徴の規定も新設されており（同条10項〜12項），それに関する手続の特則（同32条〜34条）及びその保全手続を規定し（同35条〜40条），更にそれらに関する執行及び保全につき国際共助手続についても（同37条〜40条），新たに規定を設けている。なお，法人重課についても平成27年改正法はその罰金刑の上限を引き上げ，一律3億円から3段階に改正し最高10億円としている（同22条）。

　他方，不正の目的をもってした混同，誤認惹起行為およびその他同条2項所定の行為については，従来と同様に，5年以下の懲役もしくは500万円以下の罰金，またはそれらの併科を規定している（同2項）。これらは公益に関するので従来から全て非親告罪とされてきた。

営業秘密に係る刑事訴訟手続——なお，平成23年改正不正競争防止法は，先の営業秘密に係る民事訴訟手続［303頁以下］に加えて，同法中に新たに刑事訴訟手続を規定している。これは裁判の公開の原則（憲法82条）の枠内において営業秘密の保護の実効性を確保するものである。

まず，裁判所は公訴事実に係る営業秘密を構成する情報の全部または一部を刑事訴訟法290条の2の趣旨に準じて特定して秘匿決定をし，その呼称等を決め（不正競争23条），第1回公判期日における起訴状の朗読ではその呼称等を用い（同24条），訴訟関係人の尋問が上記特定事項にわたるときには，犯罪の証明に重大な支障を生ずるおそれがある場合又は被告人の防御に実質的な不利益を生ずるおそれがある場合を除き，刑事訴訟法295条3項4項の規定に準じてこれを制限し（同25条），公判期日における証拠書類の朗読においては，刑事訴訟法305条3項に準じて前記呼称等を用いて行うものとしている（同28条）。

また，公判期日における証人尋問等における上記制限規定にもかかわらず，その実効性が事実上疑わしい場合や上記制限により十分な尋問等を行うことが困難な場合を考慮して，営業秘密構成情報特定事項が公開法廷で明らかにされることによる被害者，被告人その他の者の事業活動に著しい支障を生ずるおそれがあり，これを防止するためにやむを得ないと認めるときは，刑事訴訟法158条，281条の規定の趣旨に準じて公判期日外の証人尋問等の規定を設け，その手続を規定している（不正競争26条・27条・29条）。

なお，検察官，弁護人は証拠書類又は証拠物の取調べを請求する場合には，刑事訴訟法299条1項の規定により，あらかじめ相手方にこれらを閲覧する機会を与えなければならない。しかし，これにより営業秘密（不正競争23条1項・3項参照）が被害者，被告人その他の者の事業活動に著しい支障の生ずるおそれがあると認めるときには，相手方に対し秘匿要請ができる旨規定し，これを公判前整理手続および公判期日整理手続にも準用している（同30条，なお，刑訴316条の28第2項参照）。

(二) また種苗法も，平成19年改正法は育成者権および専用利用権侵害罪の法定刑の上限を引き上げ，10年以下の懲役または罰金とし，その併科を規定する（種苗67条）。また，法人重課の上限も加重し，3億円以下の罰金とした（同73条1項1号）。なお，詐欺行為罪（同68条），虚偽表示罪（同69条）および指定

種苗に係る虚偽表示罪（同71条）の規定も存する（なお，同72条参照）。なお，回路配置利用権およびその専用利用権の侵害に対しては，従前のまま3年以下の懲役または300万円以下の罰金が規定されている。親告罪である（半導体51条）。両罰規定（同56条）および詐欺行為罪（同52条）の規定も存する。

なお，秩序罰ではあるが，種苗法は登録品種名称の不使用および違法使用につき10万円以下の過料を規定している（種苗75条）。

3　行政上の救済——水際措置

知的財産権に係る物品等を業として輸入する行為は，並行輸入が認められている場合を除き，わが国知的財産権の侵害となる（特2条3項，実2条3項，意2条3項，商標2条3項，種苗2条5項，半導体2条3項2号，不正競争2条1項1号～3号・10号～12号・14号・16号，なお3条，4条参照）。著作権等の場合も国内頒布目的で行う，海賊版および国外頒布目的商業用レコードの輸入は侵害と擬制されている（著113条1項1号・5項）。そこでこのような知的財産権の侵害行為に対しては，そのほとんどの権利について輸入差止申立権が，行政上の救済として関税定率法によって従来より認められてきた。

同法は平成6年にTRIPs協定第3部エンフォースメント第4節を受けて大幅に改正されたもので，元来は行政取締法規として，輸入に関して輸入者からの輸入貨物について税関長に許可申請があった場合に（関税67条），その輸入貨物について広く輸入禁制品を定め（関税定率旧21条1項），それらに輸入許可を与えずにその没収，廃棄し，または積戻しを命じて，わが国への流入阻止を目的とするものであった（同旧21条2項）。そして，この規制が後述のごとく関税法に移行した現在も（同69条の11第2項参照），その違反に対しては罰則をもって規制している（関税109条2項・3項・5項・109条の2第2項・3項・5項・117条・118条1項・2項，なお115条の3参照）。

他方，知的財産権に係る物品を業として輸出する行為は，平成18年改正工業所有権法で育成者権（種苗2条5項），不正競争防止法上の一部の保護権（不正競争2条1項1号～3号・10号～12号・14号・16号）にならって，狭義の工業所有権の実施（使用）態様の一つとして規定された（特2条3項1号・2号，実2条3項，意2条3項，商標2条3項2号）。また，輸出のために業として所持する行為も，育成者権では権利の利用態様の一つとして従来より規定されていたが（種苗2条

第2節 権利侵害に対する救済

5項),平成18年改正工業所有権法はこれを擬制侵害の一態様として規定するに至った(特101条3号・6号,実28条3号,意38条2号,商標37条2号)。そこで,関税に関する税法であると同時に通関法たる関税法は,平成18年改正法で「輸出してはならない貨物」の一つに育成者権を侵害する物品を掲げ(関税69条の2第1項3号),それらに輸出承認を与えずに没収,廃棄して,その海外流出を防止することにした(同条2項)。

これに続いてさらに同年改正関税法は,水際取締りの実効性を確保するため,関税定率法の「輸入禁制品」に係る全ての規定を「輸入してはならない貨物」として関税法に一体化し(関税法6章4節2款〔69条の11〜69条の21〕),併せて「輸出してはならない貨物」の範囲を拡大し(同69条の2第1項3号・4号),輸出差止申立手続(同69条の4〜69条の6),認定手続(同69条の3,69条の7〜69条の9)および通関解放請求制度(同69条の10)の規定の充実を図っている。これらの規定は輸入禁止措置の場合とほとんど同一であるので,ここでは輸入禁止措置について以下述べることにする。

従来,関税定率法で規定してきた輸入禁制品の範囲は,知的財産権については規制当初は特許,意匠,商標,版権(著作権)のみであったが,明治38年に実用新案を加え,明治43年には「特許権,実用新案権,意匠権,商標権,著作権を侵害する物品」と改められ(関税定率旧11条4号),それに昭和45年に著作隣接権が追加され(同21条1項4号〔のち9号〕),さらに平成6年にTRIPs協定に対応した大改正の折に回路配置利用権が(同項5号〔のち9号〕),平成15年改正法で育成者権が各々追加され(同号〔のち9号〕),さらに平成17年改正で不正競争防止法上の商品等表示および商品の形態に係る保護権(不正競争2条1項1号〜3号)の侵害組成物が追加されて,現在の関税法に引き継がれ,さらに平成23年改正関税法でこれに不正競争防止法上の技術的制限手段(アクセスコントロール)の無効化に係る装置等の販売等行為(不正競争2条1項11号・12号)の侵害組成物を追加し,さらに平成28年改正で技術上の秘密に係る不正使用行為(同項10号)の侵害組成物を追加して現在に至っている。(関税69条の11第1項9号・10号)。

平成6年改正関税定率法は,従来全て職権主義のもとで行われてきた手続に,TRIPs協定に対応する形で侵害認定手続を導入し,以来輸入差止申立制度(関税69条の13)および申立担保制度(同69条の12)を設けて,知的財産権侵害における行政の救済をも図る体制を採るに至った。

(1) 輸入差止申立制度（関税69条の13〜69条の15）

　輸入禁制品に係る権利者は，自己の権利を侵害すると認める貨物について，いずれかの税関長に対してその侵害事実を疎明するに足る証拠を提出し，その貨物が輸入されようとする場合には申立先税関長又は他の税関長が侵害認定手続を執るべきことを申し立てることができる（関税69条の13第1項）。この制度は平成6年改正関税定率法でTRIPs協定51条に従って創設されたもので，申立権利者の範囲は，当初同協定が義務的と定めている商標権者，著作権者および著作隣接権者に限定されていた。しかし，平成15年改正関税定率法はこれに特許権者，実用新案権者，意匠権者および育成者権者を加え，さらに平成17年改正同法は不正競争防止法上の保護権（不正競争2条1項1号〜3号）に係る差止請求権者（同3条）を加えて現在の関税法に引き継がれ，平成23年改正関税法ではさらに前記不正競争防止法2条1項10号，11号に係る差止請求権者も（不正競争3条）これに含めている。しかし，上記差止請求権者が輸入差止の申立てをするには，周知性等について経済産業大臣の意見書を提出しなければならない。ただし，その輸入が業としてでない場合および並行輸入の場合には，それが第7章第1節［343頁以下］で述べるように，法律の規定または判例により認められている限度において本申立ては認められない。なお，同法で定める輸入差止申立権者の中には回路配置利用権者についての規定はない（関税法69条の13第1項参照）。したがって，この者は関税定率法のもとで従来から認められてきた輸入差止情報提供制度を利用することになる。

　申立は申立書および疎明のための必要な証拠を申立先税関長に提出して行う。この疎明のための証拠としては，明細書，説明書等の権利を証明する書類のほか，実用新案にあっては技術評価書と警告書，育成者権にあっては場合によりDNA鑑定書等の提出も必要とされている。なお，平成18年改正関税定率法は，上記証拠が侵害事実を疎明するに足りるか否かにつき，申立先税関長が専門委員に意見を求めることができる旨規定し，現行関税法に引き継がれている（関税69条の14，なお69条の21参照）。

　申立先税関長又は他の税関長が申立てを受理して侵害認定手続を執ったときは，疑義貨物は保税地域内に留保され，この疑義貨物について，申立人および輸入者に各々申請により点検の機会が与えられている（関税69条の13第4項，TRIPs57条1文参照）。なおこの際，認定手続終了までの間，通関できないことに

よる輸入者の被る損害の賠償を担保させるため，税関長は申立人に供託命令を発することができる（同69条の15）。これはTRIPs協定53条1項に基づいて規定されたもので，通常10日以内，生鮮食品にあっては3日以内の供託とされている。侵害認定手続は職権進行主義が採られているので，供託が不履行でも必ずしも上記手続は取り止めということにはならない（同条10項参照）。しかし，実務では取り止めるものとしているようである。

(2) 侵害認定手続（関税69条の12第1項・4項～7項・69条の17～69条の19）

税関長は輸入貨物に輸入禁制品があると思料したときは，職権で侵害認定手続を開始する。この手続は平成6年改正関税定率法以来TRIPs協定58条に従って導入されたもので，この開始は，輸入者が疑義貨物を自発的に処分しない限り，権利者および輸入者に通知され，両者に証拠の提出および意見陳述の機会が与えられる（関税69条の12第1項・6項）。この通知の際平成16年改正関税定率法は，税関長が権利者には輸入者情報および判明している限りにおいてその生産者情報をも通知し，輸入者には権利者情報を通知するものとし，現在の関税法に引き継がれている（同条2項・3項）。この輸入者情報の通知制度は，それまでは後述の通関解放請求において，認定手続の取り止めの通知時にはじめて税関長から申立特許権者等に限って通知するものとされていたが，この改正により権利者は直ちに民事上の救済も受けることが可能となり，他方輸入者は自発的処置を含めてそれへの対応も可能となった。

また平成17年改正関税定率法以来，前記証拠および意見の提出のために疑義貨物の見本検査制度を導入し，当該貨物が輸入差止申立てに係る貨物である場合には，侵害認定手続中に限り，その申立てを行った者の申請により，税関職員立会いのもとで疑義貨物の見本の分解，分析，性能等の検査の承認を税関長に申請することができることにした（関税69条の16，なお69条の12第7項）。

税関長はかかる手続に従って提出された証拠および意見に基づいて侵害認定を行うことになるが，その認定にあたってはさらに特許庁長官意見照会制度（関税69条の17）および農林水産大臣・経済産業大臣意見照会制度（同69条の18）が存する。前者は平成15年改正関税定率法以来創設されたもので，特許権者，実用新案権者および意匠権者が税関長に対して，侵害認定手続開始の通知日から原則として10日以内に，その権利の技術的範囲等（特70条，実26条，意24条）につい

て特許庁長官の意見を照会することを求める制度である。平成18年改正法以降，疑義貨物の輸入者も税関長に対して上記の請求ができることになり（関税69条の17第1項），また，税関長も特許庁長官に直接意見照会をなしうるものとされている（同9項）。また後者は平成16年および平成17年改正関税定率法以来各々規定されたもので，「輸入してはならない貨物」のなかにそれぞれ育成者権および不正競争防止法上の保護権（不正競争2条1項1号～3号・10号～12号）が加わったことによる。これらは前者とは異なり，税関長が侵害認定手続中に必要であると認めるときは，各大臣に対し従来より直接意見の照会を求める制度である。なお，これらの意見照会制度とは別に，平成18年改正関税定率法以来，上記認定手続に参考とするため専門委員の意見を求めることができる旨規定している（同69条の19，なお69条の21参照）。

以上の侵害認定手続を経た場合に限り，税関長は輸入禁制品の没収，廃棄し，または積戻しを命ずることができる（関税69条の11第2項・69条の12第4項）。しかし，TRIPs協定は不正商標商品については変更のない状態での積戻しを禁止しているので（TRIPs59条2文），商標権を侵害する旨の認定を受けた貨物の積戻しについては，輸出貿易管理令により税関長の輸出承認が行われないことになっている（同11条2号ロ参照）。したがって，積戻し命令が行われることはない。なお，著作権，著作隣接権侵害貨物も同様である。認定手続が執られた後でも権利者が輸入同意文書を改めて提出したり，不正商標を削除した場合には輸入できるが，輸入者が任意放棄した場合には国庫に属することになる。なお，平成20年改正関税法はわが国を経由して外国に搬送される通過貨物が侵害品である場合に，その外国拡散を防止するため，それらを輸入の目的以外の目的でわが国に到着した場合に，これを保税地域内に保管し，または外国貨物のままの運送を禁止している（関税30条2項・65条の3・109条の2）。

●**関税定率法**［注：現関税法］**事件**（神戸地判平成18・1・19裁判所HP）
——無効理由がある場合の認定処分

「関税定率法21条1項5号［注：現関税法69条の11第1項9号］の『特許権』とは，すべての特許権を指すのではなく，無効理由の存在しない特許権を指すものと解するのが相当であり，輸入しようとした貨物が同号にいう特許権侵害物品に当たるとの理由で認定処分を受けた者は，同認定処分取消訴訟において，同認定処分の根拠となった特許権に無効理由が存在することを理由に同認定処分の違法を主張することができると解すべきである。」

(3) 通関解放請求制度（関税69条の20）

疑義貨物の輸入者は，侵害認定手続の開始通知日から一定期間に税関長が侵害の該否を認定しないときは，税関長に対して権利者の被る損害の賠償を担保するため税関長の命じた金銭等の供託を条件として，輸入停止を開放するため侵害認定手続の取り止めを請求できる（同69条の20）。この制度は平成15年改正関税定率法以来TRIPs協定53条2項に従って創設されたもので，特許権者，実用新案権者，意匠権者の申立てにより輸入貨物について侵害認定手続が執られている場合に限って適用される。

なお，この通関解放請求制度においては，侵害認定手続の取り止めの通知日から30日以内に，申請特許権者等は輸入者に対して損害賠償請求訴訟を提起しない限り，供託金はそのまま輸入者に戻されるとされている（同条9項4号）。そのために，平成16年改正関税定率法以前は(2)で述べたとおり，上記侵害認定手続の取り止めの通知日に税関長ははじめて申立特許権者等に輸入者情報を通知するものとされていた。

＊**金融機関による犯罪利用預金口座の凍結による被害回復分配金の支払**――元来，刑法の犯罪組成物ないし犯罪行為によって生じ若しくは得た金銭等（刑19条）および「組織的な犯罪の処罰及び犯罪収益の規制等に関する法律」の犯罪収益等は没収の対象とされている所である（同法13条）。しかし，平成19年制定に係る「犯罪利用預金口座等に係る資金による被害回復分配金の支払等に関する法律」は預金口座等への振込みを利用して行われた詐欺等の犯罪行為による被害者への被害回復分配金の支払を規定している。同法はかかる犯罪による被害拡大の防止，被害の回復及び犯罪収益の剥奪による再犯防止等の目的で制定されたものである。

この法律によれば，金融機関（同2条1項）は，捜査機関等からの情報提供及びその他の事情を勘案し，詐欺その他の知的財産を含む財産を害する生活経済事犯の振込先等となった犯罪利用預金口座等（同2条4項）の取引の停止等措置（同3条），及びその預金等に係る債権の消滅手続を行うべき事を規定し（同4条～7条），かつ，かかる犯罪行為により被害者の受けた財産的被害の迅速な回復等を図るべく被害回復分配金の支払手続について詳細な規定を設けている（同8条～25条）。ただし，当該預金口座について預金の払戻しの訴が提起され，又は当該預金に係る債権について強制執行，仮差押えもしくは仮処分手続等が行われている場合は前記預金等に係る債権の消滅手続は行われない（同4条2項）。また，当該犯罪行為により失われた財産の価額に相当する損害の全部についてその填補又は賠償がなされた場合，及び当該犯罪行為者，その共犯者，犯罪行為に関連して不正な利益を得た者，当該犯罪行為により財産を失ったことについて自己に不法な原因のある者等は被害回復分配金の支払を受けることができない（同9条）。

上記，被害回復分配金支払の申請手続の履行によりその分配金が支払われた場合には，その者は当該分配金に係る損害賠償請求権その他の請求権は，その支払を受けた限度において消滅することとされている（同21条１項）。しかし，本法は上記の犯罪行為者が直接金品を所持しない場合には，被害者の有効な救済手段となろう。

第３節　権利の消滅

　知的財産権の消滅事由は，①存続（保護）期間の満了（著51条～58条・101条，特67条，実15条，意21条，商標19条１項・20条4項・65条の２第１項，種苗19条２項，半導体10条２項），②相続人等の不存在（著62条，特76条，実26条，意36条，商標35条，種苗24条，半導体15条）ないし商号の抹消（商登33条１項１号・２号），③権利の放棄（特97条１項・98条，実26条，特46条の２第１項，意36条・60条の17，商標35条，種苗31条１項・32条，半導体20条，なお著作権，商号権については規定はないが，当然消滅事由となる。また民255条参照）等という一般的事由のほかに，狭義の工業所有権においては，④特許料ないし登録料の未納（特112条４項～６項，実33条４項・５項，意44条４項，商標41条の２第４項，なお商標23条１項参照），特許庁による⑤特許・商標登録異議申立て（特113条～120条の８，商標43条の２～43条の15），⑥特許ないし登録無効審判（特123条・125条・125条の２，実37条・41条，意48条・49条，商標46条～47条・68条４項），および⑦商標権の登録取消審判がある（商標50条・51条・52条の２～53条の２）。また，⑧国際登録を基礎とする意匠権の国際意匠登録の消滅（意60条の14第２項）があり，さらに，⑨特許権等につき裁判所による取消制度が存する（独禁100条）。

　また，育成者権につき品種登録の職権取消制度（種苗49条），回路配置利用権につき設定登録の職権抹消手続が設けられている（半導体９条）。なお，登録品種名称につきその要件を欠く場合には，利害関係人の申立てまたは職権による変更命令が規定されている（種苗48条）。

　これらのうち，①は第３章第２節(1)［55頁以下］を，②は第３章第２節(7)［66頁以下］を，⑤は第４章第３節１(5)［151頁以下］を，また⑨は第５章第５節１(4)［261頁以下］をそれぞれ参照されたい。ここでは特に①との関係で商標権の存続期間更新登録，および⑥，⑦について説明する。なお，特許権の存続期間延長登録については，第３章第２節(1)［55頁以下］等を参照されたい。

●ポパイ・ネクタイ事件（最判平成９・７・17民集51巻６号2714頁）
　――二次的著作物の保護期間と取得時効（前出50頁参照）
　　①［保護期間について］「連載漫画においては，後続の漫画は，先行する漫画を翻案したものということができるから，先行する漫画を原著作物とする二次的著作物と

解される。そして，二次的著作物の著作権は，二次的著作物において新たに付与された創作的部分のみについて生じ，原著作物と共通しその実質を同じくする部分には生じないと解するのが相当である。」

「そうすると，著作権の保護期間は，各著作物ごとにそれぞれ独立して進行するものではあるが，後続の漫画に登場する人物が，先行する漫画に登場する人物と同一と認められる限り，当該登場人物については，最初に掲載された漫画の著作権の保護期間によるべきものであって，その保護期間が満了して著作権が消滅した場合には，後続の漫画の著作権の保護期間がいまだ満了していないとしても，もはや著作権を主張することができないものといわざるを得ない。」

② [取得時効について]「著作権法21条に規定する複製権は，民法163条にいう『所有権以外ノ財産権』に含まれるから，自己のためにする意思をもって平穏かつ公然に著作物の全部又は一部につき継続して複製権を行使する者は，複製権を時効により取得すると解することができるが，複製権が著作物の複製についての排他的支配を内容とする権利であることに照らせば，時効取得の要件としての複製権の継続的な行使があるというためには，著作物の全部又は一部につきこれを複製する権利を専有する状態，すなわち外形的に著作権者と同様に複製権を独占的，排他的に行使する状態が継続されていることを要し，そのことについては取得時効の成立を主張する者が立証責任を負うものと解するのが相当である。」

1　存続期間の満了——商標権の存続期間の更新登録

知的財産権はその存続期間満了によって一般に消滅する。商標権もわが国法律上はその例外ではない。しかし，元来，産業活動における識別標識は使用されている限り，無限に保護されるべき性質を有する。そこで，商標権も引き続き使用する意思のある者に対しては，存続期間の更新登録の申請が認められている（商標19条2項）。

更新登録の申請は，原則として，商標権の存続期間満了の日までに（商標20条2項，なお3項参照。なお，商標法条約13条1項c号，第8規則参照），特許庁長官に所定の申請書を提出して行われる（商標20条1項）。従来，わが国は更新に際して審査主義を採り，公益的不登録理由，商標権者でない者の出願，および更新登録出願前3年以内に商標権者等が正当の理由なく当該商標を使用していないと書類上認められる場合の3つを審査し，それとの関係で更新時に商標使用証明書類または不使用正当事由証明書類の提出義務を規定していた。しかし，商標法条約は更新に際して，実体的審査のみならず商標の使用に関する証拠の提出をも禁止している（商標法条約13条6項・4項(iii)）。そこで平成8年改正商標法は同条約に従い，先の期間内に更新登録の申請と，更新登録料の納付のみによっ

て更新登録を行うこととし，商標公報にその旨掲載される（商標23条，なお79条参照）。この登録により，存続期間は満了のときに更新されるものとした（同19条3項）。この際，登録料の分割納付も可能である（同23条1項・2項）。

　しかし，更新時無審査とされたので，従来の更新登録無効審判制度（商標旧48条・49条）は廃止されたが，公益的不登録理由に該当するに至った商標登録や不使用登録商標の存在をそのまま放置することは妥当でない。したがって，同改正法はこれを無効審判（商標46条1項5号）および不使用登録商標の取消審判の強化（同50条1項・3項・54条2項）により対応することとした。なお，先の期間（同20条2項・3項）内に更新登録の申請がなされないときは，商標権は存続期間満了のときに消滅する（同20条4項）。しかし，更新登録申請期間経過により失効した商標権の回復制度が創設されている（同21条）。

　上記更新登録は新たな権利を発生させるものではなく，同一内容を有する商標権が更新後も存続する。しかし，更新登録申請の際，商品・役務の区分の数を減ずることは可能である（商標20条1項3号，商標施規11条）。

　なお，商標法条約は，前述のように，防護標章制度に一定範囲の留保を認めていることから，平成8年改正商標法はその更新に際しては従来通りの審査主義を採用している（商標65条の4）。また，平成3年改正商標法は，役務商標につき重複登録を認めており（平成3年商標法改正法附則5条），この重複登録されている役務商標の更新登録にあたり，次のような特例を規定していた（同旧8条）。すなわち，更新以前に一方が周知，著名となった場合を予想し，他方の混同が生ずるおそれある未周知，周知の登録役務商標の更新登録を認めないこととし，これを更新拒絶理由および更新登録無効理由としていた。この点，商標法条約は役務商標について，重複登録除去のため最初の更新時に限り実体審査を留保しうる旨規定している（商標法条約22条6項参照）。そこで，平成8年改正商標法はこれに従い，最初の更新時に限って実体審査を認め（平成8年商標法改正法〔法68〕附則11条），平成3年改正商標附則と同様に，これを更新拒絶理由および更新登録無効理由としている（同11条2項・17条1項1号）。

　しかし，これにより更新拒絶または更新登録無効となって更新が認められなくなった原権利者を救うために，存続期間満了の際現に使用していた役務商標をその役務の範囲内で使用しうる，継続的使用権（平成3年商標法改正法附則3条，平成26年特許法等改正法附則5条3項～7項）ないし中用権（商標33条）類似の権利が

認められている（平成8年商標法改正法〔法68〕附則16条・18条）。これらの場合，商標権者等の請求により混同防止の表示を付する義務が存する。

なお，特許権の存続期間の延長登録制度は既に述べたので［55頁以下及び207頁］，ここでは省略する。

2　特許ないし登録無効審判（付・訂正審判等）

狭義の工業所有権に関し，特許ないし登録がその要件等に違反してなされた場合には，元来当該出願は拒絶されるべきであったから，法はこれを特許庁の審判によって無効とし，原則として遡及的に権利を消滅させることにしている（特125条・125条の2第3項，実41条，意49条，商標46条の2）。したがって，特許庁の無効審決が確定しない限り，無効原因のある工業所有権であっても，いちおう有効なものとして取り扱われる。しかし，この場合，遡及的に権利を消滅させる無効審決とは異なる権利無効の抗弁は，侵害訴訟においても認められている［226頁］。

無効理由については，特許法123条1項，125条の2第1項（延長登録無効理由），実用新案法37条1項，意匠法48条1項，商標法46条1項および68条4項に規定されている。なお，平成8年改正商標法により，商標権の存続期間更新に際して無審査主義に移行したことにより，登録後事後的に公益的不登録理由に該当するに至った商標権を抹消するべく商標登録の無効理由にこれを加えている（商標46条1項5号，なお6号参照）。また，平成23年改正工業所有権法は商標法を除き，同法により認められた，冒認によって成立した権利の移転請求権の行使の結果，移転登録がなされた場合を［81頁］，上記無効理由の共同出願および冒認の規定から除いており，平成26年改正特許法及び商標法は，特許異議申立における訂正請求の範囲（特120条の5第2項但書）の違反と，商標の保護対象の拡充に伴い追加された明確性の要件（商標5条5項）の違反を加えている（特123条1項8号，商標46条1項3号）。これらの理由は限定列挙であり，それ以外には及ばないと解されている。無効審判の請求適格はいわゆる利害関係人には限定されないが，法律上の正当の利益を有する者に限られると解されてきた。しかし，商標の場合を除き平成15年改正法は，特許異議申立制度を廃止したことに伴って，請求人適格を先進諸外国と同様に，原則として何人にも認めるとともに，その無効理由が権利帰属に係る場合には利害関係人に限定した。しかし，後者

につき平成23年改正法は正当な権利者からの移転請求権を認めたことに伴い[81頁]，その機会を保障するべく請求人適格をさらに正当な権利者のみに限定することにした（旧特123条2項，旧実37条2項，旧意48条2項）。それに加えて平成26年改正特許法は，この23年改正法部分をそのまま残しつつ，同法で特許異議申立制度を復活したことにより，その請求人適格を商標法（商標46条2項）に倣い，利害関係人に限定した（特123条2項）。また，延長登録無効審判の請求人適格は全て利害関係人に限定されていることを明記している（同125条の2第2項）。

　無効審判の請求は，狭義の工業所有権消滅後でも請求しうる（特123条3項，実37条3項，意48条3項，商標46条2項・68条4項）。これは過去の事実に基づく賠償義務の存否に実益がある。しかし，商標権においては一定の無効理由について，設定登録の日から5年の除斥期間が，権利安定のために規定されている（商標47条）。

　無効審判の請求は，意匠を除き，請求項毎あるいは指定商品・指定役務ごとになしうる（特123条1項柱書2文，実37条1項柱書2文・商標46条1項柱書2文）。請求にあたって，平成15年改正法は審理遅延防止のため，その請求理由の記載事項を厳格に規定し（特131条2項，実38条2項，意52条），その要件の欠缺を補正命令の対象とした（特133条，実41条，意52条）。その際，平成10年改正法は，要旨変更となる補正を禁止していたが（旧特131条2項，旧実38条2項，旧意52条），それが別途無効審判請求を誘発する結果となった。そこで平成15年改正法は，不当に審理遅延を生じさせないことを条件に，権利者からの訂正請求が行われた場合，要旨変更に合理的理由があり，かつ権利者の同意の存する場合，および平成23年改正法により追加され，更に平成26年改正法による特許異議申立制度の復活により準用された（特120条の5第9項），請求書の方式違反に基づく補正命令がなされた場合には，審判請求書の副本が権利者に送付される前ならば，審判官の裁量でその補正を認めることにした（特131条の2，実38条の2，意52条）。

　無効審判の請求があったときは，その請求書の副本は権利者に送達され，権利者はこれを不服として答弁書を提出して争うこともできるが（特134条1項，実39条1項，意52条，商標56条1項），特許無効審判手続において権利者は指定期間内に訂正の請求を行い，またはその請求を取り下げることもできる（特134条の2・155条，実14条の2・39条の2）。要旨変更を許可する手続補正書の副本が審判官の裁量により権利者に送付される場合もこれと同様である（特134条2項，実39条2

第3節　権利の消滅

項，意52条，特134条の2第4項）。

　審理は当事者対立構造で，審判官の合議体によって行われ，口頭審理を原則とし，職権進行主義，職権探知主義が採用されている（特136条・145条，なお152条〜154条，実41条，意52条，商標56条1項参照）。

　平成11年改正法は，審理促進のため口頭審理を積極的に活用するため，独立した権限をもって調書作成等を行う公証機関として審判書記官制度を新設して審理内容の公証性を担保し（特144条の2・147条・150条，実41条，意52条，商標56条1項），さらに，無効審判と侵害訴訟との連動性を高めて，審判審理の促進と審判審理および訴訟手続の任意的中止の判断を容易にするため，裁判所と特許庁間の侵害事件関連情報の交換の規定を置き（特168条3項・4項，実40条2項・3項，意52条，商標56条），これを登録異議申立ておよび無効ないし取消しの再審手続に準用している（商標43条の15，特174条，実45条，意58条，商標61条・62条参照）。

　無効審決の確定によって，狭義の工業所有権は遡及的に消滅し（特125条，実41条，意49条，商標46条の2，なお特185条，実50条の2参照），不当利得，瑕疵担保等の問題が生ずる。その確定の範囲は審判事件ごとであるが，請求項ごとに審判請求がなされている場合にはその請求に係る請求項ごとであり（特167条の2，実41条の1），指定商品又は指定役務ごとに審判請求がなされている場合にはその請求に係る指定商品，指定役務ごとである（商標55条の3）。しかし，元来これは主として特許庁の過誤に基づくものであり，かつ利益権衡の見地から，一定の要件のもとにいわゆる中用権が認められている（特80条，実20条，意30条，商標33条）［216頁］。なお，確定審決は登録後，一事不再理の効果が生ずる旨規定されていた。しかし，平成23年改正法はこの第三者効を廃して，審決が確定したときは同一事実，同一証拠に基づき当事者および参加人はその審判を請求できないことにした（特167条，実41条，意52条，商標56条1項）。無効審決に不服の場合には審決謄本送達後30日以内に審決取消訴訟を東京高等裁判所に提起することができる（特178条，実47条，意59条，商標63条）。一定の事由の存する場合には再審も認められている（特171条，実42条，意53条，商標57条）。

　なお，上記の審決取消訴訟では，査定系審決取消訴訟とは異なり，特許庁は訴訟当事者とはならない（特179条，実47条2項，意59条2項，商標63条2項）。したがって，これを補う意味で，特許庁が審決取消訴訟の段階では主体的に専門的な意見を述べうるように，裁判所からの求意見制度および特許庁からの意見陳述制

度を導入し，これを審決取消訴訟一般に及ぼしている（特180条の2，実47条2項，意59条2項，商標63条2項）。

●メリヤス編機事件（最判昭和51・3・10民集30巻2号79頁）
――審決取消訴訟の審理範囲
　「審決の取消訴訟においては，抗告審判の手続において審理判断されなかつた公知事実との対比における無効原因は，審決を違法とし，又はこれを適法とする理由として主張することができないものといわなければならない。」

●高速旋回バレル研磨法事件（最判平成4・4・28民集46巻4号245頁）
――審決取消判決の拘束力
　「特許無効審判事件の審決取消訴訟について具体的に考察すれば，特定の引用例から当該発明を特許出願前に当業者が容易に発明することができたとはいえないとの理由により，審決の認定判断を誤りであるとしてこれが取り消されて確定した場合には，再度の審判手続に当該判決の拘束力が及ぶ結果，審判官は同一の引用例から当該発明を特許出願前に当業者が容易に発明することができたと認定判断することは許されないのであり，したがって，再度の審決取消訴訟において，取消判決の拘束力に従ってされた再度の審決の認定判断を誤りである（同一の引用例から当該発明を特許出願前に当業者が容易に発明することができた）として，これを裏付けるための新たな立証をし，更には裁判所がこれを採用して，取消判決の拘束力に従ってされた再度の審決を違法とすることが許されないことは明らかである。」

●ETNIES事件――無効審決取消訴訟の共有者の一部の訴え（前出74頁参照）

　訂正審判等――上記の無効審判が当事者系構造を採るのに対し，同じく権利成立後ではあるが，権利客体の明確化のために存するのが，異議申立制度と同様の査定系構造を採る,訂正審判（特126条）ないし訂正手続（実14条の2）である。したがって，この制度は表現形式に重点の置かれる意匠法や商標法には存在しない。これらの概要はすでに述べたが〔177頁以下〕，それが主として無効審判に対処するために活用されることから，訂正審判は常に無効審判との関係で説明されてきた。

　従来は，両制度は別々に利用されてきた。しかし，それら審決の効力がともに設定登録時まで遡及するので（特125条・128条），手続の重複や解釈の混乱を生じ，ひいては審理遅延の原因ともなっていた。そこで平成5年改正法は，無効審判係属中の訂正審判の請求はできないものとし，無効審判のなかで訂正請求を認めることにした（特旧々134条2項）。しかし，無効審決の取消訴訟提起後は訂正審判の請求が無制限にできた結果，裁判所と特許庁の間でいわゆる

「キャッチボール」現象が生ずるに至った。そこでこの弊害を除くために，平成15年改正法は訂正審判は無効審判が特許庁に係属したときからその審決確定までは原則として請求できないとした。しかしその例外として，適正な訂正の機会を確保するために，無効審決の取消訴訟提起後は，他に無効審判が係属しているか否かを問わず，90日以内に限り訂正審判の請求ができる旨規定し（特旧126条2項但書），審理迅速化のため，裁判所は権利者が訂正審判を請求し又は請求する意図がある場合には，実体審理を経ずに一定の要件で取消しの決定をし（同181条2項・3項），その差戻しにより特許庁が無効審判の再審理を行うに際し，審判長の裁量で訂正請求を認めてそれと一体として審理できるようにした（同134条の3）。この改正は多少の効果はあったものの，依然として「キャッチボール」現象は発生し審理の遅延が生じていた。そこで，平成23年改正法は上記例外規定を削除し，無効審判の審決が確定するまでは訂正審判を請求できないことにした（特126条2項）。しかし他方，無効審決取消訴訟提起後の訂正審判には特許庁の有効性の判断に対応した訂正の可能性があったことから，この機会と同様の機会を無効審判手続中に権利者に与えるために，同審決が熟した段階で審決の予告制度を採用し，訂正請求の機会を与えることにした（同164条の2）。なお，平成26年改正法は特許登録後の特許異議申立制度を復活したことからこれに倣い，異議申立に係る決定が確定するまでは訂正審判の請求ができないものとし（同126条2項）かつ上記と同様に訂正の機会を与えている。

　平成23年改正法はさらに，明細書の一覧性を確保しつつ（特193条2項7号参照），無効審判に対応して，訂正審判および無効審判における訂正請求も一群の請求項である場合を除き，請求項ごとに請求できることを明記した（同126条3項・4項，134条の2第2項・3項）。訂正審判および無効審判における訂正請求は職権審理され，それが不適法のときは権利者に訂正拒絶理由が通知され，意見陳述の機会が与えられる（同152条・153条・134条の2第5項）。訂正審判および特許無効審判中の訂正請求において訂正が認容され，それが確定したときはその効力は遡及し（特128条・134条の2第9項，実14条の2第11号），その登録がなされたときは，新しい特許証ないし登録証が交付される（特28条，実50条）。訂正審決に不服の場合には，審決謄本送達後30日以内に審決取消訴訟を東京高等裁判所に提起することができる（特178条）。一定の場合には再審も認められている（同171条）。

　なお，訂正審判および訂正請求も，特許が取消決定により取消され，無効審

判により無効とされない限り，無効審判と同様（特123条3項）に特許権の消滅後も請求できる（同126条8項・132条の2第5項，なお実14条の2第8項参照）。

●フェノチアジン誘導体製法事件——訂正の範囲（前出178頁参照）

●大径角形鋼管事件（最判平成11・3・9民集53巻3号303頁）
——訂正請求の確定と無効審決取消訴訟
「無効審決の取消しを求める訴訟の係属中に当該特許権について特許請求の範囲の減縮を目的とする訂正審決が確定した場合には当該無効審決を取り消さなければならないものと解するのが相当である。」

●トレーラー駆動装置事件（最判昭和59・4・24民集38巻6号653頁）
——無効審決の確定と訂正審判
「実用新案権者が実用新案法39条1項の規定に基づいて請求した訂正審判すなわち実用新案登録出願の願書に添附した明細書又は図面を訂正することについての審判の係属中に，当該実用新案登録を無効にする審決が確定した場合は，同法41条によって準用される特許法125条の規定により，同条ただし書にあたるときでない限り，実用新案権は初めから存在しなかつたものとみなされ，もはや願書に添附した明細書又は図面を訂正する余地はないものとなるというほかはないのであつて，訂正審判の請求はその目的を失い不適法になると解するのが相当である。」

3　商標登録取消審判

取消審判の対象となる事由は，①登録商標の不使用，②商標権者および使用権者の誤認混同行為，③代理人等の不当登録の3つの場合に限られる。取消審判の審決が確定したときは，以後商標権は消滅するが，①の場合は平成8年改正商標法により，請求予告登録日に遡及して消滅する（商標54条）。しかし，無効審判の場合と異なり設定登録日までの遡及効はない。また，本審決の確定には一事不再理の効果が生ずる（商標56条1項，特167条）。取消審決に不服の場合には審決謄本送達後30日以内に審決取消訴訟を東京高等裁判所に提起することができる（商標63条）。一定の事由の存する場合は再審も認められている（同57条）。

(1)　登録商標の不使用（商標50条）

わが国商標法は商標権の発生に登録主義を採り，その際必ずしも商標の使用を必要としない。しかし，商標は使用されて現実に識別力を発揮し，顧客吸引力を有しない限り保護に値しない。のみならず，商標権はそれが絶対的な排他的独占権であるが故に，不使用により他の競業者の商標選択の幅を狭め，かつ

特許庁および出願人の検索，調査負担を増大させ審査遅延の弊害をも生ぜしめることになる。そこで法は，知的財産権の実施（使用）義務（第3章第2節(4)［60頁以下］参照）として商標権者，専用使用権者または通常使用権者のいずれもが，継続して3年以上日本国内で，各指定商品・指定役務について登録商標の使用をしていないときは，何人もその指定商品・指定役務にかかる商標登録の取消審判を請求できる旨を規定している（商標50条1項，なお31条の2第3項参照）。したがって指定商品・指定役務の全てに登録商標の使用義務が課せられており，指定商品・指定役務ごとに上記取消審判の請求が認められている。また，登録商標を指定商品・指定役務に類似する商品・役務に使用したり，登録商標に類似する商標を指定商品・指定役務またはそれと類似する商品・役務に使用する場合はその取消しを免れない。しかし，ここで登録商標とは，形式的に同一の場合だけではなく，パリ条約5条C項2号との関係から，社会通念上同一と認められる範囲の商標を含むものと解すべきである（なお商標70条1項参照）。この点，連合商標制度を廃止した平成8年改正商標法は，この趣旨を明確化している。

不使用に，天災，法人の清算中または輸出入禁止等正当な理由があって，商標権者がそれらを明らかにした場合には取消しを免れる（商標50条2項但書）。また，使用を前提としない登録防護標章にはこの取消制度が存しない。なお，審判請求人の不使用の立証が困難なことから，昭和50年改正法は挙証責任を商標権者等に転換している（同条2項本文）。しかし，挙証責任の転換が審判の請求登録前3年以内であることから，審判請求人の主張する審判請求前のいずれかの3年の期間とは合致していない。そこで，平成8年改正法は，審判請求前3月から審判の請求登録日までの間については，商標権者等が審判の請求を知って使用した事を審判請求人が証明したときは，その間使用していないとみなす規定を置いている（同条3項本文）。多少の改善ではあるが，商標権者等の挙証責任の転換の期間を審判請求人の主張する3年以上の期間と合致させない限り，審判請求人の不使用立証の困難性は残ることになる。

また，平成8年改正商標法は，商標法条約にならって（商標法条約3条7項(ii)・(iii)・13条6項・4項(iii)参照），出願に際しての業務の記載や存続期間更新に際しての登録商標の不使用の審査を廃止したことから，本規定の公益性を重視し，①請求人適格を利害関係人から何人にも拡大し（商標50条1項），②連合商標制度

を廃止し，連合商標の一を使用している場合には取消を免れる旨の規定を削除し（商標旧50条2項括弧書参照），③駆け込み使用を防止するために，上記のように審判請求日前3月から予告登録日の間の商標権者等の使用は，正当な理由を証明しない限り，本件審判請求がなされることを知った後であることを審判請求人が証明したときには，登録商標の使用とは認められない旨規定し（商標50条3項），さらに，④審決の効果を予告登録日まで遡及させ（同54条2項），不使用に係る商標権に基づく損害賠償請求権等の権利行使を極力防止している。

●Dale Carnegie事件（東京高判平成13・2・28判時1749号138頁）
——不使用による取消し
「商標法50条の適用上，『商品』というためには，市場において独立して商取引の対象として流通に供される物でなければならず，また，『商品についての登録商標の使用』があったというためには，当該商品の識別表示として同法2条3項，4項所定の行為がされることを要する」
「甲第……号証の印刷物は，専ら『デール・カーネギー・コース』等の本件講座の教材としてのみ用いられることを予定したものであり，本件講座を離れ独立して取引の対象とされているものではないというほかなく，したがって，これらを商標法上の商品ということはできない。……いずれにせよ，当該印刷物自体の識別表示と解することはできないから，当該印刷物について本件商標の使用がなされたということもできない」

(2) 商標権者および使用権者の誤認混同行為（商標51条・52条の2・53条）

商標権が産業秩序維持に寄与するために認められる独占権であるので，それを濫用して，誤認混同行為を行った場合には，一般公衆の利益保護のため，法は何人も当該商標登録の取消審判を請求できる旨規定している。

その態様の第1は，商標権者が指定商品・指定役務に登録商標と類似する商標を使用し，あるいは指定商品・指定役務に類似する商品・役務に登録商標またはそれに類似する商標を使用して，故意に商品・役務の誤認混同を生ぜしめた場合である（商標51条）。ここで故意とは誤認混同を生ぜしめるおそれを認識していることである。登録商標を指定商品・指定役務に使用する場合には故意であっても取消しを免れる。また，登録商標と類似する商標であっても，色彩のみからなる登録商標を除き，色彩を同じくすれば登録商標と同一と認められるものは本条では登録商標に類似しない商標とされているので（同70条3項，4項）上記と同様取消しを免れる。しかし，重複登録されている役務商標の商標権者が，指定役務について登録商標を使用している場合でも，不正競争の目的

で他の登録役務商標と混同を生ずる行為をしたときは，上記規定の特例として取り消されることとされている（平成3年商標法改正法附則10条）。

　その態様の第2は，商標権の分割移転により，指定商品・指定役務に登録商標と類似する登録商標，または指定商品・指定役務に類似する商品・役務に同一もしくは類似する登録商標に係る商標権が，異なった商標権者に属することになったときにおいて，不正競争の目的で指定商品・役務の出所混同行為を生ぜしめた場合である（商標52条の2，なお31条の2第3項参照），これは平成8年改正商標法が商標権の分割移転を認めたこと（同24条・24条の2）に対する弊害防止規定である。商品・役務の誤認は含まれない。また登録商標を指定商品・指定役務に使う商標権者は取消しを免れる。なお，登録商標と類似する商標であっても，色彩のみからなる登録商標を除き，色彩を同じくすれば登録商標と同一と認められるものは本条では登録商標と認められている（同70条1項，4項）。

　つぎに第3の態様は，専用使用権者または通常使用権者が指定商品・指定役務またはこれと類似する商品・役務に，登録商標またはこれと類似する商標を使用して，商品・役務の誤認，および（商標権者およびその使用権者以外の者との）商品・役務の混同を生ぜしめた場合である（商標53条，なお31条の2第3項参照）。これは現行法が使用許諾の自由を認めたこと（同30条・31条）に対する弊害防止規定である。したがって，第1の態様と異なり，使用権者の故意を必要とせず，色彩についても特則がなく，かつ登録商標を指定商品・指定役務に使用している場合にも取消しを免れない。しかし，商標権者が使用権者の商標使用の現状を定期的に観察し，または定期的報告書の提出を行わせる等，相当の注意をしても上記の誤認・混同行為を知りえなかった場合には，取消しを免れる（同条1項但書）。

　そして，これらの誤認混同行為を行った商標権者または使用権者は，審決確定日より5年経過後でなければ，取り消された商標権と同一性あるものの登録を受けることができない（商標51条2項・52条の2第2項・53条2項）。したがって，これは一種の制裁規定で，前述の無効審判または不使用取消審判と異なり，登録商標にかかる指定商品・指定役務が複数ある場合でも，指定商品・指定役務ごとに行うのではなく全体的に取り消される。誤認混同行為の相手方の商標は，第2の態様を除き，その登録の有無を問わない。取消審判請求期間は，上記の誤認または混同行為の事実がなくなった日から5年とされている（同52条・52条

の2第2項・53条3項)。

(3) 代理人等の不当登録（商標53条の2）

　外国貿易においては，製造者ないし輸出業者の商標がその本人の承諾なしに，仕向国の代理人等の名義で仕向国に登録されてしまうと，その製造業者ないし輸出業者は仕向国の代理人等に一手販売権を事実上余儀なく付与したことになってしまう。したがって，法はかかる代理人等の不当登録について，パリ条約同盟国，WTO加盟国および商標法条約締約国の商標権に相当する権利と相抵触する商標を，正当な理由なくその商標権者の承諾をえないで，その代理人もしくは代表者，または登録出願日前1年以内にこれらの者であったものが出願，登録を得た場合に，同盟国の商標権者による当該商標登録の取消しを認めている（商標53条の2）。本条はリスボン改正パリ条約6条の7に基づいて規定されたもので，登録主義，属地主義の例外をなすものである。なお，本請求期間はわが国の商標権設定登録日より5年以内とされている（商標53条の3，なお不正競争2条1項15号，TRIPs2条1項参照）。

第7章　知的財産権の国際的保護

第1節　保護の性質

1　属地主義の原則

　文化が国境を越えて伝播し，経済取引が国内市場から国際市場へと拡大されるに従って，知的財産も，あるいは著作物の複製物，特許製品，または意匠を施された物品，ないしは商標を付された商品や種苗として，あるいは著作物，特許発明やノウハウ等無体物のままの情報として，情報通信手段を通じて海外に進出してゆく。これに伴って，知的財産権の海外における保護の必要性が生じてくる。しかし，各国の知的財産権保護の法制はかなり相違し，かつ各国の国際私法による解決には限界がある。そこで，ここに知的財産権の国際的保護規制が必要とされるのである。そして，これに応えるものがベルヌ条約，万国著作権条約，パリ条約およびTRIPs協定を中心とする条約，諸協定である。

　しかし，知的財産権は沿革的理由もあって，属地主義の原則が支配している。すなわち，各国はその文化，産業政策に基づき，自国が認めた知的財産権だけを保護してきた。したがって，各国の知的財産権法の適用はその国の統治権の及ぶ領域内に限定され，知的財産権の成立，効力および変動など全てその権利を認めた国の法律による。その結果，各国は原則として知的財産権について外国の法律を適用しないし，また外国の法律によって認められた知的財産権を自国の領域内において承認しない。これは国際私法上の一原則ではあるが，同法上の属人主義と対立する概念ではなく，保護国法主義の意で，一国における権利の取得等がされた事情は，他国においてその承認という効果を有しない点で異なる。

　この点，著作権は各国の文化ないし情報伝達手段の違いはあるが，それが相対的な排他的独占権を認めるにすぎないので，各国の利害の対立が比較的少なかったことから，条約は著作権の成立，効力等に立ち入った規定を設けている。この意味で著作権の属地性は緩和されている。しかし，それを否定してはいない。すなわち，ベルヌ条約が著作権の享有に無方式主義を採っても，その権利の享有や行使は著作物の本国における保護の存在と関係なしに保護国法の適用

第1節 保護の性質

を認め (ベルヌ条約5条2項), かつそれは各国の著作物としての水準との関係で認められるものであり, また同条約も保護の範囲や救済を原則的に加盟国の国内法に委ねているからである。これに対し, 競業的色彩の強い狭義の工業所有権, ことに特許権, 実用新案権, 意匠権や育成者権などは, それが産業活動上の絶対的な排他的独占権を認めているために, その規制をめぐって各国の利害の対立が強く, 国家の産業政策と密接な関係を有している。したがって, それは各国の国家経済の進展に直接影響するところが大であるため, 工業所有権の属地性は特に強調されてきた。ともかく, 知的財産権は属地主義の原則が支配するために, 元来その客体が育成者権を除き観念的な無体物であって一定の場所的根拠をもたないにもかかわらず, 知的財産権においては, 国際私法や国際破産, 敵産管理等においても, 権利が保護されまたは付与された国がその権利の所在地とされている。

知的財産権が属地主義の原則に支配されているため, 外国で保護されまたは付与された知的財産権も, その対象においては同一知的財産についての権利であっても, 単に本国の知的財産権をそのまま承認して, 地域的にその拡大を認めたというものではない。知的財産権は各国ごとに独立して保護され, また存在する。この結果, 同一知的財産につき権利を認めた各国の数に応じて, 別個の知的財産権が複数成立することになる。これを特許権においては1国1特許主義 (So viele Länder, so viele Patente) と称し, 他の知的財産権についても同様である。

つぎに, 上述のように同一知的財産につき各国ごとに存在する複数の知的財産権は, 相互にいかなる関係にあるかが問題となる。この点, 各国は自国の文化, 産業政策的見地から, 本国の知的財産権法の規定が自国に有利な場合にはそれを適用し, 自国で保護する知的財産権を本国の保護形態ないし消滅事由等にかからしめることは可能である。著作権に関し, 条約は内国民待遇の例外として一部に相互主義を認める結果 (ベルヌ条約2条7項・6条・7条8項・14条の3第2項・30条2項b号, 万国著作権条約4条4項等参照), 本国法に一部従属することもありうる。しかし, 狭義の工業所有権に関しては, この点についても属地主義の原則を徹底し, 各国で付与した工業所有権を, 全てその権利を付与した国の法律のみにかからしめている。したがって, 同一客体に対して各国ごとに成立した工業所有権は, 相互に無関係に併存し, 一国の工業所有権についての権

利の発生の有無，無効または消滅事由，存続期間，効力等は全て各付与国の法制に従って個別的に取り扱われ，他国の工業所有権の存立およびその保護範囲によって何ら影響を受けるものではないとしている。1900年のブラッセル会議で採用されたパリ条約（パリ条約4条の2）の特許独立の原則は上記の原則を明言したもので，2項が無効または消滅理由および存続期間からの独立を具体的に明示しており，1項は一般条項で保護範囲の独立を規定している。この原則は他の工業所有権等においても妥当すると解されている（同6条2項・3項参照）。

　しかし，交通機関の発達と国際取引の拡大化，情報通信手段の著しい発達に伴い，知的財産権における強度の属地主義の原則には一種の関税障壁にも似た弊害のあることが指摘され，以後その修正に対する努力がなされている。新規性についての内外国公知主義（特29条1項参照），被冒認発明に関する規制（特49条7号・123条1項6号参照）および輸入特許制度も，結果的には属地主義の修正といえる。しかし，前述のように，工業所有権等の規制が国家経済の発展に直接影響を及ぼすことから，商標権等識別標識を除く，産業上の独占権を与える他の工業所有権等の国際的規制に関しては，特に各国の利害の対立が多く，かつそれは技術的先進国が技術的後進国を制覇する用具ともなりうる。したがって，属地主義の修正はこの分野ではあまりなされていない（パリ条約4条の2〜5条の4参照）。しかし，産業活動上の識別標識のような産業秩序維持のための制度においては，各国の利害の対立が比較的少なく，属地主義の原則を一部修正して本国における商標権等の効力をある程度国際化し（同6条の3・6条の5・6条の7参照），さらに，極めて実質的内容に立ち入った規定を設けている（同5条・6条の2・6条の4・6条の6・7条〜8条・9条〜10条の3参照）。また，知的財産権に係る第三者の真正商品の並行輸入においても，判例は商標につき昭和45年のパーカー事件（大阪地判昭和45・2・27無体2巻1号71頁）以来，特許につき平成9年のBBS事件（最判平成9・7・1民集51巻6号2299頁）以来，また，立法で著作権法は平成11年以来，各々属地主義を修正し，国際消尽の立場から知的財産権侵害を否定するに至っている。なお，商標については，関税定率法旧21条1項4号の商標権の規定をめぐって，昭和47年8月に，昭和41年蔵関522号「無体財産権侵害申立の手続について」の一部を改正する通達（同年1443号）が出され，その後「知的財産権侵害物品の取締りについて」（平成6年蔵関1192号）に引き継がれてきた。しかし，上記規定が平成18年改正により関税法に移行するや

第1節 保護の性質

(関税69条の11第9号)，上記BBS事件をも受けて，商標のほか他の工業所有権についても並行輸入の取扱いが同法基本通達中に規定されるに至っている（関税法基本通達〔昭和47年蔵関100号〕69-11-6(6)，69-11-7(1)(2)(3)）。

＊並行輸入──かかる真正商品の並行輸入における知的財産権の国際消尽を，いかに解するかは各国の産業政策の問題である（TRIPs6条参照）。現在，欧州共同体では欧州共同体設立条約28条・30条の適用により，加盟国間の国際消尽は肯定するものの，加盟国外からの並行輸入についてはすべて国際消尽を否定し，知的財産権の侵害としている。これは，関税を撤廃し，かつ人，物，サービス，資本の自由移転の障害を撤廃して通貨統合を図り，統一経済市場を完成し，さらには政治的統合を目指す超国家的組織内の問題であることによる。

　わが国における国際消尽を肯定する判例理論は，まず商標においては，その出所表示機能および品質保証機能が害されない事を理由とする。しかし，商標制度は顧客吸引力を保護するものであり，近時欧米においても重要視されてきたもう一つの広告宣伝機能をも考慮する時，現在の判例下でも，商標の有する高価格・高品質等のイメージを毀損されるおそれのある場合は並行輸入を阻止できることになろう。けだし，企業が景気後退時には従前の有標品を安価にて販売せず，顧客吸引力維持のためその商品に別の商標を付する複数商標政策を採っているのはこのためである。なお，わが国の判例の多くは，並行輸入を認めることにより公正な自由競争が生じ，産業の発展が刺激されることを指摘するものもある。しかし，これは独占禁止法の目的とするところで，商標法の目的は商標の有する諸機能を保護して産業の秩序維持を図るところにあることを失念するものである。かかる点からみると，公正取引委員会の商標の並行輸入の妨害行為に関するガイドラインはこの点の考慮に欠けるものである。

　次に特許においては，国際経済取引のボーダーレス化を強調して商品流通の最大限尊重を大前提とし，特許権者が外国での特許権の行使を留保しない場合には，黙示の実施許諾を与えたものである事を理由とする。しかし，欧州共同体設立条約28条・30条に相応する規定はWTOのGATT11条・20条にも存在するが，欧州共同体設立条約はいわば超国家的組織内の問題であり，WTOは各国の国際的問題である。また欧州共同体設立条約は自動執行力を有し，その違反に対しては個人も提訴権を有している。これに対して，関税や輸入制限をも是認しているWTO加盟国間の国際取引の実体は全く異なるものである。また，特許制度が常に商品の流通の自由を阻害することは，既に19世紀においてドイツ・マンチェスター経済学派の教示している所でもある。また，外国で業として独占的に実施しうることが予測されるが故に事前に特許権を取得している者が，何故黙示の実施許諾を与えたことになるのか，説明に窮することになろう。さらに，これは実施権者は登録のない限り特許権者等の変動に対して効力のないことを規定していた旧法（特旧99条1項）の下においては，無意味な解釈であった。

　なお，著作権法はWCT6条，WPPT8条・11条に従って平成11年改正で譲渡権を規定した際，それによる市場支配力強化を懸念して国際消尽を規定したものである（著26条の2第2項5号・95条の2第3項5号・97条の2第2項5号）。したがって，並行輸入は映画の著作物を除き（同26条）法律上認められている。しかし，その弊害が指摘され，

かつてイギリスが著作物の並行輸入を認めた事により出版産業が壊滅的打撃を受けた事例もあり，またアメリカもこれを否定していることもあって，平成16年改正法は商業用レコードにつき国際消尽を認めない旨の規定を設けている（著113条5項）。

この点，安易に並行輸入を一律に肯定して生産に対するインセンティブを減退させることになれば，権利活用の動機付けをそれだけ減退させ，新たな創作への発展を阻害する結果にもなる。そして，並行輸入自体は権利者等の開発した市場に努力なしにただ乗り的に参入する場合も多く，これを肯定する真の理由は内外価格差にある。しかし，これへの対策は，まず規制緩和や流通機構の改革であり，次に権利者の過度な価格要求には強制実施許諾制度での対応も考えられる（パリ条約5条A項，特93条）。さらに，権利侵害に対する差止請求権の行使は独占禁止法からは同一市場への新規参入者の排除行為の一面をも有している。したがって，かかる権利行使が知的財産権制度の趣旨を逸脱している場合にはもはや権利の正当行使ではない（独禁21条）。この場合には，独占禁止法の具体的法条に照らしてその積極的適用がなされるべきである。

知的財産権に係る第三者の真正商品の並行輸入については，わが国でも具体的に各国の歴史的，国際的視野に立脚した産業政策上の検討がなされることが望まれよう。

● **BBS事件**（最判平成9・7・1民集51巻6号2299頁）
——属地主義，国際消尽（特許）（前出221頁（国内消尽）及び223頁参照）

① ［属地主義について］「属地主義の原則とは，特許権についていえば，各国の特許権が，その成立，移転，効力等につき当該国の法律によって定められ，特許権の効力が当該国の領域内においてのみ認められることを意味するものである。我が国の特許権に関して特許権者が我が国の国内で権利を行使する場合において，権利行使の対象とされている製品が当該特許権者等により国外において譲渡されたという事情を，特許権者による特許権の行使の可否の判断に当たってどのように考慮するかは，専ら我が国の特許法の解釈の問題というべきである。右の問題は，パリ条約や属地主義の原則とは無関係であって，この点についてどのような解釈を採ったとしても，パリ条約4条の2及び属地主義の原則に反するものではない」

② ［国際消尽について］［注：特許権の国内消尽（前出221頁参照）を論じたうえで］「しかしながら，我が国の特許権者が国外において特許製品を譲渡した場合には，直ちに右と同列に論ずることはできない。すなわち，特許権者は，特許製品を譲渡した地の所在する国において，必ずしも我が国において有する特許権と同一の発明についての特許権（以下『対応特許権』という。）を有するとは限らないし，対応特許権を有する場合であっても，我が国において有する特許権と譲渡地の所在する国において有する対応特許権とは別個の権利であることに照らせば，特許権者が対応特許権に係る製品につき我が国において特許権に基づく権利を行使したとしても，これをもって直ちに二重の利得を得たものということはできないからである。

そこで，国際取引における商品の流通と特許権者の権利との調整について考慮するに，現代社会において国際経済取引が極めて広範囲，かつ，高度に進展しつつある状況に照らせば，我が国の取引者が，国外で販売された製品を我が国に輸入して市場における流通に置く場合においても，輸入を含めた商品の流通の自由は最大限尊重することが要請されているものというべきである。そして，国外での経済取引においても，一般に，譲渡人は目的物について有するすべての権利を譲受人に移転し，譲受人は譲

第1節　保護の性質

渡人が有していたすべての権利を取得することを前提として，取引行為が行われるものということができるところ，前記のような現代社会における国際取引の状況に照らせば，特許権者が国外において特許製品を譲渡した場合においても，譲受人又は譲受人から特許製品を譲り受けた第三者が，業としてこれを我が国に輸入し，我が国において，業として，これを使用し，又はこれを更に他者に譲渡することは，当然に予想されるところである。

　右のような点を勘案すると，我が国の特許権者又はこれと同視し得る者が国外において特許製品を譲渡した場合においては，特許権者は，譲受人に対しては，当該製品について販売先ないし使用地域から我が国を除外する旨を譲受人との間で合意した場合を除き，譲受人から特許製品を譲り受けた第三者及びその後の転得者に対しては，譲受人との間で右の旨を合意した上特許製品にこれを明確に表示した場合を除いて，当該製品について我が国において特許権を行使することは許されないものと解するのが相当である。すなわち，(1)さきに説示したとおり，特許製品を国外において譲渡した場合に，その後に当該製品が我が国に輸入されることが当然に予想されることに照らせば，特許権者が留保を付さないまま特許製品を国外において譲渡した場合には，譲受人及びその後の転得者に対して，我が国において譲渡人の有する特許権の制限を受けないで当該製品を支配する権利を黙示的に授与したものと解すべきである。(2)他方，特許権者の権利に目を向けるときは，特許権者が国外での特許製品の譲渡に当たって我が国における特許権行使の権利を留保することは許されるというべきであり，特許権者が，右譲渡の際に，譲受人との間で特許製品の販売先ないし使用地域から我が国を除外する旨を合意し，製品にこれを明確に表示した場合には，転得者もまた，製品の流通過程において他人が介在しているとしても，当該製品につきその旨の制限が付されていることを認識し得るものであって，右制限の存在を前提として当該製品を購入するかどうかを自由な意思により決定することができる。そして，(3)子会社又は関連会社等で特許権者と同視し得る者により国外において特許製品が譲渡された場合も，特許権者自身が特許製品を譲渡した場合と同様に解すべきであり，また，(4)特許製品の譲受人の自由な流通への信頼を保護すべきことは，特許製品が最初に譲渡された地において特許権者が対応特許権を有するかどうかにより異なるものではない。」

●フレッドペリー事件（最判平成15・2・27民集57巻2号125頁）
——国際消尽（商標）（前出37頁及び223頁参照）
　「商標権者以外の者が，我が国における商標権の指定商品と同一の商品につき，その登録商標と同一の商標を付したものを輸入する行為は，許諾を受けない限り，商標権を侵害する（商標法2条3項，25条）。しかし，そのような商品の輸入であっても，(1)当該商標が外国における商標権者又は当該商標権者から使用許諾を受けた者により適法に付されたものであり，(2)当該外国における商標権者と我が国の商標権者とが同一人であるか又は法律的若しくは経済的に同一人と同視し得るような関係があることにより，当該商標が我が国の登録商標と同一の出所を表示するものであって，(3)我が国の商標権者が直接的に又は間接的に当該商品の品質管理を行い得る立場にあることから，当該商品と我が国の商標権者が登録商標を付した商品とが当該登録商標の保証する品質において実質的に差異がないと評価される場合には，いわゆる真正商品の並行輸入として，商標権侵害としての実質的違法性を欠くものと解するのが相当である。

けだし，商標法は，『商標を保護することにより，商標の使用をする者の業務上の信用の維持を図り，もつて産業の発達に寄与し，あわせて需要者の利益を保護することを目的とする』ものであるところ（同法1条），上記各要件を満たすいわゆる真正商品の並行輸入は，商標の機能である出所表示機能及び品質保証機能を害することがなく，商標の使用をする者の業務上の信用及び需要者の利益を損なわず，実質的に違法性がないということができるからである。」

なお，国際的な交通，通信の著しい発達と，現在の経済的な相互依存の深化は，国際間の技術移転を活発化してきた。それに伴って，特許権をはじめ広く知的財産権の国際的保護の問題は，高度先端技術の顕著な発達と相まって，従来になく重要なものとなってきた。かかる傾向を反映して，知的財産権の保護に関するより広い国際的合意と，各国国内法上の知的財産権の最低限の保護および調和を図る動きが，アメリカを中心にGATT（WTO）のTRIPs交渉，およびWIPOを中心とするいくつかの分野におけるハーモナイゼーション条約交渉のなかで進められてきた。そして，TRIPs協定（知的所有権の貿易関連の側面に関する協定）が1993年末に成立し（1995年1月1日発効），また，インターネットの急速な普及に伴いWIPOにて「著作権に関する世界知的所有権機関条約（WCT）」および「実演及びレコードに関する世界知的所有権機関条約（WPPT）」が1996年12月末に採択されている（前者は2002年3月6日発効。後者は2002年10月9日発効）。これらの動きは，地域統合を踏まえてEU内部においても進められており，閣僚理事会はすでに種々の知的財産権に関する指令を採択している。

以下にベルヌ条約およびパリ条約等主な条約について説明する。この両条約自身の特徴は，一般条約，開放条約，立法条約および同盟を設立する条約である。また，効力としては無期限条約，新旧併存条約である。さらに，もう一つの特徴としては，自動執行的（self-executing）な多くの規定をもっていることである。

2　国際裁判管轄および準拠法

(1)　国際裁判管轄

知的財産権の分野においては属地主義の原則が支配し，同一の知的財産につき権利を認めた国毎に別個の知的財産権が成立し，しかも相互に独立に併存することは前述した。したがって，知的財産権の効力は実体法上それを認めた領域内のみに認められている。しかし，複数の国や地域に関係ある私人間の渉外

事項に係る紛争においては，その国際裁判管轄をいずれの国に認めるべきか必ずしも明らかではなく，わが国でも民事訴訟法上の国内土地管轄があればわが国に管轄権を認める逆推知説，民事訴訟法上の規定は管轄の場所的配分の法則を示すもので，これに国際的配慮から修正を加えた管轄分配説，あるいは具体的配慮から修正を加えた利益衡量説等が存在していた。しかし，わが国は2004年（平成16年）の国連総会で作成された「国及びその財産の裁判権からの免除に関する国際連合条約」に批准したことにより，国内でも平成21年に「外国等に対する我が国の民事裁判権に関する法律」が成立し，平成23年改正民事訴訟法の中にこれを取り入れるに至った（民訴3条の2～3条の12）。

これによれば，知的財産権に係る訴えの管轄は，設定登録により発生する知的財産権（狭義の工業所有権，育成者権，回路配置利用権）の存否又はその効力に関する訴えについては，属地主義の原則を反映し，その登録が日本においてなされたものであるときは日本が専属管轄を有する旨規定している（同3条の5第3項）。また，知的財産権侵害に関する訴えは，この専属管轄の規定ではなく，不法行為に関する管轄に従うことになる（同3条の3第8号）。したがって，不法行為地（加害行為地又は結果発生地）が日本国内にあるときは，日本が管轄権を有する。ここで結果発生地とは，加害行為による直接の結果の発生した地であり，加害行為の結果が日本国内において通常予見することができない場合は，原告・被告間の公平の見地から日本の管轄権は認められない（同項但書）。

なお，併合請求における管轄，合意，応訴による管轄，特別事情による管轄権の否定，日本が専属管轄権を有する場合等につき民訴3条の6～3条の10参照。また，日本の裁判所が本案につき管轄権を有するか，又は保全処分の対象物が日本国内にある場合は，日本の裁判所が保全命令事件の管轄権を有する（民保11条）。

●サンゴ化石粉末事件（東京地判平成15・10・16判時1874号23頁）
——国際裁判管轄一般［注：平成23年民事訴訟法改正前の事件。なお，同改正により，国際民事裁判管轄の規定が導入されたので，爾後はその規定に従うことになる。］
　「我が国の裁判所に提起された訴訟事件につき，我が国の民事訴訟法の規定する裁判籍のいずれかが我が国内に存する場合には，我が国において裁判を行うことが当事者間の公平，裁判の適正・迅速の理念に反するような特段の事情が存在しない限り，当該訴訟事件につき我が国の国際裁判管轄を肯定するのが相当である」

●ウルトラマン事件（最判平成13・6・8民集55巻4号727頁）
——不法行為地の裁判籍・併合管轄

「我が国に住所等を有しない被告に対し提起された不法行為に基づく損害賠償請求訴訟につき，民訴法の不法行為地の裁判籍の規定（民訴法5条9号，本件については旧民訴法15条）に依拠して我が国の裁判所の国際裁判管轄を肯定するためには，原則として，被告が我が国においてした行為により原告の法益について損害が生じたとの客観的事実関係が証明されれば足りると解するのが相当である。」

「ある管轄原因により我が国の裁判所の国際裁判管轄が肯定される請求の当事者間における他の請求につき，民訴法の併合請求の裁判籍の規定（民訴法7条本文，旧民訴法21条）に依拠して我が国の裁判所の国際裁判管轄を肯定するためには，両請求間に密接な関係が認められることを要すると解するのが相当である。」

●**眉のトリートメント事件**（最判平成26・4・24民集68巻4号329頁）
──間接管轄，差止請求と不法行為地の裁判籍

① ［間接管轄について］「人事に関する訴え以外の訴えにおける間接管轄の有無については，基本的に我が国の民訴法の定める国際裁判管轄に関する規定に準拠しつつ，個々の事案における具体的事情に即して，外国裁判所の判決を我が国が承認するのが適当か否かという観点から，条理に照らして判断すべきものと解するのが相当である。」

② ［差止請求について］「民訴法3条の3第8号の『不法行為に関する訴え』は，民訴法5条9号の『不法行為に関する訴え』と同じく，民法所定の不法行為に基づく訴えに限られるものではなく，違法行為により権利利益を侵害され，又は侵害されるおそれがある者が提起する差止請求に関する訴えをも含むものと解される（最高裁平成15年（許）第44号同16年4月8日第1小法廷決定・民集58巻4号825頁参照）。そして，このような差止請求に関する訴えについては，違法行為により権利利益を侵害されるおそれがあるにすぎない者も提起することができる以上は，民訴法3条の3第8号の『不法行為があった地』は，違法行為が行われるおそれのある地や，権利利益を侵害されるおそれのある地をも含むものと解するのが相当である。」

「民訴法3条の3第8号の『不法行為があった地』が判決国内にあるというためには，仮に被告が原告の権利利益を侵害する行為を判決国内では行っておらず，また原告の権利利益が判決国内では現実に侵害されていないとしても，被告が原告の権利利益を侵害する行為を判決国内で行うおそれがあるか，原告の権利利益が判決国内で侵害されるおそれがあるとの客観的事実関係が証明されれば足りるというべきである。」

●**モータ事件**（知財高判平成22・9・15判タ1340号265頁）
──インターネット取引等と不法行為地の裁判籍

「本件訴えの国際裁判管轄の有無に関して斟酌される民訴法5条9号［注：民訴法改正後は3条の3第8号］の適用において，不法行為に関する訴えについて管轄する地は『不法行為があった地』とされているが，この『不法行為があった地』とは，加害行為が行われた地（『加害行為地』）と結果が発生した地（『結果発生地』）の双方が含まれると解されるところ，本件訴えにおいて控訴人（一審原告）が侵害されたと主張する権利は日本特許……であるから，不法行為に該当するとして控訴人が主張する，被控訴人（一審被告）による『譲渡の申出行為』について，申出の発信行為又はその受領という結果の発生が客観的事実関係として日本国内においてなされたか否かにより，日本の国際裁判管轄の有無が決められることになる」

第1節　保護の性質

●**大林精工事件**（東京地判平成25・2・19判タ1391号341頁）
──国際二重起訴

　「外国裁判所の確定した給付判決［注：日本特許権移転登録請求］であるソウル高等法院判決の執行判決を求める訴えである別件訴訟①及び②が現に係属している場合に，給付判決の基礎とされた同一の請求権又は実質的に同一の請求権が存在しないことの確認［注：上記移転登録請求を有しないことの確認］を求める消極的確認の訴えである本件訴訟を許容するならば，……執行判決を求める訴えの係属する裁判所の判断と消極的確認の訴えの係属する裁判所の判断とが矛盾抵触するおそれが生じ得るのみならず，請求権の存否についても，外国裁判所の確定判決の判断内容の当否を再度審査して，それと矛盾抵触する判断がされるおそれが生じ得ることとなり……民事執行法24条2項の趣旨に反するのみならず，当事者間の紛争を複雑化させることにつながりかねないものと認められる。

　また，仮に外国裁判所の確定判決の執行判決を求める訴えに係る請求が認容され，その判決が確定した場合には，同一の請求権について消極的確認請求を認容する判決が確定したとしても，当該判決には，前に確定した判決（外国裁判所の確定判決）と抵触する再審事由（民事訴訟法338条1項10号）が存することとなり，他方で，外国裁判所の確定判決の執行判決を求める訴えに係る請求が棄却され，当該判決が確定した場合には，日本において同一の請求権に基づく給付の訴えが提起される可能性があり，その場合には，同一の請求権についての消極的確認の訴えは訴えの利益を欠く関係にあるから，いずれの事態も消極的確認の訴えにより紛争の解決に直結するものとは認め難い。

　以上……別件訴訟①及び②が現に控訴審に係属している状況下において，本件訴訟（本件訴え）により……移転手続を求める権利を有しないことの確認を求めることは，原告らと被告間の上記各特許権及び特許を受ける権利の帰属に関する紛争の解決のために必要かつ適切なものであるとはいえないから，本件訴えは，いずれも確認の利益を欠く不適法なものである」

(2)　準　拠　法

　次に，わが国が管轄権を有する渉外事件に係る準拠法に関して規定するのが，「法の適用に関する通則法」である。同法は平成18年に従来の「法例」に代わって，近時の社会経済情勢の変化や諸外国の国際私法の整備の動向に対応して制定された実体法に関する準拠法を決定する抵触規範である。

　まず，職務創作の移転等も含む権利の利用関係に係る法律行為につき，その成立，効力は当事者が選定した地の法に準拠し（法適用7条），この選択がなされない場合にはインターネット取引等を考慮して，当該行為の最密接関係地の法による旨規定している（同8条）。また，その方式は原則として行為地法又は法律行為の成立について適用すべき地の法による旨規定している（同10条）。しかし，登記，登録を要する知的財産権（不正競争保護権を除く他の知的財産権）は，

その目的物の所在地法により，その権利の得喪はその原因となる事実が完成した当時における所在地法による旨規定されている（同13条）。

また，知的財産権侵害に関しては不法行為地法により，その成立，効力は加害行為の結果発生地を原則とし，その結果発生が通常予見不可能の場合には加害行為地の法によるものとされている（同17条）。しかし，差止請求は損害賠償請求とはその要件事実が異なり，それは侵害のおそれで足り，損害の発生や因果関係の立証は不要である。したがって，差止請求に関しては物権の規定（同13条）によるべきものとする見解もあるが，最近の判例は知的財産権の効力に係る規定のないことから，条理に基づき当該知的財産権の効力を規定している国の法によるべきものと解している。なお，不法行為について外国法によるべき場合において，それを適用すべき事実が日本法によれば不法とならないときは，その外国法に基づく損害賠償その他の処分の請求はできないし，逆にその外国法および日本法により不法となるときでも，被害者は日本法により認められる損害賠償その他の処分でなければ請求できない旨規定されている（同22条）。

なお，本法適用の結果，外国法に準拠するとわが国の公序良俗に反することとなる場合には，本法は適用されない（同42条）。

●**カードリーダー事件**（最判平成14・9・26民集56巻7号1551頁）
——特許権侵害訴訟と準拠法
　①［差止めについて］「本件差止請求及び本件廃棄請求は，私人の財産権に基づく請求であり，本件両当事者が住所又は本店所在地を我が国とする日本人及び日本法人であり，我が国における行為に関する請求ではあるが，米国特許法により付与された権利に基づく請求であるという点において，渉外的要素を含むものであるから，準拠法を決定する必要がある。……特許権についての属地主義の原則……から，外国特許権に関する私人間の紛争において，法例［注：現『法の適用に関する通則法』］で規定する準拠法の決定が不要となるものではない。」

「米国特許権に基づく差止め及び廃棄請求については，その法律関係の性質を特許権の効力と決定すべきである。

特許権の効力の準拠法に関しては，法例等に直接の定めがないから，条理に基づいて，当該特許権と最も密接な関係がある国である当該特許権が登録された国の法律によると解するのが相当である。……したがって……アメリカ合衆国の法律が準拠法となる。」

「米国特許法……271条(b)項，283条によれば，本件米国特許権の侵害を積極的に誘導する行為については，その行為が我が国においてされ，又は侵害品が我が国内にあるときでも，侵害行為に対する差止め及び侵害品の廃棄請求が認容される余地がある。

しかし，我が国は，特許権について前記属地主義の原則を採用しており，これによれば，各国の特許権は当該国の領域内においてのみ効力を有するにもかかわらず，本件米国特許権に基づき我が国における行為の差止め等を認めることは，本件米国特許

第1節　保護の性質

権の効力をその領域外である我が国に及ぼすと実質的に同一の結果を生ずることになって，我が国の採る属地主義の原則に反するものであり，また，我が国とアメリカ合衆国との間で互いに相手国の特許権の効力を自国においても認めるべき旨を定めた条約も存しないから，本件米国特許権侵害を積極的に誘導する行為を我が国で行ったことに米国特許法を適用した結果我が国内での行為の差止め又は我が国内にある物の廃棄を命ずることは，我が国の特許法秩序の基本理念と相いれないというべきである。

したがって，米国特許法の上記各規定を適用して被上告人に差止め又は廃棄を命ずることは，法例33条［注：現『法の適用に関する通則法』42条参照］にいう我が国の公の秩序に反するものと解するのが相当であるから，米国特許法の上記各規定は適用しない。」

②［損害賠償について］「特許権侵害を理由とする損害賠償請求については……法律関係の性質は不法行為であり，その準拠法については，法例11条1項［注：現『法の適用に関する通則法』17条参照］によるべきである。」

「本件損害賠償請求について，法例11条1項にいう『原因タル事実ノ発生シタル地』は，本件米国特許権の直接侵害行為が行われ，権利侵害という結果が生じたアメリカ合衆国と解すべきであり，同国の法律を準拠法とすべきである。」

「本件米国特許権をアメリカ合衆国で侵害する行為を我が国において積極的に誘導した者は，米国特許法271条(b)項，284条により，損害賠償責任が肯定される余地がある。

しかしながら，その場合には，法例11条2項［注：現『法の適用に関する通則法』22条1項参照］により，我が国の法律が累積的に適用される。本件においては，我が国の特許法及び民法に照らし，特許権侵害を登録された国の領域外において積極的に誘導する行為が，不法行為の成立要件を具備するか否かを検討すべきこととなる。

属地主義の原則を採り，米国特許法271条(b)項のように特許権の効力を自国の領域外における積極的誘導行為に及ぼすことを可能とする規定を持たない我が国の法律の下においては，これを認める立法又は条約のない限り，特許権の効力が及ばない，登録国の領域外において特許権侵害を積極的に誘導する行為について，違法ということはできず，不法行為の成立要件を具備するものと解することはできない。

したがって，本件米国特許権の侵害という事実は，法例11条2項にいう『外国ニ於テ発生シタル事実カ日本ノ法律ニ依レハ不法ナラサルトキ』に当たるから，被上告人の行為につき米国特許法の上記各規定を適用することはできない。」

●**中国詩事件**（東京地判平成16・5・31判時1936号140頁）
——著作権侵害訴訟と準拠法

①［差止めについて］「著作権に基づく差止請求は，著作権の排他的効力に基づく，著作権を保全するための救済方法というべきであるから，その法律関係の性質を著作権を保全するための救済方法と決定すべきである。著作権を保全するための救済方法の準拠法に関しては，ベルヌ条約5条(2)により，保護が要求される国の法令の定めるところによると解するのが相当である。本件において保護が要求される国は，我が国であり，上記差止請求については，我が国の法律を準拠法とすべきである。」

②［損害賠償について］「著作権侵害を理由とする損害賠償請求の法律関係の性質は，不法行為であり，その準拠法については，法例11条1項によるべきである。上記損害賠償請求について，法例11条1項にいう『原因タル事実ノ発生シタル地』は，被告小

説の印刷及び頒布行為が行われたのが我が国であること並びに我が国における著作権の侵害による損害が問題とされていることに照らし,我が国と解すべきである。よって,同請求については,我が国の法律を準拠法とすべきである。」

●**ダリ事件**(東京高判平成15・5・28判時1831号135号)
——譲渡と準拠法
「著作権の譲渡について適用されるべき準拠法を決定するに当たっては,譲渡の原因関係である契約等の債権行為と,目的である著作権の物権類似の支配関係の変動とを区別し,それぞれの法律関係について別個に準拠法を決定すべきである。著作権の譲渡の原因である債権行為に適用されるべき準拠法については,法例7条1項により,当事者の意思に従って定められるべきものであり,本件契約は,準拠法をスペイン法とする合意がされたから(本件契約第10条第1項),これに従うべきことは当然である。」
「これに対し,本件著作権の物権類似の支配関係の変動について適用されるべき準拠法は,スペイン法ではなく,我が国の法令であると解される。すなわち,一般に,物権の内容,効力,得喪の要件等は,目的物の所在地の法令を準拠法とすべきであること,法例10条は,その趣旨に基づくものであるが,その理由は,物権が物の直接的利用に関する権利であり,第三者に対する排他的効力を有することから,そのような権利関係については,目的物の所在地の法令を適用することが最も自然であり,権利の目的の達成及び第三者の利益保護という要請に最も適合することにあると解される。著作権は,その権利の内容及び効力がこれを保護する国(以下「保護国」という。)の法令によって定められ,また,著作物の利用について第三者に対する排他的効力を有するから,物権の得喪について所在地法が適用されるのと同様の理由により,著作権という物権類似の支配関係の変動については,保護国の法令が準拠法となるものと解するのが相当である」

●**日立製作所事件**——外国の特許を受ける権利(前出95頁参照)

***国際知財紛争**[注:概略については巻末「**特許訴訟—海外**」を参照]——今日,企業の経済活動は,グローバル化して,国境を越えて展開されている。しかし,知的財産権は,国ごとに成立しその国内においてのみ効力を有する(属地主義)。そこで,知的財産権を保護するために国ごとに権利行使する必要があり,国際的な知財訴訟が増加している。ただ,各国毎に知財制度や訴訟制度が異なるため,紛争は複雑な様相を呈する。
まず知的財産制度は,保護される知的財産権の種類や内容,権利制限や救済措置などにおいて各国毎に異なる。近時の「法と経済学」では,知的財産制度において,権利者のインセンティブ保護(保護強化の必要性)と第三者のアクセス保護(権利制限の必要性)という相反する利益のバランスが重要とされる(インセンティブとアクセスのトレードオフ)が,国毎に産業政策が相違するため,上記バランスも異なっている。
また,訴訟制度も,管轄,証拠提出手続,訴訟コスト,勝訴率などが各国毎に異なる。知的財産制度における権利者と第三者との上記バランスは,最終的には,権利行使の場面で訴訟を通じて実現されるが,権利行使は,かかる国毎の訴訟制度の在り方によって影響を受ける。訴訟の背後では,和解(ないしライセンス)交渉が行われることが多い

が，複数国に跨がる知財紛争では，1国の判決は解決できず，最終的な解決には世界規模の合意が必要になる。その際，有利な条件を引き出す交渉力として，知財訴訟が用いられる。

なお，各国法制の相違として特筆すべきは，まず米国であろう。米国は，高額の賠償金が認められることで知られており，近時のプロパテント傾向による訴訟や賠償額の増加のみならず，特許権者に有利な管轄が選択できること（forum shopping），陪審員評決，広汎な証拠開示手続（discovery），懲罰賠償などを背景に，特許権者に有利な訴訟遂行が可能である。もっとも，近時は濫用的訴訟など行き過ぎに対応するため，判例法上の差止制限（前出308頁のeBay判決参照），特許法改正による異議申立制度等の創設，判例法による特許対象の制限などの対応がなされている。但し，米国制度では，上記手続に多大な時間や訴訟費用がかかることや，専門的裁判官ではなく素人の陪審員が侵害判断する等の問題が存することにも留意を要する。

欧州においては，各国毎に制度が異なっているが，例えば最も訴訟が集中するドイツは，専門的な裁判官による迅速な判断やコストの低さなどの点において権利行使に適した制度を有する。米国のように陪審員制度もなく，discoveryといった広汎な証拠開示手続はなく，賠償額も米国ほど多額ではない。もっとも，侵害訴訟における無効の抗弁が認められず，無効と侵害判断が分離されている点には留意を要する。最近は，欧州統一特許制度に向けた動きがあり，広域的なエンフォースメントの実現が望まれる。

わが国も，地裁の知財部や知財高裁において専門的かつ効率的な判断が期待でき，米国ほどコストはかからないというメリットがある。近時，法改正等によって知的財産権のエンフォースメントも向上してきたが，特許権者の勝訴率が諸外国より低いといった指摘も存するところである。

これに対し，アジア地域などの途上国では，必ずしも知財制度が適切に整備されているとは言いがたい国々もある。知的財産権の保護が十分ではなく，模倣品が氾濫していることも多い。もっとも，中国やインドなど，法改正により，ある程度知財保護の制度が改善されつつある国々も存する。但し，これらの国々の知財制度は，いまだ過渡期である。知財制度を巡る南北問題もあり，例えば，インドでは物質特許が2005年に認められるようになったが，外国企業の医薬特許について，2012年には自国の公衆のために強制ライセンスを許諾する命令が出されている。

このような国際的な知財訴訟は，今後もますます増えると共に複雑化するものと思われるが，上述のような各国の知財制度や訴訟制度やそれらの動向に配慮した上で毅然と対応すべきであろう。

第2節　ベルヌ条約および万国著作権条約

著作権の国際的保護規制として古くからある重要な条約は，1886年の「文学的及び美術的著作物の保護に関するベルヌ条約」である。同条約はその後1896年パリで，1908年ベルリンで，1914年ベルヌで，1928年ローマで，1948年ブラッセルで，1967年ストックホルムで，1971年パリでそれぞれ補足，改正されて今日に至っている。わが国は1899（明治32）年にこれに加入し，1975（昭和50）年

以来パリ改正条約にも加入している。

　ベルヌ条約は，著作物の国際的保護のために加入国が同盟を組織するもので（ベルヌ条約1条），その事務局は旧来スイス政府の管理下にあり，後1893年パリ条約事務局と合同して同盟事務局（BIRPI）となり，1967年ストックホルムで成立した「世界知的所有権機関（WIPO）を設立する条約」によって（1970年発効），世界知的所有権国際事務局と改組されている（同24条）。なお，同機関は1974年に国際連合機関の一専門機関となっている。

　同条約は，各国が保護すべき著作物の最小限度の範囲を定め，改正ごとにその内容を拡大してきた（ベルヌ条約2条・2条の2）。そして，その同盟国国民および同盟国に常居所を有する，いわゆる準同盟国国民の発行，未発行の著作物（同3条1項a号・2項），および同盟国で最初に，または非同盟国におけると同時に発行された著作物（同条1項b号・4項，なお，4条参照）に関し，それぞれ内国民と同様の保護を認める，いわゆる内国民待遇を規定する（同5条1項，ただし6条参照）。またその特徴の一つとして，著作権の享有および行使には何らの方式の履行も必要とされず，またそれは著作物の本国における保護の存否にかかわらないとする，いわゆる無方式主義をベルリン改正以来採用している点である（同5条2項）。保護期間は創作時より，著作者の生存中および死後50年であるが（同7条1項），映画の著作物，無名・変名著作物，共有著作物に関しその起算日を特定し，また写真著作物，および美術的著作物として保護される応用美術の著作物の保護期間を，製作後最低25年とする（同7条2項〜4項・7条の2，なお，7条5項参照）。

　さらに，著作者人格権保護の規定の存在もその特徴の一つである（ベルヌ条約6条の2）。これはローマ改正以来採用されているもので，著作者は財産的権利と別個に一身専属的な著作者人格権を有し，その権利は，著作者の死後においても，少なくとも財産的権利の消滅するまで保護される。なお，死後におけるこの保護権の行使に関しても規定を置く。

　なお，ベルヌ条約はストックホルム改正でいわゆる開発途上国のための議定書が付加され，パリ改正で一部内容を修正して附属書と称するに至った。これは開発途上国のために保護期間の短縮，複製，翻訳についての強制利用許諾等を規定するもので，同改正条約の不可分の一部をなしている（ベルヌ条約21条）。

　かかるベルヌ条約に対して，著作権保護に関して方式主義を採るアメリカお

第2節　ベルヌ条約および万国著作権条約

よび中南米の多くの国々は，これに加入しなかった。そこで，これらの国々とベルヌ同盟加盟諸国の間を結ぶ架橋として，第二次大戦後ユネスコの尽力により，1952年「万国著作権条約」(UCC) が成立した。わが国は1956 (昭和31) 年同条約を批准し，同年その調整のために「万国著作権条約の実施に伴う著作権法の特例に関する法律」を制定した。本条約は1971年パリで改正され，締約国の最小限保護すべき権利の明文化 (万国著作権条約4条の2) および開発途上国のための規定が主に設けられた (同5条の2～5条の4)。

さて，本条約も締約国国民の発行，未発行の著作物，および締約国で最初に発行された著作物に関し，内国民待遇を認めている (万国著作権条約2条，なお，同時発行は含まれない)。この条約の重要な点は，著作権の保護要件として，納入，登録，表示，公証人の証明，手数料支払，当該国にての製造または発行等を要求する国においても，その保護を享受しうる方策をベルヌ同盟加盟諸国と万国著作権条約締約諸国との架橋として設けた点である。すなわち，本条約で保護を受ける著作物につき (同1条参照)，全ての複製物にその最初の発行の時から©の記号を，著作権者の氏名および最初の発行の年とともに，著作権が留保されていることを表示するのに適当な方法で，かつ適当な場所に表示していれば，方式主義の国においてもその方式を満たしているものとされる (同3条1項)。しかし，権利の確保および裁判手続要件等は各国の定めによる (同条2項・3項)。保護期間は著作者の生存中および死後25年とし，異なる制度を採用している国は著作物の最初の発行の日から25年が義務的とされている (同4条)。その他，翻訳権およびその7年強制許諾制度に関する規定を置くほか (同5条)，権利の実体に立ち入った規定を設けていない。

そこでベルヌ条約を脱退して本条約の締約国となる国を考慮して，その制裁的規定を置き (万国著作権条約17条2項・附属宣言(a))，かつ条約相互の関係につき，本条約はベルヌ条約の規定および同条約によって創設された同盟国の地位に，何ら影響を及ぼすものではないとし (同17条1項)，さらに，ベルヌ条約の優先適用を承認している (同17条2項・附属宣言(c))。なお，現在本条約のみの締約国は極めて少ない。

●北朝鮮著作物事件──未承認国の著作物の保護 (前出84頁参照)

第3節　パリ条約

　工業所有権の国際的保護規制として，代表的なものは1883年のパリ条約である。同条約はその後1900年ブラッセルで，1911年ワシントンで，1925年ヘーグで，1934年ロンドンで，1958年リスボンで，1967年ストックホルムでそれぞれ改正されて今日に至っている。わが国は1899（明治32）年以来これに加入しており，1975（昭和50）年以来ストックホルム改正条約にも加入している。現在アメリカ，イギリス，ドイツ，フランス，ロシア等主要国を含む多くの国がストックホルム改正条約に加入している。

　パリ条約においても，工業所有権の保護のために加入国は同盟を形成し（パリ条約1条1項），その管理事務は前述のように世界知的所有権国際事務局が行う（同15条）。そして，その同盟国国民，および同盟国に住所または現実かつ真正の営業所を有する者，すなわち準同盟国国民に等しく権利能力を認める，いわゆる内国民待遇の規定が置かれている。しかし，内国民に課せられている条件および手続の遵守が前提とされる（同2条・3条）。したがって，工業所有権の享有に関しても，各国が権利発生に関し審査主義，無審査主義のいかんにかかわらず，各国に出願し各国の定める手続を履行しなくてはならない。その出願にかかる時間的差異による出願人保護のための手段として優先権の制度が存する（同4条）。

　これは同盟国の一国に正規の出願を行った者およびその承継人は，他の同盟国に出願するに際し（パリ条約4条A項），最初の同盟国の出願日から特許・実用新案については12ヶ月，意匠・商標については6ヶ月の期間中は（同条C項・E項1号），所定の手続に従って優先権の主張を行うことができるとするものである（同条D項，なお特43条〜43条の3，実11条1項，意15条1項・60条の10，商標13条1項・68条の15参照）。出願に際し，出願変更（同条E項2号・I項），および特許出願の分割等も認められるが（同条G項），当該出願は第一国出願と同一性をもつものでなければならない。しかしこの同一性は極めて緩やかである（同条F項・H項参照）。かくして，優先権主張を伴う他の同盟国における出願は，出願日が第一国出願日に遡及するわけではなく，存続期間等の起算日は原則として当該同盟国での出願日である。しかし，その優先権期間中に当該同盟国で行われた行為によって，先願，新規性の喪失，周知商標の存在等を理由として不利な取扱

いを受けないし，またそれらの行為は第三者にいかなる権利または使用の権能（例えば先使用権等）も生じさせない（同条B項）。

同盟国相互においても，上記の出願方式のほか，通常の出願方式も存在する。そして，優先権主張を伴う出願によっても，また通常の出願によっても，ともに各同盟国において成立した工業所有権は，それが前記のように属地主義の原則に強く支配されていることから，相互に独立したものとされている（パリ条約4条の2・6条2項・3項）。

なお，商標に関しては，通常の出願方式のほか（パリ条約2条・3条)，外国登録商標すなわち，そのままの形で他の同盟国で登録を受けうる，いわゆるテル・ケル（telle quelle）商標出願制度が設けられている（同6条の5）。

第4節　TRIPs協定

知的財産権全体の国際的保護規制として，主として貿易的側面からこれを規制するものに，1994年の「知的所有権の貿易関連の側面に関する協定」(TRIPs協定）がある。同協定は，関税及び貿易に関する一般協定（GATT）の東京ラウンドに端を発し，ウルグァイラウンドで交渉・結着し，1994年の世界貿易機関を設立するマラケシュ協定(WTO協定)の成立をまって成立したものである(1995年1月1日発効)。

GATTは元来，物の貿易の自由化を目的とするものであったが，本協定に関しては権利を対象とすることにより,権利主体たる人が入ってきた。したがって，その規制方法も関税引下げ，撤廃等といったものではなく，権利保護の実質的基準の設定，およびそれらに対する権利行使手続が中心となっている。

まず，本協定は，知的財産権を私権として位置づけ（同前文)，総論で本協定の規定は最低限の基準である旨を明記し（同1条)，ベルヌ条約，ローマ条約，パリ条約，IPIC条約締約国の条約上の義務遵守を前提としつつ，ローマ条約を除き，それらを原則的に強化する方向で基準が設けられている（同2条・9条・35条参照)。そして，本協定は内国民待遇（同3条）のほか，最恵国待遇（同4条）を規定している点に特色がある。

また，知的財産権の分野からみると，その範囲は拡大され，従来の著作権および関連する権利（著作隣接権）(同9条〜14条)，商標（同15条〜21条)，地理的表示（同22条〜24条)，意匠（同25条〜26条)，特許（同27条〜34条）のほか，集積回路

の回路配置（同35条〜38条）および未開示情報の保護（同39条）も新たに加えられ、知的財産権として認知している点にも特色がある。

さらに、かかる知的財産権の実体的基準の実質的保護のために、最低限の手続上の権利として、民事行政手続（同42条〜49条）、保全処分（同50条）、水際措置（同51条〜60条）および刑事手続（同61条）等の全般にわたり、権利行使手続が規定されている（なお同41条参照）。かかる規定は国際条約上も類をみないものであり、画期的特色といえよう。

その他にも、発展途上国等のために経過措置（同65条〜66条）および技術協力（同67条）等の規定も存する。

本協定はWTO協定の一部に組み込まれている（WTO協定2条2項）。したがって本協定に関する国際間の紛争は、WTOの紛争処理手続において解決が図られることになっている点も、その特色の一つである。

＊ACTA条約——模倣品・海賊版拡散防止条約（Anti-Counterfeiting Trade Agreement）が2011年に成立している（未発効）。本条約は知的財産権のエンフォースメントについてTRIPs協定の規定を補完、強化するもので、主に民事、国境、刑事措置等を規定するものであるが、デジタル環境下の知的財産権に係るエンフォースメントについての措置についても規定を設けている点に特色を有する。

第5節　その他の国際的保護規制

1　著作権関係

知的財産権をめぐる国際的保護規制の主なものは以上に述べたとおりである。しかし、その他にも著作権に関しては、「実演家、レコード製作者及び放送機関の保護に関する国際条約」いわゆる隣接権条約（ローマ条約）が1961年ローマで成立し、さらに、同条約が高度で加盟国が少なくその実効が期し難かったことから、別途レコード海賊版防止の目的で「許諾を得ないレコードの複製からのレコード製作者の保護に関する条約」（いわゆるレコード保護条約）が1971年ジュネーブで成立している。また、「タイプフェイスの保護及びその国際寄託に関する協定」が1973年ウィーンで採択されており（未発効）、さらに「衛星により送信される番組伝送信号の伝達に関する条約」が1974年ブラッセルで成立している（1979年発効）。なお、「集積回路についての知的所有権に関する条約」（IPIC条約）が1989年ワシントンで採択されている（1995年一部発効、TRIPs35条参照）。

また，インターネットの発展に伴い，「著作権に関する世界知的所有権機関条約」(WCT)および「実演及びレコードに関する世界知的所有権機関条約」(WPPT)が，1996年末WIPOでともに採択されている（ともに，2002年発効）。前者はベルヌ条約の実質的改正であり，後者はローマ条約の実演家，レコード製作者の権利の実質的改正である。しかし，WPPTが聴覚的実演のみを対象とするものであったが，近時の情報関連技術の発達に応呼して2012年に「視聴覚的実演に関する北京条約」が採択されている（未発効）。これは視聴覚的実演に係る実演家にWPPTとほぼ同様の保護を認めるものである（なお，同条約19条1項，平成26年改正著作権法附則2条2項参照）。

WCTはベルヌ条約の特別取極（ベルヌ条約20条）として，コンピュータ・プログラム，データベースの保護，譲渡権，貸与権，公衆への伝達権の承認，および写真の著作物の保護期間の延長，ならびに技術的手段および権利管理情報に関する義務等を規定している。またWPPTはローマ条約やベルヌ条約とは別個に起草されたもので，実演家の聴覚的実演に実演家人格権および生実演に複製，放送，公衆への伝達権を認めつつ，実演家，レコード製作者に複製権，譲渡権，貸与権，利用可能化権の承認，および保護期間ならびに技術的手段および権利管理情報に関する義務等を規定している。ともに併せてインターネット条約とも称されている。

なお，地域的保護規制として，1993年のNAFTA（第6部17章，1994年発効），およびEUを中心に，「コンピュータ・プログラム保護に関する指令」(1991年)，「貸与権，公貸権及び著作隣接権に関する指令」(1992年)，「衛星放送及び有線再放送に適用される，著作権及び著作隣接権に関する一定のルールの調和に関する指令」(1993年)，「著作権及び著作隣接権の保護期間の調和に関する指令」(1993年)，「データベースの法的保護に関する指令」(1993年)，「電子商取引の法的側面に関する指令」(2000年) 等が存する。

2　工業所有権関係

(1)　工業所有権に関してはパリ条約19条の特別取極に基づいて，つぎのような協定が存在する。

①「原産地虚偽表示の防止に関するマドリッド協定」が，1891年にパリ条約10条の規定を不十分として成立した。これは1958年のリスボン会議で「虚偽の

又は誤認を生じさせる原産地表示の防止に関するマドリッド協定」と改称，改正され，1967年にストックホルムで追加規定が設けられて今日に至っている。わが国も1953（昭和28）年以来これに加入している。

②「製造標または商標の国際登録に関するマドリッド協定」がやはり1891年に成立している。これは商標を締約国の官庁を経由してジュネーブの国際事務局に国際登録することによって，直接締約各国に登録したのと同じ効果を生じさせるものである。その存続期間は10年で，更新が可能である。本条約は1957年のニースでの改正以来特別の同盟に移行し，1967年ストックホルム会議で「標章の国際登録に関するマドリッド協定」と改称され，1979年に一部改正されて今日に至っている。しかし，これは言語をフランス語のみとし，指定国の拒絶通知期間を1年以内，かつ国際出願の基礎を本国における登録のみとし，国際登録の5年以内における本国の基礎登録への従属性を有する等不都合な点が多かった。

そこで，これとは別個に，商標の審査主義国をも考慮しつつより多くの国が利用しうる商標の国際登録制度を目的として，1989年マドリッド協定議定書が採択されている（1995年発効）。これには，使用言語に英語も加えつつ，指定国の拒絶通知期間に18ヶ月以内の留保を認め，かつ国際出願の基礎に本国における出願をも加え，上記従属性を緩和し，かつ国際登録取消後も一定の条件で各指定国の国際出願へと変更できる旨の改正が加えられている。しかし，本国における基礎出願ないし登録が無効・取消された場合には，国際登録も消滅する旨の規定は依然として存在する（なお，パリ条約6条の5・テルケル商標参照）。わが国は1999年，平成11年改正法で本議定書に対応する改正を行い（商標7章の2），同議定書に加入した。

③「工業的意匠の国際寄託に関するハーグ協定」が1925年に成立している。これは締約国が限定同盟を組織し，意匠等をジュネーブの国際事務局に寄託することにより，直接締約各国に寄託されたと同じ効果を生じさせるものであり，また著作権に関するベルヌ条約の保護も受けられる。同協定には，上記方式を承継する1934年のロンドン改正協定の他，指定締約国制度を導入し，その国際意匠公報受理の日から拒絶通知期間を6ヶ月とする1960年のヘーグ改正協定，更に実体審査主義国等の加盟促進を図って拒絶通知期間を12ヶ月の留保を認める1999年のジュネーブ改正協定等3種の改正協定が並存する。

すなわちこのジュネーブ改訂協定は使用言語を英語，フランス語，スペイン語に拡大し，寄託の語に代えて出願・登録の語を使用し，後述のロカルノ協定で定める意匠の分類と同一区分に属する100意匠を含めて，国際事務局への直接出願の他，例外的に国内官庁経由の間接出願を認め，その方式審査後国際登録により，直接指定締約国にその登録日（国際出願日）から正規の出願を認められるものである。無審査国においてはこの国際登録日から，審査国においては指定締約国が国際登録後公表される国際意匠公報の受理の日から拒絶通知期間を原則6ヶ月，例外として12ヶ月以内の留保を認め，権利発生通知により意匠権が発生する。保護期間は国際登録日から5年であるが，5年毎の更新により15年まで延長でき，指定国の保護期間がそれより長い場合はその期間による。わが国は2014年，平成26年改正法でジュネーブ改正協定に対応する改正を行い（意6章の2），2015年同協定に加入した。

　これら②，③の協定は，統一法条約の性格を有し，各国の利害の対立が比較的少ない商標，意匠の分野において，その国際化を図るものである。なお，①の協定を不十分とする諸国はさらに，④1958年に「原産地名称の保護とその国際登録のためのリスボン協定」を締結している。また，②の協定に関し，⑤1957年に「標章の登録のための商品及びサービスの国際分類に関するニース協定」が成立し（1961年発効），わが国は1990年にこれに加入している。さらに⑥1968年に「意匠の分類を確保するためのロカルノ協定」（1971年発効，同協定は1979年一部修正され現在に至る。わが国は2014年同協定に加入した），および⑦1973年に「標章の図形的要素の国際分類を設立するためのウィーン協定」等が存する。

　なお近時，国際的規模において，主として手続の簡易，迅速化のために，⑧1970年に「特許協力条約（PCT）」（1977年発効）が，また，⑨1971年に「特許の国際分類（IPC）に関するストラスブール協定」（1975年発効）が，後述の「特許の国際分類に関するヨーロッパ条約」を基礎として成立しており，後者の国際特許分類（IPC）は，PCTおよび後述のEPCにおいて採用されている。わが国は前者⑧には1978年に，また後者⑨には1976年に各々加入している。さらに，⑩1973年「商標登録条約（TRT）」がウィーンで締結されている（1980年発効）。これは国内登録を条件としない点が②と異なるが，先使用主義を採る諸国の反対もある。このほか，⑪1977年に「特許手続上の微生物の寄託の国際的承認に関するブダペスト条約」が成立し（1980年発効），わが国は1980年にこれに加入し，

国際寄託当局の一を務めている。なお，⑫1981年に「オリンピックマークの保護に関するナイロビ条約」が成立しており，⑬1994年にはジュネーブで「商標法条約」（TLT）が成立し（1996年発効），また⑭2000年にはジュネーブで「特許法条約」（PLT）が成立している（2005年発効）。⑬の商標法条約は商標登録の利用を容易化するため，登録出願，登録後の変更および期間更新等に関して手続の簡素化，安全化を図るもので，わが国は1997年これに加入している。同条約に関しては，情報関連技術の発達に応呼した電子出版手続等の新たな必要性に対応することを中心に，更に適用される商標の範囲の拡大，期間経過の救済等の規定を盛り込んだ改正条約が2006年シンガポールで成立し（2009年発効），わが国は2015年に同条約に対応する法改正を行い2016年にこの改正条約に加入している。また⑭の「特許法条約」は，特許出願等に関する手続の利便性を図り，出願人等の手続負担の軽減を目的とするものであり，後述のPCTとは一応別建ての条約である（同16条参照）。わが国は2015年に同条約に対応する法改正を行い2016年にこの条約に加入している。

　以上の協定は，パリ条約体制内のものであるが，第二次大戦後は既存のパリ条約体制外において，種々の特許制度の国際化活動が新たに行われている。まず，1947年にフランスおよびベネルックス３国間協定により，国際特許協会（IIB）が設立された。同協会は，特許の新規性審査を容易化するための先行技術の調査を行うもので，PCTでは国際調査機関，EPCでは欧州特許庁の支庁としての機能が認められている。

　つぎに，1949年に欧州協議会が設立され，ここにおいて，ⓐ1953年に「特許出願の方式要件に関するヨーロッパ条約」，ⓑ1954年に「特許の国際分類に関するヨーロッパ条約」，およびⓒ1963年「特許実体法の若干の要素の統一に関するヨーロッパ条約」が成立した。ⓐは1975年に発効し，PCT，EPCおよびCPC（後述）における方式の規範とされた。ⓑも1975年に発効し，前述⑨に発展した。ⓒは一般にストラスブール条約と称せられ，それが実体的要件を規制するものであることからその発効が遅れて1980年となったが，1967年の西ドイツ特許法改正，および1968年のフランス特許法改正および1977年のイギリス特許法改正等に影響を与え，かつ現在のEPCおよびCPCの実体法的諸規定の基礎とされている。

　さらに，地域的保護規制として，Ⓐ1977年の「アフリカ知的所有権機関の創

設に関する協定（バンギ協定〔OAPI〕）」(1989年発効)，Ⓑ1976年の「アフリカ地区工業所有権機関設立条約〔APIPO〕」(1978年発効)，Ⓒ1962年の「ベネルックス統一商標法」(1971年発効)，Ⓓ1966年の「ベネルックス統一意匠法」(1975年発効)，およびⒺ1973年の「欧州特許条約（EPC）」(1977年発効)，Ⓕ1975年の「共同体特許条約（CPC）」（未発効），Ⓖ1993年のNAFTA（第6部第17章，1994年発効），Ⓗ1993年のいわゆる「共同体商標法（CTM）」(1994年発効)，Ⓘ1994年の「ユーラシア特許条約」(1995年発効)，Ⓙ1981年に設立されたガルフ共同評議会（GCC）の「統一特許法」(1998年発効)，Ⓚ1998年のいわゆる「共同体意匠法（CD）」(2003年発効）等が存する。なかでも，Ⓐは1962年の「アフリカ・マダガスカル工業所有権庁創設に関する協定（リーブルビル協定〔DAMPI〕）」(1964年発効）の改訂であって，かつてのベルギーおよびフランスの植民地であった新興独立国14ヶ国の，特許，意匠，商標に関する統一広域特許制度である。経費節約のために各国が特許庁を設けるのを避けて，カメルーン連邦共和国のヤウンデに共通のアフリカ知的所有権機関（OAPI）を設け，フランス旧法（1844年法）にならい無審査で，加盟各国全部に権利を付与する。また，Ⓑは英語使用国14ヶ国の特許，意匠に関する統一広域特許制度で，ジンバブエのハラレに共通の工業所有権機関（ARIPO）を設け，審査主義を採用する。その意味で，これらは統一法条約として特許制度の国際化の究極の一形態ともいいうる。しかし，経済活動の拡大化に対応するというよりも，その基礎が事務経費の合理的節約にある点に特質がある。ⒺおよびⒻは，後述する。

以上の他にも，アンデス共同体（Cartagena協定）における1970年の「外資，商標，特許，ライセンス，特許使用料の取扱いに関する共通政策」についての決定第24号等も重要なものといいうる。

(2) パリ条約の特許に関する規定を一部修正し，特許制度の国際化をさらに推進するものとして，一般的なものとしてはPCT，地域的なもので代表的なものとしては，前述ⒺEPC，ⒻCPCが存する。通常複数国に特許権を取得する場合には，出願人は各国ごとに特許出願をしなくてはならない。しかし，前記三者においては出願人は1出願でこれをなしうる点に，これらの条約の特色が存する。

①PCTは出願人および各国特許庁の重複した労力を国際協力によって軽減

するため，出願の方式および内容を可能な限り統一することを目的とする。すなわち出願人は所定の方式に従い，一の国際出願を受理官庁に提出する。同出願が所定の要件を満たしている場合には，それはPCT加盟国全てにおいて同国際出願日から正規の国内出願としての効力を有する（自己指定もありうる）。国際出願のこの効力は出願人の複数国出願の労力を軽減するものである。各国は上記の出願方式と異なる要件を原則として追加することができない。この点においてPCTは，まず出願方式統一条約として，手続面で属地主義の原則を修正する。そして，この国際出願の日が全てのPCT加盟国の出願日とされている点で，さらにそれはパリ条約の優先権制度を一歩前進させており，手続面で属地主義の原則を緩和しているものといいうる。かくしてPCTは，後述の国際予備審査報告の事実上の効果の点を度外視しても，特許制度の国際化をより強化しているものであり，またそれがパリ条約に次ぐ特許に関する一般条約であることから，正にPCTの発効により，特許制度は画期的な国際化時代を迎えたものということができよう。

　この国際出願は国際調査機関により先行技術の調査が行われ，その結果作成される国際調査報告は，出願人およびWIPOの国際事務局に送付され，これは事務局で国際出願とともに優先日より18ヶ月経過後国際公開される。他方，この国際調査報告は以後事務局を通して国際出願とともに指定官庁に送付される。出願人はこの国際調査報告に基づき出願継続の態度を決定し，継続の場合には必要以外の国の指定の取り下げを通告して，優先日から原則として30ヶ月までに指定官庁に国際出願を，それより2ヶ月以内にその翻訳文を提出する。これにより，指定官庁はその国内法に基づく特許付与手続を開始することになる。かくして，指定官庁は出願の断念による出願量の減少，および国際調査報告の活用による審査労力の軽減を期待することができる。

　なお，国際調査機関は2004年以降，この国際出願につき上記国際調査報告に加えて，新規性，進歩性および産業上利用可能性についても予備的かつ拘束力のない見解書を作成し，これを国際調査報告とともに送付することにしている。したがって，出願人は国際調査報告に加えてこの見解書に基づいて出願継続の態度を決定でき，あるいはこの見解書に対して非公式なコメントを国際事務局に提出することができる。このコメントは，国際事務局を通じて「特許性に関する国際予備報告」とともに送付請求のあった指定官庁に送付される。他方，

従来からの国際予備審査制度もこれと併存しており，出願人は国際調査報告および上記見解書の送付日から3ヶ月又は優先日から22ヶ月以内に，国際予備審査機関に対して新規性，進歩性および産業上利用可能性の有無につき国際予備審査の請求をすることができる。この場合には国際事務局は「特許性に関する国際予備報告」を作成することなく前記見解書のみを国際予備審査機関に送付する。出願人はこの見解書に対して答弁書あるいは補正書を提出し，その結論は「国際予備審査報告」として作成され，国際事務局を通じて選択国に送付される（なお，PCT規則53.7，90の2.4参照）。

　かくして作成された「特許性に関する国際予備報告」ないし「国際予備審査報告」は，選択国に対し法的拘束力はないが，事実上尊重されることになろう。この意味で，本制度は特許制度の実体的要件につき属地主義の原則を事実上修正するものとして評価しうるとともに，審査能力の乏しい開発途上国を援助する面をも有していることを看過することはできない。わが国は，昭和53年改正法で本条約に対応する改正を行い（特9章），同1978年に本条約に加盟し，受理官庁，国際調査機関及び国際予備審査機関としてその任務を遂行している。

　なお，PCTは開発途上国からの要請もあって，第4章に特許情報の提供および技術援助に関する規定を設けている。

　②EPCは欧州特許庁を設け，統一法条約たる単一の特許法に基づき，単一の出願に対し，出願人の指定する締約各国に特許権を認めるものである。出願手続を統一するものであり，優先権制度を一歩前進させる点ではPCTと同様であるが，欧州特許庁で実体的要件を統一的に審査して特許権を付与するという，特許付与手続の統一条約でもある点が，PCTに対して特色を有する。また，欧州特許庁の審査は締約各国を法的に拘束するものである点で，前述したPCTの国際予備審査とも異なっている。したがって，EPCはPCTに比して属地主義の修正度が高く，またその意味で，特許制度の国際化傾向が強いものといいうる。

　すなわち，出願人は所定（PCTと実質上同様）の方式に従い，指定国を表示して一の欧州特許出願を欧州特許庁に提出する。同出願は欧州特許庁の調査部によって先行技術の調査が行われ，その結果作成される欧州調査報告は欧州特許出願とともに，優先日より18ヶ月経過後公開される。欧州調査報告が欧州特許出願とともに公開されなかった場合には，それは別個に出願公開される。審査

請求制度が採用されており，欧州審査報告の公開後6ヶ月以内にその請求があれば，審査がなされて欧州特許が付与される。この欧州特許は指定各国において国内特許と同一の効力を有する。指定国諸国に限定される点で前述Ⓐ，Ⓙと異なる。

　欧州特許付与の公告の日より9ヶ月間，特許付与に対して何人も異議申立てができる。異議申立てに理由があると認められるときは，欧州特許は取り消される。EPCの定める無効原因の存する場合は，各締約国において欧州特許の無効が審理される。欧州特許権の侵害は，各締約国の法制に従い各締約国の裁判所で取り扱われる。なお，PCT国際出願はEPC欧州特許庁における手続の対象とすることもできる（EPC10章）。

　③CPCは，EC共同体加盟国全部に効力を有する単一の共同体特許を付与することを目的とする。その構想は1962年に発表された「欧州特許条約草案」に基づいている。共同体各国の国内特許とは異なる点で，EPCによる欧州特許より強力であり，共同体特許の無効は欧州特許庁によって審理される。しかし，共同体特許権の侵害は各国裁判所において取り扱われる。最後の点で多少不十分なところもあるが，CPCは属地主義の原則を否定しており，特許制度の国際化の最たるものといえよう。

3　育成者権および回路配置利用権関係

　育成者権に関しては，1961年に「植物の新品種の保護に関する国際条約（UPOV）」（1968年発効）が成立している。同条約は1972年，1978年と改正され，わが国も1978（昭和53）年，従来の農産種苗法に品種登録制度を創設し，これを種苗法と改め，1982年同条約に加入した。本条約は，特許法との二重保護を禁止していたが，近時のバイオテクノロジーの進展や種苗流通の国際化に即応し，さらに1991年3月に植物新品種の育成者の権利の適切な保護を図るために全面改正されている（1998年発効）。

　回路配置利用権に関しては，1989年にワシントンにて「集積回路についての知的所有権に関する条約（IPIC条約）」がWIPOの場で採択されている。これは1984年以来同機関で検討されてきた結果ではあったが，当時併せて世界の約90％の半導体の回路配置を生産していた，アメリカは同年相互主義を前提に著作権法に一章を加える形で，日本は翌1985年単独の立法で，各々これを保護す

第5節　その他の国際的保護規制

る対策を講じていた。しかし，本条約の保護水準があまりにも低かったことから，両国の強い反対の下で本条約は発効しないままでいた。そこで，本条約はTRIPs協定の中に，その一部を除き（TRIPs35条），保護範囲，制限，期間の規定（同36条〜38条）を加えることにより，WTO協定発効とともに1995年に発効している。

1900年12月14日にブラッセルで，1911年6月2日にワシントンで，1925年11月6日にヘーグで，1934年6月2日にロンドンで，1958年10月31日にリスボンで及び1967年7月14日にストックホルムで改正された工業所有権の保護に関する1883年3月20日のパリ条約（抄）

発効　昭和52・4・24（昭和50外告39）
修正　昭和60外告182

第1条

(1)　この条約が適用される国は，工業所有権の保護のための同盟を形成する。

(2)　工業所有権の保護は，特許，実用新案，意匠，商標，サービス・マーク，商号，原産地表示又は原産地名称及び不正競争の防止に関するものとする。

(3)　工業所有権の語は，最も広義に解釈するものとし，本来の工業及び商業のみならず，農業及び採取産業の分野並びに製造した又は天然のすべての産品（例えば，ぶどう酒，穀物，たばこの葉，果実，家畜，鉱物，鉱水，ビール，花，穀粉）についても用いられる。

(4)　特許には，輸入特許，改良特許，追加特許等の同盟国の法令によつて認められる各種の特許が含まれる。

第2条

(1)　各同盟国の国民は，工業所有権の保護に関し，この条約で特に定める権利を害されることなく，他のすべての同盟国において，当該他の同盟国の法令が内国民に対し現在与えており又は将来与えることがある利益を享受する。すなわち，同盟国の国民は，内国民に課される条件及び手続に従う限り，内国民と同一の保護を受け，かつ，自己の権利の侵害に対し内国民と同一の法律上の救済を与えられる。

(2)　もつとも，各同盟国の国民が工業所有権を享有するためには，保護が請求される国に住所又は営業所を有することが条件とされることはない。

(3)　司法上及び行政上の手続並びに裁判管轄権については，並びに工業所有権に関する法令上必要とされる住所の選定又は代理人の選任については，各同盟国の法令の定めるところによる。

第3条

同盟に属しない国の国民であつて，いずれかの同盟国の領域内に住所又は現実かつ真正の工業上若しくは商業上の営業所を有するものは，同盟国の国民とみなす。

第4条

A(1)　いずれかの同盟国において正規に特許出願若しくは実用新案，意匠若しくは商標の登録出願をした者又はその承継人は，他の同盟国において出願をすることに関し，以下に定める期間中優先権を有する。

(2)　各同盟国の国内法令又は同盟国の間で締結された二国間若しくは多数国間の条約により正規の国内出願とされるすべての出願は，優先権を生じさせるものと認められる。

(3)　正規の国内出願とは，結果のいかんを問わず，当該国に出願をした日付を確定するために十分なすべての出願をいう。

B　すなわち，A(1)に規定する期間の満了前に他の同盟国においてされた後の出願は，その間に行われた行為，例えば，他の出願，当該発明の公表又は実施，当該意匠に係る物品の販売，当該商標の使用等によつて不利な取扱いを受けないものとし，また，これらの行為は，第三者のいかなる権利又は使用の権能をも生じさせない。優先権の基礎となる最初の出願の日前に第三者が取得した権利に関しては，各同盟国の国内法令の定めるところによる。

C(1)　A(1)に規定する優先期間は，特許及び実用新案については十二箇月，意匠及び商標については六箇月とする。

(2)　優先期間は，最初の出願の日から開始する。出願の日は，期間に算入しない。

(3)　優先期間は，その末日が保護の請求される国において法定の休日又は所轄庁が出願を受理するために開いていない日に当たるときは，その日の後の最初の就業日まで延長される。

(4)　(2)にいう最初の出願と同一の対象について同一の同盟国においてされた後の出願は，先の出願が，公衆の閲覧に付され

371

ないで,かつ,いかなる権利をも存続させないで,後の出願の日までに取り下げられ,放棄され又は拒絶の処分を受けたこと,及びその先の出願がまだ優先権の主張の基礎とされていないことを条件として,最初の出願とみなされ,その出願の日は,優先期間の初日とされる。この場合において,先の出願は,優先権の主張の基礎とすることができない。

D(1) 最初の出願に基づいて優先権を主張しようとする者は,その出願の日付及びその出願がされた同盟国の国名を明示した申立てをしなければならない。各同盟国は,遅くともいつまでにその申立てをしなければならないかを定める。

(2) (1)の日付及び国名は,権限のある官庁が発行する刊行物(特に特許及びその明細書に関するもの)に掲載する。

(3) 同盟国は,優先権の申立てをする者に対し,最初の出願に係る出願書類(明細書,図面等を含む。)の謄本の提出を要求することができる。最初の出願を受理した主管庁が認証した謄本は,いかなる公証をも必要とせず,また,いかなる場合にも,後の出願の日から三箇月の期間内においてはいつでも,無料で提出することができる。その謄本には,その主管庁が交付する出願の日付を証明する書面及び訳文を添付するよう要求することができる。

(4) 出願の際には,優先権の申立てについて他の手続を要求することができない。各同盟国は,この条に定める手続がされなかつた場合の効果を定める。ただし,その効果は,優先権の喪失を限度とする。

(5) 出願の後においては,他の証拠書類を要求することができる。

最初の出願に基づいて優先権を主張する者は,その最初の出願の番号を明示するものとし,その番号は,(2)に定める方法で公表される。

E(1) いずれかの同盟国において実用新案登録出願に基づく優先権を主張して意匠登録出願をした場合には,優先期間は,意匠について定められた優先期間とする。

(2) なお,いずれの同盟国においても,特許出願に基づく優先権を主張して実用新案登録出願をすることができるものとし,また,実用新案登録出願に基づく優先権を主張して特許出願をすることもできる。

F いずれの同盟国も,特許出願人が二以上の優先権(二以上の国においてされた出願に基づくものを含む。)を主張することを理由として,又は優先権を主張して行つた特許出願が優先権の主張の基礎となる出願に含まれていなかつた構成部分を含むことを理由として,当該優先権を否認し,又は当該特許出願について拒絶の処分をすることができない。ただし,当該同盟国の法令上発明の単一性がある場合に限る。

優先権の主張の基礎となる出願に含まれていなかつた構成部分については,通常の条件に従い,後の出願が優先権を生じさせる。

G(1) 審査により特許出願が複合的であることが明らかになつた場合には,特許出願人は,その特許出願を二以上の出願に分割することができる。この場合において,特許出願人は,その分割された各出願の日付としてもとの出願の日付を用い,優先権の利益があるときは,これを保有する。

(2) 特許出願人は,また,自己の発意により,特許出願を分割することができる。この場合においても,特許出願人は,その分割された各出願の日付としてもとの出願の日付を用い,優先権の利益があるときは,これを保有する。各同盟国は,その分割を認める場合の条件を定めることができる。

H 優先権は,発明の構成部分で当該優先権の主張に係るものが最初の出願において請求の範囲内のものとして記載されていないことを理由としては,否認することができない。ただし,最初の出願に係る出願書類の全体により当該構成部分が明らかにされている場合に限る。

I(1) 出願人が自己の選択により特許又は発明者証のいずれの出願をもすることがで

きる同盟国においてされた発明者証の出願は，特許出願の場合と同一の条件でこの条に定める優先権を生じさせるものとし，その優先権は，特許出願の場合と同一の効果を有する。

(2) 出願人が自己の選択により特許又は発明者証のいずれの出願をもすることができる同盟国においては，発明者証の出願人は，特許出願について適用されるこの条の規定に従い，特許出願，実用新案登録出願又は発明者証の出願に基づく優先権の利益を享受する。

第4条の2

(1) 同盟国の国民が各同盟国において出願した特許は，他の国（同盟国であるかどうかを問わない。）において同一の発明について取得した特許から独立したものとする。

(2) (1)の規定は，絶対的な意味に，特に，優先期間中に出願された特許が，無効又は消滅の理由についても，また，通常の存続期間についても，独立のものであるという意味に解釈しなければならない。

(3) (1)の規定は，その効力の発生の際に存するすべての特許について適用する。

(4) (1)の規定は，新たに加入する国がある場合には，その加入の際に加入国又は他の国に存する特許についても，同様に適用する。

(5) 優先権の利益によつて取得された特許については，各同盟国において，優先権の利益なしに特許出願がされ又は特許が与えられた場合に認められる存続期間と同一の存続期間が認められる。

第4条の3

発明者は，特許証に発明者として記載される権利を有する。

第4条の4

特許の対象である物の販売又は特許の対象である方法によつて生産される物の販売が国内法令上の制限を受けることを理由としては，特許を拒絶し又は無効とすることができない。

第5条

A(1) 特許は，特許権者がその特許を取得した国にいずれかの同盟国で製造されたその特許に係る物を輸入する場合にも，効力を失わない。

(2) 各同盟国は，特許に基づく排他的権利の行使から生ずることがある弊害，例えば，実施がされないことを防止するため，実施権の強制的設定について規定する立法措置をとることができる。

(3) (2)に規定する弊害を防止するために実施権の強制的設定では十分でない場合に限り，特許の効力を失わせることについて規定することができる。特許権の消滅又は特許の取消しのための手続は，実施権の最初の強制的設定の日から二年の期間が満了する前には，することができない。

(4) 実施権の強制的設定は，実施がされず又は実施が十分でないことを理由としては，特許出願の日から四年の期間又は特許が与えられた日から三年の期間のうちいずれか遅く満了するものが満了する前には，請求することができないものとし，また，特許権者がその不作為につきそれが正当であることを明らかにした場合には，拒絶される。強制的に設定された実施権は，排他的なものであつてはならないものとし，また，企業又は営業の構成部分のうち当該実施権の行使に係るものとともに移転する場合を除くほか，当該実施権に基づく実施権の許諾の形式によつても，移転することができない。

(5) (1)から(4)までの規定は，実用新案に準用する。

B・意匠の保護は，当該意匠の実施をしないことにより又は保護される意匠に係る物品を輸入することによつては，失われない。

C(1) 登録商標について使用を義務づけている同盟国においては，相当の猶予期間が経過しており，かつ，当事者がその不作為につきそれが正当であることを明らかにしない場合にのみ，当該商標の登録の効力を失わせることができる。

(2) 商標の所有者が一の同盟国において登録された際の形態における商標の識別性に影響を与えることなく構成部分に変更を加えてその商標を使用する場合には，その商標の登録の効力は，失われず，ま

た,その商標に対して与えられる保護は,縮減されない。
(3) 保護が要求される国の国内法令により商標の共有者と認められる二以上の工業上又は商業上の営業所が同一又は類似の商品について同一の商標を同時に使用しても,いずれかの同盟国において,その商標の登録が拒絶され,又はその商標に対して与えられる保護が縮減されることはない。ただし,その使用の結果公衆を誤らせることとならず,かつ,その使用が公共の利益に反しないことを条件とする。
D 権利の存在を認めさせるためには,特許の記号若しくは表示又は実用新案,商標若しくは意匠の登録の記号若しくは表示を産品に付することを要しない。

第5条の2
(1) 工業所有権の存続のために定められる料金の納付については,少なくとも六箇月の猶予期間が認められる。ただし,国内法令が割増料金を納付すべきことを定めている場合には,それが納付されることを条件とする。
(2) 同盟国は,料金の不納により効力を失った特許の回復について定めることができる。

第5条の3
次のことは,各同盟国において,特許権者の権利を侵害するものとは認められない。
1 当該同盟国の領水に他の同盟国の船舶が一時的に又は偶発的に入つた場合に,その船舶の船体及び機械,船具,装備その他の附属物に関する当該特許権者の特許の対象である発明をその船舶内で専らその船舶の必要のために使用すること。
2 当該同盟国に他の同盟国の航空機又は車両が一時的に又は偶発的に入つた場合に,その航空機若しくは車両又はその附属物の構造又は機能に関する当該特許権者の特許の対象である発明を使用すること。

第5条の4
ある物の製造方法について特許が取得されている同盟国にその物が輸入された場合には,特許権者は,輸入国で製造された物に関して当該特許に基づきその国の法令によつて与えられるすべての権利を,その輸入物に関して享有する。

第5条の5
意匠は,すべての同盟国において保護される。

第6条
(1) 商標の登録出願及び登録の条件は,各同盟国において国内法令で定める。
(2) もつとも,同盟国の国民がいずれかの同盟国において登録出願をした商標については,本国において登録出願,登録又は存続期間の更新がされていないことを理由として登録が拒絶され又は無効とされることはない。
(3) いずれかの同盟国において正規に登録された商標は,他の同盟国(本国を含む。)において登録された商標から独立したものとする。

第6条の2
(1) 同盟国は,一の商標が,他の一の商標でこの条約の利益を受ける者の商標としてかつ同一若しくは類似の商品について使用されているものとしてその同盟国において広く認識されているとその権限のある当局が認めるものの複製である場合又は当該他の一の商標と混同を生じさせやすい模倣若しくは翻訳である場合には,その同盟国の法令が許すときは職権をもつて,又は利害関係人の請求により,当該一の商標の登録を拒絶し又は無効とし,及びその使用を禁止することを約束する。一の商標の要部が,そのような広く認識されている他の一の商標の複製である場合又は当該他の一の商標と混同を生じさせやすい模倣である場合も,同様とする。
(2) (1)に規定する商標の登録を無効とすることの請求については,登録の日から少なくとも五年の期間を認めなければならない。同盟国は,そのような商標の使用の禁止を請求することができる期間を定めることができる。
(3) 悪意で登録を受け又は使用された商標の

登録を無効とし又は使用を禁止することの請求については,期間を定めないものとする。

第6条の3

(1) (a) 同盟国は,同盟国の国の紋章,旗章その他の記章,同盟国が採用する監督用及び証明用の公の記号及び印章並びに紋章学上それらの模倣と認められるものの商標又はその構成部分としての登録を拒絶し又は無効とし,また,権限のある官庁の許可を受けずにこれらを商標又はその構成部分として使用することを適当な方法によつて禁止する。

　(b) (a)の規定は,一又は二以上の同盟国が加盟している政府間国際機関の紋章,旗章その他の記章,略称及び名称についても,同様に適用する。ただし,既に保護を保障するための現行の国際協定の対象となつている紋章,旗章その他の記章,略称及び名称については,この限りでない。

　(c) いずれの同盟国も,この条約がその同盟国において効力を生ずる前に善意で取得した権利の所有者の利益を害して(b)の規定を適用することを要しない。(a)に規定する使用又は登録が,当該国際機関と当該紋章,旗章,記章,略称若しくは名称との間に関係があると公衆に暗示するようなものでない場合又は当該使用者と当該国際機関との間に関係があると公衆に誤つて信じさせるようなものと認められない場合には,同盟国は,(b)の規定を適用することを要しない。

(2) 監督用及び証明用の公の記号及び印章の禁止に関する規定は,当該記号又は印章を含む商標が当該記号又は印章の用いられている商品と同一又は類似の商品について使用されるものである場合に限り,適用する。

(3)(a) (1)及び(2)の規定を適用するため,同盟国は,国の記章並びに監督用及び証明用の公の記号及び印章であつて各国が絶対的に又は一定の限度までこの条の規定に基づく保護の下に置くことを現に求めており又は将来求めることがあるものの一覧表並びにこの一覧表に加えられるその後のすべての変更を,国際事務局を通じて,相互に通知することに同意する。各同盟国は,通知された一覧表を適宜公衆の利用に供する。

　　もつとも,その通知は,国の旗章に関しては義務的でない。

　(b) (1)(b)の規定は,政府間国際機関が国際事務局を通じて同盟国に通知した当該国際機関の紋章,旗章その他の記章,略称及び名称についてのみ適用する。

(4) 同盟国は,異議がある場合には,(3)の通知を受領した時から十二箇月の期間内においては,その異議を国際事務局を通じて関係国又は関係政府間国際機関に通報することができる。

(5) (1)の規定は,国の旗章に関しては,千九百二十五年十一月六日の後に登録される商標についてのみ適用する。

(6) 前記の諸規定は,同盟国の国の記章(旗章を除く。),公の記号及び印章並びに政府間国際機関の紋章,旗章その他の記章,略称及び名称に関しては,(3)の通知を受領した時から二箇月を経過した後に登録される商標についてのみ適用する。

(7) 同盟国は,国の記章,記号又は印章を含む商標で千九百二十五年十一月六日前に登録されたものについても,その登録出願が悪意でされた場合には,当該登録を無効とすることができる。

(8) 各同盟国の国民であつて自国の国の記章,記号又は印章の使用を許可されたものは,当該記章,記号又は印章が他の同盟国の国の記章,記号又は印章と類似するものである場合にも,それらを使用することができる。

(9) 同盟国は,他の同盟国の国の紋章については,その使用が商品の原産地の誤認を生じさせるようなものである場合には,許可を受けないで取引においてその紋章を使用することを禁止することを約束する。

(10) 前記の諸規定は,各同盟国が,国の紋章,旗章その他の記章,同盟国により採用された公の記号及び印章並びに(1)に規定する政

府間国際機関の識別記号を許可を受けないで使用している商標につき，第六条の五B3の規定に基づいてその登録を拒絶し又は無効とすることを妨げない。

第6条の4

(1) 商標の譲渡が，同盟国の法令により，その商標が属する企業又は営業の移転と同時に行われるときにのみ有効とされている場合において，商標の譲渡が有効と認められるためには，譲渡された商標を付した商品を当該同盟国において製造し又は販売する排他的権利とともに，企業又は営業の構成部分であつて当該同盟国に存在するものを譲受人に移転すれば足りる。

(2) (1)の規定は，譲受人による商標の使用が，当該商標を付した商品の原産地，性質，品位等について事実上公衆を誤らせるようなものである場合に，その商標の譲渡を有効と認める義務を同盟国に課するものではない。

第6条の5

A(1) 本国において正規に登録された商標は，この条で特に規定する場合を除くほか，他の同盟国においても，そのままその登録を認められかつ保護される。当該他の同盟国は，確定的な登録をする前に，本国における登録の証明書で権限のある当局が交付したものを提出させることができる。その証明書には，いかなる公証をも必要としない。

(2) 本国とは，出願人が同盟国に現実かつ真正の工業上又は商業上の営業所を有する場合にはその同盟国を，出願人が同盟国にそのような営業所を有しない場合にはその住所がある同盟国を，出願人が同盟国の国民であつて同盟国に住所を有しない場合にはその国籍がある国をいう。

B この条に規定する商標は，次の場合を除くほか，その登録を拒絶され又は無効とされることはない。もつとも，第十条の二の規定の適用は，妨げられない。

1 当該商標が，保護が要求される国における第三者の既得権を害するようなものである場合

2 当該商標が，識別性を有しないものである場合又は商品の種類，品質，数量，用途，価格，原産地若しくは生産の時期を示すため取引上使用されることがある記号若しくは表示のみをもつて，若しくは保護が要求される国の取引上の通用語において若しくはその国の公正かつ確立した商慣習において常用されるようになつている記号若しくは表示のみをもつて構成されたものである場合

3 当該商標が，道徳又は公の秩序に反するもの，特に，公衆を欺くようなものである場合。ただし，商標に関する法令の規定（公の秩序に関するものを除く。）に適合しないことを唯一の理由として，当該商標を公の秩序に反するものと認めてはならない。

C(1) 商標が保護を受けるに適したものであるかどうかを判断するに当たつては，すべての事情，特に，当該商標が使用されてきた期間を考慮しなければならない。

(2) 本国において保護されている商標の構成部分に変更を加えた商標は，その変更が，本国において登録された際の形態における商標の識別性に影響を与えず，かつ，商標の同一性を損なわない場合には，他の同盟国において，その変更を唯一の理由として登録を拒絶されることはない。

D いかなる者も，保護を要求している商標が本国において登録されていない場合には，この条の規定による利益を受けることができない。

E もつとも，いかなる場合にも，本国における商標の登録の更新は，その商標が登録された他の同盟国における登録の更新の義務を生じさせるものではない。

F 第四条に定める優先期間内にされた商標の登録出願は，本国における登録が当該優先期間の満了後にされた場合にも，優先権の利益を失わない。

第6条の6

同盟国は，サービス・マークを保護することを約束する。同盟国は，サービス・マークの登録について規定を設けることを要しない。

第6条の7
(1) 同盟国において商標に係る権利を有する者の代理人又は代表者が、その商標に係る権利を有する者の許諾を得ないで、一又は二以上の同盟国においてその商標について自己の名義による登録の出願をした場合には、その商標に係る権利を有する者は、登録異議の申立てをし、又は登録を無効とすること若しくは、その国の法令が認めるときは、登録を自己に移転することを請求することができる。ただし、その代理人又は代表者がその行為につきそれが正当であることを明らかにしたときは、この限りでない。
(2) 商標に係る権利を有する者は、(1)の規定に従うことを条件として、その許諾を得ないでその代理人又は代表者が商標を使用することを阻止する権利を有する。
(3) 商標に係る権利を有する者がこの条に定める権利を行使することができる相当の期間は、国内法令で定めることができる。

第7条
いかなる場合にも、商品の性質は、その商品について使用される商標が登録されることについて妨げとはならない。

第7条の2
(1) 同盟国は、その存在が本国の法令に反しない団体に属する団体商標の登録を認めかつ保護することを約束する。その団体が工業上又は商業上の営業所を有しない場合も、同様とする。
(2) 各同盟国は、団体商標の保護について特別の条件を定めることができるものとし、また、公共の利益に反する団体商標についてその保護を拒絶することができる。
(3) もつとも、その存在が本国の法令に反しない団体に対しては、保護が要求される同盟国において設立されていないこと又は保護が要求される同盟国の法令に適合して構成されていないことを理由としては、その団体に属する団体商標の保護を拒絶することができない。

第8条
商号は、商標の一部であるかどうかを問わず、すべての同盟国において保護されるものとし、そのためには、登記の申請又は登記が行われていることを必要としない。

第9条
(1) 不法に商標又は商号を付した産品は、その商標又は商号について法律上の保護を受ける権利が認められている同盟国に輸入される際に差し押さえられる。
(2) 差押えは、また、産品に不法に商標若しくは商号を付する行為が行われた同盟国又はその産品が輸入された同盟国の国内においても行われる。
(3) 差押えは、検察官その他の権限のある当局又は利害関係人(自然人であるか法人であるかを問わない。)の請求により、各同盟国の国内法令に従つて行われる。
(4) 当局は、通過の場合には、差押えを行うことを要しない。
(5) 同盟国の法令が輸入の際における差押えを認めていない場合には、その差押えの代わりに、輸入禁止又は国内における差押えが行われる。
(6) 同盟国の法令が輸入の際における差押え、輸入禁止及び国内における差押えを認めていない場合には、その法令が必要な修正を受けるまでの間、これらの措置の代わりに、その同盟国の法令が同様の場合に内国民に保障する訴訟その他の手続が、認められる。

第10条
(1) 前条の規定は、産品の原産地又は生産者、製造者若しくは販売人に関し直接又は間接に虚偽の表示が行われている場合についても適用する。
(2) (1)の産品の生産、製造又は販売に従事する生産者、製造者又は販売人であつて、原産地として偽つて表示されている土地、その土地の所在する地方、原産国として偽つて表示されている国又は原産地の虚偽の表示が行われている国に住所を有するものは、自然人であるか法人であるかを問わず、すべての場合において利害関係人と認められる。

第10条の2
(1) 各同盟国は、同盟国の国民を不正競争から有効に保護する。

(2) 工業上又は商業上の公正な慣習に反するすべての競争行為は，不正競争行為を構成する。
(3) 特に，次の行為，主張及び表示は，禁止される。
   1 いかなる方法によるかを問わず，競争者の営業所，産品又は工業上若しくは商業上の活動との混同を生じさせるようなすべての行為
   2 競争者の営業所，産品又は工業上若しくは商業上の活動に関する信用を害するような取引上の虚偽の主張
   3 産品の性質，製造方法，特徴，用途又は数量について公衆を誤らせるような取引上の表示及び主張

第10条の3
(1) 同盟国は，第九条から前条までに規定するすべての行為を有効に防止するための適当な法律上の救済手段を他の同盟国の国民に与えることを約束する。
(2) 同盟国は，更に，利害関係を有する生産者，製造者又は販売人を代表する組合又は団体でその存在が本国の法令に反しないものが，保護が要求される同盟国の法令により国内の組合又は団体に認められている限度において，第九条から前条までに規定する行為を防止するため司法的手段に訴え又は行政機関に申立てをすることができることとなるように措置を講ずることを約束する。

第11条
(1) 同盟国は，いずれかの同盟国の領域内で開催される公の又は公に認められた国際博覧会に出品される産品に関し，国内法令に従い，特許を受けることができる発明，実用新案，意匠及び商標に仮保護を与える。
(2) (1)の仮保護は，第四条に定める優先期間を延長するものではない。後に優先権が主張される場合には，各同盟国の主管庁は，その産品を博覧会に搬入した日から優先期間が開始するものとすることができる。
(3) 各同盟国は，当該産品が展示された事実及び搬入の日付を証明するために必要と認める証拠書類を要求することができる。

第12条
(1) 各同盟国は，工業所有権に関する特別の部局並びに特許，実用新案，意匠及び商標を公衆に知らせるための中央資料館を設置することを約束する。
(2) (1)の部局は，定期的な公報を発行し，次に掲げるものを規則的に公示する。
   (a) 特許権者の氏名及びその特許発明の簡単な表示
   (b) 登録された商標の複製

第15条
(1)(a) 同盟の管理業務は，文学的及び美術的著作物の保護に関する国際条約によつて設立された同盟事務局と合同した同盟事務局の継続である国際事務局が行う。

第19条
同盟国は，この条約の規定に抵触しない限り，別に相互間で工業所有権の保護に関する特別の取極を行う権利を留保する。

第23条
この改正条約が全体として効力を生じた後は，いずれの国も，この条約の従前の改正条約に加入することができない。

第25条
(1) この条約の締約国は，自国の憲法に従い，この条約の適用を確保するために必要な措置をとることを約束する。
(2) いずれの国も，その批准書又は加入書を寄託する時には，自国の国内法令に従いこの条約を実施することができる状態になつていなければならないと了解される。

第26条
(1) この条約は，無期限に効力を有する。

第27条
(1) この改正条約は，それが適用される同盟国相互の関係においては，それが適用される範囲において，1883年3月20日のパリ条約及びその後の改正条約に代わる。
(2)(a) この改正条約が適用されない同盟国又はこの改正条約が全体としては適用されない同盟国で，1958年10月31日のリスボン改正条約が適用されるものとの関係においては，リスボン改正条約が，全体として，又は(1)の規定によりこの改正条約がそれに代わる範囲を除き，引き続き効力を有する。

(b) 同様に，この改正条約又はその一部及びリスボン改正条約が適用されない同盟国との関係においては，1934年6月2日のロンドン改正条約が，全体として，又は(1)の規定によりこの改正条約がそれに代わる範囲を除き，引き続き効力を有する。

(c) 同様に，この改正条約又はその一部，リスボン改正条約及びロンドン改正条約が適用されない同盟国との関係においては，1925年11月6日のヘーグ改正条約が，全体として，又は(1)の規定によりこの改正条約がそれに代わる範囲を除き，引き続き効力を有する。

(3) 同盟に属しない国でこの改正条約の締約国となるものは，この改正条約の締約国でない同盟国又はこの改正条約の締約国であるが第20条(1)(b)(i)の規定に基づく宣言を行つた同盟国との関係において，この改正条約を適用する。それらの国は，当該同盟国が，それらの国との関係において，当該同盟国が締約国となつている最新の改正条約を適用することを認める。

第28条

(1) この条約の解釈又は適用に関する二以上の同盟国の間の紛争で交渉によつて解決されないものは，紛争当事国が他の解決方法について合意する場合を除くほか，いずれか一の紛争当事国が，国際司法裁判所規程に合致した請求を行うことにより，国際司法裁判所に付託することができる。紛争を国際司法裁判所に付託する国は，その旨を国際事務局に通報するものとし，国際事務局は，それを他の同盟国に通報する。

(2) いずれの国も，この改正条約に署名し又は批准書若しくは加入書を寄託する際に，(1)の規定に拘束されないことを宣言するこ

1896年5月4日にパリで補足され，1908年11月13日にベルリンで改正され，1914年3月20日にベルヌで補足され並びに1928年6月2日にローマで，1948年6月26日にブラッセルで，1967年7月14日にストックホルムで及び1971年7月24日にパリで改正された1886年9月9日の文学的及び美術的著作物の保護に関するベルヌ条約（抄）〔昭和50・3・6外4〕
発効　昭和50・4・24（昭和50外告41）
修正　昭和60外告183

同盟国は，文学的及び美術的著作物に関する著作者の権利をできる限り効果的かつ統一的に保護することをひとしく希望し，1967年にストックホルムで開催された改正会議の作業の重要性を認めて，ストックホルム会議が採択した条約の第1条から第20条まで及び第22条から第26条までの規定を変更することなく，同条約を改正することを決定した。よつて，下名の全権委員は，その全権委任状を示し，それが良好妥当であると認められた後，次のとおり協定した。

第1条

この条約が適用される国は，文学的及び美術的著作物に関する著作者の権利の保護のための同盟を形成する。

第2条

(1) 「文学的及び美術的著作物」には，表現の方法又は形式のいかんを問わず，書籍，小冊子その他の文書，講演，演説，説教その他これらと同性質の著作物，演劇用又は楽劇用の著作物，舞踊及び無言劇の著作物，楽曲（歌詞を伴うかどうかを問わない。），映画の著作物（映画に類似する方法で表現された著作物を含む。以下同じ。），素描，絵画，建築，彫刻，版画及び石版画の著作物，写真の著作物（写真に類似する方法で表現された著作物を含む。以下同じ。），応用美術の著作物，図解及び地図並びに地理学，地形学，建築学その他の科学に関する図面，略図及び模型のような文芸，学術及び美術の範囲に属するすべての製作物を含む。

(2) もつとも，文学的及び美術的著作物の全体又はその一若しくは二以上の種類につい

て、それらの著作物が物に固定されていない限り保護されないことを定める権能は、同盟国の立法に留保される。
(3) 文学的又は美術的著作物の翻訳、翻案、編曲等による改作物は、その原作物の著作者の権利を害することなく、原著作物として保護される。
(4) 立法上、行政上及び司法上の公文書並びにその公的な翻訳物に与えられる保護は、同盟国の法令の定めるところによる。
(5) 素材の選択又は配列によつて知的創作物を形成する百科辞典及び選集のような文学的又は美術的著作物の編集物は、その編集物の部分を構成する各著作物の著作者の権利を害することなく、知的創作物として保護される。
(6) 前記の著作物は、すべての同盟国において保護を受ける。この保護は、著作者及びその承継人のために与えられる。
(7) 応用美術の著作物及び意匠に関する法令の適用範囲並びにそれらの著作物及び意匠の保護の条件は、第7条(4)の規定に従うことを条件として、同盟国の法令の定めるところによる。本国において専ら意匠として保護される著作物については、他の同盟国において、その国において意匠に与えられる特別の保護しか要求することができない。ただし、その国においてそのような特別の保護が与えられない場合には、それらの著作物は、美術的著作物として保護される。
(8) この条約の保護は、単なる報道にすぎない時事の記事又は雑報については適用されない。

第2条の2

(1) 政治上の演説及び裁判手続においてされた陳述につき前条に定める保護の一部又は全部を排除する権能は、同盟国の立法に留保される。
(2) 報道の目的上正当な範囲内において、公に行われた講演、演説その他これらと同性質の著作物を新聞雑誌に掲載し、放送し、有線により公に伝達し及び第11条の2(1)に規定する公の伝達の対象とする場合の条件を定める権能も、また、同盟国の立法に留保される。
(3) もつとも、著作者は、(1)及び(2)に規定する著作物を編集物とする排他的権利を享有する。

第3条

(1) 次の者は、次の著作物について、この条約によつて保護される。
 (a) いずれかの同盟国の国民である著作者
  その著作物（発行されているかどうかを問わない。）
 (b) いずれの同盟国の国民でもない著作者
  その著作物のうち、いずれかの同盟国において最初に発行されたもの並びに同盟に属しない国及びいずれかの同盟国において同時に発行されたもの
(2) いずれの同盟国の国民でもない著作者でいずれかの同盟国に常居所を有するものは、この条約の適用上、その同盟国の国民である著作者とみなす。
(3) 「発行された著作物」とは、複製物の作成方法のいかんを問わず、著作者の承諾を得て刊行された著作物であつて、その性質にかんがみ公衆の合理的な要求を満たすような数量の複製物が提供されたものをいう。演劇用若しくは楽劇用の著作物又は映画の著作物の上演、音楽の著作物の演奏、文学的著作物の朗読、文学的又は美術的著作物の伝達又は放送、美術の著作物の展示及び建築の著作物の建設は、発行を意味しない。
(4) 最初の発行の国を含む二以上の国において最初の発行の日から三十日以内に発行された著作物は、それらの国において同時に発行されたものとみなす。

第4条

次の者は、前条に定める条件が満たされない場合にも、この条約によつて保護される。
 (a) いずれかの同盟国に主たる事務所又は常居所を有する者が製作者である映画の著作物の著作者
 (b) いずれかの同盟国において建設された建築の著作物の著作者又はいずれかの同盟国に所在する不動産と一体となつている絵画的及び彫塑的美術の著作物の著作

者
第5条
(1) 著作者は、この条約によつて保護される著作物に関し、その著作物の本国以外の同盟国において、その国の法令が自国民に現在与えており又は将来与えることがある権利及びこの条約が特に与える権利を享有する。
(2) (1)の権利の享有及び行使には、いかなる方式の履行をも要しない。その享有及び行使は、著作物の本国における保護の存在にかかわらない。したがつて、保護の範囲及び著作者の権利を保全するため著作者に保障される救済の方法は、この条約の規定によるほか、専ら、保護が要求される同盟国の法令の定めるところによる。
(3) 著作物の本国における保護は、その国の法令の定めるところによる。もつとも、この条約によつて保護される著作物の著作者がその著作物の本国の国民でない場合にも、その著作者は、その著作物の本国において内国著作者と同一の権利を享有する。
(4) 次の著作物については、次の国を本国とする。
  (a) いずれかの同盟国において最初に発行された著作物については、その同盟国。もつとも、異なる保護期間を認める二以上の同盟国において同時に発行された著作物については、これらの国のうち法令の許与する保護期間が最も短い国とする。
  (b) 同盟に属しない国及びいずれかの同盟国において同時に発行された著作物については、その同盟国
  (c) 発行されていない著作物又は同盟に属しない国において最初に発行された著作物でいずれの同盟国においても同時に発行されなかつたものについては、その著作者が国民である同盟国。ただし、次の著作物については、次の国を本国とする。
    (i) いずれかの同盟国に主たる事務所又は常居所を有する者が製作者である映画の著作物については、その同盟国
    (ii) いずれかの同盟国において建設された建築の著作物又はいずれかの同盟国に所在する不動産と一体となつている絵画的及び彫塑的美術の著作物については、その同盟国

第6条
(1) 同盟に属しない国がいずれかの同盟国の国民である著作者の著作物を十分に保護しない場合には、その同盟国は、最初の発行の時において当該同盟に属しない国の国民であつて、かつ、いずれの同盟国にも常居所を有していない著作者の著作物の保護を制限することができる。最初の発行の国がこの権能を行使する場合には、他の同盟国は、そのように特殊な取扱いを受ける著作物に対し、最初の発行の国において与えられる保護よりも厚い保護を与えることを要しない。
(2) (1)の規定に基づく制限は、その実施前にいずれかの同盟国において発行された著作物についてその著作者が既に取得した権利に影響を及ぼすものであつてはならない。
(3) この条の規定に基づいて著作者の権利の保護を制限する同盟国は、その旨を、その保護の制限の対象となる国及びその国民である著作者の権利に対する制限を明記した宣言書により、世界知的所有権機関事務局長(以下「事務局長」という。)に通告する。事務局長は、その宣言をすべての同盟国に直ちに通報する。

第6条の2
(1) 著作者は、その財産的権利とは別個に、この権利が移転された後においても、著作物の創作者であることを主張する権利及び著作物の変更、切除その他の改変又は著作物に対するその他の侵害で自己の名誉又は声望を害するおそれのあるものに対して異議を申し立てる権利を保有する。
(2) (1)の規定に基づいて著作者に認められる権利は、著作者の死後においても、少なくとも財産的権利が消滅するまで存続し、保護が要求される国の法令により資格を与えられる人又は団体によつて行使される。もつとも、この改正条約の批准又はこれへの加入の時に効力を有する法令において、(1)の規定に基づいて認められる権利のすべてについて著作者の死後における保護を確保

することを定めていない国は、それらの権利のうち一部の権利が著作者の死後は存続しないことを定める権能を有する。

(3) この条において認められる権利を保全するための救済の方法は、保護が要求される同盟国の法令の定めるところによる。

第7条

(1) この条約によつて許与される保護期間は、著作者の生存の間及びその死後50年とする。

(2) もつとも、同盟国は、映画の著作物については、保護期間が、著作者の承諾を得て著作物が公衆に提供された時から50年で、又は、著作物がその製作の時から50年以内に著作者の承諾を得て公衆に提供されないときは、製作の時から50年で満了することを定める権能を有する。

(3) 無名又は変名の著作物については、この条約によつて許与される保護期間は、著作物が適法に公衆に提供された時から50年で満了する。ただし、著作者の用いた変名がその著作者を示すことについて疑いがない場合には、保護期間は、(1)に定める保護期間とする。無名又は変名の著作物の著作者が第一文の期間内にその著作物の著作者であることを明らかにする場合には、適用される保護期間は、(1)に定める保護期間とする。同盟国は、著作者が50年前に死亡していると推定する十分な理由のある無名又は変名の著作物を保護することを要しない。

(4) 写真の著作物及び美術的著作物として保護される応用美術の著作物の保護期間を定める権能は、同盟国の立法に留保される。ただし、その保護期間は、それらの著作物の製作の時から25年よりも短くてはならない。

(5) 著作者の死後の保護期間及び(2)から(4)までに定める保護期間は、著作者の死亡の時又は(2)から(4)までに規定する事実が発生した時から始まる。ただし、これらの保護期間は、死亡の年又はそれらの事実が発生した年の翌年の一月一日から計算する。

(6) 同盟国は、前記の保護期間よりも長い保護期間を許与する権能を有する。

(7) この条約のローマ改正条約に拘束される同盟国であつて、この改正条約の署名の時に効力を有する国内法令において前記の保護期間よりも短い保護期間を許与するものは、この改正条約に加入し又はこれを批准する場合にも、それらの保護期間を維持する権能を有する。

(8) いずれの場合にも、保護期間は、保護が要求される同盟国の法令の定めるところによる。ただし、その国の法令に別段の定めがない限り、保護期間は、著作物の本国において定められる保護期間を超えることはない。

第7条の2

前条の規定は、著作権が著作物の共同著作者の共有に属する場合にも適用する。ただし、著作者の死亡の時から計算する期間は、共同著作者のうちの最後の生存者の死亡の時から計算する。

第8条

文学的及び美術的著作物の著作者でこの条約によつて保護されるものは、その著作物に関する権利の存続期間中、その著作物を翻訳し又はその翻訳を許諾する排他的権利を享有する。

第9条

(1) 文学的及び美術的著作物の著作者でこの条約によつて保護されるものは、それらの著作物の複製(その方法及び形式のいかんを問わない。)を許諾する排他的権利を享有する。

(2) 特別の場合について(1)の著作物の複製を認める権能は、同盟国の立法に留保される。ただし、そのような複製が当該著作物の通常の利用を妨げず、かつ、その著作者の正当な利益を不当に害しないことを条件とする。

(3) 録音及び録画は、この条約の適用上、複製とみなす。

第10条

(1) 既に適法に公衆に提供された著作物からの引用(新聞雑誌の要約の形で行う新聞紙及び定期刊行物の記事からの引用を含む。)は、その引用が公正な慣行に合致し、かつ、その目的上正当な範囲内で行われることを条件として、適法とされる。

(2) 文学的又は美術的著作物を，授業用に，出版，放送，録音又は録画の方法でその目的上正当な範囲内において適法に利用することについては，同盟国の法令又は同盟国間の現行の若しくは将来締結される特別の取極の定めるところによる。ただし，そのような利用は，公正な慣行に合致するものでなければならない。

(3) (1)及び(2)に規定する引用及び利用を行うに際しては，出所（著作者名が表示されているときは，これを含む。）を明示する。

第10条の2

(1) 新聞紙若しくは定期刊行物において公表された経済上，政治上若しくは宗教上の時事問題を論議する記事又はこれと同性質の放送された著作物を新聞雑誌に掲載し，放送し又は有線により公に伝達することを，そのような掲載，放送又は伝達が明示的に禁止されていない場合に認める権能は，同盟国の立法に留保される。ただし，その出所は，常に明示しなければならない。この義務の違反に対する制裁は，保護が要求される同盟国の法令の定めるところによる。

(2) 写真，映画，放送又は有線による公の伝達により時事の事件を報道する際に，その事件の過程において見られ又は聞かれる文学的又は美術的著作物を報道の目的上正当な範囲内で複製し及び公衆に提供する場合の条件についても，同盟国の法令の定めるところによる。

第11条

(1) 演劇用又は楽劇用の著作物及び音楽の著作物の著作者は，次のことを許諾する排他的権利を享有する。
  (i) 著作物を公に上演し及び演奏すること（その手段又は方法のいかんを問わない。）。
  (ii) 著作物の上演及び演奏を何らかの手段により公に伝達すること。

(2) 演劇用又は楽劇用の著作物の著作者は，その著作物に関する権利の存続期間中，その著作物の翻訳物についても，(1)の権利を享有する。

第11条の2

(1) 文学的及び美術的著作物の著作者は，次のことを許諾する排他的権利を享有する。
  (i) 著作物を放送すること又は記号，音若しくは影像を無線で送るその他の手段により著作物を公に伝達すること。
  (ii) 放送された著作物を原放送機関以外の機関が有線又は無線で公に伝達すること。
  (iii) 放送された著作物を拡声機又は記号，音若しくは影像を伝えるその他の類似の器具を用いて公に伝達すること。

(2) (1)に定める権利を行使する条件は，同盟国の法令の定めるところによる。ただし，その条件は，これを定めた国においてのみ効力を有する。その条件は，著作者の人格権を害するものであつてはならず，また，協議が成立しないときに権限のある機関が定める公正な補償金を受ける著作者の権利を害するものであつてはならない。

(3) (1)の規定に基づいて与えられた許諾には，別段の定めがない限り，放送される著作物を音又は影像を固定する器具を用いて記録することの許諾を含まない。もつとも，放送機関が自己の手段により自己の放送のために行う一時的記録の制度は，同盟国の法令の定めるところによる。当該法令は，その一時的記録が資料として特別の性質を有することを理由として，これを公的な記録保存所に保存することを認めることができる。

第11条の3

(1) 文学的著作物の著作者は，次のことを許諾する排他的権利を享有する。
  (i) 著作物を公に朗読すること（その手段又は方法のいかんを問わない。）。
  (ii) 著作物の朗読を何らかの手段により公に伝達すること。

(2) 文学的著作物の著作者は，その著作物に関する権利の存続期間中，その著作物の翻訳物についても，(1)の権利を享有する。

第12条

文学的又は美術的著作物の著作者は，その著作物の翻案，編曲その他の改作を許諾する排他的権利を享有する。

第13条

(1) 各同盟国は，自国に関する限り，音楽の

著作物の著作者又は音楽の著作物とともにその歌詞を録音することを既に許諾している歌詞の著作者が，その音楽の著作物を録音すること又はその歌詞を当該音楽の著作物とともに録音することを許諾する排他的権利に関し，留保及び条件を定めることができる。ただし，その留保及び条件は，これを定めた国においてのみ効力を有する。その留保及び条件は，協議が成立しないときに権限のある機関が定める公正な補償金を受ける著作者の権利を害するものであつてはならない。

(2) 音楽の著作物の録音物であつて，1928年6月2日にローマで署名された条約及び1948年6月26日にブラッセルで署名された条約の第13条(3)の規定に基づきいずれかの同盟国において作成されたものは，その国がこの改正条約に拘束されることとなつた日から2年の期間が満了するまでは，その音楽の著作物の著作者の承諾を得ることなくその国において複製することができる。

(3) (1)及び(2)の規定に基づいて作成された録音物であつて，そのような録音が適法とされない同盟国に利害関係人の許諾を得ないで輸入されたものは，差し押さえることができる。

第14条

(1) 文学的又は美術的著作物の著作者は，次のことを許諾する排他的権利を享有する。
 (i) 著作物を映画として翻案し及び複製すること並びにこのように翻案され又は複製された著作物を頒布すること。
 (ii) このように翻案され又は複製された著作物を公に上演し及び演奏し並びに有線により公に伝達すること。
(2) 文学的又は美術的著作物を原作とする映画の作品を他の美術形式に翻案することは，その映画の作品の著作者の許諾の権利を害することなく，原作物の著作者の許諾を必要とする。
(3) 前条(1)の規定は，適用されない。

第14条の2

(1) 映画の著作物は，翻案され又は複製された著作物の著作者の権利を害することなく，原著作物として保護されるものとし，映画の著作物について著作権を有する者は，原著作物の著作者と同一の権利（前条に定める権利を含む。）を享有する。

(2)(a) 映画の著作物について著作権を有する者を決定することは，保護が要求される同盟国の法令の定めるところによる。
 (b) もつとも，法令が映画の著作物の製作に寄与した著作者を映画の著作物について著作権を有する者と認める同盟国においては，それらの著作者は，そのような寄与をすることを約束したときは，反対の又は特別の定めがない限り，その映画の著作物を複製し，頒布し，公に上演し及び演奏し，有線で公に伝達し，放送し，他の方法で公衆に伝達し並びに字幕を挿（そう）入し及び吹替えをすることに反対することができない。
 (c) (b)に規定する約束の形式が(b)の規定の適用上書面による契約（これに相当する文書を含む。）によるべきかどうかの問題は，映画の著作物の製作者が主たる事務所又は常居所を有する同盟国の法令によつて決定される。もつとも，その約束が書面による契約（これに相当する文書を含む。）によるべきことを定める権能は，保護が要求される同盟国の立法に留保される。この権能を行使する同盟国は，その旨を宣言書により事務局長に通告するものとし，事務局長は，これを他のすべての同盟国に直ちに通報する。
 (b)「反対の又は特別の定め」とは，(b)に規定する約束に付されたすべての制限的条件をいう。
(3) (2)(b)の規定は，国内法令に別段の定めがない限り，映画の著作物の製作のために創作された脚本，せりふ及び音楽の著作物の著作者並びに映画の著作物の主たる制作者については，適用しない。その法令において(2)(b)の規定をその主たる制作者について適用することを定めていない同盟国は，その旨を宣言書により事務局長に通告するものとし，事務局長は，これを他のすべての同盟国に直ちに通報する。

第14条の3

(1) 美術の著作物の原作品並びに作家及び作

曲家の原稿については，その著作者（その死後においては，国内法令が資格を与える人又は団体）は，著作者が最初にその原作品及び原稿を譲渡した後に行われるその原作品及び原稿の売買の利益にあずかる譲渡不能の権利を享有する。

(2) (1)に定める保護は，著作者が国民である国の法令がこの保護を認める場合に限り，かつ，この保護が要求される国の法令が認める範囲内でのみ，各同盟国において要求することができる。

(3) 徴収の方法及び額は，各同盟国の法令の定めるところによる。

第15条

(1) この条約によつて保護される文学的及び美術的著作物の著作者が，反証のない限り当該著作物の著作者と認められ，したがつて，その権利を侵害する者に対し同盟国の裁判所に訴えを提起することを認められるためには，その名が通常の方法により当該著作物に表示されていることで足りる。この(1)の規定は，著作者の用いた名が変名であつても，それがその著作者を示すことについて疑いがない限り，適用される。

(2) 映画の著作物に通常の方法によりその名を表示されている自然人又は法人は，反証のない限りその映画の著作物の製作者と推定される。

(3) 無名の著作物及び(1)に規定する変名の著作物以外の変名の著作物については，著作物にその名を表示されている発行者は，反証のない限り著作者を代表するものと認められ，この資格において，著作者の権利を保全し及び行使することができる。この(3)の規定は，著作者がその著作物の著作者であることを明らかにしてその資格を証明した時から，適用されなくなる。

(4)(a) 著作者が明らかでないが，著作者がいずれか一の同盟国の国民であると推定する十分な理由がある発行されていない著作物について，著作者を代表し並びに著作者の権利を各同盟国において保全し及び行使することを認められる権限のある機関を指定する権能は，当該一の同盟国の立法に留保される。

(b) (a)の規定に基づいて指定を行う同盟国は，指定された機関についてすべての情報を記載した宣言書によりその旨を事務局長に通告するものとし，事務局長は，その宣言を他のすべての同盟国に直ちに通報する。

第16条

(1) 著作者の権利を侵害するすべての製作物は，当該著作物が法律上の保護を受ける同盟国において差し押さえることができる。

(2) (1)の規定は，当該著作物が保護を受けない国又は受けなくなつた国において作成された複製物についても適用する。

(3) 差押えは，各同盟国の法令に従つて行う。

第17条

この条約は，法令又は諸規程により，権限のある機関が必要と認める場合に，著作物又は製作物の頒布，上演又は展示を許可し，取り締まり又は禁止することとする各同盟国政府の権能を何ら害するものではない。

第18条

(1) この条約は，その効力発生の時に本国において保護期間の満了により既に公共のものとなつた著作物以外のすべての著作物について適用される。

(2) もつとも，従来認められていた保護期間の満了により保護が要求される同盟国において公共のものとなつた著作物は，その国において新たに保護されることはない。

(3) 前記の原則の適用は，これに関する同盟国間の現行の又は将来締結される特別の条約の規定に従う。このような規定がない場合には，各国は，自国に関し，この原則の適用に関する方法を定める。

(4) (1)から(3)までの規定は，同盟への新たな加盟の場合及び保護が第七条の規定の適用により又は留保の放棄によつて拡張される場合にも適用される。

第19条

この条約は，同盟国の法令が定める一層寛大な規定の適用を求めることを妨げるものではない。

第20条

同盟国政府は，相互間で特別の取極を行

う権利を留保する。ただし、その取極は、この条約が許与する権利よりも広い権利を著作者に与えるもの又はこの条約の規定に抵触する規定を有しないものでなければならない。この条件を満たす現行の取極の規定は、引き続き適用される。

第21条
(1) 開発途上にある国に関する特別の規定は、附属書に定める。
(2) 附属書は、第28条(1)(b)の規定に従うことを条件として、この改正条約の不可分の一部をなす。

第22条
(1)(a) 同盟は、この条から第26条までの規定に拘束される同盟国で構成する総会を有する。
 (b) 各同盟国の政府は、一人の代表によつて代表されるものとし、代表は、代表代理、顧問及び専門家の補佐を受けることができる。
 (c) 各代表団の費用は、その代表団を任命した政府が負担する。
(2)(a) 総会は、次のことを行う。
 (i) 同盟の維持及び発展並びにこの条約の実施に関するすべての問題を取り扱うこと。
 (ii) 世界知的所有権機関（以下「機関」という。）を設立する条約に規定する知的所有権国際事務局（以下「国際事務局」という。）に対し、改正会議の準備に関する指示を与えること。ただし、この条から第26条までの規定に拘束されない同盟国の意見を十分に考慮するものとする。
 (iii) 機関の事務局長の同盟に関する報告及び活動を検討し及び承認し、並びに機関の事務局長に対し同盟の権限内の事項についてすべての必要な指示を与えること。
 (iv) 総会の執行委員会の構成国を選出すること。
 (v) 執行委員会の報告及び活動を検討し及び承認し、並びに執行委員会に対し指示を与えること。
 (vi) 同盟の事業計画を決定し及び二年予算を採択し、並びに決算を承認すること。
 (vii) 同盟の財政規則を採択すること。
 (viii) 同盟の目的を達成するために必要と認める専門家委員会及び作業部会を設置すること。
 (ix) 同盟の構成国でない国並びに政府間機関及び国際的な非政府機関で総会の会合にオブザーバーとして出席することを認められるものを決定すること。
 (x) この条から第二十六条までの規定の修正を採択すること。
 (xi) 同盟の目的を達成するため、他の適当な措置をとること。
 (xii) その他この条約に基づく任務を遂行すること。
 (xiii) 機関を設立する条約によつて総会に与えられる権利（総会が受諾するものに限る。）を行使すること。
 (b) 総会は、機関が管理業務を行つている他の同盟にも利害関係のある事項については、機関の調整委員会の助言を受けた上で決定を行う。
(3)(a) 総会の各構成国は、一の票を有する。
 (b) 総会の構成国の二分の一をもつて定足数とする。
 (c) 総会は、(b)の規定にかかわらず、いずれの会期においても、代表を出した国の数が総会の構成国の二分の一に満たないが三分の一以上である場合には、決定を行うことができる。ただし、その決定は、総会の手続に関する決定を除くほか、次の条件が満たされた場合にのみ効力を生ずる。すなわち、国際事務局は、代表を出さなかつた総会の構成国に対し、その決定を通知し、その通知の日から三箇月の期間内に賛否又は棄権を書面によつて表明するよう要請する。その期間の満了の時に、賛否又は棄権を表明した国の数が当該会期の定足数の不足を満たすこととなり、かつ、必要とされる多数の賛成がなお存在する場合には、その決定は、効力を生ずる。
 (d) 第26条(2)の規定が適用される場合を除くほか、総会の決定は、投じられた票の三分の二以上の多数による議決で行われ

る。
　(b)　棄権は，投票とみなさない。
　(f)　代表は，一の国のみを代表し，その国の名においてのみ投票することができる。
　(g)　総会の構成国でない同盟国は，総会の会合にオブザーバーとして出席することを認められる。
(4)(a)　総会は，事務局長の招集により，二年ごとに一回，通常会期として会合するものとし，例外的な場合を除くほか，機関の一般総会と同一期間中に同一の場所において会合する。
　(b)　総会は，執行委員会の要請又は総会の構成国の四分の一以上の要請があつたときは，事務局長の招集により，臨時会期として会合する。
(5)　総会は，その手続規則を採択する。

第23条
(1)　総会は，執行委員会を有する。
(2)(a)　執行委員会は，総会の構成国の中から総会によつて選出された国で構成する。更に，その領域内に機関の本部が所在する国は，第25条(7)(b)の規定が適用される場合を除くほか，当然に執行委員会に議席を有する。
　(b)　執行委員会の各構成国の政府は，一人の代表によつて代表されるものとし，代表は，代表代理，顧問及び専門家の補佐を受けることができる。
　(c)　各代表団の費用は，その代表団を任命した政府が負担する。
(3)　執行委員会の構成国の数は，総会の構成国の数の四分の一とする。議席の数の決定に当たつては，四で除した余りの数は，考慮に入れない。
(4)　総会は，執行委員会の構成国の選出に当たり，衡平な地理的配分を考慮し，また，同盟に関連して作成される特別の取極の締約国が執行委員会の構成国となることの必要性を考慮する。
(5)(a)　執行委員会の構成国の任期は，その選出が行われた総会の会期の終了時から総会の次の通常会期の終了時までとする。
　(b)　執行委員会の構成国は，最大限その構成国の三分の二まで再選されることができる。
　(c)　総会は，執行委員会の構成国の選出及び再選に関する規則を定める。
(6)(a)　執行委員会は，次のことを行う。
　(i)　総会の議事日程案を作成すること。
　(ii)　事務局長が作成した同盟の事業計画案及び2年予算案について総会に提案をすること。
　(iii)　削除
　(iv)　事務局長の定期報告及び年次会計検査報告を，適当な意見を付して，総会に提出すること。
　(v)　総会の決定に従い，また，総会の通常会期から通常会期までの間に生ずる事態を考慮して，事務局長による同盟の事業計画の実施を確保するためすべての必要な措置をとること。
　(vi)　その他この条約に基づいて執行委員会に与えられる任務を遂行すること。
　(b)　執行委員会は，機関が管理業務を行つている他の同盟にも利害関係のある事項については，機関の調整委員会の助言を受けた上で決定を行う。
(7)(a)　執行委員会は，事務局長の招集により，毎年一回，通常会期として会合するものとし，できる限り機関の調整委員会と同一期間中に同一の場所において会合する。
　(b)　執行委員会は，事務局長の発意により又は執行委員会の議長若しくはその構成国の四分の一以上の要請に基づき，事務局長の招集により，臨時会期として会合する。
(8)(a)　執行委員会の各構成国は，一の票を有する。
　(b)　執行委員会の構成国の二分の一をもつて定足数とする。
　(c)　決定は，投じられた票の単純多数による議決で行われる。
　(d)　棄権は，投票とみなさない。
　(e)　代表は，一の国のみを代表し，その国の名においてのみ投票することができる。
(9)　執行委員会の構成国でない同盟国は，執

第24条

(1)(a) 同盟の管理業務は、工業所有権の保護に関する国際条約によつて設立された同盟事務局と合同した同盟事務局の継続である国際事務局が行う。
  (b) 国際事務局は、特に、同盟の諸内部機関の事務局の職務を行う。
  (c) 機関の事務局長は、同盟の首席行政官であり、同盟を代表する。
(2) 国際事務局は、著作者の権利の保護に関する情報を収集し及び公表する。各同盟国は、著作者の権利の保護に関するすべての新たな法令及び公文書をできる限り速やかに国際事務局に送付する。
(3) 国際事務局は、月刊の定期刊行物を発行する。
(4) 国際事務局は、同盟国に対し、その要請に応じ、著作者の権利の保護に関する問題についての情報を提供する。
(5) 国際事務局は、著作者の権利の保護を促進するため、研究を行い及び役務を提供する。
(6) 事務局長及びその指名する職員は、総会、執行委員会その他専門家委員会又は作業部会のすべての会合に投票権なしで参加する。事務局長又はその指名する職員は、当然にこれらの内部機関の事務局の職務を行う。
(7)(a) 国際事務局は、総会の指示に従い、かつ、執行委員会と協力して、この条約(第22条から第26条までの規定を除く。)の改正会議の準備を行う。
  (b) 国際事務局は、改正会議の準備に関し政府間機関及び国際的な非政府機関と協議することができる。
  (c) 事務局長及びその指名する者は、改正会議における審議に投票権なしで参加する。
(8) 国際事務局は、その他国際事務局に与えられる任務を遂行する。

第25条

(1)(a) 同盟は、予算を有する。
  (b) 同盟の予算は、収入並びに同盟に固有の支出、諸同盟の共通経費の予算に対する同盟の分担金及び場合により機関の締約国会議の予算に対する拠出金から成る。
  (c) 諸同盟の共通経費とは、同盟にのみでなく機関が管理業務を行つている一又は二以上の他の同盟にも帰すべき経費をいう。共通経費についての同盟の分担の割合は、共通経費が同盟にもたらす利益に比例する。
(2) 同盟の予算は、機関が管理業務を行つている他の同盟の予算との調整の必要性を考慮した上で決定する。
(3) 同盟の予算は、次のものを財源とする。
  (i) 同盟国の分担金
  (ii) 国際事務局が同盟の名において提供する役務について支払われる料金
  (iii) 同盟に関する国際事務局の刊行物の販売代金及びこれらの刊行物に係る権利の使用料
  (iv) 贈与、遺贈及び補助金
  (v) 賃貸料、利子その他の雑収入
(4)(a) 各同盟国は、予算に対する自国の分担額の決定上、次のいずれかの等級に属するものとし、次に定める単位数に基づいて年次分担金を支払う。

等級Ⅰ	二五
等級Ⅱ	二〇
等級Ⅲ	一五
等級Ⅳ	一〇
等級Ⅴ	五
等級Ⅵ	三
等級Ⅶ	一

  (b) 各国は、既に指定している場合を除くほか、批准書又は加入書を寄託する際に、自国が属することを欲する等級を指定する。いずれの国も、その等級を変更することができる。一層低い等級を選択する国は、その旨を総会に対しその通常会期において表明しなければならない。その変更は、その会期の年の翌年の初めに効力を生ずる。

(c) 各同盟国の年次分担金の額は，その額とすべての同盟国の同盟の予算への年次分担金の総額との比率が，その国の属する等級の単位数とすべての同盟国の単位数の総数との比率に等しくなるような額とする。
(d) 分担金は，毎年1月1日に支払の義務が生ずる。
(e) 分担金の支払が延滞している同盟国は，その未払の額が当該年度に先立つ二年度においてその国について支払の義務の生じた分担金の額以上のものとなつたときは，同盟の内部機関で自国が構成国であるものにおいて，投票権を行使することができない。ただし，その内部機関は，支払の延滞が例外的なかつ避けることのできない事情によるものであると認める限り，その国がその内部機関において引き続き投票権を行使することを許すことができる。
(f) 予算が新会計年度の開始前に採択されなかつた場合には，財政規則の定めるところにより，前年度の予算をもつて予算とする。
(5) 国際事務局が同盟の名において提供する役務について支払われる料金の額は，事務局長が定めるものとし，事務局長は，それを総会及び執行委員会に報告する。
(6)(a) 同盟は，各同盟国の一回限りの支払金から成る運転資金を有する。運転資金が十分でなくなつた場合には，総会がその増額を決定する。
(b) 運転資金に対する各同盟国の当初の支払金の額及び運転資金の増額の部分に対する各同盟国の分担額は，運転資金が設けられ又はその増額が決定された年のその国の分担金に比例する。
(c) (b)の比率及び支払の条件は，総会が，事務局長の提案に基づきかつ機関の調整委員会の助言を受けた上で定める。
(7)(a) その領域内に機関の本部が所在する国との間で締結される本部協定には，運転資金が十分でない場合にその国が立替えをすることを定める。立替えの額及び条件は，その国と機関との間の別個の取極によつてその都度定める。その国は，立替えの義務を有する限り，当然に執行委員会に議席を有する。
(b) (a)の国及び機関は，それぞれ，書面による通告により立替えをする約束を廃棄する権利を有する。廃棄は，通告が行われた年の終わりから三年を経過した時に効力を生ずる。
(8) 会計検査は，財政規則の定めるところにより，一若しくは二以上の同盟国又は外部の会計検査専門家が行う。これらの同盟国又は会計検査専門家は，総会がこれらの同盟国又は会計検査専門家の同意を得て指定する。

第26条
(1) 第22条からこの条までの規定の修正の提案は，総会の構成国，執行委員会又は事務局長が行うことができる。その提案は，遅くとも総会による審議の六箇月前までに，事務局長が総会の構成国に送付する。
(2) (1)の諸条の修正は，総会が採択する。採択には，投じられた票の四分の三以上の多数による議決を必要とする。ただし，第22条及びこの(2)の規定の修正には，投じられた票の五分の四以上の多数による議決を必要とする。
(3) (1)の諸条の修正は，その修正が採択された時に総会の構成国であつた国の四分の三から，それぞれの憲法上の手続に従つて行われた受諾についての書面による通告を事務局長が受領した後一箇月で効力を生ずる。このようにして受諾された(1)の諸条の修正は，その修正が効力を生ずる時に総会の構成国であるすべての国及びその後に総会の構成国となるすべての国を拘束する。ただし，同盟国の財政上の義務を増大する修正は，その修正の受諾を通告した国のみを拘束する。

第27条
(1) この条約は，同盟の制度を完全なものにするような改善を加えるため，改正に付される。
(2) このため，順次にいずれかの同盟国において，同盟国の代表の間で会議を行う。
(3) 第22条から前条までの規定の修正につい

ての前条の規定が適用される場合を除くほか，この改正条約（附属書を含む。）の改正には，投じられた票のすべての賛成を必要とする。

第28条

(1)(a) 各同盟国は，この改正条約に署名している場合にはこれを批准することができるものとし，署名していない場合にはこれに加入することができる。批准書及び加入書は，事務局長に寄託する。

(b) 各同盟国は，その批准書又は加入書において，批准又は加入の効果が第一条から第21条までの規定及び附属書には及ばないことを宣言することができる。もっとも，附属書第六条(1)の規定に基づく宣言を既に行っている同盟国は，その批准書又は加入書において，批准又は加入の効果が第一条から第二十条までの規定に及ばないことのみを宣言することができる。

(c) (b)の規定に従い(b)にいう規定及び附属書について批准又は加入の効果を排除した各同盟国は，その後いつでも，批准又は加入の効果をそれらの規定及び附属書に及ぼすことを宣言することができる。その宣言は，事務局長に寄託する。

(2)(a) 第1条から第21条までの規定及び附属書は，次の二の条件が満たされた後3箇月で効力を生ずる。

(i) 少なくとも五の同盟国が，(1)(b)の規定に基づく宣言を行うことなくこの改正条約を批准し又はこれに加入すること。

(ii) スペイン，アメリカ合衆国，フランス及びグレート・ブリテン及び北部アイルランド連合王国が，1971年7月24日にパリで改正された万国著作権条約に拘束されること。

(b) (a)に規定する効力発生は，遅くともその効力発生の3箇月前までに(1)(b)の規定に基づく宣言を付さない批准書又は加入書を寄託した同盟国について効果を有する。

(c) 第1条から第21条までの規定及び附属書は，(b)の規定が適用されない同盟国で(1)(b)の規定に基づく宣言を行うことなく

この改正条約を批准し又はこれに加入するものについては，事務局長がその批准書又は加入書の寄託を通告した日の後三箇月で効力を生ずる。ただし，それよりも遅い日が寄託された批准書又は加入書において指定されている場合には，第1条から第21条までの規定及び附属書は，その国について，そのように指定された日に効力を生ずる。

(d) (a)から(c)までの規定は，附属書第六条の規定の適用に影響を及ぼすものではない。

(3) 第22条から第38条までの規定は，この改正条約を批准し又はこれに加入する同盟国（(1)(b)の規定に基づく宣言を行ったかどうかを問わない。）については，事務局長がその批准書又は加入書の寄託を通告した日の後三箇月で効力を生ずる。ただし，それよりも遅い日が寄託された批准書又は加入書において指定されている場合には，第22条から第38条までの規定は，その国について，そのように指定された日に効力を生ずる。

第29条

(1) 同盟に属しないいずれの国も，この改正条約に加入することができるものとし，その加入により，この条約の締約国となり，同盟の構成国となることができる。加入書は，事務局長に寄託する。

(2)(a) この条約は，同盟に属しないいずれの国についても，(b)の規定に従うことを条件として，事務局長がその加入書の寄託を通告した日の後三箇月で効力を生ずる。ただし，それよりも遅い日が寄託された加入書において指定されている場合には，この条約は，その国について，そのように指定された日に効力を生ずる。

(b) (a)の規定による効力発生が前条(2)(a)の規定による第1条から第21条までの規定及び附属書の効力の発生に先立つ場合には，(a)にいう国は，その間は，第1条から第21条までの規定及び附属書に代えて，この条約のブラッセル改正条約第1条から第20条までの規定に拘束される。

第29条の2

この条約のストックホルム改正条約第22

条から第38条までの規定に拘束されない国によるこの改正条約の批准又はこれへの加入は,機関を設立する条約第14条(2)の規定の適用上,ストックホルム改正条約第28条(1)(b)(i)に定める制限を付した同改正条約の批准又はそれへの加入とみなされる。

第30条

(1) 批准又は加入は,(2),第28条(1)(b)及び第33条(2)の規定並びに附属書に基づく例外が適用される場合を除くほか,当然に,この条約のすべての条項の受諾及びこの条約に定めるすべての利益の享受を伴う。

(2)(a) この改正条約を批准し又はこれに加入する同盟国は,附属書第五条(2)の規定に従うことを条件として,従前の留保の利益を維持することができる。ただし,批准書又は加入書の寄託の時にその旨の宣言を行うことを条件とする。

(b) 同盟に属しないいずれの国も,この条約に加入する際に,附属書第五条(2)の規定に従うことを条件として,当分の間は翻訳権に関する第8条の規定に代えて,1896年にパリで補足された1886年の同盟条約第5条の規定を適用する意図を有することを宣言することができるものとし,この場合において,同条約第五条の規定は,その国において一般に使用されている言語への翻訳についてのみ適用されるものと当然に了解される。いずれの同盟国も,附属書第1条(6)(b)の規定に従うことを条件として,このような留保を行う国を本国とする著作物の翻訳権に関し,その留保を行う国が与える保護と同等の保護を与える権能を有する。

(c) いずれの同盟国も,事務局長にあてた通告により,このような留保をいつでも撤回することができる。

第31条

(1) いずれの国も,自国が対外関係について責任を有する領域の全部又は一部についてこの条約を適用する旨を,当該領域を指定して,批准書若しくは加入書において宣言し又は,その後いつでも,書面により事務局長に通告することができる。

(2) (1)の宣言又は通告を行つた国は,当該領域の全部又は一部についてこの条約が適用されなくなる旨を,事務局長にいつでも通告することができる。

(3)(a) (1)の規定に基づいて行われた宣言は,その宣言を付した批准又は加入と同一の日に効力を生ずるものとし,(1)の規定に基づいて行われた通告は,事務局長によるその通報の後三箇月で効力を生ずる。

(b) (2)の規定に基づいて行われた通告は,事務局長によるその受領の後12箇月で効力を生ずる。

(4) この条の規定は,いずれかの同盟国が(1)の規定に基づく宣言を行うことによつてこの条約を適用する領域の事実上の状態を,他の同盟国が承認し又は黙示的に容認することを意味するものと解してはならない。

第32条

(1) この改正条約は,同盟国相互の関係においては,それが適用される範囲において,1886年9月9日のベルヌ条約及びその後の改正条約に代わる。従来実施されていた諸条約は,この改正条約を批准せず又はこれに加入しない同盟国との関係においては,全面的に又はこの改正条約が第一文の規定に基づいてそれらの条約に代わる範囲を除き,引き続き適用される。

(2) 同盟に属しない国でこの改正条約の締約国となるものは,(3)の規定に従うことを条件として,この改正条約に拘束されない同盟国又はこの改正条約に拘束されるが第28条(1)(b)の規定に基づく宣言を行つた同盟国との関係において,この改正条約を適用するものとし,自国との関係において次のことを認める。

(i) 当該同盟国が,その拘束される最新の改正条約を適用すること。

(ii) 当該同盟国が,附属書第一条(6)の規定に従うことを条件として,保護をこの改正条約に規定する水準に適合させる権能を有すること。

(3) 附属書に定める権能のいずれかを利用した同盟国は,この改正条約に拘束されない他の同盟国との関係において,その利用した権能に関する附属書の規定を適用することができる。ただし,当該他の同盟国がそ

の規定の適用を受諾していることを条件とする。

第33条

(1) この条約の解釈又は適用に関する二以上の同盟国の間の紛争で交渉によって解決されないものは，紛争当事国が他の解決方法について合意する場合を除くほか，いずれか一の紛争当事国が，国際司法裁判所規程に合致した請求を行うことにより，国際司法裁判所に付託することができる。紛争を国際司法裁判所に付託する国は，その旨を国際事務局に通報するものとし，国際事務局は，それを他の同盟国に通報する。

(2) いずれの国も，この改正条約に署名し又は批准書若しくは加入書を寄託する際に，(1)の規定に拘束されないことを宣言することができる。(1)の規定は，その宣言を行つた国と他の同盟国との間の紛争については，適用されない。

(3) (2)の規定に基づく宣言を行つた国は，事務局長にあてた通告により，その宣言をいつでも撤回することができる。

第34条

(1) いずれの国も，第29条の2の規定が適用される場合を除くほか，第1条から第21条までの規定及び附属書が効力を生じた後は，この条約の従前の改正条約に加入し又はそれらを批准することができない。

(2) いずれの国も，第1条から第21条までの規定及び附属書が効力を生じた後は，ストックホルム改正条約に附属する開発途上にある国に関する議定書第五条の規定に基づく宣言を行うことができない。

第35条

(1) この条約は，無期限に効力を有する。

(2) いずれの同盟国も，事務局長にあてた通告により，この改正条約を廃棄することができる。その廃棄は，従前のすべての改正条約の廃棄を伴うものとし，廃棄を行つた国についてのみ効力を生ずる。他の同盟国については，この条約は，引き続き効力を有する。

(3) 廃棄は，事務局長がその通告を受領した日の後一年で効力を生ずる。

(4) いずれの国も，同盟の構成国となつた日から五年の期間が満了するまでは，この条に定める廃棄の権利を行使することができない。

第36条

(1) この条約の締約国は，自国の憲法に従い，この条約の適用を確保するために必要な措置をとることを約束する。

(2) いずれの国も，この条約に拘束されることとなる時には，自国の国内法令に従いこの条約を実施することができる状態になつていなければならないと了解される。

第37条

(1)(a) この改正条約は，英語及びフランス語による本書一通について署名するものとし，(2)の規定に従うことを条件として，事務局長に寄託する。

(b) 事務局長は，関係政府と協議の上，ドイツ語，アラビア語，スペイン語，イタリア語，ポルトガル語及び総会が指定する他の言語による公定訳文を作成する。

(c) これらの条約文の解釈に相違がある場合には，フランス文による。

(2) この改正条約は，1972年1月31日まで，署名のために開放しておく。その日までは，(1)(a)にいう本書は，フランス共和国政府に寄託する。

(3) 事務局長は，すべての同盟国政府に対し，及び要請があつたときは他の国の政府に対し，この改正条約の署名本書の認証謄本二通を送付する。

(4) 事務局長は，この改正条約を国際連合事務局に登録する。

(5) 事務局長は，すべての同盟国政府に対し，署名，批准書又は加入書の寄託，批准書又は加入書に付された宣言の寄託，第28条(1)(c)，第30条(2)(a)若しくは(b)又は第33条(2)の規定に基づいて行われた宣言の寄託，この改正条約のいずれかの規定の効力の発生，廃棄の通告，第30条(2)(c)，第31条(1)若しくは(2)，第33条(3)又は第38条(1)の規定に基づいて行われた通告及び附属書に規定する通告を通報する。

第38条

(1) この改正条約を批准しておらず又はこれに加入していない同盟国でストックホルム

改正条約第22条から第26条までの規定に拘束されていないものは，希望するときは，1975年4月26日まで，それらの規定に拘束される場合と同様にそれらの規定に定める権利を行使することができる。それらの権利を行使することを希望する国は，その旨の書面による通告を事務局長に寄託するものとし，その通告は，その受領の日に効力を生ずる。それらの国は，第一文の日まで，総会の構成国とみなされる。

(2) すべての同盟国が機関の加盟国とならない限り，機関の国際事務局は同盟事務局としても，事務局長は同盟事務局の事務局長としても，それぞれ，職務を行う。

(3) すべての同盟国が機関の加盟国となつたときは，同盟事務局の権利，義務及び財産は，機関の国際事務局が承継する。

知的所有権の貿易関連の側面に関する協定 [TRIPs協定]（平成6・12・28条15）
発効　平成7・1・1（平成6外告749）

加盟国は，

　国際貿易にもたらされる歪み及び障害を軽減させることを希望し，並びに知的所有権の有効かつ十分な保護を促進し並びに知的所有権の行使のための措置及び手続自体が正当な貿易の障害とならないことを確保する必要性を考慮し，

　このため，(a)1994年のガット及び知的所有権に関する関連国際協定又は関連条約の基本原則の適用可能性，(b)貿易関連の知的所有権の取得可能性，範囲及び使用に関する適当な基準及び原則の提供，(c)国内法制の相違を考慮した貿易関連の知的所有権の行使のための効果的かつ適当な手段の提供，(d)政府間の紛争を多数国間で防止し及び解決するための効果的かつ迅速な手続の提供並びに(e)交渉の成果への最大限の参加を目的とする経過措置に関し，新たな規則及び規律の必要性を認め，

　不正商品の国際貿易に関する原則，規則及び規律の多数国間の枠組みの必要性を認め，

　知的所有権が私権であることを認め，

　知的所有権の保護のための国内制度における基本的な開発上及び技術上の目的その他の公の政策上の目的を認め，

　後発開発途上加盟国が健全かつ存立可能な技術的基礎を創設することを可能とするために，国内における法令の実施の際の最大限の柔軟性に関するこれらの諸国の特別のニーズを認め，

　貿易関連の知的所有権に係る問題に関する紛争を多数国間の手続を通じて解決することについての約束の強化を達成することにより緊張を緩和することの重要性を強調し，

　世界貿易機関と世界知的所有権機関（この協定において「WIPO」という。）その他の関連国際機関との間の相互の協力関係を確立することを希望して，

　ここに，次のとおり協定する。

第一部　一般規定及び基本原則
第1条　義務の性質及び範囲

1　加盟国は，この協定を実施する。加盟国は，この協定の規定に反しないことを条件として，この協定において要求される保護よりも広範な保護を国内法令において実施することができるが，そのような義務を負わない。加盟国は，国内の法制及び法律上の慣行の範囲内でこの協定を実施するための適当な方法を決定することができる。

2　この協定の適用上，「知的所有権」とは，第二部の第一節から第七節までの規定の対象となるすべての種類の知的所有権をいう。

3　加盟国は，他の加盟国の国民（注1）に対しこの協定に規定する待遇を与える。該当する知的所有権に関しては，「他の加盟国の国民」とは，世界貿易機関のすべての加盟国が1967年のパリ条約，1971年のベルヌ条約，ローマ条約又は集積回路についての知的所有権に関する条約の締約国であるとしたならばそれぞれの条約に規定する保護の適格性の基準を満たすこととなる自然人又は法人をいう（注2）。ローマ条約の第5条3又は第6条2の規定を用いる加盟国は，知的所有権の貿易関連の側面に関する理事会（貿易関連知的所有権理事会）に対し，これらの規定に定めるような通告を行う。

注1　この協定において「国民」とは，世界貿易機関の加盟国である独立の関税地域については，当該関税地域に住所を有しているか又は現実かつ真正の工業上若しくは商業上の営業所を有する自然人又は法人をいう。

注2　この協定において，「パリ条約」とは，工業所有権の保護に関するパリ条約をいい，「1967年のパリ条約」とは，パリ条約の1967年7月14日のストックホルム改正条約をいい，「ベルヌ条約」とは，文学的及び美術的著作物の保護に関するベルヌ条約をいい，「1971年のベルヌ条約」とは，ベルヌ条約の1971年7月24日のパリ改正条約をいい，「ローマ条約」とは，1961年10月26日にローマで採択された実演家，レコード製作者及び放送機関の保護に関する国際条約をいい，「集積回路についての知的所有権に関する条約」（IPIC条約）とは，1989年5月26日にワシントンで採択された集積回路についての知的所有権に関する条約をいい，「世界貿易機関協定」とは，世界貿易機関を設立する協定をいう。

第2条　知的所有権に関する条約

1　加盟国は，第二部から第四部までの規定について，1967年のパリ条約の第1条から第12条まで及び第19条の規定を遵守する。

2　第一部から第四部までの規定は，パリ条約，ベルヌ条約，ローマ条約及び集積回路についての知的所有権に関する条約に基づく既存の義務であって加盟国が相互に負うことのあるものを免れさせるものではない。

第3条　内国民待遇

1　各加盟国は，知的所有権の保護（注）に関し，自国民に与える待遇よりも不利でない待遇を他の加盟国の国民に与える。ただし，1967年のパリ条約，1971年のベルヌ条約，ローマ条約及び集積回路についての知的所有権に関する条約に既に規定する例外については，この限りでない。実演家，レコード製作者及び放送機関については，そのような義務は，この協定に規定する権利についてのみ適用する。ベルヌ条約第六条及びローマ条約第16条1(b)の規定を用いる加盟国は，貿易関連知的所有権理事会に対し，これらの規定に定めるような通告を行う。

注　この条及び次条に規定する「保護」には，知的所有権の取得可能性，取得，範囲，維持及び行使に関する事項並びにこの協定において特に取り扱われる知的所有権の使用に関する事項を含む。

2　加盟国は，司法上及び行政上の手続（加盟国の管轄内における送達の住所の選定又は代理人の選任を含む。）に関し，1の規定に基づいて認められる例外を援用することができる。ただし，その例外がこの協定に反しない法令の遵守を確保するために必要であり，かつ，その例外の実行が貿易に対する偽装された制限とならない態様で適

用される場合に限る。
第4条　最恵国待遇
　知的所有権の保護に関し，加盟国が他の国の国民に与える利益，特典，特権又は免除は，他のすべての加盟国の国民に対し即時かつ無条件に与えられる。加盟国が与える次の利益，特典，特権又は免除は，そのような義務から除外される。
(a) 一般的な性格を有し，かつ，知的所有権の保護に特に限定されない司法共助又は法の執行に関する国際協定に基づくもの
(b) 内国民待遇ではなく他の国において与えられる待遇に基づいて待遇を与えることを認める1971年のベルヌ条約又はローマ条約の規定に従って与えられるもの
(c) この協定に規定していない実演家，レコード製作者及び放送機関の権利に関するもの
(d) 世界貿易機関協定の効力発生前に効力を生じた知的所有権の保護に関する国際協定に基づくもの。ただし，当該国際協定が，貿易関連知的所有権理事会に通報されること及び他の加盟国の国民に対し恣（し）意的又は不当な差別とならないことを条件とする。

第5条　保護の取得又は維持に関する多数国間協定
　前二条の規定に基づく義務は，知的所有権の取得又は維持に関してWIPOの主催の下で締結された多数国間協定に規定する手続については，適用しない。

第6条　消尽
　この協定に係る紛争解決においては，第3条及び第4条の規定を除くほか，この協定のいかなる規定も，知的所有権の消尽に関する問題を取り扱うために用いてはならない。

第7条　目的
　知的所有権の保護及び行使は，技術的知見の創作者及び使用者の相互の利益となるような並びに社会的及び経済的福祉の向上に役立つ方法による技術革新の促進並びに技術の移転及び普及に資するべきであり，並びに権利と義務との間の均衡に資するべきである。

第8条　原則
1　加盟国は，国内法令の制定又は改正に当たり，公衆の健康及び栄養を保護し並びに社会経済的及び技術的発展に極めて重要な分野における公共の利益を促進するために必要な措置を，これらの措置がこの協定に適合する限りにおいて，とることができる。
2　加盟国は，権利者による知的所有権の濫用の防止又は貿易を不当に制限し若しくは技術の国際的移転に悪影響を及ぼす慣行の利用の防止のために必要とされる適当な措置を，これらの措置がこの協定に適合する限りにおいて，とることができる。

第二部　知的所有権の取得可能性，範囲及び使用に関する基準
第一節　著作権及び関連する権利
第9条　ベルヌ条約との関係
1　加盟国は，1971年のベルヌ条約の第1条から第21条まで及び附属書の規定を遵守する。ただし，加盟国は，同条約第6条の2の規定に基づいて与えられる権利又はこれから派生する権利については，この協定に基づく権利又は義務を有しない。
2　著作権の保護は，表現されたものに及ぶものとし，思想，手続，運用方法又は数学的概念自体には及んではならない。

第10条　コンピュータ・プログラム及びデータの編集物
1　コンピュータ・プログラム（ソース・コードのものであるかオブジェクト・コードのものであるかを問わない。）は，1971年のベルヌ条約に定める文学的著作物として保護される。
2　素材の選択又は配列によって知的創作物を形成するデータその他の素材の編集物（機械で読取可能なものであるか他の形式のものであるかを問わない。）は，知的創作物として保護される。その保護は，当該データその他の素材自体には及んではならず，また，当該データその他の素材自体について存在する著作権を害するものであってはならない。

第11条　貸与権

少なくともコンピュータ・プログラム及び映画の著作物については，加盟国は，著作者及びその承継人に対し，これらの著作物の原作品又は複製物を公衆に商業的に貸与することを許諾し又は禁止する権利を与える。映画の著作物については，加盟国は，その貸与が自国において著作者及びその承継人に与えられる排他的複製権を著しく侵害するような当該著作物の広範な複製をもたらすものでない場合には，この権利を与える義務を免除される。コンピュータ・プログラムについては，この権利を与える義務は，当該コンピュータ・プログラム自体が貸与の本質的な対象でない場合には，適用されない。

第12条　保護期間

著作物（写真の著作物及び応用美術の著作物を除く。）の保護期間は，自然人の生存期間に基づき計算されない場合には，権利者の許諾を得た公表の年の終わりから少なくとも50年とする。著作物の製作から50年以内に権利者の許諾を得た公表が行われない場合には，保護期間は，その製作の年の終わりから少なくとも50年とする。

第13条　制限及び例外

加盟国は，排他的権利の制限又は例外を著作物の通常の利用を妨げず，かつ，権利者の正当な利益を不当に害しない特別な場合に限定する。

第14条　実演家，レコード（録音物）製作者及び放送機関の保護

1　レコードへの実演の固定に関し，実演家は，固定されていない実演の固定及びその固定物の複製が当該実演家の許諾を得ないで行われる場合には，これらの行為を防止することができるものとする。実演家は，また，現に行っている実演について，無線による放送及び公衆への伝達が当該実演家の許諾を得ないで行われる場合には，これらの行為を防止することができるものとする。

2　レコード製作者は，そのレコードを直接又は間接に複製することを許諾し又は禁止する権利を享有する。

3　放送機関は，放送の固定，放送の固定物の複製及び放送の無線による再放送並びにテレビジョン放送の公衆への伝達が当該放送機関の許諾を得ないで行われる場合には，これらの行為を禁止する権利を有する。加盟国は，この権利を放送機関に与えない場合には，1971年のベルヌ条約の規定に従い，放送の対象物の著作権者が前段の行為を防止することができるようにする。

4　第11条の規定（コンピュータ・プログラムに係るものに限る。）は，レコード製作者及び加盟国の国内法令で定めるレコードに関する他の権利者について準用する。加盟国は，1994年4月15日においてレコードの貸与に関し権利者に対する衡平な報酬の制度を有している場合には，レコードの商業的貸与が権利者の排他的複製権の著しい侵害を生じさせていないことを条件として，当該制度を維持することができる。

5　実演家及びレコード製作者に対するこの協定に基づく保護期間は，固定又は実演が行われた年の終わりから少なくとも50年とする。3の規定に基づいて与えられる保護期間は，放送が行われた年の終わりから少なくとも20年とする。

6　1から3までの規定に基づいて与えられる権利に関し，加盟国は，ローマ条約が認める範囲内で，条件，制限，例外及び留保を定めることができる。ただし，1971年のベルヌ条約第18条の規定は，レコードに関する実演家及びレコード製作者の権利について準用する。

第二節　商標

第15条　保護の対象

1　ある事業に係る商品若しくはサービスを他の事業に係る商品若しくはサービスから識別することができる標識又はその組合せは，商標とすることができるものとする。その標識，特に単語（人名を含む。），文字，数字，図形及び色の組合せ並びにこれらの標識の組合せは，商標として登録することができるものとする。標識自体によっては関連する商品又はサービスを識別することができない場合には，加盟国は，使用によって獲得された識別性を商標の登録要件とす

ることができる。加盟国は，標識を視覚によって認識することができることを登録の条件として要求することができる。

2　1の規定は，加盟国が他の理由により商標の登録を拒絶することを妨げるものと解してはならない。ただし，その理由が1967年のパリ条約に反しないことを条件とする。

3　加盟国は，使用を商標の登録要件とすることができる。ただし，商標の実際の使用を登録出願の条件としてはならない。出願は，意図された使用が出願日から3年の期間が満了する前に行われなかったことのみを理由として拒絶されてはならない。

4　商標が出願される商品又はサービスの性質は，いかなる場合にも，その商標の登録の妨げになってはならない。

5　加盟国は，登録前又は登録後速やかに商標を公告するものとし，また，登録を取り消すための請求の合理的な機会を与える。更に，加盟国は，商標の登録に対し異議を申し立てる機会を与えることができる。

第16条　与えられる権利

1　登録された商標の権利者は，その承諾を得ていないすべての第三者が，当該登録された商標に係る商品又はサービスと同一又は類似の商品又はサービスについて同一又は類似の標識を商業上使用することの結果として混同を生じさせるおそれがある場合には，その使用を防止する排他的権利を有する。同一の商品又はサービスについて同一の標識を使用する場合は，混同を生じさせるおそれがある場合であると推定される。そのような排他的権利は，いかなる既得権も害するものであってはならず，また，加盟国が使用に基づいて権利を認める可能性に影響を及ぼすものであってはならない。

2　1967年のパリ条約第6条の2の規定は，サービスについて準用する。加盟国は，商標が広く認識されているものであるか否かを決定するに当たっては，関連する公衆の有する当該商標についての知識（商標の普及の結果として獲得された当該加盟国における知識を含む。）を考慮する。

3　1967年のパリ条約第6条の2の規定は，登録された商標に係る商品又はサービスと類似していない商品又はサービスについて準用する。ただし，当該類似していない商品又はサービスについての当該登録された商標の使用が，当該類似していない商品又はサービスと当該登録された商標の権利者との間の関連性を示唆し，かつ，当該権利者の利益が当該使用により害されるおそれがある場合に限る。

第17条　例外

加盟国は，商標権者及び第三者の正当な利益を考慮することを条件として，商標により与えられる権利につき，記述上の用語の公正な使用等限定的な例外を定めることができる。

第18条　保護期間

商標の最初の登録及び登録の更新の存続期間は，少なくとも7年とする。商標の登録は，何回でも更新することができるものとする。

第19条　要件としての使用

1　登録を維持するために使用が要件とされる場合には，登録は，少なくとも3年間継続して使用しなかった後においてのみ，取り消すことができる。ただし，商標権者が，その使用に対する障害の存在に基づく正当な理由を示す場合は，この限りでない。商標権者の意思にかかわりなく生ずる状況であって，商標によって保護されている商品又はサービスについての輸入制限又は政府の課する他の要件等商標の使用に対する障害となるものは，使用しなかったことの正当な理由として認められる。

2　他の者による商標の使用が商標権者の管理の下にある場合には，当該使用は，登録を維持するための商標の使用として認められる。

第20条　その他の要件

商標の商業上の使用は，他の商標との併用，特殊な形式による使用又はある事業に係る商品若しくはサービスを他の事業に係る商品若しくはサービスと識別する能力を損なわせる方法による使用等特別な要件により不当に妨げられてはならない。このこ

とは，商品又はサービスを生産する事業を特定する商標を，その事業に係る特定の商品又はサービスを識別する商標と共に，それと結び付けることなく，使用することを要件とすることを妨げるものではない。

第21条　使用許諾及び譲渡

加盟国は，商標の使用許諾及び譲渡に関する条件を定めることができる。もっとも，商標の強制使用許諾は認められないこと及び登録された商標の権利者は，その商標が属する事業の移転が行われるか行われないかを問わず，その商標を譲渡する権利を有することを了解する。

第三節　地理的表示

第22条　地理的表示の保護

1　この協定の適用上,「地理的表示」とは，ある商品に関し，その確立した品質，社会的評価その他の特性が当該商品の地理的原産地に主として帰せられる場合において，当該商品が加盟国の領域又はその領域内の地域若しくは地方を原産地とするものであることを特定する表示をいう。

2　地理的表示に関して，加盟国は，利害関係を有する者に対し次の行為を防止するための法的手段を確保する。

 (a) 商品の特定又は提示において，当該商品の地理的原産地について公衆を誤認させるような方法で，当該商品が真正の原産地以外の地理的区域を原産地とするものであることを表示し又は示唆する手段の使用

 (b) 1967年のパリ条約第10条の2に規定する不正競争行為を構成する使用

3　加盟国は，職権により（国内法令により認められる場合に限る。）又は利害関係を有する者の申立てにより，地理的表示を含むか又は地理的表示から構成される商標の登録であって，当該地理的表示に係る領域を原産地としない商品についてのものを拒絶し又は無効とする。ただし，当該加盟国において当該商品に係る商標中に当該地理的表示を使用することが，真正の原産地について公衆を誤認させるような場合に限る。

4　1から3までの規定に基づく保護は，地理的表示であって，商品の原産地である領域，地域又は地方を真正に示すが，当該商品が他の領域を原産地とするものであると公衆に誤解させて示すものについて適用することができるものとする。

第23条　ぶどう酒及び蒸留酒の地理的表示の追加的保護

1　加盟国は，利害関係を有する者に対し，真正の原産地が表示される場合又は地理的表示が翻訳された上で使用される場合若しくは「種類」,「型」,「様式」,「模造品」等の表現を伴う場合においても，ぶどう酒又は蒸留酒を特定する地理的表示が当該地理的表示によって表示されている場所を原産地としないぶどう酒又は蒸留酒に使用されることを防止するための法的手段を確保する。(注)

注　加盟国は，これらの法的手段を確保する義務に関し，第42条第1段の規定にかかわらず，民事上の司法手続に代えて行政上の措置による実施を確保することができる。

2　一のぶどう酒又は蒸留酒を特定する地理的表示を含むか又は特定する地理的表示から構成される商標の登録であって，当該一のふどう酒又は蒸留酒と原産地を異にするぶどう酒又は蒸留酒についてのものは，職権により（加盟国の国内法令により認められる場合に限る。）又は利害関係を有する者の申立てにより，拒絶し又は無効とする。

3　二以上のぶどう酒の地理的表示が同一の表示である場合には，前条4の規定に従うことを条件として，それぞれの地理的表示に保護を与える。各加盟国は，関係生産者の衡平な待遇及び消費者による誤認防止の確保の必要性を考慮し，同一である地理的表示が相互に区別されるような実際的条件を定める。

4　ぶどう酒の地理的表示の保護を促進するため，ぶどう酒の地理的表示の通報及び登録に関する多数国間の制度であって，当該制度に参加する加盟国において保護されるぶどう酒の地理的表示を対象とするものの設立について，貿易関連知的所有権理事会において交渉を行う。

第24条　国際交渉及び例外　　（略）
第四節　意匠
第25条　保護の要件
1　加盟国は，独自に創作された新規性又は独創性のある意匠の保護について定める。加盟国は，意匠が既知の意匠又は既知の意匠の主要な要素の組合せと著しく異なるものでない場合には，当該意匠を新規性又は独創性のある意匠でないものとすることを定めることができる。加盟国は，主として技術的又は機能的考慮により特定される意匠については，このような保護が及んではならないことを定めることができる。
2　加盟国は，繊維の意匠の保護を確保するための要件，特に，費用，審査又は公告に関する要件が保護を求め又は取得する機会を不当に害しないことを確保する。加盟国は，意匠法又は著作権法によりそのような義務を履行することができる。

第26条　保護
1　保護されている意匠の権利者は，その承諾を得ていない第三者が，保護されている意匠の複製又は実質的に複製である意匠を用いており又は含んでいる製品を商業上の目的で製造し，販売し又は輸入することを防止する権利を有する。
2　加盟国は，第三者の正当な利益を考慮し，意匠の保護について限定的な例外を定めることができる。ただし，保護されている意匠の通常の実施を不当に妨げず，かつ，保護されている意匠の権利者の正当な利益を不当に害さないことを条件とする。
3　保護期間は，少なくとも10年とする。

第五節　特許
第27条　特許の対象
1　2及び3の規定に従うことを条件として，特許は，新規性，進歩性及び産業上の利用可能性（注）のあるすべての技術分野の発明（物であるか方法であるかを問わない。）について与えられる。第65条4，第70条8及びこの条の3の規定に従うことを条件として，発明地及び技術分野並びに物が輸入されたものであるか国内で生産されたものであるかについて差別することなく，特許が与えられ，及び特許権が享受される。
注　この条の規定の適用上，加盟国に，「進歩性」及び「産業上の利用可能性」の用語を，それぞれ「自明のものではないこと」及び「有用性」と同一の意義を有するとみなすことができる。
2　加盟国は，公の秩序又は善良の風俗を守ること（人，動物若しくは植物の生命若しくは健康を保護し又は環境に対する重大な損害を回避することを含む。）を目的として，商業的な実施を自国の領域内において防止する必要がある発明を特許の対象から除外することができる。ただし，その除外が，単に当該加盟国の国内法令によって当該実施が禁止されていることを理由として行われたものでないことを条件とする。
3　加盟国は，また，次のものを特許の対象から除外することができる。
(a)　人又は動物の治療のための診断方法，治療方法及び外科的方法
(b)　微生物以外の動植物並びに非生物学的方法及び微生物学的方法以外の動植物の生産のための本質的に生物学的な方法。ただし，加盟国は，特許若しくは効果的な特別の制度又はこれらの組合せによって植物の品種の保護を定める。この(b)の規定は，世界貿易機関協定の効力発生の日から四年後に検討されるものとする。

第33条　保護期間
保護期間は，出願日から計算して20年の期間が経過する前に終了してはならない。（注）
注　特許を独自に付与する制度を有していない加盟国については，保護期間を当該制度における出願日から起算することを定めることができるものと了解する。

第34条　方法の特許の立証責任
1　第28条1(b)に規定する特許権者の権利の侵害に関する民事上の手続において，特許の対象が物を得るための方法である場合には，司法当局は，被申立人に対し，同一の物を得る方法が特許を受けた方法と異なることを立証することを命ずる権限を有する。このため，加盟国は，少なくとも次のいずれかの場合には，特許権者の承諾を得ないで生産された同一の物について，反証

のない限り，特許を受けた方法によって得られたものと推定することを定める。
 (a) 特許を受けた方法によって得られた物が新規性のあるものである場合
 (b) 同一の物が特許を受けた方法によって生産された相当の可能性があり，かつ，特許権者が妥当な努力により実際に使用された方法を確定できなかった場合
2 加盟国は，1の(a)又は(b)のいずれかに定める条件が満たされる場合に限り，侵害したと申し立てられた者に対し1に規定する立証責任を課することを定めることができる。
3 反証の提示においては，製造上及び営業上の秘密の保護に関する被申立人の正当な利益を考慮する。

第六節 集積回路の回路配置
第35条 集積回路についての知的所有権に関する条約との関係
 加盟国は，集積回路の回路配置（この協定において「回路配置」という。）について，集積回路についての知的所有権に関する条約の第2条から第7条まで（第6条(3)の規定を除く。），第12条及び第16条(3)並びに次条から第38条までの規定に従って保護を定めることに合意する。

第36条 保護の範囲
 次条1の規定に従うことを条件として，加盟国は，保護されている回路配置，保護されている回路配置を組み込んだ集積回路又は当該集積回路を組み込んだ製品（違法に複製された回路配置が現に含まれている場合に限る。）の輸入，販売その他の商業上の目的のための頒布が権利者（注）の許諾を得ないで行われる場合には，これらの行為を違法とする。
 注 この節の規定において「権利者」とは，集積回路についての知的所有権に関する条約に定める「権利者」と同一の意味を有するものと了解する。

第37条 権利者の許諾を必要としない行為
1 前条の規定にかかわらず，加盟国は，同条に規定するいずれかの行為を行い又は命ずる者が，違法に複製された回路配置を組み込んだ集積回路又は当該集積回路を組み込んだ製品を取得した時において，当該集積回路又は当該製品が違法に複製された回路配置を組み込んでいたことを知らず，かつ，知ることができる合理的な理由を有しなかった場合には，当該集積回路又は当該製品に関する当該行為の遂行を違法としてはならない。加盟国は，当該者が，回路配置が違法に複製されたものであることを十分に説明する通知を受領した後も手持ちの又はその受領以前に注文された在庫について当該行為を行うことができること及び，この場合において，当該回路配置について自由に交渉された利用許諾契約に基づいて支払われる合理的な利用料と同等の金額を権利者に支払わなければならないことを定める。
2 第31条の(a)から(k)までに定める条件は，回路配置の強制利用許諾又は権利者の許諾を得ない政府による又は政府のための使用の場合について準用する。

第38条 保護期間
1 保護の条件として登録を要求する加盟国においては，回路配置の保護期間は，登録出願の日又は世界における最初の商業的利用の日から10年の期間の満了する前に終了してはならない。
2 保護の条件として登録を要求しない加盟国においては，回路配置の保護期間は，世界における最初の商業的利用の日から少なくとも10年とする。
3 1及び2の規定にかかわらず，加盟国は，回路配置の創作後15年で保護が消滅することを定めることができる。

第七節 開示されていない情報の保護
第39条
1 1967年のパリ条約第10条の2に規定する不正競争からの有効な保護を確保するために，加盟国は，開示されていない情報を2の規定に従って保護し，及び政府又は政府機関に提出されるデータを3の規定に従って保護する。
2 自然人又は法人は，合法的に自己の管理する情報が次の(a)から(c)までの規定に該当する場合には，公正な商慣習に反する方法（注）により自己の承諾を得ないで他の者

が当該情報を開示し,取得し又は使用することを防止することができるものとする。
注　この2の規定の適用上,「公正な商慣習に反する方法」とは,少なくとも契約違反,信義則違反,違反の教唆等の行為をいい,情報の取得の際にこれらの行為があったことを知っているか又は知らないことについて重大な過失がある第三者による開示されていない当該情報の取得を含む。

　(a) 当該情報が一体として又はその構成要素の正確な配列及び組立てとして,当該情報に類する情報を通常扱う集団に属する者に一般的に知られておらず又は容易に知ることができないという意味において秘密であること。
　(b) 秘密であることにより商業的価値があること。
　(c) 当該情報を合法的に管理する者により,当該情報を秘密として保持するための,状況に応じた合理的な措置がとられていること。

3　加盟国は,新規性のある化学物質を利用する医薬品又は農業用の化学品の販売の承認の条件として,作成のために相当の努力を必要とする開示されていない試験データその他のデータの提出を要求する場合には,不公正な商業的使用から当該データを保護する。更に,加盟国は,公衆の保護に必要な場合又は不公正な商業的使用から当該データが保護されることを確保するための措置がとられる場合を除くほか,開示されることから当該データを保護する。

第八節　契約による実施許諾等における反競争的行為の規制

第40条
1　加盟国は,知的所有権に関する実施許諾等における行為又は条件であって競争制限的なものが貿易に悪影響を及ぼし又は技術の移転及び普及を妨げる可能性のあることを合意する。

第三部　知的所有権の行使
第二節　民事上及び行政上の手続及び救済措置

第45条　損害賠償
1　司法当局は,侵害活動を行っていることを知っていたか又は知ることができる合理的な理由を有していた侵害者に対し,知的所有権の侵害によって権利者が被った損害を補償するために適当な賠償を当該権利者に支払うよう命ずる権限を有する。

2　司法当局は,また,侵害者に対し,費用(適当な弁護人の費用を含むことができる。)を権利者に支払うよう命ずる権限を有する。適当な場合において,加盟国は,侵害者が侵害活動を行っていることを知らなかったか又は知ることができる合理的な理由を有していなかったときでも,利益の回復又は法定の損害賠償の支払を命ずる権限を司法当局に与えることができる。

第46条　他の救済措置
　侵害を効果的に抑止するため,司法当局は,侵害していると認めた物品を,権利者に損害を与えないような態様でいかなる補償もなく流通経路から排除し又は,現行の憲法上の要請に反しない限り,廃棄することを命ずる権限を有する。司法当局は,また,侵害物品の生産のために主として使用される材料及び道具を,追加の侵害の危険を最小とするような態様でいかなる補償もなく流通経路から排除することを命ずる権限を有する。このような申立てを検討する場合には,侵害の重大さと命ぜられる救済措置との間の均衡の必要性及び第三者の利益を考慮する。不正商標商品については,例外的な場合を除くほか,違法に付された商標の単なる除去により流通経路への商品の流入を認めることはできない。

第47条　情報に関する権利
　加盟国は,司法当局が,侵害の重大さとの均衡を失しない限度で,侵害者に対し,侵害物品又は侵害サービスの生産又は流通に関与した第三者を特定する事項及び侵害物品又は侵害サービスの流通経路を権利者に通報するよう命ずる権限を有することを定めることができる。

第48条　被申立人に対する賠償
1　司法当局は,当事者に対し,その申立てにより措置がとられ,かつ,当該当事者が行使手続を濫用した場合には,その濫用に

より不法に要求又は制約を受けた当事者が被った損害に対する適当な賠償を支払うよう命ずる権限を有する。司法当局は，また，申立人に対し，費用（適当な弁護人の費用を含むことができる。）を被申立人に支払うよう命ずる権限を有する。

2　知的所有権の保護又は行使に係る法の運用に関し，加盟国は，当該法の運用の過程において措置が誠実にとられ又はとることが意図された場合に限り，公の機関及び公務員の双方の適当な救済措置に対する責任を免除する。

第49条　行政上の手続

民事上の救済措置が本案についての行政上の手続の結果として命ぜられる場合には，その手続は，この節に定める原則と実質的に同等の原則に従う。

第三節　暫定措置
第50条

1　司法当局は，次のことを目的として迅速かつ効果的な暫定措置をとることを命ずる権限を有する。
  (a) 知的所有権の侵害の発生を防止すること。特に，物品が管轄内の流通経路へ流入することを防止すること（輸入物品が管轄内の流通経路へ流入することを通関後直ちに防止することを含む。）。
  (b) 申し立てられた侵害に関連する証拠を保全すること。

2　司法当局は，適当な場合には，特に，遅延により権利者に回復できない損害が生ずるおそれがある場合又は証拠が破棄される明らかな危険がある場合には，他方の当事者に意見を述べる機会を与えることなく，暫定措置をとる権限を有する。

3　司法当局は，申立人が権利者であり，かつ，その権利が侵害されていること又は侵害の生ずる差し迫ったおそれがあることを十分な確実性をもって自ら確認するため，申立人に対し合理的に入手可能な証拠を提出するよう要求し，並びに被申立人を保護し及び濫用を防止するため，申立人に対し十分な担保又は同等の保証を提供することを命ずる権限を有する。

4　暫定措置が他方の当事者が意見を述べる機会を与えられることなくとられた場合には，影響を受ける当事者は，最も遅い場合においても，当該暫定措置の実施後遅滞なく通知を受ける。暫定措置の通知後合理的な期間内に，当該暫定措置を変更するか若しくは取り消すか又は確認するかの決定について，被申立人の申立てに基づき意見を述べる機会の与えられる審査を行う。

5　暫定措置を実施する機関は，申立人に対し，関連物品の特定に必要な情報を提供するよう要求することができる。

6　1及び2の規定に基づいてとられる暫定措置は，本案についての決定に至る手続が，合理的な期間（国内法令によって許容されるときは，暫定措置を命じた司法当局によって決定されるもの。その決定がないときは，20執務日又は31日のうちいずれか長い期間を超えないもの）内に開始されない場合には，被申立人の申立てに基づいて取り消され又は効力を失う。ただし，4の規定の適用を妨げるものではない。

7　暫定措置が取り消された場合，暫定措置が申立人の作為若しくは不作為によって失効した場合又は知的所有権の侵害若しくはそのおそれがなかったことが後に判明した場合には，司法当局は，被申立人の申立てに基づき，申立人に対し，当該暫定措置によって生じた損害に対する適当な賠償を支払うよう命ずる権限を有する。

8　暫定措置か行政上の手続の結果として命ぜられる場合には，その手続は，この節に定める原則と実質的に同等の原則に従う。

第四節　国境措置に関する特別の要件（注）

注　加盟国は，関税同盟を構成する他の加盟国との国境を越える物品の移動に関するすべての管理を実質的に廃止している場合には，その国境においてこの節の規定を適用することを要求されない。

第51条　税関当局による物品の解放の停止

加盟国は，この節の規定に従い，不正商標商品又は著作権侵害物品（注1）が輸入されるおそれがあると疑うに足りる正当な理由を有する権利者が，これらの物品の自由な流通への解放を税関当局が停止するよう，行政上又は司法上の権限のある当局に

対し書面により申立てを提出することができる手続（注2）を採用する。加盟国は、この節の要件を満たす場合には、知的所有権のその他の侵害を伴う物品に関してこのような申立てを可能とすることができる。加盟国は、自国の領域から輸出されようとしている侵害物品の税関当局による解放の停止についても同様の手続を定めることができる。

注1　この協定の適用上，
(a)　「不正商標商品」とは，ある商品について有効に登録されている商標と同一であり又はその基本的側面において当該商標と識別できない商標を許諾なしに付した，当該商品と同一の商品（包装を含む。）であって，輸入国の法令上，商標権者の権利を侵害するものをいう。
(b)　「著作権侵害物品」とは，ある国において，権利者又は権利者から正当に許諾を受けた者の承諾を得ないである物品から直接又は間接に作成された複製物であって，当該物品の複製物の作成が，輸入国において行われたとしたならば，当該輸入国の法令上，著作権又は関連する権利の侵害となったであろうものをいう。

注2　権利者によって若しくはその承諾を得て他の国の市場に提供された物品の輸入又は通過中の物品については，この手続を適用する義務は生じないと了解する。

第52条　申立て

前条の規定に基づく手続を開始する権利者は，輸入国の法令上，当該権利者の知的所有権の侵害の事実があることを権限のある当局が一応確認するに足りる適切な証拠を提出し，及び税関当局が容易に識別することができるよう物品に関する十分詳細な記述を提出することが要求される。権限のある当局は，申立てを受理したかしなかったか及び，権限のある当局によって決定される場合には，税関当局が措置をとる期間について，合理的な期間内に申立人に通知する。

第53条　担保又は同等の保証

1　権限のある当局は，申立人に対し，被申立人及び権限のある当局を保護し並びに濫用を防止するために十分な担保又は同等の保証を提供するよう要求する権限を有する。担保又は同等の保証は，手続の利用を不当に妨げるものであってはならない。
2　意匠，特許，回路配置又は開示されていない情報が用いられている物品に関して，この節の規定に基づく申立てに従い，当該物品の自由な流通への解放が司法当局その他の独立した当局以外の権限のある当局による決定を根拠として税関当局によって停止された場合において，第55条に規定する正当に権限を有する当局による暫定的な救済が与えられることなく同条に規定する期間が満了したときは，当該物品の所有者，輸入者又は荷受人は，侵害から権利者を保護するために十分な金額の担保の提供を条件として当該物品の解放についての権利を有する。ただし，輸入のための他のすべての条件が満たされている場合に限る。当該担保の提供により，当該権利者が利用し得る他の救済措置が害されてはならず，また，権利者が合理的な期間内に訴えを提起する権利を行使しない場合には，担保が解除されることを了解する。

第54条　物品の解放の停止の通知

輸入者及び申立人は，第51条の規定による物品の解放の停止について速やかに通知を受ける。

第55条　物品の解放の停止の期間

申立人が物品の解放の停止の通知の送達を受けてから10執務日（適当な場合には，この期間は，10執務日延長することができる。）を超えない期間内に，税関当局が，本案についての決定に至る手続が被申立人以外の当事者により開始されたこと又は正当に権限を有する当局が物品の解放の停止を延長する暫定措置をとったことについて通報されなかった場合には，当該物品は，解放される。ただし，輸入又は輸出のための他のすべての条件が満たされている場合に限る。本案についての決定に至る手続が開始された場合には，合理的な期間内に，

解放の停止を変更するか若しくは取り消すか又は確認するかの決定について，被申立人の申立てに基づき意見を述べる機会の与えられる審査を行う。第一段から第三段までの規定にかかわらず，暫定的な司法上の措置に従って物品の解放の停止が行われ又は継続される場合には，第五十条6の規定を適用する。

第56条　物品の輸入者及び所有者に対する賠償

関係当局は，物品の不法な留置又は前条の規定に従って解放された物品の留置によって生じた損害につき，申立人に対し，物品の輸入者，荷受人及び所有者に適当な賠償を支払うよう命ずる権限を有する。

第57条　点検及び情報に関する権利

秘密の情報の保護を害することなく，加盟国は，権限のある当局に対し，権利者が自己の主張を裏付けるために税関当局により留置された物品を点検するための十分な機会を与える権限を付与する。当該権限のある当局は，輸入者に対しても当該物品の点検のための同等の機会を与える権限を有する。本案についての肯定的な決定が行われた場合には，加盟国は，権限のある当局に対し，当該物品の荷送人，輸入者及び荷受人の名称及び住所並びに当該物品の数量を権利者に通報する権限を付与することができる。

第58条　職権による行為

加盟国において，権限のある当局が，ある物品について知的所有権が侵害されていることを伺わせる証拠を得た際に職権により行動して当該物品の解放を停止する制度がある場合には，

(a) 当該権限のある当局は，いつでも権限の行使に資することのある情報の提供を権利者に求めることができる。

(b) 輸入者及び権利者は，速やかにその停止の通知を受ける。輸入者が権限のある当局に対し当該停止に関して異議を申し立てた場合には，当該停止については，第五十五条に定める条件を準用する。

(c) 加盟国は，措置が誠実にとられ又はとることが意図された場合に限り，公の機関及び公務員の双方の適当な救済措置に対する責任を免除する。

第59条　救済措置

権利者の他の請求権を害することなく及び司法当局による審査を求める被申立人の権利に服することを条件として，権限のある当局は，第46条に規定する原則に従って侵害物品の廃棄又は処分を命ずる権限を有する。不正商標商品については，例外的な場合を除くほか，当該権限のある当局は，変更のない状態で侵害商品の積戻しを許容し又は異なる税関手続に委ねてはならない。

第60条　少量の輸入

加盟国は，旅行者の手荷物に含まれ又は小型貨物で送られる少量の非商業的な性質の物品については，この節の規定の適用から除外することができる。

第四部　知的所有権の取得及び維持並びにこれらに関連する当事者間手続　（62条）（略）

第五部　紛争の防止及び解決（63条・64条）（略）

第六部　経過措置（65条～67条）（略）

第七部　制度上の措置及び最終規定（68条～73条）（略）

特許訴訟 — 国内

目次
Ⅰ．はじめに－特許権侵害訴訟の構造
 1．特許権の効力
 2．差止・損害賠償請求訴訟
  (1)訴訟の対象
  (2)原告の主張
  (3)被告の反論
 3．訴訟一般について
  (1)侵害訴訟における訴訟の類型
  (2)訴訟物
  (3)処分権主義と弁論主義
  (4)要件事実と立証責任

Ⅱ．差止請求訴訟について
A．原告の請求・主張　＜侵害論①＞
 1．訴訟物・請求の趣旨
 2．請求の原因
  (1)文言侵害　―原則論
  (2)均等論　―例外論①
  (3)擬制侵害　―例外論②
B．被告の反論　＜侵害論②＞
 1．請求の趣旨に対する答弁
 2．請求の原因に対する反論

Ⅲ．損害賠償等請求訴訟について
A．損害賠償請求　＜損害論＞
 1．訴訟物・請求の趣旨
 2．請求の原因
  (1)民709条（特102条によらない場合）
  (2)特102条1項に基づく算定
  (3)特102条2項に基づく算定
  (4)特102条3項に基づく算定①
 3．その他―立証容易化と営業秘密保護
B．不当利得返還請求
 1．訴訟物，請求の趣旨
 2．請求の原因
 3．その他
C．補償金請求
 1．訴訟物，請求の趣旨
 2．請求の原因
 3．その他

Ⅰ. はじめに－特許権侵害訴訟の構造

cf概要については，前出「知的財産権侵害訴訟と要件事実」（265頁）参照

1．特許権の効力

➢ 特許権の効力（特68条）
　・積極的効力＝実施権
　・消極的効力＝排他権
➢ 効力の及ぶ範囲…「業として特許発明の実施をする」（前出171頁）
　・特許発明＝（特2条2項）
　・実施＝（特2条3項）
➢ 訴訟上の請求権
　・差止請求（特100条）
　・損害賠償請求（民709・特102条）

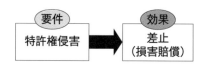

2．差止・損害賠償請求訴訟

➢ 特許権侵害訴訟の基本構造
　・当事者主義…処分権主義（a）・弁論主義（c, e）（後述）
　・職権主義…自由心証主義（d）・法の適用は裁判所の職責（b）

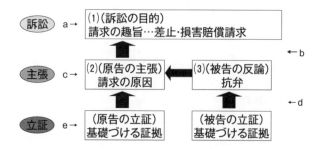

I．はじめに－特許権侵害訴訟の構造

(1) 訴訟の対象
- ➤ 請求の趣旨…訴訟の目的の簡潔な記載
  - ・差止
    - ・(物の発明) 被告は，別紙物件目録記載の製品を［製造，販売してはらない／廃棄せよ］
    - ・(方法の発明) 被告は別紙目録記載の方法を使用してはならない
    - ・(物を生産する方法の発明／特104条) 被告は，
      - ・［別紙目録１記載の方法で］別紙目録２記載の製品を製造，販売してはらない
      - ・［別紙目録１記載の方法によって製造した］別紙目録２記載の製品を廃棄せよ
  - ・損害賠償
    - ・被告は，原告に対して，金〇円及びこれに対する〇年〇月〇日から支払い済みまで，年５分の割合による金員を支払え

(2) 原告の主張
- ➤ 請求の原因…請求を基礎づける事実
  - ・差止：
    - ・原告が特許権者（専用実施権者）であること（①）
    - ・被告が業として特許発明を実施している（実施するおそれがある）こと（＝②被告の実施行為＋③侵害（特許発明の技術的範囲に属する））
  - ・損害賠償：
    - (i) 権利侵害…上述①〜③参照
    - (ii) 被告の故意過失（特103条により推定）
    - (iii) 損害の発生及びその額
    - (iv) 侵害行為と損害賠償との相当因果関係（(iii)(iv)は，特102条以下の立証容易化規定に留意）

(3) 被告の反論
- ➤ 主張立証責任の分配…敗訴リスクの負担
  - ⅰ．(積極) 否認…原告の主張する請求原因事実を否定
    - ・非侵害の主張
      - ・実施行為が異なること
      - ・特許請求の範囲の解釈など

ⅱ．抗弁…原告の主張する請求原因事実と両立するが，その効果を否定
　・権利消滅の抗弁…存続期間の満了（特67条）
　・適法性の抗弁
　　・特許効力の制限（特69条）
　　・実施権の存在（特77条，特78条など）
　　・先使用の抗弁（特79条など）
　・公知技術や出願経緯の参酌など
　・特許無効の抗弁（特104条の3参照）
　・権利濫用の抗弁など

3．訴訟一般について

(1)侵害訴訟における訴訟の類型
　①給付の訴え（e.g., 特許権侵害行為の差止め／損害賠償を請求する訴訟）
　　・被告に対して一定の作為又は不作為を求める
　②確認の訴え（e.g., 差止請求権／損害賠償請求権の不存在確認訴訟）
　　・原被告間の権利義務，法律関係の存在・不存在の確認を求める
　③形成の訴え（e.g., 審決取消訴訟）
　　・新たな法律関係の発生，変更，消滅等の形成を求める
(2)訴訟物
　➢訴訟物：
　　・原告の訴え（訴状に記載された請求の趣旨および請求の原因）によって特定され，裁判所の審判の対象となる権利関係
　➢意義…以下の基準として：
　　・二重起訴の禁止（民訴142条）
　　・訴えの変更（民訴143条）
　　・請求の併合（民訴136条）
　　・再訴の禁止（民訴262条）
　　・既判力の客観的範囲（民訴114条）など
　　　cf 争点効・信義則…上記の例外として
　　　cf 既判力の基準時や主観的範囲
　➢差止，損害賠償請求等の訴訟物（後述）
　　・差止め，予防請求…・特許権等に基づく当該権利侵害行為の差止め，予防請求権
　　・損害賠償請求訴訟…権利侵害に基づく損害賠償請求
　　・不存在確認訴訟の訴訟物…当該請求権（の存否）自体

(3)処分権主義と弁論主義
　➢処分権主義：
　　・訴訟手続の開始，審判対象の範囲の特定，訴訟手続の終了をそれぞれ当事者の決定に委ねること（民訴133条，246条，261条等）
　　　・訴えの取下げ，請求の放棄・認諾，和解
　➢弁論主義：
　　・裁判するのに必要な事実に関する資料の収集等は当事者の権能であり責任であるとするもの
　　　①当事者が主張しない主要事実（要件事実）を裁判の基礎としてはならない（主張責任の原則）
　　　②当事者間で争いのない要件事実（自白）はそのまま裁判の基礎にしなければならない（自白の拘束力）
　　　③当事者間で争いのある要件事実（争点）の認定は当事者の申し出た証拠によらなければならない（職権証拠調べの原則）
　　cf職権主義…職権調査事項・職権探知主義
　　cf法の適用は裁判所の職責，自由心証主義（民訴247条）
(4)要件事実と立証責任
　➢要件事実（主要事実（vs間接事実・補助事実））：
　　・権利の発生，障害，阻止，消滅の各法律効果の発生要件に該当する具体的事実
　　　①発生…権利根拠規定（e.g. 民709条，特100条）
　　　②障害…権利障害規定（e.g. 特69条）
　　　③阻止…権利阻止規定
　　　④消滅…権利消滅規定（e.g. 特67条）
　➢立証責任：
　　・ある事実が存否不明の時に，いずれか一方の当事者が，その事実を要件とした有利な法律効果の発生が認められない不利益（法律要件分類説）
　　　・侵害差止請求訴訟/損害賠償請求訴訟の原告：
　　　　①（請求原因事実）を主張立証する。
　　　・上記訴訟の被告：
　　　　上記①を争う（否認）と共に，
　　　　②③④を主張する（抗弁）。

Ⅱ．差止請求訴訟について　　（前出305頁参照）

A．原告の請求・主張＜侵害論①＞

1．訴訟物・請求の趣旨

ⅰ．差止請求権と訴訟物
- 特許法100条：
  - ・1項：侵害の停止・予防請求…間接執行（執172条）によって実現
  - ・2項：廃棄等（付帯）請求…代替執行（民414条，執171条）によって実現
- 訴訟物：
  - ・特許権等に基づく当該権利侵害行為の差止め，予防請求権
  - ・基準：・特許権ごとに1つ
    - ・対象製品（方法）ごとに1つ
    - ・行為者が複数でも訴訟物は1つ

ⅱ．差止請求における請求の趣旨（記載例）
- 物の発明（特2条3項1号）
  1. 被告は，別紙目録記載の製品を製造，販売してはならない
  2. 被告は，別紙目録記載の製品および半製品（別紙目録記載の構造を具備しているが製品として完成するに至らないもの）および製造のための〇〇（金型等）を廃棄せよ
- 方法の発明（同項2号）
  - ・被告は，別紙目録記載の方法を使用してはならない
- 物を生産する方法の発明（同項3号）
  1. ［被告は，別紙目録1記載の方法で，］別紙目録2記載の製品を製造し，販売してはならない
  2. ［被告は，別紙目録1記載の方法によって製造した］別紙目録2記載の製品を廃棄せよ
  - ・注：特許法104条の適用がある場合には［　］部分は不要

ⅲ．差止請求権不存在確認請求における請求の趣旨（記載例）
- 被告は，登録第〇〇号の特許権に基づいて，原告が［別紙目録記載の製品を製造，販売する］行為を差し止める権利を有しないことを確認する

・注:上記は「物の発明」を前提としており,上記[　]は,発明の種類に応じて適宜変更

iv. 被告製品の特定(請求の趣旨)
- ➢ 特定の意義
  - ・訴訟物,判決の効力(既判力の範囲,強制執行の対象)を明らかにする。
- ➢ 特定の方法
  - ・従前は,製品の「構成」で特定していたが,近時は,製品の「商品名,形式番号」で特定するようになっている。
  - ・「物件目録」の記載例「製品名を○○とする××」
  - ・注:請求原因においては,被告製品を特許請求の範囲と対比する必要があり,目録(被告物件説明書)により具体的に記載して特定するのが通例(後述)

2.請求の原因

(1)文言侵害　—原則論　　(前出172頁以下参照)

i.差止請求の請求原因事実(総論)
- ➢ 原告は,以下の①〜③の請求原因事実を主張(特100条,68条,2条3項)
  - Ⅰ.①原告の特許権,及び
  - Ⅱ.被告の侵害行為,即ち,
    - ・②被告の実施行為
    - ・③権利侵害
      - ・原則:(1)文言侵害(特70条)　　　　　(下記)
      - ・例外:(2)均等侵害,(3)擬制侵害　　　(後述)
- ➢ (記載例(原則))
  - ①「原告は以下の特許権(又は専用実施権)を有する」
  - ②「被告は,業として,別紙物件目録の製品を製造し,販売している」
  - ③「別紙目録記載の製品は,原告の特許発明の技術的範囲に属する」
    - 注:故意・過失は要件でない(損害賠償(民709)を参照)

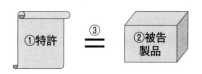

ii．請求原因事実① —原告の特許権

① 「原告は以下の特許権（又は専用実施権）を有する」
➢ 詳細は：
　1．権利の特定（特許番号，発明の名称，出願日，登録日，特許請求の範囲の記載等）
　　・立証資料は，特許公報
　2．原告が権利者であること
　　・立証資料は，認証付の登録原簿謄本
➢ 但し，通常，あまり争いにならない（権利自白）

iii．請求原因事実② —被告の実施行為（被告製品の特定（特定論））

② 「被告は，業として，別紙物件目録の製品を製造し，販売している」
➢ 被告製品の特定（請求の趣旨・請求の原因）：
　・請求の趣旨では，「物件目録」において対象製品を商品名，形式番号のみで特定（既述）。
　・しかし，請求の原因においては，被告製品を特許請求の範囲と対比する必要があり，目録（「被告物件説明書」）により，被告製品・方法を文章や図面で，より具体的に記載して特定するのが通例である。
➢ 被告製品等の特定の程度：
　・実施例の記載と同程度にするのが目安
　・なお，後述③のように，特許請求の範囲の記載と対比するため，対応する記載を落とさないように留意

iv．請求原因事実③ —権利侵害

③ 「別紙目録記載の製品は，原告の特許発明の技術的範囲に属する」
　③-1：「原告特許発明の特許請求の範囲は下記A〜Dのとおりである」
　③-2：別紙目録記載の製品は上記A〜Dを充足する」
➢ プロセスは以下の通り：
　1．特許請求の範囲を対比可能に構成要件に分説
　2．被告製品等の構成も（分説した特許請求の範囲と対比可能なように）分説
　3．被告製品等の構成を，特許請求の範囲の構成要件と対比し，すべての構成要件が充足されていることを主張（または均等を主張）
　4．［併せ，被告製品等が明細書記載の作用効果を有することを主張するのが通常］
➢ 前提となる，上記技術的範囲の解釈においては以下を考慮：（前出172頁）

①特許請求の範囲（特70条1項）
②明細書の発明の詳細な説明／図面（特70条2項）…用語・作用効果・実施例等
③出願経過（禁反言）
④出願時の技術水準（公知技術の参酌）　　　　　cf 自由技術の抗弁
・注：要約書の記載は考慮しない（特70条3項）

(2)均等論　―例外論①　　　（前出174頁以下参照）

ｉ．均等論（総論）

➢ 文言侵害と均等侵害
　・文言：クレームABCで侵害品がabcの場合
　・均等：クレームABCで侵害品がabc'の場合
　→このよう場合，技術的範囲に属しないのが原則。しかし，均等論が成否が問題。

➢ 均等論の判断基準（ボールスプライン事件（前出175頁）参照）
　・(ⅰ)　第1要件：非本質的部分性
　・(ⅱ)　第2要件：置換可能性
　・(ⅲ)　第3要件：容易想到性（侵害時）
　・(ⅳ)　第4要件：容易推考性の不存在（出願時）
　・(ⅴ)　第5要件：意識的除外など特段の事情

➢ 主張立証責任（前出175頁）
　・(ⅰ)～(ⅲ)は原告
　・(ⅳ)(ⅴ)は被告

ⅱ．均等論　―原告の主張（第1～3要件）

➢ 原告が均等侵害を主張する場合の要件事実：
　Ⅰ．特許請求の範囲に記載された構成中に，対象製品等と異なる部分が存在するが，それ以外の構成は同一である
　Ⅱ．対象製品等と異なる部分について：
　　・(ⅰ)　当該部分が「特許発明の本質的部分ではな」い（第1要件）
　　　・注：「本質的部分」＝「当該特許発明の特許請求の範囲の記載のうち，従来技術に見られない特有の課題技術思想を構成する特徴的部分」（前出176頁）
　　・(ⅱ)　当該部分を「対象製品等におけるものと置き換えても，特許発明の目的を達することができ，同一の作用効果を奏する」（第2要件）

- (iii) このように「置き換えることに，当該発明の属する技術の分野における通常の知識を有する者（当業者）が，対象製品等の製造等の時点において容易に想到することができたものであ」る（第3要件）
> 注：なお，均等侵害の主張のタイミングについては要検討（訴157条参照）

iii．均等論 ―被告の反論（第4～5要件）
> 被告が，均等侵害の成立を争う場合に主張すべき抗弁事実：
- (iv)「対象製品等が，特許発明の特許出願時における公知技術と同一または当業者がこれから右出願時に容易に推考できたもので」ある（第4要件）
  - 注：公知技術等の除外

又は
- (v)「対象製品等が特許発明の特許出願手続において特許請求の範囲から意識的に除外されたものに当たるなどの特段の事情」がある（第5要件）
  - 注：出願経緯における減縮補正や提出書面などに留意

(3)擬制侵害 ―例外論② 　　（前出277頁以下参照）

i．擬制侵害（総論）
> 特101条1号・4号：専用品型（客観的要件）
- 1号：「その物の生産にのみ用いる物」
- 4号：「その方法の使用にのみ用いる物」
  - 「のみ」＝「社会通念上経済的，商業的ないし実用的であると認められる用途」がないこと（前出278頁参照）
> 特101条2号・5号：非専用品型・多機能型（①客観＋②主観要件）（H14改正）
- 2号：①「その物の生産に用いる物（日本国内において広く一般に流通しているものを除く。）であってその発明による課題の解決に不可欠なもの」
  - 不可欠製品＝「従来技術の問題点を解決するための方法として，当該発明が新たに開示する，従来技術に見られない特徴的技術手段について，当該手段を特徴付けている特有の構成ないし成分を直接もたらすもの」（前出281頁参照）
  - 汎用品（「広く一般に流通」）＝「典型的には，ねじ，釘，電球，トランジスター等のような，日本国内において広く普及している一般的な製品，すなわち，特注品ではなく，他の用途にも用いることができ，市場において一般に入手可能な状態にある規格品，普及品」

(一太郎事件（前出280頁））
②「知りながら」 ・cf警告書の送付と悪意の立証
・5号：（方法の使用）
➢特101条3号・6号：所持（H18改正）
➢cf独立説と従属説（前出275頁及び278頁参照），ソフトウェア関連発明

ii. **擬制侵害 ―特101条1号・4号**
　➢特101条1号・4号：専用品型（客観的要件：「のみ」）の要件事実：
　　1．原告は，特許権者（専用実施権者）である
　　2．被告は，業として，別紙目録記載の製品Aの部材aを製造し，販売している
　　3．製品Aは，原告の特許発明の技術的範囲に属する
　　4．部材aは，製品Aの生産に「のみ」使用するものである（特101Ⅰ参照）
　　又は，
　　2'被告は，業として，別紙1目録記載の物aを製造し，販売している
　　3'製品Aは，原告の特許発明の技術的範囲に属する
　　4'物aは，別紙目録2記載の製品Aの生産に「のみ」使用する物である
　➢注：従属説に立った場合，以下の要件事実も必要（特101Ⅱ以下も同様）：
　　5．第三者が，（日本国内において）部材aを用いて製品Aを業として製造し，販売している

iii. **擬制侵害 ―特101条2号・5号**
　➢特101条2号・5号：非専用品型・多機能型（客観＋主観要件）の要件事実：
　　1．原告は，特許権者（専用実施権者）である
　　2．被告は，業として，別紙目録記載の製品Aの部材aを製造し，販売している
　　3．製品Aは，原告の特許発明の技術的範囲に属する
　　4．部材aは，製品Aの「課題の解決に不可欠なもの」である（101Ⅱ①客観的要件）
　　5．被告は，部材aが製品Aの生産に用いられること及び製品Aの発明について本件特許権が存在することを「知」っていた（101Ⅱ②主観的要件）
　➢上記の原告の請求原因事実の主張に対し，被告は，以下を反論（抗弁）
　　・部材aは「日本国内において広く一般に流通しているもの」である（101Ⅱ⑤括弧書）
　　　・但し，原告から，部材aが日本国内において広く一般に流通するものではないことについて予め主張するのが通常

B．被告の反論　＜侵害論②＞

1．請求の趣旨に対する答弁

差止請求の趣旨に対する答弁（記載例）
- 本案の答弁
  「1．原告の請求を［いずれも］棄却する。
  　2．訴訟費用は原告の負担とする
  との判決を求める。」
- 本案前の答弁…訴訟要件（管轄など）が欠けている場合
  ・上記1が以下の記載になる。
  「1．本件訴えを却下する。」

2．請求の原因に対する反論

(1)被告の反論　―認否，積極否認と抗弁
- 訴状の「請求の原因」の記載に対する「認否」：
  ①認める（cf要件事実について認める場合は「自白」）
  ②否認
  ③不知
  ④争う…法律上の主張
- 積極否認と抗弁…被告は（上述「認否」だけでなく）下記1と2の反論が可能。
  1．「積極否認」（原告の主張事実と両立しない事実の主張）を行い，反証をする。
  　・「単純否認」と「積極否認（理由付否認）」（訴規79条3項）
  　・例えば，被告製品の特定，や侵害（解釈・分説・製品構成・効果・対比など）を争う
  　　・被告製品（イ号）…具体的態様の明示義務（特104条の2）
  2．「抗弁」（原告の主張する請求原因事実が存在していても，これと両立し，請求を阻む事由となる主張）を行い，立証する。
  　・「仮定抗弁」と「制限付自白」
  　・「抗弁」に対し，原告は「再抗弁」（抗弁事実とは両立するが，抗弁を排斥する主張）が可能。
  　　・「再々抗弁」，「再々々抗弁」…

(2) **抗弁の種類**　　　（以下，前出「権利の効力の制限」（第5章第2節（184頁以下））参照）
　➢ 権利消滅の抗弁：
　　　・存続期間の満了（特67条）　　（前出55頁参照）
　　　・（損害賠償請求について）消滅時効の抗弁（民724条）　　（前出316頁参照）
　➢ 適法性の抗弁：
　　　・特許効力の制限：　　（前出「1．公共の利用のための制限」（206頁）参照）
　　　　・試験・研究のための実施（特69条）　　　　　　　　（前出206頁参照）
　　　・実施権：　　　　（前出「2．他人の利用権等との関係」（215頁）参照）
　　　　・法定実施権…先使用権（特79条），職務発明（特35条）
　　　　・契約実施権（特77条，78条）（H23改正：当然対抗）
　　　　　　　　　　　　　　　　　　　　　cf裁定実施権（特83，92，93）
　　　・消尽の抗弁：　　　（前出「3．権利の消尽」（220頁）参照）
　　　　・国内消尽（インクタンク事件など参照）
　　　　・国際消尽・並行輸入（BBS事件など参照）
　➢ 技術的範囲に関する抗弁：
　　　・公知技術の参酌［cf自由技術の抗弁］　　　　　　　　（前出177頁参照）
　　　・出願経緯の参酌（意識的除外・禁反言）　　　　　　　（前出176頁参照）
　➢ 権利濫用・無効の抗弁　　（前出「4．権利濫用・無効の抗弁」（224頁）参照）
　　　・権利濫用の抗弁（民1条3項）
　　　　・FRANDの抗弁（アップル・サムスン事件など参照）
　　　・特許無効の抗弁（特104条の3，123条）（H16改正）
　　　　　cf再審制限(104条の4)(H23改正)(前出「5.再審等の権利主張制限」(228頁)参照)

(3) **各種の抗弁**

ⅰ．**無効の抗弁（特104条の3，123条）**　　（前出226頁参照）
　➢ 新規性の欠如（特29条1項）に基づく場合の要件事実：
　　　1．本件特許出願前に頒布された刊行物にはA＋B＋Cからなる発明の記載がある
　　　2．本件特許発明と上記刊行物記載の発明とは同一である
　　　3．よって，本件特許発明は新規性を欠き，本件特許は無効審判により無効とされるべきものである
　➢ 進歩性の欠如（特29条2項）に基づく場合の要件事実：
　　　1．本件特許出願前に頒布された刊行物には，A'＋B'＋cからなる発明の記載がある。また，本件特許出願当時，dという周知技術があった

2. 本件特許発明A+B+Cと上記刊行物記載の発明とは，AとA'，BとB'の点において一致し，Cとcの点において相違する
3. cからCを想到することは，同じ技術分野のdという周知技術を用いれば当業者にとって容易である
4. よって，本件特許発明は進歩性を欠き，本件特許は無効審判により無効とされるべきものである

➢ その他
・新規事項の追加（特17条の2第3項）
・記載要件（実施可能要件違反（特36条4項1号），サポート要件違反（特36条6項1号），明確性要件違反（特36条6項2号））等

cf.無効の抗弁に対する再抗弁

➢ 「時機に後れた攻撃防御方法の再抗弁」（特104条の3第2項）
➢ 「訂正の再抗弁」cf 予備的請求原因とする説もある

「控訴人は，訂正により本件発明の無効理由が解消した旨主張する。
しかしながら，特許法104条の3の抗弁に対する再抗弁としては，
①特許権者が，適法な訂正請求又は訂正審判請求を行い，（=(i)訂正請求又は訂正審判請求+(ii)訂正要件（特134条の2・126条）の充足）
②その訂正により無効理由が解消され，かつ，
③被控訴人方法が訂正後の特許請求の範囲にも属するものであることが必要である。」　　　　　　　　　　　　　　　（以上，前出228頁参照））
・なおH23改正：104条の4再審等の制限　　（前出228頁参照）

ii．**先使用の抗弁（特79条：法定通常実施権）**　　（前出216頁参照）

➢ 先使用の抗弁（特79条）の要件事実：
1. 被告は，特許出願に係る発明の内容を知らないで自ら<u>その発明をした</u>（又は特許出願に係る発明の内容を知らないでその発明をした者から知得した）
   ・「発明が完成したというためには，その技術的手段が，当該技術分野における通常の知識を有する者が反復実施して目的とする効果を挙げることができる程度にまで具体的・客観的なものとして構成されていることを要し，またこれをもつて足りる」（最判昭和52・10・13〔薬物製品事件〕及び前出24頁参照）
2. 被告は，特許出願の際現に日本国内においてその発明の実施である事業をしていた（またはその<u>事業の準備をしていた</u>）

・「事業の準備」＝「即時実施の意図を有しており，かつ，その即時実施の意図が客観的に認識される態様，程度において表明されていること」
3. 被告の実施態様が，その実施または準備している発明及び事業の目的の範囲に属する
・「先使用権の効力は，特許出願の際（優先権主張日）に先使用権者が現に実施又は準備をしていた実施形式だけでなく，これに具現された発明と同一性を失わない範囲内において変更した実施形式にも及ぶ」
（以上，ウォーキングビーム式加熱炉事件（前出217頁参照））

iii．国内消尽の抗弁　（前出220頁参照）

➢「消尽の抗弁」：
・「特許権者又は特許権者から許諾を受けた実施権者（以下，両者を併せて「特許権者等」という。）が我が国において特許製品を譲渡した場合には，当該特許製品については特許権はその目的を達成したものとして消尽し…特許権者は，当該特許製品について特許権を行使することは許されない」

➢消尽の例外としての「加工・部材交換に係る再抗弁」（又は請求原因）：
・「特許権者等が我が国において譲渡した特許製品につき加工や部材の交換がされ，それにより当該特許製品と同一性を欠く特許製品が新たに製造されたものと認められるときは，特許権者は，その特許製品について，特許権を行使することが許される」…当該判断において以下を総合考慮：
・(i)「当該特許製品の属性（製品の機能，構造及び材質，用途，耐用期間，使用態様）」
・(ii)「特許発明の内容」
・(iii)「加工及び部材の交換の態様（加工等がされた際の当該特許製品の状態，加工の内容及び程度，交換された部材の耐用期間，当該部材の特許製品中における技術的機能及び経済的価値）」
・(iv)「取引の実情等」（以上，インクカートリッジ事件（前出221頁）参照）

iv．国際消尽・並行輸入の抗弁（前出346頁）

➢（被告の）「国際消尽（並行輸入）の抗弁」：
(1)被告が「譲受人」の場合：
1. 被告が譲渡，使用…した製品は原告（特許権者）の意思に基づき国外において譲渡されたものである
(2)被告が「譲受人から特許製品を譲り受けた第三者及びその後の転得者」の場合：

1．（上記1．と同じ）
2．被告は製品を転得した
➢ 上記の「国際消尽（並行輸入）の抗弁」に対する，（原告の）再抗弁：
　(1)被告が「譲受人」の場合：
　　1．当該製品について販売先または使用地域から本邦を除外する旨を譲受人との間で合意した
　(2)被告が「譲受人から特許製品を譲り受けた第三者及びその後の転得者」の場合：
　　1．（上記1．と同じ）
　　2．譲受人との間で1．の旨の合意したことを特許製品に明確に表示した
　　　　　　　　　　　　　（以上，（BBS事件（前出347頁）参照）

ⅴ．実施許諾の抗弁（特77条，78条）
➢ 実施許諾の抗弁の要件事実：
　1．特許権者から契約により実施許諾を受けたこと
　　・専用実施権（特77条）は，効力要件（特98条）としての登録が必要。
　　・通常実施権（特78条）については，当然対抗となった（H23：特99条）
　2．自己の実施する行為が設定行為の定めた範囲内であること
➢ 再抗弁：
　・錯誤（民95条），詐欺（民96条），解除（民545条）など

cf　FRANDの抗弁（前出225頁）
①差止請求権：
　1．特許権者が本件FRAND宣言をしたこと
　2．相手方がFRAND条件によるライセンスを受ける意思を有する者であること
（但し2の「ライセンスを受ける意思を有しないとの認定は厳格にされるべき」）
②損害賠償請求権：
　(1)「FRAND条件でのライセンス料相当額」を超える場合：
　　・「特許権者がFRAND宣言をした事実」
　　を主張立証すればライセンス料相当額を超える請求を拒むことをできるが，
　➢ 再抗弁として，特許権者がライセンス料を超える請求をするには下記主張が必要。
　　・「相手方がFRAND条件によるライセンスを受ける意思を有しない等の『特段の事情』が存すること」（「特段の事情1」。但し，厳格に認定する。）
　(2)「FRAND条件でのライセンス料相当額」の範囲内の場合：
　　・「FRAND宣言に至る過程やライセンス交渉過程等で現れた諸般の事情を総合した

結果，当該損害賠償請求権が発明の公開に対する対価として重要な意味を有することを考慮してもなお，ライセンス料相当額の範囲内の損害賠償請求を許すことが著しく不公正であると認められるなど特段の事情が存すること」(「特段の事情2」)を主張立証した場合にのみ，権利濫用としてかかる請求が制限される。

III. 損害賠償等請求訴訟について

A．損害賠償請求　＜損害論＞　　　（前出309頁参照）

1．訴訟物・請求の趣旨

i．損害賠償請求権と訴訟物
- 民709条 cf 特102条，不正競争4条
- 訴訟物：
  - ・権利侵害に基づく損害賠償請求権（民法709条）
    - ・差止請求権とは別個の訴訟物
  - ・基準：
    - ・当事者，特許権，対象製品のみならず，損害賠償の対象期間によって訴訟物を画する必要がある。

ii．損害賠償請求における請求の趣旨（記載例）
- 原則　（損害賠償，不当利得，補償金請求等の）請求の趣旨：
  「被告は，原告に対して，金○円およびこれに対する［○年○月○日／訴状送達の日の翌日］から支払済みまで年5分の割合による金員を支払え。」
  ①「金○円」＝主たる請求（損害賠償請求そのもの）
  ②「年5分の割合による金員」＝民事法定利率による遅延損害金（民419条1項本文，404条）の附帯請求
- 例外1　被告が複数の場合：
  「原告に対し，被告Y1は○円を，被告Y2は○円を支払え」
  「被告らは連帯して（または各自）○円を支払え」
  　　　　　　　　　（VS「被告両名は原告に対し○円を支払え」）
- 例外2　原告が複数の場合：
  「被告は，原告X1に対し○円，原告X2に対し○円をそれぞれ支払え」
  「被告は，原告各自に対し○円を支払え」
  　　　　　　　　　（VS「被告は原告両名に対し○円を支払え」）

２．請求の原因

損害賠償請求における請求の原因（総論）
- 民法709条（不法行為に基づく損害賠償請求権）が根拠規定
  - 填補賠償を目的とする（cf懲罰賠償ではない）
- 損害賠償の要件事実：
  - ①「権利…侵害」…前述
  - ②被告の「故意又は過失」…特103条により過失推定
  - ③「損害」の発生及びその額
  - ④侵害行為と損害賠償との相当因果関係…特102条以下
- ①は特許権侵害（差止請求権の請求原因事実）により充足。
- ②は特許法103条により推定（被告の方で無過失であることを主張立証）。
- ③④については，下記(i)につき，特許法102条（立証容易化規定）がある。
  - ③の損害：(i)消極的損害（逸失利益）
    - (ii)積極的損害（侵害品除去，調査費用等）
    - (iii)精神的損害（信用棄損等による無形損害）
    - (iv)弁護士・弁理士費用等
- 損害賠償請求（民709条の損害額（逸失利益））の算定方法：
  (1)民法709条に基づく算定：
  - 逸失利益：原告の譲渡数量(a) X 原告の利益率(A)

  (2)特許法102条１項に基づく算定：
  - 逸失利益算定規定：被告の譲渡数量(b) X 原告の利益率(A)

  (3)特許法102条２項に基づく算定：
  - 侵害者利益：被告の譲渡数量(b) X 被告の利益率(B)

  (4)特許法102条３項に基づく算定：
  - 実施料相当額（最低額（４項））
  - 上記(1)～(4)は，いずれも民法709条の不法行為に基づく損害賠償請求であり，特許法102条は，その損害額の算定のための規定

  →上記(1)～(4)は選択的あるいは予備的請求

(1)民709条（特102条によらない場合）

- 民709条の請求原因事実：
  1．差止請求の要件事実①～③と同じ。
     （①原告が特許権者，②被告の実施行為，③権利侵害）

2．被告は，〇年〇月〇日から〇年〇月〇日までの間，被告製品を合計(b)個販売した。
3．被告の行為により，［これと同数（a＝b）の］原告製品の販売が減少し，原告が得られたはずの〇〇円相当［＝(b)個×原告利益率(A)］の金額の損害を被った。

・上記のように「原告の譲渡数量(a)＝被告の譲渡数量(b)」という前提で請求するには，「相当因果関係」の立証が必要。しかし，景気の変動，市場の動向，競合品の存在，代替技術の存在など様々な不確定要因があり，特102条によらずに立証することは容易でない（実務上，特102条による請求が一般的）。
・但し，逸失利益以外（積極的損害，精神的損害，弁護士・弁理士費用等）は，特102条では請求できず，民709条によらざるをえない。
・なお，民709条の請求でも，特105条の3により立証負担が緩和される可能性。

(2) 特102条1項に基づく算定

▶特102条1項の請求原因事実：
1．差止請求の要件事実①〜③と同じ。
（①原告が特許権者，②被告の実施行為，③権利侵害）
2．被告は，被告製品を(b)個（「譲渡数量」）を販売した。
3．［原告は，特許発明を実施した製品（「原告製品」）を販売していたところ］原告製品（「その侵害の行為がなければ販売することができた物」）の「単位数量（1個）当たりの利益の額」は(A)円である。
4．被告製品の個数に，原告製品の単位数量当たりの利益を「乗じて得た額」（＝(b)個×(A)円）は，原告の「実施の能力を応じた額を超えない」ものであ［り，原告はかかる額の損害を被った］。
→効果：「その額とすることができる。」（推定規定でなく，算定方法の規定）

▶抗弁事実：
1．譲渡数量の全部または一部に相当する数量を原告は「販売することができないとする事情がある」こと（＋当該数量に応じた控除額）等（後述）

▶特102条1項の解釈上の問題：　　（前出311頁参照）
・「その侵害の行為がなければ販売することができた物」：
・被告製品は，実施品であるべきか，競合製品であればいいか，争いあり。
・「単位数量当たりの利益の額」：
・限界利益（製品の販売価格から，同製品の販売数量の増加に伴って増加する変動費のみを控除した金額）と解するのが一般的。

- 「原告の実施の能力を応じた額を超えない」：
  - 実施能力の現実の要否については，潜在的能力で足りると解されている。
- 「譲渡数量の全部または一部に相当する数量を特許権者又は専用実施権者が販売することができないとする事情」：
  - 代替品・競合品・価格差などを考慮すべきかについて争いあり。
- 寄与度：
  - 特許発明に関わる以外の構成の寄与度を控除する（抗弁となる）。

(3) 特102条2項に基づく算定

- 特102条2項の請求原因事実：
  1. 差止請求の要件事実①〜③と同じ。
    （①原告が特許権者，②被告の実施行為，③権利侵害）
  2. 被告は，被告製品を(b)個を販売した。
  3. 被告製品の1個当たりの利益は(B)円であるから，被告製品の製造販売により被告は○円（＝(b)個×(B)円）の利益を得た。
  → 効果：「侵害した者…がその侵害の行為により利益を受けているときは，その利益の額は…損害と推定する」（損害額の推定規定）
- 抗弁事実：
  - 推定の覆滅など（後述）
- 特102条2項の解釈上の問題：
  - 「侵害をした者…の利益」：
    - 限界利益(売上額から固定費を除く変動費のみを控除した利益)と解すのが一般的
    cf 粗利益（販売価格から製造原価を差引いた利益）
    cf 純利益（粗利益から更に一般管理費,梱包,運送費,広告宣伝費を差引いた利益）
  - 損害額の「推定」の覆滅：
    - 「被告の得た利益が原告の損害額を超えること」は，推定を覆滅する（抗弁となる）。
  - 寄与度：
    - 特許発明に関わる以外の構成の寄与度を控除する（抗弁となる）。
  - 原告の自己実施の要否：
    - ゴミ貯蔵カセット事件（前出313頁参照）は，不要説（抗弁たりえない）。
    「特許権者に，侵害者による特許権侵害行為がなかったならば利益が得られたであろうという事情が存在する場合には，特許法102条2項の適用が認められると解すべきであり…特許権者が当該特許発明を実施してるこ

とは，同項を適用するための要件とはいえない。」

(4) 特102条3項に基づく算定①

➤特102条3項の請求原因事実：
1．差止請求の要件事実①〜③と同じ。
  （①原告が特許権者，②被告の実施行為，③権利侵害）
2．被告は，被告製品を(b)個販売した。
3．被告は，被告製品を(B)円で販売した。
4．原告が被告の上記特許発明の実施に対し受けるべき金銭の額は，売上げ額の(a)％であり［，被告製品の総販売額○円（＝(b)X(B)）に対して(a)％を乗じた金額（＝(b)X(B)X(a)）が，原告が本件「特許発明の実施に対して受けるべき」実施料相当額である］。
→効果：「特許発明の実施に対して受けるべき金銭の額に相当する額の金銭を，自己が受けた損害としてその賠償を請求することができる。」
　　　　（最低限度の損害額を法定（特104条4項））

➤抗弁事実（後述）：

➤特102条3項の解釈上の問題：
・「実施に対して受けるべき金銭の額」：
　・H10改正において「通常」という文言を削除…各事件の事情に着目して実施料相当額が決せられるべきであり，一般の実施料率等によるものではない点を明確化。
　・立証資料として，類似の実施許諾契約，「実施料率」（発明協会）等が参考になる。
・「損害」不発生の抗弁：
　・商標権侵害事件においては，損害の発生がありえないことを抗弁として主張立証できると解されている（小僧寿し事件（前出314頁）参照）。
・寄与度：
　・特許発明に関わる以外の構成の寄与度は実施料率にて総合考慮（抗弁となる）。
・特102条3項の効果（「請求することができる」）：
　・最低限度の損害額を法定（特102条4項）。
　・したがって，原告が，特許発明を実施したり，競合品を販売したりしていなくても，3項に基づく算定は可能。また，損害や因果関係を立証する必要もない。

- 特102条1項・2項との併用：
  - 1項により販売することができないとする事情とされた部分について，3項を適用できるかについては争いがある(否定説も多いが,肯定説もある)。
  - 2項による推定の一部覆滅部分については，3項の適用を肯定する見解が有力。

3．その他—立証容易化と営業秘密保護　(前出301頁以下参照)

(1) 立証容易化規定
> 趣旨…侵害が行われやすく，賠償額算定が困難→権利行使を容易にする改正

1．侵害行為の立証容易化
- 特104条の2（具体的態様の明示義務）（H11改正）
- 特105条（文書提出命令）cf民訴220条（H11改正）
  - 損害のみならず，侵害の立証のためにも文書提出命令を認めた。
  - 「当事者が文書提出命令に従わないときは，裁判所は，当該文書の記載に関する相手方の主張を真実と認めることができる。」（民訴224条1項）

2．損害の立証容易化
- 特103条（過失推定規定）
- 特105条（文書提出命令）cf民訴220条
- 特102条（損害額の推定等）（H10改正）
  - 1項：逸失利益立証容易化規定導入
  - 3項：具体的事情を考慮した実施料相当額の認定（「通常」の文言の削除）
- 特105条の2（計算鑑定人）（H11改正）
- 特105条の3（相当な損害額の認定）（H11改正）

cfその他…証拠保全など

(2) 営業秘密の保護
- インカメラ手続（特105条2項，民訴223条6項）
- 第三者の閲覧制限（民訴92条1項）
- 秘密保持命令（特105条の4）
- 当事者の閲覧制限（特105の6）
- 当事者尋問等の公開停止（特105条の7）
- cf弁論準備手続や裁判所外の証拠調べの活用

B．不当利得返還請求　　（前出316頁以下参照）

1．訴訟物，請求の趣旨
- 民法703条，704条
- 訴訟物：
  - 不当利得の返還請求権（民法703条，704条）
    - 不法行為に基づく損害賠償請求権とは別の訴訟物
    - 但し，損害賠償請求と不当利得返還請求による二重払いは認められない（不真正連帯など）。
- 請求の趣旨：
「被告は，原告に対して，金○円およびこれに対する○年○月○日から支払済みまで年5分の割合による金員を支払え。」

2．請求の原因
- 不当利得返還請求の要件事実：
  - ①被告の「利得」
  - ②原告の「損失」
  - ③利得と損失との間の因果関係
  - ④被告の利得は「法律上の原因」に基づかない
- 記載例：
  1. 被告は，被告製品を製造，販売して，原告の特許権を実施した。
  2. 被告は，上記特許権の実施に対する実施料相当額○円を支払っておらず，同額の利得を得ている。
  3. 原告は，被告の上記特許権の実施に対する実施料相当額○円の支払いを受けておらず，同額の損失を被っている。
  4. 前記2の被告の利得は，原告が前記3の本来得ることのできた実施料を得ていないことによるものである。

3．その他
- 不当利得返還請求と不法行為請求との相違：
  - 消滅時効：
    - 不当利得返還請求は，消滅時効は権利を行使し得るときから10年（民167条）。
    - これに対し，不法行為による損害賠償請求の消滅時効は，被害者（権利者）が損害および加害者（侵害者）を知ってから3年（民724条）。したがって，

不法行為請求の時効完成後も，不当利得返還請求は可能。
- 請求額：
  - 不当利得返還請求では，実施料相当額を請求し得るに止まるのが通常。
  - これに対し，不法行為による損害賠償請求では，特102条の適用がある。（なお，不当利得返還請求について特102条の類推適用が争われているが，否定説が多数。）
- ➤ cf不法原因給付（民708条）

C．補償金請求　　（前出139頁以下参照）

1．訴訟物，請求の趣旨
- ➤ 特65条
- ➤ 訴訟物：
  - 補償金請求権（特許法65条1項，184条の10第1項）
- ➤ 請求の趣旨：

「被告は，原告に対して，金○円およびこれに対する○年○月○日から支払済みまで年5分の割合による金員を支払え。」

2．請求の原因
- ➤ 補償金請求の要件事実：
  - ①原告が「特許出願」人であること
  - ②「出願公開」があったこと
  - ③被告が特許出願に係る「発明を業として実施」していること
  - ④原告が上記「発明の内容を記載した書面を提示して被告に警告」したこと（又は被告が実施にかかる発明が公開中の発明であることを認識していた（悪意）こと）
  - ⑤上記発明が「登録」されたこと
- ➤ 記載例：
  1. 原告は，発明を特許出願した。
  2. 上記出願中の発明について，○年○月○日，公開公報が発行された。
  3. 被告は，被告製品を製造販売し，上記発明を実施している。
  4. 原告は，被告に対し，上記発明の内容を記載した書面を提示して警告した。
  5. 上記発明は，○年○月○日，特許権の設定登録を受けた。
  6. 被告製品の製造販売に対する特許権の実施料相当額は，○円である。

3．その他

- ➤ 警告の要否：
- ・出願公開の後の補正により発明の内容に変更があった場合には，減縮の揚合を除き，変更後の発明の内容について，改めて警告する必要がある（アースベルト事件（前出139頁参照））。
- ➤ 補償金請求権の効力：
  - ・請求額…「実施に対し受けるべき金銭の額に相当する額」（特65条1項）。特102条の準用もない。
  - ・但し，補償金請求には以下の規定が準用される（特65条6項）（前出296頁参照）
    - ・擬制侵害（特101条）
    - ・無効の抗弁（特許法104条の3）
    - ・立証容易化規定（特104条〜，特105条〜）
    - ・不法行為に基づく損害賠償請求権の3年の消滅時効（民724条）

特許訴訟 — 海外

目次

はじめに

I. 国際特許制度総論
  1. 国際特許実務への視点
  2. 特許制度の目的／特許政策
  3. 各国特許制度の概観

II. 特許権の効力　　　　　　　（II以下の各論では，それぞれA．米国，B．欧州，C．アジアに区別して言及）
  1. 特許権の効力の及ぶ範囲
  2. 侵害に対する救済
  3. 抗弁

III. 特許訴訟
  1. 特許権侵害訴訟
  2. 無効主張の在り方
  3. 水際措置

IV. 特許ライセンス　　　　　　（ライセンスの抗弁及び和解条項として）
  1. ライセンスの種類
  2. ライセンスに関する諸問題（権利行使，消尽，倒産など）
  3. ライセンスの基本的契約条項

V. 我が国における国際特許問題　（Vは，上記と異なり，我が国の権利行使であるが，同時に問題となり得る）
  1. 国際裁判管轄
  2. 準拠法
  3. 国際的な侵害行為

VI. 近時の動向
  A. 米国特許制度—傾向や課題・変容など
  B. 欧州特許制度—統一特許制度へ向けた動きなど
  C. アジア特許制度—傾向や課題など
  D. その他—標準化技術に係る特許権の行使（特許法と独占禁止法の交錯領域の問題）など

VII. 国際特許訴訟への対応

cf 概要は前出「国際知財紛争について」（355頁以下）参照。
    誌面の関係上，下記はあくまで暫定的なアウトライン及び仮訳であることに留意。
    外国法については特許庁HP（http://www.jpo.go.jp/shiryou/s_sonota/fips/mokuji.htm）参照

はじめに

1．光の側面
2．陰の側面
➢ 国際的な特許制度を学ぶ意味

Ⅰ．国際特許制度総論

1．国際特許実務への視点
➢ 属地主義とハーモナイゼーション
cf 概要は前出第7章「知的財産権の国際的保護」(343頁以下) 及び巻末の条約参照

2．特許制度の目的／特許政策　　　　　　　(前出第1章第2節 (2頁以下) 参照)

➢ 米国合衆国憲法　　　　　　　　　　　　　　　　　　　　cf　日本特許法1条

> 米国合衆国憲法第1章第8条（Article 1, Section 8）
> 連邦議会は以下の権限を有する（The Congress shall have power…）
> 著作者および発明者に対し，その著作および発明に関する排他的権利を一定期間保障することにより，学術および有益な技芸の進歩を促進すること（To promote the progress of science and useful arts, by securing for limited times to authors and inventors the exclusive right to their respective writings and discoveries）

➢ Law & Economics
　①「所有権」的構成の意義
　②「知的財産権」を保護する意義

3．各国特許制度の概観
(1) 特許法の系譜
➢ 大陸法と英米法
(2) 各国法の動向
➢ 米国におけるプロパテント政策と特許法改正（AIA：America Invents Act（2011））
➢ アジア特許法と南北問題　　など（後述）

Ⅱ．特許権の効力

A．米国特許制度
A－1．特許権の効力の及ぶ範囲　　cf　日本特許法68条（特許権の効力）・2条3項（実施）

> 第28章　特許侵害
> 米国特許法第271条　特許侵害
> (a) この法律に別段の定めがある場合を除き，特許の存続期間中に，権限なく，合衆国内で特許発明を生産し，使用し，販売の申出をし若しくは販売し，又は合衆国内に特許発明を輸入する者は，特許を侵害するものである。

はじめに—特許性
➤特許対象（Patent subject matter）（101条）cf日本特許法－発明（2条1項）（前出21頁参照）
　・　Diamond v. Chakrabaty
　・　State Street Bank v. Signature
　・　In re Bilski
　・　Mayo v. Prometheus ／ Alice v. CLS Bank

➤特許要件　　　　　　　　　　　　　　　　cf　日本特許法—（前出100頁以下参照）
・有用性（utility）（101条）　　　　　cf　産業上利用可能性（29条1項柱書）
・新規性（novelty）（102条）　　　　　　　　　cf　新規性（29条1項各号）
　・　KSR International Co. v. Teleflex Inc.
・非自明性（non-obviousness）（103条）　　　　　　　cf　進歩性（29条2項）
・記載要件（written description, enablement, best mode）（112条）cf　記載要件（36条）
　・　Nautilus v. Biosig Instruments
➤cf AIA §14, 33, 18（後述Ⅲ参照）

(1) 侵害判断とクレーム解釈　　　　　　cf　日本特許法70条（前出172頁参照）
➤中心限定主義（Central Limitation）から周辺限定主義（Peripheral Limitation）へ
➤All Elements Rule
　・　文言侵害と均等侵害
➤クレーム解釈の方法
　① 内在的証拠（Intrinsic evidence）
　② 外在的証拠（Extrinsic evidence）
　・　Phillips v. AWH Corp.

特許訴訟 ― 海外

- means plus function claim（112(f)）
  cf 日本特許法：磁気媒体リーダー事件（前出173頁参照）
- product by process claim *(Abbott Laboratories v Sandoz Inc.)*
  cf 日本特許法：プラバスタチンナトリウム事件（前出173頁参照）

➢ クレーム解釈は事実問題か法律問題か？
- *Markman v. Westview Instruments, Inc.*（後述）

(2) **均等侵害**　　　　　　　cf　日本特許法：ボールスプライン事件（前出175頁参照）

➢ 均等論
- *Graver Tank*事件
- Function-Way-Resultテスト
- *Warner-Jenkinson v. Hilton Davis Chemical*

➢ 均等論の制限…出願経緯による禁反言
- *Festo Corp v. Shoketsu Kinzoku Kogyo Kabusiki Co.*

cf. 逆均等論

(3) **いわゆる間接侵害**　　　　　　　cf　日本特許法101条（前出277頁参照）

米国特許法第271条　特許侵害
(b) 何人も，積極的に特許侵害を誘引した者は，侵害者としての責めを負わなければならない。
(c) 何人も，特許された機械，製造物，組立物若しくは組成物の構成部分，又は特許方法を実施するために使用される材料若しくは装置であって，その発明の主要部分を構成しているものについて，それらが当該特許の侵害に使用するために特別に製造若しくは改造されたものであり，かつ，実質的な非侵害の用途に適した汎用品若しくは流通商品でないことを知りながら，合衆国内で販売の申出をし若しくは販売し，又は合衆国内に輸入する者は，寄与侵害者としての責めを負わなければならない。
　　　　　　　　　　　　　…
(f) (1) 何人も，権限なく，特許発明の構成部分の全て又は要部を合衆国内で又は合衆国内から供給し又は供給させた者は，当該構成部分がその全体又は部分的に組み立てられていないとしても，合衆国内で組み立てられたときは特許侵害となるような方法により合衆国外で当該部分が組み立てることを積極的に誘引しているような場合には，侵害者としての責めを負わなければならない。
(2) 何人も，権限なく，特許発明の構成部分であって，その発明の実施のために特別

に製造若しくは改造されたものであり，かつ，実質的な非侵害の用途に適した汎用品若しくは流通商品でないものを合衆国内で又は合衆国内から供給し又は供給させた者は，当該構成部分がその全体又は部分的に組み立てられていないとしても，当該構成部分がそのように製造若しくは改造されていることを知りながら，かつ，合衆国内で組立てられたときは特許侵害となるような方法により合衆国外で当該部分が組み立てられることを意図していた場合には，侵害者としての責めを負わなければならない。

➢ いわゆる間接侵害の類型―侵害範囲の拡大　　　　　　　　　　　cf従属説
- 271条(b)：侵害の積極的誘引（active inducement of infringement）
- 271条(c)：寄与侵害（contributory infringement）
- 271条(f)：輸出入に関する侵害

➢ その限界（*Limelight v. Akamai* など）

A-2．侵害に対する救済

> 第29章　特許侵害に対する救済及びその他の措置
> 米国特許法第281条　特許侵害に対する救済
> 特許権者は，自己の特許の侵害に対し，民事訴訟による救済を受けることができる。

➢ 救済方法（Remedy）
① 衡平法上の救済（Equitable Remedy）：差止請求
② 法律上の救済（Legal Remedy）：損害賠償請求

(1) 差止請求　　　　　　　　　　　　　　cf　日本特許法100条（前出305頁参照）

> 第283条　差止命令
> この法律に基づく訴訟について管轄権を有する裁判所は，特許によって保障された権利の侵害を防止するため，衡平の原則に従って，裁判所が合理的であると認める条件に基づいて差止命令を下すことができる。

➢ 終局的差止命令（permanent injunction）と予備的差止命令（preliminary injunction）
➢ 近時の差止制限傾向…*eBay v MarcExchange* は下記4要素を考慮（前出308頁参照）
①回復不可能な損害（irreparable injury）の存在
②法律上の救済（損害賠償）では不十分であること
③両当事者の被る不利益（hardship）のバランス
④公共の利益（public interest）が害されないこと

(2) 損害賠償請求　　　　　cf　日本民法709条，特許法102条（前出309頁参照）

> 米国特許法第284条　損害賠償
>
> 　原告に有利な認定がなされたときは，裁判所は，原告に対し，その侵害を補償するのに適切な損害賠償額（但し，当該賠償額は如何なる場合も，侵害者が行った発明の使用に対する合理的な実施料相当額以下であってはならない）を，裁判所が定める利息及び費用と共に，裁定するものとする。
>
> 　損害賠償額について陪審の認定なされなかったときは，裁判所がそれを決定しなければならない。如何なる場合も，裁判所は，損害賠償額を，認定又は決定された額の3倍まで増額することができる。本段落に基づいて増額された損害賠償は，第154条(d)に基づく仮の権利には適用されない。
>
> 　裁判所は，損害賠償額又は当該状況下で合理的とみられる実施料相当額を決定するための補助として，専門家の証言を聴取することができる。

➢ **填補賠償**
① 逸失利益（lost profit）
   ・ Panduit Test…需要・代替品・能力・利益を考慮
② ライセンス料相当額（established royalty / reasonable royalty）
   ・ Hypothetical Negotiation
   ・ *Georgia-Pacific* factorsを考慮
   ➢ Entire Market Value Rule等による損害額高額化と，その制限（*Uniloc v. Microsoft*（basis for consumer demand），*Laser Dynamics v. Quanta Computer*（small salable patent-practicing unit）など）

➢ **懲罰的損害賠償**（Willful Infringement）
   ・ 基準の厳格化（*In re Seagate*）とその緩和（*Halo v. Pulse*など）
   ・ 特許法298条（AIA §17）

➢ **訴訟費用**…敗訴者負担の可否
   ・ 特許法285条（in exceptional case）とその拡大（*Octane Fitness*など）

➢ **cf 虚偽表示訴訟**
   ・ 特許法287条，292条（AIA §16）

A-3．抗弁　　　　　cf　日本法（前出第5章第2節（184頁以下）参照）

> 米国特許法第282条　有効性の推定；抗弁
>
> 　(a)　一般
>
> 　特許は，有効であると推定される。特許の各クレーム（独立，従属又は多項従属形式

の何れであるかを問わない）は，他のクレームの有効性とは無関係に有効であると推定される。従属又は多項従属クレームは，無効なクレームに従属している場合であっても有効であると推定される。特許又はそれに係るクレームの無効を立証する責任は，無効を主張する当事者が負わなければならない。

(b) 抗弁

特許の有効性又は侵害に関する訴訟においては，次の事項は抗弁であり，また，申立をしなければならない。

(1) 非侵害，侵害に対する責任の不存在又は権利行使不能

(2) 第Ⅱ部に規定された特許要件を理由とする，訴訟対象の特許又は何れかのクレームの無効

(3) 次の要件を満たさないことによる，訴訟対象の特許又は何れかのクレームの無効

　(A) 第112条の要件。ただし，ベストモード開示違反は，特許のクレームの取消，無効又は権利行使不能の根拠としてはならない。又は

　(B) 第251条の要件

(4) この法律によって抗弁とされる他の事実又は行為

①特許無効（Invalidity）（後述Ⅲ参照）
- 特許法282条：有効性の推定（*Micrsoft v. i4i*）
- 同上：無効事由（100条〜103条，112条など。但しベストモード要件違反を除く（AIA §15））

②先使用権
- 特許法273条（AIA §5）：ビジネス方法から拡大

③実験的使用
- cf特許法271条(e)(1)

④ミスユース（Misuse）
- cf特許法271条(d)(4)(5)

⑤消尽（first sale doctrine/implied license）（後述Ⅳ参照）

⑥出訴遅滞（Latches）

⑦禁反言（Estoppel）

⑧不公正行為（Inequitable Conduct）
- (1) intent to deceive Office with respect to (2) material information

B．欧州特許制度

- ➢ 欧州では，各国の特許制度が併存している。
- ➢ 欧州特許条約（EPC：European Patent Convention）により，出願の場面では（各国特許庁のみならず）欧州特許庁（EPO：European Patent Office）における欧州特許（Eurpoean Patent）出願も可能であり，ある程度統一的な取扱いがされている（特許の束：bundle of patents）が，権利行使や特許有効性の場面では各国毎に異なる。
- ➢ もっとも，近時は，欧州単一効特許（European Patent with Unitary Effect）及び欧州統一特許裁判所（UPC：Unified Patent Court）制度に向けた動きがある（後述ⅢB, ⅥB参照）。
- ➢ 以下では，主にドイツについて言及

> ドイツ特許法第9条
> 特許には，特許権者のみが，適用される法律の範囲内において特許発明を実施する権限を有するという効力がある。特許権者の同意を得ていない第三者は，次の行為をすることを禁止される。
> 1．特許の対象である製品を生産し，提供し，市販し若しくは使用し，又は当該目的のためにこれらの製品を輸入し若しくは保持すること
> 2．特許の対象である方法を使用すること，又は特許権者の同意を得ないでその方法を使用することが禁止されていることを当該第三者が知っているか若しくはそれが状況からみて明らかである場合に，この法律の施行領域内で使用するために，その方法を提供すること
> 3．特許の対象である方法によって直接に生産された製品を提供し，市販し若しくは使用し，又は当該目的のために輸入し若しくは保持すること

はじめに―特許性（欧・独）

- ・特許対象（EPC52条・ドイツ特許法1条）　　　　　　cf日本特許法－発明概念
- ・新規性（EPC54条・ドイツ特許法3条）　　　　　　　cf新規性
- ・進歩性（EPC56条・ドイツ特許法4条）　　　　　　　cf進歩性
- ・産業上利用可能性（EPC57条・ドイツ特許法5条）　　cf産業上利用可能性
- ・記載要件（EPC83条・ドイツ特許法34条）　　　　　cf記載要件

B－1．特許権の効力の及ぶ範囲

(1) **侵害判断とクレーム解釈**（欧・独・英）
- ➢ 中心限定主義と周辺限定主義
- ➢ EPC69条と「条約69条についての議定書」

cf 包袋禁反言はない

cf 無効の抗弁も認められない（後述Ⅲ参照）

C．アジア特許制度
➢ 各国毎に特許制度は様々であり，欧米の水準とは異なっていることに留意が必要。
➢ 上記説明に際して適宜言及（中国，韓国，インド，ASEANなど）。

Ⅲ．特許訴訟

A．米国特許制度
A－1．特許権侵害訴訟
(1) 米国制度概要
➢ 連邦裁判所と州裁判所　　　　　　　cf テキサス州東地区連邦地方裁判所
➢ 三審制
➢ 連邦巡回区控訴裁判所（U.S. Court of Appeals for the Federal Circuit）

(2) 訴訟の流れ

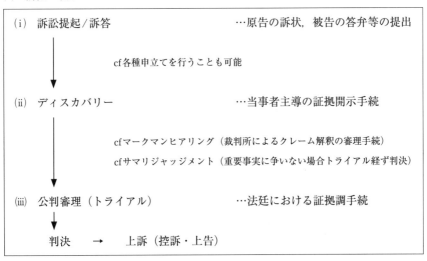

(i) 訴訟提起／訴答（Pleading）
➢ 裁判管轄（cf AIA §19）
➢ 当事者適格

> 訴状及び答弁書の提出

cf 各種申立て（移送申立て等／Mortion）

(ii) 証拠開示（ディスカバリー／Discovery）
> ディスカバリーの対象
> 保護命令（プロテクティブ・オーダー／Prortective Order）
> 秘匿特権（Previlege）とワーク・プロダクト（Work Product）
> ディスカバリーの方法─質問状（Interrogatories）・文書提出要求（Request for Production of Documents）・自白要求（Request for Admission）・証言録取（Deposition）
> eディスカバリー

cfマークマンヒアリング（Markman Hearing）
> *Markman v. Westview Instruments, Inc.*

cfサマリージャッジメント（Summary Judgment）
(iii) 公判審理（トライアル／Trial）
> 陪審員審理（Jury Trial）
> 裁判官審理（Bench Trial）

(iv) 判決
> 法的救済（Remedy）（前述Ⅱ A-2参照）…*eBay v MarcExchange* など
> 上訴（控訴・上告）
cf 米国訴訟の特殊性

A-2. 無効主張の在り方
> 無効主張の方法…(1)特許庁と(2)裁判所の役割

(1) **特許庁における特許無効**（cf AIA §6等）
米国特許商標庁（USPTO：US Patent and Trademark Office）における以下の手続：
> 査定系再審査（ex parte reexamination）（301条～）
> 当事者系再審査（inter-partes reexamination）（旧311条～）
　　　　↓
> 当事者系レビュー制度（inter partes review）（AIA §6）（311条～）

Ⅲ．特許訴訟

> 特許付与後レビュー（異議申立）制度（post grant review）（AIA §6）（321条～）
> ビジネス方法特許に関する暫定措置（transitional program for covered business method patents）（AIA §18）

第30章　特許商標庁に対して行う先行技術の引用及び特許の査定系再審査

米国特許法第301条　先行技術の引用

(a)　一般

何人も如何なるときにも特許商標庁に対し，書面で以下のものを引用することができる。

(1)　特許又は刊行物からなる先行技術であって，同人が特定の特許の何れかのクレームに係る特許性に影響があると信じているもの，又は

(2)　連邦裁判所又は特許商標庁における手続において提出された特許権者の陳述であって，特許権者が特定の特許の何れかのクレームの範囲に関する見解を示しているもの

…

第302条　再審査の請求

何人も，如何なるときにも，特許の何れのクレームについても，第301条の規定に基づいて引用された先行技術を基づいて，特許商標庁による再審査を請求することができる。

第31章　任意の当事者系再審査手続（改正前）

旧米国特許法第311条　当事者系再審査の請求

(a)　一般

　第三者請求人は，如何なるときにも，特許商標庁による，第301条の規定に基づいて引用された先行技術を基にした特許についての当事者系再審査を請求することができる。

(b)　要件

　当該請求は，

(1)　書面によるものとし，実質的利益当事者の身元を記載し，第41条に基づいて長官が定めた当事者系再審査手数料の納付を伴わなければならず，かつ

(2)　引用された先行技術を，再審査が請求されている全てのクレームに対して適用することの適切性及びその態様を記述しなければならない。

↓

第31章　当事者系レビュー

米国特許法第311条　当事者系レビュー

(a)　一般

　本章の規定に従うことを条件として，特許権者以外の者は，特許商標庁に対して，当

443

該特許の当事者系レビューの開始を申し立てることができる。…

(b) 範囲

当事者レビューの申立人は，第102条又は第103条の規定にのみ基づく理由であって，かつ，特許若しくは刊行物からなる先行技術のみを根拠として，特許の1又は複数のクレームを特許性のないものとして取り消すよう請求することができる。

(c) 提出期限

当事者系レビューを求める申立は，以下の何れか遅い方の後に申請しなければならない。

(1) 特許付与日から9月後の日，又は
(2) 付与後レビューが第32章に基づいて開始される場合は，当該付与後レビューの終結日

第32章　付与後レビュー

米国特許法第321条　付与後レビュー

(a) 一般

本章の規定に従うことを条件として，特許権者以外の者は，特許商標庁に対して，当該特許の付与後レビューの開始を申し立てることができる。…

(b) 範囲

付与後レビューの申立人は，（特許又はクレームの無効に関して）第282条(b)(2)又は(3)に基づいて提起することができた如何なる理由に基づいても，特許に係る1又は複数の特許性のないクレームの取消を請求することができる。

(c) 提出期限

付与後レビューの申立ては，特許付与日又は再発行特許の発行日から9月以内の日までに限り提出することができる。

---

cf　上記制度の異同
cf　上記制度の活用の頻度（後述Ⅵ参照）
➢　冒認（派生）訴訟（AIA §3）(135)　　　旧：インターフィアレンス（抵触審判）
➢　特許付与前情報提供（Preissuance Submissions）（AIA §8）(122(e))
➢　補充的審査制度（Supplemental Examination）（AIA §12）(257)
　　　　cf再発行（reissue）

　　　　　　　　　　　　　　　cf日本特許法123条（無効審判）（前出332頁参照）
　　　　　　　　cf日本特許法113条（異議制度）（前出151頁参照）…H15に一旦廃止・H26に復活
　　　　　　　　　　　　　　　cf日本特許法126条（訂正審判）（前出335頁参照）

444

(2) 裁判所
(ⅰ)無効宣言判決（declaratory judgement）
(ⅱ)無効の抗弁
- 有効性の推定と，無効の抗弁
- 無効理由：100条〜103条，112条等（282条）。但しベストモード要件違反を除く（AIA§15）

cf日本特許法104条の3（H16） / キルビー事件（前出226頁参照）

A-3. 水際措置
- 国際貿易委員会（ITC：International Trade Commission）における水際措置（関税法337条）
- 米国国内の侵害訴訟との違い…メリットとデメリット
  - 対象行為
  - 要件：国内産業の存在，不公正な競争行為（侵害）
  - 審理期間
  - 公判手続
  - 救済措置：(限定的／一般的) 排除命令，停止命令
  - 大統領の再審理
  - 控訴

cf日本の税関における水際措置（前出323頁参照）

cf. 留意点
- 米国特許訴訟の特徴と，日本特許訴訟との異同
- 我が国における特許制度の改正と，米国特許制度の影響

cf日本における立証容易化と営業秘密保護（前出301頁及び303頁参照）など

B. 欧州特許制度
- 欧州各国における訴訟手続を通じて，その国の特許権について侵害訴訟が提起され，権利行使が行われることになる（以下に主にドイツについて言及）。
- クロスボーダー・インジャンクションの可否。
- Directiveによるハーモナイゼーション。
- 近時動向として，統一特許制度へ向けた動き（後述ⅥB）。

B-1. 特許権侵害訴訟
(1) ドイツ制度概要
- 三審制（Landgericht, Oberlandesgericht, Bundesgerichthof）

cf特にデュセルドルフ・マンハイム・ミュンヘンの地方裁判所の件数が多い
➤ 侵害判断と無効判断の分離（後出B‐2(2)参照）

(2) 訴訟の流れ

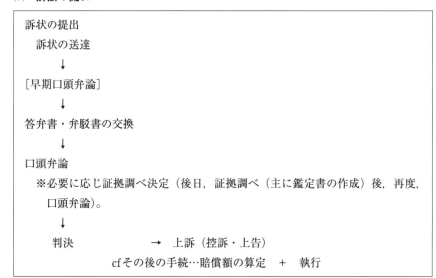

B‐2．無効主張の在り方
(1) 特許庁／特許裁判所等における特許無効
(i) 特許異議―欧州特許庁（EPO）

欧州特許条約第99条　異議申立
(1) 欧州特許公報における欧州特許付与の告示の公告から9月以内に，施行規則に従い，何人も，欧州特許庁にその特許に対する異議を申し立てることができる。異議申立は，異議申立手数料が納付されるまでは，されたものとみなさない。
(2) 異議申立は，欧州特許が効力を有するすべての締約国における欧州特許に及ぶ。

(ii) 特許異議―ドイツ特許商標庁（Deutsches Patent-und Markenamt）

ドイツ特許法第59条
(1) 何人も（但し，冒任の場合はその被害者のみが），特許付与の公告後3月以内に特許に対する異議申立を通知することができる。異議申立は，書面によるものとし，かつ，理由が付されなければならない。異議申立は，第21条の取消理由の1つが存在してい

る旨の主張のみを根拠とすることができる。異議申立を正当化する事実は，詳細に記述しなければならない。異議申立通知に未だ含まれていない詳細は，その後異議申立期間の満了前に，書面により提出しなければならない。

(iii) 特許無効―連邦特許裁判所（Bundespatentgericht）

ドイツ特許法第81条
(1) 特許若しくは補充的保護証明書の無効宣言に関する，又は強制ライセンスの付与若しくは取下に関する，又は強制ライセンスについて判決によって決定された報酬の調整に関する手続は，訴えの提起によって開始される。訴えは，登録簿に特許権者として記録されている者又は強制実施権者を相手として提起されなければならない。補充的保護証明書に対する訴えは，その基礎である特許に対する訴えと併合して提起することができ，また，基礎である特許に無効理由が存在しているという事実を基礎とすることもできる（第22条）。
(2) 特許の無効宣言を求める訴えは，その時点においても異議申立が提起可能であるか又は異議申立手続が係属している場合は，提起することができない。補充的保護証明書の無効宣言を求める法的訴えは，第49a条(4)の規定による請求が可能な場合，又はこれらの請求に関する決定の手続が係属している場合は，提起することができない。

(2) 侵害訴訟の裁判所における無効の抗弁
➢ 特許無効の抗弁はない…侵害判断と無効判断の分離（bifurcation）の問題
    cf 但し，実用新案の無効の抗弁は可能
    cf 今後，統一特許裁判所制度の導入に伴う変更の可能性
➢ 訴訟の停止の可否。

B-3．水際措置
➢ ドイツ税関における水際措置…司法手続の活用

cf 他の欧州諸国の特許制度（侵害訴訟・無効主張など）
➢ イギリスにおける特許制度
    cf米国との異同…Disclosureの存在，陪審員の不存在など
➢ フランスにおける特許制度
    cf証拠保全手続（La Saisie-contrefaçon）など

- その他の国々
- Enforcement Directive等による影響

C．アジア特許制度
- 上記説明に関して適宜言及・資料配付（中国，韓国，インド，ASEANなど）。
- 模倣品問題（弱いエンフォースメント）と，法改正等（エンフォースメントの向上）
- 南北問題　など

i．中国
- 制度　――　①司法ルートと②行政ルート
  - ①司法ルート…二審制，再審など
  - ②行政ルート…知識産権局，工商行政管理局，版権局　cf税関
- 地方保護主義
- 諸事情　――　登録，管轄，証拠，差止・損害賠償　　など

ii．インド
- 物質特許の導入と強制実施制度　　など

iii．ASEAN
- 特許権等のEnforcementの困難性と，対応策　　など

IV．特許ライセンス

1．ライセンスの種類
- Exclusive licenseとNon-exclusive license
  　　　　cf日本特許法：専用実施権（77条）と通常実施権（78条）（前出237頁以下参照）

2．ライセンスに関する諸問題
(1) ライセンスと登録
　　　　　　　　cf日本特許法：効力要件（98条）と当然対抗（99条H23改正）（同上）
(2) 倒産（連邦倒産法365条(n)参照）
　　　　　　　　　　cf日本破産法56条（H16改正）（前出242頁参照）
(3) 権利行使（Standing to Sue）
　　　　　　　　cf日本特許法：独占的通常実施権者の権利行使（前出267頁参照）

(4) 産学連携 ― Bayh-Dole Act
   cf 日本における産学連携の動向（前出250頁以下参照）
(5) 消尽 ― Patent Exhaustion, Implied License, First Sale Doctrine
   cf 日本特許法：（前出220頁（国内消尽）及び346頁（国際消尽）参照）
 cf 上述の諸問題について主要国で如何なる相違があるか。

3. ライセンスの基本的契約条項
➢ 如何なる条項が必要か。　　　　　　　　cf 実際のライセンス契約書など参照

V. 我が国における国際特許問題

cf Ⅱ～Ⅳは諸外国における権利行使。Ⅴは我が国の行使（前出349頁以下参照）

はじめに―問題の所在

1. 国際裁判管轄（前出349頁以下参照）
➢ 国際裁判管轄の判断基準
➢ 具体的問題―損賠賠償請求／差止請求
➢ 残された問題―ユビキタス侵害など

2. 準拠法（前出352頁以下参照）
➢ 差止請求
➢ 損害賠償請求

3. 国際的な侵害行為
➢ 輸出入・譲渡の申出（前出171頁及び351頁以下参照）
➢ 擬制侵害（前出278頁参照）
➢ 並行輸入（前出346頁参照）　　　など

VI. 近時の動向

A. 米国特許制度

はじめに
- プロパテントとは
- プロパテントに伴う弊害…①特許の質，②濫用的行使（Patent Troll）

1. Patent Trollとは
- Patent Trollとは？ cf NPE（Non-Practicing Entity）／PAE（Patent Assertion Entity）
- 特徴…自らは特許権を実施せず，他社からライセンス料を得るために特許権を取得・行使する
- 特許権行使の実態…特許権の取得，ライセンス交渉，特許訴訟
- 実際のケース（eBay v. MoreExchange，日本企業への警告書など）

2. 背景事情など
- いわゆるプロパテント政策
- 特許制度上の背景（前出Ⅱ参照）
- 訴訟上の背景（前出Ⅲ参照）
- 産業界における相違

3. 対応方法
(1) 既存の法制度の活用
(2) 法改正動向　　　cf　AIA（レビュー，異議制度ほか）など
(3) 判例の動向　　　cf　eBay, Aliceなど

4. 今後の動向
- 権利行使の制限傾向　cf　オバマ大統領のパテントトロール対策　など
- 現状…統計，権利制限の影響の顕在化，ディスカバリー等訴訟手続の改善
- 今後の考慮事項…適切な制度構築とバランスの模索

B. 欧州特許制度

1. 欧州における特許保護の現状と課題
- 欧州特許条約（EPC：European Patent Convention）に基づく特許制度（権利の束）
- クロスボーダー・インジャンクションの可否

2. 新たな動き
- 統一特許制度へ向けた動き
  - 欧州単一効特許（Unitary Patent with unitary effect）へ向けた動き

- ➢ 欧州統一特許裁判所（Unified Patent Court）へ向けた動き
  cf 統一特許制度の概要，メリット・デメリット，経過措置
- ➢ Brexit…イギリスのEU脱退のもたらす影響
  - ➢ 欧州特許制度（現行）への影響
  - ➢ 統一特許制度（上記）への影響
  - ➢ 欧州商標・意匠制度への影響
- ➢ 今後の考慮事項　…Enforcementの広域化・ハーモナイゼーションの可否

C．アジア特許制度
- ➢ 模倣品問題と，保護強化に向けた取り組み
- ➢ 南北問題

D．その他—標準化技術に係る特許権の行使(特許法と独占禁止法の交錯領域の問題)
1．技術標準とパテントプール
2．技術標準／パテントプールに関する問題（概要）
3．技術標準／パテントプールを巡る具体的問題
- ➢ 「ホールドアップ」や「ロイヤルティスタッキング」等の問題
- ➢ 標準技術に係る特許権行使に対するFRAND抗弁の可否（前出256頁参照）
  - ➢ 日本…権利濫用　cfアップル・サムスン事件（前出225頁参照）
  - ➢ 米国…衡平法に基づく差止制限（*eBay*参照）（前述ⅡA－2及び前出308頁参照）
  - ➢ 欧州…独占禁止法（前出256頁参照）
  - ➢ アジア

Ⅶ．国際特許訴訟への対応

- ➢ 国際知財訴訟への視点
- ➢ 多数併存する国際知財訴訟　　　cf　*Apple v Samsung*
- ➢ 訴訟の背後にあるライセンス交渉
- ➢ 戦略的な考慮…各国制度と，その特殊性や動向に配慮

掲載判例一覧

第1章 知的財産法

著作権	特許・実用新案	意匠・商標・不正競争・その他
【第1節 知的財産の概念】 顔真卿自書建中告身帖事件（最判昭和59・1・20）—所有権と知的財産権の違い（p2）		

第2章 知的財産権の種類および保護法

著作権	特許・実用新案	意匠・商標・不正競争・その他
木目化粧紙事件（東京高判平成3・12・17）—不法行為法上の保護の可能性（p7）		（他）木目化粧紙事件（東京高判平成3・12・17）—不法行為法上の保護の可能性（p7）［後出自動車データベース事件（p17），ギャロップレーサー事件（p44），北朝鮮著作物事件（p84）参照］
【第1節 著作権】 当落予想表事件（東京高判昭和62・2・19）—著作物の意義（p9） 交通標語事件（東京高判平成13・10・30）—ありふれた表現等（p9） 発光ダイオード論文事件（大阪地判昭和54・9・25）—著作物とアイディアの保護（p10） 民青の告白事件（東京地判昭和47・10・11）—言語の著作物（著10①Ⅰ）と事実の伝達にすぎない雑報および時事の報道（著10②）（p12） 仏壇彫刻事件（神戸地姫路支判昭和54・7・9）—応用美術（著10①Ⅳ）の保護（1）（p12） TRIPP TRAPP事件（知財高裁平成27・4・14）—応用美術の保護(2)（p13） ゴナ書体事件（最判平成12・9・7）—タイプフェイスの応用美術としての保護（p13）［不正競争防止法上の保護につき後出モリサワタイプフェイス事件（p38）参照］ グッドデザイン賞モデルハウス事件（大阪高判平成16・9・29）—建築の著作物（著10①Ⅴ）（p14） スモーキングスタンド事件（東京地判平成9・4・25）—図面の著作物（著10①Ⅵ）（p14）	【第2節 工業所有権(1) 創作】 貸金別貸借対照表事件（東京地判平成15・1・20）—自然法則（p22） 錦鯉飼育法事件（東京高判平成2・2・13）—発見と発明（p23） 原子力エネルギー発生装置事件（最判昭和44・1・28）—未完成発明（p24） 黄桃の育種増殖法事件（最判平成12・2・29）—反復可能性（p24）	【第2節 工業所有権(1) 創作】 （意）カップヌードル事件（東京高判昭和55・3・25）—意匠における「模様」の意義（p28） （不）車両運行管理業務関連情報事件（東京地判平成12・12・7）—秘密管理性（p29） （不）セラミックコンデンサー事件（大阪地判平成15・2・27）—非公知性（p30） （不）公共土木工事単価表事件（東京地判平成14・2・14）—有用性（p30） （不）小熊タオルセット事件（大阪地判平成10・9・10）—商品形態の意義（p31） （不）ピアス孔保護具事件（東京地判平成9・3・7）—ありふれた形態等の除外（p32） 【第2節 工業所有権(2) 標識等】 （標）コカ・コーラ事件（知財高判平成20・5・29）—立体商標の保護（p33）［後出（p107）参照］ （不）It's事件—色彩の商品表示性（p34）［後出（p40）参照］ （標）BOSS事件（大阪地判昭和62・8・26）—販促物と「商品」概念（p35） （標）巨峰事件—商標としての使用（p36）［後出（p181, p209）参照］

パックマン事件（東京地判昭和59・9・28）―ビデオゲームの映画の著作物（著10①Ⅶ）としての保護（p15） すいか写真事件（東京高判平成13・6・21）―写真の著作物（著10①Ⅷ）（p15） 電車線設計用プログラム事件（東京地判平成15・1・31）―プログラム著作物（著10①Ⅹ）としての保護（p16） キャンディキャンディ事件―二次的著作物（著11等）（p17）［後出（p163）参照］ 智恵子抄事件―編集著作物（著12）（p17）［後出（p86）参照］ 自動車データベース事件（東京地中間判平成13・5・25）―データベース著作物（著12の2）（p17）		（標）マグアンプK事件―商品の小分け（p37）［後出（p233）参照］ （標）フレッドペリー事件（p37）―国際消尽（商標）［後出（p348）参照］ （不）モリサワタイプフェイス事件（東京高決平成5・12・24）―不正競争防止法上の商品概念（p38）［著作権法上の保護につき前出ゴナ書体事件（p13）参照］ （不）ナイロール眼鏡枠事件（東京地判昭和48・3・9）―商品形態の商品等表示該当性（p39） （不）ルービックキューブ事件（東京高判平成13・12・19）―商品形態と技術的機能（p39） （不）It's事件（大阪高平成9・3・27）―色彩の商品表示性（p40）［前出（p34）参照］ （不）ライナービヤー事件（最判昭和40・6・4）―品質内容の誤認表示（p41） （不）ジャストホーム2家計簿パック事件―警告書と営業誹謗（p43）［後出（p291）参照］ （不）ブルーレイディスク事件―FRAND宣言をした必須特許の行使と営業誹謗（p43）［後出（p291）参照］ （他）おニャン子クラブ事件（東京高判平成3・9・26）―氏名・肖像の保護（p43） （他）ピンクレディー事件（最判平成24・2・2）―パブリシティ権の保護（p43） （他）ギャロップレーサー事件（最判平成16・2・13）―物のパブリシティー権（p44）
【第4節 重畳的・関連的保護】 ポパイ・ネクタイ事件（最判平成9・7・17）―キャラクターの保護（p50）［後出（p329）参照］		

第3章　知的財産権の法的性格

著作権	特許・実用新案	意匠・商標・不正競争・その他
【第2節 公共上の制約(1)期間】 チャップリン事件（最判平成21・10・8）―映画の著作物に係る著作権の保護期間（p57）	ベバシズマブ事件（最判平成27・11・17）―存続期間の延長（p56）[後出（p171, p207）参照] オキサリプラチヌム事件―延長された特許権の効力範囲（p56）[後出（p171, p207）参照]	
【第5節 権利の共有】 平家物語英訳事件（大阪高判昭和55・6・26）―共同著作物（p71）	細粒核事件―共同発明（p71）[後出（p87）参照] 模様メリヤス事件（大判昭和13・12・22）―共有者の自己実施（p72） 磁気治療器事件（最判平成7・3・7）―拒絶審決取消訴訟の共有者の一部の訴え（p73）[後出（p149）参照]	（標）ETNIES事件（最判平成14・2・22）―無効審決取消訴訟の共有者の一部の訴え（p74）[後出（p335）参照]

第4章　知的財産権の発生

著作権	特許・実用新案	意匠・商標・不正競争・その他
【第1節 概要】	希土類の回収方法事件（大阪地判平成14・5・23）―発明者名誉権（p79） 加工工具事件（知財高判平成22・2・24）―特許を受ける権利の譲渡と背信的悪意者（p80）[後出（p231）参照] アースベルト事件―補償金支払請求のための警告と補正（p83）[後出（p139）参照]	（意）自転車用幼児乗せ荷台事件事件（最判平成5・2・16）―冒認出願と不法行為（p81）
【第2節 権利発生の要件(1)主体】 北朝鮮著作物事件（最判平成23・12・8）―未承認国の著作物の保護（p84）[後出（p358）参照] 智恵子抄事件（最判平成5・3・30）―著作者の認定（p86）[前出（p17）参照] RGBアドベンチャー事件（最判平成15・4・11）―「法人等の業務に従事する者」（著15①）の意義（p89）	写真用支持体事件（東京地判平成18・1・26）―発明者の認定(1)（p86） 細粒核事件（東京地判平成14・8・27）―発明者の認定(2)（p87）[前出（p71）参照] マホービン事件（大阪地判平成6・4・28）―職務該当性（p89） オリンパス事件（最判平成15・4・22）―相当対価の請求（p93）	（標）喜多方ラーメン事件―地域団体商標の周知性要件（p99）[後出（p109）参照] （不）天理教事件（最判平成18・1・20）―不正競争防止法上の営業概念（p100）

新潟鉄工事件（東京高判昭和60・12・4）―「法人等が自己の著作の名義の下に公表するもの」の意義（p90） マクロス事件（東京高判平成15・9・25）―映画製作者（著29）の意義（p97） テレビCM事件（知財高判平成24・10・25）―テレビCMの著作権の帰属（p97）	青色発光ダイオード事件（東京地判平成16・1・30）―相当対価の算定（1）（p93） 青色発光ダイオード事件（東京高裁和解勧告案平成17・1・11）―相当対価の算定（2）（p94） 野村證券事件（知財高判平成27・7・30）―勤務規則等の不合理性の判断（p94） 日立製作所事件（最判平成18・10・17）―外国の特許を受ける権利（p95）［後出（p355）参照］	
【第2節 権利発生の要件(2)客体】	（積極的要件） 外科手術再生光学表示方法装置事件（東京高判平成14・4・11）―医療行為（p102） 壁式建造物の建築装置事件（東京高判昭和49・6・18）―公用の意義と守秘義務（p103） 第二次箱尺事件（最判昭和61・7・17）―刊行物の意義（p103） 殺虫剤事件（東京高判昭和38・10・31）―選択発明の進歩性（p104） 回路用接続部材事件（知財高判平成21・1・28）―進歩性判断と後知恵排除（p104）	（標）コカ・コーラ事件―使用による識別力の取得（p107）［前出（p33）参照］ （標）ワイキキ事件（最判昭和54・4・10）―記述的商標（産地）(1)（p108）［後出（p121）参照］ （標）ジョージア事件（最判昭和61・1・23）―記述的商標（産地）(2)（p108） （標）喜多方ラーメン事件（知財高判平成22・11・15）―地域団体商標の周知性要件（p109）［前出（p99）参照］ （他）エリンギ（ホクト2号）事件―品種登録要件（p111）［後出（p226）参照］
	（消極的要件） 紙幣事件（東京高判昭和61・12・25）―公序良俗の意義（p113）	（標）ドゥーセラム事件（東京高判平成11・12・22）―公序良俗違反に基づく不登録事由（p115） （標）氷山印事件（最判昭和43・2・27）―商標の類否判断（p117）［後出（p282）参照］ （標）つつみのおひなっこや事件（最判平成20・9・8）―結合商標の類否判断（p117）［後出（p282）参照］ （標）橘正宗事件（最判昭和36・6・27）―商品の類否判断（p118）［後出（p282）参照］ （標）Career-Japan事件（大阪地判平成16・4・20）―役務の類否判断（p118）［後出（p282）参照］

掲載判例一覧

			(標)ヴィラージュ白山事件（東京地判平成11・10・2）—商品と役務の類否判断（p119）［後出（p282）参照］ (標)パームスプリングスポロクラブ事件（最判平成13・7・6）—希釈化（p120） (標)ワイキキ事件—記述的商標(産地)(1)（p121）［前出（p108）参照］
【第3節 権利発生の手続】	パラメータ事件（知財高判平成17・11・11）—サポート要件（1）（p126） フリバンセリン事件（知財高判平成22・1・28）—サポート要件（2）（p127） プラバスタチンナトリウム事件—PBPクレームと明確性要件（p128）［後出（p173）参照］ 数値制御通電加工装置事件（最判平成5・3・30）—先願発明との同一性（p131） 人工乳首事件（東京高判平成15・10・8）—優先権主張の範囲（p132） アースベルト事件（最判昭和63・7・19）—補償金支払請求のための警告と補正（p139）［前出（p83）参照］ ソルダーレジスト（除くクレーム）事件（知財高判平成20・5・30）—補正および訂正の可否（p144） 半サイズ映画フィルム録音装置事件（最判昭和55・12・18）—分割出願（p146）		

第5章 知的財産権の利用

著作権	特許・実用新案	意匠・商標・不正競争・その他
【第1節 権利の行使(積極的効力)】		
ワン・レイニー・ナイト・イン・トーキョー事件—侵害判断における複製（著21）の意義—依拠性（p158）［後出（p268）参照］	ベバシズマブ事件—存続期間の延長（p171）［前出（p56）参照］ オキサリプラティヌム事件—延長された特許権の効力範囲（p171）［後出（p207）参照］	(意)自走式クレーン事件（東京高判平成10・6・18）—意匠の類否判断（p179） (標)巨峰事件（福岡地飯塚支判昭和46・9・17）—商標としての使用（p181）［前出（p36）後出（p209）参照］

457

掲載判例一覧

スタデジオ事件（東京地判平成12・5・16）—データの一時的蓄積（著21）(p158)〔後出(p203)参照〕	一太郎事件（知財高判平成17・9・30）—プログラムのインストールと「生産」(p172)〔後出(p279)参照〕	(標) マグアンプK事件—商品の小分け (p181)〔後出 (p223) 参照〕
雪月花事件—写り込みと複製（著21）（東京高判平成14・2・18）(p159)〔後出(p189)参照〕	生理活性物質測定法事件（最判平成11・7・16）—方法の発明と物を生産する方法の発明の違い (p172)〔後出(p307)参照〕	(他) なめこ（KX－N006号）事件（知財高判平成27・6・24）—育成者権の権利範囲と現物主義 (p182)
ロクラクⅡ事件—海外居住者向け番組提供サービス（2）（著21）(p159)〔後出(p272)参照〕	リバーゼ事件（最判平成3・3・8）—発明の要旨認定と明細書の参酌 (p173)	
自炊代行事件—自炊代行業者と侵害主体（著21）(p159)〔後出 (p186, 273) 参照〕	磁気媒体リーダー事件（東京地判平成10・12・22）—機能的クレームの解釈 (p173)	
クラブキャッツアイ事件—いわゆるカラオケ法理と演奏権（著22）(p159)〔後出(p271)参照〕	プラバスタチンナトリウム事件—PBPクレームの解釈（最判平成27・6・5）(p173)〔前出(p128)参照〕	
ファイル・ローグ事件—P2Pファイル交換サービス提供者の責任（著23）(p160)〔後出(p272)参照〕	ボールスプライン事件（最判平成10・2・24）—均等論 (p175)	
まねきTV事件—海外居住者向け番組提供サービス（著23）(p160)〔後出(p272)参照〕	マキサカルシトール事件（知財高判平成28・3・25）—均等論の立証責任、第1要件及び第5要件 (p175)	
2ちゃんねる事件—サービスプロバイダーの責任（著23）(p160)〔後出(p273)参照〕	炭車トロ脱線防止装置事件（最判昭和37・12・7）—公知技術の参酌 (p177)	
中古ゲームソフト販売事件—映画の著作物と消尽（著26）(p161)〔後出(p222)参照〕	加熱膨潤装置事件（最判昭和43・4・18）—判定の法的性質 (p177)	
江差追分事件（最判平成13・6・28）—侵害判断における翻案（著27）の意義—表現上の本質的特徴の直接感得性 (p162)〔後出(p268)参照〕	フェノチアジン誘導体製法事件（最判昭和47・12・14）—訂正の範囲 (p178)〔後出(p337)参照〕	
舞台装置事件—侵害判断における翻案の意義—アイディアと表現 (p162)〔後出(p268)参照〕	大径角形鋼管事件—訂正請求の確定と無効審決取消訴訟 (p178)〔後出(p337)参照〕	
たいやきくん事件（東京地判昭和52・3・30）—変形（著27）の意義 (p162)	トレーラー駆動装置事件—無効審決の確定と訂正審判 (p178)〔後出(p337)参照〕	
キャンディキャンディ事件（最判平成13・10・25）—二次的著作物における原著作者の権利（著28）(p163)〔前出(p17)、後出(p212)参照〕		

（著作者人格権等） 宇宙戦艦ヤマト事件（東京地判平成13・7・2）—著作者人格権の不行使（p164）［後出（p206, p232）参照］ 雑誌「諸君！」事件（最判平成10・7・17）—同一性（著20）の意義（p166） ときめきメモリアル事件（最判平成13・2・13）—ゲームの改変（p166） 新梅田シティ庭園事件—庭園の改変（p166）［後出（p205）参照］ 法政大学懸賞論文事件—論文の改変（p166）［後出（p205）参照］		
（著作隣接権等） アニメ声優事件（東京高判平成16・8・25）—テレビアニメ声優の放送後のビデオ化使用料の請求等（p167） ファイル・ローグ事件—P2Pファイル交換サービス提供者の責任（著96の2）（p170）［後出（p272）参照］ ロクラクII事件—海外居住者向け番組提供サービス（2）（著98）（p170）［後出（p272）参照］ まねきTV事件—海外居住者向け番組提供サービス（1）（著99の2）（p170）［後出（p272）参照］		
【第2節 権利の効力の制限(1)公共】 THE WALL STREET JOURNAL事件（東京高判平成6・10・27）—フェア・ユース（p186） 自炊代行事件（知財高判平成26・10・22）—著30①の趣旨と自炊代行業者（p186）［後出（p273）参照］ 東芝デジタル補償金訴訟（知財高判平成23・12・22）—補償金の対象（p188） 雪月花事件—写り込みと複製（p189）［前出（p159）参照］ パロディ事件（最判昭和55・3・28）—引用（著32）の意義(1)とパロディ（p191） 絵画鑑定事件（知財高判平成22・10・13）—引用（著32）の意義(2), 引用と著作物性（p191）	膵臓疾患治療剤事件（最判平成11・4・16）—後発医薬品と試験研究（p206） ベバシズマブ事件—存続期間の延長（p207）［前出（p56）参照］ オキサリプラティヌム事件（知財高判平成29・1・20）—延長された特許権の効力範囲（特68の2）（p207）［前出（p56, p171）参照］	（標）小僧寿し事件（最判平成9・3・11）—著名な略称を普通の方法で表示する商標（p208）［後出（p314）参照］ （標）巨峰事件—商標としての使用（p209）［前出（p36, p181）参照］

教科書準拠テスト事件（東京地判平成15・3・28）―試験問題（著36）の意義（p193） TBS事件（大阪地判平成5・3・23）―報道（著41）の意義（p196） バス車体絵画事件（東京地判平成13・7・25）―著46条の意義（p199） レオナール・フジタ展事件（東京地判平成元・10・6）―小冊子（著47）の意義（p200） スターデジオ事件―データの一時的蓄積（p203）［前出（p158）参照］ 新梅田シティ庭園事件（大阪地判平成25・9・6）―庭園の改変（著20②Ⅱ）（p205）［前出（p166）参照］ 法政大学懸賞論文事件（東京高判平3・12・19）―論文の改変（著20②Ⅳ）（p205）［前出（p166）参照］ 宇宙戦艦ヤマト事件―著作者人格権の不行使（p206）［前出（p164）参照］		
【第2節 権利の効力の制限 (2) 他人】		
キャンディキャンディ事件―二次的著作物における原著作者の権利（p212）［前出（p163）参照］	ウォーキングビーム式加熱炉事件（最判昭61・10・3）―先使用権の要件と範囲（p217）	（意）地球儀型トランジスターラジオ事件（最判昭和44・10・17）―第三者の実施と先使用権（p218）
【第2節 権利の効力の制限 (3) 消尽】		
中古ゲームソフト販売事件（最判平成14・4・25）―映画の著作物と消尽（p222）［前出（p161）参照］	インクタンク事件（最判平19・11・8）―国内消尽，再生行為（p221） アップル・サムスン事件（知財高判平成26・5・16）―擬制侵害品の譲渡と消尽（p222）［後出（p225, p315）参照］ BBS事件―国際消尽（特許）（p223）［前出（p221）後出（p347）参照］	（標）マグアンプK事件（大阪地判平成6・2・24）―商品の小分け（p223）［前出（p37, p181）参照］ （標）フレッドペリー事件―国際消尽（商標）（p223）［後出（p348）参照］

【第2節 権利の効力の制限 (4-1)濫用】 写真で見る首里城事件（那覇地判平成20・9・24）―著作権と権利濫用の抗弁（p224）［後出（p308）参照］	アップル・サムスン事件（知財高判／決平成26・5・16）―必須特許の権利行使とFRAND抗弁（p225）［前出（p222）後出（p256, p308, p315）参照］	（標）ポパイ・マフラー事件（最判平成2・7・20）―商標権と権利濫用の抗弁（p224）
【第2節 権利の効力の制限 (4-2)無効】	キルビー事件（最判平成12・4・11）―権利濫用に基づく無効の抗弁（p226） 切削方法事件（知財高裁平成21・8・25）―訂正の再抗弁（p228）	（他）エリンギ（ホクト2号）事件（知財高判平成18・12・21）―品種登録の取消事由に基づく権利濫用の抗弁（p226）［前出（p111）参照］
【第2節 権利の効力の制限 (5) 再審】	ナイフの加工装置事件（最判平成20・4・24）―訂正審決確定と再審事由（p229）	
【第3節 権利の変動 (1) 譲渡】 Von Dutch事件（知財高判平成20・3・27）―著作権の譲渡と背信的悪意者（p231） ひこにゃん事件（大阪高決平成23・3・31）―著作権譲渡と特掲（著61②）（p232） 宇宙戦艦ヤマト事件―著作者人格権の不行使（p232）［前出（p164）参照］	加工工具事件―特許を受ける権利の譲渡と背信的悪意者（p231）［前出（p80）参照］	
【第3節 権利の変動(2)利用許諾】	カップ入り即席食品事件（東京地判昭和57・11・29）―権利無効の場合の既払い実施料返還の要否（p241）	（意）ヘアーブラシ事件―完全独占的通常実施権者による差止および損害賠償請求（p241）［後出（p269）参照］ （他）ゴム発泡技術（マンダラ技術）事件（神戸地判昭和60・9・25）―ライセンスと瑕疵担保責任（p241）
【第4節 知的財産権の活用】 JASRAC事件（最判平成27・4・28）―音楽著作権管理事業者の包括徴収と独禁法違反（p247）［後出（p257）参照］		

掲載判例一覧

著作権	特許・実用新案	意匠・商標・不正競争・その他
【第5節 知的財産権と独占禁止法】 JASRAC事件──音楽著作権管理事業者の包括徴収と独禁法違反（p257）[前出（p247）参照]	アップル・サムスン事件──必須特許の権利行使とFRAND抗弁（p256）[前出（p225），後出（p308）参照] 日之出水道事件（知財高判平成18・7・20）──知的財産権と独占禁止法（p257）	

第6章 知的財産権の侵害および消滅

著作権	特許・実用新案	意匠・商標・不正競争・その他
【第1節 権利侵害の態様（消極的効力の範囲）】 ワン・レイニー・ナイト・イン・トーキョー事件（最判昭和53・9・7）──侵害判断における複製の意義──依拠性（p268）[前出（p158）参照] 江差追分事件──侵害判断における翻案の意義──表現上の本質的特徴の直接感得性（p268）[前出（p162）参照] 舞台装置事件（東京高判平成12・9・19）──侵害判断における翻案の意義──アイディアと表現（p268）[前出（p162）参照]		
（権利行使の主体）		（意）ヘアーブラシ事件（大阪地昭和59・12・20）──完全独占的通常実施権者による差止めおよび損害賠償請求（p268）[前出（p241），後出（p298）参照]
（権利侵害の主体） クラブキャッツアイ事件（最判昭和63・3・15）──いわゆるカラオケ法理（p271）[前出（p159）参照] ファイル・ローグ事件（東京高判平成17・3・31）──P2Pファイル交換サービス提供者の責任（p272）[前出（p160, p170）参照] まねきTV事件（最判平成23・1・18）──海外居住者向け番組提供サービス（1）（p272）[前出（p160, p170）参照] ロクラクⅡ事件（最判平成23・1・20）──海外居住者向け番組提供サービス（2）（p272）[前出（p159, p170）参照]		（標）チュッパチャップス事件（知財高判平成24・2・14）──ウェブ管理者の商標権侵害に係る責任（p274）

自炊代行事件（知財高判平成26・10・22）—自炊代行業者と侵害主体（p273）[前出（p159, p186）参照] 2ちゃんねる事件（東京高判平成17・3・3）—サービスプロバイダーの責任（p273）[前出（p160）参照] ヒットワン事件—幇助者に対する差止めの可否（p274）[後出（p306）参照]			
【第1節 権利侵害の態様（2）擬制侵害】 システムサイエンス事件（東京地判平成7・10・30）—「情を知って」の意義（p276）	1眼レフカメラ事件（東京地判昭和56・2・25）—「にのみ」（1号）の解釈（1）（p278） 製パン器事件（大阪地判平成12・10・24）—「にのみ」の解釈（2）（p278） 一太郎事件（知財高判平成17・9・30）—2号と5号の擬制侵害（p279）[前出（p172）参照] ピオグリタゾン組合せ医薬事件（1）（大阪地判平成24・9・27）—「物の生産」（2号）の解釈（p280） ピオグリタゾン組合せ医薬事件（2）（東京地判平成25・5・28）—「発明による課題の解決に不可欠なもの」（2号）の解釈（p281）	（標）氷山印事件—商標の類否判断（p282）[前出（p117）参照] （標）つつみのおひなっこや事件—結合商標の類否判断（p282）[前出（p117）参照] （標）橘正宗事件—商品の類否判断（p282）[前出（p118）参照] （標）Career-Japan事件—役務の類否判断（p282）[前出（p118）参照] （標）ヴィラージュ白山事件—商品と役務の類否判断（p282）[前出（p119）参照]	
【第1節 権利侵害の態様（3）不正競争行為】		（不）ベレッタM92F事件（東京地判平成12・6・29）—商品等表示の「使用」の意義（p284） （不）ニューアマモト事件（最決昭和34・5・20）—周知性の判断（p284） （不）日本ウーマン・パワー事件（最判昭和58・10・7）—類似性の判断（p284） （不）スナックシャネル事件（最判平成10・9・10）—広義の混同（p285） （不）ドラゴン・キーホルダー事件（東京高判平成10・2・26）—模倣の意義（p285） （不）ダイコク原価セール事件（東京地判平成14・2・5）—営業秘密の保有（p286）	

			（他）フォセコ・ジャパン・リミティッド事件（奈良地判昭和45・10・23）—競業避止義務の有効性（p287） （不）マジコン事件（東京地判平成21・2・27）—技術的制限手段の意義（p289） （不）ジャストホーム2家計簿パック事件（東京地判平成16・8・31）—警告書と営業誹謗—違法性（p291）［前出（p43）後出（p299）］参照 （不）ブルーレイディスク事件（東京地判平成27・2・18）—FRAND宣言をした必須特許の行使と営業誹謗—故意過失（p291）［前出（p43）参照］
【第2節 権利侵害に対する救済】	生体高分子構造検索方法事件（最判平成17・6・17）—専用実施権設定時の特許権者の権利（p298） 仮処分秘密保持命令申立事件（最決平成21・1・27）—仮処分における秘密保持命令の申立ての可否（p304）		（意）ヘアーブラシ事件—完全独占的通常実施権者による差止めおよび損害賠償請求（p298）［前出（p269）参照］ （不）ジャストホーム2家計簿パック事件—警告書と営業誹謗（p299）［前出（p291）参照］
（差止） ヒットワン事件（大阪地判平成15・2・13）—幇助者に対する差止めの可否（p306）［前出（p274）参照］ 写真で見る首里城事件—著作権と権利濫用の抗弁（p308）［前出（p224）参照］	切削オーバーレイ工法工法事件（東京地判平成16・8・17）—幇助者に対する差止めの可否（p306） 生理活性物質測定法事件（最判平成11・7・16）—方法の発明に係る特許権に基づく差止請求（p307）［前出（p172）参照］ アップル・サムスン事件—必須特許の権利行使とFRAND抗弁（p308）［前出（p225，p256，315）参照］		
（損害賠償） LEC事件（東京地判平成13・5・16）—2項の利益の解釈（p314） SL DVD事件（東京地判平成22・4・21）—廉価販売と使用料相当額（p314）	蓄熱材スミターマル事件（東京高判平成11・6・15）—1項の解釈（特許（1））（p311） スロットマシン事件（東京地判平成14・3・19）—1項の解釈（特許（2））（p312） ごみ貯蔵カセット事件（知財高判平成25・2・1）—2項と自己実施（p313） アップル・サムスン事件（知財高判平成26・5・16）—必須特許の権利行使と損害賠償額（p315）［前出（p222，p225，p308）参照］		（他）しいたけ（MM-2）事件（東京地判平成20・8・29）—過失の推定（p309） （標）カナディアンメープルシロップ事件（東京高判平成14・9・26）—1項の解釈（商標）（p313） （標）小僧寿し事件（最判平成9・3・11）—3項の解釈（商標）（p314）［前出（p208）参照］

著作権	特許・実用新案	意匠・商標・不正競争・その他
駒込大観音事件（知財高判平成22・3・25）—名誉回復等の措置（p317） Winny事件（最判平成23・12・19）—ファイル共有ソフトの開発と著作権法違反幇助（p318）	関税定率法［現関税法］事件（神戸地判平成18・1・19）—無効理由がある場合の認定処分（p327）	
【第3節 権利の消滅】 ポパイ・ネクタイ事件（最判平成9・7・17）—二次的著作物の保護期間と取得時効（p329）［前出（p50）参照］	【第3節 権利の消滅（2）無効・訂正審判】 メリヤス編機事件（最判昭和51・3・10）—審決取消訴訟の審理範囲（p335） 高速旋回バレル研磨法事件（最判平成4・4・28）—審決取消判決の拘束力（p335） フェノチアジン誘導体製法事件—訂正の範囲（p337）［前出（p178）参照］ 大径角形鋼管事件（最判平成11・3・9）—訂正請求の確定と無効審決取消訴訟（p337） トレーラー駆動装置事件（最判昭和59・4・24）—無効審決の確定と訂正審判（p337）	【第3節 権利の消滅（3）商標登録取消審判】 （標）Dale Carnegie事件（東京高判平成13・2・28）—不使用による取消し（p339）

第7章 知的財産権の国際的保護

著作権	特許・実用新案	意匠・商標・不正競争・その他
【第1節 保護の性質（1）属地主義】	BBS事件（最判平成9・7・1）—属地主義，国際消尽（特許）（p347）［前出（p221, p223）参照］	（標）フレッドペリー事件（最判平成15・2・27）—国際消尽（商標）（p348）［前出（p37, p223）参照］
【第1節 保護の性質（2-1）管轄】 ウルトラマン事件（最判平成13・6・8）—不法行為地の裁判籍・併合管轄（p350）	サンゴ化石粉末事件（東京地判平成15・10・16）—国際裁判管轄一般（p350） モータ事件（知財高判平成22・9・15）—インターネット取引と不法行為地の裁判籍（p351） 大林精工事件（東京地判平成25・2・19）—国際二重起訴（p352）	眉のトリートメント事件（最判平成26・4・24）—間接管轄，差止請求と不法行為地の裁判籍（p351）

【第1節 保護の性質 (2-2) 準拠法】		
中国詩事件（東京地判平成16・5・31）—著作権侵害訴訟と準拠法（p354） ダリ事件（東京高判平成15・5・28）—譲渡と準拠法（p355）	カードリーダー事件（最判平成14・9・26）—特許権侵害訴訟と準拠法（p353） 日立製作所事件—外国の特許を受ける権利（p355）［前出（p95）参照］	
【第2節 ベルヌ条約など】		
北朝鮮著作物事件—未承認国の著作物の保護（p358）［前出（p84）参照］		

事項索引

あ　行

アイディア……………………………………10
斡旋……………………………………… 300
アフリカ地区工業所有権機関設立条約
　………………………………………… 366
アフリカ知的所有権機関の創設に関する協
　定（バンギ協定〔OAPI〕）………… 385
安定性…………………………………… 110
異議申立て……… 68，131，329，369
依拠性………………………………158，268
異議理由………………………………… 132
育成者権……………… 45，48，182
　——と独占禁止法……………… 255
　——の存続期間…………………………58
　——の消尽……………………… 221
　——の譲渡……………………… 230
意見書………………………………141，154
意見陳述制度……………………262，355
維持決定………………………………… 154
意匠………………………………………27
　——の保護…………………………………48
　　公序良俗を害するおそれある—— 113
意匠権……………………………… 27，178
　——の存続期間…………………………57
1発明（多項制）1出願……………… 128
1出願1区分制…………………………… 128
1国1特許主義………………………… 344
逸失利益………………………………… 311
一般先取特権…………………………… 242
一品製作の手工的な美術工芸品………11
インカメラ手続……………………… 393
インターネット条約………………… 362
引用……………………………………… 190
ウィーン協定
　標章の図形的要素の国際分類を設立する
　ための………………………………… 364
ウィンドウ・ディスプレイ………………11
迂回方法………………………………… 174
映画製作者…………………………………97

映画の著作物……………… 84，97，167
映画の盗撮の防止に関する法律……… 188
営業者……………………………………… 100
営業上の信用………………………………42
営業信託……………………………… 244
営業誹謗………………………………… 318
営業誹謗行為………………………………43
営業秘密………………………29，256，286
　——に係る訴訟手続…………… 303
　——に係る刑事訴訟手続…………… 322
　営利を目的としない上演等…… 195
役務…………………………………………35
　——の類似……………………… 116
役務商標……………………………… 32，180
演奏権……………………………………… 159
欧州特許条約（EPC）………………… 366
応用美術……………………………………11
音響商標……………………………………33

か　行

外国為替及び外国貿易法…………………20
外国為替令…………………………………20
外国公務員等に対する不正の利益の供与
　………………………………………… 292
外国語書面出願制度…………………… 128
外国人………………………………………83
外国登録商標…………………………… 360
会社…………………………………………38
海賊版の輸入…………………………… 276
改変……………………………………… 165
改良創作に関する制限………………… 259
回路配置………………… 47，50，361
　——の保護…………………………………48
回路配置図面………………………………50
回路配置利用権……………………………47
　——と独占禁止法……………… 254
　——の存続期間…………………………58
回路配置利用権の職権抹消手続… 69，329
書換登録制度…………………………… 130
過失の推定…………………………………83

467

歌唱……………………………………18
課徴金納付命令……………………261
学校その他の教育機関における複製等
　………………………………………192
学校その他の教育番組の放送等………192
画面デザイン…………………………28
仮実施権………………………………238
　──制度……………………… 80，238
仮処分…………………………………300
仮専用実施権………… 80，92，147，238
仮通常実施権………… 59，80，147，283
仮登記担保……………………………243
管轄………………………… 262，301，349
関税定率法………………………… 20，323
関税法……………………………… 20，323
間接侵害→擬制侵害を見よ
完全独占の通常実施（使用）権……237
鑑定嘱託………………………………177
慣用商標……………………………107，209
関連意匠……………………………132，293
関連意匠権……………………………215
疑義貨物の点検………………………326
疑義貨物の見本検査制度……………326
企業担保………………………………243
技術移転事業…………………………98
技術的効果……………………………24
技術的制限手段………………187，210，289
記述的標章……………………………107
技術的保護手段………………187，289，319
擬制侵害…………………………275，311
擬制侵害行為…………………………318
欺瞞的行為…………………………254，290
キャラクター…………………………49
求意見制度………………262，301，305，335
休眠特許………………………………249
教科用拡大図書等の作成のための複製等
　………………………………………192
教科用図書等への掲載………………191
狭義の工業所有権……………………50
　──と独占禁止法…………………254
　──の譲渡…………………………230
競業避止義務…………………………287

行政機関情報公開法等による開示のための
　利用…………………………………197
強制執行………………………………230
強制実施許諾……………60，62，249，347
行政不服審査法……………138，149，220
強制利用許諾（公共の利用）………62
強制利用許諾制度（不利用・公共の利益）
　………………………………………61
競争回復措置…………………………258
競争減殺的の行為……………………256
競争の実質的制限……………………262
競争品等取扱制限……………………259
共同研究………………………………74
共同体商標法（CTM）………………366
共同体特許条約（CPC）……………366
共同著作物…………… 71，73，86，97，231
業として………………………………172
業務範囲………………………………90
業務妨害罪……………………………299
共有……………………………… 71，230
共有者の共同出願……………………73
共有の分割請求………………………72
虚偽表示罪……………………………320
　指定種苗に係る──………………323
挙証責任の緩和………………………302
拒絶査定…………………………141，142
拒絶査定不服審判………………142，148
拒絶理由…………………………141，152
拒絶理由の通知…………………141，142
許諾を得ないレコードの複製からのレコー
　ド製作者の保護に関する条約……361
寄与の侵害……………………………275
均一性…………………………………110
禁止権…………………………………282
金銭的請求権…………… 82，137，218
均等論………………………………70，174
組合せ…………………………………25
具体的態様の明示義務＝積極否認の特則
　………………………………………302
グッドウィル…………………………1
区別性…………………………………110
組物の意匠………………………128，130

クレーム	172
クロスライセンス	213, 260
計算鑑定人	315
形式的審査（回路配置利用権）	79, 156
刑事制裁	317
形状	25, 26
継続出版義務	61, 236
継続的使用権	216, 332
継続的利用義務	66
景表法	41, 254, 291
契約利用権	215
ゲームソフト	12
外科的方法	101
結合著作物	71, 86
結合発明	23
研究創作行為の制限	259
原告適格	298
言語の著作物	160
原材料等購入先制限	260
原産地表示	41, 235
原産地名称	41, 235
原著作者の権利	162, 212
現物出資	231, 232
権利管理情報	248, 277, 318, 319
権利者適格	85
権利侵害の救済	74
権利設定登録	150
権利の移転請求（冒認）	82
権利能力	83
権利の消尽	46, 220
権利の消滅	
相続人等不存在による――	66
権利の段階的行使の原則	183
権利の取消し	
不使用・不実施に対する――	60
権利の放棄	240, 329
権利無効の抗弁	62, 81, 177, 224, 226, 332
権利濫用の抗弁	62, 224
考案	25
公開の美術の著作物等の利用	199
鉱業財団	243

工業上利用可能性	106
工業所有権	19
狭義の――	50
――の属地性	344
広告宣伝機能	36, 181, 346
交雑品種	45, 182, 215
公衆送信権	158, 160
口述権	160
工場財団	243
工場発明	95
公正競争阻害性	253, 259
構造	25
公知	29, 102, 176
購入の動機づけ（pre-selling）	36
公表権	164
公表年月日の推定	77
合理的根拠の提出義務	291
顧客吸引力	1, 7, 31, 36, 53, 346
国外犯	320
国際経済取引のボーダレス化	346
国際裁判管轄	349
国際私法	343
国際出願	132
国際消尽	277, 346
国際調査機関	367
国際調査報告	367
国際特許協会（IIB）	365
国際特許分類（IPC）	364
国際破産	344
国際予備審査	367
国際予備審査報告	367
国立国会図書館による複製	198
誤認混同行為	
商標権者の――	99
商標使用権者の――	99, 339
コピーコントロール	187
誤訳訂正書	142
固有必要的共同訴訟	73
混同惹起行為	40, 283
混同の防止	54
混同防止表示	219
混同防止表示請求権	233

コンピュータ・プログラム................50

さ　行

サービス・マーク................32
在外者................123
最恵国待遇................360
材質の変更................26
再審によって回復した権利........208, 210
再審の請求登録前の善意の実施（使用）権
　................216
裁定実施（利用）権
　................60, 64, 213, 219, 269
　——の移転................239
　——の消滅................240
裁判上の和解................305
裁判手続等における複製................197
裁判の公開原則の例外................305
再販売価格維持制度................253, 263
再販売価格の制限................257
再放送権................170
再有線放送権................170
詐欺行為罪................320
先の特許出願に基づく優先権................132
差止請求（独占禁止法）................261
産業技術力強化法................251
産業財産権................21
産業上利用可能性................101, 106
「産業」の発達................21
3段階テスト................185
視覚障害者のための自動公衆送信................194
色彩................25
識別標識................1, 32, 54, 85
　——の譲渡................233
事業者................103
試験,研究のためにする実施（利用）................206
時限再販................264
試験問題としての複製等................193
時効................92, 263, 316, 330
指示的抄録................162
時事問題に関する論説の転載等................195
システムデザイン................130
事前通知................141

下請法................253
自他商品・役務識別力................35, 107
自他商品・役務の混同................62
質権................242
実演及びレコードに関する世界知的所有権
　機関条約（WPPT）........18, 349, 362
実演家人格権... 163, 166, 232, 275, 311
　——の消滅................67
　——の侵害................317
実演家等保護条約................18, 360
実演家の権利................167
失効の理論................61
実施................171, 178
実施（使用）権................237
　——の移転................239
実施可能性................23
実施義務................61
実施奨励................21, 249
実体審査................138, 141
実地審査................79, 156
実用新案................25
　——の保護................48
実用新案技術評価書................299
実用新案技術評価制度................67, 138
実用新案権................25, 178
　——の存続期間................35
実用新案登録に基づく特許出願................131
実用的効果................25
指定商品・指定役務................123
指定団体制度................246
私的使用のための複製................186
私的独占................258, 261
私的録音録画補償金................188
私的録音録画補償金請求権........169, 245
自動公衆送信................192, 194, 195
自動公衆送信権................160
自動執行力................346
自動複製機器................318
自発的実施許諾................250
支分権................157
氏名................43
氏名表示権................163, 167, 298

| 謝罪広告……………………………… 317
| 写真の著作物…………………………… 11
| 従業者等…………………………………88
| 修正・増減権……………………163，236
| 集積回路についての知的所有権に関する
| 　条約（IPIC条約）………47，361，369
| 従属品種………………………45，182，210
| 周知………………………… 109，116，284
| 周知商標………………………………116，121
| 自由利用マーク…………………………248
| 受託研究…………………………………75
| 出願経過に基づく禁反言……………… 176
| 出願公開………………… 105，137，139
| 出願公表………………………………… 156
| 出願書類………………………………… 122
| 出願審査手続…………………………… 133
| 出願対象の単一性……………………… 128
| 出願手続段階における補正……………69
| 出願当時の技術水準…………………… 176
| 出願は却下……………………133，136
| 出願の受理……………………………… 136
| 出願の分割……………………131，142
| 出願の変更……………………131，147
| 出願の放棄，取下げ…………141，240
| 出願番号………………………………… 133
| 出願日の認定…………………………… 133
| 出願方式統一条約……………………… 367
| 出所混同………………………………… 116
| 出所混同行為
| 　商標権の分割・移転による――………99
| 出所表示機能……………………36，346
| 出所明示………………………………… 191
| 出所明示義務…………………………… 204
| 出版権消滅請求権（撤回権）………… 236
| 出版権設定契約………………………… 235
| 種苗法……………………………………45
| 準拠法
| 　国際裁判管轄および――……… 349
| 準公知……………………………101，106
| 準同盟国国民……………84，356，359
| 使用（商標）…………………………… 179
| 上映権……………………………159，161

上演
　営利を目的としない――等………… 195
上演権…………………………………… 159
障害のある児童及び生徒のための教科用
　特定図書等の普及の促進等に関する法律
　……………………………………… 192
使用義務…………………………………61
商業用レコードの還流に関する擬制侵害
　行為……………………………… 319
商業用レコードの還流防止…………… 277
消極的損害（逸失利益）……………… 309
商号………………………………………37
　――の保護…………………………48
　――権………………… 109，181，210
　――自由の原則…………………… 109
　――専用権…………………………69
　――単一の原則…………………… 122
　――の譲渡………………… 63，234
　――の登記手続…………………… 155
商行為……………………………………37
証拠保全手続…………………………… 300
使用者主義………………………………91
使用者等…………………………………88
肖像………………………………………43
肖像権……………………………………49
譲渡……………………………………… 230
　育成者権の――……………… 230
　狭義の工業所有権の――……… 230
　商号の――………………… 62，234
　商標の――…………………… 233
　著作権の――………………… 231
譲渡権…………………158，161，169，220
譲渡担保………………………………… 243
商人…………………………………37，100
小発明……………………………………25
消費者団体……………………………… 291
消費者の保護……………………………37，63
商標………………………………………32
　――の譲渡…………………… 233
　――の商品・役務指示力の汚染…… 120
　――の商品・役務指示力の稀釈化　120
　――の保護…………………………48

471

──の類似………………………… 116
　公序良俗を害するおそれある── 113
　商標登録を受けようとする── … 123
　代理人等の不当な──の使用……… 292
商標権……………………32, 98, 107, 179
　──の存続期間更新登録…………… 330
　──の存続期間……………… 58, 330
　更新登録申請期間経過後回復した──
　　　…………………………………… 209
商標権者の誤認混同行為……………… 340
商標権の消尽…………………………… 220
商標権の分割移転による混同行為…… 340
商標使用強制…………………………… 259
商標使用権者の誤認混同行為………… 340
商標登録異議申立て…………………… 151
商標登録出願により生じた権利… 79, 133
商標登録取消審判……………………… 337
商標登録条約（TRT）………………… 364
商標法条約（TLT）…………… 20, 365
商標見本………………………………… 124
商品……………………………… 31, 34
　　──の類似………………………… 116
商品・役務の品質誤認…………………… 62
商品・役務の普通名称………………… 107
商品化権………………………………… 49
商品商標………………………… 36, 178
商品等表示……………………………… 38
　──の保護……………………………… 48
商品区分………………………………… 129
商品の形態………………… 31, 40, 285
情報公開法（条例）……… 164, 197, 205
使用文字………………………………… 122
嘱託鑑定………………………………… 70
植物の保護……………………………… 48
植物特許………………………………… 45
植物の新品種の保護に関する国際条約
　（UPOV）……………………… 45, 369
植物品種………………………… 23, 45
植物品種保護権………………………… 45
職務育成品種…………………… 88, 90, 216
職務回路配置…………………… 88, 90
職務考案………………………………… 88

職務創作（意匠）……………………… 88
職務著作………………………… 88, 90, 96
職務発明………………… 88, 90, 214, 251
職務プログラム………………… 88, 90, 91
除斥期間
　無効審判の請求の──……………… 68
職権探知主義…………………… 152, 334
書面審理………………………… 149, 154
書類提出命令…………………………… 141
侵害事件関連情報の交換……………… 334
侵害者の過失の推定…………………… 309
侵害訴訟の提起………………………… 301
侵害認定手続…………………………… 326
新規性…………………… 102, 106, 130, 345
新規性喪失の例外……………… 103, 106
新旧併存条約…………………………… 349
審決取消訴訟…………………… 149, 334, 336
審決の予告制度………………………… 336
親告罪…………………………… 319, 323
審査および審判の任意的中止………… 305
審査主義………………………………… 77
審査請求………………………… 118, 139
審査制度………………………………… 68
審査前置制度…………………………… 148
真正商品の並行輸入…………………… 346
信託業法………………………………… 244
診断……………………………………… 101
人的標識………………………………… 37
審判書記官……………………………… 334
審美性…………………………………… 28
進歩性…………………………… 103, 106, 138
信用回復措置請求……………………… 317
数量（使用回数）制限………………… 258
ストラスブール協定
　国際特許分類に関する──… 20, 364
図面……………………………… 50, 124
図面の補正……………………… 142, 144
生花……………………………………… 11
生産方法の推定………………………… 302
政治上の演説等の利用………………… 196
世界知的所有権機関…………………… 18
世界知的所有権機関条約……………… 18

事項索引

世界知的所有権機関を設立する条約… 357
世界貿易機関（WTO） ………… 18，360
積極的損害…………………………… 309
設計変更………………………… 23，104
絶対的な排他的独占権
　……………27，32，181，254，302，315
設定出版権………………………235，269
説明書…………………………………50
説明書（育成者権）………………… 155
先育成者権………………………216，218
先願主義………78，103，116，130，155
先願主義の例外……………………… 131
先願の地位……………………130，131
先願の範囲の拡大………… 105，107，138
先行技術文献開示制度…………125，141
先出願による法定通常実施権（意匠権）
　……………………………………… 218
先使用（冒認）権……………………82
先使用権…………………………216，218
先使用主義……………………………78
先発明主義……………………………78
専門委員……………………………… 302
専用利用（実施・使用）権
　……………………212，215，243，269
相互主義…………………………84，344
相互利用許諾………………………… 260
相互利用許諾契約…………………… 260
創作奨励……………………………… 8
創作性………… 8，24，31，106，111
創作的活動…………………1，54，85
創作年月日の推定（プログラム）………77
増殖販売義務…………………………60
送信可能化…………………………… 160
送信可能化許諾契約………………… 236
送信可能化権……………… 168，169，170
相続人等の不存在………………66，329
相対的な排他的独占権
　………8，31，157，212，254，302，315
相当の損害額の認定………… 83，316
相当の対価……………………………92
属地主義の原則……………………… 343
属地主義の修正…………………345，368

素材変更………………………… 23，104
訴訟手続の任意的中止……………… 305
損害額の算定………………………… 310
損害額の推定…………………………83
損害賠償請求………………………… 309
損害賠償請求（独占禁止法）………… 261
存続（保護）期間…………… 55，359
存続期間………………………………55
　育成者権の――……………………58
　意匠権の――………………………57
　回路配置利用権の――……………58
　実用新案権の――…………………35
　商標権の――…………… 58，330
　特許権の――…………… 55，103
　――の延長登録制度…………55，171
　――の更新登録（商標権）
　　………………………58，295，330

た　行

代位責任……………………………… 275
大学等技術移転機関………………… 244
大学等技術移転事業………………… 253
大学等技術移転促進法…………150，251
第三者の閲覧等請求の禁止………… 304
代替的紛争解決手段………………… 299
対内直接投資等に関する政令…………20
タイプフェイス………………………11
貸与権…………………………161，169
貸与報酬請求権…………………169，246
代理人………………………………… 123
代理人等の商標の不当な使用……… 292
代理人等の不当な登録……………… 341
ただ乗り…………………………120，283
団体構成員の使用権の移転………… 239
団体商標……………… 99，234，238，294
　――および地域団体商標における
　　構成員の使用権………………… 238
地域制限……………………………… 258
地域団体商標……99，109，234，238，294
　――に係る商標の先使用権……… 217
地域団体商標権……………………… 234
秩序罰………………………………… 323

473

事項索引

知的財産…………………………………… 1
知的財産基本法…………………………… 4
知的財産権……………………………47, 53
　──侵害訴訟と要件事実……………… 265
　──侵害に対する救済措置…………… 299
　──侵害に対する警告………………… 299
　──と独占禁止法……………………… 253
　──の質入れ…………………………… 243
　──の消極的効力……………………… 265
　──の侵害の差止請求………………… 306
　──の積極的効力……… 157, 265, 275
　──の非本来的行使…………………… 261
　──の本来的行使………………256, 280
　──プール……………………………… 266
知的財産権法……………………………… 1
知的財産高等裁判所……………………… 301
知的財産戦略本部………………………… 5
知的所有権の貿易関連の側面に関する協定
　（TRIPs協定） …………… 18, 20, 360
仲裁………………………………………… 300
中小企業のものづくり基盤技術の高度化に
　関する法律……………………………… 252
中用権…… 68, 216, 218, 240, 332, 334
聴覚障害者のための自動公衆送信……… 194
調剤行為または調剤する医薬…………… 207
調査依頼…………………………………… 141
重畳的・関連的保護……………………… 47
調整………………………………………… 184
調停………………………………………… 300
重複登録…………………………………… 132
直接侵害…………………………………… 276
著作権………………………8, 157, 235, 245
　──の効力の制限……… 184, 197, 203
　──の保護期間………………………… 57
著作権等管理事業………………………… 246
著作権等管理事業者の義務……………… 246
著作権等管理事業法……………………… 246
著作権に関する世界知的所有権機関条約
　（WCT） ………………… 18, 349, 362
著作権ニ関スル仲介業務ニ関スル法律
　………………………………………… 245
著作権の一部譲渡………………………… 231

著作権の譲渡……………………………… 231
著作権の属地性…………………………… 343
著作財産権………………………………… 157
著作者人格権権…………… 8, 58, 91, 157,
　　　　　　　　　163, 232, 275, 311, 357
　──の消滅……………………………… 75
　──の侵害……………………………… 298
著作者の権利………………………………8, 157
著作者の推定……………………………77, 87
著作物
　映画の──…………11, 57, 97, 159, 161
　公序良俗を害する──………………… 112
　写真の──……………………………… 11, 160
　美術の──……………………11, 199, 200
著作物の題号………………………………49, 190
著作物利用許諾契約……………………… 248
著作隣接権…………………………………8, 18, 166
　──の制限……………………………… 204
著作隣接権の譲渡………………………… 231
著名商標…………………………………… 120
著名な商品等表示………………………… 299
地理的表示……………… 41, 120, 209, 360
治療……………………………………… 101
追及権……………………………………… 157
通関解放請求……………… 324, 326, 328
積戻し………………………………………171, 326
抵触………………………………………212, 214
　意匠権と実用新案権との──………… 214
　意匠権と商標権との──……………… 214
　意匠権と著作権との──……………… 214
　著作権と特許権との──……………212, 214
　特許権と育成者権との──…………… 215
　特許権と意匠権との──……………… 213
　特許権と回路配置利用権との── …… 212
　特許権と商標権との──……………… 213
訂正審判………………… 70, 176, 332, 335
訂正手続………………………………178, 335
訂正に係る明細書………………………142, 144
データベース……………………………… 85
データベースの著作物……………………12, 17
敵産管理…………………………………… 344
撤回権………………………………………163, 236

手続能力	123
手続補正	133, 142
手続補完書	133
手続補正書	137, 142
テル・ケル商標出願制度	360
転載	190
時事問題に関する論説の――等	195
展示	
美術の著作物等の原作品の所有者による――	199
展示権	160
電子国際出願	125
電子出版物	35, 365
点字による複製	194
同一性保持権	165, 204, 248
同一性保持権（実演家）	167
登記商号の抹消請求	61, 308
当事者尋問等の公開停止	139, 288, 304
同時発行	84
謄抄本等の交付請求権	59
当然対抗制度	59, 146, 237
動的意匠	28
同盟国国民	83, 357, 359
登録異議申立て	151
登録，登記簿等の閲覧	59
登録査定	141
登録主義	61
登録証	150
登録情報処理機関	136, 141
登録調査機関	141
登録品種名称	184
登録無効審判	227, 332
登録料	
――の一括払い（商標）	60
――の納付	150
――の分納制度（商標）	60
――は請求により返還	138
――の未納	329
特性保持義務（種苗法）	63, 65
独占禁止法	61, 253, 347
独占的状態	258
独占的通常利用（実施・使用）権	269
特徴記載書（意匠）	124
特許管理人	123
特許協力条約（PCT）	20, 364, 366
特許権	21, 171, 249
――の存続期間	55
特許権等契約のガイドライン	252
特許権等の取消し	263, 329
特許公報等の縦覧	140
特許査定	149
特許証	150
特許請求の範囲	50, 124, 142, 172
特許庁長官意見照会制度	327
特許等公報	59, 249
特許等を受ける権利	78, 83, 85
特許独立の原則	345, 360
特許の国際分類（IPC）	364
特許発明	21
――の技術的範囲	176
――の客観的範囲	172
特許付与手続統一条約	368
特許無効審判制度	334
特許料	137
特許料ないし登録料の未納	329
特許を受ける権利	48, 80
ドメイン名	290
取消決定	154
取消審判	233
取消理由	154
取引上の表示	41, 302

な 行

内外価格差	347
内国民待遇	344, 357, 359, 360
名板貸人	234, 242
ナイロビ条約	
オリンピックマークの保護に関する――	365
7年強制許諾	219, 358
ニース協定	
標章の登録のための商品及びサービスの国際分類に関する――	20, 364
二次使用料請求権	169, 246

二次的侵害‥‥‥‥‥‥‥‥‥‥‥‥‥ 275
二次的著作物‥‥‥‥ 16, 71, 85, 161, 212
　——の利用‥‥‥‥‥‥ 162, 182, 212
二重登録（商標）‥‥‥‥‥‥‥‥‥ 130
農産種苗法‥‥‥‥‥‥‥‥‥‥‥‥‥45
ノウハウ‥‥‥‥‥‥‥‥‥‥‥‥49, 96
ノベルティー‥‥‥‥‥‥‥‥‥‥‥‥35

は　行

バイ・ドール法‥‥‥‥‥‥‥‥‥‥ 250
パイオニア的発明‥‥‥‥‥‥‥‥‥‥27
バイオテクノロジー‥‥‥‥‥‥ 45, 369
廃棄（除却）請求権‥‥‥‥‥‥‥‥ 307
排除措置命令‥‥‥‥‥‥‥‥‥‥‥ 261
排他的独占権
　絶対的な——‥‥‥‥‥ 27, 32, 181,
　　　　　　　　　　　　254, 302, 315
　相対的な——‥‥‥‥‥‥ 8, 31, 157,
　　　　　　　　　　　212, 254, 302, 315
排他的独占性‥‥‥‥‥‥‥‥‥‥‥‥53
博覧会出品‥‥‥‥‥‥‥‥‥‥ 102, 132
博覧会の賞‥‥‥‥‥‥‥‥‥‥‥‥ 116
破産管財人の解除権の制限‥‥‥ 231, 242
破産財団‥‥‥‥‥‥‥‥‥‥‥‥‥ 230
発明‥‥‥‥‥‥‥‥‥‥‥‥‥‥‥‥22
　——の保護‥‥‥‥‥‥‥‥‥‥‥‥21
　公序良俗または公衆の衛生を害する
　　おそれある——‥‥‥‥‥‥‥ 112
発明（考案）の詳細な説明‥‥‥‥‥ 125
発明者主義‥‥‥‥‥‥‥‥‥‥‥‥‥91
発明者人格権‥‥‥‥‥‥‥‥‥‥79, 85
発明奨励‥‥‥‥‥‥‥‥‥‥‥‥‥‥21
発明仲介業‥‥‥‥‥‥‥‥‥‥‥‥ 253
発明の実質的同一性‥‥‥‥‥‥‥‥‥23
発明の単一性‥‥‥‥‥‥‥‥‥‥‥ 143
パブリシティーの権利‥‥‥‥‥‥43, 49
パリ条約‥‥‥‥‥‥‥‥‥ 20, 359, 360
パロディ‥‥‥‥‥‥‥‥‥‥‥‥‥ 191
バンギ協定（OAPI）‥‥‥‥‥‥‥ 366
万国著作権条約（UCC）‥‥‥‥ 18, 358
犯罪利用預金口座等に係る資金による
　被害回復分配金の支払等に関する法律
　‥‥‥‥‥‥‥‥‥‥‥‥‥‥‥‥ 328
判定‥‥‥‥‥‥‥‥‥‥‥‥‥ 177, 181
半導体‥‥‥‥‥‥‥‥‥‥‥‥‥‥‥50
半導体集積回路‥‥‥‥‥‥‥‥‥‥‥47
販売価格維持‥‥‥‥‥‥‥‥‥‥‥ 258
販売価格の制限‥‥‥‥‥‥‥‥‥‥ 259
販売先制限‥‥‥‥‥‥‥‥‥‥‥‥ 260
販売分野を制限‥‥‥‥‥‥‥‥‥‥ 258
反復可能性‥‥‥‥‥‥‥‥‥‥‥24, 46
頒布権‥‥‥‥‥‥‥‥‥‥‥‥ 160, 220
汎用品‥‥‥‥‥‥‥‥‥‥‥‥‥‥ 279
被害回復分配金‥‥‥‥‥‥‥‥‥‥ 328
美感‥‥‥‥‥‥‥‥‥‥‥‥‥‥‥‥28
非係争義務‥‥‥‥‥‥‥‥‥‥‥‥ 283
非公知性‥‥‥‥‥‥‥‥‥‥‥‥‥‥29
ビジネス特許‥‥‥‥‥‥‥‥‥‥‥‥22
美術の著作物等の原作品の所有者
　による展示‥‥‥‥‥‥‥‥‥‥ 199
美術の著作物等の展示に伴う複製
　‥‥‥‥‥‥‥‥‥‥‥‥‥‥‥‥ 200
微生物の寄託‥‥‥‥‥‥‥‥‥‥‥ 124
ビデオゲーム‥‥‥‥‥‥‥‥‥‥‥‥11
ビデオソフト‥‥‥‥‥‥‥‥‥‥‥‥12
秘匿決定‥‥‥‥‥‥‥‥‥‥‥‥‥ 322
秘密意匠‥‥‥‥‥‥‥‥ 293, 299, 309
秘密管理性‥‥‥‥‥‥‥‥‥‥‥‥‥29
秘密保持命令‥‥‥‥‥‥‥‥‥‥‥ 304
秘密保持命令違反罪‥‥‥‥‥‥‥‥ 320
標準文字制度‥‥‥‥‥‥‥‥‥‥‥ 124
平等主義‥‥‥‥‥‥‥‥‥‥‥‥‥‥84
品質制限‥‥‥‥‥‥‥‥‥‥‥‥‥ 260
品質等保証表示‥‥‥‥‥‥‥‥‥‥‥41
品質保証機能‥‥‥‥‥‥‥‥‥ 36, 346
品種登録‥‥‥‥‥‥‥‥‥‥‥‥‥ 154
品種登録の職権取消制度‥‥‥‥‥‥ 329
品種名称‥‥‥‥‥‥‥‥‥‥‥‥‥ 111
フェア・ユース‥‥‥‥‥‥‥‥‥‥ 186
不完全実施‥‥‥‥‥‥‥‥‥‥‥‥ 174
複数関連発明（多項制）1出願‥‥‥ 129
複製
　学校その他の教育機関における——等
　‥‥‥‥‥‥‥‥‥‥‥‥‥‥‥‥ 192

教科用拡大図書等の作成のための――等
　　　…………………………………… 192
　　国立国会図書館によるインターネット
　　資料及びオンライン資料の収集のた
　　めの――…………………………… 198
　　裁判手続等における――…………… 197
　　試験問題としての――等…………… 193
　　私的使用のための――……………… 186
　　点字による――……………………… 194
　　図書館等における――……………… 189
　　美術の著作物等の展示に伴う―― 200
　　プログラムの著作物の複製物の所有者に
　　よる――等………………………… 201
　　保守，修理のための一時的――…… 201
複製権………………………………158，170
　――の制限により作成された複製物の
　　譲渡…………………………………… 203
複製物の譲渡…………………………… 203
不公正な取引方法………………253，258
不使用取消審判…………………294，340
不正アクセス行為……………………… 290
不正競争行為………………………2，283
不正競争防止法…………………… 7，19
不正競争防止法上の保護権
　　……………………19，54，158，210
不争義務………………………………… 258
附属書…………………………………… 357
ブダペスト条約
　　特許手続上の微生物の寄託の国際的
　　承認に関する――…………… 20，364
普通名称化……………………………… 207
物品（意匠）……………………………… 27
物品（実用新案）………………………… 25
不当な取引制限…………………253，258
不当利得制度……………………………… 7
不当利得返還請求……………………… 316
部分意匠…………………………28，107，179
部分再販………………………………… 264
不法行為制度……………………………… 7
ブラーゲ旋風…………………………… 204
プログラム……………………35，50，276
プログラムの著作物……………………… 11

　　プログラムの著作物の複製物の所有者に
　　よる複製等………………………… 201
プロバイダー…………………………… 271
分割
　　指定商品・指定役務ごとの――…… 73
　　著作物ないし支分権ごとの――…… 73
分割出願………………………………… 146
分割納付制度…………………………… 150
文化の発展………………………………… 7
文書提出命令……………………303，315
並行輸入…………………………323，346
平面的雛型……………………………… 27
ヘーグ協定
　　工業的意匠の国際寄託に関する――
　　…………………………………… 363
ペーパーレス・システム………128，151
ベルヌ条約……………18，356，360，363
　――の優先適用……………………… 358
ベルヌ条約議定書……………………… 357
弁護士…………………………………… 123
編集著作物…………………………17，86
弁明書…………………………………… 133
弁理士…………………………………… 123
弁理士法………………………………… 19
防護標章………119，234，283，294，331
防護標章登録の移転…………………… 234
方式主義………………………………… 358
方式審査………………………………… 137
報酬等請求権…………………………… 167
法人（等）…………………………83，123
法人重課…………………318，320，323
法人等の発意…………………………… 90
放送
　　学校その他の教育番組の――等…… 192
放送事業者……………………………… 168
放送事業者による一時的固定………… 198
放送事業者の権利……………………… 170
報知的抄録……………………………… 162
法定実施権の移転……………………… 240
法定利用（実施）権…………………… 209
法定利用権……………………………… 215
報道

時事の事件の——のための利用…… 196
冒認………………………………81, 82
冒認発明
　被——に関する規制……………… 345
法の適用に関する通則法…………… 352
方法の発明………………………24, 172
法律上の市場参入障壁……………… 2
補完命令……………………………… 133
保護期間………………………55, 357, 362
　著作権の——………………………57
　——の戦時加算……………………57
保護国法主義………………………… 343
保守，修理のための一時的複製…… 201
圃場育成品種…………………………97
保証金請求権……82, 139, 140, 156, 218
補正可能の時期…………………143, 145
補正可能の範囲……………143, 145, 149
補正却下決定……………………142, 149
補正却下決定不服審判……………… 142
保税地域……………………………… 326
補正命令…………………………137, 156
翻案権………………………………… 161
翻訳，翻案等による利用 …………… 198
翻訳権……………………… 161, 219, 358
翻訳物が発行されない場合…………65

ま 行

マドリッド協定
　虚偽の又は誤解を生じさせる原産地表示
　　の防止に関する——………20, 41, 362
　原産地虚偽表示の防止に関する——
　……………………………………… 362
　製造標または商標の国際登録に
　　関する——……………………… 363
　標章の国際登録に関する——
　…………………………………20, 363
マドリッド協定議定書………… 20, 363
Ⓒの記号……………………………… 358
マルチプルライセンス……………… 261
未開示情報………………………29, 361
未譲渡性……………………………… 110
水際措置…………………………323, 361

未利用性……………………………… 111
民事信託……………………………… 244
民法上の契約法理…………………… 7
無過失賠償責任……………………… 262
無期限条約…………………………… 349
無効審決
　——の確定………………………… 334
　——の取消訴訟…………………… 336
無効審判… 68, 152, 177, 329, 332, 334
無効審判制度…………………………78
無効審判の除斥期間………………… 217
無効理由……………………………… 141
無審査主義……………………25, 67, 77
無体財産権法………………………… 1
無体物…………………………………69
無方式主義……………67, 77, 166, 309, 357
無名・変名の著作物…………57, 298, 357
明細書……………………50, 105, 125, 142, 172
名称の変更命令……………………… 156
黙示の実施許諾……………………… 346
モチーフ……………………………… 107
持分の質入れ…………………………72
持分の譲渡……………………………72
持分の利用許諾………………………72
物の発明……………………………24, 171
物を生産する方法の発明………27, 172
模倣・冒認……………………………2, 53
模倣………………………31, 157, 265, 285
模倣品・海賊版拡散防止条約……… 361
模様……………………………………28

や 行

優先権………………………………… 132
　先の特許出願に基づく——……… 132
　——の主張（育成者権）………… 155
優先審査……………………………… 139
優先弁済権…………………………… 243
有線放送権……………………… 170, 236
有線放送事業者の権利……………… 170
有用性……………………………30, 101
ユーラシア特許条約………………… 366
輸出…………………………………… 172

事項索引

輸出してはならない貨物……………… 324
輸出入取引法……………………………20
輸出貿易管理令…………………………20
輸入……………………………… 20, 323
輸入禁制品……………………………… 324
輸入差止情報提供制度………………… 325
輸入差止申立制度……………………… 325
輸入してはならない貨物……………… 324
輸入特許制度…………………………… 345
要旨……………………………………… 162
要件事実
　知的財産権侵害訴訟と――………… 265
用途発明…………………………………23
要約書…………………………… 50, 124
要約書の補正…………………………… 144
寄せ集め………………………… 23, 104
予納制度………………………………… 141

ら　行

利益相反取引……………………………92
リスボン協定
　原産地名称の保護とその国際登録の
　ための―― ………………………… 364
立体商標……………………33, 121, 180
立体標識………………………………… 124
リバース・エンジニアリング………… 203
利用
　行政機関情報公開法等による開示の
　ための―― ………………………… 197
　公開の美術の著作物等の――……… 199
　時事の事件の報道のための――…… 196
　試験または研究のためにする品種の――
　……………………………………… 211
　政治上の演説等の――……………… 196
　翻訳, 翻案等による―― …………… 198
利用義務…………………………………66
利用許諾権……………………………… 157
利用（実施）権………………………… 269
利用（実施・使用）権の消滅………… 240
利用（実施・使用）行為の侵奪, 妨害
………………………………………… 275
利用許諾……………157, 235, 258, 260

利用装置の制限………………………… 260
両罰規定………………………………… 323
利用発明………………………………… 213
隣接権条約（ローマ条約）……… 18, 361
類似……………………………………… 283
　商標の――…………………………… 116
　商品の――…………………………… 116
　役務の――…………………………… 116
類似商品・類似役務の普通名称……… 209
レコード製作者の権利………………… 169
レコード保護条約………………… 18, 361
連合商標制度…………………………… 294
ローマ条約………………………… 18, 361
ロカルノ協定
　意匠の分類を確保するための――
　……………………………………… 364
録音, 録画権……………………………97

わ　行

和解……………………………… 300, 305
ワンチャンス主義……………………… 167

アルファベット

ACTA …………………………………… 361
ADR …………………………………… 299
CPC（共同体特許条約）………366, 369
CTM（共同体商標法）………………… 366
EPC（欧州特許条約）…………366, 368
fair dealing …………………………… 185
fair use ………………………………… 185
free ride ……………………………… 121
GATT ……………………………349, 360
IIB（国際特許協会）…………………… 365
IPC（国際特許分類）…………………… 364
IPIC条約 ……………… 47, 360, 361, 369
OAPI（アフリカ知的所有権機関の創設に
　関する協定〔バンギ協定〕）……… 366
PCT（特許協力条約）……20, 364, 366
TLO ………………………… 218, 244, 251
TLT（商標法条約）…………………20, 365
TRIPs協定 …………………… 18, 20, 360
TRT（商標登録条約）………………… 364

479

UPOV（植物の新品種の保護に関する
　国際条約）……………………… 44, 369
WCT（著作権に関する世界知的所有権
　機関条約）…………………18, 349, 362
WIPO（世界知的所有権機関）
　………………………………18, 349, 357
WPPT（実演及びレコードに関する
　世界知的所有権機関条約）18, 349, 362
WTO ……………………………… 18, 360

判例索引

大判大正3・7・4刑録20輯1360頁(桃中軒雲右衛門事件)……18
大判昭和13・12・22民集17巻2700頁(模様メリヤス事件)……72
東京高判昭和30・6・28高民8巻5号371頁(「銀河」事件)……61
名古屋高判昭和33・12・23高刑裁特5巻12号525頁(ニューアマモト事件)……284
最決昭和34・5・20刑集13巻5号755頁(ニューアマモト事件)……284
最判昭和36・6・27民集15巻6号1730頁(橘正宗事件)……118, 282
最判昭和37・12・7民集16巻12号2321頁(炭車トロ脱線防止装置事件)……177
東京高判昭和38・10・31行裁14巻10号1844頁(殺虫剤事件)……104
大阪高判昭和40・1・22下民16巻1号63頁(梅花堂事件)……61
最判昭和40・6・4判時414号35頁(ライナービヤー事件)……41
最判昭和43・2・27民集22巻2号399頁(氷山印事件)……117, 282
最判昭和43・4・18民集22巻4号936頁(加熱膨潤装置事件)……177
最判昭和44・1・28民集23巻1号54頁(原子力エネルギー発生装置事件)……24
大阪地判昭和45・2・27無体2巻1号71頁(パーカー事件)……345
最判昭和44・10・17民集23巻10号1777頁(地球儀型トランジスターラジオ事件)……218
奈良地判昭和45・10・23判時624号78頁(フォセコ・ジャパン・リミティッド事件)……287
福岡地飯塚支判昭和46・9・17無体3巻2号317頁(巨峰事件)……36, 181, 209
東京地判昭和47・10・11無体4巻2号538頁(民青の告白事件)……12
最判昭和47・12・14民集26巻10号1888頁(フェノチアジン誘導体製法事件)……178, 337
東京高判昭和49・6・18無体6巻1号170頁(壁式建造物の建築装置事件)……103
最判昭和51・3・10民集30巻2号79頁(メリヤス編機事件)……335
東京地判昭和52・3・30最新著作権関係判例集713頁(たいやきくん事件)……162
最判昭和53・9・7民集32巻6号1145頁(ワン・レイニー・ナイト・イン・トーキョー事件)……158, 268
最判昭和54・4・10判時927号233頁(ワイキキ事件)……108, 121
神戸地姫路支判昭和54・7・9無体11巻2号371頁(仏壇彫刻事件)……12
大阪地判昭和54・9・25判タ397号152頁(発光ダイオード論文事件)……10
東京高判昭和55・3・25無体12巻1号108頁(カップヌードル事件)……28
最判昭和55・3・28民集34巻3号244頁(パロディ事件)……191
大阪高判昭和55・6・26無体12巻1号266頁(平家物語英訳事件)……71
最判昭和55・12・18民集34巻7号917頁(半サイズ映画フィルム録音装置事件)……146
東京地判昭和56・2・25　無体13巻1号139頁(1眼レフカメラ事件)……278

東京地判昭和57・11・29判時1070号94頁(カップ入り即席食品事件)……241

最判昭和58・10・7民集37巻8号1082頁(日本ウーマン・パワー事件)……284

最判昭和59・1・20民集38巻1号1頁(顔真卿自書建中告身帖事件)……2

最判昭和59・4・24民集38巻6号653頁(トレーラー駆動装置事件)……178, 337

東京地判昭和59・9・28無体16巻3号676頁(パックマン事件)……15

大阪地判昭和59・12・20無体16巻3号803頁(ヘアーブラシ事件)……241, 269, 298

神戸地判昭和60・9・25判タ575号52頁(ゴム発泡技術(マンダラ技術)事件)……241

東京高判昭和60・12・4判時1190号143頁(新潟鉄工事件)……90

最判昭和61・1・23判時1186号131頁(ジョージア事件)……108

最判昭和61・10・3民集40巻6号1068頁(ウォーキングビーム式加熱炉事件)……217

最判昭和61・7・17民集40巻5号961頁(第二次箱尺事件)……103

東京高判昭和61・12・25無体18巻3号579頁(紙幣事件)……113

東京高判昭和62・2・19無体19巻1号30頁(当落予想表事件)……9

最判平成9・7・17民集51巻6号2714頁(ポパイ・ネクタイ事件)……50, 329

大阪地判昭和62・8・26無体19巻2号268頁(BOSS事件)……35

最判昭和63・3・15民集42巻3号199頁(クラブキャッツアイ事件)……159, 271

最判昭和63・7・19民集42巻6号489頁(アースベルト事件)……83, 139

東京地判平成元・10・6無体21巻3号747頁(レオナール・フジタ展事件)……200

東京高判平成2・2・13判時1348号139頁(錦鯉飼育法事件)……23

最判平成2・7・20民集44巻5号876頁(ポパイ・マフラー事件)……224

最判平成3・3・8民集45巻3号123頁(リパーゼ事件)……173

東京高判平成3・9・26判時1400号3頁(おニャン子クラブ事件)……43

東京高判平成3・12・17知の裁23巻3号808頁(木目化粧紙事件)……7, 17

東京高判平成3・12・19知の裁23巻3号823頁(法政大学懸賞論文事件)……166, 205

最判平成4・4・28民集46巻4号245頁(高速旋回バレル研磨法事件)……335

最判平成5・2・16判時1456号150頁(自転車用幼児乗せ荷台事件)……81

大阪地判平成5・3・23判時1464号139頁(TBS事件)……196

最判平成5・3・30判時1461号3頁(智惠子抄事件)……17, 86

最判平成5・3・30判時1461号150頁(数値制御通電加工装置事件)……131

東京高決平成5・12・24判時1505号136頁(モリサワタイプフェイス事件)……38

大阪地判平成6・2・24判時1522号139頁(マグアンプK事件)……37, 89, 223

大阪地判平成6・4・28判時1542号115頁(マホービン事件)……89

東京高判平成6・10・27知の裁26巻3号1151頁(THE WALL STREET JOURNAL事件)……186

最判平成7・3・7民集49巻3号944頁(磁気治療器事件)……73, 149

判例索引

東京地判平成7・10・30判時1560号24頁(システムサイエンス事件)……276
東京地判平成9・3・7判時1613号134頁(ピアス孔保護具事件)……32
最判平成9・3・11民集51巻3号1055頁(小僧寿し事件)……208
小僧寿し事件(最判平成9・3・11民集51巻3号1055頁)……314
大阪高判平成9・3・27知財集29巻1号268頁(It's事件)……34, 40
東京地判平成9・4・25判時1605号136頁(スモーキングスタンド事件)……14
最判平成9・7・1民集51巻6号2299頁(BBS事件)……221, 222, 223, 345, 347
最判平成10・2・24民集52巻1号113頁(ボールスプライン事件)……175
東京高判平成10・2・26知的裁30巻1号65頁(ドラゴン・キーホルダー事件)……285
東京高判平成10・6・18知的裁30巻2号342頁(自走式クレーン事件)……179
最判平成10・7・17判時1651号56頁(雑誌「諸君!」事件)……166
大阪地判平成10・9・10知的裁30巻3号501頁(小熊タオルセット事件)……31
最判平成10・9・10判時1655号160頁(スナックシャネル事件)……285
東京地判平成10・12・22判時1674号152頁(磁気媒体リーダー事件)……173
東京地判平成15・1・20判時1809号3頁(貸金別貸借対照表事件)……22
最判平成11・3・9民集53巻3号303頁(大径角形鋼管事件)……178, 337
最判平成11・4・16民集53巻4号627頁(膵臓疾患治療剤事件)……206
東京高判平成11・6・15判時1697号96頁(蓄熱材スミターマル事件)……311
最判平成11・7・16民集53巻6号957頁(生理活性物質測定法事件)……172, 307
東京地判平成11・10・21判時1701号151頁(ヴィラージュ白山事件)……119, 282
最判平成11・11・9民集53巻8号1421頁共有地境界確認事件……74
東京高判平成11・12・22判時1710号147頁(ドゥーセラム事件)……115
最判平成12・2・29民集54巻2号709頁(黄桃の育種増殖法事件)……24
最判平成12・4・11民集54巻4号1368頁(キルビー事件)……226
東京地判平成12・5・16判時1751号128頁(スターデジオ事件)……158, 203
東京地判平成12・6・29判時1728号101頁(ベレッタM92F事件)……284
最判平成12・9・7民集54巻7号2481頁(ゴナ書体事件)……13
東京高判平成12・9・19判時1745号128頁(舞台装置事件)……162, 268
大阪地判平成12・10・24判タ1081号241頁(製パン器事件)……278
東京地判平成12・12・7判時1771号111頁(車両運行管理業務関連情報事件)……29
最判平成13・2・13民集55巻1号87頁(ときめきメモリアル事件)……166
東京高判平成13・2・28判時1749号138頁(Dale Carnegie事件)……339
東京地判平成13・5・16判時1749号19頁(LEC事件)……314
東京地中間判平成13・5・25判時1774号132頁(自動車データベース事件)……7, 17

483

判例索引

最判平成13・6・8民集55巻4号727頁(ウルトラマン事件)……350
東京高判平成13・6・21判時1765号96頁(すいか写真事件)……15
最判平成13・6・28民集55巻4号837頁(江差追分事件)……162, 268
東京地判平成13・7・2裁判所HP(宇宙戦艦ヤマト事件)……164, 206, 232
東京地判平成13・7・25判時1758号137頁(バス車体絵画事件)……199
最判平成13・10・25判時1767号115頁(キャンディキャンディ事件)……17, 163, 212
東京高判平成13・10・30判時1773号127頁(交通標語事件)……9
東京高判平成13・12・19判時1781号142頁(ルービックキューブ事件)……39
東京地判平成14・2・5判時1802号145頁(ダイコク原価セール事件)……286
東京地判平成14・2・14裁判所HP(公共土木工事単価表事件)……30
東京高判平成14・2・18判時1786号136頁(雪月花事件)……159, 189
最判平成14・2・22民集56巻2号348頁(ETNIES事件)……74, 335
東京地判平成14・3・19判時1803号78頁(スロットマシン事件)……312
東京高判平成14・4・11判時1828号99頁(外科手術再生光学表示方法装置事件)……102
最判平成14・4・25民集56巻4号808頁(中古ゲームソフト販売事件)……161, 222
大阪地判平成14・5・23判時1825号116頁(希土類の回収方法事件)……79
東京地判平成14・8・27判時1810号102頁(細粒核事件)……71, 87
東京高判平成14・9・26裁判所HP(カナディアンメープルシロップ事件)……313
最判平成14・9・26民集56巻7号1551頁(カードリーダー事件)……353
東京地判平成15・1・31判時1820号127頁(電車線設計用プログラム事件)……16
大阪地判平成15・2・13判時1842号120頁(ヒットワン事件)……274, 306
大阪地判平成15・2・27裁判所HP(セラミックコンデンサー事件)……30
最判平成15・2・27民集57巻2号125頁(フレッドペリー事件)……37, 223, 348
東京地裁平成15・3・28判時1834号95頁(教科書準拠テスト事件)……193
最判平成15・4・11判時1822号133頁(RGBアドベンチャー事件)……89
東京高判平成15・5・28判時1831号135号(ダリ事件)……355
サンゴ化石粉末事件(東京地判平成15・10・16判時1874号23頁)……350
東京高判平成15・9・25裁判所HP(マクロス事件)……97
最判平成15・4・22民集57巻4号477頁(オリンパス事件)……93
東京高判平成15・10・8裁判所HP(人工乳首事件)……132
東京地判平成16・1・30判時1852号36頁(青色発光ダイオード事件)……93
最判平成16・2・13民集58巻2号311頁(ギャロップレーサー事件)……7, 44
大阪地判平成16・4・20裁判所HP(Career-Japan事件)……118, 282
東京地判平成16・5・31判時1936号140頁(中国詩事件)……354

東京地判平成16・8・17判時1873号153頁(切削オーバーレイ工法事件)……306
東京高判平成16・8・25判例時報1899号116頁(アニメ声優事件)……167
東京地判平成16・8・31判時1876号136頁(ジャストホーム2家計簿パック事件)……43, 291, 299
大阪高判平成16・9・29裁判所HP(グッドデザイン賞モデルハウス事件)……14
東京高裁和解勧告案平成17・1・11判タ1167号98頁(青色発光ダイオード事件)……94
東京高判平成17・3・31裁判所HP(ファイル・ローグ事件)……160, 170, 272
最判平成17・6・17民集59巻5号1074頁(生体高分子構造検索方法事件)……298
知財高判平成17・9・30判時1904号47頁(一太郎事件)……172, 279
知財高判平成17・11・11 判時1911号48頁(パラメータ事件)……126
神戸地判平成18・1・19裁判所HP(関税定率法［注：現関税法］事件)……327
最判平成18・1・20民集60巻1号137頁(天理教事件)……100
東京地判平成18・1・26判時1943号85頁(写真用支持体事件)……86
知財高判平成18・7・20判例集未登載(日之出水道事件)……257
最判平成18・10・17民集60巻8号2853頁(日立製作所事件)……95, 355
知財高判平成18・12・21判時1961号150頁(エリンギ(ホクト2号)事件)……111, 226
最判平成19・11・8民集61巻8号2989頁(インクタンク事件)……221
知財高判平成20・3・27裁判所HP(Von Dutch事件)……231
最判平成20・4・24民集62巻5号1262頁(ナイロール眼鏡枠事件)……39
最判平成20・4・24民集62巻5号1262頁(ナイフの加工装置事件)……229
知財高判平成20・5・29判時2006号36頁(コカ・コーラ事件……33, 107
知財高判平成20・5・30判時2009号47頁(ソルダーレジスト(除くクレーム)事件)……144
最判平成20・7・17民集62巻7号1994頁入会権確認請求事件……75
東京地判平成20・8・29判時2026号138頁(しいたけ(MM-2号)事件)……309
最判平成20・9・8判時2021号92頁(つつみのおひなっこや事件)……117, 282
那覇地判平成20・9・24判時2042号95頁(写真で見る首里城事件)……224, 308
最決平成21・1・27民集63巻1号271頁(仮処分秘密保持命令申立事件)……304
知財高判平成21・1・28判時2043号117頁(回路用接続部材事件)……104
東京地判平成21・2・27裁判所HP(マジコン事件)……289
最判平成13・7・6判時1762号130頁(パームスプリングスポロクラブ事件)……120
知財高裁判平成21・8・25判時2059号125頁(切削方法事件)……228
最判平成21・10・8判時2064号120頁(チャップリン事件)……57
知財高判平成22・1・28判時2073号105頁(フリバンセリン事件)……127
知財高判平成22・2・24判時2102号98頁(加工工具事件)……80, 231
知財高判平成22・3・25 判時2086号114頁(駒込大観音事件)…… 317

485

東京地判平成22・4・21判時2085号139頁（SL DVD事件）……315
知財高判平成22・9・15判タ1340号265頁（モータ事件）……351
知財高判平成22・10・13判時2092号136頁（絵画鑑定事件）……191
知財高判平成22・11・15判時2111号109号（喜多方ラーメン事件）……99, 109
最判平成23・1・18民集65巻1号121頁（まねきTV事件）……160, 170, 272
最判平成23・1・20民集65巻1号399頁（ロクラクⅡ事件）…… 159, 170, 273
大阪高決平成23・3・31判時2167号81頁（ひこにゃん事件）……232
最判平成23・12・8民集65巻9号3275頁（北朝鮮著作物事件）……7, 84, 358
最決平成23・12・19刑集65巻9号1380頁（Winny事件）……318
知財高判平成23・12・22判時2145号75頁（東芝デジタル補償金請求事件）……188
最判平成24・2・2民集66巻2号89頁（ピンクレディー事件）……43
知財高判平成24・2・14判時2161号86頁（チュッパチャップス事件）……274
知財高判平成24・10・25裁判所HP（テレビCM事件）……97
知財高判平成25・2・1判時2179号36頁（ごみ貯蔵カセット事件）……313
東京地判平成25・2・19判タ1391号341頁（大林精工事件）……352
大阪地判平成25・9・6判時2222号93頁（新梅田シティ庭園事件）……166, 205
最判平成26・4・24民集68巻4号329頁（眉のトリートメント事件）……351
①知財高判平成26・5・16②知財高決平成26.5.16判時2224号146頁（アップル・サムスン事件）……
　222, 225, 256, 308, 315
知財高判平成26・10・22判時2246号92頁（自炊代行事件）……159, 186, 273
東京地判平成27・2・18判タ1412号265頁（ブルーレイディスク事件）……43, 291
東京高判平成17・3・3　判時1893号126頁（2ちゃんねる事件）……160, 273
知財高裁平成27・4・14判時2267号91頁（TRIPP TRAPP事件）……13
最判平成27・4・28民集69巻3号518頁（JASRAC事件）……247, 257
東京地判平成25・5・28裁判所HP（ピオグリタゾン組合せ医薬事件(2)）……280, 281
最判平成27・6・5裁時1629号2頁（プラバスタチンナトリウム事件）……128, 173
知財高判平成27・6・24裁判所HP（なめこ（KX-N006号）事件）……182
知財高判平成27・7・30裁判所HP（野村證券事件）……94
最判平成27・11・17民集69巻7号1912頁（ベバシズマブ事件）……56, 171, 207
知財高判平成28・3・25判時2306号87頁（マキサカルシトール事件）……175
知財高判平成29・1・20裁判所HP（オキサリプラティヌム事件）……56, 171, 207

「知的財産権法概論」発刊によせて

　法学博士 紋谷暢男教授には，1967年の御着任以来お亡くなりになる直前まで成蹊大学において我々紋谷ゼミ生の指導をしていただきました。紋谷教授は，皆様，御存知のように学問に対して鋭く深い探究心をお持ちの研究者であり，大学の授業や北アルプス登山を伴う昼夜を問わない夏合宿においては学生一人一人を時には厳しく時には優しく見守り指導される心広き教育者でした。

　本書は40年の永きに亘り，日本の知的財産権法研究の第一人者であられる紋谷先生の講義の教科書であるとともに，我々が弁理士や知的財産部など実務に携わるようになっても必読の書でありました。この度先生の急逝にあたり追悼の意を表すると共に，先生の御遺稿ともなる本書がご子息の紋谷崇俊先生のご協力によって改訂版として発行されたことは我々としても大変感慨深く，本書が，これから先もずっと，知的財産権法を学ぶ全ての者の道標になると信じております。

　平成28年12月

蹊紋会一同

〈著者紹介（平成28年4月現在）〉

紋谷　暢男（Nobuo MONYA）

昭和35年	東京大学法学部卒業
現　在	成蹊大学名誉教授，法学博士
主要著書	商標〔経営法学全集「特許管理」〕（共著），特許の出願（共著），特許・意匠・商標の法律相談（共編著），商標法50講（編著），意匠法25講（編著），特許法50講（編著），著作権のノウハウ（共編著），新技術開発と法（共著），注釈特許法（編著），プログラム著作権とは何か（共著），知的財産権とは何か（編著）

紋谷　崇俊（Takatoshi MONYA）

平成7年	東京大学法学部卒業
平成14年	経済産業省知的財産政策室課長補佐
平成16年	Stanford Law School（LL,M.）卒業
現　在	弁護士，弁理士，New York州弁護士 立教及び成蹊大学法科大学院講師，金沢工業大学虎ノ門大学院客員教授
主要論文等	「不正競争防止法の一部を改正する法律の概要」NBL Vol.762（2003），「欧米における知的財産権保護の動向と競争政策」紋谷古希（2006），「擬制侵害に係る課題と検討」牧野傘寿（2012），「特許権のレバレッジ」飯村退官（2015），「著作権の国際紛争に関する課題について」Copyright Vol.660（2016），「特許権の国際的なEnforcementに関する近時の諸問題」日本国際経済法学会年報25号（2016）　他

知的財産権法概論
LEHRBUCH DES GEISTIGEN EIGENTUMS

平成29年（2017年）4月17日　初版第1刷発行

著　　者　紋谷　暢男／崇　俊

発　　行　一般社団法人 発明推進協会

発 行 所　一般社団法人 発明推進協会
　　　　　所在地　〒105-0001 東京都港区虎ノ門 2-9-14
　　　　　電　話　03-3502-5433（編集）03-3502-5491（販売）
　　　　　ＦＡＸ　03-5512-7567（販売）

印　　刷　株式会社丸井工文社
乱丁・落丁本はお取り替えいたします。
ISBN 978-4-8271-1282-5 C1032
本書の全部または一部の無断複写複製を禁じます（著作権法上の例外を除く）。

発明推進協会 HP：http://www.jiii.or.jp